国家科学技术学术著作出版基金资助出版

建筑考古学

杨鸿勋　著

科学出版社
北京

内 容 简 介

本书重点阐述了“建筑考古学”田野工作的特殊性和“建筑考古学”室内工作的方法，特别是复原研究工作的认识论与方法论；并结合建筑考古实际工作中的典型案例，讲解如何正确运用这些认识论与方法论，才能对古聚落遗址、古城遗址、古建筑遗址等已经湮灭毁坏的遗迹现象进行科学准确的破解和进行合理的复原研究，从而为中国建筑史尤其是早期（缺乏实物资料）阶段的建筑史学研究提供可信的证据。

本书具有创学科的重要意义，是一部关于“建筑考古学”之学科系统的研究专著，是建筑考古领域和建筑史学专业领域的基础理论著作，特别是书中关于古聚落遗址、古城遗址、古建筑遗址等一般复原研究的认识论和方法论，对建筑考古学的田野工作和室内工作实践具有理论指导作用。

本书适合建筑学、考古学、历史学等领域的专业人员以及高等院校相关专业的师生参考阅读。

图书在版编目（CIP）数据

建筑考古学 / 杨鸿勋著. —北京：科学出版社，2023.6

ISBN 978-7-03-075714-2

Ⅰ. ①建…　Ⅱ. ①杨…　Ⅲ. ①文化遗址－考古学－研究－中国

Ⅳ. ① K878.04

中国国家版本馆 CIP 数据核字（2023）第 101259 号

责任编辑：孙　莉　吴书雷 / 责任校对：王晓茜

责任印制：吴兆东 / 封面设计：张　放

科学出版社出版

北京东黄城根北街 16 号

邮政编码：100717

http://www.sciencep.com

北京厚诚则铭印刷科技有限公司印刷

科学出版社发行　各地新华书店经销

*

2023 年 6 月第　一　版　开本：787 × 1092　1/16

2026 年 1 月第四次印刷　印张：26

字数：553 000

定价：198.00 元

（如有印装质量问题，我社负责调换）

《建筑考古学》校订说明

杨鸿勋先生是中国建筑历史研究杰出的学者，中国建筑考古学的奠基者和最富成果的开拓者。他将考古与文献相结合，填补了单纯文献和实物调研的不足，对从原始社会到封建社会晚期的一系列重要建筑遗址做了科学可信的复原研究，破解了中国古代建筑史的诸多难题，纠正了中国建筑史中若干重大问题的认识，是我国建筑历史研究领域具有开创性贡献的大家，被誉为我国建筑考古学的奠基人。

杨先生在学术研究上具有极为广阔的视野，对中国早期建筑、中国古典园林、中日古代建筑比较等方面都有极高的造诣。正如吕舟先生所评价："他关于中国早期建筑的考古学研究，奠定了今天中国建筑史界对于早期建筑形态认知的基础。他对于穴居、巢居等早期建筑形态的研究构成了今天对中国建筑起源认知的基本内容，对于中国宫殿基于考古学证据的复原研究，展现了这一代表中国最高等级的建筑类型源于中国文化精神的宏阔和壮丽，无论是对商代宫室的复原，还是对秦代宫殿的研究，以及对唐代大明宫含元殿的复原都构成了我们今天关于中国建筑历史体系的重要组成部分。"

作为中国建筑历史研究杰出的学者，杨鸿勋先生具有广泛的学术影响，赢得了学界普遍的尊重。2001年《中国文物报》在全国举行公开举行的"20世纪最佳文博考古图书"评选活动中，杨先生的著作《建筑考古学论文集》被评选为"20世纪最佳文博考古图书"论著类第一名，《中国古典造园艺术研究——江南园林论》被评选为论著类第三名。《宫殿考古通论》《大明宫》等著作，也均在国内外获得好评。

杨先生也是一位性格鲜明的学者，他明快且富有童心，爱憎清晰，不隐藏自己的感情，乐于与人分享自己的研究成果，在他身边总是聚集着年轻的建筑史学者，常常畅谈到深夜，我们被杨先生的性格、学识所感染，把杨先生当作一生的师长，充满敬意。

先生才华横溢，一生勤勉。直至逝世前，他仍然忍受着病痛，以高龄之躯独力撰写鸿篇巨著，其一是关于建筑考古学学科定位、认识论和方法论的《建筑考古学》，其二是阐述中国建筑发展演变历史的《万世一系——中国古代建筑史》。在先生离去之后，受师母王秀兰女士的委托，我们这群曾有幸受教于先生的后学，在各自繁忙的工作之余，共同整理先生的两部遗著，以期出版。

《建筑考古学》和《万世一系——中国古代建筑史》这两部遗著，尽管已基本完成，但仍需要进行梳理、校订以满足当下的出版要求。我们在多次磋商后达成共识，特做说明于篇首，以便于读者更好地理解和阅读。

一、关于校订的原则

遗著手稿为电子版，秉承最大限度忠实于原著的原则，校订者不对主要文字内容进行修改或补充，我们所有的工作仅仅是为了使书稿能满足出版要求。

作为遗著出版的最大特色是，我们保留了书稿中的写作痕迹。例如，在目录中有标红的括弧内的文字，也有写着"切入点"的简略的说明，这实际上体现了杨先生在写作时的思考过程，表明了他观察与分析问题的角度，对于阅读也是不可多得的指引。在正文中，有一些章节仅有标题，没有内容，我们也都予以保留，尽管这些小的章节先生没来得及写完，但从标题也可以领略到先生考虑问题的线索和范畴。

二、关于校订的内容

1. 遗稿中有些古体字、异体字是以“■”呈现的，我们对比了杨先生其他的著作，依照已经出版的文章中的相应内容予以替换；有个别地方在他的其他文章里找不到，若是限于学识我们又不能正确揣测出来的，仍保留为“■”。

2. 对遗稿中的注释部分进行了梳理和格式的统一。

3. 图片的整理工作是耗时最多的，主要包括以下几种情况。

遗稿中有一部分图仅列有图号，并未配图，我们首先是在杨先生已经出版的书籍和文章中寻找相应的图片，或者是按照遗稿文字内容中提供的线索，寻找对应的图片以补配。按照这些办法解决不了的，则在文中标注为“遗稿未配图”。

文稿中原来已经有配图的，主要问题是像素过低，达不到出版要求，我们也按照上述办法尽量寻找原图重新扫描或重绘。

此外，按照现有出版要求，所有图片要注明出处，我们尽力补充了相关内容，若仍有个别图片来源标注有误或不明，我们则标注为“遗稿中未标明来源，图片版权归原版权人所有”。

4. 杨先生一直关注着学科领域内的新发现，也对一些问题有了新的思考。遗著中有部分内容，我们推测先生是从网上或其他渠道收集了资料，但是没有来得及对这些原始材料进行剪裁和分析，也没有标注来源。这一部分的素材有可能不满足现在出版的查重要求。我们在自身认知范围内对判断为可能会涉及查重的内容，采取手工检索的方法进行了标注，但也不排除有些遗漏，对此，唯有恳请大家能从这是一本遗著的角度去予以理解。

5. 考古学的发现常常带来新的惊喜，有时也会颠覆以前的认知。我们在校订书稿的时候也注意到，在杨先生对个别考古材料做出分析和判断之后，考古工作有了新的进展和新的发现，这些新发现可能会导向不同的认识与结论。对这样的个别案例，出于对遗著的尊重，我们仍然予以保留。

6. 少量的为了便于读者理解而增补的内容，仅限于从先生已经出版的其他著作中对于相同问题研究成果的摘抄。

自2016年底开始的校订工作，都是利用业余时间协力完成。本书的主要校订人是曹劲和江柏炜，图片的整理主要由何鸣和薛梦琪完成。在商量校订原则的过程中，吕舟、朱永春等多位学者也都参加了讨论，萧百兴、刘杰、闫爱宾、宾慧中、朱宇晖等多位同门的关注和帮助是我们能完成这项工作的重要支持。

伏案校稿，仿如再次聆听先生教导。时时回想起他那神采飞扬、不知疲倦的讲述，敏锐深刻的观察、严谨细致的求证，以及无时不在的童心逸趣。我们深感，他的人格魅力将一直激励着我们这一代人，他的学术成就是中国建筑史学研究的宝贵财富，更将施惠于所有从事中国建筑史学研究的后辈学人。

曹　劲

2021年8月8日

自 序

古代遗迹、遗物都是考古学的工作对象，它涉及各学科领域的专门知识，隶属于大学文学院的以文化地层学和文化类型学为核心知识的传统考古学，无法完全胜任此项研究工作。所以进入20世纪以来，国际学术界就在传统考古学的基础上逐渐形成了与各学科领域相结合的所谓“特殊考古学”（Special Archaeology），而把传统的考古学称为“普通考古学”（General Archaeology）。夏鼐在《大百科全书·考古卷》的“总论”中已说明：现代考古学是由普通考古学和特殊考古学两者共同组成。他鉴于多年来古聚落、古城、古建筑遗址的考古工作中所造成的一些不可弥补的损失，遂于1973年邀笔者进入他所领导的中国科学院考古研究所，按照他的安排，开始了一项新的工作，就是以建筑遗迹、遗物为对象的考古学研究——着手“建筑考古学”的创建。

打倒“四人帮”以后，百废待兴，为繁荣学术，召开了出版会议，制定了出版规划。鉴于当时的出版力量不足，选定少数学者由国家一级出版社为其出版文集。按照当时计划经济严格控制的做法，经过广泛征求建筑史学界和考古学界前辈权威们的意见之后，于1987年由文物出版社出版了笔者的《建筑考古学论文集》。2001年，国家文物局的机关报《中国文物报》发起了“20世纪最佳文博考古图书”的全国公投评选，该文集获得“论著类”第一名。这相当于一次全国学术界的民意测验，其结果既是对出版笔者文集的肯定，也是对笔者“建筑考古学”创建工作的普遍认可和好评。

三十多年来，笔者应邀在国内十九所大学和研究机构进行建筑考古学的演讲和教学；同时，多次应邀访问我国香港、台湾地区以及美国、韩国、日本等国的大学和学术机构，进行建筑考古学的宣讲或教学；并出席国际会议，作为主题演讲建筑考古学研究和园林考古学研究或与其相关的问题。笔者宣讲的“建筑考古学”在日本很受重视，他们接受笔者的学说，而订立了建筑考古学高等人才养成制度，例如奈良国立文化财研究所的建筑学出身的工作人员每年参加田野考古不少于两个月，最终使其达到考古队长的水准。我国台湾地区更是重视“建筑考古学”这门新兴的学科，作为当地知名学府的台湾大学，自2001年以来，凡三次发出邀请，聘笔者到该校担任客座教授，为研究生班授课。直到2007年9月笔者才抽出时间，落实台湾大学校长签署的人类学系和建筑与城乡研究所的联合聘请，安排为期一个学期的教学计划，而得以成行。此书就是笔者在台湾大学任教期间基本完成初稿的。回到大陆以后，由于事务头绪繁多，又兼笔者担任的重大文化工程项目“中国文字博物馆”设计急于投入实施，两年来的大部分时间都花费在这件事情上。所以此书文字和图稿的最后整理工作就搁置下来了，直到近日才又得以继续完成。

感谢几家国家级出版社的热情约稿，由于有言在先，简体字版就在科学出版社出版了；按照笔者在台时的约定，此书的繁体字版在台湾出版。

如果说《建筑考古学论文集》的出版显示了“建筑考古学”这一学科存在的必要性的话，那么这本《建筑考古学》就是铺设“建筑考古学”学科基础的一块砖石。尽管它还不是很完善，但是它可以起到抛砖引玉的作用。

杨鸿勋

2010年仲秋于北京思园

目　录

概论——“建筑考古学”的创立与发展　/　1

一、考古学的形成与发展　/　1

二、建筑考古学的创立与发展　/　3

三、“建筑考古学”是建筑史学的坚实基础　/　7

四、建筑考古学的核心是复原工作　/　9

五、建筑考古学研究已填补了建筑史的若干空白　/　10

六、21世纪的建筑考古学展望　/　27

第一章　建筑考古学的田野工作　/　29

第一节　田野考古调查　/　29

一、踏查　/　29

二、探查　/　30

三、探沟　/　33

四、试掘　/　33

五、调查记录　/　34

六、水下考古调查　/　34

第二节　考古发掘　/　35

一、发掘工具与仪器　/　35

二、开“探方”　/　36

三、考古发掘的文化地层学知识　/　37

四、建筑考古学不同于普通考古学的特殊发掘原则　/　40

五、遗址的发掘　/　42

六、建筑学知识指导下的遗迹现象辨认　/　44

七、严禁改变遗迹现象及现场“复原”　/　45

八、探方的原始记录　/　45

九、出土标本的筛选　/　47

第二章　建筑考古学的室内工作　/　48

第一节　建筑材料与构件的筛选与清理原则　/　48

第二节　发掘报告的编写　/　48

第三节　复原研究　/　48

一、复原研究的认识论——遗址与遗迹现象是复原研究的基础　/　48

二、复原研究的方法论——寻找深化认识的切入点　/　50

第三章 体现认识论与方法论的考证案例 / 57
第一节 遗址复原考证 / 57
一、河姆渡文化水井 / 57
二、仰韶文化半坡 F1、F41、F22 / 57
三、大地湾 F901（黄帝合宫） / 63
四、喇家干阑遗址 / 69
五、襄汾陶寺圆坛遗址（帝尧“观象授时”台） / 70
六、二里头 F1（夏后氏世室） / 72
七、二里头 F2（宗、庙一体建筑） / 81
八、偃师尸乡商城的王宫遗址（左祖右社、苑囿） / 86
九、郑州商城的宫殿遗址 / 97
十、金沙郊祀遗址的九柱遗迹复原研究 / 102
十一、小屯殷商离宫 / 112
十二、“殷墟”甲十二楼阁 / 115
十三、乙二十长屋殿堂 / 117
十四、“母辛宗”（妇好墓上建筑） / 118
十五、盘龙城商方国宫殿遗址 / 122
十六、殷晚期周原邦君宗庙（岐山凤雏甲组基址） / 130
十七、周原扶风县召陈建筑遗址 / 139
十八、周原云塘士的住宅遗址 / 144
十九、战国秦咸阳宫一号址 / 148
二十、战国中山王陵墓上享堂遗址 / 151
二十一、秦碣石门与碣石宫 / 160
二十二、秦始皇陵园及九层之台的陵上享堂 / 164
二十三、西汉未央宫前殿 / 175
二十四、西汉未央宫椒房殿及掖庭宫 / 180
二十五、西汉桂宫明光殿 / 184
二十六、西汉杜陵上的享堂及寝殿、便殿 / 193
二十七、西汉长安明堂辟雍 / 198
二十八、王莽九庙 / 220
二十九、北魏复建洛阳宫城阊阖门 / 221
三十、北魏洛阳宫城凌云台凉风观 / 228
三十一、北魏洛阳永宁寺塔 / 234
三十二、隋仁寿宫 / 247
三十三、唐大明宫清思殿 / 247
三十四、唐大明宫三清殿 / 250

三十五、兴庆宫花萼相辉楼　/　254
三十六、兴庆宫勤政务本楼　/　257
三十七、唐华清宫温泉浴殿　/　260
第二节　现存古建筑原状考证案例　/　267
一、唐长安慈恩寺大雁塔　/　267
二、唐长安荐福寺小雁塔　/　273
三、北宋定州开元寺塔　/　277
第三节　借助他案破解的连环案例　/　280
一、黄帝时明堂（昆仑＝干阑＝京）/　280
二、周人明堂　/　280
三、喇家遗址的干阑遗迹——原始明堂　/　286
第四节　纠正错判的案例　/　286
一、河姆渡文化水井（错判为“原始崇拜建筑”）/　286
二、仰韶文化半坡 F1、F41、F22（错判为日本的“天地根元造”及环脊覆碗式）/　286
三、偃师商城宫殿（错判为“坛”）/　286
四、小屯商离宫（错判为殷都遗址——“殷墟”）/　286
五、商盘龙城宫殿廊庑（错判为“双层墙”“无散水”）/　288
六、战国秦咸阳宫一号址（错判为单独建筑）/　288
七、秦始皇陵园三重宫垣及九层之台的陵上享堂（错判为内外城及“覆斗形封土”）/　288
八、南越宫苑殿堂（错判为“秦造船工厂的船台”）/　298
附　再论南越王宫苑——积沙为洲屿，激水为波澜　/　306
九、隋大兴城太阳门·唐长安城明德门（错判为无双阙的一字长观）/　310
十、唐大明宫含元殿（附殿前的朝堂）/　322
附　含元殿朝堂　/　343
十一、唐大明宫麟德殿（将“三殿”错判为四顶及左右梯对称）/　346
十二、唐东都武则天明堂（万象神宫）（错判无天井）/　360
十三、吴越皇妃塔（雷峰塔）（错判为五级、无副阶檐、无卷杀）/　372
第五节　器具考证案例　/　382
第四章　中国建筑考古学的分期与主要研究成果　/　383
第一节　古史传说时代的建筑考古（石器时代的人为的建筑遗迹）/　383
一、哈尔滨阎家岗 22000 年前旧石器时代晚期的两座圆屋遗迹——动物化石垒砌矮墙体（与西伯利亚同一系统）/　383
二、黄河流域和北方的穴居系统的新石器时代住所　/　383
三、长江下游河姆渡遗址七千年前的建筑遗存——巢居系统的干阑长屋　/　383

第二节 夏商周建筑考古（铜器时代，包括同时代周边的酋邦） / 384
第三节 秦汉建筑考古（铁器时代，上至战国时代，下至三国、魏晋、南北朝） / 384
第四节 隋唐建筑考古（铁器时代，包括五代十国） / 384
第五节 宋元建筑考古（铁器时代，包括西夏、辽、金） / 384
第六节 明清建筑考古（铁器时代，包括边疆附属国） / 384
第五章 遗址的保护与展示 / 385
第一节 回填保护 / 385
第二节 遗址的保护与展示 / 385
一、遗址的保护与展示个案 / 385
二、单体建筑遗址展示方式 / 385
三、遗址状况或位置的模型展示 / 385
四、建筑复原展示（日本称为“模型保护”） / 386
五、外国复原展示的参考案例 / 386
六、外国遗址模型展示的参考案例 / 386
附录一 原书稿目录 / 387
附录二 原书稿第三章第三节“一、黄帝时明堂（昆仑＝干阑＝京）”参考素材 / 395

概 论
——“建筑考古学”的创立与发展

以田野调查、发掘为基础的近代考古学，自从19世纪后半叶在欧洲形成之后，于20世纪20年代即引进中国。它在中国传统金石学、考据学的基础上，迅速地发展起来，与世界先进国家并驾齐驱；时至今日，我国考古工作的收获和水平都位居世界的前列。20世纪70年代以来，若干专业考古的分支学科又从普通考古学中分化出来而与之并列，建筑考古学就是其中重要的一个。

一、考古学的形成与发展

要想了解建筑考古学，首先要知道什么是考古学（Archaeology）。

近代科学考古学的形成，有一个漫长的过程。从根本上讲，15世纪开始，欧洲新兴资产阶级在发展社会生产力的同时，也相应地发展了科学、技术和文化，这便是考古学首先在欧洲出现的原因。考古学产生的历史背景则是，欧洲文艺复兴促进了人们对古典时代语文和美术的研究，从而导致对希腊、罗马时代的雕刻和铭文的搜集，进而对基督教圣地巴勒斯坦地区的古迹、古物发生兴趣。这种兴趣扩大到对以欧洲为中心的所谓“近东”埃及、巴比伦等更为古老的古迹、古物的探访和资料搜集。再一种促使考古学形成的政治因素是，英、法、德、丹麦、瑞士等西欧和北欧的许多资本主义国家成立，出于促进民族向心力的爱国主义，弥补记载本国历史书籍的匮乏，遂注意从先民遗留的古迹中去寻求发扬民族自豪感的动力。这便在学科发展上促成了考古学的形成。

先是于18世纪末，拿破仑远征埃及时，以从埃及、意大利、西班牙等地掠夺来的古物在法国建立博物馆，促进了对古迹、古物的研究；在法国统治意大利期间，大规模地发掘公元79年毁于火山爆发的庞贝城遗址。另外，在德国，J. J. 温克尔曼（1717～1768）以保存在罗马等地的古代美术品为资料，写成他的名著《古代美术史》，而被誉为“考古学之父”；1822年法国学者J. F. 商博良破译埃及象形文字而奠定了“埃及学”的基础。地质学和生物学的发展，推翻了《圣经》关于上帝造人的神话；特别是至19世纪中叶，C. 莱尔（1797～1875）的《从地质证据来证明人类的古老》、C. R. 达尔文（1809～1882）的《物种起源》、T. H. 赫胥黎的《人类在自然界中的位置》的出版，使人们懂得了人类的出现至少在数十万年之前。因为了解上古人类的历史没有文字记载可凭，去寻求古人类的遗迹就成为唯一的途径，这就使考古学的形成产生了新的推动力，从而确立了“史前考古”的概念。也就是说，考古学是从史前考古开始的。所谓“史前”——“历史之前”，是中文的直译，看起来是不通的，因为即使猿人的历史也是历史，其原意是指“成文历史之前”。在考古学建立初期，相当长的一段时间里，考古学的内容只是“史前考古学”。这时，史前考古学已成为一门严谨的科学。1819 年，丹麦国家博物馆馆长 C. J. 汤姆森分析馆藏史前古物，认为丹麦史前时代经历了石器时代、铜器时代和铁器时代三个时期，这就是著名的“三期论”。J. J. A. 沃尔索（1821～1885）进一步将“三期论”用于田野考古的分期，并得到地层关系的证明。1834 年他发表了《丹麦原始时代古物》一书，从此使“三期论”成为考古学的研究基础。总起来说，一门以进化论为理论指导，运用严格的近代科学方法从事调查研究的科学考古学便诞生了。近代考古学形成的标志，是 1866 年在瑞士召开的第一次“人类学和史前考古国际会议”，这使得考古学作为一门科学，在国际学术界得到普遍的承认。1867 年，在巴黎世界博览会上，设置了以史前时期的生产工具为主要展品的“劳动历史陈列馆”，起到了在人民群众中的考古学科普作用。到 1912 年为止，这种国际会议共开展过十四次。1932 年改为“先史学和原史学国际会议”，在英国举行。此后的第十二次会议仍在英国举行，会标加上副标题：“世界考古学会议”。大约从 1867 年开始，考古学进入成熟阶段。诸如：普遍认定了汤姆森按生产工具分期的“三期论”——石器时代、铜器时代、铁器时代；形成“考古学文化”的区分；器物“类型学”也趋完善；自然科学方法的应用和史前考古学的绝对年代判定；考古发掘工作的科学化等。20 世纪 20 年代初期，考古学最重要的成就是发掘方法的改进。明确了发掘的目的不是挖宝，而是把埋藏在地下的古迹、古物揭露出来，了解其原来的位置、布局和后来的变化，这样便可以使因时间的推移而掩埋起来的人类历史得以展现。19 世纪末 20 世纪初，在埃及考古中才得以将史前文化与所谓历史时代的文化衔接起来。所谓“历史时代”，也是中文的直译，其含义为“成文历史时代”。1917 年苏联建国后，在考古学理论方面引用了 L. H. 摩尔根和恩格斯提出的历史唯物主义的分期方法——按社会发展史划分的“三期论”，即蒙昧时代、野蛮时代、文明时代。20 世纪初叶，尤其重要的进步是以具有一定地域的“文化”代替了“时期”这一考古学分类的基本概念。20 世纪 50 年代以来，考古学随着现代科学、技术的进步，而有了更大的发展。不但考古学上限大大向上推进了（在肯尼亚发现了 250 万年前的南方古猿化石），而且其下限也逐渐向下延伸。所谓“历史考古学”受到高度重视。在田野技术方面，如采用电磁测定法探寻遗迹；放射性碳素测定法、钾氩法、热释光测定法、古地磁测定法等测定古迹、古物的年代；采用 X 射线荧光分析法、电子探针法、中子活化法等分析遗物的成分等。另外，由于航空、航天、潜水和影像设备与技术的提高，促成了“航空考古学”的进一步发展和“水下考古学”的创立。不同意识形态的国家，在考古学研究中都同样重视古代人类社会的经济因素。英国学者 J. G. D. 克拉克所著《史前欧洲经济的基础》一书，可谓体现这一思想的代表作。20 世纪 60 年代以来，美国出现以 L. R. 宾福德为首的“新考古学派”，向传统考古学的烦琐哲学倾向提出挑战，主张考古学应该是一门研究“文化过程”的科学，其目标在于探索“文化动力学”的规律。新考古学派起到了活化考古学的作用。至 20 世纪末，在前一时期各地域考古工作不断扩展的基础上，已形成了考古学的全球化。就史前考古学而言，1969 年出版的克拉克所著《世界史前学》一书，便是全球化或曰世界化的一个体现。

中国的考古发掘工作始于20世纪20年代。在这之前，19世纪末叶，帝国主义列强对当时贫穷、落后的中国抱有领土野心，而纷纷派探险队到新疆，进行考古调查、发掘以掠夺古物。日本和俄国则在东北地区进行掠夺性的考古发掘。当时中国还只停留在金石学的阶段，并未曾认识到近代考古学和应到野外去做考古发掘工作。进入20世纪以后，作为学科建设工作，先是1921年瑞典人安特生在河南渑池发现了新石器时代的仰韶文化遗址；接着在甘肃和青海发掘了许多新石器时代和石、铜并用时代的遗址（他所推定的年代序列，在20世纪40年代为中国学者所纠正）。1927年中国学者伙同外国学者发掘了北京周口店的旧石器时代遗址；1929年裴文中在该遗址发现了“北京人”头盖骨化石，引起全世界的重视。同时，李济、梁思永等于1928年在河南安阳发掘殷墟，提出这里是商朝后期的都城遗址的见解（2001年1月31日笔者在《中国文物报》发表《小屯“殷墟”非殷都之墟》对此提出质疑）。1928年，吴金鼎在山东章丘的城子崖发现新石器时代晚期的龙山文化遗址。1931年，梁思永发掘安阳后岗遗址，从地层关系判明仰韶文化、龙山文化和商文化的年代先后序列。于是黄河流域史前文化和成文历史初期文化的基本轮廓展现于人们的面前，这为中国考古学的进一步发展打下了良好的基础。

近五十年间，富有特色的中国考古学取得迅速的发展。考古发掘的范围遍及全国各地，重大发现层出不穷。在石器时代考古学方面的研究中，苏秉琦提出了“区系类型”学说；建筑考古学、陶瓷考古学、铜器考古学、农业考古学、环境考古学等特殊考古学的诸多分支学科，也逐渐形成；高科技的断代检测手段已经建立；航空考古、水下考古等也开始建立起来。

二、建筑考古学的创立与发展

以土木材料为主的中国古代建筑，在世界建筑史上具有很突出的特殊性。其遗址与世界上许多砖、石体系的建筑不同，往往只保存一些夯土部件和少量残砖、断瓦、碎石之类，原来大量的木构所造成的形体一般不复存在，绝无像埃及、希腊、罗马的上千年的古建筑遗存那样尽管残破但仍然伫立着列柱、梁、枋和墙体。中国的古建筑遗迹，基本上是土中埋藏的一些土而已。这就极大地增加了建筑考古的难度。在西方，建筑考古学的问题并不突出，而在中国，则是一项非常必要的特殊考古学分支学科。所谓“建筑考古学”，不像普通考古学那样，且没有可资借鉴的经验。这就需要我们自力更生地去创立这一学科。

在现代，“考古学”的理解概括起来是：其使命与历史学是相同的，都是如实地复原认识历史事物，其区别仅在于历史学是以文献为对象，而考古学是以遗迹、遗物为对象。到目前为止，“考古学”的内涵，广义的理解为，通过对历史遗迹、遗物的研究获得历史知识；狭义地说，则是指获取历史遗迹、遗物的途径和方法，包括调查、搜集实物资料的技术；整理、编排、保存实物资料的技术；测试断代的技术；审订和考证实物数据方式、方法。考古学的定义，虽无明确的规定，但国际学术界普遍认为：“考古学是根据古代人类通过各种活动遗留下来的实物以研究人类古代社会历史的一门科学。”[①] 其学科分类，可分为“普通考古学”（General Archaeology）和“特殊考古学”（Special Archaeology）两大类。所谓“普通考古学”，是学科初期按时代划分研究领域，它包括成文历史之前的所谓“史前考古学”与成文历史之后的所谓“历史考古学”两个方面。属于前者的为“旧石器时代考古”和“新石器时代考古”（或在二者之间加上“中石器时代考古”）；属于后者的为“铜器时代考古”和“铁器时代考古”；这些都以田野考古学为基础。考古学尽管应用了一些自然科学手段，但从根本上讲，它与历史学一样同属于人文科学领域；在学科知识的传授中，隶属于大学文学院。面对广泛的古代遗迹、遗物，会涉及许多自然科学、技术科学的知识。以文学院的知识储备来说，对其认识是有很大局限性的。例如，面对古代瓷器、铜器、建筑、船舶等，因涉及各种工程专业知识，无论是在遗迹现象辨认的田野工作方面还是室内复原研究方面，都受到知识结构的限制。因此，自 20 世纪 70 年代以来，普通考古学应用现代科技新成就，不但在调查、发掘技术和遗物的年代鉴定技术上有新的发展；更为重要的是，面对复杂的古代遗迹、遗物对象，与多种自然科学、技术科学相结合，突破了欧洲初创时考古学只按时代划分学科分支的限制，而开辟了以专业划分研究领域的分支学科，例如陶瓷考古学、青铜器考古学、建筑考古学、农业考古学、环境考古学……这些学科，相对普通考古学而言，可谓“特殊考古学”，也可以说是“专业考古学”。

在所谓“特殊考古学”形成之前，在古物、古迹的考古学研究中，当然早就涉及各种专业对象的问题，只是未能深入到专业的理性认识中去，如瓷器的考古学研究，只能是直观地、感性地“其薄如纸、其润如玉”之类的描述和对照已知瓷片或其样本来做定性的断代分析。只有当它与陶瓷专业结合之后，在硅酸盐和陶瓷工艺的专门知识基础上，才使陶瓷的考古学研究摆脱古董商和收藏家的鉴赏式的治学方式，而形成专业的定量研究的考古学分支。对青铜器的考古学研究也是一样，在尚未与冶金、铸造、焊接专业结合之前，其考古学研究只能是在“铜器”专业的外围，进行器形、纹饰、铭文的研究，只有当以金相学为基础的冶、铸专业介入，才使考古学研究深入到铜器本身的学科领域，从而形成了“青铜器考古学”。同样，对古代建筑、古聚落、古城市遗址的考古学研究，也经历了一个由常识到专业的过程。更为不幸的是，因为建筑遗迹很少伴生器物，而且遗迹也搬不到博物馆里去，在当时盛行“挖宝”、注重墓葬考古的情况下，遗址是引不起人们的兴趣的，因此造成了不少无法弥补的损失。另外，不论是建筑还是聚落、城市的遗址，对于它们的认识和研究，需要很多普通考古学以外的专门知识，这也是普通考古学一般田野发掘对遗址无意问津的原因。即使发掘，反映在发掘简报和报告中，对于建筑遗迹的表述往往也是一带而过，附图也常是示意性的，很难作为研究的依据。从 20 世纪 20～30 年代开始，田野考古就曾调查乃至发掘了一些建筑遗址，既有新石器时代的穴居之类的居住遗迹，也有

---

① 中国大百科全书总编辑委员会《考古学》编辑委员会:《中国大百科全书·考古学》，中国大百科全书出版社，1986 年，第 2 页。

成文历史之后的建筑遗迹，其中尤为著名的是规模较大的铜器时代的安阳殷墟宫殿建筑群遗址。当时尚未形成“建筑考古学”的概念，而是以普通考古学对待墓葬的方法来对待遗址——遵循“挖到生土为止”的原则，大多是将夯土台基连同其基础全部挖掉，直到见到地基下的原生黄土为止。其结果是，一座宫殿遗迹发掘完毕，而发掘对象也随着堆积一起被扬弃了[①]。当时在小屯遗址的发掘中，这种错误一再重复，可见发掘遗址不等于就是“建筑考古学”。类似这样非专业的问题，在1949年以来的考古工作中仍然存在，尽管遇到夯土不再去掉了，但对遗址的发掘仍然是以普通考古学的概念为指导。例如，洛阳太学遗址，由于自东汉以来，历经魏、晋及北朝几代的经营改建使用，使得遗址形成多层叠压状态，其复杂的打破关系对于具备建筑史学专业知识的人员来说，都是很难辨认清楚的。尤其是发掘开方不够，局部遗址现象更是无法辨认。在这种情况下，按建筑考古学的方法，必须保持这上一层遗迹的完整，扩方直至揭露一座完整的建筑单元，以文字、测图、照相等手段完全记录了遗迹现象之后，经文物鉴定认为可以铲除以获取下层遗迹，再进行下层的发掘作业。但是20世纪50～70年代的若干次发掘，却是在不大的开方中进行建筑物的局部发掘，在摸不清其总体情况下，便局部解剖继续下挖，使得同时显露几层极小的局部现象。在极为混乱、不能辨认的情况下，只好放弃发掘，另行开方，依然重复上述错误，所以这一遗址遭到很大破坏，至今没有成果。在更多的情况下，涉及专业分析的遗迹现象，却是经常被遗漏或做出错误的判断，诸如：在新石器时代遗址考古中，在建筑塌毁遗迹保存完好的情况下，屋盖残迹明确显示了是泥背屋面，但还是从一般常识出发，画成茅草顶的“复原图”；并面对屋盖上塌落的囱缘防水泥棱——有直棱和曲率半径很小的弧形转折泥棱以及泥棱的尽端，还是按照陶器口沿复原的概念，复原成曲率半径较大的有如碗底的“圜脊”[②]。有的新石器时代遗址，做出了“土柱”（早期柱洞被填土夯实后，再普遍垫土做成新居住面。发掘时，做掉了新居住面，而保留了比居住面更为坚硬的柱洞内的夯土）。将新石器时代古池塘底的木结构井干挖出，而解释为“原始宗教建筑”的遗迹。将殷商宫殿“土阶”的残迹误认为完整的“祭坛”（实际上其四个踏道和素土磉墩遗迹已明确显示它是残高，同时提供了推断这一殿堂台基原来高度和部分柱位的证据）。对于一处商中期（二里冈期）的方国都城宫殿遗址，看到前后排列的三处夯土，由于不能做专业的理性分析，只见前两处为可辨形制的殿堂基址，便想当然地将最后的一处残破的外围廊庑夯土台基也臆断为殿堂基址。对于先秦至西汉时期的高台宫殿遗迹，因发掘所见夯土墩台损失殆尽，就凭晚期古建筑的常识而臆断为低矮台基。还有一种情况，即见到高台建筑若干内庭（天井）有瓦砾等堆积，而与地平面等高的高台残面非常干净，则误认为有塌落瓦砾的内庭为“殿堂”、纯净夯土的高台残面部分为“天井地面”。对于反映岭南与中原秦、汉文化关系的一处极为重要的南越王宫殿遗址，以其残破的木构基础为完整的“滑道”，

---

① 石璋如：《小屯·第一本 遗址的发现与发掘·乙编 殷墟建筑遗存》，“中研院”历史语言研究所（台北市南港区），1959年。

② 中国科学院考古研究所、陕西省西安半坡博物馆：《西安半坡》，文物出版社，1963年。

认定为“造船工厂”的“船台”，而载入经典性的《中国大百科全书·考古学》①。发掘唐代宫殿遗址，在尚未做到石砌台基边缘的情况下，就认定是完成了发掘，而将四角内金柱认定为“首次发现”的“擎檐柱”②。对于隋唐就岗阜建造大殿而采取减法切削做成的台基和慢道，即使看到石灰抹面的证据，也不能理解为一种建筑现象，而产生“生土怎么能是建筑？”的疑问，以致发掘报告对于关键的龙尾道问题出现了错误的解释③。对于建筑构件及建材标本的处理，也是按照普通考古学对待一般器物的方法一律刷洗干净，例如清洗掉陶制屋瓦粘连的泥背或灰背以及连檐板涂色的痕迹（这些都是应予保留的重要遗迹现象）；青铜建筑构件“春秋金釭”，用弱酸浸泡、用钢丝刷洗净所附着的色漆和薄绢垫层等。这些错误都是由于缺乏专业知识所造成的。对此，夏鼐曾提醒“尊重专业”“尊重知识”，他本人做出了表率。夏鼐是以治学严谨而著称于国内外学术界的，正是他鉴于非专业人员从事建筑专业考古的局限性，考虑到学科的发展，才于1965年先后两次请梁思成先生推荐一位学有所成的建筑史学专业人才到他所领导的考古研究所专门从事建筑遗址的考古学研究以及建立“建筑考古学”分支学科工作。旋因“文化大革命”爆发而作罢，直至“文化大革命”尾声的1973年，夏氏借被任命为“文化大革命领导小组组长”之机，才得以将他所希望的专业研究人员——笔者，调进当时他所领导的中国科学院考古研究所。夏氏对于笔者进入考古所，从事建筑遗迹现象的专业辨认和复原研究成果所给予的肯定甚至赞赏，应该说是有权威性的。从1973年直到20世纪末的二十六年来，中国社会科学院考古研究所专业研究员的指导部分所开展的建筑考古学工作，已使古建筑、古聚落、古城市遗址的考古学研究纳入了学科的轨道，一个新的分支学科——建筑考古学，正在形成。夏鼐所长对此是非常重视的，鉴于《元大都的考古发掘与研究》的专题负责人虽然得到了赵正之教授毕生积累的研究资料，但是由于专业的隔阂仍然无力开展研究，遂决定增加建筑考古学的力量，命笔者也作为专题负责人之一与原负责人分工合作开展研究，但一直没有执行。夏氏任考古研究所所长后期，再一次提出建筑遗址的发掘报告，不应只是田野工作的资料性的报告，而应该都有室内复原研究报告的专门篇章。他决定从考古材料较为充实的《隋仁寿宫·唐九成宫》开始，将延续半个多世纪的中研院历史语言研究所的《中国田野考古报告集·考古学专刊·丁种》的传统加以改革，加强研究部分，将原定只由田野考古人员负责的《九成宫》专题改为由田野考古和建筑考古两位研究员共同担任专题负责人。遗憾的是，夏氏的这一决定，随着他不久之后的卸任所长，也未能贯彻执行。1987年，文物出版社出版了拙著《建筑考古学论文集》④，首次显示出“建筑考古学”作为一个学科

① 广州市文物管理处等：《广州秦汉造船工厂遗址试掘》，《文物》1977年第4期；中国大百科全书总编辑委员会《考古学》编辑委员会《中国大百科全书·考古学》“广州秦汉造船工厂遗址”条，中国大百科全书出版社，1986年，第149页。

② 《九成宫遗址发掘取得重大进展》，《中国文物报》1991年6月23日第24期第一版。

③ 中国社会科学院考古研究所西安唐城工作队：《唐大明宫含元殿遗址1995～1996年发掘报告》，《考古学报》1997年第3期。

④ 杨鸿勋：《建筑考古学论文集》，文物出版社，1987年。

存在的必要性以及它的基本内涵，它得到了考古学泰斗、两届中国考古学会理事长夏鼐及苏秉琦二位前辈的首肯；2001年，国家文物局机关报《中国文物报》发起全国公投评选“20世纪最佳文博考古图书”，该书获得“论著类”第一名，标志着“建筑考古学”被学术界普遍赞同和高度评价，引起国内和国际学术界的重视。

在国内，十七所大学的考古学系、人类学系、建筑学系、历史学系、美术史学系等，曾邀请笔者讲授“建筑考古学”的学科建设和专业知识；若干相关的研究与文物保护机构也邀请笔者做过同样的学科传播。20世纪80年代以来，我国香港、台湾地区以及美国、日本、韩国等，都曾极感兴趣地邀请笔者前往就此学科进行讲学。《建筑考古学论文集》出版不久，台湾大学建筑与城乡研究所将此书作为硕士与博士研究生的必读参考书，有组织地自始至终地通读研讨；并向中国社会科学院考古研究所三次发出邀请，聘笔者作为客座教授，为其培养“建筑考古学”的高级研究人才（直到2007年第三次邀请，笔者才得以在同年9月赴台任教一个学期）。在日本，多次讲学的结果，促使其学术界和职能部门十分重视，以致国立研究所把“建筑考古学”作为建筑史学必备的基础学科；同时，培养建筑考古学工作者，建立了建筑学专业人员每年下田野考古工地不少于三个月的制度（这也是夏鼐所强调的：从事“建筑考古学”的研究人员，要首先具备建筑学专业知识再进行考古学方面的培养）。海外学术界对新生的“建筑考古学”更不是等闲视之的，由此可见一斑。

三、“建筑考古学”是建筑史学的坚实基础

居住遗址的发掘和研究对于历史的认识来说，具有无可替代的重要价值。摩尔根在其著作《古代社会》一书中说：“与家族形态及家庭生活方式有密切关联的房屋建筑，提供一种从野蛮时代到文明时代的进步上相当完整的例解。”[①] 的确，俗话说，食、衣、住是生活三要素，它们作为“直接生活的生产和再生产”，是“历史中的决定性因素”。在墓葬考古中，出土的骨架对于体质人类学的研究是重要的，它提供了“人类自身的生产”的研究资料，无疑是可贵的；而伴生的随葬品，与衣、食有关的材料，也是研究历史的重要依据。但广义的住房亦即广延为建筑以至全部人为环境（manmade-environment）作为人类社会历史活动的载体，其遗址的考古学发掘和研究，则可提供墓葬考古所不能提供的社会生活形态的材料，可见是何等的重要了。

在中国，已发现距今二万二千年前的住房遗迹——哈尔滨阎家岗旧石器时代晚期（或曰“中石器时代”）的两座圆屋残迹。就全国范围总体来说，大约在万年以前原始先民定居生活，进一步促进了住房的生产和再生产。当时社会的重大工程首推住房的生产，这才使得土木工程学和建筑学最先萌发，得以成为最古老的工程学科。在历史上，越是早期，建筑越是重要。它的生产几乎集中了当时社会生产的各个门类，因而它集中反映了社会生产力的状况；在一定程度上，也反映了社会生产关系和意识形态的状况。例如，在新石

① 〔美〕莫尔根：《古代社会》，生活·读书·新知三联书店，1957年，第4页。

器时代考古研究中，仰韶文化时期被推断为母系氏族社会，不只是墓葬的反映，同时更为生动、具体的情况，是由聚落和住房遗址所揭示的。半坡[①]、姜寨[②]、北首岭[③]等仰韶文化聚落，都划分为居住、制陶和墓葬三个区域。在壕沟环绕的居住区内，围着中央广场四周建屋的规划布局所反映的氏族公社的秩序感以及成员平等和团结向心的公社原则，正是公社的成熟、稳定期，亦即母系氏族社会盛期的表现。龙山文化时期的聚落，则打乱了这一布局，广场上出现了住房甚至墓葬，居住区内也建有陶窑等，这些都反映氏族原则被破坏；同时住房出现了组合，原来室外的公用窖藏被移到室内，它们说明私有观念、贫富差异及偷盗现象的萌发。这些都揭示了向家族（house-hold）乃至父系家庭（family）的过渡，氏族制度只剩下了躯壳。遗址所保存的历史残留信息是极其丰富多彩的，它为具备智慧的考古学家提供了大量认识历史的依据。

对于建筑史学来说，建筑考古学也是非常重要的。这正像要了解已经灭亡的动物物种的身体组织需要研究其遗骸的构造一样，要判明已毁坏的古代建筑形制及其发展的历史，考察其遗址具有同等重要的意义。因此，以古代遗迹、遗物为对象的考古学，就成了建筑史学极为密切的毗邻学科，甚至可以说，二者的内容在很大程度上是相互包含着的。从考古学来说，古聚落、古城、古建筑遗址和古墓葬是同等重要的考察对象；就建筑史学而言，前期阶段缺乏或者没有遗留下完整古代建筑实物，唯有依靠考古学才能获得文献所不能提供的实物材料。所以随着科学的发展，普通考古学分化出新的分支学科——“建筑考古学”，建筑史学才随着这一新生学科的发展而步入实质性的研究阶段。

中国建筑史的研究，自这门学科形成以来的半个多世纪，经历了初期以现存古建筑实物的测绘为主要工作的史料收集、整理与传统术语考订和初步研究工作的阶段；到 20 世纪 50 年代末 60 年代初，动员了几乎整个建筑史学界的力量，完成了部分史料的断代编排和初步分析，编写、出版了《中国古代建筑简史》[④]；1980 年又出版了修订本——《中国古代建筑史》[⑤]。这为进一步开展建筑史学研究奠定了基础。建筑史学研究必备两方面的条件：一是史料信息，一是思维处理的智慧，二者缺一不可，即所谓以观点（理论）占有材料。首要的是建筑史料，尤其是实物史料的占有。古代建筑实物的保存时间是有限的，中国古代土木混合结构的建筑更不耐久。目前保存的完整木构建筑是晚唐所建的五台山佛光寺大殿，至今方逾千年。中国古代建筑的发展重大的飞跃在隋、唐以前，若以土木结构为主导来说，中国古典建筑体系的奠定，约在东汉时期。从这就可看出，我们以往的工作仅仅是史学研究的一个基础而已，真正围绕“发展”这一史学中心课题的研究，还有待我们

---

① 中国科学院考古研究所、陕西省西安半坡博物馆：《西安半坡》，文物出版社，1963 年。

② 半坡博物馆、陕西省考古研究所、临潼县博物馆：《姜寨——新石器时代遗址发掘报告》，文物出版社，1988 年。

③ 中国社会科学院考古研究所：《宝鸡北首岭》，文物出版社，1983 年。

④ 建筑工程部建筑科学研究院建筑理论及历史研究室中国建筑史编辑委员会：《中国建筑简史》第一册《中国古代建筑简史》，中国工业出版社，1962 年。

⑤ 刘敦桢：《中国古代建筑史》，中国建筑工业出版社，1980 年。

向着隋、唐以前去努力开拓研究领域。当然，隋、唐以后的史料占有和建筑发展问题的研讨，还远没有达到我们所期望的程度，我们的许多学者将继续从事这方面的工作。然而作为当前中国建筑史学的薄弱点，也恰恰是中心课题的关键所在，则是对历史前期的研究。因此，我们殷切期望有更多的建筑史学家把主要精力投入到这方面来。在漫长的古代社会，唯有统治者所使用的建筑——主要是宫殿，才能代表当时的最高建筑成就。然而遗留至今的宫殿只有明、清北京紫禁城和沈阳清初故宫，连明初和元代的宫殿都不复存在了，何况更早的呢？所以到目前为止，凭着现存古建筑实例，只能编写一部古建筑的史料汇编，不可能完成一部真正阐明建筑发生、发展过程的史书。认识万年以上的建筑发展史，主要还得依靠埋藏在地下的遗址材料。取得并研究遗址材料，不像取得现存古建筑的测绘图和照片那样简单，它需要借助于考古学。“建筑考古学”也正是为应建筑史学研究之需而诞生的。

四、建筑考古学的核心是复原工作

对于历史的研究，无论是通过古籍文献还是古代遗迹、遗物，其目的都在于尽可能如实地去认识古代社会的各个不同的侧面。这就是说，历史学、考古学以及包括建筑史、美术史、科学技术史在内的一切历史的研究，都是一项科学的复原工作。建筑史学要如实地阐明建筑发展的本来过程，首先要力求认识各历史时期建筑的原状。对于缺乏完整建筑遗存的早期建筑来说，科学地考察遗址是重要的途径，这也是建筑考古学的重要任务之一。因此可以说，建筑考古学的核心是复原研究。这正像是普通考古学之于古代陶器，首先是根据残破的陶片复原成为整体；在进一步的研究中，不论是对于制陶本身还是通过陶器反映当时社会面貌，也仍然是一种复原认识的过程，所以我们不能苟同那种非议科学复原工作的见解。

对于古代遗迹、遗物的复原研究，田野考古现场的调查取证是第一位的；而后，便是一系列的室内工作——标本的修复以及所有已取得考古材料的整理、研究。面对甚至是残破的遗迹、遗物，去查寻其原状甚至产生和使用它的社会活动，这无异于对一宗案件的侦破。所以在现代词汇中，出现了所谓“考古侦探”（Archaeology detective）的说法。对于案件的侦破来说，证据和推理都是必不可少的。依同理，在建筑考古的复原研究工作中，这两点是需要特别强调的：一点是复原的首要原则在于忠实于遗迹现象；另一点是古聚落、古城、古建筑的复原，需要借助于必要的科学论证。

关于第一点，即要求建立严格的从遗迹出发的概念，决不可为了设计的“合理”而任意改变遗迹形状或数据。古代遗迹所反映的多是我们知识范围以外的问题，要求我们遵循客观存在的事实来进行探索。如果现有的材料还不足以使我们有所发现、有所认识或设想，则不论是对其功能性质、空间与体形，还是结构、构造与材料诸问题，都允许存疑，决不可为自圆其说或复原图案的美观而做违背遗迹现象的发挥。

关于第二点，即要求提高理论水平，或者说，不应只是抱着史料的观点，而是要有历史的观点。考古学的基本对象是实物，正如马克思所说，它与侧重文献的所谓“历史的研究”不同,就考古学的基本手段而言,它是一种“自然科学的研究”[①]。恩格斯说得好：“只要自然科学在思维着，它的发展形式就是假说。”[②]一切科学研究都是理论的研究，从残存的片段去认识整体，从孤立的、静止的例证去认识运动的、演变的历史，科学假说是必不可少的。

强调科学研究的严肃性有一句口号，即“有一分材料说一分话”，但这只能理解为说话要有证据、推理要有依据也就是了。实际上，有时是“有一分材料，可以说更多的话”，就看所掌握的是什么材料了。譬如，一件陶盆，当人们掌握它的一小段口沿、肩、腹和底，同时可以连接起来的时候，即使再窄小也可以根据它旋转制作的规律，将其复原成整体。这样，看起来只有几点原来的陶片，80% 都是白石膏的复原陶盆，也是真实可信的。这时，很可能是“有一分材料，讲 80% 或者更多的话”。在此项复原工作中，关键是掌握陶盆旋转制作的规律。建筑的复原也是一样，不过只是更为复杂也就是了。当掌握了建筑学、土木工程学以及有关学科的知识并遵循工艺逻辑和历史逻辑予以思维加工时，它的原状就不是不可知的了。有时尽管遗迹现象是很有限的，但仍然可以推知其基本状况，就是这个道理。

仅凭现存古建筑和借助文献的“历史学”方法研究古代建筑的演变是不能解决问题的，只有在“考古学”研究的基础上才能真正建立起可靠的形象的建筑史学。所以“建筑考古学”也可以说是建筑史学的基础学科。它的形成，把建筑史学置于一个坚实的基础之上，从而促进了建筑史学的发展。这样来说，20 世纪末叶从普通考古学分化出来的“建筑考古学”的意义，就不仅是扩大了特殊考古学领域，它更是对相邻学科发展的一大贡献。归根结底，取得早期建筑遗迹、遗物的实物史料，还是依靠田野考古学手段，但是其中必须具备建筑史学的知识——考古学与建筑史学的联姻，形成了这一特殊考古学的重要学科“建筑考古学”。由于夏鼐先生的安排，笔者在中国社会科学院考古研究所具备了这一联姻的条件，而肩负起学科建设的任务。遗憾的是，夏先生业已作古，至今未能实现他组成一个工作集体的计划。目前，唯有笔者个人在五十余年的建筑史学和与此同时的四十余年来的建筑考古学实践的基础上，正在致力于一部《建筑考古学概论》的撰写工作。此书从学科的基本理论到方法论，从田野调查、发掘、测量、绘图、影像录制，直到室内工作——标本筛选、修复、排比分析以及全部考古材料与历史材料的综合研究，基本建起了学科的架构。这不仅是科研工作的需要，也是教学工作的需要，更是学科发展所要求的。但愿它作为一块砖石，能在新世纪建筑考古学的进一步发展中，起到铺垫路基的作用。

五、建筑考古学研究已填补了建筑史的若干空白

20 世纪 50 年代末 60 年代初，在“总路线”的指引下、以“大跃进”的姿态、走

① 〔德〕马克思:《资本论》，人民出版社，2004 年。

② 〔德〕恩格斯:《自然辩证法》，人民出版社，1955 年。

“群众路线”、组织全国建筑史学力量集体编写、出版了《中国建筑简史》(1962年);打倒“四人帮”以后,于1980年又出版了《中国建筑简史》的第一册《中国古代建筑简史》[①]修改后的“八稿”,更名为《中国古代建筑史》[②]。这部《中国古代建筑简史》是在中国营造学社研究的基础上、在学社老一辈建筑史学家的指导下完成的第一部编年史,它代表了老一辈学者的治学观点和方法,因此可以说是中国建筑史学研究第一阶段的一座里程碑。这部《中国古代建筑简史》的历史局限性是:基于其治学观点,着重于现存古建筑实录,早期则偏重文献记载;较少涉及理论思维的发展演变亦即“史”的表述。该书即使就史料学来说,也缺少宋、元以前的宫殿、坛庙等具有时代代表性的高级建筑实例;在修改本中加入的几项“复原”例证,也由于尚未建立起来科学的“建筑考古学”概念,而都不是严格按照建筑考古的遗迹现象进行科学研究的结果,所以都与史实不符。例如,“第一章 原始社会时期的建筑遗迹”,以半坡仰韶文化遗址的大房子(F1)作为实例,其“复原想象”不顾遗迹所反映的泥背顶的实际,而“复原”为草顶;在体形上,不顾柱洞的直壁而做成斜杆的四对大叉手,其目的都在于模仿日本建筑史按弥生时代铜镜上的所谓“天地根元造”窝棚形象所绘的显山(讹作“歇山”)式样。实际上,遗址出土有“囱”的防水泥棱残段,已表明它确如文献追记原始住房开有天窗——囱,而不是从“显山”的侧面山尖开口排烟通风。另一长方形(书中误作“方形”)住房“复原”实例,也同样随意画成日本式的草顶“天地根元造”[③]。另一圆形住房“复原”,虽然表示了泥背顶,但仍是置塌落的囱缘残迹于不顾,而画成日本式的“天地根元造”那种“歇山顶”[④]。“第二章 夏、商、西周、春秋时期的建筑”,没有形象的建筑实例。“第三章 战国、秦、两汉、三国时期的建筑”,所引用的西汉“礼制建筑”(明堂辟雍),则是按照完全不相干的两晋随葬“魂瓶”上的设防坞壁庄园模型的形象“复原”的,甚至做成三层:一层四面前堂后室,共呈四堂、四室;二层又是四堂;三层,亦即台上,又有五室,合起来竟成了即使东汉以后也闻所未闻的八堂、九室,这显然是违反西汉古文学派王莽审定、刘歆复原设计所主张的“五室”史实的[⑤]。在这一章里所引用的燕下都出土的插在脊筒瓦上的陶制脊饰,也由于缺乏建筑考古学的调查研究,而臆断为“栏杆砖”[⑥],等等。“第四章 两晋、南北朝时期的建筑”,没有形象的复原材料。“第五章 隋、唐、五代时期的建筑”,所引用的“唐长安城复原图”,存在明显的太极宫和东宫范围的错误而没有考察订正[⑦]。大明宫含元殿“复原”,是依据初步的不完全的发掘材料(当时初步发掘,遗址材料尚不完备,甚至有错误

① 建筑工程部建筑科学研究院建筑理论及历史研究室中国建筑史编辑委员会编:《中国建筑简史》第一册《中国古代建筑简史》,中国工业出版社,1962年。

② 刘敦桢:《中国古代建筑史》,中国建筑工业出版社,1980年。

③ 同上《中国古代建筑史》,第25页。

④ 同上《中国古代建筑史》,第26页。

⑤ 同上《中国古代建筑史》,第47页。

⑥ 同上《中国古代建筑史》,第66页。

⑦ 同上《中国古代建筑史》,第106页;中国科学院考古研究所西安唐城发掘队:《唐代长安城考古纪略》,《考古》1963年第11期。

之处：大殿两侧飞廊转角处的钟、鼓楼尚未找到；龙尾道有早、晚期，早期为两条而误作三条，晚期未认出等），它只能作为一个阶段成果来探讨问题，还不足以编入正规的建筑史来作为凭证；更何况“复原”未遵循遗址，殿堂地面及三层大台的标高比遗址实际高出5米多之类①。麟德殿“复原”也有同样的问题，续掘证明“复原”所依据的初步发掘材料有不准确的地方；更何况“复原”不顾两楼墩台是实心，为了“合理”而“复原”了两个“纳陛”②。这些与遗址不符的问题，都说明缺乏科学性。“第六章 宋、辽、金时期的建筑”，没有形象的复原材料。“第七章 元、明、清时期的建筑”，所引清代“清漪园复原图”，其中作为全园构图中心的“九层大塔”，实际上在乾隆建园时并未曾建立起来，也就是说它也是与史实不符的③。这些，正如夏鼐先生所批评的：“学建筑的都会作设计！（意即：像作设计一样随便画‘复原图’）”这是由于缺乏建筑考古学的科学原则所造成的。

自从建筑考古学创立以来，在建筑遗迹现象科学考察的基础上所进行的典型古建筑复原研究，为建筑史学的研究提供了比较可靠的实物形象史料，从而弥补了史学探讨中的若干空白。

首先，关于中国建筑的发生及其初始形态，一直是建筑史学应该探讨而没有去做的一个空白。现在由于有了更多一些的新石器时代建筑遗址的实物材料，可借以探讨这个问题并建立了假说。科学研究是离不开推理和假说的，历史的研究也是以静态的史料为依据而进行动态的发展陈述，为此推理和假说是必不可少的。我们对于中国建筑的发生，在黄河流域黄土地带，提出以穴居为主导的学说。其发展可分以下几个主要环节：穴居是从模拟自然洞窟的横穴开始的，其“建筑”的概念恰是从其对立面建立的，即建筑不是从材料的增筑（加法），而是从材料的削减（减法）开始的。这就是说，“建筑”是从空间创造开始的。这一点十分重要，它构成了中国古典建筑体系从空间出发的基础。作为建筑发展的第一个环节，先是在黄土断崖上横向掏挖；进一步发展为先在陡坡上铲出一个直立壁面，然后再于黄土直壁上横向掏挖横穴；再发展，便是在平地上垂直掏挖口小膛大的袋形竖穴了。竖穴设置固定顶盖——“覆”（屋），形成加、减法共同制造空间，并促成了深竖穴向直壁半穴居的转化；此时还发明了烧烤穴底、穴壁甚至顶盖表面的防潮、防雨水、防蛇鼠之类和加固的工程做法。《诗经》所谓“陶覆、陶穴”，正是对当时仍在沿用这一古老居住形式的描写。进一步演变，便是穴越来越浅、屋越来越大，终于形成了彻底舍弃挖穴、而完全采用加法构筑地面房屋了。这便完成了穴居发展从地下到地上这一序列的全过程（图0-0-1）。从西安半坡遗址材料来看，根据考古地层学及放射性^{14}C测定年代，由半地下到地上的时间仅用了300～400年（图0-0-2）④。

五帝是载于太史公《史记》的古史传说，历来为人们所承认；近些年来考古工作又不

① 刘敦桢：《中国古代建筑史》，第109页；傅熹年：《唐长安大明宫含元殿原状的探讨》，《文物》1973年第7期。
② 同上《中国古代建筑史》，第111页；刘致平、傅熹年：《麟德殿复原的初步研究》，《考古》1963年第7期。
③ 同上《中国古代建筑史》，第298页。
④ 杨鸿勋：《仰韶文化居住建筑发展问题的探讨》，《考古学报》1975年第1期。

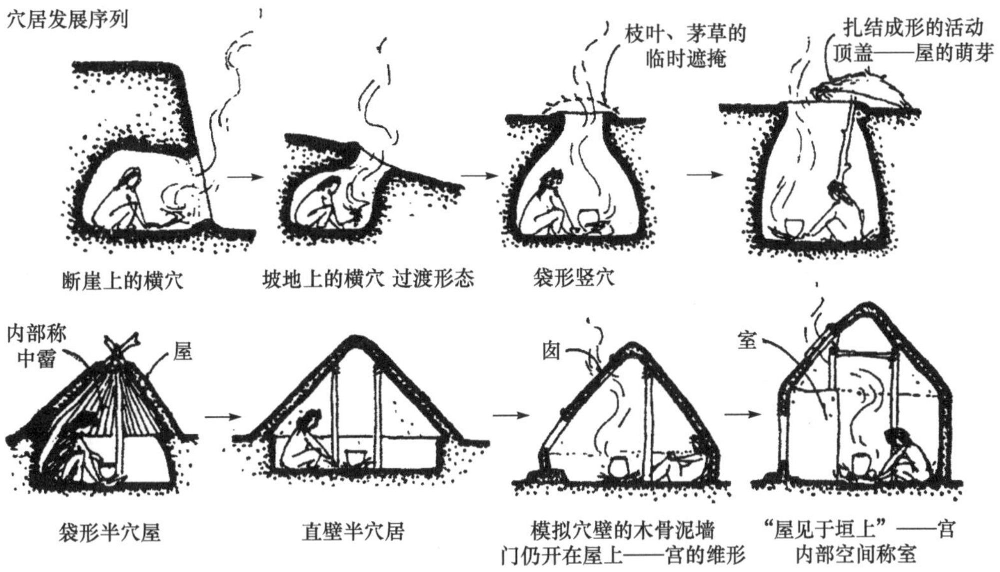

图 0-0-1 穴居发展序列

断提供佐证线索，就使三皇、五帝的传说更加可信。关于“黄帝合宫”的传说，应是处于酋邦社会时期的酋长住房，亦即宫殿雏形的式样，是探讨宫殿发生相当重要的材料。建筑考古学引用大地湾遗址 F901 及其前后的系列材料，对这一“宫”型组合体建筑已做出科学的诠释（图 0-0-3）①。关于神农与黄帝时代祭祀建筑的传说，经过建筑考古学的研究，也有重要突破。见于《淮南子·主术训》的“神农”时代的“明堂”和《史记·封禅书》的“黄帝时明堂”记载，经过考古学研究已了解其复原状况（图 0-0-4）；并得知大约在四千年前后这种“明堂”，即原始农业的祭祀建筑——“社”，已随着稻作技术传到日本，而成为日本神社的祖型②。这些古史传说材料，过去由于无法判别其真伪，长期以来的历代学者都无人问津。只有当建筑考古学建立，应用新石器时代遗址考古材料与传说古史相对照进行研究，才可能有所发现、有所收获。

古史传说的原始社会时期的建筑情况，只有靠考古学研究才能有所认识。现在已经发现的有：距今六千年前左右，原始母系氏族公社的聚落普遍具备居住、陶窑生产和墓葬三个区域的规划；居住区都有圜壕围绕，住房作圜形布置，形成中央广场——这一规划正是团结向心的氏族原则的体现（图 0-0-5）；面临广场，都设有公益性质的“大房子”，而且已发现“前堂后室”的布局（图 0-0-6）。距今五千年前左右，母系向父系过渡时期的家族（house-hold）住房，已创造出单元组合的公寓长屋（图 0-0-7）。在距今四千年前左右，父系氏族公社时期，已出现“二合”“三合”的合院建筑群组。夯土版筑技术，最早见于中原仰韶文化遗址。石灰的烧制和抹面使用以及土墼和泥坯砌块，最早都见于中原的龙山文化遗址；屋瓦最早见于西部地区的齐家文化遗存。

---

① 杨鸿勋：《宫殿考古通论》，紫禁城出版社，2001 年。

② 杨鸿勋：《明堂泛论——明堂的考古学研究》，《东方学报》（京都）1998 年，第七〇册，第 3 页。

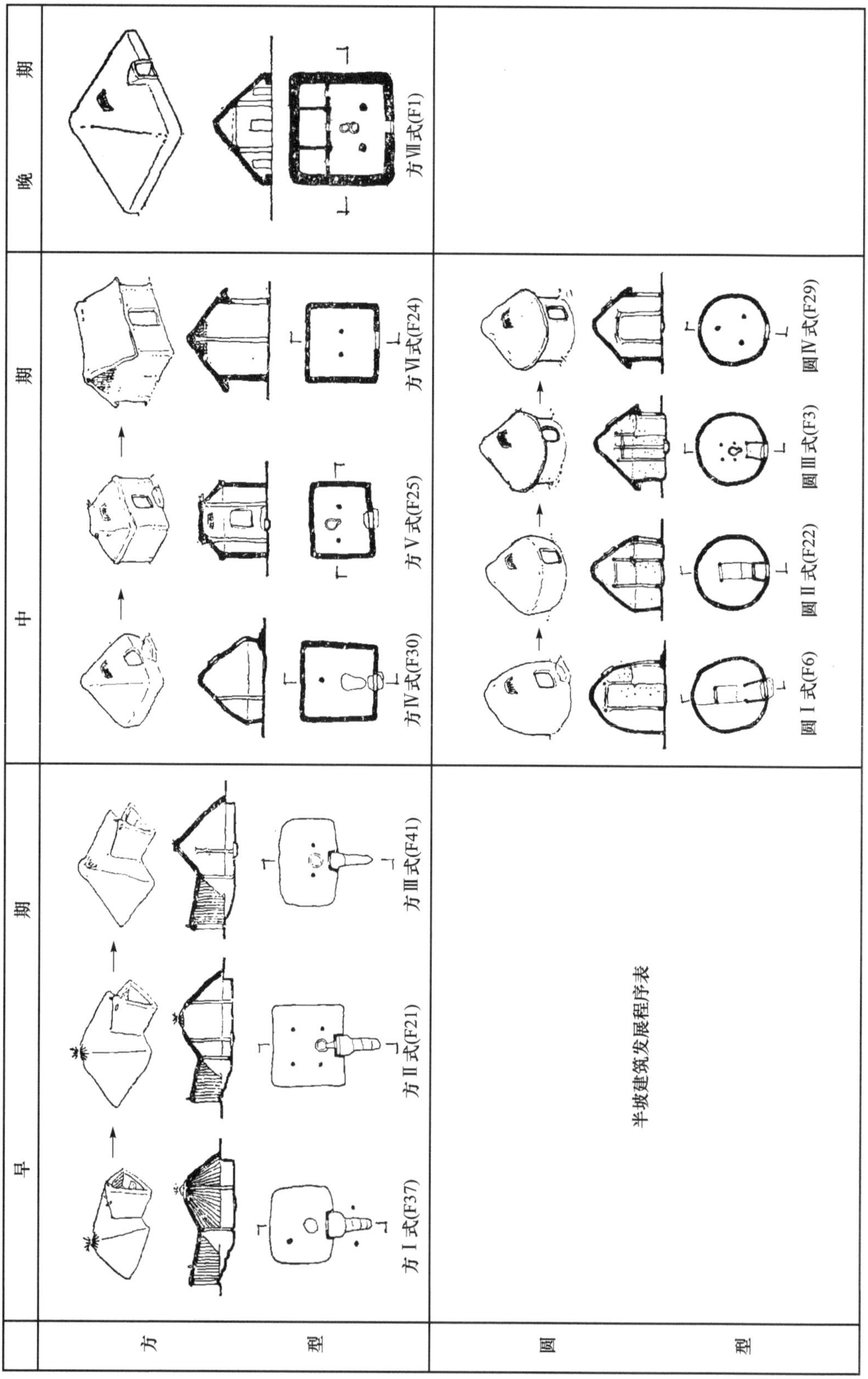

图 0-0-2 半坡建筑发展程序图表

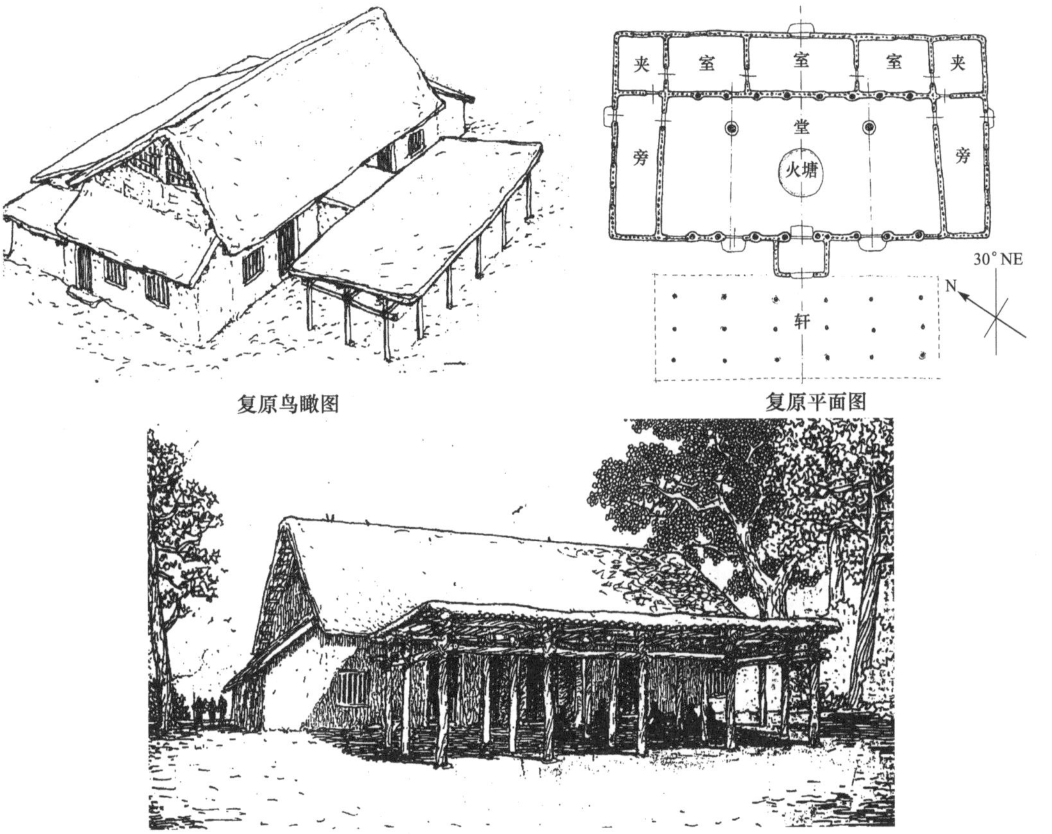

复原鸟瞰图　复原平面图

复原透视图

图 0-0-3　甘肃秦安大地湾遗址 F901 复原图

图 0-0-4　“黄帝时明堂”复原设想图

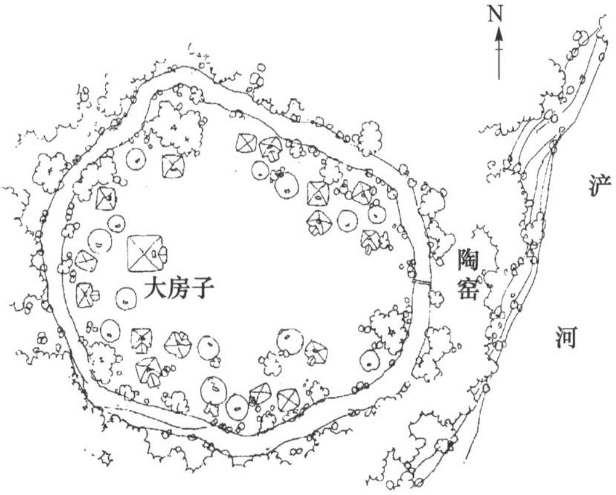

图 0-0-5　半坡聚落复原平面图

作为中国第一个王朝的“夏”，至今由于缺乏直接证据而被“有一分材料说一分话”的考古学家所存疑。然而它无论从文献还是考古学材料的蛛丝马迹来看，“夏”时代的存在是毋庸置疑的史实。二里头遗址 F1、F2 等宫殿的复原研究，已为《考工记·匠人》所记“夏后氏世室”——“前堂后室”充作“前朝后寝”的夏朝宫廷主殿（图 0-0-8）[①]，以及另外的宫廷建筑提供了实证。

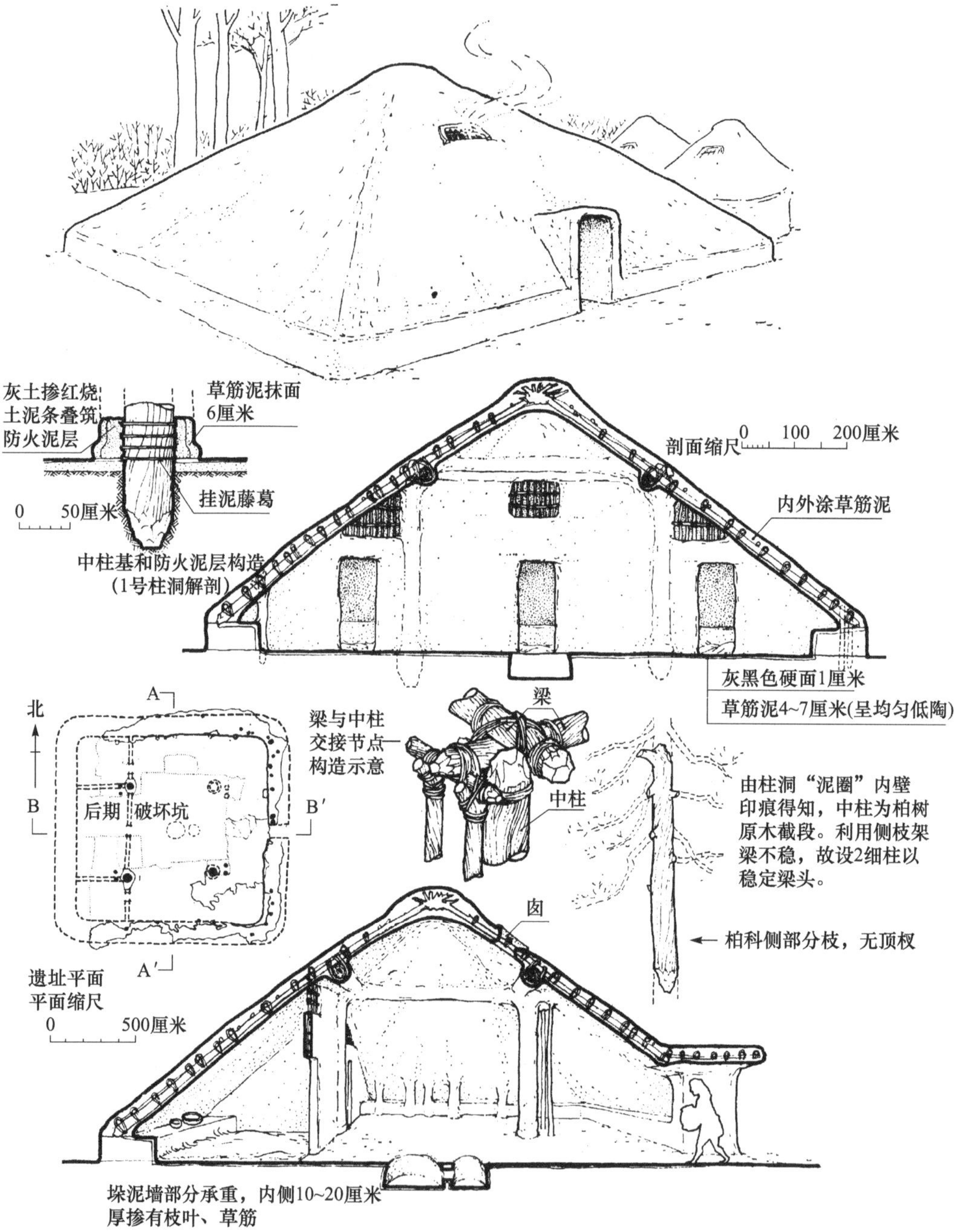

图 0-0-6 半坡大房子 F1

① 杨鸿勋：《初论二里头宫室的复原问题——兼论夏后氏世室形制》，《建筑考古学论文集》，文物出版社，1987 年，第 71 页。

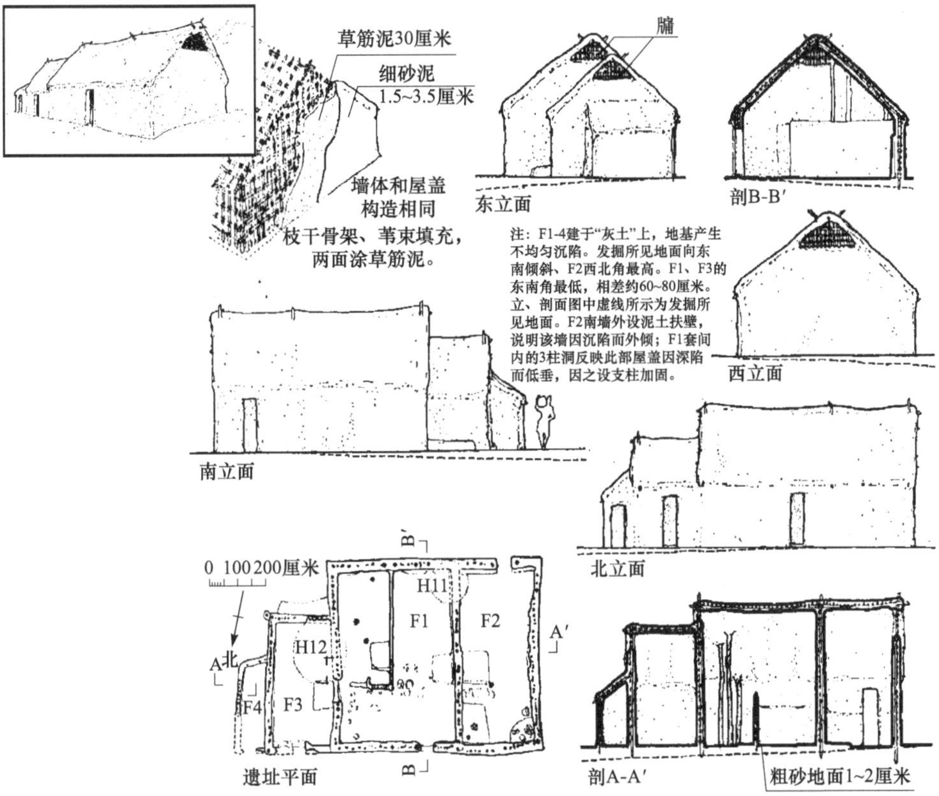

1

2

图 0-0-7

1. 郑州大河村 F1～F4 复原　2. 尉迟寺遗址 F9 复原

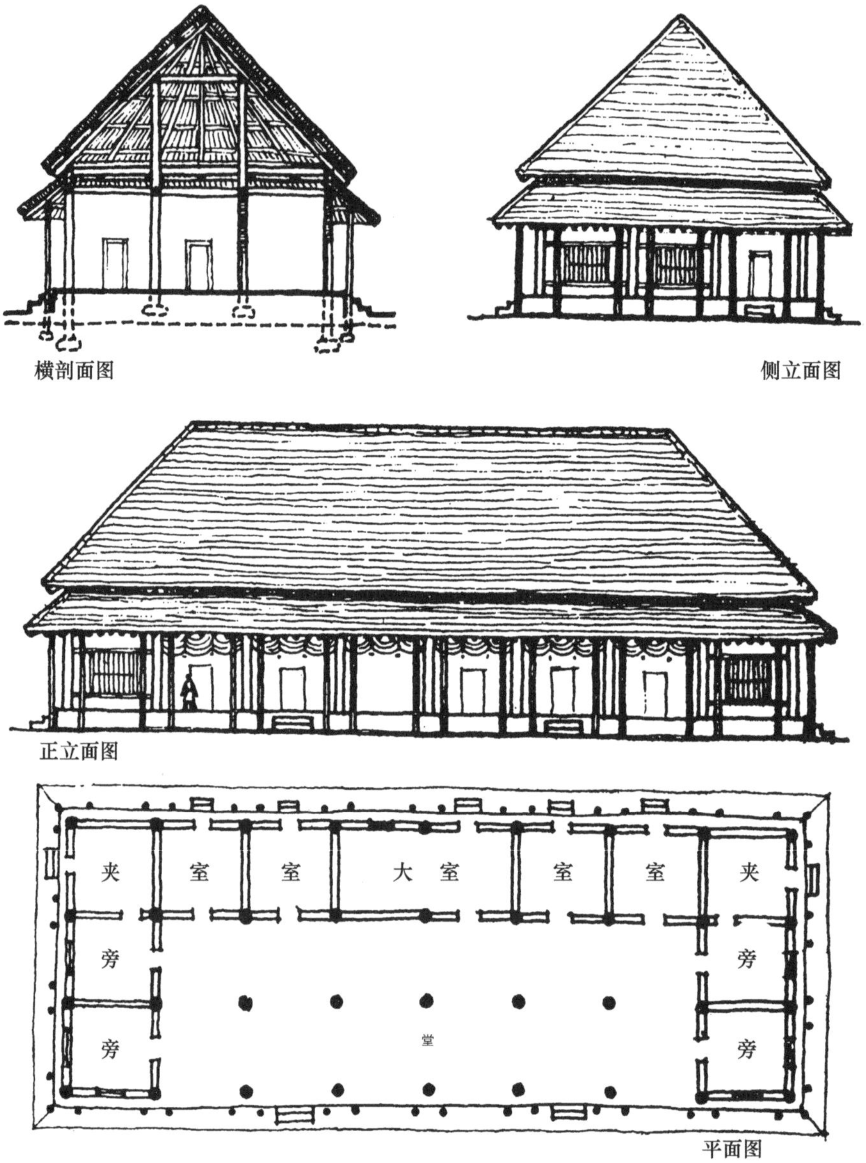

图 0-0-8　河南偃师二里头遗址主体殿堂复原设想之一

殷商建筑考古学研究取得令人惊喜的发现，在商汤建国初期的都城——偃师尸乡沟商城遗址，在其主体宫城中，已形成“前朝后寝”的建筑群；时至商中期，在主殿的右侧增建了社、稷、坛；与左侧的大约是祖庙的建筑相对应，这显示了《考工记》所载周朝王宫“左祖、右社”的布局，很可能创始于殷商[①]。同时，殷商的社、稷遗迹表明，它们都是干阑建筑，也就是当时象形文字（京）所描绘的形式，它正是“黄帝时明堂”的一脉相承（图 0-0-9）。这是建筑考古学研究解决建筑史上的又一个重要问题。安阳小屯殷墟的考

① 杨鸿勋：《宫殿考古通论》，紫禁城出版社，2001 年。

古材料，首次揭示了苑囿楼阁（图 0-0-10）[①] 以及“墓而不坟”的统治者陵墓上所建的享堂——甲骨文所谓的“宗”（图 0-0-11）[②]。

图 0-0-9 河南偃师商宫城遗址社、稷、坛复原示意图

图 0-0-10 小屯“殷墟”甲十二楼阁复原

图 0-0-11 母辛宗复原透视图

周朝王宫前殿，即《考工记》所载的“周人明堂”，关于它的形制问题，自汉朝以来，群儒从文献到文献的争论，可谓聚讼千载莫衷一是。但通过考古学研究，目前已提出比较可信的复原方案，从而弥补了建筑史上的这一缺憾[③]。东周列国的“高台榭、美宫室”，过去在建筑史上只能引用文献的描述，而没有具体的形象实例。现在经过建筑考古学的研

① 杨鸿勋：《宫殿考古通论》，紫禁城出版社，2001 年。

② 杨鸿勋：《妇好墓上“母辛宗”建筑复原》，《文物》1988 年第 6 期。

③ 杨鸿勋：《明堂泛论——明堂的考古学研究》，《东方学报》（京都）1998 年，第七〇册，第 17 页。

究，已提出秦国咸阳北阪上“飞阁复道”相连的宫殿（1号址复原）（图0-0-12）[①]、中山国王陵上台榭式享堂等复原（图0-0-13），而且完成了历史上最早的缩尺制图——1/500《兆域图》的破译（图0-0-14）[②]。建筑考古学的研究还认定了河南省登封县告成镇东周“阳城”遗址最早的给水工程系统遗迹，以及中国历史上最早的隋朝冷气设备的宫殿（图0-0-15）等。

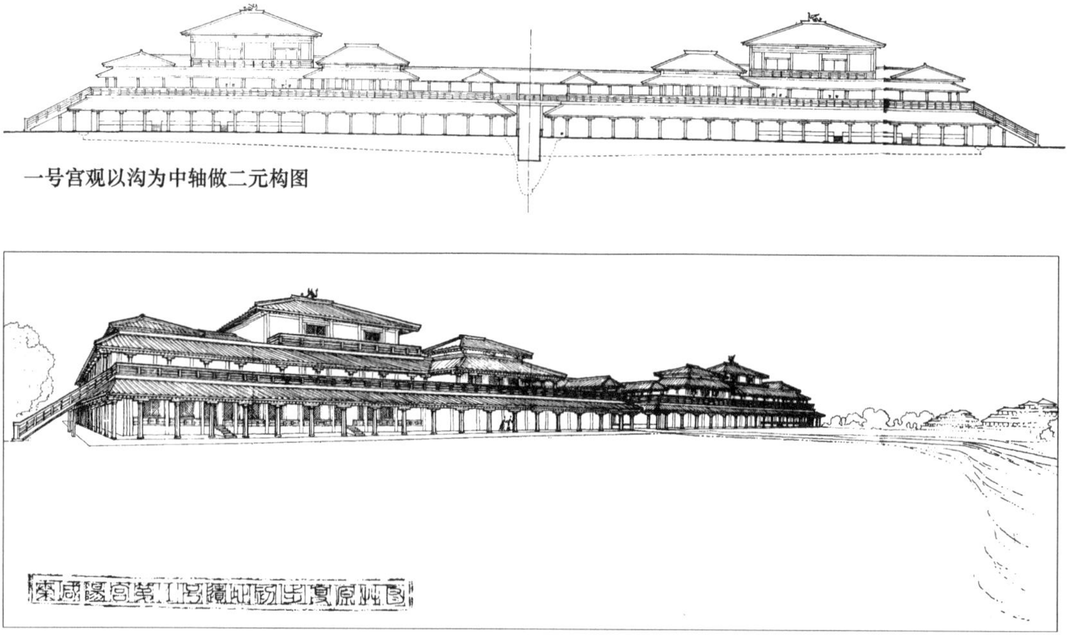

图0-0-12 咸阳宫第一号遗址复原总体南立面及透视图

图0-0-13 中山王陵墓享堂复原透视图

① 陶复：《秦咸阳宫第一号遗址复原问题的初步探讨》，《文物》1976年第11期。
② 杨鸿勋：《战国中山王陵及兆域图研究》，《考古学报》1980年第2期；又载杨鸿勋《建筑考古学论文集》第120页。

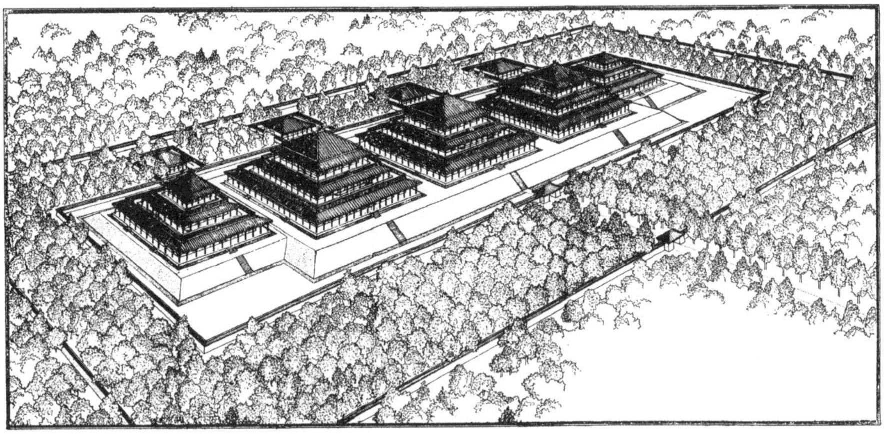

图 0-0-14　据《兆域图》复原的战国中山王陵总体鸟瞰图

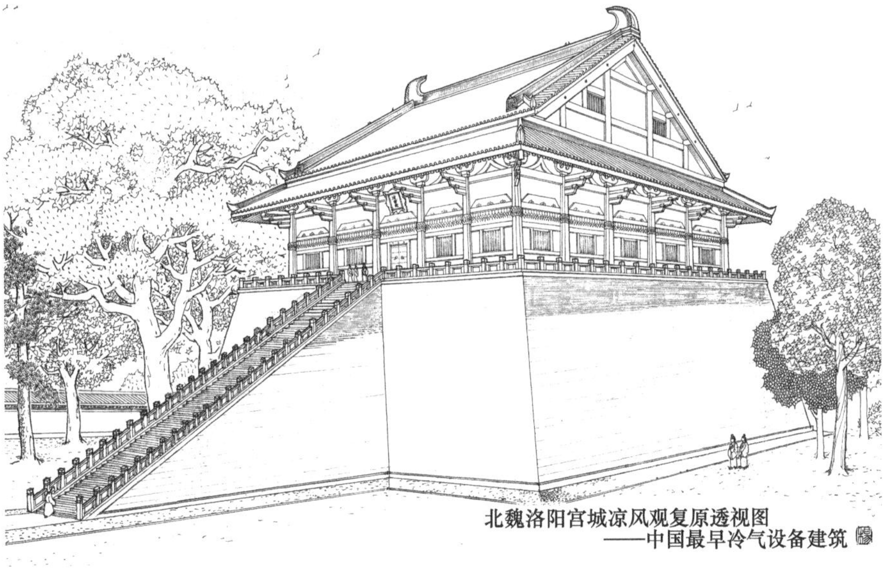

图 0-0-15　北魏洛阳宫城凌云台凉风观复原透视图

一统天下的秦帝国，在大咸阳规划中，著名的新朝宫前殿——“阿房”，是建筑史上的重要一例，但因无详细记载，其形制一直是千古之谜。过去建筑史仅是以其土台遗迹的照片来略作表示，现在虽然尚未对遗址进行发掘，但已做了钻探，由于不允专家察看现场，所以学术界对其探查结果持保留态度。现在通过建筑考古学对类似遗址材料的考察，已可初步对阿房前殿的设计做出设想（图 0-0-16）[①]。秦帝国标志“普天之下莫非王土”的东海“国门”——“碣石门”与“碣石宫”，是人为环境与自然环境相融合的一个杰作，建筑考古学也为建筑史提供了这一重要例证；这便首次揭示了中国大环境设计思想的体现

① 杨鸿勋：《宫殿考古通论》，紫禁城出版社，2001 年。

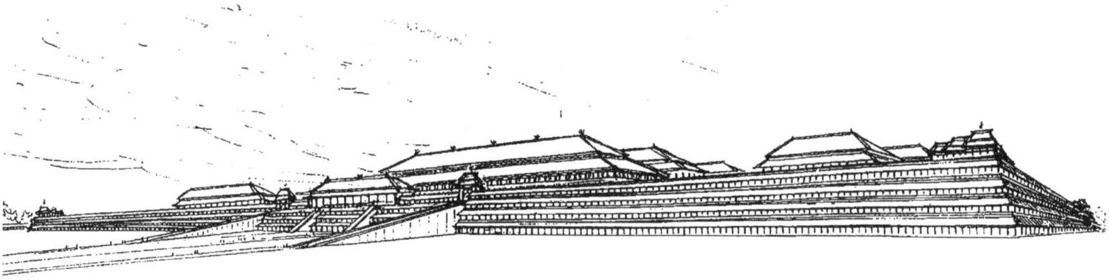

图 0-0-16 阿房宫设想图

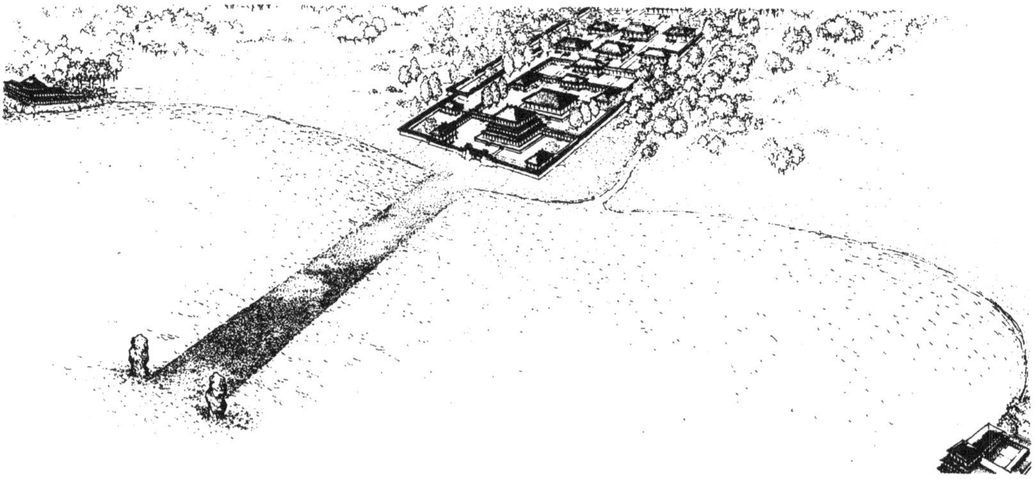

图 0-0-17 辽宁绥中秦碣石宫主体及东、西阙楼复原鸟瞰图

（图 0-0-17）[①]。对于长期以来普遍认为“覆斗形”的秦始皇陵“封土”，也揭示了它九层之台大享堂的本来面貌[②]。

汉长安的未央宫前殿已做试掘，据此对其原状也做出了建筑考古学的初步推测。另外，建筑考古学还为建筑史提供了未央宫前殿（图 0-0-18）和椒房殿[③]（图 0-0-19）、桂宫前殿、陵寝以及国家武库、太仓等实物史料。西汉末王莽执政时期，在首都长安南郊建造的明堂辟雍，是建筑史上复古主义的杰作，建筑考古学也做出科学复原的成果（图 0-0-20）[④]。东汉首都洛阳南郊的明堂[⑤]以及建筑史上最早的天文台——灵台，也都有了建筑考古学的科研成果（图 0-0-21）[⑥]。

---

① 杨鸿勋：《碣石门与碣石宫——秦帝国大一统天下的象征》，《中国文物报》1991 年 2 月 24 日第三版。
② 杨鸿勋：《杨鸿勋建筑考古学论文集》（增订版），清华大学出版社，2008 年，第 221 页。
③ 同上《杨鸿勋建筑考古学论文集》（增订版），第 237 页。
④ 杨鸿勋：《从遗址看西汉长安明堂（辟雍）形制》，《建筑考古学论文集》，文物出版社，1987 年，第 169 页。
⑤ 杨鸿勋：《明堂泛论——明堂的考古学研究》，《东方学报》（京都）1998 年，第七〇册，第 3 页。
⑥ 杨鸿勋：《宫殿考古通论》，紫禁城出版社，2001 年。

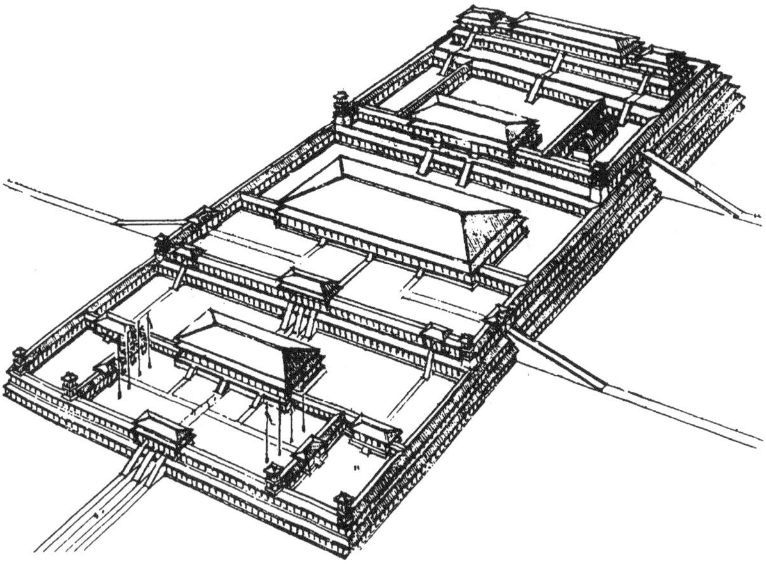

图 0-0-18　陕西西安汉长安城未央宫遗址前殿复原设想鸟瞰图

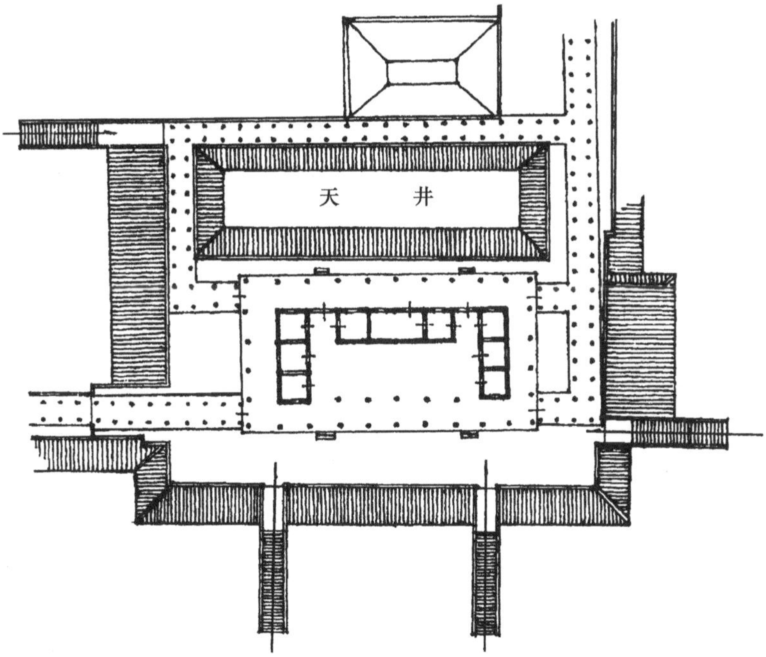

图 0-0-19　陕西西安汉长安城未央宫椒房殿台上复原平面图

三国曹魏邺城的铜雀三台已取得初步发掘材料，著名的北魏洛阳永宁寺塔也已提出可信的复原论证（图 0-0-22）[①]。

① 杨鸿勋：《关于北魏洛阳永宁寺塔复原草图的说明》，《文物》1992 年第 9 期。

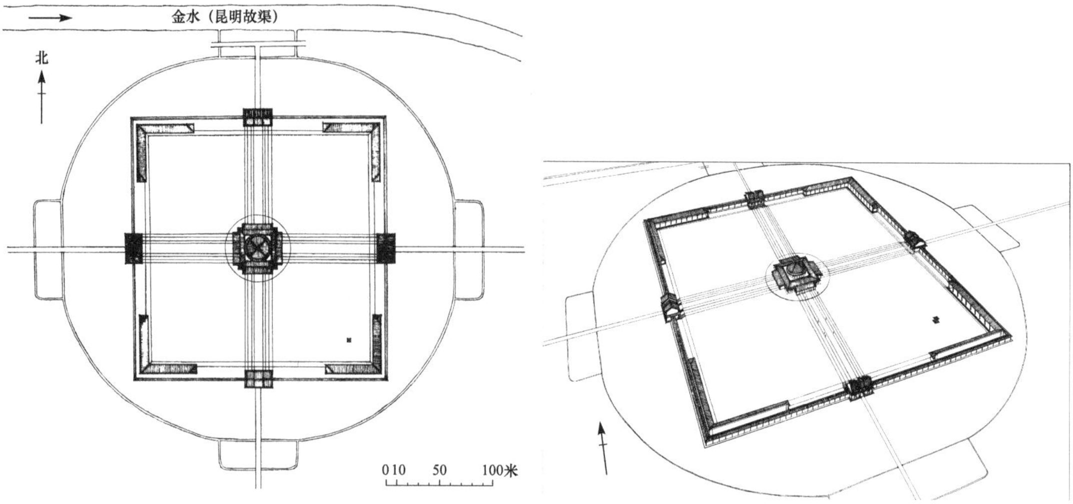

1 2

图 0-0-20 汉长安明堂辟雍复原总平面图及鸟瞰图

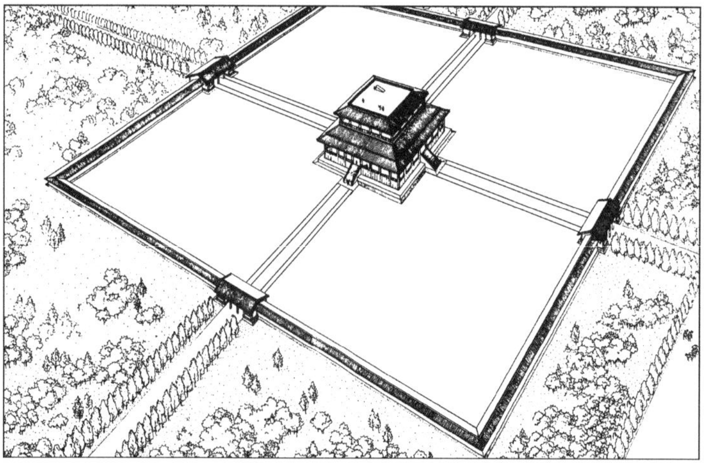

图 0-0-21 东汉洛阳灵台复原总体鸟瞰图

图 0-0-22 永宁寺塔复原图

隋、唐重要的宫廷建筑，诸如：隋仁寿宫·唐九成宫（图 0-0-23）[1]、唐长安大明宫含元殿（图 0-0-24）[2]、麟德殿（图 0-0-25）[3] 等以及武则天为称帝做准备而在东都洛阳兴建的宫廷主殿——明堂（万象神宫、通天宫）[4]，都已完成了复原研究报告（图 0-0-26）；隋朝首都大兴（唐长安）城的正南门——明德门，也发表了初步的复原结论（图 0-0-27）[5]；东都洛阳的南

① 杨鸿勋：《隋朝建筑巨匠宇文恺的杰作——仁寿宫（唐九成宫）》，《建筑史研究论文集（1946～1996）》，中国建筑工业出版社，1996 年。

② 杨鸿勋：《唐大明宫含元殿复原研究》，《庆祝苏秉琦考古五十五年论文集》，文物出版社，1989 年。

③ 杨鸿勋：《唐大明宫麟德殿复原研究》，《中国考古学研究——夏鼐先生考古五十年纪念论文集（二）》，科学出版社，1986 年。

④ 杨鸿勋：《明堂泛论——明堂的考古学研究》，《东方学报》（京都）1998 年，第七〇册，第 77 页。

⑤ 杨鸿勋：《唐长安明德门复原探讨》，《文物》1996 年第 4 期。

图 0-0-23 陕西麟游隋仁寿宫仁寿殿复原透视图

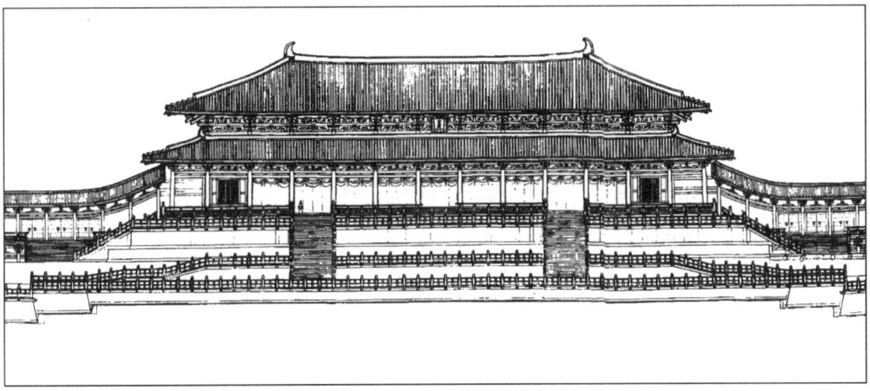

图 0-0-24 陕西西安唐大明宫含元殿复原正立面图

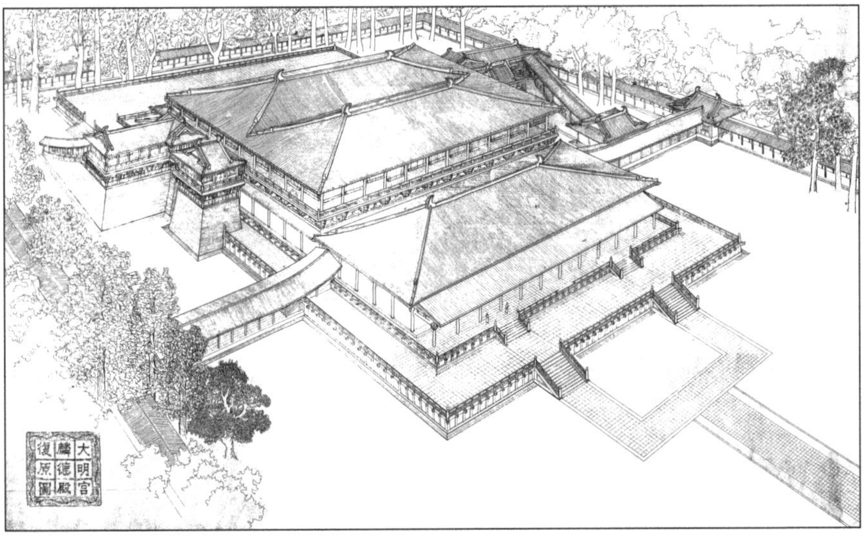

图 0-0-25 陕西西安唐大明宫麟德殿复原总体鸟瞰图

图 0-0-26 河南洛阳唐武则天明堂遗址复原透视图

图 0-0-27 明德门复原透视图

城门——定鼎门，也完成了考古发掘。这两座隋朝皇家建筑大师宇文恺主持设计建造的都城正门，都保持着南北朝时期配有两阙的特征，是建筑史上的重要例证。通过建筑考古学研究，已纠正了普通考古学对隋大兴·唐长安太子东宫范围的误断①。唐长安青龙寺的复原研究，为建筑史提供了密宗殿堂的实例②。唐长安荐福寺小雁塔，也完成了复原研究（图 0-0-28）③，现在建筑考古学也已取得了小雁塔原状的科研成果、填补了史料的不足。

建筑史上最引中、外学者注意而又一直没有专门研究并取得可信成果的两个疑难问题——大屋顶凹曲屋面的形成④和斗栱的发生⑤，也终于在建筑考古学的研究中得到解答，

① 杨鸿勋：《关于唐长安东宫范围问题的探讨》，《建筑考古学论文集》，文物出版社，1987 年。

② 杨鸿勋：《唐长安青龙寺真言密宗殿堂（遗址 4）复原研究》，《考古学报》1984 年第 3 期。

③ 杨鸿勋：《唐长安荐福寺塔复原探讨》，《文物》1990 年第 1 期。

④ 杨鸿勋：《中国古典建筑凹曲屋面发生、发展问题初探》，《科技史文集》（第 2 辑），上海科学技术出版社，1979 年。

⑤ 杨鸿勋：《斗栱起源考察——1980 年全国科学技术史学术会议论文》，《建筑历史与理论》（第二辑），江苏人民出版社，1982 年。

首次提出了科学假说的专门论文。

凡此种种，可以看出建筑考古学对建筑史学的重要性。到目前为止，建筑考古学为建筑史学所提供的实物史料还是初步的，就此已使得建筑史充实了许多。相信进一步的研究，将会更加推动建筑史学的发展。

图 0-0-28 唐长安荐福寺塔复原图

六、21 世纪的建筑考古学展望

建筑考古学经过将近 30 余年的学科建设工作，基本奠定了学科的基础。经过多年来在国内学术界的传播，已初步建立起“建筑考古学”的学科概念；20 世纪末《建筑考古学概论》的出版，不但标志学科的建立，而且为科学研究、教学和文物建筑保护维修提供了参考文献数据。

目前，有的重点大学考古学系或历史学系已筹划或已着手建立“建筑考古学专门化”或“建筑考古学专业”，为培养高级建筑考古学人才创造条件。在我国台湾地区，最著名的台湾大学城乡建筑研究所和人类学系，联合聘请笔者作为研究生班的客座教授，讲授“建筑考古学”和阐述发展演变的“中国建筑史（远古—清朝）”课程。在笔者多次访问交流下，日本国立奈良文化财研究所已经建立了“建筑考古学”养成制度。在中国和日本的考古科学研究工作中，已开始了复原研究的科学化。2003 年春，在华盛顿敦巴顿橡树园（Dumbarton Oakes）召开的“园林考古学国际研讨会”邀请笔者作为主要发言讲解园林考古学（建筑考古学的内容之一）研究的认识论与方法论。

相信在新世纪中，建筑考古学必将随着科学、技术的发展而更加完善。它将进一步为建筑史学的研究提供更多、更加可信的已湮没了的古代建筑实物史料，从而使建筑史书更趋丰满。在新世纪全球化的学术交流中，中国的“建筑考古学”对于西方国家的特殊考古学和建筑史学的发展也将会起到促进和借鉴作用。

参考书目

半坡博物馆、陕西省考古研究所、临潼县博物馆：《姜寨——新石器时代遗址发掘报告》，文物出版社，1988 年。

〔德〕恩格斯：《自然辩证法》，人民出版社，1955 年。

刘敦桢：《中国古代建筑史》，中国建筑工业出版社，1980 年。

〔德〕马克思：《资本论》，人民出版社，2004 年。

〔美〕摩尔根：《古代社会》，生活・读书・新知三联书店，1957 年。

杨鸿勋:《建筑考古学论文集》,文物出版社,1987年。
中国大百科全书总编辑委员会本卷编辑委员会、中国大百科全书出版社编辑部:《中国大百科全书·建筑 园林 城市规划》,中国大百科全书出版社,1988年。
中国大百科全书总编辑委员会《考古学》编辑委员会:《中国大百科全书·考古学》,中国大百科全书出版社,1986年。
中国科学院考古研究所、陕西省西安半坡博物馆:《西安半坡》,文物出版社,1963年。
中国社会科学院考古研究所:《宝鸡北首岭》,文物出版社,1983年。

第一章　建筑考古学的田野工作

建筑考古学是特殊考古学的一种，从事建筑考古学工作需要有普通考古学的基础知识。所以这里讲建筑考古学的田野工作，无须重复普通考古学的基本知识，只是着重说明建筑领域的聚落、城市、建筑物和构筑物等遗迹、遗物的田野考古的认识论与方法论的要点。

第一节　田野考古调查

建筑考古学的田野工作，主要是以古聚落、古城、古建筑与古构筑物的遗址、遗迹、遗物为主要对象，也涉及残破的历史建筑、居住与宗教的洞窟遗迹，以及可移动的碑碣、经幢等古迹、古物。

田野调查与普通考古学大致相同，主要是地面踏查，必要时则要乘直升机进行空中俯视的环境考察。田野调查不但是发掘的准备工作，而且是科学研究工作的组成部分。如果调查工作有足够的范围和深度，往往可以解决考古学研究的一些问题；这样的调查结果，也是划定文化史迹保护范围的依据。

一、踏　　查

踏查一般是有所准备的，即根据某些线索进行。踏查的线索，大概有这样几方面：地面遗迹、遗物线索，文献线索，民间传说线索和地名线索等。

1. 关于地面遗迹、遗物线索

例如，20 世纪 80 年代，在成都三星堆考古会议上，笔者是根据出土大量铜雕刻、器物和象牙等古蜀文物的地点，以及其两侧“土岭”的环境形势，而推断此地应是一座古城遗址的。全体代表都附议，集体到现场踏查，在“土岭”的剖面上看到商代陶片，支持了笔者的判断，从而决定进一步进行田野调查，终于取得了突破性的成果——认定了在西南地区与大邑商有着密切文化联系的古蜀都城。

2. 关于文献线索

例如，20 世纪 50 年代，古史专家徐旭生对河南洛阳东郊偃师一带的踏查，就是根据文献所记“偃师”“尸乡”一带地望的线索，去查找夏、商都城遗址的。在这里经过三十年的田野考古探查和发掘工作，终取得了夏、商都城遗址的重大收获。

3. 关于民间传说线索

民间传说也往往构成考古调查很有力的线索，如2001年，笔者应CCTV-10科学教育频道《直播中国》栏目的邀请，作为“探索湖底沉城”的主要嘉宾，在云南抚仙湖边踏查时，笔者对沉城的分析，在很大程度上就是借助了民间传说的导引。当地有流传已久的“九龙闹海”的古老传说，似乎是当年一场大地震的痛苦记忆。抚仙湖一带的地质构造，恰处于断裂带上，历史上多次大地震，有湖滨村庄沉入湖底的记载。若干年前的一场大地震，引起湖水沸腾般地翻滚，真好像是九龙闹海。这场大地震引起山体滑坡，而导致滨湖的一座城市滑入湖底。虽然该事件由于传说年代久远而变形——带有神话色彩，但它仍然反映了一定的史实。湖边山体滑坡遗迹尚存，水下考古和声呐探测所获得的湖底沉城材料证实了传说的可靠性。

传说往往是一种口述历史，人类历史就是要考虑到当地社会对事物构成的看法，以及他们从文化建构过去的方式。这应该就是法国涂尔干学派的社会学家莫里斯·哈布瓦赫（Maurice Halbwachs，1877～1945）所谓的“集体记忆”（collective memory）。因此，不能忽视传说。

4. 关于地名线索

地名也可以提供考古调查有用的线索。如偃师二里头夏遗址，已发现“夏后氏世室”等一些极其重要的宫殿遗迹之类，说明必然是宫城所在，也就是必然有都城的城池。但发掘主持人根据夏鼐所长否认郑州商城的逻辑——“小屯殷墟没有城，早于它怎么会有城呢！”实际上“殷墟”有城，只是当时没有查找。所以只能说小屯“还没有找到城”，而不能说“没有城”。所以笔者建议查找，结果考古所安阳发掘队发现所谓“大灰沟”，其实它就是城壕！

“殷墟”不是“殷”都之墟，而是“殷”都近畿地方的一座离宫遗址，所以其城池规模都不大。现已发现规模、形制都非同小可的所谓“洹北商城”，很可能就是真正的“殷墟”——殷都遗址。

笔者注意到二里头附近的古城村和城东村的地名，它们是极为可疑线索，使我们怀疑到这里曾经有过古城存在。这一带现在地面上没有古城，那就应该是更古老的时代，这里曾经有过古城遗迹，以致村庄以“古城”和“城东”命名。笔者自1973年以来的多次呼吁，最后终于得到重视，现已探查到了王宫城垣遗迹，可望进一步查找到外围的郭城遗迹。

二、探　　查

在被怀疑埋藏有历史遗迹的地段进行地下探测，一般来说，可有三种方法。

1. 用最简便易行的钻探工具“洛阳铲”进行钻探

所谓“洛阳铲”，是很早以前洛阳盗墓匪所使用的一种寻找地下埋藏古墓的工具。它的形式是一根2米多长的富有弹性的白蜡竿，细的一端连接一个铁制的半圆筒状的钻探头。使用时，只需手持白蜡竿垂直向下插入地下，边插边转动竿子，使下边的半圆探头插出一个完整的圆形洞眼（图：遗稿未配图）。如此反复操作，就可以在探头上带上来地下的土样。探头逐渐深入，带上更深的土样来观察。这样可以来查找地下的遗址。过去的盗墓匪，罪大恶极者，在1949年后陆续伏法；罪恶不大的，被改造利用作为田野考古调查的技术工人。在20世纪50～70年代，盗墓匪不见了，但他们所发明的"洛阳铲"由于经济、实用而名扬海内外，被考古界广泛使用。

用洛阳铲钻探，简称"铲探"。在怀疑地下有遗址的地段，可用洛阳铲探查出它的具体位置。操作的方法是，几个或更多的探工一起工作，每隔一定距离打一个探孔（图1-1-1）。一开始可以相隔远一点。当发现地下的埋藏物时，如发现夯土，则要缩小距离，譬如每隔50～100厘米，甚至更近的距离，打一个个探孔，以便找到准确的边界范围。

图1-1-1　洛阳铲钻探作业场景

一般所用的白蜡竿直径平均在3厘米左右，这样的白蜡幼树长得都不太高，取其树干，2～3米的长度还是可以得到的；另外，为了携带方便，也不要求太长，所以洛阳铲的竿长一般是2米多。这对于一般古墓葬、古遗址的埋深来说，都是可以探得到的。对待埋得很深的墓葬、遗址，钻探时是在竿的顶端系上一条长绳，当探竿被打入地下很深无法拿到探竿时，可以拉动绳子把探竿拉上来。由于有了长绳，就可以打得很深了。

2. 物理探查

利用物理技术探查地下埋藏的历史遗迹、遗物有多种新方法，主要有磁力探查法、电阻率探查法、电磁探查法等。我国引进物探技术，曾在殷墟、周原、云冈石窟、开封宋城、凤阳明城等处试用，已获得一定的经验和成果。

磁力法是较为简单易行的探查方法，开始较多用于古地磁学与古地理环境的研究领域。我国在20世纪80年代引入，应用于考古工作。按照我国过去的经验，在田野考古工作中，由于磁力探查法最为经济、简便和效果显著，所以使用最为广泛。

电阻率探查法的工作原理是利用各种物质的导电性能差异，在地面加电压，通过测定土壤电阻率（图：遗稿未配图）来判断地下的埋藏情况。一般说，地下含水量高、杂质多电阻率就小，例如埋有文化层、灰沟、灰坑等；反之，地下埋有墙体、道路及砖石等物，电阻率就大。

这里，着重介绍电磁探查法，即应用透地雷达技术（Ground-penetrating radar，简称GPR）探测地下埋藏的史迹。

此项技术的基本原理和方法是，在地表发射短脉冲的高频电磁波入地，测量这种入射波的反射情况，借以了解地下电性介面或异常体的存在位置。由于 GPR 采用了短脉冲的高频电磁波，所以比其他地球物理探测法要有较高的分辨率，并实时反映探测区域地下情况，对地层特征做细部的描绘。

探测仪器有不同厂家的产品，这里略举美国地球物理探测设备公司（GSSI）生产的 SIR-20 系统，其分为主机、天线、计算机与电源四个主要部分（图：遗稿未配图）。

一般地说，这种 SIR-20 系统的基本工作流程可分为以下几个步骤。

1）由主机内的脉冲启动器（pulse trigger）激发信号。

2）将激发的脉冲信号传至雷达天线。

3）雷达天线将激发信号转变为高频雷达波。

4）向地层内发射高频雷达波。

5）雷达波在接口产生反射现象。

6）雷达天线接收来自地下的反射信号。

7）反射信号传回系统主机。

8）信号储存在计算机硬盘内并实时显示。

透地雷达是以拖曳天线的方式来操作（图：遗稿未配图），在相同的水平间距内不断重复上述步骤，这样便可得到整条测线的透地雷达剖面图（图：遗稿未配图）。

透地雷达探测工作的流程，可以台湾博物馆委托成功大学公共工程研究中心所做的“台湾博物馆台北新公园地下史迹探勘计划”为例，加以说明。

探测工作分为两个阶段进行，第一阶段以 200MHz 雷达天线进行探测，根据初步探测结果来判断地下疑似遗迹、遗物的位置，再针对这些位置进行第二阶段的探测。

第二阶段选择分辨率较高的 400MHz 雷达天线做细部探测，根据探测结果，再对地下埋藏遗迹存在情况做最后的判断。

探测计划流程为：根据《委托任务书》制订工作计划→组织工作团队→现场踏勘→测线选定与放样→ GPR 初步探测与分析→判断可疑位置→ GPR 细部探测与分析→地下遗迹存在的研究判断→成果报告文本的制作。

与上述工作同步进行的是文献收集、整理与研究工作。

3. 利用化学方法探查土壤中所包含的人类活动信息

探查地下是否埋有建筑遗迹、遗物，有时也可以利用化学方法从探查地下埋藏的人类生活遗迹、遗物信息入手。如果发现生活遗迹，或耕地之类，则可以判断其居住的聚落和房屋的位置。例如，地下埋有当年的食物垃圾——动物骨骼，这些东西腐朽后就会增高土壤中的磷酸钙含量。判断耕地，则常是将土壤中的氮、磷、钾含量与人工栽培的农作物的孢子花粉分析结合进行分析。在国外，应用较多的检测方法是磷酸盐分析法。

化学方法探查，还有采用热释汞分析法。我国的情况是古墓中常使用大量朱砂和水银——汞，如殷墟妇好墓等商代墓就是以朱砂铺底。朱砂在古籍中又称“辰砂”，其化学成分是硫化汞，具有易于扩散的固相特点。有朱砂的墓葬或遗址，其所在地表土壤可以获得含汞量异常的信息。例如，考察秦始皇陵地宫是否有汞——“以水银为百川江河大海”（《史记》），就是采用热释汞分析法得到验证的。

三、探　　沟

探沟既是一种调查方式，也是一种发掘方式。自20世纪20年代末30年代初安阳小屯发掘开始，长期以来对于建筑遗址的发掘都是采取探沟的方式。20世纪50年代以后多采取探方的方式了。顾名思义，所谓“探沟”，就是挖狭长的沟，来揭示遗迹现象。现在探沟主要是作为一种调查的手段，在决定正式发掘之前，用来查看埋藏情况的。

铲探的结果，譬如探到地下埋藏的夯土基址，能够得到它的形状和尺寸，但不能知道它准确的具体状况。这就需要适当揭露，直接观察了。在已获得地下遗址迹象的地段，开挖沟槽，进一步探视其究竟，这个探视沟槽，考古学术语叫作“探沟”（图：遗稿未配图）。作为调查，如果覆盖层不太深，探沟宽度一般在1米左右也就够了；为了工作方便，可以开2米宽。探沟如果挖得太深，则必须要有边坡（一般1/10即可），以免塌方。

开探沟调查的实例，如2003年3月，笔者在CCTV-10《科学历程》栏目的“寻找失去的建筑”节目中，宣讲了“秦始皇九层之台的陵上享堂”研究成果。翌年，有关方面为了验证笔者的推断，对秦陵“封土”进行了钻探，确实发现了九层台迹象；于是在“封土”坡上，开挖了自下而上的探沟，直接察看究竟。结果是看到由下而上的九层夯土台及每层台边堆积的瓦砾、红烧土和木炭遗迹，甚至看到台边檐柱所遗留的一个柱洞。

在调查工作中，探察一个居址文化层的堆积情况时，无异于一个小型的试掘。如果只想了解文化层剖面，或者一段城墙的结构和修补的情况、居址的堆积情况，以及只靠铲探不能了解的建筑遗存情况，就有必要做探沟揭露了。

开探沟的操作，一般是先在预定地点放线，沟宽一般定为2米，如果挖掘不深，沟宽可按2米或稍窄，如果遗迹埋藏太深，则要适当放大宽度。至于探沟的长度，则视工作需要而定。挖探沟也要做记录，所以也要立坐标。一般是每10米留一隔梁，以便跨越探沟的交通之需。探沟的两侧地面上，距沟壁30～50厘米的一线，每隔5米或10米钉一木桩。桩上写编号，从0开始，1、2、3……依次编下去；对面木桩也照写编号，只是个号都加撇，这样两侧对照就是1-1′、2-2′……作为记录与绘图的坐标。

四、试　　掘

建筑遗址的发掘，特别是对于重要遗址，往往是先在局部揭露，查看一些情况。有时对遗址局部的揭露，有助于决定如何全面发掘。这种局部揭露，就是试验性的揭露，所以叫作试掘。当然，一般对遗址的发掘，不是都需要试掘的。试掘既是一种查看遗址如何整体发掘的调查方法，也是一种查看遗址保存状况如何、有无发掘价值的调查方法。有些遗址只有试掘，而没有再进行发掘，如汉未央宫前殿遗址。

20世纪下半叶，未央宫前殿大台遗址的西侧被当地农民开挖灌溉水渠而破坏，中国科学院考古研究所遂配合进行了试掘。同时，对台东侧和台上也做了钻探和小面积的试掘。此后，就没有再做发掘了。

五、调 查 记 录

在田野调查中，无论是踏查、钻探、探沟，还是试掘，都要做详细的记录。踏查记录可以采取工作日记的方式，当然要附有必要的图纸和影像材料。钻探、探沟和试掘，就要有一定规格的文字、实测图和影像材料了。这些记录是进一步研究的重要材料。

记录包括文字、实测图和影像等手段。建筑遗址的发掘记录表，每页上面必须有三项需要探方发掘人填写，即“发掘地点”“记录者姓名”和“年、月、日”。记录的主要内容如下。

1）遗迹——地层划分、每层的现象和出土物、各层的时代和断代依据、遗迹的尺寸与结构。

2）遗物——探方出土的一般遗物，只需标明探方或探沟号和层位即可，特别的遗物，如建筑构件和建筑材料，即使是残破的，也要用坐标记录法记录。

探沟出土物的记录，是以沟边最近的木桩为基点，拉线、用“度标三角尺”加上铅锤来测定尺寸，量出其所在位置的距离和层位深度。

出土物坐标的记录方法一如普通考古学，这里就不予说明了。

建筑遗址的测绘工作，包括探方和探沟各侧壁上的剖面图（表示遗址历史的地层关系）和每一文化层的平面图。记录遗迹要准确，可以使用带线格的方框罩在要画的位置上，在米格纸上按比例画，就比较准确了（图1-1-2）。比例一般按1:20，复杂的迹象用1:10，简单的迹象可以用1:50。

图1-1-2　半坡遗址田野发掘工作情况

绘制剖面图，则可用绳子在坑壁上先拉一条水平线，顺水平线有标尺，这便有了横向的尺度；再用尺竖向量出坑壁上的剖面线。如果坑深，还有必要再加一条水平线，以便于测量准确。

六、水下考古调查

举凡江河、湖泊、海洋，一切水域下遗迹、遗物的调查和发掘，都统称“水下考古调查”。专业的水下考古调查是二战后从打捞沉船开始的，现在它已发展成为特殊考古学的一个分支学科。凡属沉没的古港、古城以及一切水下的历史遗迹、遗物都是它的工作对象，潜水作业是它的核心项目。水下考古要求考古人员进入水下，所以水下考古工作者必须接受潜水训练，具备专业潜水员资格；水下考古使用的勘测、摄影、记录等仪器设备，也有专业的特殊防水要求。出水文物的保护和技术处理都有特殊的要求。在海水中打捞的遗物，还必须经过脱水和脱盐处理。

水下考古定位的方法，除了用附近沿岸地物来参照定位外，还要使用雷达和卫星等远程定位技术。工作时，配备遥感探测仪器设备的考察船与潜水考古人员的水下探摸作业相配合。

我国拥有 18000 千米的大陆海岸线，300 万平方千米的管辖海域。历代海域沉船不下两万条，内陆江、湖也有遗存；另外，湖中还有沉没的村庄、城市，这些给水下考古提出了大量的工作任务。1987 年 3 月，国务院批准组成“国家水下考古协调小组”；2004 年，在广东省阳江市建立了“中国水下考古科研与培训基地”，积极培养专业人才。

第二节　考 古 发 掘

考古学的田野工作是一种技术科学，所以恩格斯在谈到科学分类时，把考古学归类于自然科学。

一、发掘工具与仪器

传统的发掘方式是手工操作方式，只用锹、镐、铲以及运土和盛出土标本的筐、篮、蒲包之类。后来对于出土量大的发掘，则使用了推土机、挖土机、铲运机、传送带之类。特别需要提醒的是，遗址的发掘一定要慎用机械挖土。在这方面是有严重教训的，它所造成的损失是无法挽回的。发掘大型墓葬，许多主持人的目的是寻找墓中的随葬品——挖宝！因此，总是急于下挖墓圹，而对于其地面封土尤其喜欢用大型机械很快地铲除掉，战国中山王陵发掘、春秋秦公大墓发掘的教训值得吸取。

1. 工具

建筑考古学田野使用的工具与普通考古学一样，主要有以下几种，不再详述。

1）人力与机械挖土工具——最常用的是锹和镐（图 1-2-1）、推土机与挖土机。

2）人力与机械运土工具——最常用的是筐篮、传送带。

3）考古专业用工具——必备的是洛阳铲和手铲、鬃刷。

2. 仪器

建筑考古学田野使用的仪器与普通考古学一样，主要有以下几种，不再详述。

1）小平板仪。

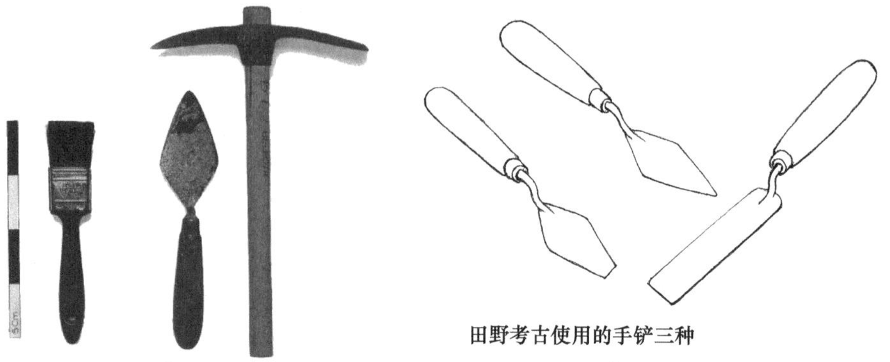

1　　　　2

图 1-2-1　田野发掘部分工具——镐、手铲等

1. 田野发掘部分工具　2. 田野考古使用的手铲三种

2）水平仪。

3）经纬仪。

二、开“探方”

发掘必须开探方，以便有坐标来记录遗迹现象和伴生遗构与遗物。建筑考古学开探方的方法与普通考古学是一样的，只是大小有不同的考虑。

开探方首先是在计划发掘的地面上用木橛拉线画出方格网，在每个十字交叉点上打下一个木橛，即所谓“标桩”，作为标准点。根据发掘的经验，方格大小的画定与遗址的覆盖层厚度有关，因为如果发掘太深而开方太小，则工作不便。总体来说，方格大小与遗址埋藏的深浅成正比。若覆盖层厚度超过 2 米，即发掘到 2 米以下才看得见遗迹现象，则边长定为与深度相同的 3 米、4 米、5 米，乃至 6 米，也就是说，方格的大小与深度大致相当。因为探方的四壁显示地层，探方太大则显示的地层关系太少，一般在超过 6 米时，可考虑在方内适当地再分小方格。探方如果太深，则一般要有 1/10 的边坡，以免塌方；再深，就需要留出二层台了。

探方是按照正南北方向划分，纵横垂直相交，每方都呈一般大小的正方形，而形成一个方格网。开挖时，格与格之间留出观察地层的关键柱和 0.5～1.0 米隔梁，以便人行和运出探方内出土的标本（图 1-2-2）。隔梁在发掘结束时挖掉，以便显示遗址的整体；关键柱则视情况适当保留，以备在现场研究问题时参照。

每个方（或叫作“坑”）都给予编号，一般是用拉丁注音“探方 tanfang”的大写字头“T”打头编号，如 T1、T2、T3、T4……。探方号写在四角的木橛上，方形木橛的每面与探方边成 45° 角，以保持木橛的每面指向一个探方。探方编号是按照解析几何的 X、Y 轴坐标方式，号码从左向右、从下（南）向上（北）排序。

不是埋藏在地下而是突出地表的遗址、遗迹，发掘时也要开方。可考虑作十字隔梁，如东汉洛阳灵台遗址发掘的方式。当年洛阳东汉灵台遗址的发掘，开始时有人看到它和陵

1

2

图 1-2-2　探方

1. 遗稿未配图名　2. 遗址北部发掘工作情况

墓封土一样，认为发掘无须开探方。笔者作为发掘主持人之一，强调科学发掘、准确地记录坐标，探方是必要的。决定按照南北和东西十字隔梁，分为四个象限的四个探方进行发掘。

探方要有专人负责指导工人发掘以及测绘、照相和文字记录；遇到特殊现象和疑难问题，探方负责人要及时向发掘队长报告。

要慎重对待解剖问题。有价值的遗址，在其关键部位不能解剖，因为解剖会破坏它的完整性。必须要了解其下层或工程做法时，在次要的位置可以解剖，在取得资料后，予以恢复。

如果遇到早晚期叠压的情况，在没有搞清楚上层的情况下不能解剖。一般来说，最好是将建筑遗址总体揭露出来再解决下层的早期问题。在这方面，洛阳汉魏晋太学遗址是有过局部小面积发掘，并下挖解剖而破坏了遗址的教训的。

三、考古发掘的文化地层学知识

“地层学”是地质学的术语，对于考古学来说，也存在地层问题，即文化内涵的地层，是所谓“文化地层学”。在建筑遗址的发掘中，地层学问题比墓葬的发掘更为突出。

人类在居住地的多年活动，会在原来天然的堆积或沉积的土地——考古学所谓的“生土”上，堆积起来一层含生活遗迹的地层，即考古学所谓的“熟土”。熟土就是有文化内涵的土层，其中既包含生活垃圾和抛弃的器物，也有建筑垃圾和路土。世世代代的人们在同一地点居住，便留下一层层的文化层。这一居民点如果被废弃，则会积累一层天然堆积物，也许是水冲的沉积淤土，也许是风带来的沙尘沉积或草木朽烂的腐殖土。

文化地层往往不是简单的叠压关系，有时是互相打破的关系。在一个人类长期居住地，建筑总有新陈代谢的不断维修和重建；同时，平整土地、掘井和挖墓等活动，也可破坏下边的早年地层。所以同一时代的地层不一定都在一个平面上（图 1-2-3）。因此，田野考古的重要任务，就是辨认和记录地层关系。只有把地层关系辨认清楚，才有可能进一步

图 1-2-3 文化层

复原认识遗址的历史。文化层主要是由反映当时人们物质文化状况的建筑物和其他物质文化的遗迹、遗物组成，所以说它的内涵反映了特定的社会生活。文化地层实际上是“时代层”的沉积，是历史的沉积，所以说它是复原历史的重要依据。

田野发掘揭露文化地层的首要目的是分辨地层，也就是研究文化层的包含物及其结构状况和形成问题。未经扰乱的地层，就像一部未经装订、然而次序井然的册页图书。科学的发掘可以阅读它前后关系的历史，如果发掘混乱，等于错乱了册页，则无法正确认识遗迹现象，甚至得出错误的结论。地层一旦被扰乱，往往是无法恢复的，所造成的损失是不可弥补的，所以要特别慎重地对待地层的挖掘。

地层的辨别，有土质软硬或颜色的色度与色素的差异，可以用手铲或手触摸感觉。如果一时难以分辨，可以用水喷湿，因为不同地层的内涵不同，对水的吸收量是不同的，所以喷水后可以显示更为明显的颜色差异，这就可以把地层划分开了。一个人的感觉不准确，可以几人一起查看，讨论确认地层。地层的显示会随着晨昏晴晦的天气变化而有所不同，如果不易分辨，可耐心等待清楚的时机观察。

文化堆积的情况往往是复杂的，在分辨文化层时，要预先对文化层形成的状况有一个预见性的了解。要保持一个全面、清晰显示地层的剖面，画出各层之间的界限，作为分析研究问题的依据。剖面是纲，平面是目，纲举目张，我们才能够如实地复原历史。

1. 遗迹现象了解

文化层中所包含的文化遗迹、遗物是以特有的颜色、结构和形态保留下来的，对此最好先有所了解。例如，历史上的道路、院落、场地之类经过众人常年践踏而形成的颜色较深、比较坚实而呈层层的片状结构的所谓“路土”。查看有这样的遗迹现象，就能知道是有道路、广场之类的遗存了。

2. 文化层堆积分析

文化层一般是渐次增加的，但有时也有突然的增加。文化层的厚度，总体来说和居住活动的时间成正比。但因为不同的活动情况而又有所区别，譬如同一居址的不同阶段的堆积不尽相同。一般地说，居住建筑之间的空地，层积增加缓慢；而土木材料的建筑，由于多次毁坏再造，建筑垃圾就地堆积的结果，地层就很快地加厚，以致形成高起的土丘，这种情况在新石器时代的聚落遗址中是屡见不鲜的。又如经济性建筑之窖穴，废弃之后被垃圾填塞，可使堆积突然增加。因此对待堆积，要分析其形成的过程、方式和速度。

3. 地层的划分

要把地层划分清楚，首先要弄清不同文化类型的堆积和同一文化的不同时期堆积的关系。考古面临的历史遗存，有些是单一的文化堆积，有些是几种文化的相继堆积。同一文化的堆积层，能够反映居民生活的总体情况，可以说具有一定的深度和广度，是系统的堆积。其中有时夹杂小的堆积层，其是短时间内形成的，如倾倒的垃圾、食余的螺蚌壳、房屋毁坏的残迹等，只能反映经济生活的一个片段。

在地层中判断遗迹，常见的是夯土。在夯土质量不高的情况下，与周围土壤颜色一致时是很难辨认的。有两个例子提供辨认的参考。

一是洛阳二里头商遗址，在探方壁上辨认夯土台基和堆积叠压的界限时，由于土质相同，而夯土质量又差，所以很难划分。时值深秋，夜晚霜冻，在早晨解冻伊始查看，发现有无白霜的界限清楚，如同画出一个地层的分界。这是因为夯土的含水量小于叠压的堆积层，所以在解冻时也有先后了。

再一个例子是西安唐青龙寺“遗址 4”殿堂的发掘提供的经验。这是在夯土中识别夯土，由于夯土的密度有所不同，可以喷水识别。喷水后吸水量不同，就显示出来颜色的区别。青龙寺“遗址 4”残存的夯土台基上部已经损失掉，发掘所见非但没有柱础，就连础痕也没有了，只是一片素平的台面。在已损失台面部分的夯土台基上，识别原土回填夯筑的素土磉墩是困难的。往往认为无法得知原来台上的柱位布局，就放弃查找了。其实用喷水的方法可以确认，我们就是用喷水的方法使其显示深浅不同的颜色，从而辨认出一个个方形磉墩的。因为台基夯筑得较差，在台上按柱位挖方坑再用原土回填，分层着意夯实，形成坚硬的磉墩以承托柱础。两者的土质与颜色没有差别。但是由于磉墩夯筑得很密实坚硬，其吸水量就小，颜色就浅；台基夯筑的密实度较差，其吸水量较大，所以颜色就深。喷水后所显示的颜色差别，使我们不但知道了柱位形成的柱网，而且知道了每个磉墩的形状和具体尺寸。

4. 关于文化的间歇层

《孟子》记载：“三十年河东，三十年河西。”古代农业定居的聚落往往是随着耕地的轮休而往复迁徙，即同一聚落居民迁徙别处而又迁回的情况。这样在遗址的文化地层上就形成了一个空白的间歇层。也有不是因为耕地轮休而迁徙别处的情况，即原住民迁徙别处而另外的居民迁来的情况。总之，其遗址上，在两次居民生活之间，就形成了一个文化的间歇层——没有任何人类活动遗留的痕迹。这种层积，可能时间长而堆积薄，观察时很容易忽略，要特别注意。在黄河流域的仰韶文化与龙山文化遗址共存于同一地址的情况下，两者之间就应存在这种地层。

5. 扰乱层和断层

要特别注意扰乱层和断层。扰乱层往往破坏了层次的界限，使人们的认识错乱。断层是指文化层的一部分塌陷分离而错位，犹如地质学的“不正合状态”，这会破坏文化层的连贯性，使居址的建筑遗存或文化堆积层次之间失去联系。断层多出现在河床与断崖边，红花套遗址就出现过这样的现象。

6. 其他

要掌握出土器物的年代学知识，以便解决断代问题。

四、建筑考古学不同于普通考古学的特殊发掘原则

1. 不能“挖到生土为止”

普通考古学有句名言，可以说是发掘工作必须遵守的一条原则，即“挖到生土为止”。这对于灰坑和墓葬的发掘来说，是正确的。因为在还有文化内涵的情况下就停止发掘，必然损失许多信息。所以必须发掘到底，见到生土为止。然而对于建筑遗迹来说，就不尽然了。

20 世纪 20 年代末至 30 年代初，中央研究院历史语言研究所对河南省安阳市小屯“殷墟”的发掘，就是遵循“挖到生土为止”这条原则行事的。对于小屯建筑遗址的发掘，当下挖见到残存的夯土台基时，认为属于“熟土”而挖掉，直至见到生土为止。发掘完毕，发掘的对象——建筑的夯土台基，也不复存在了（图 1-2-4）！每当笔者演讲提到这件事，大家都感到“教条主义”的荒唐和不可理解。但是，当年这样的错误做法却是一再重复，以致造成不可弥补的重大损失。历史的遗迹是不可再生的文化资源，保存了三千多年的历史信息，不应在我们的手中毁于一旦！我们肩负着文化传承的使命，切要引以为鉴。

“殷墟”发掘七十年余年之后，河姆渡遗址却发生了挖到生土还不为止的案例。河姆渡遗址第二期，大约距今六千年前左右的一个木构水井遗迹，被误认为是“原始崇拜建筑”，就是因为挖到了水井所在的水塘淤泥底，甚至见到生土还不罢休，而直至深达木构根脚为止的缘故。因为错误地发掘把当年的水源——池塘破坏了。不但锅底状的塘底挖掉了，而且枯水季节需要到塘底中心的井里取水，所铺垫的汀步石也有移位甚至扔掉了。

看来，不能挖到生土为止——把夯土部件挖掉不要，但也不能挖到生土不为止，而破坏了发掘对象——水塘。总之，要根据遗址状况，目的性要明确：是以最大限度获得认识建筑遗迹的材料为准则。还是那句话：“具体问题具体分析，是辩证法的活的灵魂。”

2. 揭示同一层位的总体

建筑考古学还有一个重要的原则，就是要尽可能将建筑整体或建筑群的总体搞清楚。不能只做局部发掘；如果遗址有早晚的叠压关系，在局部发掘的状况下，不可以逐层解剖下挖，应该首先扩方查找总体。在这方面，洛阳魏晋太学遗址的发掘是有教训的。

中国科学院考古研究所汉魏洛阳城发掘队，自 20 世纪 50 年代就开始对魏晋太学遗址

1.东部柱础
（东→西）

2.柱础（东→西）

3.柱础（东→西）

4.东北角柱础（北→南）

图 1-2-4　殷墟北徐家桥村北 12 号建筑基址柱洞

进行考古发掘。对太学遗址长达将近三十年的发掘工作，毫无成绩。非但没有成绩，而且一个个发掘又回填、被挖得破烂不堪的小探方坑，完全破坏了太学遗址！表面看来，似乎是发掘主持人没有了解建筑考古学的特殊性，在开方太小、不能纵观全局的情况下而急于弄清楚早晚期的关系，所以向下解剖。越是解剖就越是混乱，结果就回填再另挖一处——这是大家应当引以为鉴的问题。但是问题还有它另外的一面。据知情者透露，发掘主持人挖一个个的坑，真正的目的在于挖宝——找石经！以挖太学建筑遗址为名，实际只是为了寻找残存的石经，因而造成太学遗址上的一个个破坏坑。

正确的发掘方法是：全面揭露遗址，在总体掌握遗迹现象的情况下，以及在不影响遗址关键部位的情况下，为分清早晚期或探索当年的工程做法，可以局部解剖下挖。

五、遗址的发掘

中国历史悠久、幅员辽阔，古代建筑遗址的发掘，面临的是十分复杂的情况。特别是中国自古采取土、木作为主要建筑材料，建筑一经毁坏，其遗址就所剩无几了——新石器时代能够保存下来的只有红烧土块、柱洞、砾石础和一些夯土；夏、商、周以后，也只是夯土、石础、砖、瓦之类的而已，主要遗存的是夯土台和版筑墙的土结构残迹。所以发掘工作基本上是土中找土，不像西方建筑考古是在土中找石头那样容易。

自新石器时代以来，全国各地都不断发现古建筑、古聚落和古城遗址。各时代、各地区的不同残破情况的遗迹，诸如黄河流域黄土地带的穴居、半穴居，乃至原始地面建筑的遗迹；各地特别是长江流域水网地区的干阑建筑遗迹；青铜时代的夏、商、周王国台榭遗址，以及秦汉以后帝国时代的更为复杂的建筑遗址（考古学没有下限，甚至可以到明、清乃至民国），就需要各种不同的相应发掘方法。

遗址发掘，切忌大块出土，这在“文化大革命”期间的特殊情况下是有教训的。如当年河姆渡遗址的发掘，就是由于年底赶工，而将探方的泥土成块地清除，以致其中所包含的丰富遗物遭到损失（人们曾轻易地在清除的泥块中发现骨针之类）。遗址发掘，一般采用筛选法，对于文化层的积土过筛，提取其中的细碎陶片、骨渣、碎石器以及骨针、骨鱼钩、骨箭镞等细小遗物。

1. 原始聚落的考古发掘

聚落考古主要是考察聚落形态、聚落环境、聚落分布与相互关系、聚落历史演变等问题。这就需要多学科专家的合作，联合进行调查与发掘，不仅要了解遗址的时代文化面貌，而且要研究遗址所反映的功能内容以及所在环境对生活状况和习俗的影响的可能性。

新石器时代的聚落遗址，根据现有国内外的考古材料，一般情况下具有共性，聚落的居住区，几乎都有环壕和围绕中心广场布置的或方或圆的单体住房；而且几乎都有一座或数座“大房子”——根据其墓地男女分葬的情况，并对照民族学材料得知，这应是母系氏族社会，则它的“大房子”应是氏族首领和社会被抚养人口（如老幼病残成员）便于被集中照顾的集体住房。氏族公墓中发现男女合葬的情况，结合其他迹象可以判断它或已出现“家族”（house hold）或是已具有父系制度的特征，一般来说，其社会性质已向酋邦转化，则其“大房子”有可能是酋长的住所。

聚落一般是在河道附近，更多的情况下是在两条河流的汇合口附近选址，即三角洲地带。这是因为人们的生活与生产都离不开水，居住要接近水源；另外，那时聚落间的交往顺河谷通行最平坦方便，而长途交通运输走水路更为便利。如果寻找居住区外围的耕地或制陶工作区，便首先要在接近水源的地方探查。

有了这个了解，对于发掘聚落是有帮助的。

2. 新石器时代建筑遗址的发掘

现在发掘所见到的主要是穴居、半穴居、原始地面建筑和干阑遗迹。

（1）穴居

是指口小底大的袋穴，现在所发现的多是龙山文化时期的遗存，一般有单一竖穴和双联竖穴两种。原来都是具有固定的土木顶盖的，发掘所见只有袋穴，顶盖早已无存。发掘时应该注意的是，口部显露后，要仔细查看早年废弃后周围被践踏成薄片叠压的路土层。搞清它的范围、厚度和层积特征。查看穴口原来支撑顶盖的柱或斜梁塌落迹象，搞清这些木构朽灰残迹的长短、粗细尺寸、埋藏深度和倾斜角度以及加固和加工痕迹。

竖穴内的清理是，先挖一半，另一半的剖面暂留作观察堆积文化层之用。分清使用期间遗留的器物和迹象，以及废弃后堆积的情况；观察当年卧寝使用的毛皮、垫草、席铺、织物之类的遗迹；火塘、火台等用火遗迹的位置、形状及构造特征；从穴壁加工痕迹判断所使用的工具情况和操作方式；穴壁涂层及粉饰情况。

对于穴口方位与形状，入穴的踏道或坡道，要准确描述所有尺寸以及加工和践踏的遗迹现象；清理底部堆积时，要特别注意朽木痕迹的位置、形状和尺寸；注意支柱的遗迹及是否有暗础等接结构、构造迹象；搞清二穴连接处的情况以及使用期间的维修与废弃再利用的情况。所有观察都要有详细、客观、准确的记录——包括文字、测图和影像的手段。

（2）半穴居

现在发现的半穴居最早的为八千年前的，一般是六千年前的仰韶文化遗存。所谓半穴居，是指多为方形的 80 厘米左右深度的浅竖穴，上面建有木构架涂泥面层的顶盖，发掘所见只是残存的浅竖穴和若干柱洞。这种半穴居是母系氏族盛期，也是原始农耕定居时期的主要居住形式。它一直被应用到“三代”王国时期，作为下层民众的家屋。《诗经》中即有所描述，“陶覆陶穴”指的就是陶化防潮的半穴居。所谓“覆”，古籍书做“穴”字头，下面是“復”，就是“覆盖”，就是“顶盖”，就是“屋”（古“覆”的谐音）；所谓“穴”，就是浅竖穴。大量的半穴居遗址中，塌落的泥背屋盖残墐（黄河流域的半穴居都是泥背屋面）有烧烤现象——“陶覆”，其穴壁也有烧烤现象——“陶穴”。一般穴口四周不见柱迹（柱洞），是因为原来架设顶盖的长椽是斜立在地面之上的。发掘时，应从一角开始揭露，先清理 1/4，然后扩展到全面。穴内的堆积，上层是一面平（观察是手抹的还是用什么工具抹的）、另一面印有木构和绑扎痕迹的泥皮屋面，要详细记录木构尺寸和构件交叉关系，搞清扎结是用加工的绳索还是自然的藤蔓；往往还有“红烧土”，即烧烤迹象，也要详细记录由表及里的陶化程度；要分辨是原来建屋时的烧烤工艺还是火灾所致。屋面泥背残墐层以下，要注意观察椽木和柱迹——黑炭或白木灰，形状、位置及尺寸。穴底最下层清理的要点是，要搞清居住面下的防潮做法和四壁的表面材料及工程做法；并观察当年居住使用时的生活遗迹和遗物。

（3）原始地面建筑

半穴居的发展是竖穴越来越浅，即居住面逐渐提升。在仰韶文化时期，就已经出现了居住面略与地面相平的建筑形式，可以称为“原始地面建筑”，如西安半坡 F39 遗址。发掘这样的建筑遗址，不论方圆，都要注意居住面与室外地面的关系；要注意围护结构——木骨泥墙所遗留的柱洞情况；柱洞分大小与否；要注意记录柱洞的深浅，以及底部有无加固处理或安置暗础。

（4）城址发掘

城址由于面积大，所以一般是以探查为主，择其重要部位重点发掘。首先是把周围城墙探查清楚，重点解剖墙体，弄清其工程做法和基本形制。找出城门，重点发掘。再按照门位的线索探查道路，逐步把全城的路网查清。对于都城来说，应当首先找到宫殿位置，探清其范围规模。

六、建筑学知识指导下的遗迹现象辨认

许多考古工地都有误解或损失，如湖北大溪文化遗迹的“土柱”；河姆渡水井被认为是“原始崇拜建筑”；偃师商城宫殿台基被误认为坛（有四踏道、磉痕及础遗存）；麟德殿除掉砖地上的轻隔断遗迹；唐青龙寺 F4 铲平素土磉墩；九成宫一座隋殿址的内金柱报道为首次发现的“最早的擎檐柱”；将大明宫含元殿早期龙尾道说成是与该殿无关；秦碣石宫西阙遗址的最下边的踏步未揭示就以为到底了——不了解天井中必有排水地漏；未找周原岐山县凤雏遗址的后庭排水口；长沙唐宋给水系统误认为作坊；登封春秋城市给水系统误认为排水；把西汉桂宫明光殿大台遗址认为是庭院，庭院有瓦堆积又认为是建筑；西汉大台中的内室被认为是庭院，把巷道说成是地下的；明德门漏挖两观；把仁寿宫殿堂一座一座的内阵（讹作“金”）柱遗迹说成是“首次发现的擎檐柱”，其实它不是“擎檐柱”，即使是“擎檐柱”也不是“首次发现”（首次发现是 20 世纪中叶北京大学在洛阳王湾遗址 F11 见到的）。

再一个案例为大明宫遗址探查丹凤门时，发生了一个错误。就是只相信探查到的遗迹，而没有作建筑学方面的考虑。由于门址的东部遭到破坏，探查只发现门西侧的三个门道（图：遗稿未配图），对于这样歪在一边的门址，也没有进行深入思考，以致造成了误导（图：遗稿未配图）。如果运用建筑学知识来指导探查，事先就可明确作为宫城的大门一定是在主体殿堂的中轴线上。建筑考古学的田野探查操作，应当是在取得门址大致位置

后，以含元殿中轴线为中心左右探查。在门址东部被破坏的情况下，特别要注意东部的蛛丝马迹，找出对称迹象。一旦发现门址偏离一侧，就要质疑探查结果，而进行仔细的复查，必要时就要开探沟揭示，切不可轻易下结论。

另一案例为北魏永宁寺遗址的探查，出现了中轴线偏西的错误，以致若干年内给学术界造成以讹传讹的误解。其实，寺院遗址已经表明这座高规格的皇家寺院是严格对称的，所以不可能左右两侧的院墙距离中轴线不相等（图：遗稿未配图）。这在当时就应当进行仔细的复查，不应一味凭信这个探查结果，而不加怀疑。在后来寺院东门遗址进行发掘时，发现探查东门位置判断有错，进行复查才得以纠正。

七、严禁改变遗迹现象及现场“复原”

遗迹是第一手的原始材料，要保持其客观性。原始地面建筑的发掘要特别注意周围都是柱洞，而没有门的情况，这往往是有木骨泥墙的高门槛，入口位置当有路土可循。例如，西安半坡 F39 遗址，考古报告撰写者依个人主观臆测，在插图上去掉入口几个柱洞，把它复原成“门”的样子（图：遗稿未配图）。汉长安城武库也有类似情况，人工挖断连续基础，复原成“门”。这说明建筑考古人员必须具备专业知识。

其他教训还包括：唐长安青龙寺 4 号遗址铲平素土磉墩（图：遗稿未配图）；铲除唐大明宫麟德殿障日阁砖地上的轻隔断遗迹；元大都后营房遗址“复原土炕”（图：遗稿未配图）。要严格保持遗迹原始材料的客观性，不能改变遗迹现象。

八、探方的原始记录

考古发掘要有准确的、详细的、不加推测的忠实于客观现象的原始记录；如有推测，不能与遗迹现象的叙述混同，而应在记录之外附录说明，备做参考。记录要几种方式并用：文字、绘图、拓印、影像、模型等。按照传统方法，每个探方的记录装入自己的档案袋。袋内装该探方的日记本、探方发掘记录、探方遗迹实测图、出土遗物登记表和统计表等。现在又有计算机的录入，可建立考古原始资料数据库。

1. 文字记录

在田野工作中，各探方依照普通考古学的方法，做好每天的发掘工作日记。

探方遗迹发掘记录，要每天于收工前在发掘记录手册或电脑上做好当日的发掘所见遗迹现象的详细记录。操作方法和程序一如普通考古学。

2. 测绘——测量与制图

对于残破不整齐的遗址和遗迹现象，不能用尺画得非常规整。例如，一些新石器建筑遗址，为了“好看”或方便，总是用尺画得横平竖直，实际上这只是一种示意图，而不能反映客观的实际情况了。实测图不但要准确按照实际尺寸来画，而且图面上还要用变色铅笔或钢笔注上说明文字和尺寸。这种原始记录是永久保存的档案，图纸会因温度而涨缩，按照比例画出的图，也不能量出准确的尺寸。所以记录要不厌其详，不要怕图面“不干净”。至于发表的图，则是要摘其所要，誊写干净醒目的。

3. 影像记录——照相（光线问题）、电影或录像；高视点拍摄——搭架、气球和航拍

关于田野考古摄影，所使用的设备器材和基本要求与普通考古学相同，这里不再重复。简单地说，拍照方面现在有数码相机，可以在现场即时看到效果，不理想则重拍，非常方便。

首先，留作档案的工作人员照片和工作过程的照片以及发掘前遗址地貌和环境摄影记录，照例是必须具备的。

至于发掘对象，即建筑遗址的摄影，一种是在发掘过程中记录各探方中的地层情况、遗迹情况和叠压的情况；另外，就是在发掘完毕，拍摄遗址的整体照片和影像。

拍摄探方的遗迹，主要是局部情况，要有足够的摄影记录，以备日后研究使用。发掘花费许多经费，而一般来说，遗址是不可能带回室内从容地进行研究的，所以全方位的摄影记录就是非常必要的了。建筑遗迹整体的摄影记录，要等打掉隔梁后才能拍摄。

考古摄影不但是室内研究使用的原始记录，而且要考虑到最后出版发掘报告时制版印刷使用，以及展览放大使用时的清晰度，所以要讲求照片的品质。所谓品质，最重要的是显示遗迹清晰。在残迹突起较大的情况下，要选好日照的角度，力求以光影表明空间关系的立体感。如果遗迹被破坏得形成一个平面或垂直面上的层位关系，照片不易看清楚，现在一般喜欢采用的方法是用白灰画出遗迹轮廓或层位关系。不过，有人认为这种做法有损于遗迹的真实感。这要看白线是否准确，如果画得是准确的，倒也无妨。

遗址较大的整体照片，要抬高视点鸟瞰摄影，一般采取搭架拍照的方式。如果高度不够，常用气象气球将相机升空，人在地面控制拍摄的方式（图 1-2-5）。大遗址则要用直升机低空拍摄。近年有用航空模型飞机低空拍摄的，效果很好。河北省文物研究所取得了成功的经验，并著文介绍了他们的做法。

西安唐大明宫遗址工地

图 1-2-5 以氢气球作遗址发掘空中摄影

大致来说，他们所使用的器材是日本 Hirobo 公司 24 毫升汽油机加长版航模直升机和日本 futaba 公司 9 通道遥控器、陀螺仪，以及日本 funtech 公司 360° 遥控云台和遥控器。开始使用较轻的日本尼康 F75 相机，20 毫米定焦镜头；机身略作改造，并安装了控制快门的遥控开关。后来改用尼康 D70S 数码相机、电磁快门，安装控制快门的遥控开关。

在航模直升机下面安装云台，连接相机、微波系统和电源。地面监视器用普通小电视、针孔摄像头。

拍摄时二人操作，一人遥控航模，一人从地面监视器取景，通过遥控器拍摄。

出土遗物在田野考古现场的拍摄，要有出土位置、揭示过程和出土伊始尚未清洗的照片。至于清洗后和整修后的照片，那是室内工作再做的了。

4. 必要时制作遗址模型

九、出土标本的筛选

错误的做法如把极为重要的河姆渡遗址出土的制陶不定轴心木转盘与树皮瓦抛弃。未选中的伴生遗构也要保存，可挖坑掩埋（要有坐标以便查找）。

第二章　建筑考古学的室内工作[①]

第一节　建筑材料与构件的筛选与清理原则

错误案例：清洗问题：凤翔出土秦金釭用弱酸浸泡及钢丝刷擦洗，釭内的绢层遗迹被刷掉；麟游隋唐九成宫檐瓦底面的涂朱被刷洗。

第二节　发掘报告的编写

发掘报告是原始材料的客观阐述，务必科学准确……

第三节　复 原 研 究

以遗迹、遗物为对象的考古学和以文献为对象的历史学一样，都是认知历史的学科。考古学之认知历史，首先是将遗迹、遗物还原历史本来面目，才能通过它了解历史的一事、一物乃至历史的片段。譬如新石器时代考古，对于残存的陶片，首先是尽可能拼接成器物的原状，然后才谈到器物文化类型的比对。也就是说，首先需要复原研究。建筑与其同理，只是比陶器复原更为复杂就是了。有的新石器考古学工作者一边复原陶器，一边反对考古学复原研究，这显然是不对的。

一、复原研究的认识论——遗址与遗迹现象是复原研究的基础

历史学和考古学都是帮助人们如实认识历史的学科，即复原研究的学科。建筑考古学是复原认识历史建筑的学科，对建筑复原研究的非议是错误的。建筑的复原和普通考古学对于陶器的复原一样，只是专业性更强而已。反对建筑复原的普通考古学工作者自己也在复原，只是他们所做的是凭生活常识就可以做到的陶器复原而已。复原研究不能主观臆测，要讲科学性，因此必须具备专业知识。

卡尔·马克思说得好：“要认识已经灭亡的动物物种的身体组织，研究遗骨的构造是重要的；要判别已经灭亡的经济社会形态，研究劳动手段的遗物，有同样的重要性。”[②]依

① 编者按：遗稿本章的第一节、第二节未来得及完成。

② （德）马克思：《资本论》，人民出版社，2004 年。

同理，要了解已经废弃了的古代建筑形制及其发展的历史，考察其遗址同样具有十分重要的意义。因此，以古代遗迹、遗物为对象的考古学，就成了建筑史学极为密切的毗邻学科。甚至可以说，二者的内容在很大程度上是相互包含着的。从考古学来说，古城、古建筑遗址和古墓葬是同样重要的考古对象，只是多年以来，因为不能达到“挖宝”的目的，而被普通考古学家所忽略，以致造成无法弥补的重大损失。具备专业知识的遗址考古，或曰建筑考古人才的培养，就成了当务之急。这就是当年中国科学院考古研究所夏鼐所长急于邀请笔者到该所工作的原因。就建筑史学而言，前期阶段缺乏或者没有完整古代建筑遗构资料，唯有依靠考古学才能获得文献所不能提供的实物证据。这就是说，无论从考古学还是建筑史来看，都对建筑考古学提出要求。随着科学的发展，考古学分化为普通考古学与特殊考古学两大方面，而建筑考古学正是一个新生的特殊考古学的重要分支学科。建筑史学将随着这门新生的学科而得以步入实质性的研究阶段。

中国建筑史的研究，自这门学科形成以来的半个多世纪，经历了初期中国营造学社时期以现存古建筑实物的测绘为主要工作的史料收集、整理与初步研究的阶段；20 世纪 50 年代末 60 年代初，沿着学社治学的方针、路线，动员了全国建筑史学界的力量，集体编写了署名“刘敦桢主编”的《中国古代建筑史》；在此基础上，近年又出版了继承此书编写方法并加大篇幅的五卷巨著。到目前为止，建筑史书中，仍然缺乏早期实例，其中仅有的几项复原材料，也因为没有建立在科学建筑考古学基础之上，而存在着与遗址不符而不能令人信服的问题。

中国古代建筑的发展，重大地飞跃在隋、唐以前。若以土木结构为主导来说，中国古典建筑体系的奠定，约在东汉时期。从这就可看出，我们以往的工作仅仅是史学研究的一个基础而已，真正围绕“发展”这一史学中心课题的研究，还有待我们向着隋、唐以前去努力开拓研究领域。当然，隋、唐以后的史料占有和建筑发展问题的研讨，还远没有达到我们期望的程度，我们的许多学者将继续从事这方面的工作。然而作为当前中国建筑史学的薄弱点，也恰恰是中心课题的关键所在，则是前期的研究。因此，我们殷切期望有更多的建筑史学家把主要精力投入到这一方面来。

对于历史的研究，无论是通过古籍还是古代遗迹、遗物，其目的都在于尽可能如实地去认识古代社会的各个不同的侧面。这就是说，历史学、考古学以及包括科学技术史在内的一切历史的研究，都是一项科学的复原工作。建筑史学要如实地阐明建筑发展的本来过程，首先要力求认识各历史时期建筑的原状。对于前期建筑来说，科学地考察遗址是重要的途径，这也是建筑考古学的重要任务之一。因此可以说，建筑考古学的核心是复原研究。这正像是普通考古学之于古代的陶器，首先是根据残存的陶片复原为整体；在进一步的研究中不论是对于制陶本身还是通过陶器反映当时的社会面貌，也仍然是一种复原认识的过程。所以我们不能苟同那种非议古建筑科学复原工作的见解。

对于古代遗址的复原及建筑发展问题的研究，鉴于现存的问题，有两点必须认识到：一点是复原的首要原则在于忠实遗迹现象；另一点是古城或古建筑的复原，需要借助于必要的科学论证。关于第一点，即要求建立严格的从遗址出发的观念，绝不可以为了“合理”而任意“设计”。夏鼐先生就曾对这种“合理”的“复原”不以为然地批评过：“学建筑的都会做设计！”古代遗迹所反映的多是我们知识范围以外的问题，这正是要求我们遵循客观遗存的事实进行探索的。如果现有的材料不足以使我们有所发现、有所认识或设想，则不论是对其功能性质、空间与体形，还是结构、构造与材料诸问题，都允许存疑，决不可为了自圆其说或复原图案的美观而作违背遗迹现象的发挥。关于第二点，即要求提高理论水平，或者说，不应只是抱着史料学的观点，而是要有历史学的观点。考古学的基本对象是实物，正如马克思所说，它与侧重文献的所谓“历史的研究”不同，就考古学的基本手段而言，它是一种“自然科学的研究”①；恩格斯的说法是对的，“自然科学只要在思维着，它的表现形式就是假说”（《自然辩证法》）。一切科学研究都是理论的研究，从残存的片段去认识整体，从孤立的、静止的例证去认识运动的、演变的历史，科学假说是必不可少的。

二、复原研究的方法论——寻找深化认识的切入点

能否得出令人信服的科学结论，方法论是关键。

1. 客观地考察遗址锁定切入点

要养成辩证思维，避免主观臆测。遗迹现象是复原研究的基础，是验证文献、民间传说与民族学材料的依据。遗迹现象的客观性是神圣不可侵犯的，是认识论的出发点。思维的逻辑性是基础，辩证思维是驾驭材料的武器。例如，否认郑州商城的存在，理由竟是“殷墟没有城，早于它怎么会有城！”，错误的前提是“殷墟没有城”，其实只是殷墟还没有查找城址，而并非没有城。

复原研究的原则：十分尊重遗迹现象、参考必要的文献，切忌先有主观结论。

这里，列举几项不顾遗址的错误实例，以表明其现象的普遍，足证“建筑考古学”之必需。

1）刘敦桢主编《中国古代建筑史》中，半坡 F1“大房子”主观臆测按照日本铜镜上的“天地根元造”复原，完全违背遗迹现象。半坡 F1 直壁柱洞竟“复原”成斜的大叉手，目的是画出体形丰富的显山顶（讹作“歇山”）（图 2-3-1）。

2）不顾遗址现象，定性小屯是“殷都之墟”。

小屯“殷墟”错判为殷都遗址，实际上是殷商离宫——切入点：面积过小、建筑自由布局、伴生外地珍禽异兽遗骸。

3）仰韶文化半坡 F3 半穴居的屋上有囱，错判为环脊覆碗式（图 2-3-2）——切入点：泥背屋面堆积、柱洞直壁、囱缘残段。

---

① （德）马克思：《资本论》，人民出版社，2004 年，第一卷，第三篇，第五章。

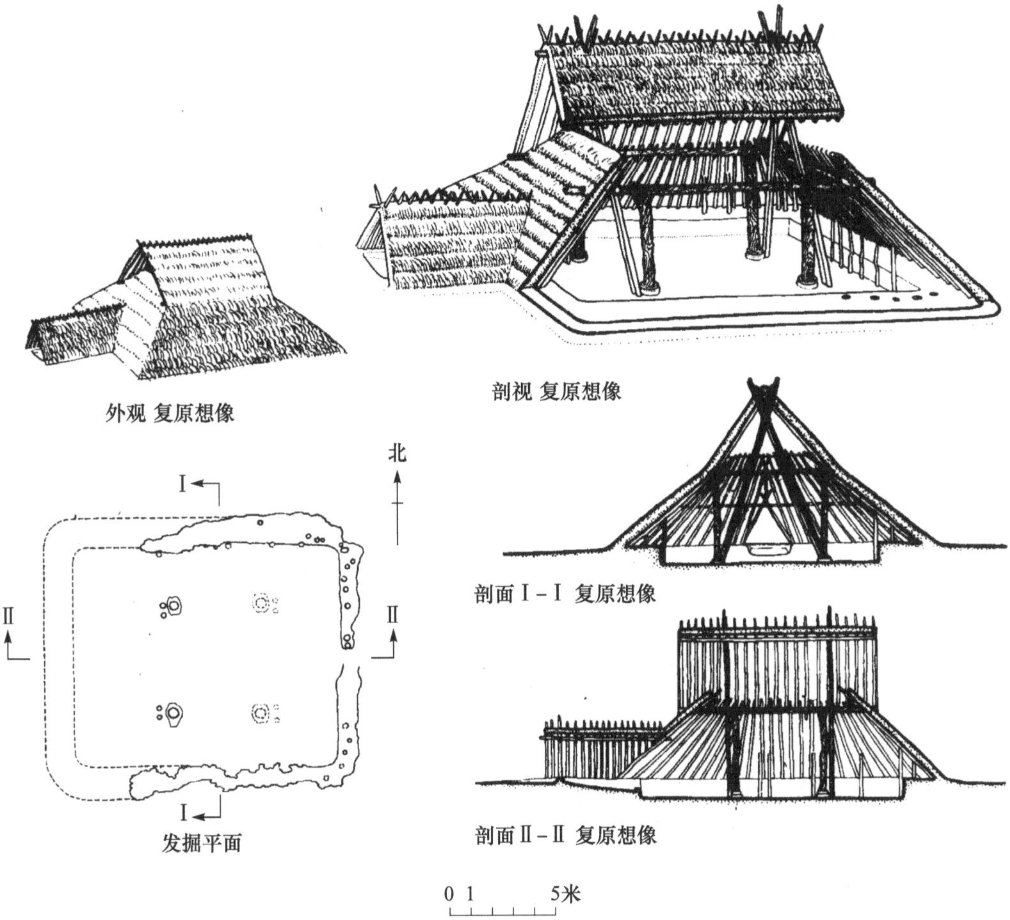

图 2-3-1　陕西西安市半坡村原始社会大方形房屋

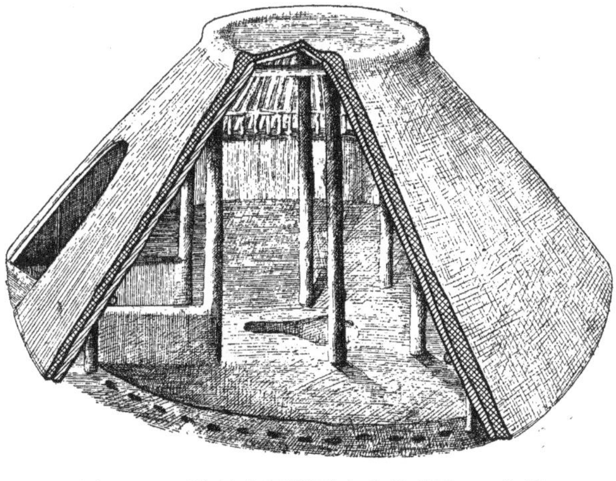

图 2-3-2　错判为环脊覆碗式的半坡 F3 穴居

半坡 F41 遗址塌落泥背顶堆积，证明是泥背屋面，遗址塌落泥背顶堆积，证明是泥背屋面，而《西安半坡》复原为草顶（图 2-3-3）。

图 2-3-3　错误复原为草顶的半坡 F41

4）周原长方形遗址按主观意图做成“天圆地方的明堂”（图 2-3-4）。

5）秦陵封土发现屋瓦也视而不见，仍然强称上面没有建筑。

6）南越王宫殿遗址木地栿连续基础，误判为“秦船台”遗址（图 2-3-5）。

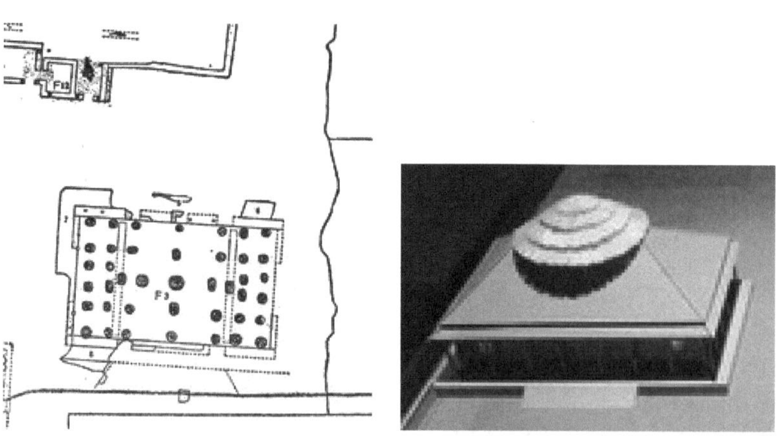

图 2-3-4　长方形的建筑被复原成“天圆地方的明堂”（模型出自宝鸡青铜器博物馆）

图 2-3-5　被误判为“秦船台”的南越王宫殿遗址

7）西汉长安明堂复原不顾遗迹现象及文献所记五室明堂，而做出十几室的复原（图 2-3-6）。

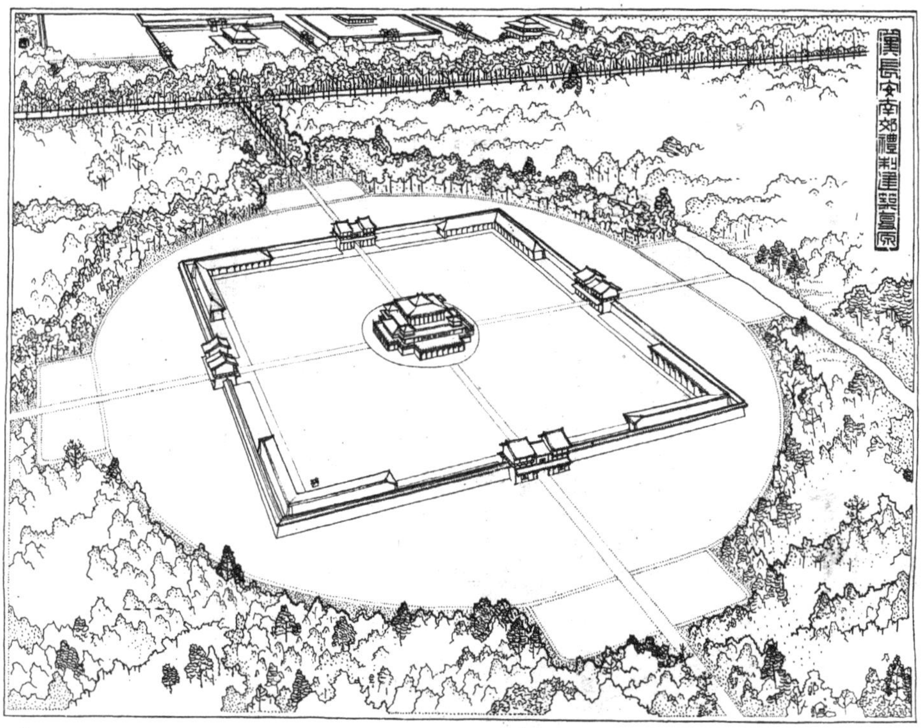

图 2-3-6　被复原成十几室的西汉长安明堂

8）麟德殿主观做成对称的（图 2-3-7，2）；实心台为了“合理”，做出“纳陛”（图 2-3-7，1）。

9）含元殿复原不顾遗址，主观认为遗址是早期的隋观德殿遗址而抬高地面约 5 米；同时，既否定它是含元殿遗址，但是又按照它的柱网复原（图：遗稿未配图）。

10）万象神宫不顾遗址中心建筑周围有院落，复原周围建筑贴靠中央建筑（图 2-3-8）。

1

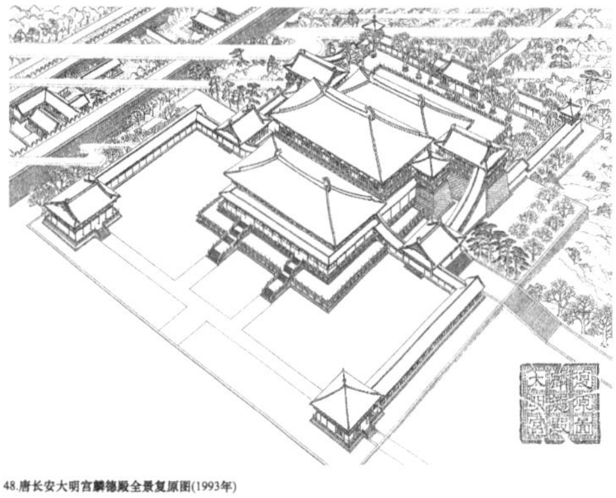

2

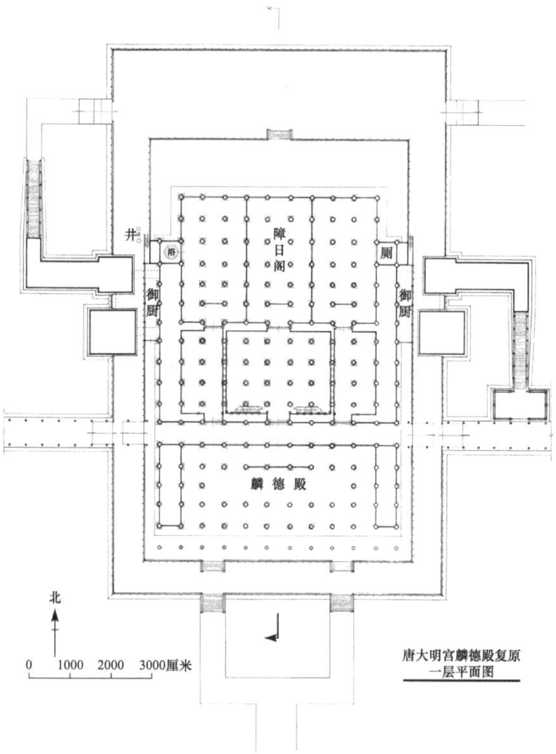

3

图 2-3-7

1. 东亭实心夯土台（图中编号 4） 2. 麟德殿被主观做成对称——唐长安大明宫麟德殿全景复原图（1993 傅熹年） 3. 正确的麟德殿复原平面图

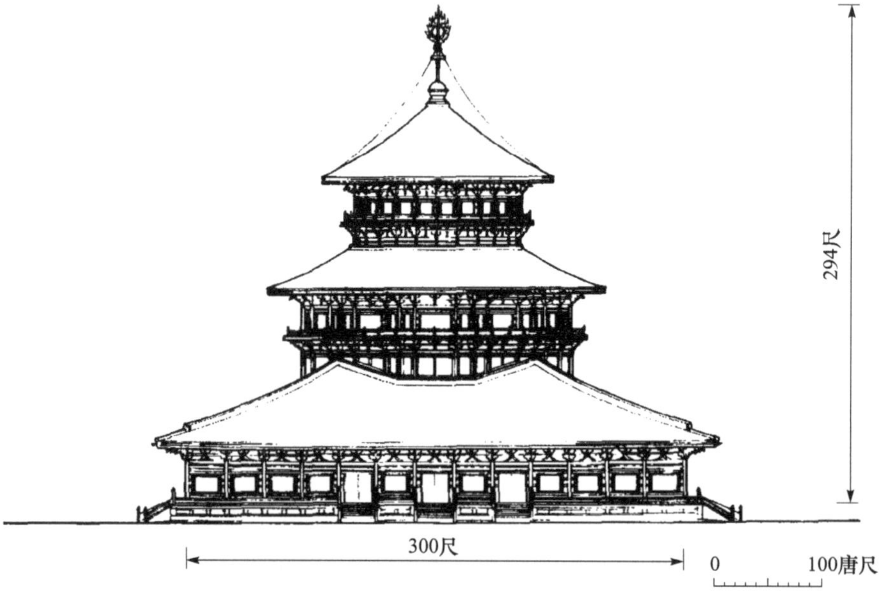

图 2-3-8 唐洛阳武则天明堂（万象神宫）的错误“复原”

2. 借助文献锁定切入点

遗址是解读与甄别文献的依据，如含元殿位置，三个不同的文献记载，说的是一回事：含元殿 = 观德殿址 = 龙首原东趾，并非“莫衷一是”。

刘敦桢主编的《中国古代建筑史》中“清漪园复原图”的错误，在于没有查找故宫档案关于万寿山七级塔终止建设并拆除的记载（图 2-3-9）。

图 2-3-9　刘敦桢主编《中国古代建筑史》“清漪园复原图”错误地将佛香阁位置画成类似六和塔，其实乾隆时期最终真正建起来的是阁而不是塔

杨宽在中山王陵上的享堂的论战中，忽略汉蔡邕“闻古无墓祭”中关键的“闻”字，而不顾有墓祭典史实而确认“古无墓祭”。

3. 借助传说锁定切入点

用遗址验证民间传说——对传说的调查取证。

例如，辽宁省绥中县墙子里村传说 1958 年“大跃进”时期，村民将秦东海碣石门石甬道的石头卖掉。笔者重视这一传说，亲自潜泳查看，证明传说属实（图：遗稿未配图）。

抚仙湖的“九龙闹海”与“北岸太平营”提示了汉朝曾经地震引发山体滑坡，城市滑入湖中；人们逃往太平无事的北岸（故这里的村落被称为“太平营”）。

又如，北京“古崖居”山顶的累石遗迹等传说。

4. 借助民族学材料锁定切入点

用遗址验证民族学材料。

例如，西南少数民族新墓上搭棚；巴布亚新几内亚的树居。

“干阑”可证《史记》“昆仑”的颚变；朝鲜半岛“桴京”（谷仓）——干阑为“京”的民族学材料的旁证。

5. 有根据的推理是必要的，科学假说也是必要的

面临遗迹现象的现场，判断其原状如何，就如同刑事案件侦破工作开始时的罪犯排查——“嫌疑推定”。“大胆假设，小心求证”是有道理的。

“自然科学只要在思维着，它的表现形式就是假说”(《自然辩证法》)。

推理要有依据，定案要有证据（东汉陶屋有小狗为证的狗洞，不能说成是卧射的射孔）——所谓考证，就是“调查取证”的过程。

6.“有一分材料说一分话”的误导

“有一分材料说一分话”如果说只是为了强调说话要有证据，治学要严谨，是可以的，但此话是有负面的作用。它潜在地反映了把科学研究的理论思维视为“主观”的东西，因而反对推理、反对探索发现。这一说法是一种孤立的、零散的、静止的史料学观点，是否定科学研究的说法。

材料不是一切，只有当“材料占有观点”才能得到有所发现、有所前进的科学研究成果。材料是研究的基础和论证的依据，是的，说话要有根据，要凭材料说话。但是，往往有一分材料不一定只说一分话，有时是一分材料可以说更多的话，就看所掌握的是什么材料了。关键材料是打开进入真理之门的钥匙。对于普通考古学的新石器研究的某些人来说，他们从来就没有遵守自己所说的“有一分材料只说一分话”这个原则。譬如一个陶盘之类，只残存少许陶片，只要从口沿到盘底的陶片能够连接起来，它就可以被整体复原，从而使人们确知其原状。这里的关键，是能够连接起从上到下陶片的那块小陶片（图 2-3-10）。此时，尽管材料再少，哪怕是一分材料，也可以说差不多十分的话。

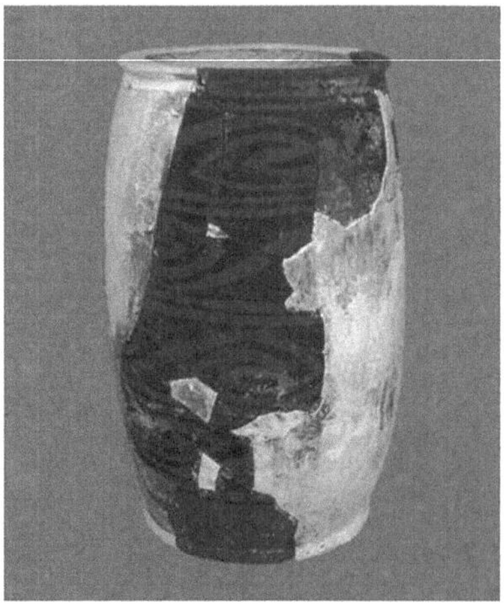
图 2-3-10 陶器修复

在建筑考古方面也是有例子的：唐大明宫含元殿遗址前，向南延伸的两条夯土与大台相连——这一点材料，就完全证明了两条带状夯土与大台二者是一体工程，完全证明了向南延伸的带状夯土是早期龙尾道遗迹。再如，北京延庆“古崖居”，有《水经注》的“古关之候台”这点材料，就搞活了所有材料而得出科学的结论，即“古崖居”是汉长城居庸关前沿的边防哨所——“候台”遗存。

7. 不理解的问题允许存疑

第三章　体现认识论与方法论的考证案例

第一节　遗址复原考证

一、河姆渡文化水井

切入点：支护木构与淤泥地层的关系。

六千年前的河姆渡聚落远离了生活用水的湖沼，而在聚落附近的一个水塘便成了方便的生活水源。但在枯水季节，水塘变成了一个大泥坑，只有坑的中央低洼处有积水，人们从坑边到积水之间垫上石块形成泥泞中的步石，踩踏它去大水坑底取水。由于水浅，用陶罐打水时很容易把水搅浑，于是便创造了用木构支护结构挡住泥泞，以保持水质的清洁，这便是最原始的水井（图 3-1-1）。象形文字丼，正是画的保护水质清洁的这一支护结构，亦即后世称之为“井干”的形象。井的原始含义是为了保持水质的清洁，这使我们真正理解了古辞书“井者，清也”阐述的真谛①。

遗迹表明，这个水源当时是有保护措施的，据遗迹复原为茅茨屋盖的大井亭。它反映了当时人们对赖以生存的水源的爱护。此原始水井遗迹，开始被误以为是“原始崇拜建筑”，经征询南、北两位著名古建前辈的意见，也是这个看法。后来征求笔者意见，才认定为原始水井遗迹。

二、仰韶文化半坡 F1、F41、F22

切入点：泥背屋面堆积、柱洞直壁、囱缘残段。

1. 半坡 F1——大房子

在刘敦桢主编的《中国古代建筑史》中，被错判为日本的“天地根元造”。

它属半坡聚落的晚期建筑，位于聚落中心广场西侧，面向东方。现存平面南北长约 10.80 米，东西残长 10.50 米（图 3-1-2）。出入口在东部中间，面向中心广场，宽约 1 米。室内外大致等高，周围墙体部分保存完整，墙高 50 厘米左右，厚 90～130 厘米。墙内有若干不整齐的柱洞，直径 7～25 厘米，一般 15～20 厘米，深 30～70 厘米，转角处柱洞密

---

① 编者按：作者在此列出脚注，但未有内容。

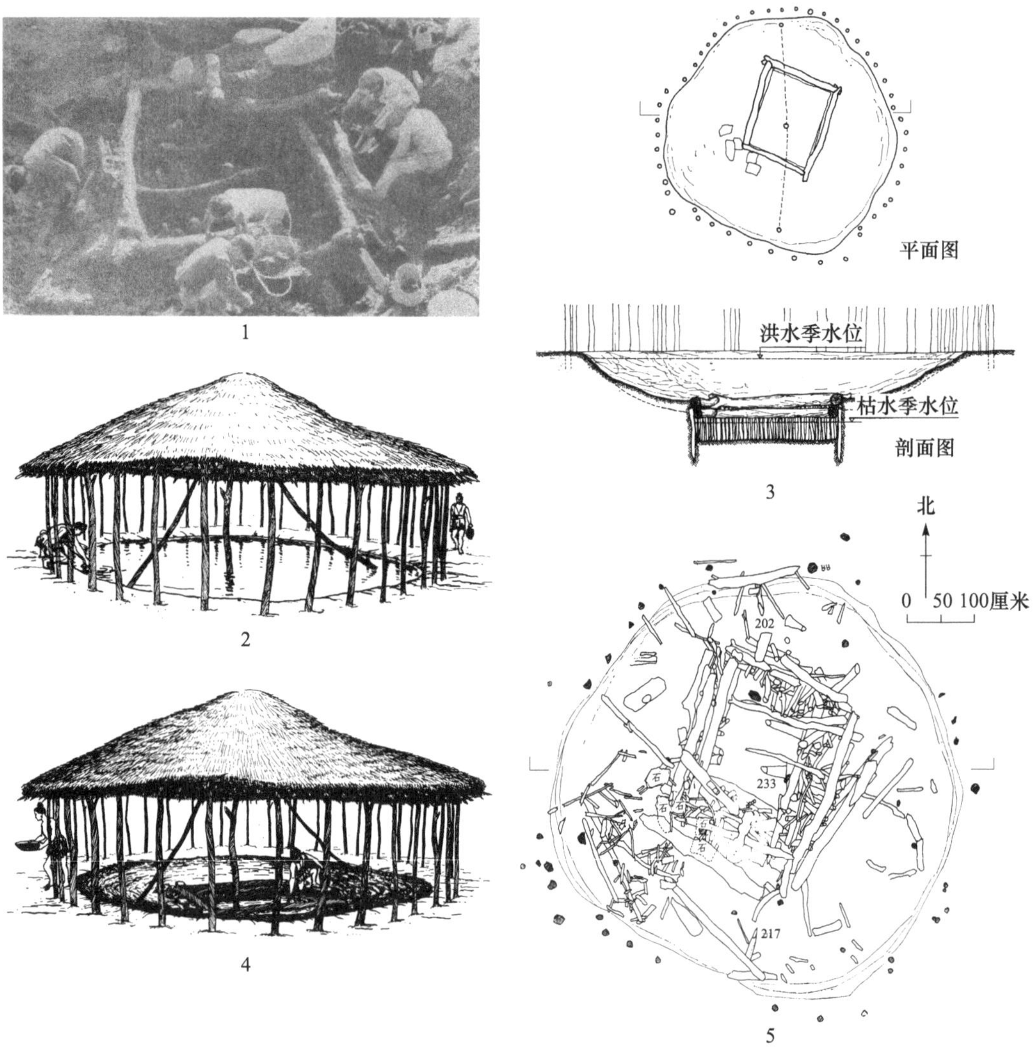

图 3-1-1
1. 第二层木构水井出土情形 2. 洪水季节水塘复原图 3. 河姆渡遗址原始木构水井复原图
4. 枯水季节坑底水井复原图 5. 河姆渡遗址原始木构水井遗迹

集。这些都是加强矮墙承受屋盖荷载的支柱遗迹。室内西部有两个完整的大柱洞，外附残破的经过烧烤的“泥圈”。从“泥圈”外皮计算，二柱洞净距 4.50 米。南柱洞直径 45 厘米，深 70 厘米；北柱洞直径 47 厘米，深 50 厘米。另于南柱洞东部大约与此等距处，还残存一个已遭破坏的大柱洞，从底部炭化痕迹看，直径 40 厘米。复原应为对称布置的四个中心柱。这座建筑平面复原近似方形而东西略长，约为 10.80 米 ×11.50 米，墙体弧形转角。柱洞外围的“泥圈”为柱身防火泥层残迹。据大柱洞内壁多道凹槽可知，柱身为挂泥牢固，于涂泥前缠有绳索。两个完整“泥圈”南北较长，且呈残断面，并有横向杆件遗痕；西向也有小柱洞及明显的断痕。此外，沿这两个完整柱洞南北轴线及以西，还发现若干属于此建筑的小柱洞和“两面光”的“烧土”残块。由此可知，这座建筑原来沿上述轴线部位都有隔墙。

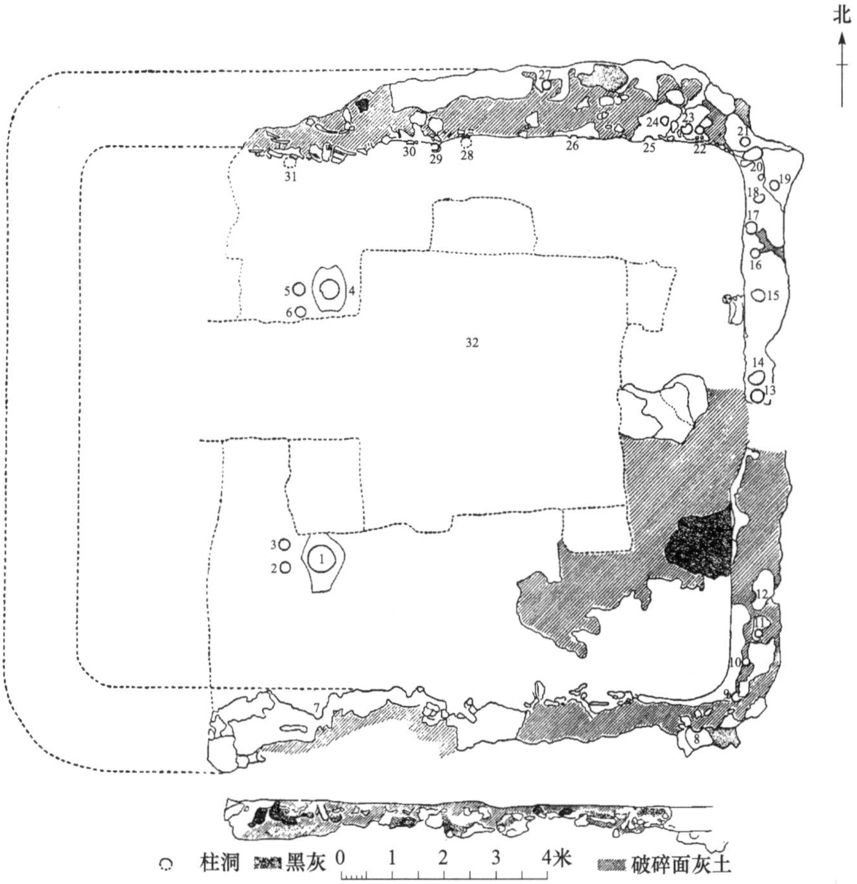

图 3-1-2　半坡第 1 号大长方形房址平面图

F1 复原为：进门是一个大空间，后部分隔出三个小空间，已形成“前堂后室”的布局。前部大空间约是氏族聚会和举行仪式的场所；后部三个小空间，从其隐奥性可知是居住用房而并非仓储，因为遗址表明，此时储藏设施只是采用竖穴，还没有达到使用这种先进房屋的程度。

F1 不仅在空间组织上开辟了“前堂后室”的新局面，而且在工程技术上也显示出一个提高了的水平。从其直径 40～47 厘米的大型支柱遗迹以及宽广的平面基址来看，显然它是全聚落体形最高大的建筑物。它的施工建造，必是动员了整个社会的力量。大型柱、梁等构件反映了半坡晚期在木材采伐、运输、成材加工以及施工吊装架设等技术方面，已具备较高的能力。值得注意的是，此时还创造了承重垛泥墙。周围厚约 1 米的墙体，除去内外壁的墐涂，净剩 80 厘米左右厚度都是泥土堆筑而成。泥中掺有“红烧土”碎块（晚期大河村 F1～F4 遗址的木骨泥墙墐涂中，也掺有“红烧土”块）。墙内壁墐涂掺有树叶、枝条之类，并经火烤，相当坚硬，表面平滑而呈青灰、白灰色。墙体为平地筑起，无基础。转角应力集中，于墙体内设木柱以加强支撑屋盖椽木的作用。这些柱不是墙体骨架。屋椽下端即抵在墙上，屋椽受力后下端有外移，则依墙立柱，与椽连接固定；依墙柱涂泥防火，状若壁柱。从印有椽痕的大量“红烧土块”（甚坚硬，内含草筋很多，并掺有树叶、枝条等）来看，这座建筑仍为墐涂屋面。由保存较好的东墙北段有破损的水平裂痕可知，荷载是相当大的。

从南壁一带保存的地面来看，其做法是草筋泥烧烤成红色陶层，上面有极薄的（约0.15 厘米）黑色炭质面层。北墙附壁支柱附近地面上发现白色植物灰烬，东北角及南部也都有发现，似为取暖的柴草燃料的篝火遗迹。北墙顶面上发现黑色灰烬两堆，可能是木柴篝火遗迹。据此可知，屋椽内部均涂有泥层，否则椽下篝火必引起火灾。各室可能都有火塘设置，作为取暖、防潮之用。根据北首岭和姜寨“大房子”遗址来看，半坡 F1 前部大空间中，或也设有烧煮食物的中心火塘。

门内北侧发现凸面黑色烧土残块，面上有坑点装饰，似为天窗或入口边框残段。结合这座建筑所处的重要地位判断，它很可能有更多的装饰（图 3-1-3）。

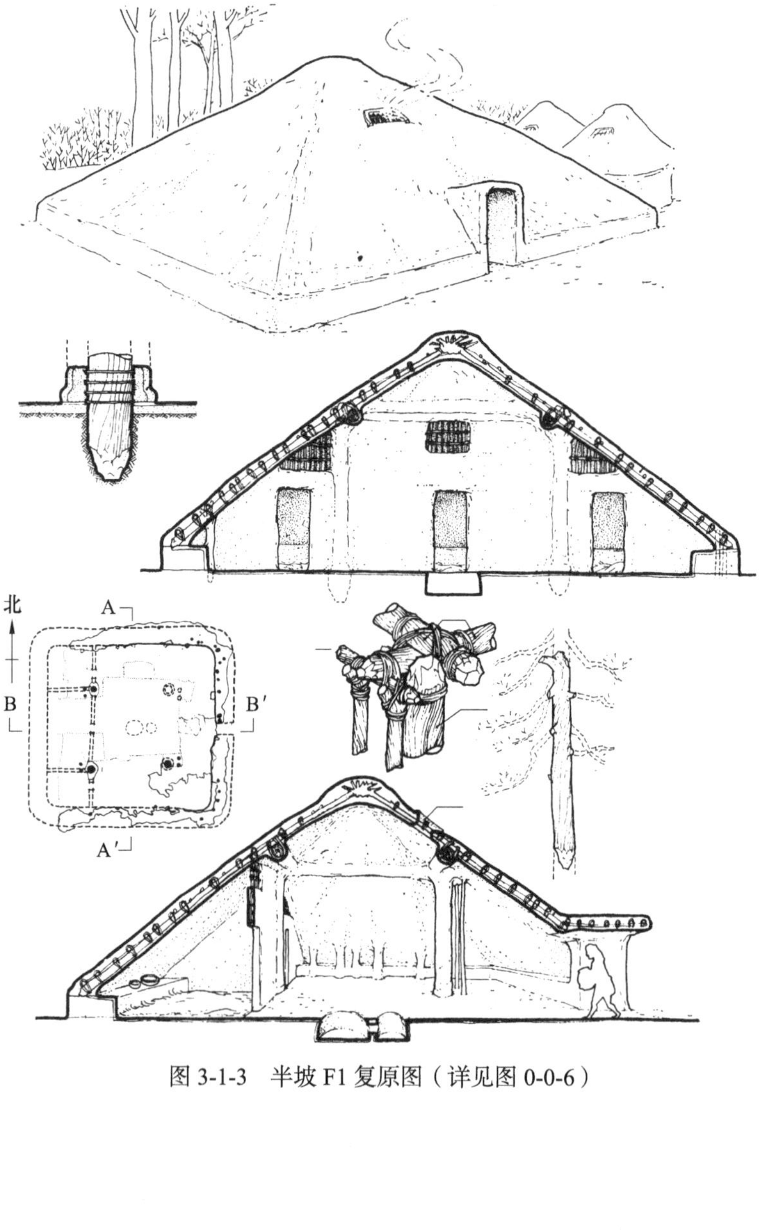

图 3-1-3 半坡 F1 复原图（详见图 0-0-6）

2. 半坡 F41

在石兴邦著《西安半坡》中被复原为环脊覆碗式。

这是一个毁于火灾的遗址，发掘时尚保存坍塌原状，底层堆积许多炭化木构残段。穴底发现四个柱洞，据发掘记录，相邻火塘左右两柱洞有浅色“细泥圈”，即栽柱后用细密泥土（可能是掺有料姜石粉之类的石灰质材料）回填。也就是说，柱基进行了初步的加工处理。另外两个柱洞的情况如前（图 3-1-4）。

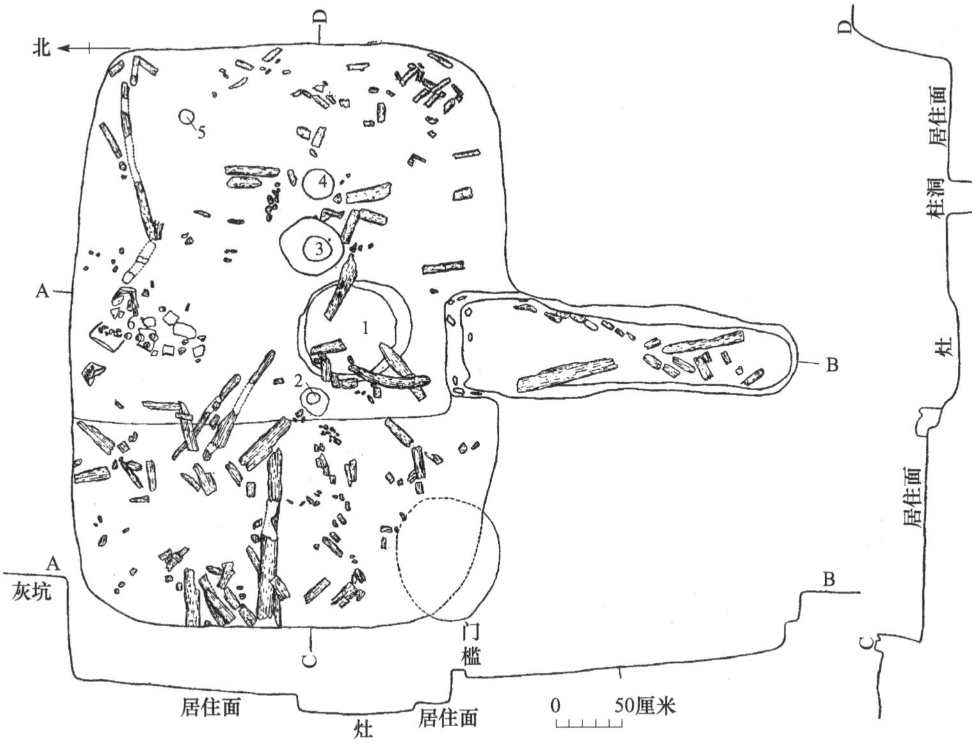

图 3-1-4　第 41 号长方形房址平、剖面图

1. 灶坑　2～5. 柱洞　6. 陶瓮及所盛之螺壳

顶部结构有两种可能性较大的构架方式：一种是柱顶架横梁，以交接四周椽木，从而形成“四阿”屋盖；另一种是按例二的第二种方式，以 2 柱为中间支点，先建一大叉手，构成其余诸椽的顶部支点。此例晚于例二，按照当时的意匠逻辑及传统推测，以后一种的可能性为大。鉴于火塘上部需要争取空间，屋盖也应作传统的方锥形式。

据发掘记录，屋盖塌落的残墐，发现粗面与抹有“白细泥土光面”两种；又有“平面烧得厉害”的迹象等。据此推测，屋盖椽木内表面也涂有草筋泥。这是出于防火的需要。泥土耐火是人类掌握制陶技术之初就已具备的知识，制陶术已相当发达的新石器时代中、晚期的半坡人，把这一经验用于建筑中木构的防火措施，是完全合乎逻辑的。此遗址的两根接近火塘的中柱根部残留有“泥圈”，更直接证明了木构涂泥防火的做法（图 3-1-5）。

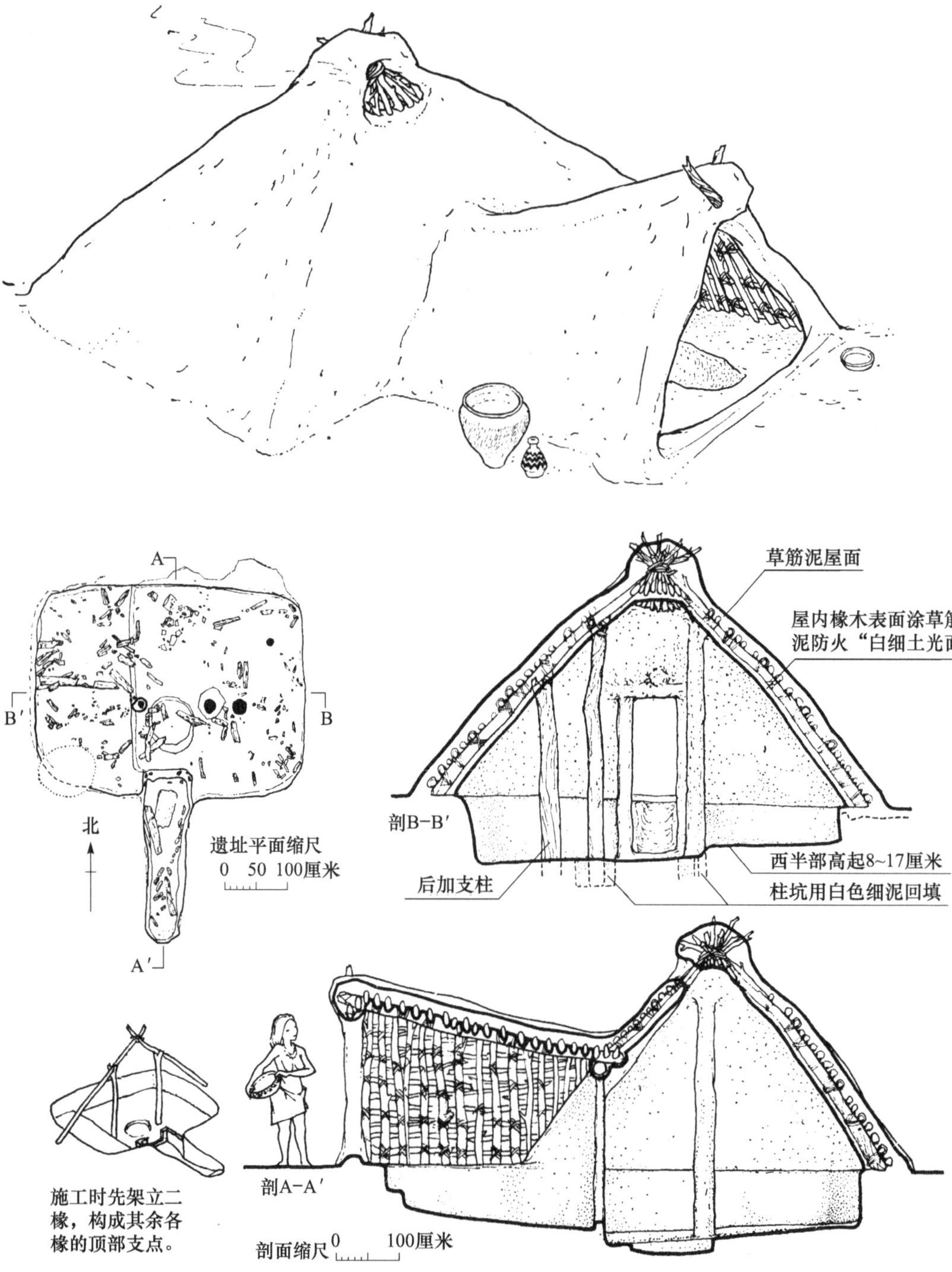

图 3-1-5 半坡 F41 复原

3. 半坡 F22

在石兴邦著《西安半坡》中被复原为环脊覆碗式。

这座遗址毁于火，发掘时尚保存坍塌原状。周围墙体厚达 25～30 厘米，从柱洞看，木骨最大直径约 20 厘米，一般为 4～16 厘米的原木。看来，围护结构已分化为墙体与屋盖两部分。鉴于墙体内的支柱尚无承重与围护的分工，估计屋盖构造与墙体相同，可能尚遗留脱胎于穹庐的痕迹——屋盖与墙体交接圆滑，无檐或凸棱（图 3-1-6）。

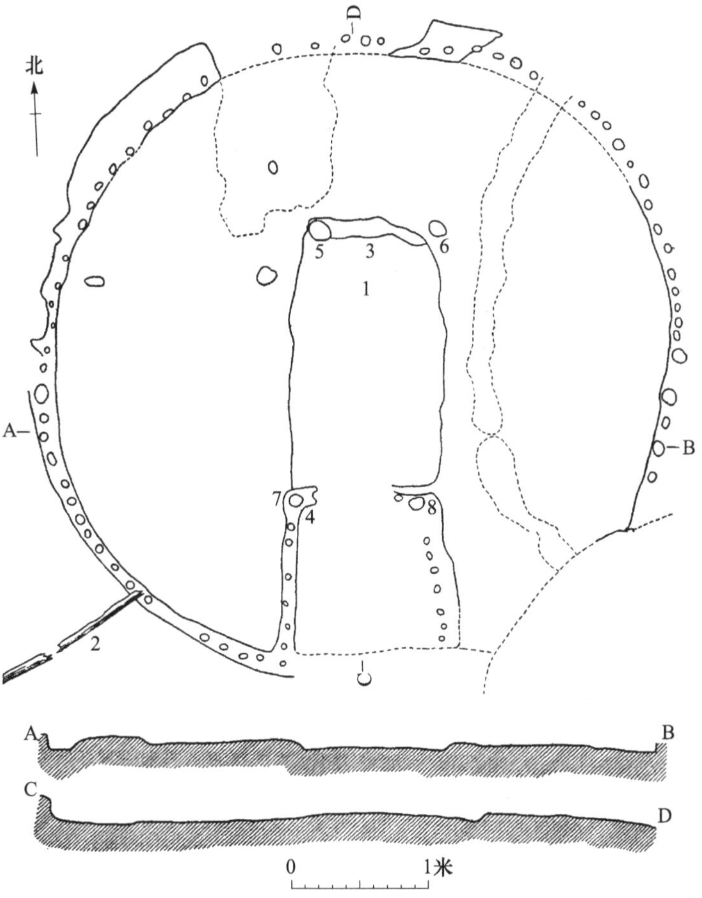

图 3-1-6　第 22 号圆形房址平、剖面图

1. 灶坑　2. 墙壁支柱遗留的炭化痕迹　3、4. 隔墙遗迹　5～8. 屋内支柱

入口内，吸取半穴居的经验，做出一个完整的缓冲空间。火塘以北的二柱之间，设有拦护坎墙（图 3-1-7）。

三、大地湾 F901（黄帝合宫）

切入点：体量与位置。

原始氏族社会解体，经酋邦社会，进而建成奴隶制国家。国家形成之初，原氏族与酋邦社会的最高级的“大房子”成为新生的奴隶主、统治者的驻所。初期，在建筑形式上没有大的变化，主要是建筑性质发生了改变：由氏族公社的集体财富、公益设施的性质转化为奴隶主、统治者的私有财产，并成为阶级统治的工具——“大房子”的前堂用来作为

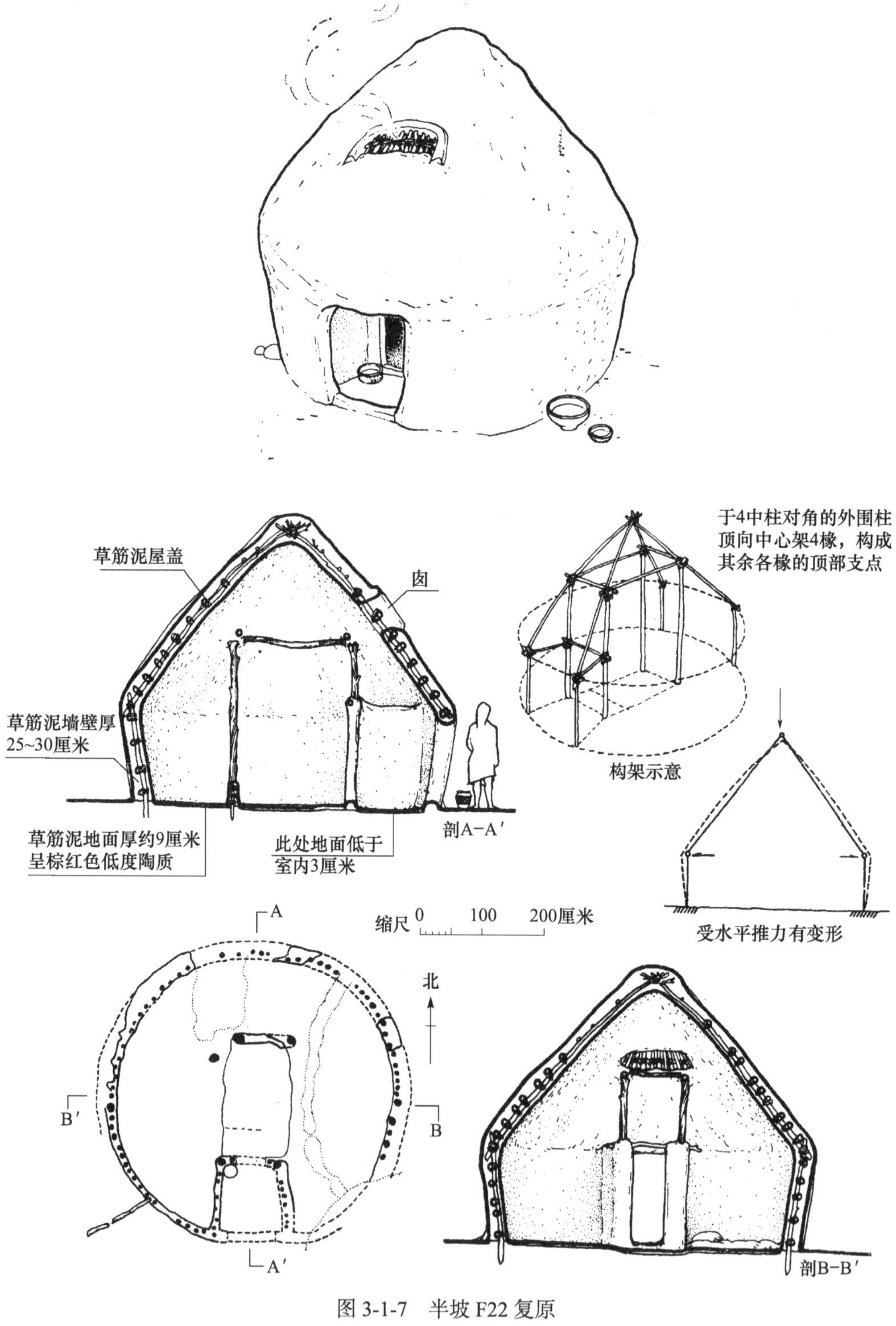

图 3-1-7 半坡 F22 复原

“朝”，即奴隶主政治活动的中心；后室成为他及其家属的“寝”处。这便是中国宫殿几千年所沿袭的“前朝后寝”制度的渊源。

夏朝距今大约四千年，当时在中国的版图内不只夏王朝一个国家，而是太史公在其巨著《史记》中所说的“夏有万邦”“执玉帛者万国”，只是夏位居中原而且势力最大就是了。实际上，早在距今六千余年前原始文化发达地区的氏族公社即纷纷解体，而向酋邦和阶级国家过渡了。

在中国，目前已发现不少四千年前左右甚至六千年前左右的龙山文化，甚至仰韶文化时期的原始酋邦的城址；其中最早的是六千年前河南省郑州市西山仰韶文化时期的城址[①]和湖南省澧县车溪乡南岳村的城头山的大溪文化早期创建的一座城池遗址[②]。公元前3000～前2000年史前时期的城池，在黄河中、下游的华北平原、长江中游的两湖平原、长江上游的四川盆地以及内蒙古河套地区均有发现。例如，山东省章丘市龙山镇城子崖龙山文化城址；山西省夏县东下冯龙山文化城址；位于辽宁省北票市大板镇康家屯，距今4000～3500年前的夏家店下层文化的石城[③]和浙江省余杭市良渚文化古城[④]等。近些年，田野考古又发现了不少这一历史时期的古城、古国遗址。最近在黄河流域的鲁西，一次就发现了八座4000多年前的龙山文化古城遗址。东北辽河流域是古文化发达较早的地区之一，辽宁省凌源县（现为凌源市）牛河梁红山文化坛、庙、冢的发现，便是又一重要线索[⑤]。在西北地区，发现了与此时代相近、发达程度相当的甘肃省秦安县大地湾一个国家雏形——酋邦的遗址。

秦安大地湾遗址位于黄河南岸的黄土阶地之上（图3-1-8）[⑥]，在其建筑群中心部位发现的一座特殊建筑基址F901，显示出宫殿的雏形。它比“夏后氏世室”更为原始，大约是半坡F1一类氏族“大房子”向宫殿转化的初始的过渡形态。

图3-1-8 秦安大地湾遗址地理环境

① 张玉石、杨肇清：《新石器时代考古获重大发现——郑州西山仰韶时代晚期城址面世》，《中国文物报》1995年9月10日。

② 蒋迎春：《城头山为中国已知时代最早古城址》，《中国文物报》1997年8月10日，第1版；郭伟民：《城头山古城考古又获新成果》，《中国文物报》1999年3月3日，头版头条。

③ 《康家屯城址考古获重大突破》，《中国文物报》1999年1月10日，头版头条。

④ 《余杭良渚遗址群内的良渚文化古城》，《中国文物报》1999年1月13日，第3版。

⑤ 辽宁省文物考古研究所：《辽宁牛河梁红山文化“女神庙”与积石冢群发掘简报》，《文物》1986年第8期。

⑥ 甘肃省文物工作队：《甘肃秦安大地湾901号房址发掘简报》，《文物》1986年第2期。

F901遗址，位于大地湾河岸阶地上聚落遗址的中部，现状地势高出河床80米。遗址反映这是一座多空间的复合体建筑，主体为一梯形平面的大室，遗迹清晰可辨（图3-1-9，上左、上右）。前墙长16.7米，后墙长15.2米，左墙长7.84米，右墙长8.36米。主室前面有三门，各宽约1.2米左右，中门有凸出的门斗，室内居中设直径2.6米的大火塘，左、右接近后墙处各有一大柱，形成轴对称格局。主室左、右各有侧室残迹；前部有与室等宽的三列柱迹，表明前部连接敞棚。整组建筑纵轴北偏东30°，即面向西南，正是古人推崇的一日之内日照最强的“昃”位（图3-1-9，下）[①]。这一建筑遗址反映了如下特点。

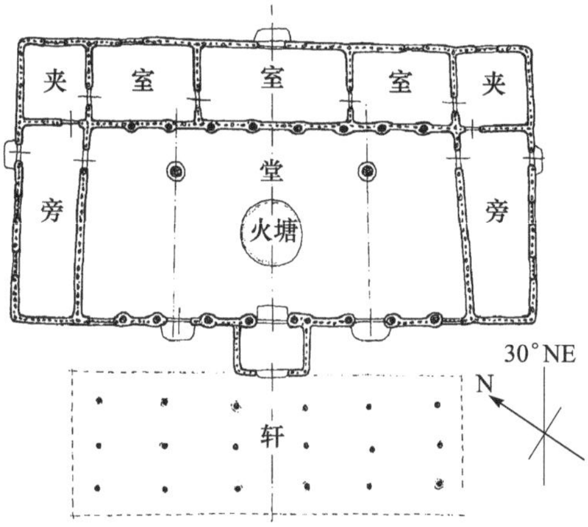

图3-1-9　大地湾遗址F901

1）位于聚落总体的中心部位，面向广场。

2）为已知全聚落中体量最大的建筑；并为庄重的对称格局；大室中门设外凸的门斗，特别强调了中轴线。

3）主室大空间南向开三门，总开启宽度约3.50米，加强了它的开放性以及和前部敞棚的连贯性。这显示出主室是“堂”的性质。显然它不是一般居室性质，而是一座具有特殊功能的建筑物。

4）主室前部连接的开放的敞棚，正是所谓前轩。“堂”前设“轩”这一格局，大有“天子临轩”的意味。

① 《周易·丰》：“日中则昃。”

5）堂的正面并列三门沟通前轩，反映出实用上的群众性和礼仪性。

6）堂的后部有室，构成明确的“前堂后室”格局；左、右各有侧室，即“夏后氏世室”具备的“旁”和“夹”。

7）堂内伴出收装粮食的陶抄（与当地现今所用的木抄形制相同）及营建抄平用的陶制平水（原始水平仪）等，都应是部落公用性器具。它们结合建筑形制，可以进一步表明这里大约是最高治理机构的所在。

8）就建筑学而言，这座建筑显出了资料概念和构成意识：堂的长宽比为 2∶1；二中柱各居中轴一侧方形面积的中轴上；前后檐承重柱数目相同（但不对位）。

9）就结构学而言，以木构为骨干的土木混合结构类似仰韶文化“墙倒屋不塌”的构架体系，但与半坡类型（以 F24、F25 为代表）不同，其围护结构不在承重柱轴线，而在外侧。

综合以上几项特点，可以推测 F901 为当时酋邦部落——雏形国家社会治理的中心机构，也是部落酋长的寓所。前部堂、轩用于办事、聚会或典礼，后室及旁、夹用于首领及其家属的生活起居。F901 的空间基本构成，从形式上讲是“前堂后室”，从功能上讲是“前朝后寝”。它奠定了中国宫殿制度的基本格局；上溯其源，它正与仰韶文化半坡遗址所见的比较简单的“前堂后室”的“大房子”一脉相承；进一步完善，则发展成为“夏后氏世室”。因此说，它正是夏代统治者“世室”一类初级宫殿的雏形。

F901 从体形上讲：前“堂”后“室”部分是一个南北两坡顶的主体建筑，这由堂内的两个大柱洞的位置靠近堂的后部，亦即位于堂、室通进深的东西横轴上，便可知道。其左、右各附上一个“旁”“夹”的庇厦体形；前方再接出一个拍子顶的“轩”，因此它形成了复合体构图（图 3-1-10）。

•“黄帝合宫”的形制

史前时期遗留下“黄帝合宫”的传说，这见于后来的古籍追记[①]。关于黄帝的传说，从

图 3-1-10　大地湾 F901 复原透视图

① 编者按：作者在此列出脚注，但未有内容。

日益增多的史前考古材料来看，当是可信的；他作为氏族晚期的一位伟大的部落联盟酋长，所居住使用的“合宫”，也应该是有史实根据的。然而关于“合宫”的含义，自古以来从未有过准确的解释。历代的学者在对原始建筑毫无了解的情况下，自然是难以做出正确的判断。所谓“合宫”，究竟指的是什么形式的建筑，在我们今天掌握了若干原始建筑的考古材料之后，有条件做出合理的推测。现在看来，“合宫”一词，应是“宫的组合”的意思；而“宫”，并非“宫殿”，应该指的是其原始的含义。

让我们首先了解这里所讲“宫”的原始含义。

“宫”是创造文字之后对上古语音的一种注音符号，其甲骨文原始字形本作□，作为象形文字，它是对被称作“宫”的物体的概括写照。甲骨文亦书做□，现代汉语“宫”字在字形上和它比较接近。众所周知，直至秦朝以前，“宫”是泛指房屋而言的，究竟这个字的原始含义指的是什么样的房屋，这是我们需要弄清楚的问题。古辞书《释名》中的一段解释，特别值得注意。《释名·释宫》说：“宫，穹也，屋见（现）于垣上，穹窿然也。”“宫”字训诂谐高大含义的“穹”，也就是说，当一种新的“屋见于垣上”的建筑形式出现，观其高大而谐“穹”音以呼之，并写照“屋见于垣上”的形象，创造了□这个图形文字——直立墙体上有斜面屋盖。《释名·释宫》解释得相当清楚，不但说明了“宫”字训诂的由来，也解释了其图形之所本①。

按《释名》解释，“宫”是“屋见于垣上”，即“屋”出现在墙垣上的一种建筑式样。在墙头上建屋盖，这对于后世的人们来说，是司空见惯、习以为常的事，所以有人认为这种解释是“废话”。正是这“废话”，揭示了此字出现得非常早。因为只有在历史早期，“屋见于垣上”才是新鲜事物，才有必要将它与不见于垣上的屋相区别。

在黄河流域，“宫”型建筑出现之前，人们居住的主要方式是半穴居。其内部使用空间的下部是掏挖出来的，顶部围护结构——屋盖，是直接建在地上的。从外观体形上看，当时的这种住房只是建在地上的一个屋盖。在成文历史之初，这种建在地上的屋仍然在使用，所以“屋”字的含义既是屋盖，又是一个完整的房屋形式。这便是“屋”既作“屋盖”讲，同时也作“房屋”讲的由来。新石器时代晚期，关中地区，诸如半坡、姜寨、北首岭等遗址，都发现了这种“屋”的遗迹，并发现“屋”所遗存的半地穴有烧烤穴底、穴壁以防潮和烧烤泥背屋面以防雨水冲刷的迹象。这种居住形式沿用到《诗经》成文的时代，便是《诗·大雅·绵》所谓“陶覆陶穴”的做法。所谓“覆”，也就是“屋”。其内部空间正是所谓“中霤”或“中冓”。大约6000～5500年前，黄河流域源于穴居的建筑，已完成由半穴居向地面建筑的转化。例如，仰韶文化半坡F3、F22、F24、F25等住房遗址，都明确地表现为“屋见于垣上”的形式。龙山文化时期，“屋见于垣上”的居住形式更为普遍。不过，“屋见于垣上”——“宫”，这种建筑形式的出现，并不意味着半穴居和穴居的消亡。考古材料证明，直至成文历史初期，半穴居甚至穴居都还在使用，充作广大被统治者的栖身之所。甲骨文□字创造时期，屋建在地上的半穴居与“屋见于垣上”的新形

① 杨鸿勋：《论古文字□、□、□、□的形和义》，《考古》1994年第7期。

式并存。相形之下，新形式自然显得高大——“穹窿然也”。为了区别于建在地上的“屋”，遂将垣上起屋的新建筑形式谐“穹”音而呼做“宫”。图形文字便画成墙上有坡顶的外轮廓——二平行竖线为墙垣，顶上的“人”字表示屋盖；里面再画上两个“口”，刻画工整的字图形，下“口”大而上“口”小，下“口”为门，上“口”为囱，这正是初期地面建筑（图：遗稿未配图）的抽象符号。有趣的是，“宫”的另一种写法——，还表现出了屋盖的出檐，也就是更明确了上面的口是屋盖上的囱。有的古文字学家提出一种设想：房屋形剖面轮廓内部的两个“口”，是表示两个房间的平面。这种剖面加平面的混合图式，很难说是符合殷商（也许更早）人们的抽象思维逻辑的；恐怕也不符合现代人的思维逻辑。

“宫”的内部称“室”，《释名》解释：“室，实也。人、物实其中也。”“宫”为体形的概念，“室”为空间的概念，“宫”与“室”为同一事物的两个侧面。这便是《尔雅·释宫》所说“宫，谓之室；室，谓之宫”以及《说文》所说“宫，室也”的道理。《尔雅》与《说文》的这种解释虽然未尽其详，但绝不像有人所指责的，是言之无物的废话。

发展到成文历史初期，这种“宫”型建筑已经推广开来，成为普遍的建筑形式，人们不再觉其新奇。“宫”字便成为一般房屋、住宅的代名词，如先秦文献有所谓“士有一亩之宫，环堵之室”的说法。大约5000～4500年前的黄帝所在的氏族晚期，人们呼作“宫”的建筑大约还是相对一般地面窝棚式的穴居、半穴居而专指“屋见于垣上”的房屋而言。因此“合宫”应该就是“宫”型建筑的组合体，即几个“宫”结合在一起的形式。

约当黄帝时代前后的大地湾F901，从遗址平面来看，这是一座以堂为中心的多空间的组合建筑。其体形应是围护“堂”的墙垣之上覆盖大屋顶的主体“宫”型建筑，再加以围护其后部和两侧的“室”“旁”“夹”的墙上覆盖单坡屋顶的附属“宫”的体形，还有平顶前轩部分的体形，综合而构成一座复合体的“宫”——“合宫”（图3-1-10）。

“合宫”的出现，大约反映了氏族晚期的“大房子”在适应新的功能要求而改造的过程，即在主体建筑周围根据新的使用要求又附加上所需要的辅助建筑。这看起来像若干“宫”结合在一起，建筑体形高低错落相当丰富，因此人们呼之为“合宫”。从它与当时普遍单调的房子比较来看，使人们感到十分优异和突出。因而它在相当长的一段历史时期内，作为一种能显示部落或部落联盟酋长身份的特殊的新建筑形制而被固定下来。大地湾F901的发现，使我们对“黄帝合宫”的理解豁然开朗。

四、喇家干阑遗址

切入点：所在位置。

黄河流域新石器考古首次认识到干阑遗迹是一个重大的突破！其位置在喇家聚落遗址的中心广场一个特殊墓葬旁。

1. 黄河流域首次发现酋长陵墓遗迹——面临广场的土台式的特殊墓葬

约当四千年前的喇家聚落遗址、墓葬以及伴生器物，反映了当时已进入初级酋邦社会。位居小广场北部的扁覆斗形“土台祭坛”顶上有随葬多种玉器等的特殊墓葬（M17），就是与牛河梁红山文化积石冢类似的酋长陵墓。其长方形墓圹的上部开有方形套口，二者填土不同，说明套口乃是下葬后，在其上另行换土填筑墓上建筑台基的地基槽。在土台东南角，发现包砌土台的宽达 50 厘米的石墙残段，这个石墙的东南转角恰与墓圹以及上部套口的东南角形成一条直线，可知土台就是与墓葬一体的工程。略早于此墓的牛河梁积石冢上有建筑遗迹，再结合民族学提供的处于氏族阶段的墓上建造祭祀建筑的习俗，可以推知这个墓上建筑正是古象形文字中所谓的“宗”。

2. 九柱洞干阑式的“社”遗迹

“干阑”被认为是西南少数民族语言的汉语音译，见于早期文献使用的词汇有“葛栏”“高栏”等。它是用桩、柱支起的架空房屋的称谓，现在建筑史学常用“干阑”“干栏”等术语，为了不引起误解，以不具备汉语含义的“干阑”较为合适。

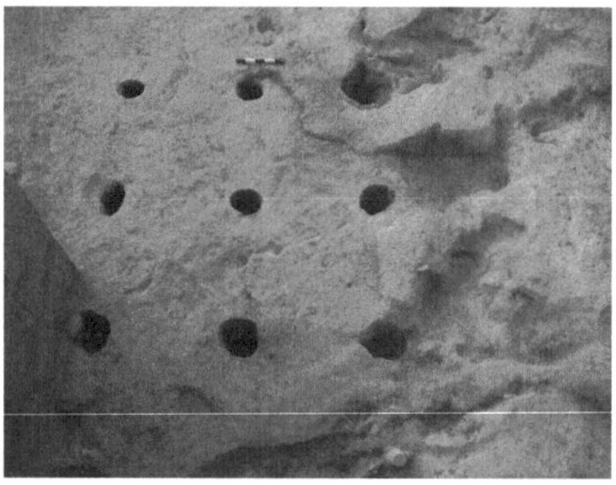
图 3-1-11 青海喇家干阑遗址——九个柱洞

喇家遗址所发现的 F21，从遗迹现象判断可以认定是干阑遗迹。F21 是纵横都有三条轴线垂直交叉组成的柱网，共有九个柱洞（图 3-1-11），与日本群马县前桥市鸟羽的弥生时代干阑——“社”遗迹完全一样，只是目前尚未发现外围小柱洞以及圜水和围墙遗迹。

F21 的柱间距均为 1.50 米左右，即每面宽度都是 3 米许。它位于聚落小广场的东南部，附近有另一特殊地面建筑 F20，两者相距仅 2～3 米。总体关系已表明这一干阑建筑的特殊重要性质。

这一遗迹所反映的干阑，与《史记·黄帝本纪》所载古史传说的“黄帝时明堂”相当。《史记》谈到当时人们把它叫作“昆仑”，实际上就是“干阑”。“昆仑”是“干阑”的中古颚变音。干阑是用于原始农业祭祀的高架茅草亭，即“社”的祖型；日本的神社正是它的后裔。现已有科学论证，大约距今 4000 年前，“社”随着中国的稻作技术传到日本。

五、襄汾陶寺圆坛遗址（帝尧“观象授时”台）

切入点：古史传说。

陶寺城址发现“观象台”，证明了《尚书·尧典》上所说的“历象日月星辰，敬授人时”是真实可靠的。这样看来，“其仁如天，其知如神”的帝尧，派遣羲和、羲仲管理历法与授时，并测定了一年的天数、四季和二十四节气的“二分”——春分与秋分、“二至”——冬至与夏至。《尚书·尧典》就有“期三百有六，旬有六日”，“以闰月定四时，成岁”，“历象日月星辰，敬授人时”等天文历法的记载。陶寺观象台遗址的发现，使我们看到当时就是借助这座观象台来完成伟大的天文历法观察的；它证明了《尚书·尧典》

记载的翔实。

在酋邦时期，大酋长“帝”“王”之为政是与为巫并举的。根据民族学判断，酋长与巫师有的结合一体。观天象在当时并不是作为科学而是一种巫术。观象与崇“巫”，在史前社会中都是礼仪的范畴。

尧都观象台遗址是以中期大城的南城墙为依托，向东南方向接出一个大半圆形夯土台。台是借助一个自然土包夯筑而成，沿台夯筑大半圆挡土墙台壁。观象台分三层，各高40厘米。每层台都有夯筑的挡土墙台壁，底层挡土墙基宽1.50～2米，距圆心25米，弧长38米；第二层台挡土墙基宽1～1.50米，距圆心22米，弧长40米；顶层台挡土墙呈大半环形，基宽1.10米，半径12米，弧长25米。

顶层台面上距台心10.5米处，沿台边圆弧形排列夯土墩十三个，残高约2.70米左右，夯土墩缝隙呈正对圆心的放射状，间隔0.2～0.8米。这段弧形排列的夯土墩弧长约19.5米。夯土墩的平面形状不甚规范，大多为长方形，个别不规则；夯土墩推测原高可能在4米左右（图3-1-12）。

图3-1-12 陶寺观象台遗址

在顶层土台中部，发现了四道同心圆夯土标志的观测点。内圈夯土层的直径25厘米，第二圈同心圆的直径为42厘米，第三圈直径约86厘米，外圈同心圆的直径约145厘米。

经过观测实验，冬至日从观测点看出去，太阳从2号缝通过，与对应的山头相切（图3-1-13）。夏至日，太阳初升通过12号狭缝，与对应的山脊相切。东7号狭缝为春分与秋分观测缝，可与《尚书·尧典》二分、二至概念相合。证实了该遗迹的天文学观测功能。通过观测，所有狭缝相对应的山头或山脊的日出，从而构成观测点，观测缝与相对应山头或山脊的相当严格的观测系统。当年利用这个观象台观测日出，将一年分为二十个节点，形成尧时历法的一年二十个节气。

当时天文、气象科学是与神秘的巫术相联系的，这个观象台同时兼具原始宗教的祭祀功能。

1

2

图 3-1-13 陶寺圆坛遗址复原图
1. 陶寺尧都观象台观察二分二至日出 2. 陶寺尧都遗址观象台复原

六、二里头 F1（夏后氏世室）

切入点：文献。

奴隶制初期的夏王国脱胎于氏族，其新生奴隶主国王的用房——“世室”，正是氏族“大房子”的蜕变。不过这中间还有一个重要的过渡环节，即从氏族向国家过渡中间的酋邦社会的酋长用房。它是进一步变化的“大房子”，例如从半坡 F1 简单的前堂后室，变为大地湾 F901 那样又增加了旁室和夹室乃至前轩的几个空间，从而形成复合“宫”型的所谓“合宫”的体形；在建筑体形上，则是否定之否定——又回复到单一体形的大房子，当然要比原始氏族有很大提高了。这就是说，“夏后氏世室”是沿袭原始氏族晚期至酋邦社会“黄帝合宫”的传统，而作“前堂后室”布局。“堂”后相对五“室”——中央一大室，两边各二小室；在“堂”的两侧，发展为各设二“旁”；在“旁”“室”之间的两个转角处，各有一个“夹”室。这便是所谓“五室”“四旁”“两夹”。在室内分隔上，前“堂”占两间进深，后室占一间进深，即所谓“堂，三之二；室，三之一”。

中国早期宫殿是把中间一排柱子摆在中轴线，所以形成偶数开间；登堂的台阶也是中轴对称的偶数，一般是两个，即所谓左、右阶或东、西阶。文献所记夏朝的“世室”为“九阶”，推测除正面两个台阶之外，对着五室的后门还有五个台阶，两夹对外两门处还有两个侧阶，共计九阶。

归纳起来，二里头 F1 这组原始宫殿，其主体——30 米长的大房子，有一个高大的用人字木屋架做成的茅草屋顶，为了保护夯土台基和栽立在土台上的檐柱不受雨淋，出檐是很大的。当时还没有发明悬挑的斗栱支承屋檐，而是采取原始的落地支承的擎檐柱方式。遗迹表明二里头宫殿的廊庑墙体还是采用原始的木骨泥墙，但稍晚的殿堂已出现了更为牢固的木骨版筑墙。

二里头 F1 宫殿外围设有防御性的廊庑，以防范被统治者。东廊连接厨房，这被后世沿袭成为“东厨”的制度。东北角，朝东和朝北各有一个后门。殿堂前有较大的庭院广场，夜里点燃篝火照明，通宵达旦，就是《诗经》所说的“庭燎”。黎明时庭燎熄灭，便开始上朝，群臣集合在广场上，面向殿堂中的国王朝拜，报告政务和接受国王的命令。这种封闭庭院的朝廷布局，一直被沿袭下来，直到封建帝国的末期——清朝。

这座宫殿的南廊庑中间，设置带东西塾和内外塾的穿堂式大门，这也奠定了后世宫门的基本形制，一直保持了3000多年，直至晚清。

二里头遗址F1是一个独立的单元，总体为近似方形而缺东北一角，东西最长处108米，南北最长处101米，占地面积9000多平方米（图3-1-14）。整个建设地段经过普遍垫土夯筑，也就是说，整组建筑是建在一个低矮而广大的夯土台之上。现在虽然台面已经损失，但土台尚保存当时地面以上的一部分，残留大部分柱洞、柱础，可以辨认出建筑布局和间架规模；在殿堂柱洞内外，还存有少许木炭和经过焚烧的泥皮碎屑，证明这组建筑是毁于火的。

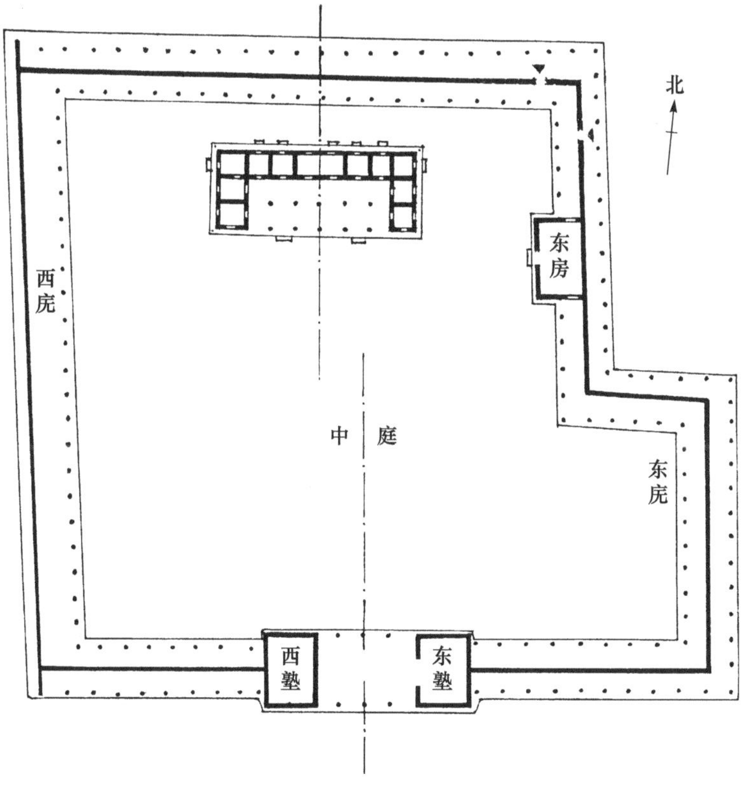

图3-1-14 河南偃师二里头F1复原总平面图

二里头遗址是由外围廊庑和主体殿堂所组成。这是目前所见最早的围廊环绕的建筑群，它表现了与外界的隔离性和防范性，反映了这组建筑的所有者的自卫意识，亦即反映了阶级的对立。结合古籍所载这一历史时期的社会性质——血缘奴隶制王朝判断，它应是一组设防的国王驻地。这就是说，它是一座目前所知中国最早的发育成熟的原始宫殿。

1. 夯土高台的雏形——普遍夯筑的台基是庭院上的建筑群

解剖得知，这一建筑地段原有更早的文化层，遗存若干窖穴、灰坑之类。这里的建筑基址普遍夯筑，首先是出于填补原有窖穴、灰坑以及低洼处，以保证这组建筑免除沉陷不均的问题。在早期居民点的凹凸不平的灰层上建造房屋，如不清理、加固地基，会导致不均匀沉陷而使房屋倾斜甚至倒塌。就河南地区来说，仰韶文化晚期的郑州大河村 F1～F4 遗址以及龙山文化的汤阴白营一群圆屋遗址都反映了这个问题，可以证明至迟夏朝应已具备这样的经验。二里头遗址反映，在建造房屋之前清理地段的灰土，夯筑填补窖穴、灰坑之类，正是解决这一问题的一种工程做法。在夯筑窖穴、灰坑等不平之处以后，进而普遍垫土夯筑加高建筑基址，于是形成了一个较为高爽干燥的地势。它可以说是早期“就陵阜而居”的一个发展，可视为人工创造的“陵阜”或曰“丘”。当然，就其形式而论，已是一个整形的大夯土台了。战国中山王陵出土的铜版《兆域图》将享堂基座大夯土台称作“丘”，正说明了土台工程构思这一概念。

大土台周围台壁，从局部保存路土硬面表明原呈缓坡状，可视为廊庑的散水。发掘时大土台直接被耕土覆盖，地层较薄，土台上部已被犁为耕地。土台所在的地段北高南低，而台面较平，故土台高度不等，北部残高约 0.30 米，南部残高约 0.80 米。据台边与廊庑关系可以复原考证其原来高度；现存台边与廊庑外墙最大净距约为 2 米，如沿台壁收分增高 0.25 米左右，则台边几乎触及墙体。由此可知，原台面最多较现存标高增加 0.25 米。现存台高最大 0.80 米，则复原最高处约为 1.05 米左右。

2. 防御性的周围廊庑与中庭

廊庑围绕在雏形大台的四周，而形成一个“庭”的空间。西侧是内向的单廊，进深 6 米（图：遗稿未配图）；其他三面是内外兼顾的复廊，内、外柱廊檐柱相距 6.50 米，居中设墙。此墙和东庑的外侧墙体遗迹，是一道宽 0.45～0.60 米、深 0.40～0.70 米的夯土填实的基槽，其中遗存有间隔 1 米左右的排柱遗迹，柱洞直径 0.14～0.17 米，看来很像是仰韶文化遗址即已出现的木骨泥墙。但二里头另外的建筑遗址已发现有木骨版筑墙的做法，则这座殿堂可能也是这种墙体。木骨版筑墙是木骨泥墙的进一步发展，此时的内含木柱骨架的版筑墙体虽然还不太厚，但要比泥墙坚实得多。周围廊庑跨度相近，大约都是两面坡屋盖。跨度 6 米的西庑，其梁架推测是用大叉手（人字木）上承脊檩；复廊部分，有中间墙体可以承托脊檩（图 3-1-15）。

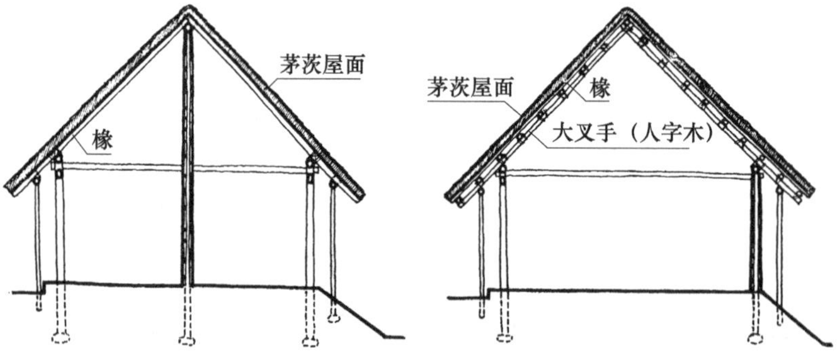

图 3-1-15　廊庑横剖面图（左：有中间隔墙的庑；右：无中间隔墙的庑）

廊庑前、后檐都发现擎檐柱迹，可知出檐有所加大。目前所知最早的擎檐柱实例为洛阳王湾仰韶文化遗址 F11 及湖北红花套大溪文化遗址。前者所用柱径大小和间距都不规则，后者采用毛竹，布置较为整齐。

廊庑环绕所形成的中间广场——庭院，成为王国朝廷活动容纳群僚的室外大礼堂。庭中点燃篝火照明，谓之“庭燎”。这种本来出于实用的篝火，延续到后来就成为一种朝廷礼仪了。

3. 门与“塾”

南廊的中间设大门——带顶盖的穿堂门（或称屋门），显示出中轴对称的思想。穿堂门中间为门道，左右有门房，即古籍所谓“塾”[①]。这是目前所知最早的门塾实例。由于门塾的进深较大，推测左、右塾（或称东、西塾）内原有隔墙，分成前后两个空间，即所谓“前塾”和“后塾”。

4. “东房”（东橱）

东廊随台边曲折布置，北段内廊有三间进深加大，形成一座连在廊上的厢房。其内部地面发现火塘残迹，这使人联想起周朝继承古制作为庖厨之用的“东房”。在宅院东侧设厨房，应是原始住房内部东北隅做炊事的“宧”的进一步发展。这里的发现，是古籍所载“东厨”的最早实例，周朝礼制化的“东厨”或曰“东房”制度，盖肇源于此。

5. 东北隅的便门——“闱”

围廊的东北部有两个角门，其一在东廊的北端，另一在北廊的东端。东北隅所开的后门，古称“闱”，这在汉代已被礼制化。这里所见，大概就是它的源头。汉文献所记已经礼制化了的“闱”，解释为妇人出入所用，以体现“男尊女卑”。其实奴隶制时代的王后也是有职权的，“王主朝，后主市”——国王主持朝政，王后主持市场贸易，这大约是氏族时期妇女主持分配的遗风。《考工记》记载周王国都城规划是“面朝后市”，即王宫前面是朝廷机构，后面是市场，这应是古老王国制度的延续，现在看来可能起源于夏。为了王后由王宫到后面的市场往返方便，所以在这里开有后门，绝非汉儒所理解的“男尊女卑”的意思。到奴隶制后期的周朝，继承这一传统，已把它礼制化。到汉朝“独尊儒术”以后，宫廷、宗庙沿袭周制而设“闱”，却不知其所以然了。

围廊形成一个大院落，即所谓“中庭”。在中庭偏北的中央，设主体殿堂。

6. “世室”——“前朝后寝”寓于一栋建筑之中的主体殿堂

（1）基础与台基

发掘所见大台表面，亦即庭院地面，业已损失，主体殿堂的台基更不复存在。夏代的

---

① 《尔雅・释宫第五》:“门侧之堂谓之‘塾’。”

高级建筑仍然是栽柱做法，当木柱损失后，遗存有柱洞。殿堂位置、规模与布局完全是由残存的部分柱洞辨认出来的。殿堂地基相当深，基底在地下水位以下，水位线以上的夯土厚约 3.10 米。基底平面东西长 50 米，南北宽 30 米，垫有三层大砾石。这个地基向上夯筑逐渐收缩，以至发掘所见的残面，平面已缩为东西 36 米、南北 25 米。这样看来，这个埋藏在大夯土台内的底大上小的基座，是先于大夯土台而存在的。从这一带厚达 3 米的文化层来看，这里原是一处相当古老的建筑基址，这座殿堂就是利用这个早期建筑基址而建造起来的。

参照《考工记·匠人》“堂崇三尺”的记载，可设定殿堂台基高为 0.70 米左右。现存殿堂柱洞残深 0.40～0.60 米，若庭院复原提高 0.25 米，加以台基高 0.70 米，则殿堂柱埋深原来应为 1.35～1.55 米。半坡仰韶文化遗址 F24 木柱最大埋深为 1.15 米，看来二里头殿堂木柱较氏族时期的埋深有所增长，是合乎发展逻辑的。

（2）柱网分布

殿堂遗迹为直径 0.40 米的大柱洞按照一个长方形周边排列的。大柱洞的间距为 3.80 米（中—中），东西八间通面阔 30.40 米；南北三间通进深为 11.40 米，这也就是遗址所见南北两排柱洞的距离。这样大的一座建筑，在当时真可以说是“大房子”了。《考工记·匠人》记载三代宫廷主要殿堂，有“夏后氏世室”之说。所谓“世室”，“世”就是“大”，“世子”即“太（大）子”；“世室”就是“大房间”，也就是“大房子”，这正与考古学对新石器时代中、晚期聚落遗址中所发现的体量最大的建筑的称谓不谋而合。“夏后氏”的“氏”，反映了它脱胎于氏族的痕迹；其“世室”这一原始宫殿，也正是氏族“大房子”的蜕变。可以认为二里头 F1 的主体殿堂就是夏王的“世室”。

对于二里头的这座“世室”遗址柱网可做如下推测。

遗址前后两排柱洞的距离为 11.40 米，殷晚期小屯宫殿遗址所见木构最大跨度不过 6 米，早于殷的夏朝木结构技术水准更不可能稳定地架设 11.40 米的大跨度，即南北两排檐柱之间必有支点。氏族时期已经出现柱网布置，如半坡 F24 的三间面阔、两间进深的柱网，按照这一传统，二里头 F1 的殿堂应是一座八间面阔、三间进深的完整柱网（图 3-1-16）。半坡 F24 表明，檐柱有时淋雨受潮，故埋深较大，深达 1.15 米；内柱不受雨淋，则埋深较小，仅 0.30 米左右。可以设想，此殿堂也因循这种传统做法。殷墟已提供了旁证。以小屯“乙十三基址”为例，外檐柱的砾石暗础低于现在地面 1 米多（个别不到 1 米），内檐柱一般则仅在 0.50～0.80 米之间。这样，可以设定二里头 F1 这座殿堂的内柱埋深也相当于檐柱的一半左右。今推测檐柱埋深为 1.35～1.55 米，则内柱埋深为 0.70～0.80 米。这种栽立内檐柱浅、外檐柱深情况，当基址损失到内檐柱基以下，内檐柱迹荡然无存，而外檐柱遗存的柱洞下部仍有保留，这便是遗址所见的情况。

面阔偶数开间的做法，在湖北黄陂盘龙城商中期宫殿遗址及安阳小屯商晚期遗址中都有发现。奴隶制时代日益加强崇尚中央的观念，反映在建筑上，即崇尚中轴对称的布局。偶数面阔表明当时是以中轴在线立柱来强调中轴线的，即中轴左右对称布置房间。这使我们明白了早期殿堂不是居中布置登堂的踏道——“阶”，而是设左、右两阶的道理。后来

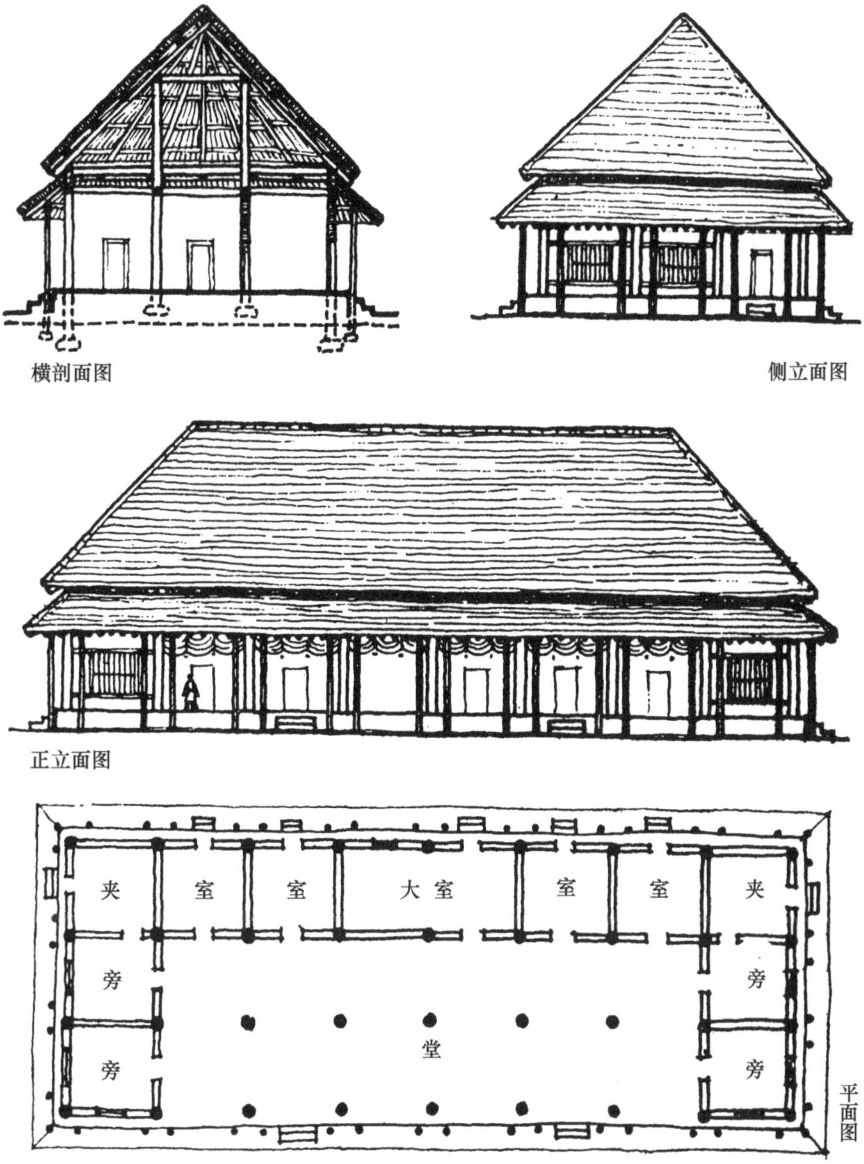

图 3-1-16　河南偃师二里头遗址主体殿堂复原设想之一

进一步发展，这种居中设柱的方式让位于统治者——天子居中设座，改为以空间为中轴，即出现了所谓“当心间”，也就是说形成了奇数开间。后世建筑，不仅宫殿，即使一般民房，面阔总是采取奇数开间的。后世附会以风水阴阳说，以奇数为阳，生人使用的“阳宅”要采取奇数开间。

（3）屋盖构架

F1 主体这座大房子从平面来看是一个长方形，所以体形为单一六面体，上面的屋盖也应该是单一的大屋顶。因为房子很高大，推测所有的木柱是等高的，不会出现更高的东、西山墙，也就是说，它不是前后两坡顶，而是四面坡的屋盖。

按照柱网复原其梁架结构，较大的可能性是采用最简易的屋架方式，即现在乡土建筑中仍可见到的大叉手（人字木）支承檩、椽（图：遗稿未配图）。这样高大的殿堂屋架的水平推力较大，柱间应已使用联系梁。河姆渡遗址的木构已有榫卯，仰韶文化时期也有骨凿、石凿，据此判断二里头宫殿的木构必然已用榫卯交接，复杂节点可能辅助以扎结。

在周边大柱洞的外围，残存若干直径0.18～0.20米的小柱洞。像F1主体殿堂这样高大的建筑，为了保护夯土台基和木柱不受雨淋，其屋盖的出檐必然深远，因此需要有承檐结构。殿堂遗址周围残存的这些较小的柱洞，应该就是原始承檐结构——擎檐柱的遗迹。这表明当时还没有创造悬挑的斗栱。据遗迹复原，擎檐柱的数量为檐柱的二倍；其布置是一檐柱附二擎檐柱。擎檐柱与檐柱相距0.60～0.70米，据此估计出檐可达1.40米。盘龙城商中期及周原先周遗址的擎檐柱，都位于台基下的散水上，这是台基内缩，尽可能远离檐口，以减少淋雨而形成的。这有助于了解此殿的表现。

从转角存有擎檐柱迹可以断定，其屋盖为四阿形式。《考工记》说明三代宫殿特征时，指出“殷人重屋”，即“重屋”为殷人所特有的。也就是说，夏王的宫殿还只是一般的单檐（图：遗稿未配图）。

（4）屋面铺装

从时代和地域较为接近的河南龙山文化（有可能是夏文化）若干建筑遗址来看，估计是采用茅茨，这与史籍夏、商宫室“茅茨土阶”的记载相符合。这样，屋面可复原为檐口整齐的茅茨。屋面坡度，按大约成书于春秋时期的《考工记》对周朝做法的记载，是“葺屋三分，瓦屋四分”，即茅茨屋盖的坡度是举高为跨度的1/3。实际上茅草屋面为了尽快排水、防止渗漏，坡度恐怕还要陡一些。陕西省岐山县凤雏村先周甲组建筑遗址堆积的檐墙残墐所反映的屋面坡度为48°，略大于1/2。这与近代民居茅草屋面坡度相近，也和殷商铜器屋形器盖，如小屯妇好墓出土的偶方彝（图3-1-17）及屋形笄帽（图3-1-18）所反映的坡度相近似。二里头这座殿堂的屋盖坡度可设想为1/2。

图3-1-17 安阳小屯妇好墓出土的偶方彝

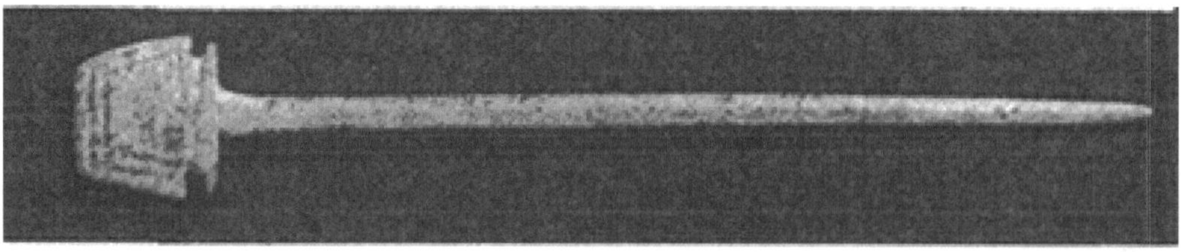

图3-1-18 安阳小屯妇好墓屋形帽骨笄

（5）内部空间划分

在F1这座廊庑环绕的庭院中，只有一座殿堂，即朝、寝活动都要在这座建筑中进行，因此可以肯定内部必定是有分隔的。遗址发掘时，在殿堂的大柱洞内外发现烧过的残墐碎屑——墙皮遗迹，则是有墙的佐证。此殿是木柱承重，墙体主要起围护作用。从二里头另外的建筑遗址发现木骨版筑墙来看，其墙体也可能也是这种做法。

墙的分布取决于内部空间的功能分配。《考工记·匠人》关于“夏后氏世室”的一段记载反映了当时的内部情况：

> 夏后氏世室，堂修二七，广四修一；五室，三四步四三尺；九阶；四旁、两夹窻；白盛门；堂三之二，室三之一。

文中一“堂”，五“室”，四“旁”，两“夹”，与遗址正相符合。可推断其分布如下。

早在原始氏族中、晚期的半坡聚落，大房子 F1 就出现了“前堂后室”的内部划分。可以推知，二里头 F1 殿堂的空间组织也是“前堂后室”，堂用以为朝，室用以为寝，即它是一座“前朝后寝”寓于一栋建筑之中的原始宫殿。

从《考工记》的描述，夏王朝的“世室”，显然是以一栋建筑物解决朝、寝的实用的处理方式。其内部空间的划分，以“堂”为主体，“室”“旁”“夹”都是室，即现代所谓的“房间”，只是因平面位置的不同和使用上有所区别而有不同的称谓。所谓“室”，古辞书解释说：“人、物实其中也。”就是有墙体围护，有门扉开合出入的封闭性奥秘空间。“旁”“夹”的位置，古来论者颇有争议。《释名·释宫》说：“房，旁也，室之两旁也。”毕沅在《疏证》中说：“今本作：‘在堂两旁也。’”在《疏证补》中，王先谦认为毕氏的说法是错误的。其实这些争议都是对于汉儒托古推想的西周明堂、庙寝等来说的。我们讨论“夏后氏世室”，应抛开这些无关的纠纷。“旁”“夹”本来并非什么礼制上的称谓，文义已明确反映了朴素、自然的生活气息。这些显然都是出于生活中指示的方便，而以房间位置命名的。早期前堂后室的建筑以堂为主体，所谓“旁”，应是以堂为本位，而指堂之旁。两“夹”与四“旁”同为偶数，可知是对称布置的。其所以称“夹”，是因为其位置在各房间所形成的“凹”形平面类似两腋的地位，是以“夹”只有两个，即“室”与“旁”之间左右各夹有一个“夹”室。《释名·释宫》所谓“夹室，在堂两头，故曰‘夹’也”的说法，也是以托周制的汉明堂为依据的。事物总是不断发展的，卧寝起居所用的建筑是由一栋多室而发展为多栋建筑的群组。封建文人好古，往往保守旧称。因此在古文献中，常有这种情况，即同一个字的含义对于不同时代来说，所指的事物是不同的，因之导致后世越加注释就越糊涂的情况。

奴隶制初期的夏王国脱胎于氏族，其新生奴隶主国王的用房——“世室”，正是氏族“大房子”的蜕变。不过这中间还有一个重要的过渡环节，即从氏族向国家过渡中间的酋邦社会的酋长用房。它是进一步变化的“大房子”，如从半坡 F1 简单的前堂后室，变为大地湾 F901 那样又增加了旁室和夹室乃至前轩的几个空间，从而形成复合“宫”型的所谓“合宫”的体形；在建筑体形上，则是否定之否定——又回复到单一体形的大房子，当然要比原始氏族有很大提高了。这就是说，“夏后氏世室”是沿袭原始氏族晚期至酋邦社会“黄帝合宫”的传统，而作“前堂后室”布局。“堂”后相对五“室”——中央一大室，两边各二小室；在“堂”的两侧，发展为各设二“旁”；在“旁”“室”之间的两个转角处，各有一个“夹”室。这便是所谓“五室”“四旁”“两夹”。在室内分隔上，前“堂”占两间进深，后室占一间进深，即所谓“堂，三之二；室，三之一”。

中国早期宫殿是把中间一排柱子摆在中轴在线，所以形成偶数开间；登堂的台阶，也是中轴对称的偶数，一般是两个，即所谓左、右阶或曰东、西阶。文献所记夏朝的“世室”为“九阶”，推测除正面两个台阶之外，对着五室的后门还有五个台阶，两夹对外两门处还有两个侧阶，共计九阶。

归纳起来，二里头 F1 这组原始宫殿，其主体——30 米长的大房子，有一个高大的用人字木屋架做成的茅草屋顶，为了保护夯土台基和栽立在土台上的檐柱不受雨淋，出檐是很大的。当时还没有发明悬挑的斗栱支承屋檐，而是采取原始的落地支承的擎檐柱方式。遗迹表明二里头宫殿的廊庑墙体还是采用原始的木骨泥墙，但稍晚的殿堂已出现了更为牢固的木骨版筑墙。

二里头 F1 宫殿外围设有防御性的廊庑，以防范被统治者。东廊连接厨房，这被后世沿袭成为“东厨”的制度。东北角，朝东和朝北各有一个后门。殿堂前有较大的庭院广场，夜里点燃篝火照明，通宵达旦，就是《诗经》所说的“庭燎”。黎明时庭燎熄灭，便开始上朝，群臣集合在广场上，面向殿堂中的国王朝拜，报告政务和接受国王的命令。这种封闭庭院的朝廷布局，一直被沿袭下来，直到封建帝国的末期——清朝。

这座宫殿的南廊庑中间，设置带东西塾和内外塾的穿堂式大门，这也奠定了后世宫门的基本形制，一直保持了三千多年，直至晚清。

（6）木构的丹涂装饰

二里头夏都城遗址，发现有的建筑基址的柱洞残存红色涂料，可知当时所栽立地木柱是涂抹红色颜料的。据此推测，建筑的梁、枋等木构件，也应是有红色彩绘装饰的。至于梁、柱等木构件是否还有雕刻，现在还无从得知（图 3-1-19）。

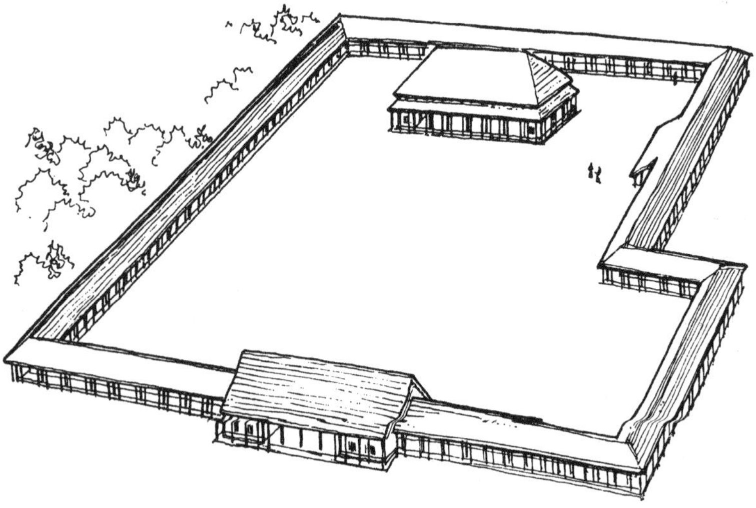

图 3-1-19　河南偃师二里头建筑 F1 复原鸟瞰图

七、二里头 F2（宗、庙一体建筑）

切入点：中轴在线墓葬和墓上的建筑“宗”。

二里头 F2 在二里头大遗址的中部，位于主体宫殿 F1 东北 150 米处[1]。科学复原 F2 遗址，提供了中国建筑史上一座大约是统治者陵墓与宗庙合一的建筑实例。它大约是独立庙堂出现之前的一种过渡形态。古代人相信灵魂不死，死后有知，所以“事死如事生”，即像对待活人一样地对待已死的先人。所以在埋葬先人遗体的地方不但建造简单的带顶的祭坛——宗，而且进一步建造更多的房屋，作为供奉之用。

中国民族学材料——西南地区尚有氏族残余的拉祜族的墓葬上没有坟丘，而是建一个棚子作为标志，同时其又是祭祀用的遮阴避雨的祭坛。新墓设置，一年或几年之后，就不再保留了。氏族社会转向酋邦社会过渡时期的牛河梁红山文化遗址，提供了大约五千年前古史传说时代部落联盟首领的石砌陵墓实例。这种被称为“积石冢”的陵墓，呈或方或圆的阶梯形坛状，坛上靠南一面有建筑残迹，可知原来是有祭祀设置的，但破坏较甚，不辨形制了。此后进一步发展到阶级国家，仍然是继承这一传统。考古学材料揭示，殷商时期也有在墓上建造遮阴避雨的祭祀建筑的做法，这种墓上建筑，就是殷商甲骨文所说的“宗”；象形文字画成屋盖下放置祭品的图形——。则此前的夏朝，其统治者陵墓上理应也是建“宗”的。二里头 F2 的发掘和复原成果，使我们了解到当时也许出现了一种扩大了的“宗”建筑群——“宗”和带有“庙”性质的纪念性、礼仪性的建筑组合。

二里头 F2 是一组类似当时宫殿的建筑组合体。它包括穿堂式大门、廊庑、主体殿堂和墓葬设置（图 3-1-20）。总体为长方形，占地范围东西 57.50～58.00 米，南北约 72.80 米，建筑方位北偏西 6°，即朝向东南。大门在南庑中间偏东处，在通过门道的南北中轴在线的后部、大墓的前边建主体殿堂。大墓临近北墙，地面平整没有痕迹；北墙下有五间祭祀使用的带顶的祭坛——“宗”，它就是原始的享堂。

F2 和 F1 一样，整组建在二里头二期较大面积的夯土基址之上，发掘报告对它的始建时间，断为二里头三期；认为“二号宫殿遗址（F2）上下的堆积中包括二里头一期不间断地到二里岗上层这样长一段时间”。从建筑形制来看，它的朝向是东南而不是西南，显然属于夏而不属于商。它可能是夏晚期的建筑，很可能一直使用到商中期。

F2 的基本形制仿佛 F1，也是在廊庑环绕的庭院中布置一座殿堂，但廊庑只有三面，北面仅是一道墙。

1. 围墙、廊庑及大门

F2 的墙体与 F1 不同，F1 为原始的木骨泥墙做法，F2 的东、北、西三面外墙则为氏

---

① 中国社会科学院考古研究所二里头工作队：《河南偃师二里头二号宫殿遗址》，《考古》1983 年第 3 期。

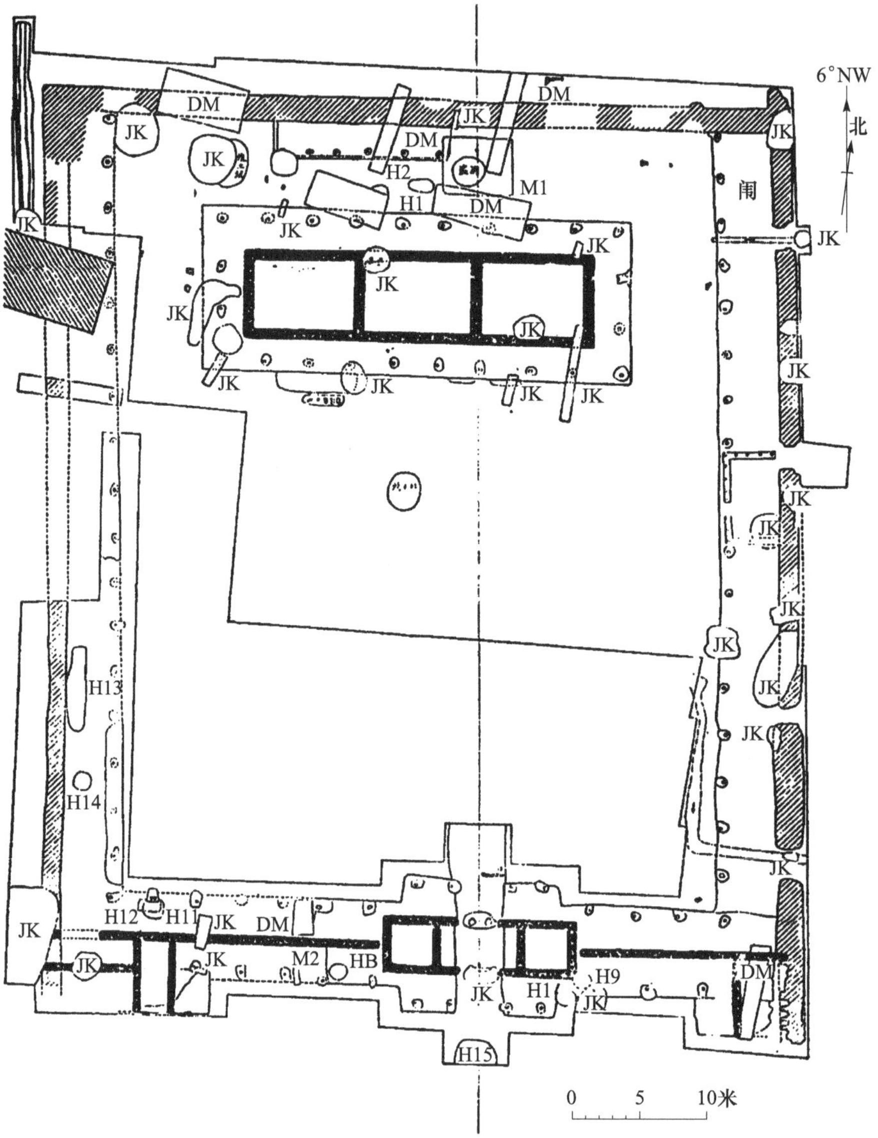

图 3-1-20 河南偃师二里头遗址 F2 遗址平面图

族晚期已出现的版筑做法。北墙为褐色料姜土夯筑而成，宽约 1.90 米，长约 57 米。墙东端嵌入东墙，可知施工时此北墙先于东墙而建。依北墙南壁的中部略偏西，有一 13 米长的短廊式建筑基址，宽为 2.40～2.60 米。它是直接压在庭院夯土之上的高约 0.20 米的夯土台基。台基南边前沿有一排六个直径约 0.18 米的柱洞，间距在 2.10～2.75 米之间。其东南角压在大墓（M1）的西北角上，可知是墓葬埋好以后才建造这座短廊的。大墓恰位于大门中轴在线，可知墓的重要性。从建筑格局看，所谓“短廊”是为墓葬而设的，它虽然没有完全压在墓上，但它应是为墓祭而用，仍属墓上“宗”的性质。

东墙宽 1.80～1.90 米左右，全长 72.80 米，开有四门：由北而南，第一门宽 1.60～1.70 米；第二门宽 1.50～1.60 米；第三门宽 1.15 米；第四门宽 2.10 米。第一门位于东北隅，它正是汉儒奉为宗庙古制的“闱”的位置。第一、四两门下，有排水管道通过。

倚东墙，有东廊遗迹。其台基宽 4.40～4.90 米，北抵北墙，南接南面复廊的内廊。东廊的台基前沿，存有十五个直径 0.20 米、深约 1 米的柱洞，有一个破坏坑处应有一柱洞，即原来应为十六个柱洞；再加上南廊转角处的一个柱洞，则东廊朝向庭院的立面有十六间，柱间距约 3.50 米。在东廊中部有一木骨泥墙围成的小屋，向庭院开有小门，宽 0.95 米；小屋东北角留有门口，可与东墙第二道门相通。木骨泥墙基槽宽 0.50～0.55 米，深 0.70 米。木骨柱径 0.18 米，间距 0.85～0.95 米，柱下都垫有红砂石柱础。这座小屋，应是东房庖厨的所在。

南面复廊，中间木骨泥墙的基槽宽 0.60 米左右，槽东部深约 1 米，西部较浅。柱洞反映靠基槽北壁栽立木柱作为泥墙的骨架，木骨不设础石。柱洞直径约 0.18 米，间距（中—中）0.70～0.80 米。南墙被大门隔为东西两段，东段长 15.60 米（包括嵌入东墙的 0.70 米），西段残长 25 米。南墙的南北现存内外廊的夯土台基，东段内外分别宽为 3 米及 3.10 米，西廊内外分别宽为 3.10～3.20 米及 2.90～3.00 米。东内廊台基边有四个柱洞，外廊有三个柱洞（破坏一个）；西内廊有七个柱洞（破坏一个），外廊有五个柱洞（破坏一个）；柱洞情况略同东廊。南外廊的东西两端，各向南伸出一部分，似有小屋的设置。大门东内廊台基残高为 0.10～0.20 米。

大门的木骨泥墙遗迹表明其左右各一方形房间——塾，中间为门道穿堂门形式。穿堂门从外墙皮计算，东西长 14.40 米，南北宽 4.35 米。屋门南北出廊，南、北廊各有四个柱洞，即各三间，中间宽 4.30 米，两次间各为 2.60 米；从南北廊的台基边算起，进深为 10.70 米。木骨泥墙基槽深 1～1.10 米；槽宽、木骨直径及间距均同南墙。东、西塾南北 3.15 米，东西 3.30 米。两塾与门道的隔墙南端，两处的柱洞距离均超过 1 米，应为门的所在。门室宽 5.40 米，门道宽 2.90 米。门道较低，并向院内外斜下；门道向院内一侧，在北廊稍北的东西一线，残留一排石板，可能是散水的遗存。门道铺垫黄褐花夯土，表面存有路土。门道南、北墙门口处（是否各设一门？），各存有一沟，深 0.40 米，北沟槽底部安置两块较大而平的红砂石板；南门口的石板无存。这未知是否为止扉设置的遗存，因为它不可能是门槛，这从门塾台基断砌以行车即可知道。这座大门和 F1 一样，出于车辆通行的需要，东、西塾的台基是断开的，这便是宋《营造法式》所记的“断砌造”的渊源。

西墙与西廊保存情况较差，未全部揭露。西墙为红夯土筑成，长度与东墙相等。墙基槽的北、中部宽约 1.80 米，南部为 1.40 米。西廊台基北宽 3.40 米、南宽 4.70 米。廊柱应有十七个柱洞，情况与东廊略同。

西墙外相距 0.70 米处有与墙平行的排水沟，沟底北高南低，晚期废弃而成为垃圾填充的“灰沟”。特别值得注意的是，排水沟的剖面非常科学。沟中有小沟；沟北端上口宽 1.25 米、沟底的小沟口宽 0.70 米，通深为 0.45 米。这样的剖面有利于排水，因为流速与管径成反比，雨水大时，充满大沟排放；雨水小时，若只有大沟，则水流甚缓、几乎都渗到墙基处，故雨水小则在小沟内流动，会很快地被排放掉。

2. 庭院——有排水管道

庭院东西宽45米左右，南北长59.50米。庭院内南、西的一部分没有发掘。从已发掘的情况看，庭院北高南低（南廊附近高起）、西高东低；地面的雨水东流，通过东廊北数第一门及第四门下的管道向西排放到院外。东廊第一门下排水，是埋设陶管的。管道残长7米左右，陶管有十一节保存完好，其余破损。第四门下的排水道，是在庭院东南部。发掘部分水道，先是沿东廊台基由北向南，至南廊4.10米处东折，从东廊台基下出第四门。水道系挖掘的沟槽，内用石板砌筑，上口盖以石板，表面再覆土而形成地下的暗水道。此水道的南北向一段长11.60米，它的北端已向西折，因尚未发掘，情况不明。

主体殿堂周围普遍都有路土，尤其殿堂后部的路土最厚，甚至达到0.40～0.50米，而且很坚实，看来并非一时形成的。大墓及其附近的路土层，接近底部似乎有居住面的光面，还有平铺整齐的石板。从出土陶片来看，下部三期、上部四期偏晚，使用时间相当长久。由此可知，墓前一带是活动的中心；而且夏亡以后，此地居住的夏遗民仍继续有墓祭活动。

3. 主体殿堂——暗地栿连续基础

主体殿堂位于庭院的北部中央，台基距东、西廊各6.50～6.60米；距南面复廊台基40.10米。殿堂台基北边东西长32.75米，南边长32.60米；东边南北宽12.40米，西边宽12.75米。现存台基处的夯土厚达3米，地面以上台基残高比当时地面高出约0.20米，从《考工记》“堂崇三尺”的记载推测，原来或许在0.50～0.60米左右。台基上有木骨泥墙围成的一列三室，周围有2米宽的檐廊环绕。墙基槽宽0.75米左右，南基槽深0.75米、北基槽深1.10米；木骨柱皆靠基槽内壁栽立。特别值得注意的是，基槽内平铺枋木——暗地栿，木骨支柱就立在它的上面。这种地栿所形成的连续基础，可防止不均匀沉陷，是基础构造上的创举。其实在较为干燥的中原地区，特别是具备较厚的夯土地基和台基（满堂基础）之上立柱，一般不存在沉陷不均的问题。而在南方潮湿地带，基础做法确有此必要，如广州秦、汉建筑遗址即发现此类遗迹。

三室通面阔为26.50米，进深为7.10米。中室宽8.10米，二侧室各宽7.70米。廊柱现存二十个柱洞，复原应为二十四个；南北两面各九间，东西两面各三间，每间约3.50米。柱洞直径0.20余米，深0.40～0.75米，下面都有石础。发掘报告记述：“紧靠台基南面有略低于台基、高出庭院地面的夯土台三处，估计为踏步。”其实，报告所指东面两个原是一个，西面是另一个。台基南面的这两个台阶，恰是后世推崇的东、西（或称“左、右”）“两阶”古制。推测三室南面各有门通前廊；东、西二室各有门与中室相通；中室有后门，东、西二室应有后窗（图3-1-21）。

在西阶遗迹前，残存东西一列五块红石板；另于殿堂台基西侧，也发现二块红石板，上面有0.02～0.03米厚的路土。据此推测，此殿堂原有红石板铺设的散水。

这座殿堂应是为大墓而建，它是“宗”的进一步发展。当时为了使先人灵魂仍然住在

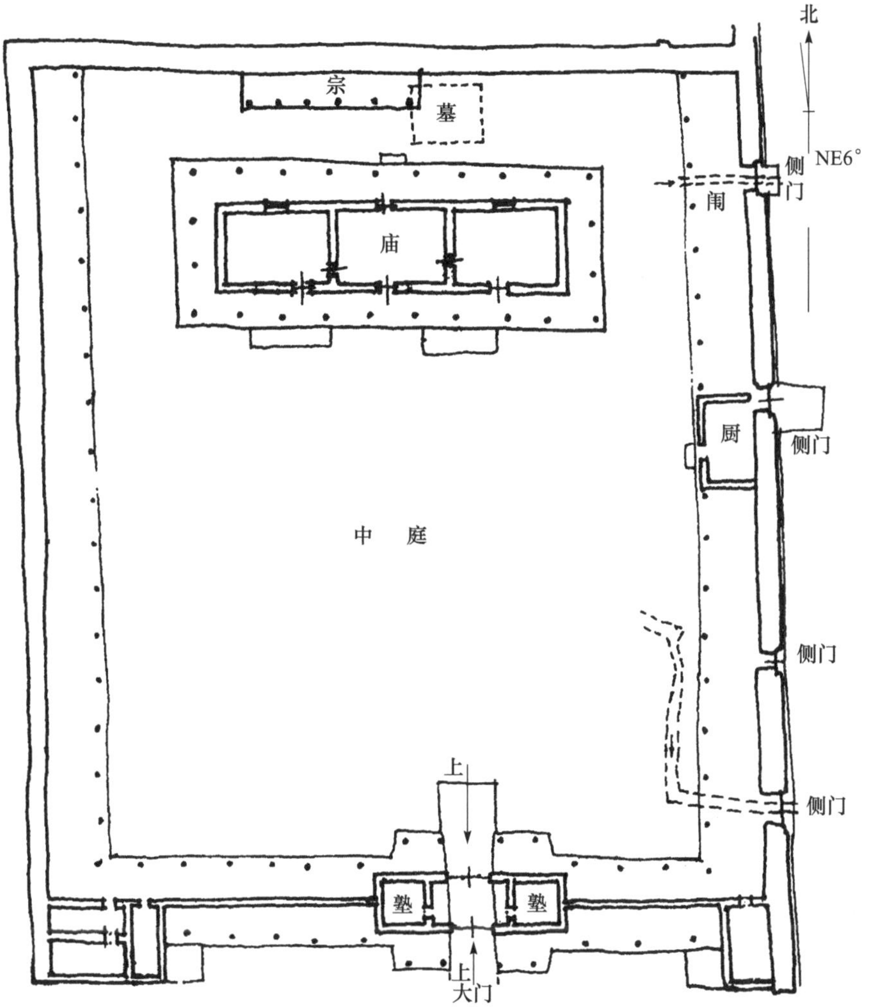

图 3-1-21　河南偃师二里头遗址 F2 复原平面图

类似生前所住的房子里，所以把它建成寝殿的样子。这可以说是“庙”的雏形，正是先秦和汉朝文献所记“先王”古制宗庙“但有大室”——没有朝堂、只有卧室，类似寝殿。F2 遗址表明内部分隔是没有堂，只有三个大室，正是寝殿形制。推测当年室内还完全按照卧室来布置衾、枕等，并有专人负责每天按时供奉饮食、铺褥叠被，以奉侍先人“起居”。先秦文献记载有这样的制度，应是这一古老传统的延续。后来的这种“庙”中设有代表先人的神主（牌位）或塑像、画像之类，因此古辞书解释：“庙，尊先祖貌也。”这座原始“庙”的特点是，寝殿后埋有先人遗体，并建有“宗”。两者合在一起，可谓“宗庙”。后来所谓的“宗庙”，与陵墓无关，就不再有“宗”，而只是庙堂了。

4. 大墓（M1）

大墓位于大门中轴在线的最北端，在主体殿堂北；平面长方形而略有误差，即与殿堂相同，都略呈平行四边形——东西 5.20～5.35 米，南北 4.25 米。墓深 6.10 米，墓圹有一周二层台，二层台西高东低，呈斜坡状。从墓口到二层台西边为 4.35 米，东边为 5.10 米。下部墓室与墓圹口相应，也是平行四边形。墓室东西长 1.85 米，南北宽 1.30 米，中部深 1.20 米。墓内填土全部是夯筑，夯层厚 0.05 米左右，夯土略有下陷，说明夯筑不甚坚实。此墓东南角被汉墓打破；并有一盗洞，随葬品荡然无存，但遗存有一只殉牲——盛于红漆木匣中的狗的遗骸，头北尾南。大墓打破庭院下的夯土，但又被庭院的路土所压，因此大墓是与殿堂同时的。

以这座夏王室的“宗”“庙”对照后世文献所记载的先王的宗庙，除了庙堂“但有大室”、宗庙之门有“塾”等以外，尤为有趣的是，相仿之处还在于东北角有角门——“闱”；东庑中间，还有“东房”庖厨。这组建筑使我们了解到被汉儒奉为经典而神圣化、礼制化了的先王古制，其生活原型的实际状况和发展流源是怎么回事。所以说在建筑史上，这是一个很重要的实物史料。

F2 在建筑形制上还有两点特别值得注意，就是大门为便于行车，而取消了门道台基，即门道低于东、西塾，形成宋《营造法式》所谓“断砌造”的形式。这是目前所知“断砌造”大门最早的实例。再一点是：廊庑的东南、西南二转角处，出现了角楼的萌芽。

八、偃师尸乡商城的王宫遗址（左祖右社、苑囿）

切入点：柱间无居住面的干阑遗迹、水池。

关于偃师尸乡商城，一种说法可能是商汤故都“西亳”；另一说认为是伊尹流放太甲的“桐宫”。以偃师为汤都亳的论点，主要依据《史记·殷本纪·正义》记载：商朝汤王在建国之初定都“南亳”，后迁都到“西亳”。《括地志》说：“宋州谷熟县西南三十五里南亳故城，即南亳，汤都也……河南偃师为西亳，帝喾及汤所都。”《汉书·地理志》“河南郡偃师县”条的作者班固自注：“尸乡，殷汤所都。”《水经》记载：“汤都也，亳都帝喾之墟，在禹豫州河、洛之间，今河南偃师城西二十里尸乡亭也。”现在发现的商城正是在偃师县西，而且有一条东西横贯城址的“尸乡沟”。当地农民父老相传沟名“尸乡”，正与古籍所载地名相同，现在当地一般不知道是哪两个字。据说，近代沟里发现了一个墓地的石羊，于是有人谐方言音韵，讹称为“石羊沟”。现在沟已埋没不见了，考古已探查出沟的位置。文献记载与遗址情况正相符合，大概可以认为“尸乡”商城便是“西亳”。

认为偃师尸乡商城为“桐宫”之说，主要是依据《左传·襄公十一年》：“公会晋侯、宋公……小邾子伐郑。秋，七月己未，同盟于亳城北。”杜预注：“亳城，郑地。”而认定郑州为汤都“亳”，则偃师不可能再是“亳”。同时，偃师古有“汤宫”的传说，持此说者认为“汤宫”即“桐宫”。现在宫城中发现主体殿堂左（东）侧似乎有祖庙，右（西）侧有社、稷、坛遗迹，基本可以认定它是一座都城，而可以否定别宫性质的“桐宫”的说法。

被疑为亳都的遗址已探明轮廓，并已发掘了个别城门及管道。

1. 宫城（1 号址）

近年来，考古已经查明城址范围和城内的一部分遗址。城内南部有城垣隔开的小城，小城南部中央有近似方形的宫城（1 号址），其中已发现宫殿建筑群基址[①]。这种在王城中还有小城围护的王宫，是最早的一例。另外在宫城内外还发现两处围墙环绕的遗址（2 号址、3 号址），可能也都是王家的建筑。其中 1 号址最大，并位居城南中央部位，显然是最主要的宫城所在（图 3-1-22）。1997 年春至 1998 年春，进行了发掘，现在发掘工作虽然尚未完全结束，但就已知部分，已可以对总体做出初步的推测。

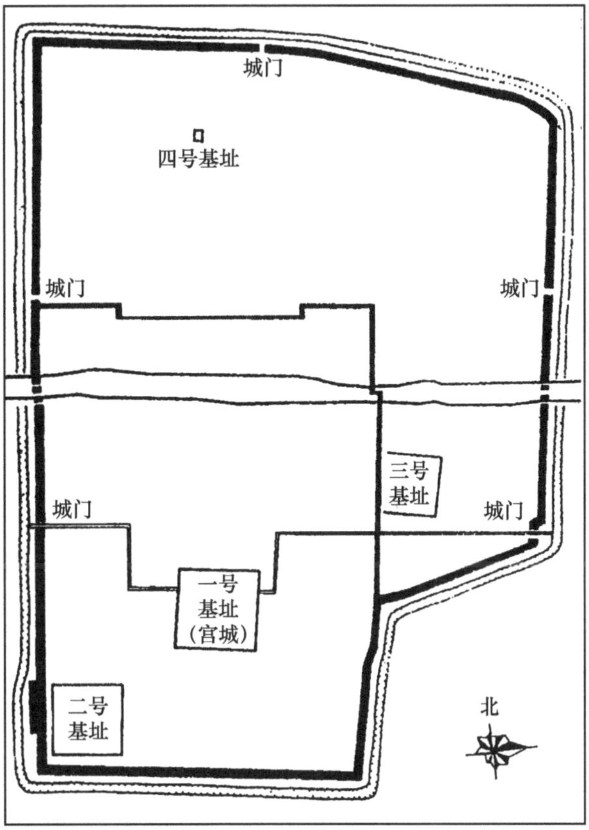

图 3-1-22　河南偃师商城遗址平面图

宫城位于地势较高的地段，平面接近方形。该城有扩建，早期基本是方形，东西约 212 米，南北约 211 米；晚期西墙外移，南部新建两组东西并列、基本对称的宫殿，突出南墙以南、东墙以东，少许突破西墙。则宫城范围东西最长边为 216 米，南北为 230 米。宫墙底部宽度为 2 米；早期在中轴线南墙部位开有宫城的正门。尚未发现南墙，东西两组宫殿各自向南设立宫门；两组间有通道进宫。

① 中国社会科学院考古研究所河南第二工作队：《1984 年春偃师尸乡沟商城宫殿遗址发掘简报》，《考古》1985 年第 4 期。

从晚期宫城来看，主体部分在西侧，北部有后苑。沿中轴线北进有三进殿堂院落，D3 为前殿，正面有五阶，面向一大庭，应是大朝之用；第二进殿堂——D2，正面也是五阶，庭院较小。

2. 王宫建筑群——“前朝后寝”“左祖右社”

主体宫殿位于宫城西南部。其基本构成大约是：宫门、外朝（D3）、内朝（D2）和后寝（D8）南北排列在一条中轴在线。D3 周围廊庑环绕。看来它显然是二里头 F1、F2 的一脉相承。从二里头 F1、F2 到这座宫殿的发展途径是：环绕中庭的周围廊庑与中央殿堂连接，从而形成前、后两进庭院。这一新的组合，出现了新的空间关系。内朝 D2 庭院东侧，D1 一组的遗迹表明为东厨建筑群；再东有宫殿别院——D4 和 D5。

特别值得注意的是，D2 西侧连接干阑建筑，当是高架防鼠的大型谷仓。后世宫廷中有“太仓”，也就是“大仓”，盖发源于此。西厢位置又有前后大小相连的干阑，应即“国社”，其后相连的稍小的干阑，就是“稷”。“社”的前（东）面有坛，登上“社”的带顶的阶梯，就架设在坛上（图 3-1-23）。D2 庭院西侧社、稷、坛遗迹是一个惊人的发现，看来《考工记》所载周朝以王宫为中心的王城规划——“左祖右社”的格局，其中的“右社”早在商朝中期就已形成了。至于是否已有左面的“祖”，现在还无从确认。二里头夏墟 F2 似乎已有与“宗”相结合的祖庙的雏形，则时至商中期已出现独立的庙堂，也未可知。D1 左前方的 D5，颇有“祖”的可能性。

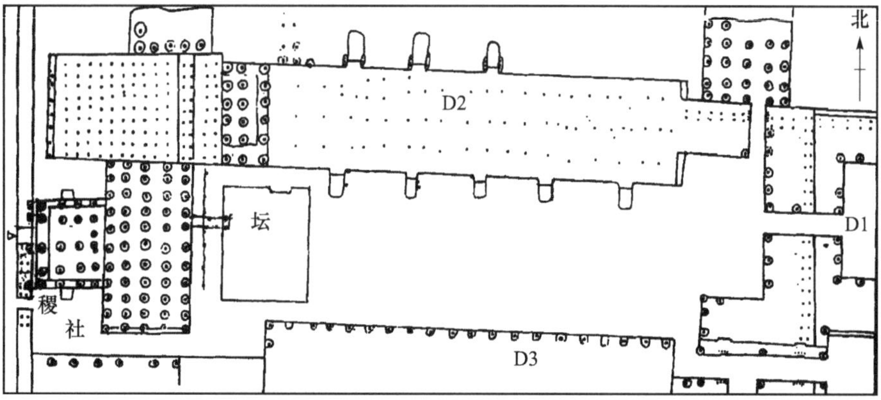

图 3-1-23 河南偃师商宫城遗址 2 号宫殿遗址平面图

二里头夏代宫殿 F1 的“朝”“寝”是在一栋建筑之中的，尸乡商城的“朝”“寝”已形成分别的单独建筑，即成为前朝后寝的一个建筑群；而且，主体殿堂东、西还增加了新的内容。

宫门以外，向南有路，直通都城南门。主体宫殿建筑群的中部已经发掘；主殿以东为更早发掘的 D4 和 D5。在这些宫廷建筑群以北，钻探有大片水池遗迹，推测为苑囿部分。

3. 常朝殿堂右侧的社、稷、坛

在宫城的主体殿堂右（西）侧，发现由南到北十一列、由东到五排、排列有序的柱洞群；也可以说，这是一个南北十间、东西四间的柱网。这一遗迹有以下几点特别值得注意之处。

其一，这些柱洞的直径较大，一般在 0.30 米左右。

其二，柱洞间距较小，仅 2 米左右，排列密集。

其三，此遗址无台基，柱网内略高于庭院，四边不整齐，并为泛水坡。

其四，最南一排柱洞有版筑墙遗迹。

总起以上来看，柱径大，并且柱子密集，可以推知上部荷载较大，即应为楼层；下部无台基，且周边呈不甚整齐的泛水坡状，可知此楼的底层不是围合的房间，即这座楼原是干阑；最南一列柱有版筑墙加固，推测北部对称位置或许也有加固墙，这反映了干阑支柱较高，有加强其稳定性的必要（图：遗稿未配图）。在这座干阑面临庭院的一面——东面，有局部前廊——一排七个柱洞遗迹；并且在相对北数第四、五两列柱洞之间的位置，有登临楼梯的遗迹——四个柱洞（图：遗稿未配图）。此外，在这一大型干阑的东西轴线的西侧，还有一座干阑遗迹——南北五列、东西四排柱洞；南、北、西三面有版筑墙遗迹。其柱径及间距情况，与大干阑略同。又，在干阑东西轴线的东侧，即庭院西侧，有一座夯土台的遗迹。现存台的基部，深约 1.30 米。从“黄帝时明堂”的发展趋势来看，此处的大型干阑应是王国的大社，或称“国社”。则其后（西）部的稍小的干阑，应是与“社”密切相关的粮仓，也就是“稷”。在“社”的前（东）方的台，便是祭“坛”了。在中国历史上，漫长的封建帝国时期，在皇宫左右布置太庙及社稷坛，即肇源于此。尸乡商城王宫的社、稷、坛，从地层关系来看，大约始建于商朝中期（图 3-1-24）。

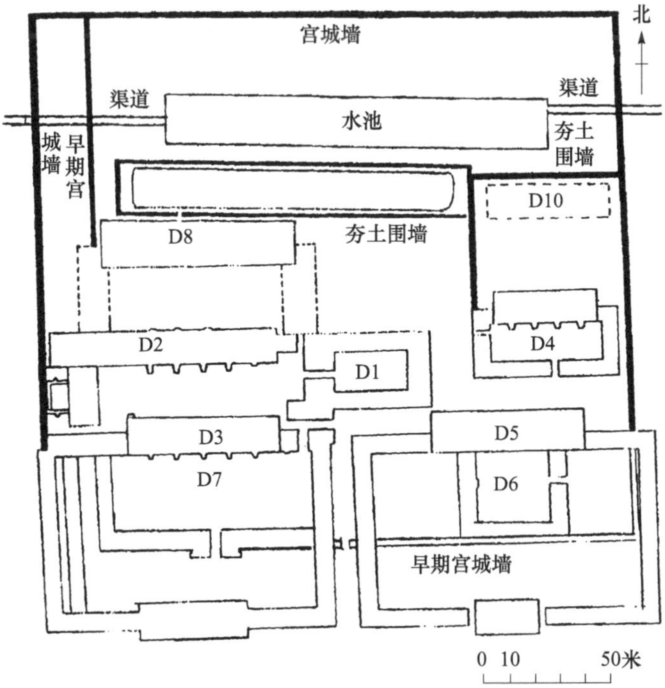

图 3-1-24　河南偃师商宫城遗址平面图

4. 常朝殿堂左侧的祖庙——D5

D5在D4以南10米处，近邻东、南宫垣。D5比D4建造得晚（其遗址下并压有一层早期方形基址D6），无论是规模、质量还是形制，D5都比D4要好得多，D5总占地宽度为107米，比D4宽一倍（图3-1-25）。

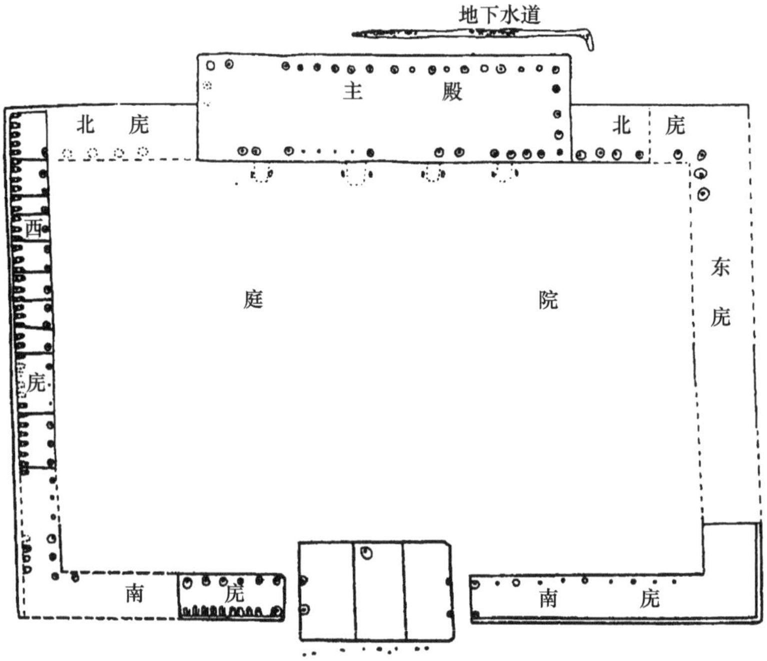

图3-1-25 河南偃师商宫城遗址5号宫殿平面图

北面的主殿台基东西长约54米，南北宽约14.6米，残高0.10～0.30米。台基周边存有檐柱遗迹——柱洞或自然石暗础，复原北边应为二十个柱迹，现存十八个；南边应为二十二个柱迹，现存十二个。台基的东、西两边，在南、北两排柱迹之间原来各有三个柱迹，发掘所见西边只剩两个。总计台基四周原来共有檐柱四十八个。柱间距为2.20～3.10米，通面阔51米，通进深11.50米。此处所见前檐柱二十二个、后檐柱二十个，前后檐柱数目不等，说明当时尚未形成后世那种在前后檐柱的柱头上架梁而形成几"缝"梁架，而是首先沿檐柱轴线设置檐檩，在于檩上架大叉手（斜梁）。此例还有盘龙城商城宫殿F1，都说明了这一点。由此可知，D4以及二里头F2的殿堂，尽管其前后檐柱的数目相等，但仍然是D5的这种做法。

D5台基的中部南缘，在台基边与檐柱之间，发现两个埋葬狗的土坑，显然是奠基牲。另于台基前（南）面附近，还有八个狗坑，从其位置可以断定它们基本上是被埋在上殿的台阶旁的。阶旁埋有狗牲，显然是"守卫"的意思。从埋狗的位置可以确知原来有四个台阶，并可确定它们的位置（图3-1-26）。参考D4的四个台阶，可以复原台阶形式和台基的高度；由四个台阶，可以知道台基上可能是像D4那样并列四个大室。

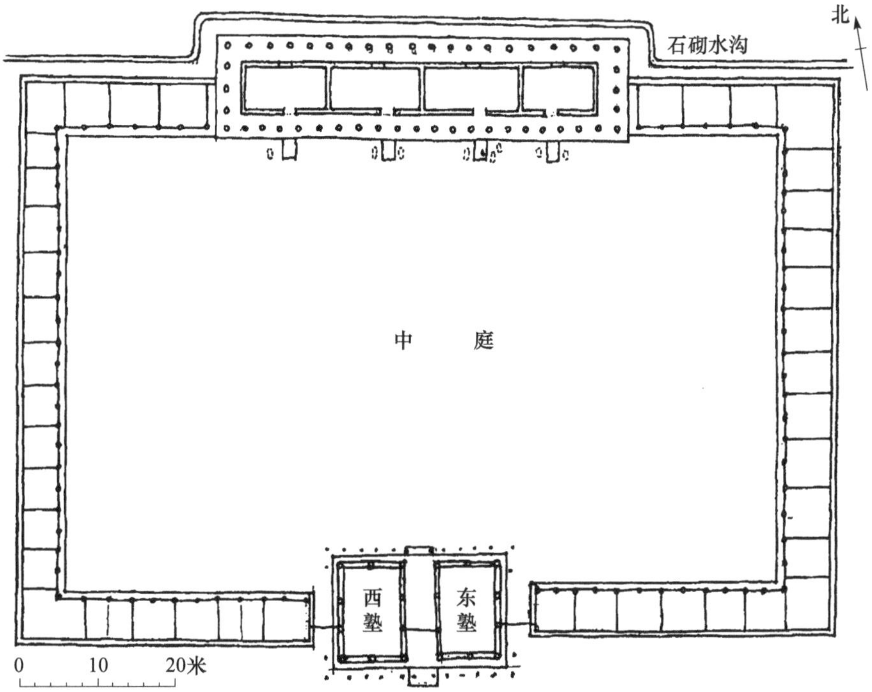

图 3-1-26　河南偃师商宫城遗址 5 号宫殿复原平面图

殿堂北有一条与台基平行的石砌排水沟，保存较好。

廊庑台基宽 6～7 米，其前檐柱间距约 2.60 米，殿以东发现五个柱洞，原为六个；殿以西发现四个柱洞，原来也是六个。复原西廊庑前檐柱、连同南北两个转角一共二十三个；后檐发现双排小柱洞，应是木骨泥墙的遗迹。这种双排木骨提高了墙的稳定性，还是第一次发现。鉴于整组建筑为对称格局，推测东庑也大体相同。南庑西段残迹表明，其与西庑相同，也是后墙为双排木骨的泥墙、前檐为一排木柱。可知东段也应该如此。全部廊庑都应是隔成小室的一排“庑”的形式，而不是空廊，D5 下层及 D4 都表明了这种做法。

大门是屋门形式，平面为长方形，东西长约 22 米，南北宽约 14 米。根据残存柱洞复原，面阔五间、进深三间；前后并有擎檐柱。推测或为三间门道，两旁各有一间宽度的门塾，塾内或有所分隔而作内外塾形制。大门有完整的台基，表明车辆不能通行。在大门两侧，与廊庑台基断开，留出了行车的门道。东门道宽 2.70 米左右，西门道宽度为 2.50 米左右。

庭院北高南低，坡度较为明显，可知庭院雨水是由地面向大门东西两侧的两个行车门道外排放的。

整组宫殿与 D4 比较，它不像 D4 那样与主体宫殿关系密切，而是面向南宫垣开门、不再设便于和主体宫殿联系的侧门，表现出较强的独立性，可知 D5 与主体宫殿不需要经常联系。推测 D5 可能是有时使用、平时不用的一组建筑。关于它的功能性质，试做如下分析。

在宫廷里，位居主殿左前方、自成格局的建筑，似乎不应是寝殿。按与此时相衔接的周朝宫廷，主体宫殿左前方一带，是设置祖庙的地方；右侧为社、稷，即《考工记》所说的“左祖右社”。按照“周因于殷礼”的说法，周朝“左祖右社”的制度是否是因袭殷商的呢？现在从尸乡商城1号宫城的布局来看，主体宫殿的右（西）侧已发现社、稷、坛遗迹，则东部的D5是否有祖庙的可能，是值得认真思考的。已知早于殷商的二里头夏遗址的F2已有祖庙的雏形，看来殷商宫廷中具备了出现独立祖庙的可能性。古人相信灵魂不死，对于已故先人的侍奉，是为他们建造寝宫来“居住”。所以推测祖庙的主体建筑，应是采取寝宫式样。二里头夏墟F2与“宗”结合为一组的殿堂，也是因为寝的形式而被推测为祖庙的。这样说来，D5有为祖庙的可能性。

5. 寝殿别院——D4

在宫城内的东部有一组独立的宫殿，其总体位置近邻庖厨院，并有侧门比较方便地与庖厨和主体寝宫相联系。可见它是日常生活中与起居活动密切相关的一组建筑。这结合建筑形制来看，应是别院的寝殿。

D4是由一座殿堂和周围廊庑构成的一组建筑，方位为北偏东8°（简报作188°）。整组建筑占地范围东西约51米，南北约32米，建筑基址全部由夯土筑成（图3-1-27）[①]。殿堂两侧廊庑南折所形成的东西狭长的庭院，东西长16.30米，南北12.20米。庭院中铺垫着多层地面，经长期践踏已形成很硬的路土。廊庑台基宽度为5.10～5.40米；保存

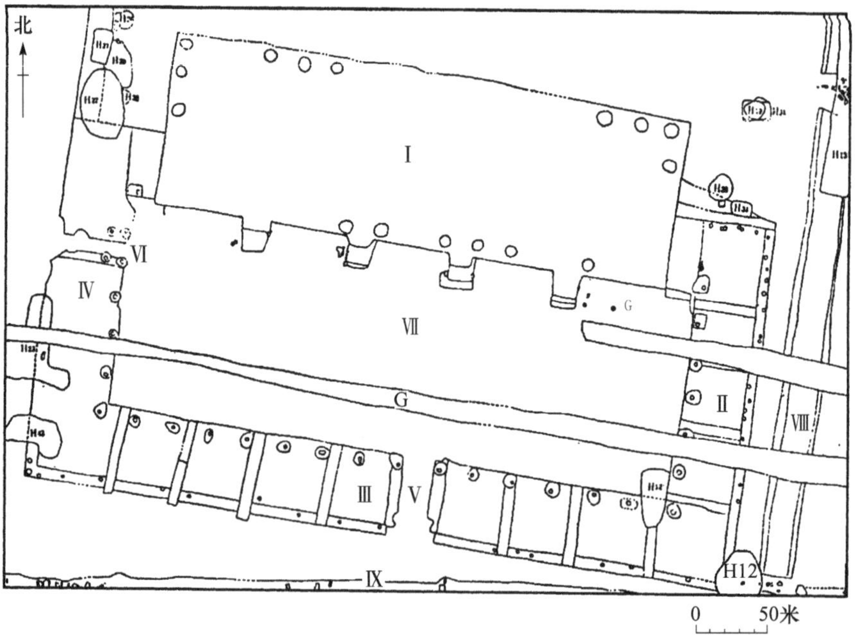

图3-1-27 河南偃师商宫城遗址4号宫殿遗址平面图

① 中国社会科学院考古研究所河南第二工作队：《1984年春偃师尸乡沟商城宫殿遗址发掘简报》，《考古》1985年第4期。

较好的东、南庑台基高 0.20 米。南庑中间略偏东开有门道，没有单独的大门建筑。西庑有较窄的侧门，通向其西侧的庖厨院（D1）。廊庑遗迹表明，背后围有厚约 0.60 米的木骨版筑墙；向庭院开放的一面，台基前沿有檐柱残留的柱洞，直径 0.25 米左右，间距一般为 2.60～2.70 米。遗迹还表明它由 0.60 米宽的素夯土墙隔成小室：东庑四室，进深 4.25～4.95 米，北起第一室面阔为 4.80 米，第二室为 3.20 米，第三室为 4.20 米，第四室 4.40 米，第五室 4.90 米。东南与西南转角各一间算在南庑，则南庑一共是十间，东数第五间是大门。西庑破坏较甚，推测和东庑相同，也是四间，北数第二间为侧门。

殿堂基址坐北朝南略偏西，台基东西长约 36.50 米，南北宽约 11.80 米。台基表面有犁痕及铁锹的掘痕，说明上部已被农耕破坏，其残高仍保持在当时地面以上 0.25～0.40 米。台基的基础部分略大于台基，地面以下深度为 1.75～1.60 米，连同台基总夯土厚度达到 2 米，夯层明显，层厚为 0.07～0.12 米，夯筑密实、坚硬。台基的南部边缘保存较好，台壁平整，难得的是下部保留着高约 0.10 余厘米的黄泥抹面，完全证实了文献所记当时殿堂台基没有包镶砖、石而只是黄土台基，即所谓的“土阶”。在台基下南边相距 2.20 米的庭院地面上，保留有“四个料姜石堆砌的圆形小墩”，直径约 0.20 米，东西一线排列，东部相邻近的两个之间的距离为 2 米。这一线还有“柱洞或圆形土坑”，这些应是擎檐柱的遗迹，所谓“小墩”，是擎檐柱基底所夯筑的料姜石基础遗存，“小墩”直径所反映的是栽立擎檐柱所挖的柱坑大小，擎檐柱径要小于 0.20 米。台基表面质地稍软，沿周边发现 16 处直径 0.65～1.10 米的圆或椭圆形的黑褐色土的硬夯部分，厚约 0.05 米。这是檐柱础石基底的遗存。它的形成，是施工时在台基上挖坑栽立檐柱，立柱前先在坑底垫一层黑褐土夯实，再安置大砾石柱础，然后立柱，因此这一硬夯部分的大小反映了柱坑的大小。这时的础下作为基础的硬夯部分厚度较薄，后世逐渐增大，而形成素土磉墩。因此可以说，它是后来素土磉墩的萌芽。东北角的一个黑褐色硬夯柱基面上还保持有大砾石柱础的印痕；台基附近遗存的一个大础石恰可印证。黑褐色基础所表明的柱位间距（中—中）2.50 米，复原全部檐柱共计三十六根。台基南部有四个台阶遗迹，其两侧尚残留保护侧壁的直立石片，西数第一个台阶距台基西边 6.30 米；第一与第二台阶间距 5.50 米，二、三之间为 5.30 米，三、四之间为 5.50 米；第四个台阶距台基东边 5.90 米。据此推测，殿堂原是檐廊环绕的一列四室，相对每一室的门户有一台阶。

D4 主殿不是厅堂，而是并列四室。《考工记》描述周朝宫廷是“内有九室，九嫔居之；外有九室，九卿朝焉”。孔子说：“周因于殷礼。”可知大约殷商时代就已有了这样的规制。一列数室，或许是寝宫形制。

在殿堂东北 3.50 米处，有一口长方形的水井，井口东西 2.10 米、南北 1.20 米，向下逐渐内收，至深 2.50 米处，东西为 1.80 米、南北为 0.90 米。在南北井壁上，各有一排脚窝，高、宽为 14～20 厘米，深 0.10～0.13 米，两两相错，排列整齐，上下间距为 0.60 米。此井发掘深至 6 米仍未到底。此井有脚窝，说明当时人们是抱着水罐下到井底汲水的。这正印证了先秦主张保守古民风的学者反对用先进的桔槔汲水，认为“有机械者必有机事，有机事者必有机心”的史实。也就是说，时至战国时期，利用桔槔汲水尚属新鲜事物而并未全面普及。

在殿堂东侧沿宫墙及南庑南侧都发现石块砌的排水沟。

6. 宫殿至尊屋盖制度的滥觞——“四阿重屋”兼顾遮阳、采光、避雨、壮观的“殷人重屋”

西洋古典建筑采用砖、石材料，所以屋盖只要求遮挡室内而无须遮挡砖、石墙体，所以不需要太大的出檐，甚至无须出檐。中国古代建筑有所不同，它是采用不耐潮湿的土、木材料，所以必须防止雨淋。为了有效地保护土阶、木柱，它必须有一个檐出较大的伞盖般的屋盖。于是，屋盖在中国古代建筑中成了举足轻重的建筑部件——所谓“大屋顶”，作为中国古代建筑的冠冕，构成了显著的外部特征。在讲求礼法的封建社会中，这顶建筑的冠冕，已成为等级的标志。四面出檐的五脊顶，附加周围的庑檐，即所谓“四阿重屋”，成为用于最高统治者的主体殿堂的至尊形制。追溯“四阿重屋”的渊源，正是殷商的创造。

1 2

图 3-1-28 重屋图形文字

1. 重屋或楼图形文字（《甲骨文编》附录上五八七、S 二九背） 2. 重屋图形文字（山东长清县兴复河发现殷代铜鼎铭文）

二里头夏朝宫殿遗址的台基周围都有擎檐柱迹，证明殿堂屋盖是四面坡的所谓“四阿”形式，估计它仅仅是一个简单的大屋顶就是了。《考工记》强调殷商王朝主要宫殿的特征时说“殷人重屋”，即殷商宫殿是两重屋檐的形式。这就意味着对于前朝来说，“重屋”是殷人所特有的。当时的象形文字证实，殷商时代确实已有了这种屋盖（图 3-1-28）。至于是否“四阿”，“殷因于夏礼”，自然完全可以因袭夏朝宫殿建筑的成就。实际上，殷商许多宫殿遗址的台基周围都已发现了擎檐柱遗迹，直接证明了屋盖都和夏朝宫殿一样，是“四阿”形式。自从殷商采用“四阿重屋”——四面坡、两重檐，以这样的屋盖作为宫廷主体殿堂的冠冕以来，它便被奉为至尊形制，为历代统治者所沿用，一直到封建社会的末期——清朝。

“四阿重屋”确实显得雄伟壮观，且具有不同凡响的艺术魅力。但它的创造，却不是单纯从美观出发的。它的出现，仍然体现着实用内容决定艺术形式的基本原理。高大的殿堂，需要加大出檐来保护夯土台基和木材的檐柱以及土墙免遭雨淋损坏。出檐的深度与防雨、防晒的保护面成正比；檐口的高度与保护面成反比（图 3-1-29）。对于高大的殿堂来说，出檐必须相应增加才能起到保护作用。出檐加大，即顺屋面坡度延伸檐部，使达到有效程度，这对于早期直坡屋盖来说，檐部有过于低矮的缺点。这样既有碍于夏季通风和冬季日照，在体形

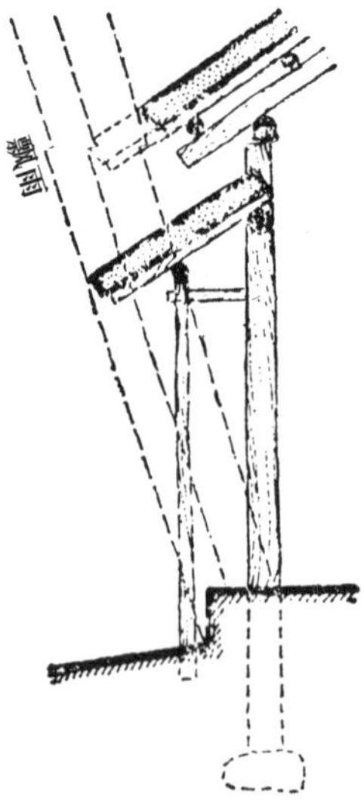

图 3-1-29 出檐深度、檐口高度与保护面的关系示意图

上也显得屋盖过大、屋身过小；在造型上，显得压抑并有损于高耸的效果。看来，只有降低檐部才能达到防护的要求。也就是说，殷商时代这些擎檐柱所支承的是低于屋盖的一周庑檐，即形成《考工记》所谓的“重屋”。不仅商王宫殿是这样，有材料说明商代所属的方国统治者诸侯的宫殿也是这样的。从实例看，不仅偃师尸乡商城中的宫殿遗址、河南省安阳市小屯殷墟宫殿遗址是这样，湖北省黄陂县盘龙城方国宫殿遗址也提供了证据。至于屋面材料，殷商宫殿遗址都没有屋瓦残留，也没有泥背遗迹，应该正是文献所记载的“茅茨”屋面，而茅草都早已腐朽无存了。四川省成都市十二桥殷商遗址，保存了大量木构件，同时也幸存了茅草屋面的残迹，提供了“茅茨”的直接例证。

殷商宫殿遗存的夯土台基都没有包砌砖、石，陕西省岐山县凤雏村相当于殷晚期的早周甲组遗址，夯土台基保存有掺砂三合土面层，这应是商代宫殿夯土台基表面加固的一般做法。遗址完全证明了殷商宫殿和夏代一样，仍然是“茅茨、土阶”。文献记载“堂崇三尺”，也就是说殿堂台基的高度是三尺，折合现在的长度约为 0.70 米左右。这可根据“尸乡”商城的宫殿 D4 遗迹推算得到证实。

商代初期的宫殿，继承夏代木骨版筑墙的做法；大约在中、晚期，变革为附加壁柱的版筑墙。

7. 宫廷苑囿——目前所知最早的园林实例

在宫城内的后部发现一个东西长条形的池沼遗迹，考古发掘已揭露东面的局部的和与池相连的一段水渠遗迹。遗迹为几何形，说明它是人工所为。另外，在这一池沼的南面还发现了一处东西长条形的院落遗迹。这些应该都是王宫的后园部分。这一遗存是目前所知中国最早的园林实例，是园林史上弥足珍贵的史料。

（1）池沼

探测池沼东西长约 130 米，南北宽约 20 米，深约 1.50 米；池岸距宫城东、西、北墙均 20 多米①。池岸周围用块石堆砌，发掘所见虽然有些塌落散乱，但仍可辨认原状（图 3-1-30）。在池沼东西两端，各有一条块石砌筑的管道与池沼相连。由坡降可知，西管道是池的进水道，东管道是出水的通道。西渠自西护城河引水，经“西一城门”地下入城；向东直角转折向南，再直角转折向东进入宫城，将水注入池中。池水的排放，是由东渠按对称的曲折路线经由宫城东垣，于大约一座尚未探到的东宫门下出城；一直向东，将水排到东护城河。

管道的宽度为 3 米左右，石砌水道内径为高约 0.50 米，宽约 0.40 米（图 3-1-31）。池、渠内均有淤土，内含螺壳等贝类遗骸；尤其是池底，淤土中包含成片成层的螺壳，可知池、渠存在的时间较长。根据地层关系和出土遗物分析，池、渠都属于商早期的遗迹；叠压在池渠之上的地层属于东周时期。打破池沼的商地层堆积属于偃师尸乡商城商文化第五段；被池沼打破冻伤地层堆积，属于第三、四段；而池沼淤土中出土的陶片，则属于第

① 杜金鹏、张良仁：《偃师商城发现商早期帝王池苑》，《中国文物报》1999 年 6 月 9 日第 1 版。

图 3-1-30 河南偃师尸乡商宫城遗址北部园林水池遗迹

图 3-1-31 河南偃师尸乡商宫城遗址北部园林水池进水渠道遗迹

四、五段。由此可以推定，池沼的使用年代为尸乡商城商文化的第四至第五段。池沼和管道的淤土中都出土许多大大小小的陶网坠和白玉网坠，这为推测池沼的使用提供了依据。精美的白玉网坠说明渔网是王家御用的玩乐工具，也证明了当年水中是蓄养有鱼虾之类的。它说明当年这里是有捕鱼娱乐的；很可能是可以乘船的，即有游艇的水上活动。尽管现在还没有获得由于细小而难以发现的鱼钩，但可以断言也会有垂钓的游乐活动。这里的捕、钓鱼、虾不是出于生产的目的，而是为了游乐、消遣和体育活动的一种游园方式。

似乎有迹象表明，在池畔并有休息建筑的设置。希望在进一步的田野工作中有能够反映建筑形制的遗迹发现。

这座宫廷园林中的池沼增添了天光倒影的美景，为国王及其眷属们提供了观赏、游乐的对象，而且水体可以改善环境温、湿度的小气候，并且还提供了方便的生活用水和消防用水。

（2）囿

在池沼南侧，有围墙环绕的方形院落，开始发掘时，一度被误认为院内也是池沼遗迹。实际上其并无淤土层，从遗迹判断很可能是豢养观赏兽类，诸如麋鹿之类的圈栏，即所谓“囿”。周文王的宫廷园林中，有“灵囿”与“灵沼”，另外还有“灵台”。我们借助考古学手段，在偃师看到了三千多年前商王宫廷园林中的“灵沼”与“灵囿”遗存。

《孟子》描写了周文王的“灵台”“灵沼”和“灵囿”的建设和游乐情况：周文王要建一座供他游玩的园林，民众很乐意为他效力，就像儿子给父亲干活一样地来参加劳动——“庶民子来”；很快就建成了——“经之营之，庶民攻之，不日成之。”建成之后，文王来游览，鸟兽们也都跟他很亲近——“王在灵沼，于仞鱼跃，白鸟濯濯，白鸟鹤鹤”。“王在灵囿，麋鹿。”

设想商王御苑中的景象，大约也是水中有游鱼，水上有水鸟；囿中有麋鹿之类；池沼四周和岸边，也会有扶疏花木、临水亭榭之类的配置。无疑，它已是一座明确的与自然趣味相联系的游乐空间——当之无愧的园林作品（图 3-1-32）。

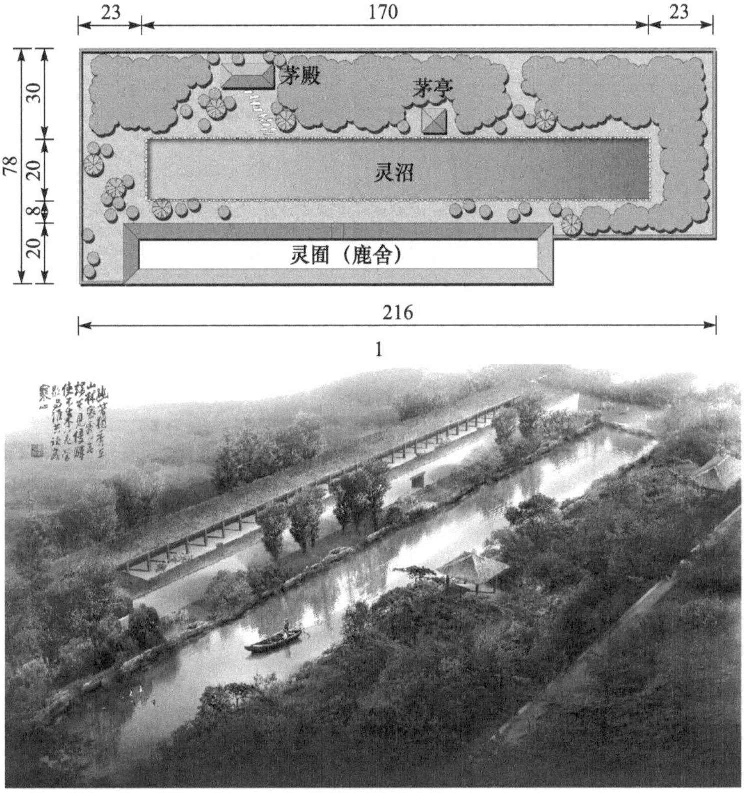

1

2

图 3-1-32　偃师尸乡商宫城后苑复原平面图、鸟瞰图

1. 复原平面图　2. 复原鸟瞰图

九、郑州商城的宫殿遗址

切入点[①]：

郑州商城位于郑州老城区，面积达 25 平方千米；城垣周长 6960 米，墙基宽约 20 米，现存最高处在现在地面以上 5 米多，同时还发现了宫城和外郭城垣遗迹（图 3-1-33）。

1. 疑似“隞”都

关于郑州商城的断代，目前尚无定论。在考古学上，郑州商城属于二里冈文化时期，即殷商中期，有学者据以推测是“隞”都遗址。

20 世纪 70 年代后半叶开始，陆续在城内东北部一个东西 750 米、南北 500 米的范围

① 编者按：遗稿此处未来得及完成，以下本章中多处“切入点”情况均如此，读者可结合本书《附录一　原书稿目录》进行参照阅读。

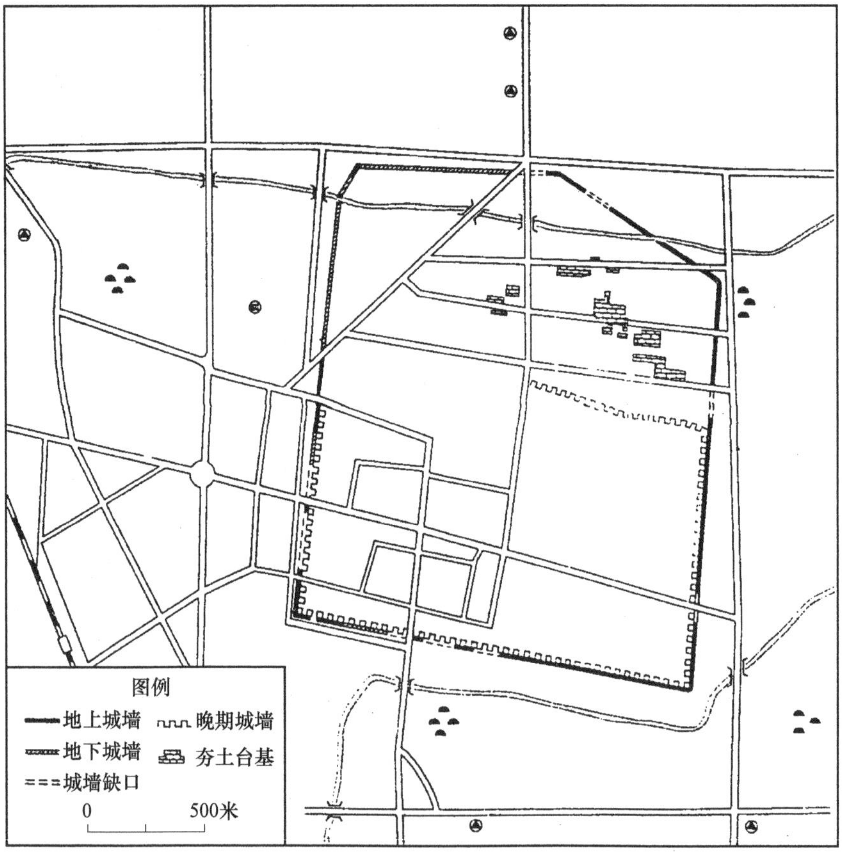

图 3-1-33 河南郑州商城遗址平面图

内，发现二里冈时期残破的夯土基址数十处，出土遗物十分丰富，并伴出大量的约为奠基牲的人头骨。据此可以认定城东北部为宫殿区。城外发现冶铜、制骨、制陶等手工业作坊遗址和墓葬；尤其重要的是，东南角城外和西墙外侧发现三个青铜器窖藏坑，出土丰富的青铜礼器、兵器二十余件。

郑州商城宫殿遗址大多破坏严重，遗存多为地下的夯土基础部分。遗址叠压、打破关系复杂，表明这里的建筑群经历了相当长的多次改建使用期。C8G15、C8G16 两座基址虽无叠压、打破关系，但均不完整。近年来，在宫殿区又发掘了保存稍好的 1 号和 2 号建筑基址，东西长都在 20 米左右，南北宽 6～7 米，夯土基厚达 2 米。并在其北侧发现了直径 10 米左右的圆形夯土基址，根据打破关系来看可能是早商建筑。不过这些都未见进一步的材料发表，这里，仅从 C8G15 和 C8G16 的初步材料，概括介绍其一般情况。

2. 长屋宫殿（C8G15 基址）

这座殿址位于宫殿区偏西部分，相当于都城北部中央位置。基槽南北宽为 13. 60 米，东西长在 60 米以上，是一座长屋。长屋在小屯殷晚期遗址多有发现，看来是殷商时期较为常用的一种殿堂形制。其年代也属二里冈期，与城垣同时。在基槽内距南、北边缘约

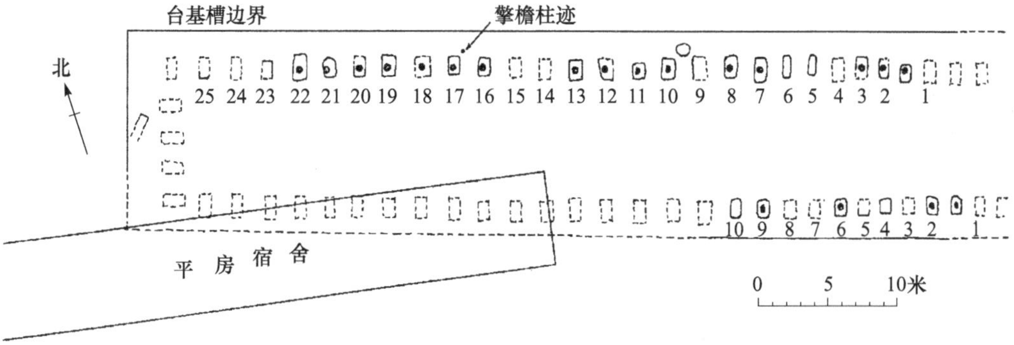

图 3-1-34　河南郑州商城遗址长屋宫殿 C8G15 平面图

2.50 米一线，有檐柱遗迹——柱坑、柱洞和柱础（图 3-1-34）。由于台基已损失无存，发掘所见只是基础部分，所以埋深较浅的内檐结构遗迹已经看不到了。根据形制类似的遗迹判断，檐柱以里应是木骨泥墙围成的一列数室。其外观台基应小于地基，距离檐柱较近；台基下，散水上立擎檐柱。在 17 号柱迹东侧残存一个擎檐柱迹，据此可知其布置可能是一檐柱对二擎檐柱与一檐柱对一擎檐柱相间隔的形式；屋盖可能是当时宫廷建筑多用的四阿重屋。此殿可能用于起居活动，不是主体殿堂。

3. 干阑遗迹（C8G16 基址）

这是一座规模较大的基址，在其东、南、北面还有几座夯土基址，看来这里是一个建筑群。

C8G16 的夯土基址从基槽边计算，东西 31.20 米，南北 38.40 米，基址最厚处为 1.50 米（图 3-1-35）。其中部和南部被战国文化层破坏，仅存部分柱坑和柱洞，其中一些有木柱痕和础石。柱洞反映柱径为 0.30～0.40 米；柱础为 0.34～0.45 米方圆的青白色大砾石，较平的一面朝上安置。每排柱洞间距在 1.60～2.45 米之间；三排柱洞的排距为 2.05～2.50 米。这座建筑建于二里冈下层，直到二里冈上层时期仍未见破坏迹象，可见它的使用时间很长。

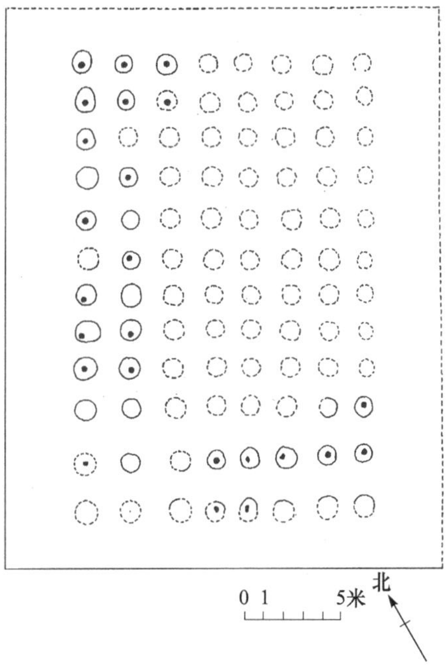

图 3-1-35　河南郑州商城遗址干阑 C8G16 平面图

此殿的基址远大于柱网范围，而且推测没有高起的台基；柱网排列很密，前后左右间距在 1 米多至 2 米之间，没有太多的使用空间；木柱用料又较大，直径为 0.30～0.40 米，这反映支柱上的荷载很大，即上面不只是屋盖，而是承受重物的楼层。其实密排柱网本身即已表明了使用空间不在这里，而是在其上层。看来，这座建筑与宫城里的大型干阑——亩（京）一样，应该也是高架以防潮、防鼠的粮仓——“桴京”（朝鲜半岛至今仍保留这个古汉语的名称）。

4. 宝贵的台榭残存

20世纪70年代末，在郑州市内发掘了一座十分难得的台榭遗迹，可惜因为残缺过甚而没有引起重视，以致破坏无存。

（1）台榭遗迹

这个遗迹是10余米长的一段残高1米多的大夯土台的局部；发掘时所留关键柱有2米多高，也就是说，原来这个大台高度在2米多以上。局部残存台壁，壁面有壁柱槽与少许地面相接，接地处有柱础遗存（图3-1-36）。尽管此台榭式宫殿仅存这点遗迹，但它却证实了早商至迟是中商（二里冈期）确实已有雄伟壮观的高台建筑——先秦文献称作“台”，如果台上有建筑物，则称为“榭”，一般统称“台榭”。所谓“台”，与晚期所见的砖、石包镶的台有所不同，它在外观上则看不到台，因为当时是采用屋檐的方式保护土台壁面的，于是形成回廊环绕的木结构的外观造型。它正是象形文字的生活原型。大台周围附加庑檐，开始只是为了防止雨水冲刷台壁，当它形成绕台的回廊之后，就启发人们对高台四壁空间的开发利用。起初是在台的四面开设堂屋，进而发展为前堂后室，同时在大台顶部修建殿堂，这就成为“榭”了。台顶殿堂比四面的堂为大，故称作“太（大）室”，当时的甲骨卜辞中两见“太室”一词①。

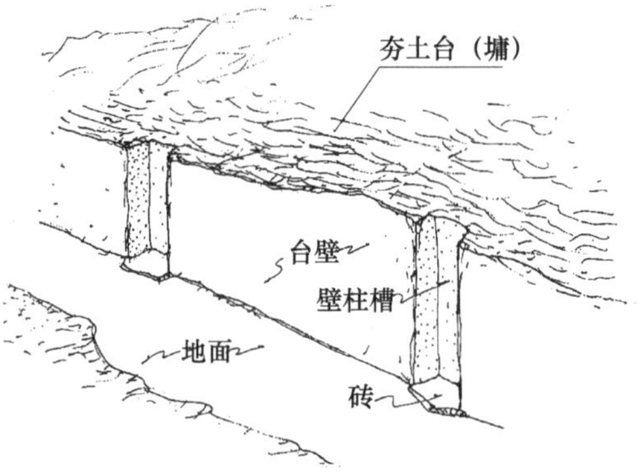

图3-1-36 河南郑州商城台榭遗迹示意图

简单的台榭只是一层台上建一座殿堂，复杂的则是在几层高台上建高低错落的一组建筑群。在殷商时期，“台”“榭”大约都还只是比较简单的一层大台上建造主殿的式样。在高台上建筑殿堂的“榭”，外观像是楼阁一样。殷商时期创造出这种最为新颖别致的高台建筑，大概主要用于苑囿中居高乘凉、眺望观赏等游乐使用。古辞书解释“榭”，说是在上面射箭，大约还有投壶、宴饮取乐。殷人发明的高台建筑，到西周时期已成为朝宫的主体殿堂。发展到东周时期，中心夯土台，除了方形之外，还出现了长方形的台；台由一层发展为二层、三层乃至多层。在木结构柱、梁框架还不发达的情况下，依靠一个夯土墩台，在其周围和顶部建造像多层楼阁一样的宏伟建筑，是建筑艺术方面的杰出创造。就结构学来讲，从早期以原始木结构为骨干的土木混合结构，发展到这种以土结构为核心的土木混合结构，是一个重要的进步。

（2）难能可贵的台榭残迹——象形文字的生活原型

在郑州发现的台榭遗迹，揭示了殷商甲骨文和金文的生活原型。无论是刻在龟甲和兽骨上的所谓“甲骨文”，还是铸造在青铜器上的所谓“金文”，都是一种象形文字。此

---

① 《殷墟书契》卷一第三十六页及卷二第三十六页。

字的形和义，所反映的正是这种台榭，铸造的金文更明确地反映了中间方块是夯土实心，而不是一个空间——庭院或城区。以台榭遗迹和当时的象形文字相对照，将有助于对台榭建筑形制的了解。同时，也可真正解决字形的千古之谜。

为“墉”的原始字形，最早见于殷商甲骨卜辞，近代辞书释“墉”为“小城也”，或“筑土垒壁曰‘墉’”。古文字学家按照这个解释，认为甲骨文字是城的写照——其中央方块为城垣，四面的屋形符号表示四面的城门楼。现在海内外学者多从此说，几乎成了定论。其实字本义，直至先秦时期，还不作城解。此字创造之初，既非城的意思，何来城的形象？这种解释不能成立，是不言而喻的。

关于“墉”字的原始含义，可在早期成文的使用中考察。从《诗经》“以伐崇墉……崇墉言言……崇墉仡仡”（《诗·大雅·皇矣》）、“实墉实壑”（《诗·荡之什·韩奕》）、“其崇如墉”（《诗·周颂·良耜》）等诗句，可知“墉”是一个高大的夯土部件。欲确知此字内涵的原意，可从反映商周古制的典籍中得到答案。《礼记·郊特牲》说：“君南乡（向）于北墉下。”《仪礼·士丧礼》：“君升自阼阶，西乡（向），祝负墉，南面，主人中庭。”以上两例，正说明“堂中北墙谓之‘墉’”（《仪礼》）。特别值得注意的是，仅仅此墙称“墉”，东、西墙仍然称“墙”。例如，《仪礼·士丧礼》：“甸人掘坎于阶间，少西为垼于西墙下，东乡（向）。”据此，我们确知两点：一是“墉”字的原始含义与宫室有关，而与城无关；二是“墉”为堂中北墙的专称。进一步考察，为什么堂的北墙称“墉”？因为当时重要殿堂的北墙不是墙。要搞清这个问题，需要首先了解商、周时代统治者的宫室形制。

西周天子、诸侯布政的主殿——明堂，以及宗庙、太学之类的主体建筑，多是“台榭”——高台建筑。高台建筑是以土结构为核心的土木混合结构，其形制是围绕中央夯土墩台四面设防雨庑檐（当时台壁尚无砖、石包砌的做法），形成四面回廊或堂、室；台上再设置太（大）室。经常使用的是南面的光线充足明亮的厅堂，以其“当正向阳”而呼作“明堂”。从厅堂的内部空间来看，北墙与东、西墙无异，而实际上它是夯土墩台的壁面。因北墙并非一般的墙，故另有名称，是所谓“墉”。甲骨上用刀刻画的象形字，全是单线表示四面有屋檐的一个方形夯土墩台——；金文则有条件铸成实心方块的图形，这就更加明确中央方块不是空间而是实体了。

这就是说，在商、周时期，的含义是指高大夯土部件，主要是指高台建筑的土结构核心——夯土墩台。其字形，也正是当时高台建筑平面的抽象摹写。高台建筑在先秦文献中称“榭”，其实早在西周金文中已见“宣榭”一词（虢季子白盘铭文），至于殷商时期是否已称榭，现在还不清楚。以高大夯土墩台为核心的“榭”式的建筑，已有遗址实例，如河南辉县固围村战国时期郑国王室陵墓享堂、河北平山县战国时期中山国王室陵墓享堂等，使我们可据以得到翔实的了解。

高台建筑南向厅堂的背后，是夯土墩台——墉，引申一般宫室的北墙也有称“墉”的。正是因为“墉”字原始含义是指一个具有墙壁性质的夯土部件，所以后来其外延含义也泛指带状的夯土墙和城墙。西汉中期以后，这种以台为核心、周围及台上建屋的高台建筑形式，因结构面积太大，施工耗费大量财力、人力和工期，而被淘汰。“墉”字失去了它创始的现实基础，字义转指夯筑土墙，于是即便古文字专家也只知其作夯土墙解，而无从知道其所以然了。是以后代从事古文字研究的学者，多释□为城的形象。国学大师王国维曾注意到这种解释与原始字义不符，从而在其《明堂寝庙通考》中，提出此字为宫室形象的高明见解。但是由于当时没有条件进一步了解这个图形所本的建筑形制，仅在其知识范围之内主观地把它解释为四面有房屋、中央为庭院的四合院图形。这便不能说明此字与夯筑部件，以至含义外延为墙垣有什么关系。后来王氏自己丧失了信心，以致没有把此说收入他的文集《观堂集林》中去。至今，海内外学者也鲜有附议他的说法的。陈直接受王氏之说，曾在其著作《殷契賸义》中提出□是"象四屋函一庭形"，并进一步指出"殷太学之象也"；认为"殷礼与周礼同"，因而它是周明堂的形制。这是对王氏说法的重要发展，但是他仍把它理解为四合院，只是中庭多了一个房子。他的考释，只因不了解明堂是依土台四周建屋、在台上建太室，而功亏一篑。至于徐中舒在其《试论周代田制及其社会性质》中，提出此字是四面踏道的竖穴形象的说法，就距离实际相去更远了。

十、金沙郊祀遗址的九柱遗迹复原研究

切入点：

成都金沙遗址是商代古蜀方国遗存，位于成都西北部，面积在 5 平方千米以上，已发掘面积达 10 多万平方米。遗址跨东南流的摸底河两岸，河阳（北）为古蜀都城遗址，河阴（南）为祭祀区遗址。都城的规划与中原商朝所尊崇的方向一致，取西南"昃"位；这一带的晚期城市干道仍保持这一方位的方格网，直至今日。仅从都城方位及其南郊设置"郊祀"（或曰"郊社"或曰"郊禘"）祭祀区，就可看出古蜀与中原文明"大中华"一体的密切关系。都城遗址已发现宫殿遗址十处，保存了五处，将在另文讨论。

祭祀区遗址面积约 15000 平方米，遗迹现象丰富，伴出有象牙及金、玉、铜、石、漆、陶等制作的器物以及卜筮甲骨等。在祭祀区，于 2002 年所发现的九个柱洞的建筑遗迹，考古编号为 L18，尤其令人瞩目，它是金沙遗址考古的重大收获之一（图 3-1-37）。此类九柱建筑遗迹在国内现已发现两处，属第二次发现。另一处发现于青海省民和县喇家新石器时代晚期聚落遗址中，位于聚落中心广场边缘的祭坛旁，伴有高级墓葬和祭祀遗迹现象，可知是祭祀建筑遗存（图 3-1-38）①。

成都考古界同仁经研究认为，金沙遗址的时代相当于中原地区的商朝至春秋早期（约前 1600～前 650 年），商晚期至西周中期是它的兴盛时期；从考古材料可知，金沙遗址当时应属奴隶制社会。金沙遗址的祭祀区位于当时的都城南郊，原是一处河床南坡滩地。在这块河滩地上，人工堆筑起了一个台地，形成了一个祭祀广场。这种人工堆筑的祭祀广场，古文称作"墠"（shan）。在这个祭祀广场上，发现许多瘗埋祭祀礼器和卜筮甲骨的坑，古文称作"坎"。九柱建筑遗迹原来应是王国的"大社"，《礼记·祭法》记载："王为群

① 成都文物考古研究所：《金沙——21 世纪中国考古新发现》，五洲传播出版社，2005 年。

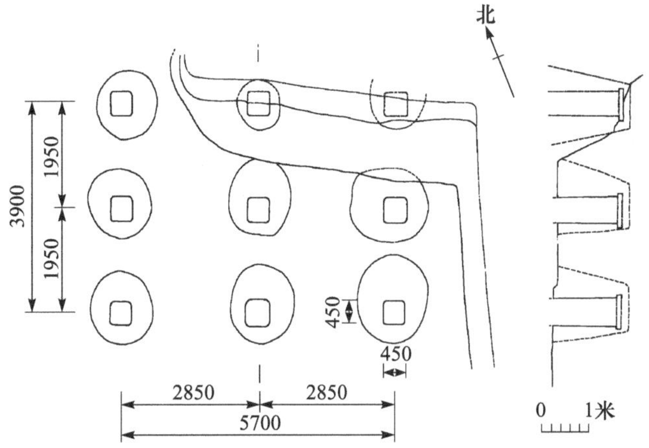

1

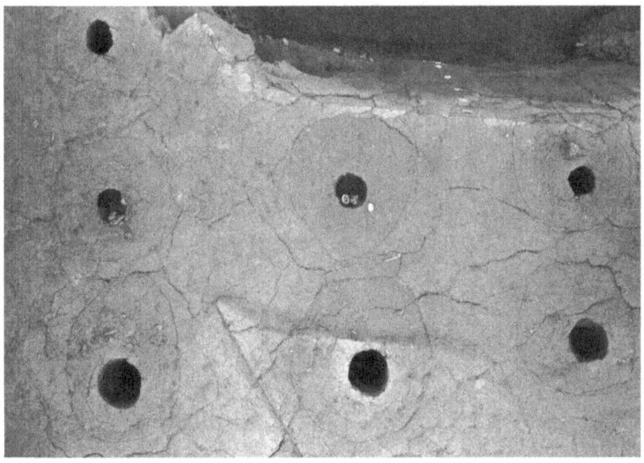

2

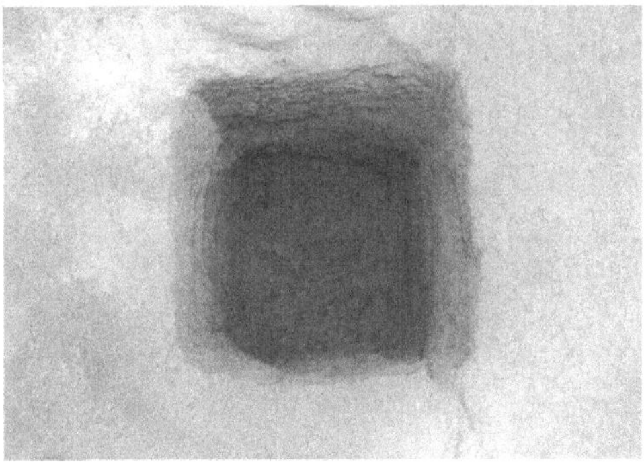

3

图 3-1-37　成都金沙祭祀区遗址

1. 九柱洞遗迹平面图　2. 九柱遗迹（柱洞实为方形圆角）　3. 祭祀建筑柱洞遗迹

姓立社，曰大社。王自为立社，曰王社。”[①]大社高于王社。成都金沙遗址发现了“墠”“坎”和“大社”遗迹，这和出土青铜礼器一样，显然是遵循中原商朝的制度。本书拟就九柱遗迹原来的建筑功能性质、形制、称谓和相关古文字等问题进行探讨。

图 3-1-38　成都金沙遗址“社”复原图

1.“社”的原始形态

据发掘报告，金沙遗址的九柱遗存是这处祭祀场地目前所认定的唯一建筑遗迹，显然与祭祀有关。从其排列有序的九个柱洞以及不见墙体基槽和里面的小柱洞、居住面等现象来看，

① 李学勤主编：《十三经注疏·礼记正义》卷第四十六《祭法第二十三》，北京大学出版社，1999 年，第 1304 页。

可知是干阑建筑遗迹。此类干阑，根据已知材料可以断定它是用于祭祀的神圣建筑——“社”，而且仍然基本保持着“社”的原始基本形态特征。

圣人说：“食、色，性也。”吃饱活命和繁衍后代，是人类的本能。社，就是为了这两项基本需求而设置的，是原始氏族时期伴随农耕出现的祈求丰收的祭祀建筑。刀耕火种的原始农业时期，人们不得不靠天吃饭，祭祀既是为了祈求上帝神灵保佑风调雨顺，以取得丰收，也是为了祈求祖先保佑子孙平安、繁衍永续。也就是说，社是为了生存和发展而设立的祭祀建筑。社在民间乡村一直保持到近代，甚至现在我国南方地区也还有所延续。“礼失而求诸野”，文明中心的发展日新月异，中国的这种称之为“黄帝时明堂”（出自《史记》，说详后）的“社”自成文历史之前便已存在，传至日本后，更被奉为经典而保存数千年至今不衰。佛教自中国传入日本之后，7 世纪左右日本的佛教兴盛引起了日本天皇朝廷的反思，从而大力提倡日本本土的原始崇拜，参考佛教建立本土宗教——“神道”，其祭祀建筑就是在“社”的基础上形成的所谓“神社”。所以说，从中国传入的“社”就是日本神社的祖形。日本的神社大部分仍然保持架空地板的干阑形式以及覆草或树皮屋盖的原始特征（图 3-1-39）。由于日本对茅茨和树皮屋盖的古建筑施行 20 年一“造替”——即按照原材料、原工艺、原式样进行重建的保护方式，所以现在人们仍然能够看到古老的、还具备原始“社”特征的高架地板、桧树皮顶的神魂神社和出云大社。在中国，随着社会的变革，广大民间的“社”在许多地区已经荡然无存，南方或有残存，也早已演变成为不同的式样了。

《史记·封禅书》云：“周公既相成王，郊祀后稷以配天，宗祀文王于明堂以配上帝。自禹兴而修社，配后稷称‘穑’，故有社祠。郊祀所从来尚矣。”[①]“郊祀”大约是原始社会中晚期就已有了的古老习俗，所谓“禹兴而修社”，是指作为国家礼仪制度的“社”，它是原始“社”的延续。夏禹时郊祀配后稷——“穑”，所以这座祭祀建筑以谐音而称“社”，祭祀活动即所谓“社祠”。“社”自原始社会出现以来，到王国时期，从第一个朝代夏开始，成为国家的制度，到商王国时期已经有了很大发展。王国时期的“社”已经出现不同的级别，不但有聚落的“社”，而且完善了国家王室的“王社”，还有为“群姓”设立的“大（太）社”。现已发现可能为商朝“王社”的遗址，见于偃师商城内的国王宫城遗址，位于 D2 殿堂的右侧，即西侧（图 3-1-40）。“周承殷制”，这应是《考工记·匠人·营国》所记周王都城制度“左祖右社”的初始形态。商王的这座“王社”，并不只是九柱，而是已经复杂化了的、与王室“大（太）仓”（即“稷”）以“前社后稷”方式相结合的大型干阑建筑（图 3-1-41）。殷商时代“郊祀”的“大社”，以及广大乡野的各聚落中，还应该延续有原始形态的九柱干阑的“社”，其遗址有待我们在未来的田野考古工作中去发现。

2. 干阑祭祀建筑——明堂·昆仑

让我们先了解一下“社”这种干阑祭祀建筑的渊源。

---

① （汉）司马迁撰，（南朝宋）裴骃集解：《史记》卷二八《封禅书》，中华书局，1959 年，第 1357 页。

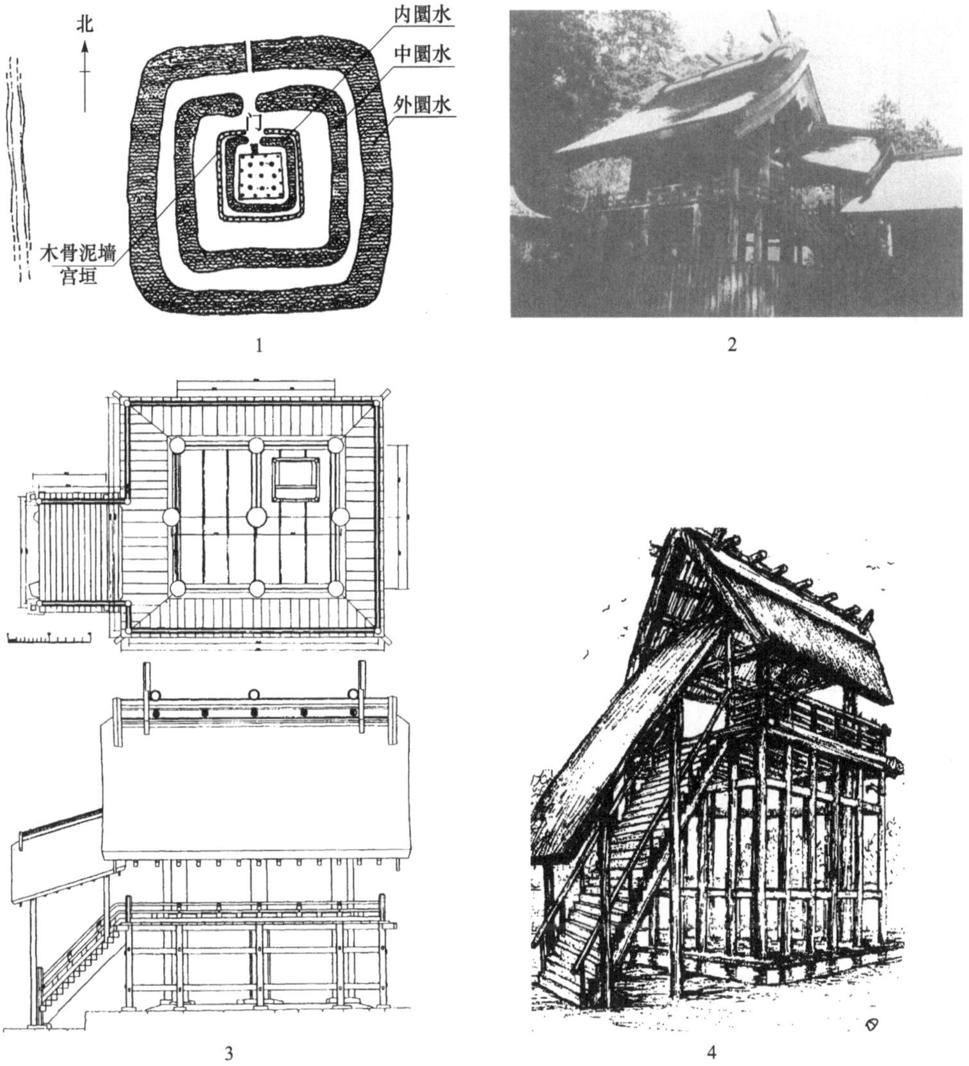

图 3-1-39

1. 日本群马县前桥市鸟羽弥生时代晚期聚落遗址“社”复原平面图　2. 日本神魂神社本殿外观　3. 日本神魂神社本殿平面图及立面图　4. 日本鸟曲县羽合町长濑高滨弥生时代聚落遗址“社”复原透视图

太史公司马迁以治学严谨著称，他写的《史记》已经一再被现代考古学所证实。《史记》记载中国历史不从古史传说的“三皇”而是从“五帝”开始，这就表明他的严肃态度。传说的“三皇”时代遥远，许多史实多有神话变形，很难认知其历史原貌。传说中的“五帝”，则变形不大，其传说部族与人物以及活动地望可与新石器时代中晚期，大约5000年前的考古材料相吻合。司马迁写《史记》从“五帝”之首的“黄帝”开始，难得的是他追记了黄帝时代的标志性神圣建筑——被上古时期称为“昆仑”的“黄帝时明堂”，使我们有可能据此探讨这个神圣建筑的有关问题。

《史记·封禅书》中关于“黄帝时明堂”的记载是：汉元封元年（前110年）夏，武帝刘彻因为要去泰山封禅、求仙，所以决定在奉高城（今山东泰安）附近建一座明堂，于

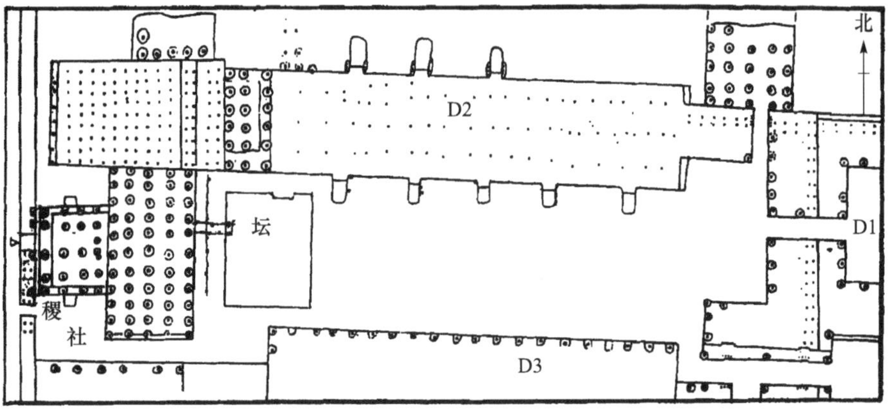

图 3-1-40　河南偃师商宫城遗址 2 号宫殿遗址平面图

图 3-1-41　河南偃师商宫城遗址社、稷、坛复原示意图

是诏令大臣们再次议论古明堂的形制和修建方案。因为“未晓其制度”，所以大臣们众说纷纭，各说都无据以服众。此时，有位叫作公玉带的济南人献上一份《黄帝时明堂图》，大概汉武帝认为其是最古老而且言之有据的，所以批准采用，诏令奉高地方长官于元封二年（前 109 年）秋在汶上按照公玉带的方案进行建造[①]。

关于公玉带提出的明堂形制，《史记》和《汉书》都有记载：

> 明堂图中有一殿，四面无壁，以茅盖，通水，圜宫垣为复道，上有楼，从西南入，命曰昆仑，天子从之入，以拜祠上帝焉。[②]

① （汉）司马迁撰，（南朝宋）裴骃集解：《史记》卷二八《封禅书》，中华书局，1959 年，第 1357 页。

② 此处录文按《史记》卷二八《封禅书》，第 1401 页，《汉书》所记与此基本相同，只有个别字增减，见（汉）班固撰，（唐）颜师古注：《汉书》卷二五下《郊祀志第五下》，中华书局，2012 年，第 1131 页。

这个所谓“明堂”和诸儒一直谏议要在都城长安南郊建造的仿周天子“布政之宫”形制的明堂不是一回事。黄帝时的所谓“明堂”，是极其朴素的概念，它指的只是开敞明亮的建筑空间而已。公玉带所谓的“黄帝时明堂”，应是出自古史传说，他的“明堂图”应该就是按照传说的描述制作的。当年他进呈图样时，一定有文本说明其依据，否则汉武帝是不会采纳的，满腹经纶的群臣也是要提出驳斥的。可以推知，公玉带的《黄帝时明堂图》绝非是为了行骗而臆造出来的，这由“昆仑”二字即可得到证明（说详后）。

原始聚落设置农耕祭祀的明堂，应该是原始农业形成不久就有的事，古籍记载早在黄帝之前的“神农氏”就已有之。参考古史学家徐旭生的考证[①]，我们可以把神农氏看作黄帝之前的一个农业发展了的父系氏族联盟的大酋长。成书于西汉初期的《淮南子》中记载了古老相传的神农时期的明堂：

> 昔者，神农之治天下也……甘雨时降，五谷蕃植。春生夏长，秋收冬藏，月省时考，岁终献功，以时尝谷，祀于明堂。明堂之制，有盖而无四方，风雨不能袭，寒暑不能伤，迁延而入之，养民以公。[②]

这则记载，着重于明堂的使用功能，而较少说明形制。它与上述“黄帝时明堂”的记载一样，也是一直没有引起人们的重视而深入研究，但看起来同样是有来历的。这两则关于明堂的记载，正好相互补充。

按照这两则古老传说，原始明堂的形制相似，都是作为农业祭祀使用的。汉人在记录传说的描述中所使用的词汇，是基于汉时的意识形态和见解，诸如“殿”“楼”“复道”“天子”之类。所谓“楼”上有“以茅盖”的“殿”，就是高高的支柱上坐落一个茅草亭子；所谓“复道”，就是供上下之用的带顶的长梯；所谓“宫垣”，即围墙；还有沟渠环绕（应是“辟雍”的祖形）。关于原始的社——明堂，其形制的考证，是笔者于1996年中至1997年初在日本京都大学担任客座教授期间，使用日本的遗址材料完成的[③]。笔者在这项研究中对“黄帝时明堂”做出了复原推测（图3-1-42），同时论证了日本神社源于中国，其祖形就是“黄帝时明堂”，大约是在四千年以前随着稻作技术一起传到日本的；还论证了“昆仑”的上古音韵、含义和它的文字符号。

难能可贵的是，汉人将他们当时所知道的上古人把这样的建筑叫作“昆仑”的传说记录了下来。这种称作“昆仑”的明堂如何使用，记载说其“复道”是“天子从之入，以拜祠（祀）上帝焉”，也就是部落或酋邦的大酋长可以上去，言外之意是一般人不允许上去。上去做什么？应是带领部落中的人们祈祷上帝——主管农耕的神灵（水、土、风、雨、季候和作物等），保佑丰收；同时，将丰收的粮食首先摆在上面，供奉给神灵享用，以表达

---

① 徐旭生：《中国古史的传说时代（增订本）》，文物出版社，1985年。

② 何宁撰：《新编诸子集成·淮南子集释》卷九《主术训》，中华书局，1998年，第609、610页。

③ 杨鸿勋《明堂泛论——明堂的考古学研究》，载日本《东方学报》（京都大学版），1997年；后收入杨鸿勋《宫殿考古通论》，紫禁城出版社，2001年；并收入杨鸿勋《杨鸿勋建筑考古学论文集（增订版）》，清华大学出版社，2008年。

图 3-1-42 “黄帝时明堂”复原设想图

感恩之意。这种以收获的农作物祭神的习俗，至今在云南少数民族中还有保留。我们现在所要讨论的金沙遗址的九柱遗迹，就是这类“昆仑”的遗迹。

3. 昆仑 = 干阑 = 京

“昆仑”到底是什么意思？这是自古以来没有破译的一个疑案。笔者曾有考证论文发表[①]，在这里略将考证的结论——“昆仑”的上古发音、含义和它的原始文字，概略介绍一下。

感谢太史公在《史记》中记录了上古人们把高架的“明堂”呼作“昆仑”的传说。这个重要提示，使我们有可能据以探讨它的究竟。我们现在知道东方有座母亲山叫“泰山”，“泰”就是“太”，也就是“大”，古音都读 dai。“岱顶”的“岱”，保留了上古音韵的注音，只是换了个注音符号就是了。“泰山”意思就是“大山”。西方也有座母亲山，叫作“昆仑山”。汉人记录为“昆仑”——kunlun，是中古的颚变的 u（乌）元音，它的上古发音本是开口 a（阿）元音，发音为 ganlan——干阑。“干阑”两个汉字没有含义，它只是上古音的注音符号。ganlan 见于文献记载的汉字注音有多种，如南北朝时期将当时少数民族“獠”等居住的高架房屋叫作 ganlan，文献注音使用“干兰”“干栏”“高栏”“阁栏”“葛栏”等汉字，现在笔者愿意使用没有含义的“干阑”两个字。“干阑”是“高”的意思，昆仑山——即干阑山，就是“高山”；上古把青海高原叫作“昆仑丘”——即“干阑丘”，正是现在所谓的“高原”的意思。“干阑”的古文字注音符号是亯（京），这个象形字所画的就是高架茅草亭的形象。它原是个复辅音字，发音就是 ganlan。

① 杨鸿勋《明堂泛论——明堂的考古学研究》，载日本《东方学报》（京都大学版），1997 年；后收入杨鸿勋《宫殿考古通论》，紫禁城出版社，2001 年；并收入杨鸿勋《杨鸿勋建筑考古学论文集（增订版）》，清华大学出版社，2008 年。

笔者经过古音韵学的考证，知道了“黄帝时明堂”上古呼作“昆仑”的道理，就是言其高。因为当时的房屋多为半穴居，外观大多只是一个扣在地上的屋顶，也就是所谓的“复穴”；即使是“屋见于垣上”的原始地面建筑，也并不高大。而这种高架起来的“明堂”，相对来看则是很高的建筑，所以人们把它叫作“高”——“ganlan”（干阑），至今西南少数民族的用桩柱高架地板的住房仍然呼作“干阑”，我们建筑史学则把这种建筑叫作“干阑建筑”。

4. 金沙九柱干阑祭祀建筑复原

金沙遗址的干阑祭祀建筑，位于自西北向东南流的古河道的一个向南突出略似 Ω 形的弯道南岸。这里是一个在河滩地上人工堆筑而成的大黄土台状的祭祀场地——“墠”，“墠”的最厚处超过 0.6 米；沿河道的方向长约 85 米，最宽处约 25 米。黄土台面朝向河流略呈缓坡状（图 3-1-43）。远在西南边陲地区的古蜀方国发现祭祀之用的神圣场地——

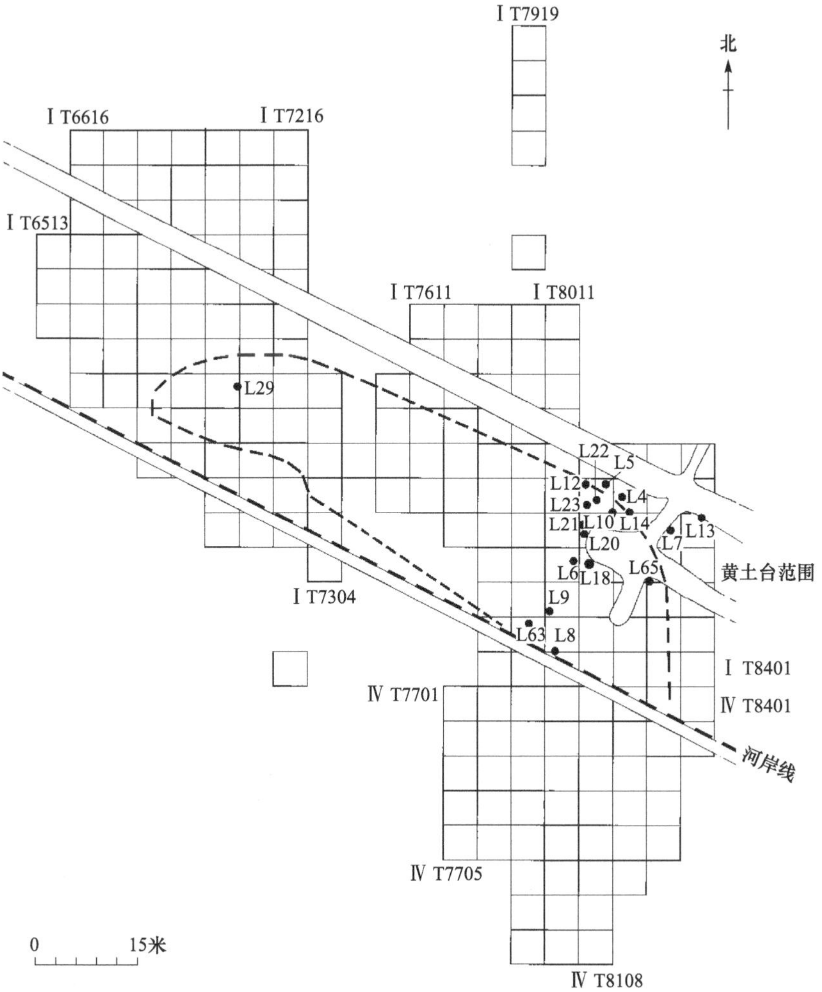

图 3-1-43 金沙遗址祭祀区黄土台范围图

“墠”，明确反映了古蜀国一如中原仪礼的“郊祀”制度。九个柱洞的建筑遗迹，正处于祭祀场地上相对 Ω 形弯道的中间位置。

金沙遗址的这座“郊祀”建筑，应是古蜀王国的“大社”，即上古呼作“昆仑”（干阑）的“明堂”。其遗迹九个柱洞，现存八个完整的和一个残破的。柱洞为方形而圆角，边长一般在 45 厘米左右，有一个柱洞是 50 多厘米见方，田野操作有误，将方形柱洞挖成圆形洞口（图 3-1-44）。顺河流方向（西北—东南向）的柱轴线上，柱洞间距为 2.85 米（中—中），两间共 5.70 米（中—中）；西南—东北方向轴线的柱洞间距为 1.95 米（中—中），两间共 3.90 米（中—中）；垂直河道的柱轴线方向约为北偏东 29º03′；九根栽立的木柱深约 1 米，下面发现垫有木板柱础的痕迹（图 3-1-45）。这个遗址的九柱排列与喇家遗址和日本遗址所见略有不同，它不是正方形的“九宫图”式，而是略呈矩形。日本鸟取县羽合町长濑高滨弥生时代聚落遗址的“社”遗迹，为简易的四柱干阑的方形平面；群马县前桥市鸟羽弥生时代晚期聚落遗址的“社”遗迹，为典型九柱的方形平面（图 3-1-46），两者都是圆形柱洞；中国喇家的“社”遗址也是九个圆形柱洞。此前所发现的氏族晚期的“昆仑”遗迹，柱都是圆形截面，金沙九柱遗址是商晚期至西周中期，社会生产力已经相当发达，其弧形转角的方柱洞反映了木构加工的细致，结合出土的铜器、玉器等精美的制作工艺来看，当时的建筑工艺应该是很讲究的了。

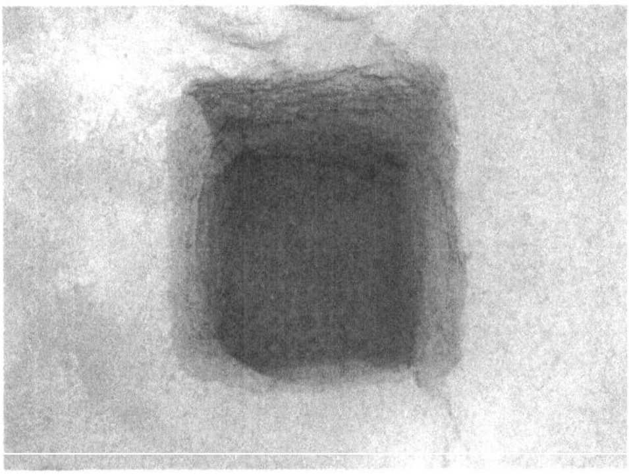

图 3-1-44　金沙祭祀建筑柱洞遗迹

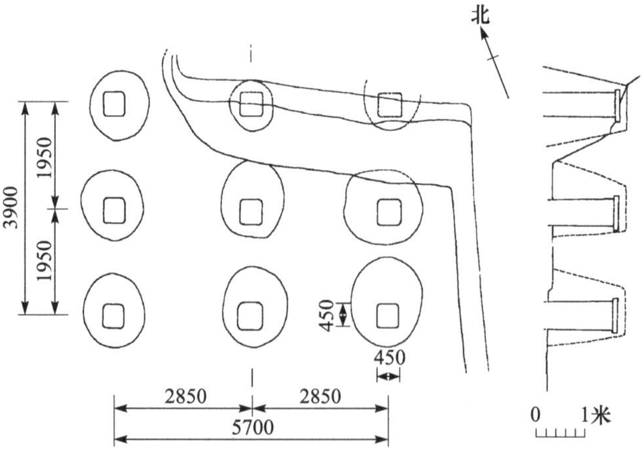

图 3-1-45　金沙祭祀区遗址九柱洞遗迹平面图

金沙遗址的弧形转角方形柱洞，反映出其干阑支柱上部构件——梁、椽和茅茨屋盖也应该同样有精致的加工。根据殷商椁板雕镂和红、黑色彩印痕（盘龙城遗址和小屯殷商遗址都曾发现殷商墓葬的椁板印痕，古人“事死如事生”，椁板雕饰是模仿墓主生前居住的宫殿木构）和金沙遗址出土的木雕彩绘神人头像以及宫殿遗址的柱洞遗留朱红印痕（偃师商城宫殿柱洞，其朱红印痕只是栽柱的下部，推测柱身上部应该和椁板一样是有红、黑雕镂花纹的），推测金沙“大社”的木构件上大概也是有雕镂和红、黑彩绘的。

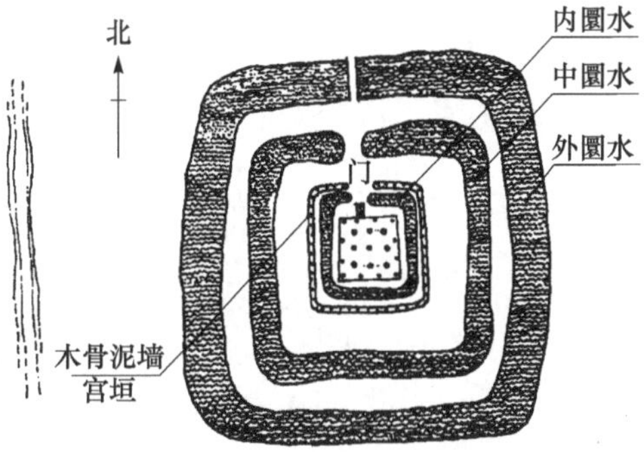

图 3-1-46　日本群马县前桥市鸟羽弥生时代晚期聚落遗址“社”复原平面图

先秦文献记载帝尧、帝舜（原始酋邦的大酋长）时的原始殿堂建筑的屋盖是“茅茨不翦”——茅草顶的檐口不整齐。从出土的殷商青铜器、玉器等制作工艺来看，在殷商王国时期，宫殿的茅茨屋盖应该是很整齐的了。从晚商妇好墓出土的青铜偶方彝的屋顶造型的器盖可见殷商的“四阿重屋”屋盖形象，当时宫殿的屋盖茅茨做法讲究，应该是屋面平整、檐口整齐，屋脊茅草交接一线，用“人”字木板压住，上面起木雕彩饰的屋脊。

图 3-1-47　日本鸟曲县羽合町长濑高滨弥生时代聚落遗址“社”复原透视图

金沙干阑祭祀建筑的木构架，下面栽立九根方形的木柱，从其较大的柱径来看，柱是相当高的，可与传说中具有“复道”——带顶长梯的结构相符合；也和长濑高滨与前桥鸟羽等“社”遗址有长梯遗迹的情况相合（图 3-1-47）。

对这一干阑祭祀建筑的构造可以做出如下推测。

九柱的高度，地面以上暂设定为 6 米；用横梁以榫卯方式相互连接成为一个完整的构架；梁头出挑约 1.3 米。梁上铺厚 20～30 厘米的楞木，直铺到比悬挑的梁头再悬出约 30 厘米，形成大于九柱范围，即 8.30 米 ×6.50 米的地板面。在地板周围，退后 30 余厘米左右，相对周围八根檐柱及四角立高约 1.2 米的望柱，以地脚榫插入厚地板，用扶手横木（桪杖）和卧棱做成高约 0.9 米的栏杆。与檐柱对应的栏杆望柱用横向杆件并固定。

地板上面草亭，推测其构造方式为：一种可能是下面的九柱直达屋架高度；再一种可能是，九柱高度只到架空的地板，沿九柱直立轴线的位置，在地板上以地脚榫方式插立与九柱同径的方柱，周围八柱高约 3.5 米许，设横梁以榫卯方式联系成构架，其中间一柱高出周围八柱 2.5 米左右。关于上面的屋架，从矩形平面来看，应该是柱头上置短横梁（正脊），承托周围四面檐柱梁上的长椽，而形成大约 40º 左右坡的四阿形式（图 3-1-48）。

金沙大社遗迹由于附近有坑、沟的破坏，又兼考古发掘开方所限，只保存九个柱洞，在周围残存的地面上，没有发现更多的遗迹。供上下之用的斜廊楼梯，应该有支柱，现在由于破坏而未见遗迹，暂做出楼梯支柱不是栽柱做法，因而没有其支柱遗迹的推测。

图 3-1-48 成都金沙遗址“社”复原图

社发展至商时代的古蜀时，特别是在河边缓坡场地的情况下，是否还有围墙和圜水不得而知，因遗址没有扩方而且有破坏，现在还无从查找其遗迹，目前暂且存疑。

十一、小屯殷商离宫

切入点：面积过小、建筑自由布局、伴生外地珍禽异兽遗骸。

19 世纪末叶，古文字学家王懿荣在一味中药“龙骨”上发现了中国最古的文字——殷商甲骨文。随着这一伟大的发现，“龙骨”由中药而变成了身价百倍的古董。其产地河南安阳的田野间，由于挖宝者云集，竟形成了一个“小屯”村。小屯作为古老象形文字的圣地而为世人所瞩目。至 20 世纪 20 年代，历史学家、考古学家、古文字学家追踪钻研，确认了小屯东北部洹河转弯处的殷商遗址。多少年来，它一直被认为是盘庚所迁都城——“殷”的遗址，从而命名为“殷墟”（图 3-1-49）。“殷墟”的盛名享誉世界至今近百年之久。然而，现在看来它作为商晚期的都城“殷”的立论，依据不够充分；甚至可以说这一论断不能成立。从遗址的情况来看，所谓“殷墟”，只不过是“殷”近畿地方的一座离宫苑囿而已①。

“殷”在何处？近年来似乎有了线索。1999 年，在与小屯仅一河之隔的洹水北岸发现一座规模宏大的殷商城址。其平面接近方形，轮廓线平直、直角准确，呈非常规整的几何形状。城垣东西 2 米，南北 2 米，方向为北偏东 13°。解剖城基得知，基底为“锅底状”，宽约 10 米，最深为 1.65 米。夯筑工艺表现出奴隶劳动不计工本的特点，夯窝直径小到 0.04～0.05 米，夯具显然只是一根木棍。当时恐怕还没创造出集束使用，面对这样大的工程量，其劳动强度之大、劳动效率之低是不难想象的。当然，这种“棍夯”的夯土，报道说“十分坚硬”，质量之高是无与伦比的。初步发掘已清理出一部分夯土基址、灰坑、水井和墓葬，获得大量陶器、骨器以及其他遗物；又进一步发掘出位于城内偏南接近中轴线处的一组完整的具备中庭的大型宫殿，形制与尸乡商城所见略同；同时，已查明，此城中轴在线存在南北一连串的夯土基址，即在此城的前部中心位置有一座王宫，是毫无疑问的。它与偃师商城一样，揭示了“前朝后市”的规划格局。“周承殷制”，它为后来的周朝奠定了王城的规制。

现在可以肯定地说：一座距小屯最近的殷商都城已摆在面前！若说“此城即殷”，只待调查取证了。初步查证它的建造年代，普通考古学家已做出判断：“洹北商城的年代可

① 杨鸿勋：《小屯“殷墟”非殷都之墟》，《中国文物报》2001 年 1 月 31 日第 7 版。

1

2

图 3-1-49
1. 殷墟博物院鸟瞰　2. 小屯殷商离宫与都城、陵墓区关系平面图

基本确认在殷墟大司空村一期以前和郑州二里岗商文化以后这一时段内。”这提供了它可能是盘庚所迁之“殷”的初步依据。

殷人好田猎游乐，所以在都城“殷”的近畿地方设置了许多随遇而安的离宫别馆。《左传·庄公二十三年》载：“南距朝歌，北据邯郸及沙丘，皆为离宫别馆。”现在被称作“殷墟”的小屯一带，应即都城附近的离宫之一。

近一二十年来，已发现了许多初期国家——夏代的城池遗址，论理处于殷商晚期的都城，更应具备城防设置，但“殷墟”至今尚未发现城垣遗迹。20 世纪 90 年代，发现了南、西两面的壕堑，即所谓“大灰沟”，它与北、东两面的洹水共同围成了一个近似长方形的地段。壕堑是城垣的重要线索，因为掘壕的土方平衡正好就地筑城。即使城垣破坏得再彻底，还应有城基存在，应该予以查找。

洹河与壕堑所围成的地段，南北最长处约 1100 米、东西最宽处约 650 米，宽约 10 米，最宽 20 米以上，沟深 5～10 米，总面积约 715000 平方米，不到 1 平方千米，只是商中期郑州商城的 1/25，不足以构成当时作为都城的规模。在“殷墟”这个地段内，经 20 世纪 20～30 年代的多次发掘，共计发现 53 座建筑遗迹，没有发现对称格局的朝廷建筑群以及作为都城街巷的干道之类的遗迹，只是一个不太有规律的纵横布置的建筑基址群落（图 3-1-50）[①]。已知商初王宫朝廷就已作中轴对称的规划，但在小屯所发现的许多宫殿遗址布置比较自由，不呈严整的王宫格局。其中有的建筑基址平面特殊，如呈“凹”字形、“凸”字形等，许多不取南向，有的还朝向洹水风景，这一切表明显然是出于园林景象的设置。而且据《1987 年安阳小屯村东北地的发掘》简报，遗址还“发现大量动物骨骼……特别是野生动物为一般居住遗址所少见”。经专业鉴定，已知的有麋鹿（遗骸最

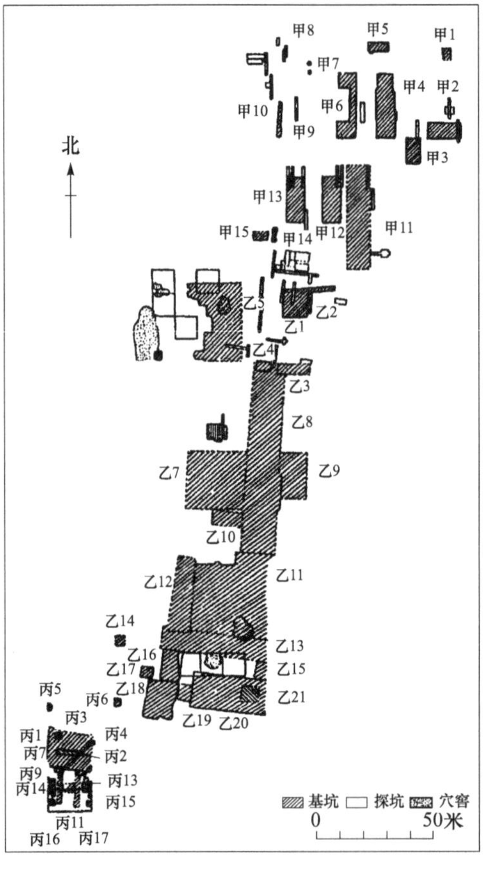

1

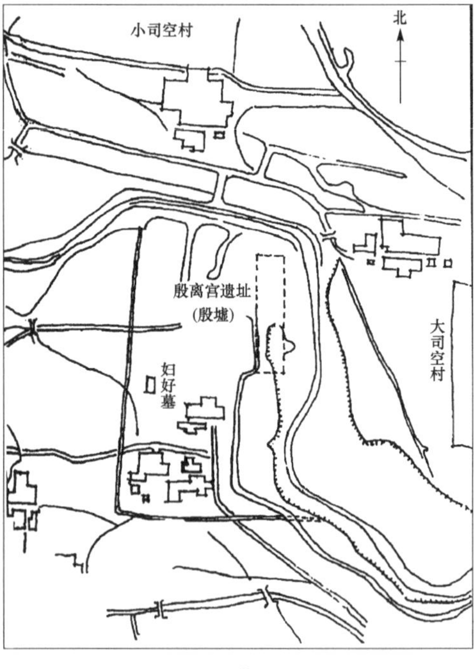

2

图 3-1-50

1. 河南安阳小屯殷离宫建筑遗址分布图　2. 河南安阳小屯殷离宫遗址环壕平面图

① 杨鸿勋：《小屯“殷墟”非殷都之墟》,《中国文物报》2001 年 1 月 31 日第 7 版。

多）、赤鹿、丹顶鹤、褐马鸡、鹰、雕、鸮、翠鸟类的冠鱼狗以及鲟鱼、乌龟和大蚌等园林观赏动物遗骸[①]。这些原本生活于不同生态环境中的动物集中在这里，显然是人为豢养的。豢养乌龟、大蚌等水生动物，说明这里原有水域景观环境——可供观赏的池沼或河流之类。田野考古发现具有淤泥层的“大土坑”——池沼遗迹（当即周文王苑囿中“灵沼”的景观形态），我们的这一推断，实际上已经得到了证实。这样看来，小屯“殷墟”无论从它的规模、布局还是文化内涵来看，都不可能是一座都城，而是殷晚期王国都城近畿地方的一处苑囿离宫。

小屯殷墟还有陵墓遗存，这似乎也表明它不是王城和王宫。

十二、“殷墟”甲十二楼阁

切入点：眺望洹水的朝向与柱间距小。

1987 年 9 月，国务院批准将“殷墟”这一全国重点文物保护单位建成“殷墟博物苑”；采纳了笔者建议的名称；按照笔者的规划设计方案，第一期工程首先复原建起了“母辛宗”和“甲十二”楼阁，“乙二十”基址的建筑。

眺望洹水风景的楼阁即为甲十二。

20 世纪 20～30 年代，中央研究院历史语言研究所对“殷墟”进行考古发掘时发现，在东北部编号为“甲十二”与“甲十三”两座建筑基址，是完全一样的一对建筑遗存。两者东西并列，相距 8 米；其布置，不取日照较好的朝南方向，而是作面向东西的安排。甲十二在东、甲十三在西，从甲十二来看，它似乎是选择朝东、面向洹水，这说明它是以园林风景观赏为主的建筑。

甲十二基址发掘于 1933 年，当年普通考古学尚未形成“建筑考古学”这一特殊考古学的专业学科，对于遗址的发掘还固守墓葬发掘的原则——“挖到生土为止”，将建筑台基及其地基的夯土全部清除，直至地基下的生土为止。发掘结束，作为发掘对象的台基也破坏无存了，所以很难根据发掘报告进行复原研究。幸好当时对甲十二基址的发掘是采取开 1 米宽探沟、留 1 米宽隔梁的方法，并未全面揭露。发掘时在原位保留了砾石暗础和部分台基边界等迹象，尚可据以推知原来的一些情况。1987 年春，为殷墟博物院复原建设的需要，对甲十二重新进行了发掘，进一步认定尚存的遗迹现象，特别是找到东边的一排六个柱位和西边四个擎檐柱迹（图 3-1-51）[②]。在此基础上进行了复原考证，并已在原址上重建起来（图 3-1-52）。

甲十二基址为长方形，南北长 20.50～21.00 米，东西宽约 8.20 米。与同一时期的其他基址相比，这样小的宽度（进深），中间无须再加支柱，但这个基址中间却增加了一排柱子，而且柱间距很小，还不到两米。这一结构反映了上部荷载较大，说明甲十二原是一

---

① 中国社会科学院考古研究所安阳工作队：《1987 年安阳小屯村东北地的发掘》，《考古》1989 年第 10 期。

② 马得志、周永珍、张云鹏：《一九五三年安阳大司空村发掘报告》，《考古学报》1955 年第 1 期。

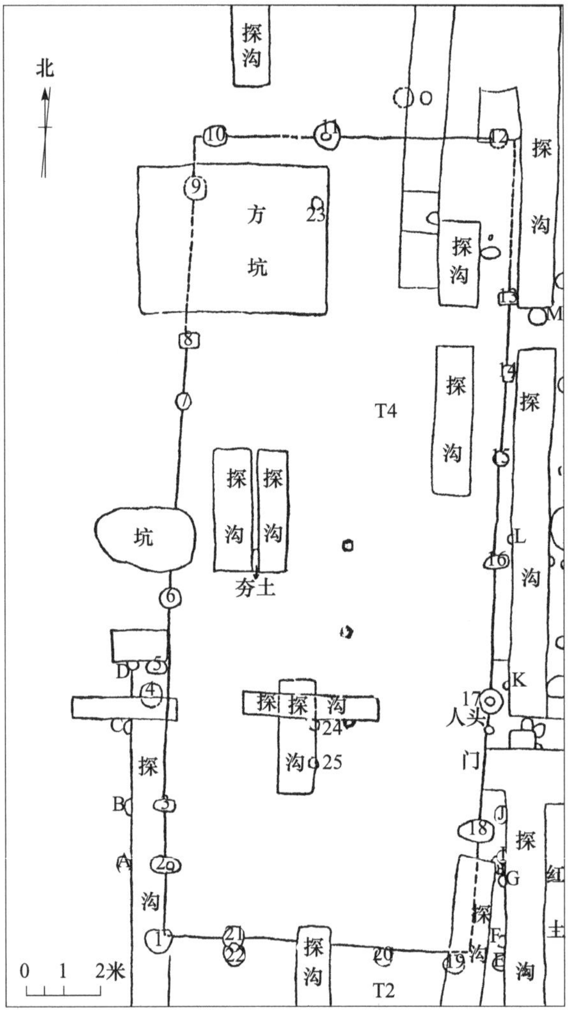

图 3-1-51　河南安阳小屯殷离宫遗址甲十二平面图

图 3-1-52　小屯“殷墟”甲十二楼阁复原图

座楼阁。殷商甲骨文字中，有楼阁形象（图 3-1-53）[1]，它为复原提供了佐证。

图 3-1-53　殷商象形文字——楼阁图形文字

小屯“殷墟”还有陵墓遗存，这也表明它不是王城和王宫。

关于甲十二的建造年代，发掘简报推测其不晚于武丁时代。

十三、乙二十长屋殿堂

切入点：

在小屯“殷墟”的南部，有一座东西长达 55 米的殿堂遗址——“乙二十”。20 世纪 20～30 年代中央研究院发掘时，只揭露了西部 30 余米即告停工，至今尚未续掘。由于未发掘到完整长度，所以建苑时只按发掘长度做了仿建，所余东部遗址只是在地面上做了台基复原的模拟展示，现在有关部门正考虑按照遗址的完整长度复原起来（图 3-1-54）。第一期工程竣工之日，在这座复原殿堂里举行了“殷商文化国际研讨会”的开幕式（图 3-1-55）。

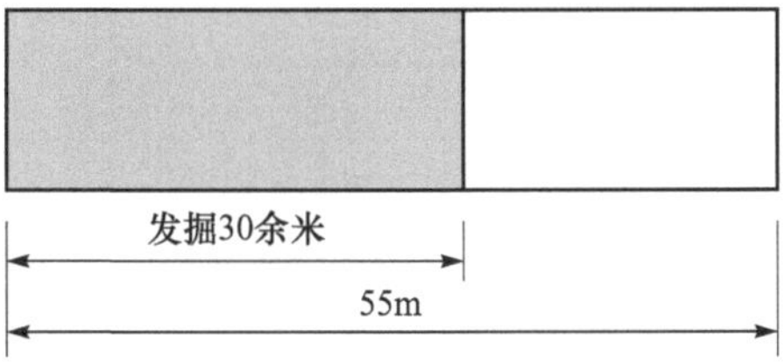

图 3-1-54　河南安阳小屯殷离宫遗址乙二十平面图

图 3-1-55　殷墟乙二十基址复原长 55 米

乙二十基址位于小屯遗址的南部，原东西长达 55 米。它不仅体量最大，而且坐北朝南，看来是一座比较重要的建筑。20 世纪 90 年代初，又在这座建筑的东南方发现了一座类似的大型建筑，而且比它还要长一些。看起来，位于“殷墟”前（南）部的这类面南的大型建筑遗址，大约反映了这座离宫的主要宫殿区是在南部的。

这座殿堂，按照当时的规制，同样应是“四阿重屋”“茅茨土阶”。由“殷墟”妇好墓出土的偶方彝屋盖形的器盖来看，茅茨屋盖上有大约木制的齿饰屋脊，应该施以红、黑彩画。根据遗迹，这座建筑也有擎檐柱支撑。

---

① 中国科学院考古研究所：《甲骨文编》，中华书局，1965 年，第 753 页。

十四、“母辛宗”（妇好墓上建筑）

切入点：

在小屯这座殷晚期的离宫苑囿中，除了宫殿建筑之外，还有王室的陵墓。殷王武丁的嫔妃妇好的陵墓就在这里，中国社会科学院考古研究所于1976年对它进行了发掘，编号为M5（五号墓）。这座陵墓不大，但它是迄今所知唯一没有被盗掘破坏过的殷商贵族墓葬（图3-1-56）。发掘出土了大批精美的随葬品；尤其难能可贵的是，保存了墓上享堂的遗迹——“一号房基”（F1）[①]。这不但使我们据以推知侯家庄等殷商王室、贵族大墓都应是按照古老的传统“墓而不坟”，即没有封土构成的坟丘；并且是在埋葬的位置上建造一座与

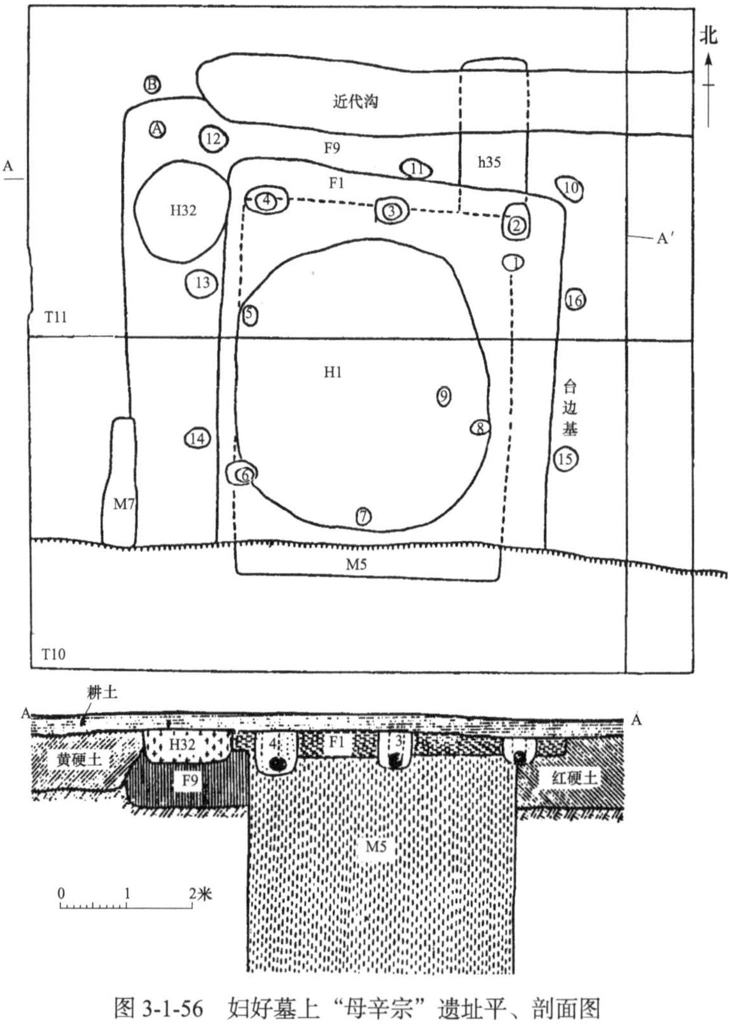

图3-1-56 妇好墓上“母辛宗”遗址平、剖面图

① 中国社会科学院考古研究所：《殷墟妇好墓》，文物出版社，1980年。

墓圹口同样大小的建筑。它既是墓葬的地面标志，又作为遮阴避雨的祭坛。关于这种陵墓上的祭享建筑的名称，笔者发现正是甲骨文中的“宗”①。在墓葬之上建造的房屋，不论战国时期中山王陵上的建筑、辉县固围村战国时期魏王陵上的建筑，还是更早的安阳大司空村殷墓M311、M312以及小屯妇好墓上的建筑，根据考察，都是奉祀先人之用的享堂②。

甲骨刻文几见“母辛宗”一词，如《殷墟书契后编》卷上7·11卜辞：“甲申卜，即贞，其又于兄壬。于母辛宗。”它记载了一次在“母辛宗”举行的奉祀、占卜活动。“辛”是妇好的庙号，“母辛宗”当是纪念、奉祀妇好的宗庙建筑。殷商卜辞屡见“宗”而未见“庙”字，“宗庙”一词多见于先秦文献，始于何时现在还不能确知。早期“宗”与“庙”不连用，可知两者是有区别的。“庙”字的出现，乃是因为它有不同于“宗”的内容。按古制，庙是“尊先祖貌也”，即庙是奉祀祖先代表物的建筑物。这便提示我们，奉祀祖先遗体真身的建筑物当另有名称，那应该就是“宗”。换言之，“宗”应是建在埋葬先人遗体的地方。根据考古发掘，推断殷人纪念、奉祀祖先的“宗”即建在埋葬祖先的坟墓上，这应是合乎逻辑的。妇好墓上建筑遗址的发现，具体地说明了“母辛宗”是建在妇好墓上的，也就是说，小屯殷墟妇好墓上的“一号房基”，正是“母辛宗”的遗迹。

据发掘报告断代，其建造时间为殷文化第二期，即上限早至武丁，下限不晚于祖甲。

● 母辛宗形制

复原母辛宗台基时，按发掘报告东西宽5米，南北长6.50米，呈长方形而圆角。实际这是当时地面下的基槽部分，因系挖掘的隐蔽工程，无须太工整，故转角未修理成直角。复原地面以上的台基，尺寸与基槽大体相同，由于用模板夯筑，应为较规整的直角转折。其高度，参考《考工记》“堂崇三尺”的记载，推测为70～80厘米左右。

台基上，周边布置柱位，从北边看，一列三柱，间距各1.90米；南边与之基本对应。从西边看，一列四柱，由北而南间距各为1.75、2.40、1.45米；东边与之基本对应。从墓葬的随葬器物，特别是“司辛”石牛（此件石牛出土使发掘主持人非常珍视，亲自洗刷，遍查没有铭文。一日笔者在煤油灯下观察，发现石牛颚下有“司辛”二字）的头南向和殉人头北脚南的葬式，可知这座陵墓是朝向南面的，亦即墓上建筑——宗，是以南面为正面。于是形成了特别的、向南的正面为面阔两间，而进深为三间的格局（不过，它与晚期按缝架立的梁柱间架不同，严格地讲，它与晚期的“间”含义不同）。台基东侧有路土，可推测有升阶踏步；考虑建筑南向，以南北为主轴，则台基西侧应有对称的踏步（图3-1-57）。

母辛宗东、西檐柱之间的跨度仅3.80米，中间无须再加支柱，这也是奉祀祭品的陈列功能所要求的。

按照“宗”的性质，应采取四面空敞的原始“堂”（享堂）的形制。所以复原周围无墙体或隔扇之类的围护部件，推测当年使用时只是在柱间悬挂帷幕装饰而已。它实际上只

① 杨鸿勋：《妇好墓上“母辛宗”建筑复原》，《文物》1988年第6期。

② 杨鸿勋：《关于秦代以前墓上建筑的问题》，《考古》1982年第4期；《〈关于秦代以前墓上建筑的问题〉要点的重申——答杨宽先生》，《考古》，1983年第8期。

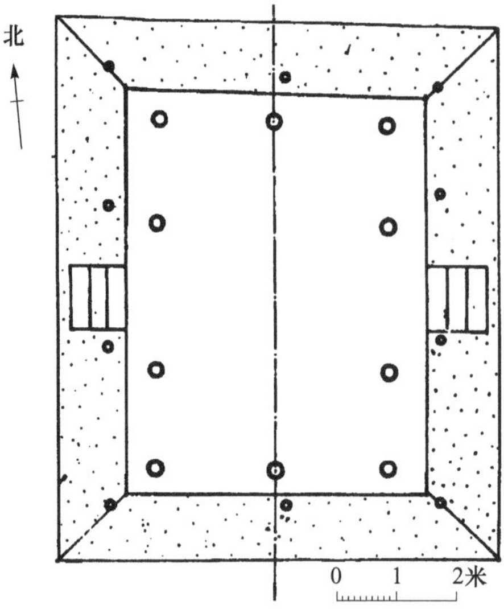

图 3-1-57 母辛宗复原平面图

是一个具有遮阳避雨顶盖的祭坛，看起来很像是一个亭子（图 3-1-58）。

台基周围，位于散水上的 10～16 号柱洞，底部无础石，只是在直径 35～50 厘米的柱坑底部垫黄土夯实，构成 15～20 厘米厚的加固基底。这种只作素土夯实加固处理的柱基，可知为负荷不大的擎檐柱遗迹。擎檐柱与檐柱一比一相对应（但布置不甚规整），是擎檐柱这一落地承檐结构发展的最后阶段。台基周围都有擎檐柱，证明屋盖确为《考工记》所记四面落水的“四阿”形式。复原可根据《考工记》“殷人……四阿重屋”的记载，并作“重屋”——重檐。《考工记》又载，殷代宫廷建筑是“茅茨土阶”。“土阶”已得到遗存基址的证实，小屯殷墟考古发掘也证明了确实无瓦。屋盖复原可作茅草防水屋面，设定主体屋盖檐部茅草厚 25、脊部 35、重檐前端厚 20、后部 30 厘米。参考妇好墓出土的偶方彝屋顶形器盖的造型，屋面坡度举高与进深比值近 1/2；并在所有屋脊上均设压脊木。这样形成转折分明、轮廓挺拔的体形（图 3-1-59）。

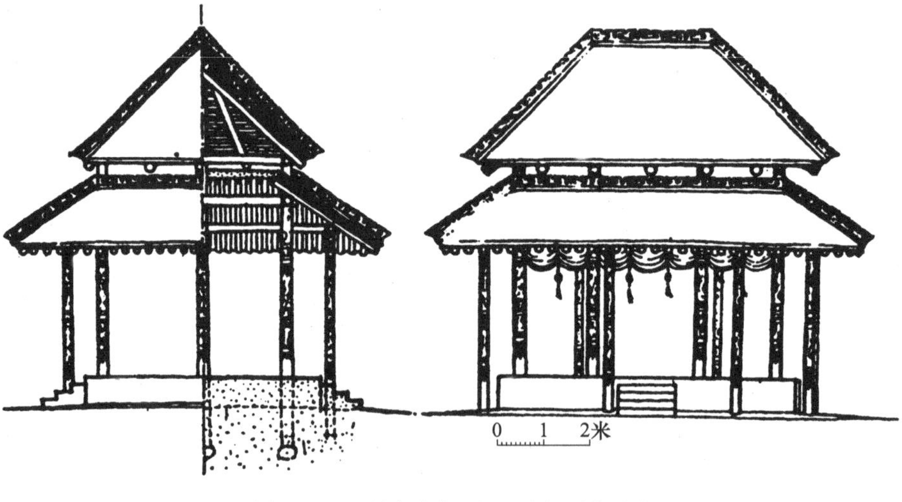

图 3-1-58 母辛宗复原立面图、剖面图

根据发掘报告所记“东边房基外有路土”，可证深 25～40 厘米的“房基土呈红褐色，内杂料姜石块，经夯打”的部分，基本上是台基完整的基础。

发掘报告所记“柱洞”，“口部多呈椭圆形，长径约 60、短径约 40 厘米；只个别的近方形，长径约 50 厘米”，显然不是习惯上所指栽柱腐朽后所遗存的柱洞。因此它不反映柱径。实际上，发掘报告所谓“柱洞”，是栽柱立木时所挖的柱坑。复原檐柱直径，可根据石璋如先生所发掘的殷墟建筑基址的材料，柱径设定 25 厘米（对照础石大小可相符

1

2

图 3-1-59　母辛宗复原

1. 1987 年 9 月落成的安阳殷墟博物院母辛宗复原建筑　2. 母辛宗复原透视图

合）。擎檐柱径也按中研院的发掘数据，设定为 15 厘米。按发掘报告记述，檐柱“柱洞”深度为“60～40 厘米”。从遗迹剖面看，这是埋入基槽部分的深度。报告记房基东部有路土，可知残存房基夯土面最高处略与当时地面相平。已知残柱坑最深 60 厘米，若再加上部已损失的台基高度，即为原来栽柱的完整埋深。按复原设定的台基高度 70 厘米，则栽柱埋深约 1.30 米。

檐柱上承直径 25 厘米的檐檩一周，上部架设大叉手以承脊檩（图：遗稿未配图）。以脊檩和檐檩为上、下支点，四面架设斜梁。陕西、甘肃一带民间至今仍保留这种古老做法，当地称斜梁为“顺水”或“qian”——疑即汉代文献所记的“檵”字。斜梁间距 1.50 米，略如晚期的檩距；上横架屋椽。椽上铺箔，加泥背、絮草。偶方彝屋形器盖下反映的正是这种檐下不见椽而只见粗大的斜梁头的形象。重檐部分，则是顺坡架椽。

关于装修，主要在于木构件。《考工记》记载“殷人尚梓”，即喜欢木雕装饰。殷墓椁板雕刻并施以彩绘，应即殷代宫廷建筑装饰的写照。复原在檐柱、擎檐柱、压脊木等显著部位的木构上，施以雕刻及彩绘。雕刻图案略与棺椁、铜器、玉器、象牙器等所见相同，施朱、黑二色（或稍间白线）。一般梁、檩、椽等，皆饰以朱砂色涂料（图 3-1-60）。

夯土台基壁面及地面，根据周原同时代的建筑遗迹，应为掺有粗砂的石灰三合土抹面。

现在知道，不仅妇好墓上有宗，其他殷商大墓上也都是有宗的，如大司空村 M311 墓上也有一南向、面阔三间、进深二间的宗；M312 的宗则为面阔一间、进深二间的建筑；另如侯家庄等大墓出土有大砾石柱础，从 20 世纪 30 年代发掘时的照片来看，有一转角础石仍居原位，应是宗的遗存。可以说，殷商时代的王室、贵族陵墓上都有奉祀、祭享使用的宗，应是继承古老传统的一种制度。

至于殷商宗的形制，大司空村 M311、M312 与妇好墓的宗同为单一建筑的模式。而山东省滕州市前掌大殷商贵族墓上的宗则为复杂的形式。它们是随着地下墓圹、墓道的形状而呈“甲”字形、“中”字形的建筑体形。

陵墓上建“宗”的这种制度，一直延续到西汉时期。

1

2

图 3-1-60

1. 母辛宗木柱镂刻　2. 殷商椁板雕刻遗迹反映宫殿木构的镂刻

十五、盘龙城商方国宫殿遗址

切入点：F1 转角擎檐柱洞。

地处长江流域的湖北省黄陂县盘龙城遗址，是殷商种族奴隶制国家的一个方国最高统治者——诸侯的驻地。遗址表明，以城垣为中心的现今盘龙城一带，当时已出现一个初级的城市。由于水网沼泽的地理环境，地形复杂，集中的陆地有限，这里的所谓城市，是包括现已发现的城圈内外的一个相当大的范围。已发现的城址规模远逊于当时“大邑商”王国的都城——尸乡商城和郑州商城，其实它只是一座宫城。现在宫城除西北部外，大部分被湖沼包围，当时地貌并非如此（图：遗稿未配图）。宫城周围地段约是平民和奴隶们居住的“郭城”，现在尚存的西北地段已发现当时的文化遗迹。

盘龙城的城池、宫殿的形制和工程做法，大体上和商王都城、宫殿一样，反映当时中国最高的建筑水平。远在长江岸边的方国，其营建技艺与黄河流域的中原地区相同，足证殷商王朝是一个联结广大地区的统一国家。

1. 宫城的城垣与城壕

城址略呈方形，北偏东 20°，为殷商统一的西南向。城坐落在整个盘龙城遗址东南部的岗阜上，东与东北面濒临盘龙湖。现在西垣、南垣、北垣西段，以及东南、西南西北的三个城角，在地面以上仍有残存，远眺城址轮廓依稀可见。城垣在 1958 年“大跃进”中遭到破坏，此前城垣高起如同岗阜，最高处达 4～5 米，内坡较缓，可以随处上下，外坡陡峭，不可攀登。

城址平面南北约 290 米，东西约 260 米，城垣周长约 1100 米，面积约 75400 平方米。城内地势东高西低；东北部原系人工就势垫土增高而形成的宫殿区所需的台地，与西南洼地的高差达 6 米左右（图：遗稿未配图）。城内西南部现为稻田的大片洼地，当年约是池沼——宫城御苑的所在。

按城垣修筑的年代来说，郑州商城属二里冈期下层，这座古城属二里冈期上层，都属商中期，但略晚一些。盘龙城的城垣夯筑方法与大约同时期的郑州商城相同，都不是周朝所应用的桢、干、橛子、草腰等先进的工艺，而是以土抵挡模板的原始做法。

（1）城垣

城垣的剖面显示了当年的筑城工艺，在较为完整的横剖面上，可以看到夯土分为三段——中间为水平夯层，两侧为外斜的夯层；三段之间有垂直的缝隙，其中有朽木（打入夯土中的模型板）遗迹。这反映了当年的筑城工艺，即在很浅的城基上（有的地方甚至没有下挖基槽），按预定的城垣厚度，在内外壁一线垂直架设模型板；范本内填土平铺打夯形成水平夯层，板外同时堆土夯打成斜坡状以抵挡范本外倾（图：遗稿未配图）。这样夯筑，木范本被打入夯土中不能取出，就形成发掘所见的朽木灰。这种墙体，虽然范本外的夯土不够坚实，但保证了板内水平夯层的城垣主体的夯筑品质。

城垣筑成以后，内壁的缓坡成为随处可以登城的坡道，无须再设马道；外坡则再予以切削，而形成不可攀登的陡坡，以保证御敌的功能。城垣根部有培土形成的散水坡。

（2）城门

盘龙城遗址的宫城有东、西、南、北四座城门，各居每面城垣的中间。1958 年以前，每座城门口的两侧都有方块石遗存，现在仅西门处的石块尚有残存。参照偃师尸乡商城的门道遗迹来看，这些方石原是沿门道两壁成排安置的排杈柱的基础。

城门现状是西、南、北三面可以看出形同土岭的城垣有 3 米左右宽的豁口；东城垣已毁坏殆尽，城门处只有略微凹下的痕迹，并有从城门到壕边的宽 1 米许的下坡路面。

（3）城壕

在城外侧距离 10 米许有城壕，宽 7～13 米不等，深约 2～4 米不等，壕的坡岸也不齐整，壕底呈坑洼不平的锅底状。从现状看，城外除西北局部外周边由湖沼环绕，已提供了很好的壕池，完全没有必要再挖城壕。既然发现人工的城壕，就证明了附近的湖沼是后世所为，当年周围应有土地。这样看来，此宫城的外廓不只限于西北一面。

2. 朝、寝分立的宫殿建筑群

盘龙城遗址是 20 世纪 70 年代首次发现的前朝后寝分立的宫殿建筑群落遗存。它位于城内的东北部全城最高处，F1、F2、F3 南北排列在一条中轴在线。经考古勘探得知，这一组宫殿的建设地段原来北高南低，且不甚平整，在建筑施工之前，先行普遍垫土夯实。可以说这一建筑群也是坐落在一个大面积的低矮的夯土台上，与偃师二里头夏宫殿及偃师尸乡商城的宫殿遗址所见略同；安阳小屯殷墟也有未找到边界的大面积夯土，似乎也是这类做法。看来一组宫殿的建设地段普遍垫土加高，是自夏朝以来宫廷建筑所惯用的做法。

宫殿从一开始就形成“前朝后寝”的格局，隶属于商王国的各地“方国”统治者诸侯的宫殿也是一样。盘龙城这座商中期的方国都城遗址中，宫殿遗迹—— F1、F2 两座殿堂前后排列在南北中轴在线，F2 之后考古发掘编号为 F3 的遗迹不是殿堂，而是北廊庑；东西两侧还有廊庑遗迹。考古先后发掘了 F1、F2 和 F3。

F1 类似尸乡商城的 D4 主殿，是一座檐廊环绕的四室寝殿。这里的中间二室较大，两侧二室较小。F1 前方的 F2 是一个大空间的厅堂，显然是处理政务的“朝”。F2 和 F1 已经表明前朝后寝不再是一栋建筑，而是各为一座宫殿，和尸乡商城宫殿朝、寝分立的情况一样，只是较为简单就是了。具有地方特点之处是，湖北天气比中原潮湿，三千多年前的殷商时代尤其多雨，所以这里的宫殿台基周围都有很宽的陶片叠置的散水。

（1）遗迹概况

盘龙城内东北部宫殿建设地段，人工铺垫的大而低矮的夯土基座的北边距北城垣内坡基脚 10 米，南边没有找到界限；东边紧接东城垣内坡。大夯土基座东西宽约为 60 米，南北长在 100 米以上；由于建设地段北高南低，大夯土台铺垫的土层厚度不一，一般来说，北部垫土较薄，南部较厚，中部一带厚约 1 米左右。

寝殿遗址（F1）北距北城垣内基脚 37.60 米，东距东垣内坡基脚 36.50 米。建筑方位与城一致，都是北偏东 20°。台基损失殆尽，以致引起联合发掘的两个单位——北京大学和湖北省博物馆对遗迹现象认识的分歧。邀请笔者前往发掘工地协助辨认。此殿遗址所见与当时地面略平，从残存的墙基槽、柱洞等遗迹来看，可知原是外廊环绕的一列四室。墙基中残存直径 0.20 米的木骨支柱遗迹，可能原是木骨版筑墙，墙基表明各室向南开一门，外围并有擎檐柱和很宽的陶片铺装的散水。

前殿遗址（F2）在寝殿（F1）以南 13 米处，选址在一个红土小丘上，再普遍垫土夯筑建设地段。F2 东距东垣内坡基脚 47 米；方位与 F1 相同。它所处的位置是城内地势最高的东北部宫殿区的主要部位。由于这里形势最好，因此这里在宋以至明、清时代，都建有庙宇；附近还有一些墓葬。因此，这座殿堂基址遭到更大的破坏。但根据柱迹仍可辨认其基本形制，它应是一座厅堂式的建筑。

考古编号的 F3 基址，位于 F1 北面，北距北垣内坡基脚 17 米；南距 F1 基址 15.50 米。这一遗迹被发掘者误认为是最后的殿堂，从而解释为“最早的三大殿”。其实 F3 仅只发掘了一小部分，笔者由几个数据计算出它的台基宽度仅有 5.10 米，正是东、西廊庑的宽度，可知 F3 不是殿堂。F3 遗迹向东、西延伸，可与东、西廊庑相接，可以确知它是这组宫殿的北廊庑。

另于 F2 的东面偏南约 80 米的东垣基脚附近，还发现了五个大柱础坑和础石，应是另外建筑的残迹。

在 F1 东北面下层及 F3 所在探方内西北面下层，均发现叠压有早期建筑遗迹。

（2）宫殿原状

F1、F2、F3 都是二里冈上层时期即商中期的建筑遗存，三者为一体工程。它虽属商王朝的方国宫殿，但其建筑形制却与现在已知的商王宫殿基本相同，就连建筑方位也是大体一致的，即朝向西南——戾位，与城址方位也一致。

1）寝殿（F1）

台基　F1 的夯土台基，实测尺寸为东西长 39.80 米，南北宽 12.80 米；遗迹表明夯土台基是黄泥抹面。从 F1 基址的解剖得知，这座宫殿的台基下面也是有地基的，但远较偃师二里头夏宫殿 F1 为浅，而且深度不一——基槽周边挖掘较深，中部较浅。台基损失殆尽，现存夯土台基残面在散水面层之下，从解剖的基槽线来看，略与台基周围的地面相平。台基高度的复原，可根据柱洞深度和史籍的记载加以推测。已知中原地区殷商宫殿的檐柱埋深约 1.50 米左右，现在台基上的檐柱柱洞最大残深约 1.00 米，暗础厚约 0.20 米左右，则柱洞的有效残深为 0.80 米左右，台基损失当在 0.70 米左右。也就是说，台基高度原为 0.70～0.75 米左右，可以和《考工记》所载殷人宫室“堂崇三尺”相符合。在台基前后对着门的位置，都应设有台阶，即前面四个、后面两个台阶。台基四周残存曲率半径较大的大型陶器碎片（多数为缸、瓮，少量为鬲片），类似后来的瓦片。这些陶片的层位虽略有高下，但共存于一个 1/10 的坡面上；而且四周显示出一定宽度的边界，距台基最远的陶片，大约有 2.80 米左右。这些迹象说明，它原来是台基周围很宽的散水。这种用几层陶片叠置的宽达 2.80 米的散水，是首次发现，至今在黄河流域还没有见到过。无疑，它是盘龙城所在地区多雨的地理条件所促成的。同属湖北地区的江陵东周楚国纪南城宫殿遗址，发现用屋瓦叠置的散水，正是盘龙城商宫遗址这种陶片散水的直系发展（图 3-1-61）。

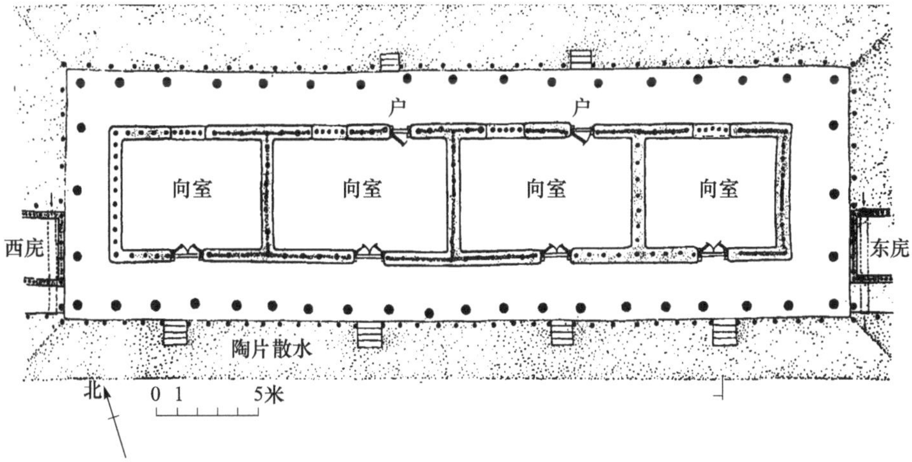

图 3-1-61　湖北黄陂盘龙城商方国宫殿遗址 F1 复原平面图

平面布置和墙体做法　台基上残存的墙基、柱洞等遗迹表明，这是一座一列四室、加上周匝外廊的建筑。周回檐柱东西通面阔为 38.20 米，南北通进深为 11 米。四室通面阔 33.30 米，进深 6.40 米。中间两室较大，面阔各为 9.41 米；两侧二室较小，面阔各为 7.00 余米。四室门皆南向；中间两大室有后门。从当地湿热的气温情况看，四室可能都有通风的后窗，江苏省邳县大墩子遗址出土的新石器时代陶屋模型就是有后窗的，可知同样湿热的江淮流域至迟在原始社会晚期已经有此做法。二大室的后门偏在一边，另一边应即后窗的位置；二小室的后窗可能开在室内后墙的中间。《考工记》描述周人宫廷是："内有九室，九嫔居之；外有九室，九卿朝焉。"这里所见为四室，未知是否四嫔居之，然而从建筑学判断，这些房间是卧室的性质，即"寝"的形制，则是不成问题的。

台基上，中部划分四室的带有柱洞的"墙基"，应是商中期流行的木骨版筑墙遗迹。墙基槽的宽度就是墙根的厚度——0.70 米，推测上部略有收分。夏晚期创造的木骨版筑墙，显然是脱胎于原始木骨泥墙。其实加厚了的版筑墙本身，即使没有木骨也完全可以支承顶部结构的荷载。但商中期的版筑墙内的木骨，应该还是像木骨泥墙那样柱头有檩木连接，起着承重的作用。也就是说，此处墙基中的直径 0.20 米的柱洞，是围护结构骨架同时也是支撑屋盖的承重支柱的遗迹。这些支柱的间距一般为 0.65～0.90 米。4 室周围的檐柱遗迹——柱洞，其中心距台基前沿 0.60 米。东、西、北三面廊宽 2.50 米，南面廊宽 2.40 米。前檐柱共计二十根，后檐柱共计十七根；从东西两面看，各为五根檐柱。从柱洞判断，檐柱直径约为 0.40 米多；柱洞剖面反映柱的底径减小，说明柱底断面不是用锯而是用斧截断的。檐柱间距的误差较大，前檐最小间距为 1.60 米，最大的为 2.40 米，一般多在 2 米左右。后檐柱间距最小为 1.80 米，最大为 2.90 米，多数也在 2 米左右。东檐柱间距为 2.25～3.50 米，西檐柱为 2.80～2.90 米。前、后檐柱数目不等，而且内檐墙体中无对应的支柱。柱不对位，即没有形成规则的柱网。这种与建筑空间不相统一的支柱布局，比起二里头夏宫殿 F1 的柱网间架来似乎是落后的，其实不然，这里是孕育另一种新结构方式正在形成——这种结构方式是把土木合构的木骨版筑墙作为一个整体承重部件来考虑的。

屋盖形制　F1 台基边缘散水上有擎檐柱迹，特别是台基东南转角也发现擎檐柱遗迹，这说明屋盖是四坡——"四阿"；四室周围有外廊，更证明了这一点。F1 的屋架构造，推测是在檐柱头上架设一周檐檩；在内檐高起的四室外墙的顶端，也顺墙安置一周檩木；各室之间的隔墙上，也设横木作为联系梁把前后墙拉起来。这样，便提供了共呈"回"字形的内外两周高低不同的支点。内、外檐之间，设水平枋木连接，把檐柱和墙体组成一个稳定的整体构架。在檐檩和墙头檩木上，架设若干大叉手；在叉手顶端上架设脊檩。人字木上横向置檩，上铺编笆或苇箔，再做茅草屋面（图 3-1-62）。

F1 复原为夯土台基、四坡草顶。F1 台基周边散水上残存的擎檐柱迹，尚可鉴定与二里头遗址所见的布置相似。擎檐柱的使用，只有降低加深的檐部才可能起到较好的防护效果，即这些擎檐柱所支承的应是低于屋盖的一周披檐，也就是所谓"重屋"，据此，F1 的屋盖可以复原为"四阿重屋"。

2）前殿（F2）

"土阶"　遗迹尚可辨认台基长为 29.95 米，宽为 12.70 米。台基范围内，距台边 1 米左右遗存有檐柱遗迹，复原共有二十八根檐柱。前、后檐都是十二根柱，柱间距有误差，最小间距为 2.25 米，最大为 2.85 米，一般在 2.50 米左右。通面阔为 27.25 米，通进深为 10.80 米（图 3-1-63）。由于台基已经损失一层，特别是基址上叠压有晚期遗迹，所以台基上埋深较浅的内檐柱迹未能保存，而且不易辨认。檐柱所遗存的柱洞，保存最好的直径为

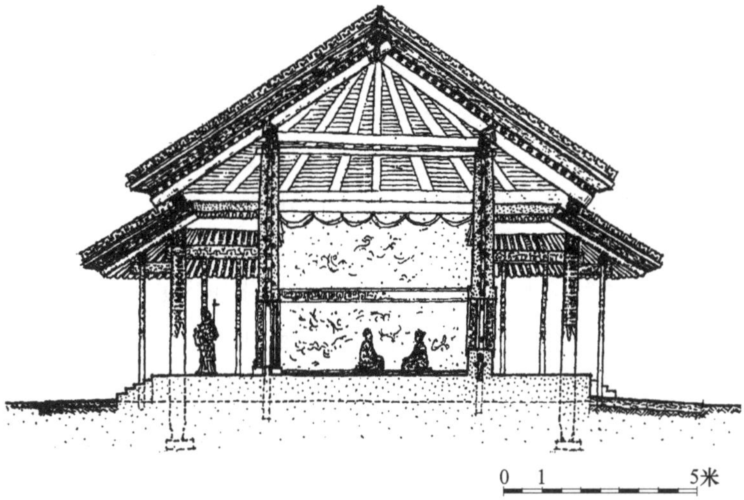

图 3-1-62 湖北黄陂盘龙城商方国宫殿遗址 F1 复原剖面图

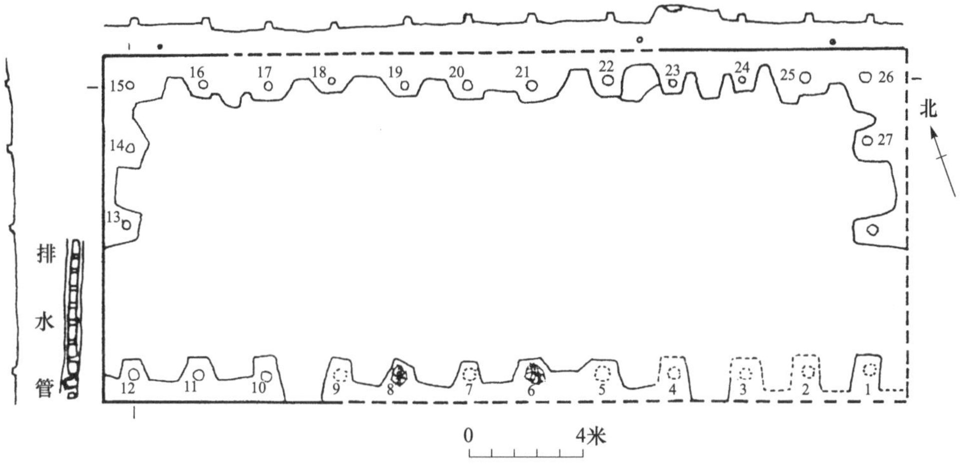

图 3-1-63 二号宫殿基址（F2）平面、剖面图

0.50 米左右；深度为 0.65 米。柱础采用青石，粗加工，大体呈方形，有的约 0.50 米见方，厚约 0.10 厘米，有的约 0.75 米 ×0.70 米，厚约 0.15 米。由于茅草顶的荷载较小，这些柱础显然比晚期柱础要薄得多。

复原设定夯土台基的高度也是 0.75 米左右。从台基残存红土面层向外延伸的位置判断，台基南面有左、右两个台阶。两阶中轴对称，左阶在左数第三、四柱之间，右阶在右数第三、四柱之间。从考古材料已知殷商殿堂采取偶数开间和左、右两阶制，这里的 F2 由十二根柱分为奇数十一间，但台阶是两个。台基周围也有宽达 2.50 米左右的陶片散水，和 F1 一样也是主要用红陶缸片之类叠置的。在夯土台基北侧，发现三个擎檐柱迹，都是位于两檐柱之间，柱径将近 0.20 米。F1 的擎檐柱数目为檐柱的二倍，作为一体工程的 F2，其擎檐柱数目也应如此。这样来看，推测在相对檐柱的位置上，也应有擎檐柱。在南部两个台阶位置上的擎檐柱，由于妨碍通行，有可能被取消。

有一个特别值得注意的现象是，平行台基西侧埋设有南北向的一道陶水管，与台基间距为 0.75 米。水管长 5.40 米，其埋深北端距台基残面以下 0.15 米，南端为 0.39 米，即陶管向南倾斜，坡降为 1∶2.25。这显然是雨水地面排放穿越台基的暗管，据此可知这里原有向西延伸的廊庑，这与台基红土面向西延伸至台边，显示了向西通路的情况是相符合的。廊庑台基的宽度应略小于排水管的长度，若廊庑台基南北两面各比水管退后 0.10 米多，则可设定台宽为 5.10 米。从偃师尸乡等遗址得知，殷商宫殿的廊庑是东西对称形成庭院的。此管显然是穿过廊庑台基，将 F2 北部庭院的雨水排到 F2 南部庭院，再向南排出南部庭院以外。从排水管还可以推知 F2 台基残高：排水陶管下皮应略与散水面相平，从台基南面来看，管径 24 厘米，陶管上皮距台基残面 39 厘米，则台基残高为两者之和，即为 63 厘米（以散水为 ±0.00 米）。这样，便知道这部分台基大约损失掉 0.10～0.20 米左右。

F2 基址的总体位置和它本身的遗迹现象表明，这应该是一座寝宫前面的上朝听政的殿堂。前、后檐柱之间的距离为 10.80 米，按当时大叉手屋架，这样大的跨度是不可能的，中间必定有支点，即至少中间有一排柱子。从遗迹来看，东、西两侧通向两庑的部位不设柱子，可知此部东西一线的内檐也没有柱子。复原设定，仅东西中轴在线有一排柱子。这排柱高于檐柱，其顶端架设脊檩——古文所谓“栋”，与檐柱顶端的檐檩共同提供大叉手的高低两个支点。前、后檐柱与内檐东西一排中柱之间，应设有横向联系梁，以负担大叉手向外的水平推力（图 3-1-64）。

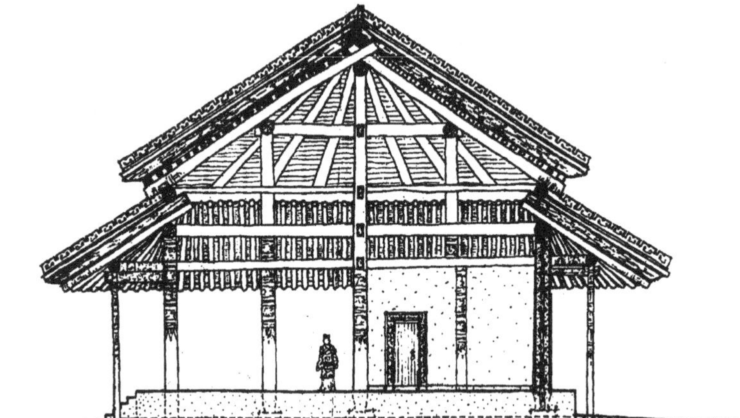

图 3-1-64　湖北黄陂盘龙城商方国宫殿遗址 F2 复原剖面图

F2 作为上朝的“堂”，按古辞书的解释为“当正向阳”的大空间敞厅，即前檐空敞，不设前檐装修，后来也只是悬挂帘幕之类；外围墙体可能仅有北墙及东、西墙的北半部。按照稍后的周代制度，堂上大空间的两旁分隔出小空间，称作“厢”“旁”“房”“序”之类。这无疑是出于统治者在上朝前后暂时休息等功能的要求，进而才被礼制化的。这座 F2 也应有小空间的划分，设定在东北、西北两角各有一个房间。

F2 的外观体形应该也是“四阿重屋”，实际上“四阿重屋”首先是作为“朝”来使用的主体殿堂的形式（图 3-1-65）。

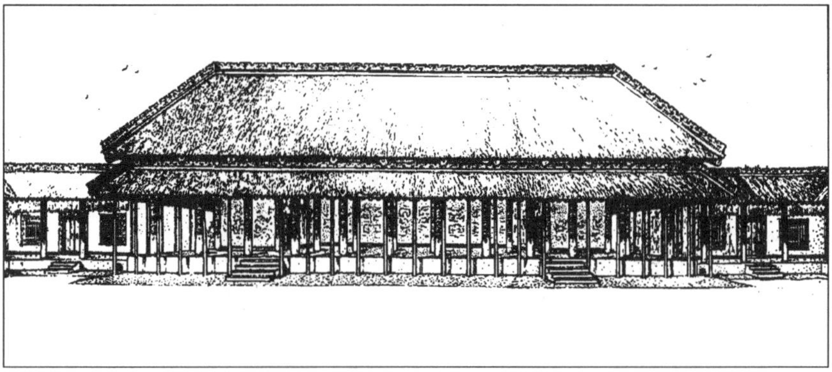

图 3-1-65　湖北黄陂盘龙城商方国宫殿遗址 F2 复原透视图

3）廊庑（F3）

F3 并未完全发掘，根据已揭露的夯土可以确认为建筑基址。F3 前面场地的雨水需要由 F2 殿堂两侧廊庑台基下的排水管道向南排放，说明 F3 殿址的两侧原来也是有廊庑封闭的。可推测 F3 与东西两庑共围成 F1 寝殿后面的又一进院落。尽管 F3 没有发掘完，但是遗址测量的几个数据使我们可借以推知 F3 的情况。一个数据是，从 F1 台基北边至北城墙内坡底边的距离为 37.60 米；再一个是 F3 基址北边至北城墙内坡底边的距离为 17.00 米；同时得知 F1 与 F3 的距离为 15.50 米，这样便可算出 F3 夯土台基的南北宽度为 5.10 米。这正是已知廊庑的宽度，也就是说 F3 并非一座殿堂，原来它是北部的廊庑。这就进一步证明了我们所作的 F1 和 F2 有廊庑环绕的推断是完全正确的（图 3-1-66）。考证至此，已经完全明了盘龙城宫殿作为主体部分的一个独立单元的情况（图 3-1-67）。二里头 F1 夏宫殿遗址所见，还是“前朝后寝”寓于一栋建筑之中，这里所见则与尸乡商城的宫殿一样，已成为“前朝后寝”分别作为两栋建筑的形式了。

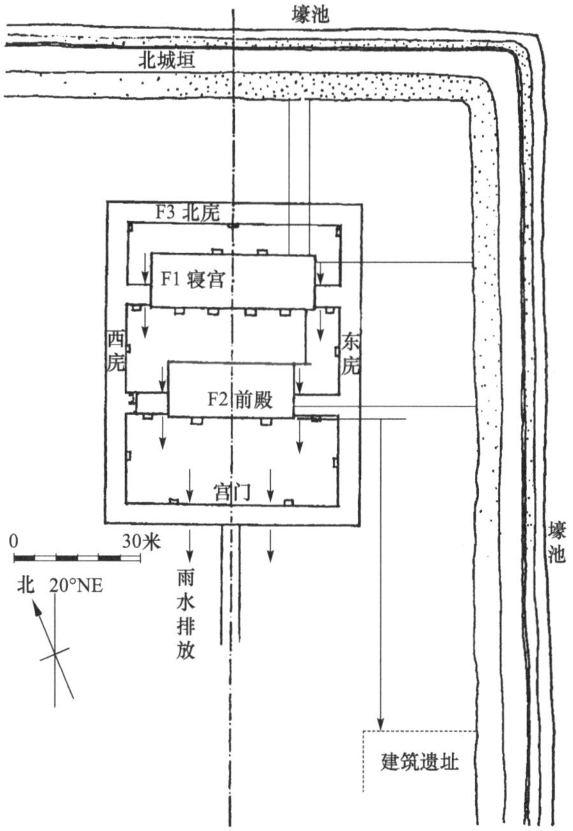

图 3-1-66　湖北黄陂盘龙城商方国宫殿遗址复原总平面图

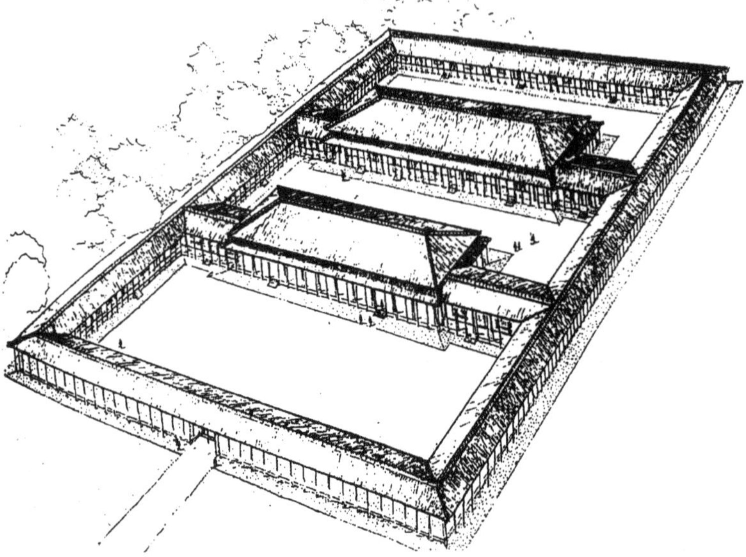

图 3-1-67 湖北黄陂盘龙城商方国宫殿遗址复原鸟瞰图

4）庭院

根据遗迹及已知殷商宫殿形制判定 F2 有东、西庑；并由东、西两庑围拢而成为一个庭院。这个堂前的室外空间——庭，自有其实用的意义。无论是上朝群臣的站班、集散，还是礼仪排场，都是必不可少的。以致在宫殿出现的初期，它即被制度化，继而宫殿的主体即被称作“朝廷（庭）”。

5）门塾

推测堂前两庑向南合围的中间，便是进入庭院的大门。大门有屋盖，是屋门的形式。在门道两侧有房间，称左、右“塾”，也叫东、西“塾”。F2 加上两庑和门、塾，即构成初期的前朝部分。

这组主体宫廷的东南，发现一列五个柱础等建筑遗迹，说明这里原来也有建筑，只是缺乏材料而无法进行复原探讨了。

十六、殷晚期周原邦君宗庙（岐山凤雏甲组基址）

切入点：文献、遗址。

目前还不掌握殷、周王室祖庙的实际材料，但位于古代“周原”的殷晚期周人（从属于殷）所遗留的岐山凤雏甲组基址，却提供了当时王室宗庙具体而微的例证。凤雏甲组约是当时“邦君”的祖庙，邦君是方国的国君，也就是诸侯，他的祖庙规模虽不及殷、周王室祖庙那么大，但在形制上却是相似的。

岐山之下的“周原”，位于现今陕西省岐山、扶风二县境内。公元前 12 世纪，“古公亶父”（周太王）率领周人从西部的黄河上游流域东迁到这里。周人把周原建设成为一个重要的发展基地。这里土地肥沃、物产丰富，周人定居后，得到极大的发展，以致足以和殷人相抗衡，东进中原伐殷，最终取而代之，建立了强大的周王朝。周原地区的岐山、扶风二县，至今还有不少当年的文化遗存。《诗·大雅·绵》描写周人迁到周原以后，大兴土木、建设祖庙、宫殿等以及建设城邑的热烈情景，正是说的这里。《诗·大雅·绵》描写周原当时版筑墙的施工情况："其绳则直，缩版以载，作庙翼翼。捄之陾陾，度之薨薨，筑之登登，削屡冯冯，百堵皆兴。"忠实地记录了版筑工艺过程：墙基放线，架立桢、干等模具，用筐篮传送黄土，向模板（版）内填土，用夯杵捣实，拆模后进行壁面整修加工。这甚至和三千年后的清代版筑工艺完全相同（图 3-1-68）。在岐山县凤雏村所发现的甲组遗址，应是当时周人方国祖庙的实证。

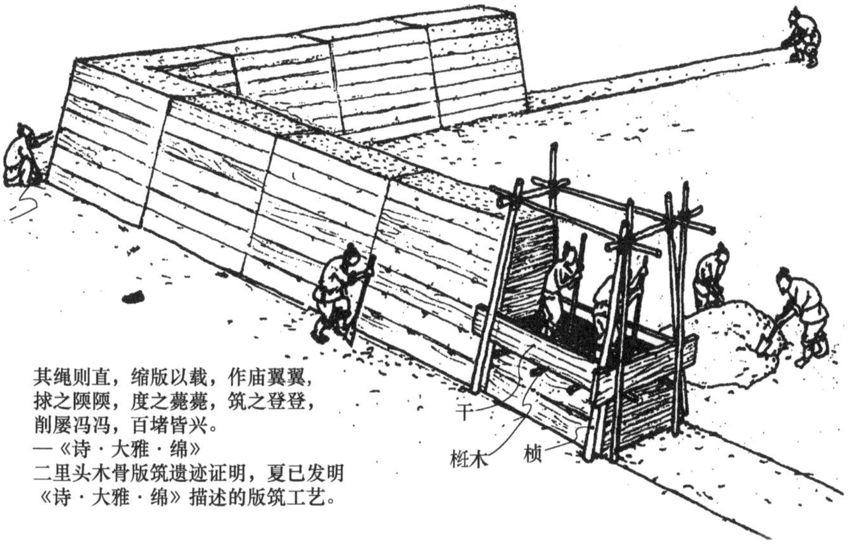

图 3-1-68　商周至近代的版筑工艺

凤雏甲组遗址的发掘简报推断其始建年代"有可能在武王灭商以前"①。这一遗址的西邻及南邻都有建筑遗址，南邻遗址尚未发掘，已探得其西边大约就在甲组西边延长线附近，还不能肯定它与甲组的关系。甲组本身是一个包含两进庭院的封闭性建筑群，有相对独立性。

1. 遗址所反映的建筑形制

甲组遗址，从其完整的台基周边来看，已构成一个独立的建筑单位。这样一个建筑群，无疑是奴隶主统治阶级所占有的。关于它的功能性质，可结合复原考察加以探讨。

凤雏甲组建筑采取南北中轴的对称布局，是目前所知最早的"一颗印"式四合院，可以看出它与二里头夏朝宫廷建筑以及偃师商城的宫廷建筑的传承和发展关系（图 3-1-69）。古文献中有不少关于周朝四合院布局的宫殿、宗庙和贵族府邸的记载，可用以对照遗址进行考察。

① 陕西周原考古队：《陕西岐山凤雏村西周建筑基址发掘简报》，《文物》1979 年第 10 期。

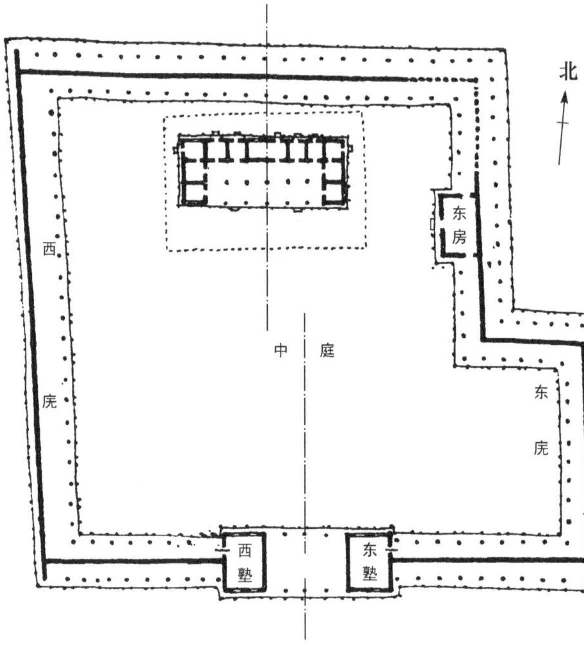

1

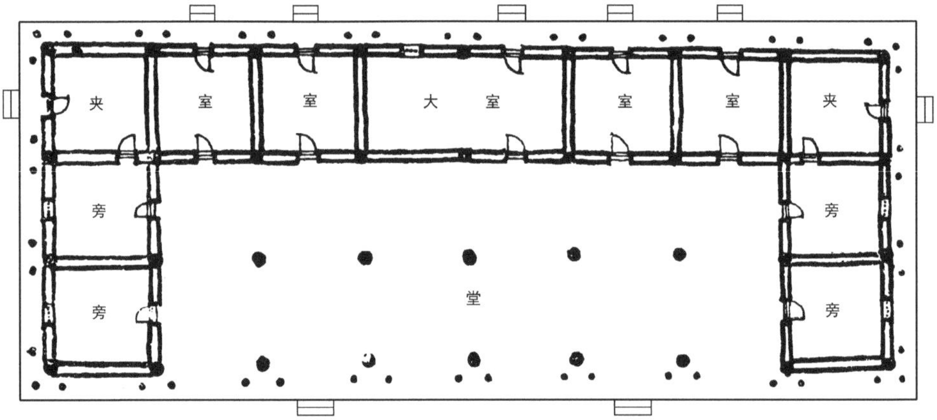

2

图 3-1-69

1. 河南偃师二里头 F1 复原设想之一 2. 偃师二里头商代初期殿堂复原平面图

大门、隧、塾、树和宁（音 zhu） 甲组建筑的“大门”[①]在中轴线南端[②]，从它与左右房间的关系来看，这一列是在同一屋盖下，即此门是有屋盖的穿堂形式。门道古称“隧”[③]，宽 3 米，进深 6 米，还保留地面路土及中间门槛的痕迹。门槛处地面高起，向南北逐渐坡下。门两侧的房间，即所谓的“塾”，《仪礼》等典籍也多有提到塾的，按其在门

① 《礼记·曲礼上第一》：“客车不入大门。”

② 发掘简报称：“房基……南北向，偏西北 10 度。”确切地说，建筑朝向是偏东南方，中轴线为北偏西 10°。

③ 《礼记·曲礼上第一》：“出入不当门遂。”

东、西侧的位置，而称为“东塾”“西塾”或“左塾”“右塾”[①]。如塾内作南北分隔，则还有前、后塾之分。这里，塾内地面无存，未发现分隔遗迹，仅在两塾内部地面各发现一个柱洞，目前尚难判断是否与分隔有关。此门的门道处无台基，即东、西塾台基是断开的，台基残面高出门道 80～100 厘米。这种断砌造的大门，最早见于偃师二里头夏遗址 F2，它是车辆通行所要求的。

图 3-1-70　河南偃师居民门外影壁

门前 4 米处，相对门道有版筑影壁遗迹（影壁略偏西，应是施工误差所致），东西长 4.80 米，厚 1.20 米，残高 20 厘米。从影壁四角残存的础石和木炭痕迹来看，原来四角各立有壁柱，推测原来上部是有顶盖的（图：遗稿未配图）。门前设影壁，直到目前有的民居还保持这种做法（图 3-1-70）。门前或门内设影壁，原是为了遮挡外部视线或防止大风直吹门内，但是在奴隶制度下，这一设施是有阶级限制的。影壁在古文献中称“树”或“屏”[②]，西周时它作为一种礼制设置，只有邦君以上的身份才有资格用“树”来遮挡大门，等级限制是很严格的。东周时期“礼崩乐坏”，往往发生僭越行为。孔子曾批评齐国重臣管仲的宅邸门前建影壁，说：“邦君树塞门，管氏亦树塞门，……管氏而知礼，孰不知礼！”[③]老夫子的义愤之情，溢于言表。这座约是建于西周建国之前的建筑，门前有“树”，大概不是一般奴隶主所有，而是邦君的建筑。附近董家村出土的卫鼎，铭文中有裘卫与邦君厉为土地争讼的记载[④]，这或可作为一个证明。

门与树之间的场地叫作“宁”（zhu）。

庭、堂、阶和厢　大门内由四面房屋所围成的封闭性院落，即古籍所谓“庭”，也称“大庭”或“中庭”[⑤]；因系堂前之地，所以也叫“堂涂”。庭中雨水的排放不由门道，而通过东塾下埋设的排水管。

庭北是这组建筑的主体——正殿，古籍称“堂”。所谓“堂”，是一个开放性空间，它与封闭的“室”相对照，是一个没有前檐墙的明亮的敞厅[⑥]。此堂的台基为残面，有的地方已露出栽柱的暗础。其残高超出散水 61 厘米，由庭中部最低处计算约为 1 米。从台基上

---

① 《仪礼》称“东塾”“西塾”；《尚书》称“左塾”“右塾”。（清）戴震《考工记图》的示意图中，表示右塾在东，左塾在西，当有误。

② 《尔雅·释宫第五》：“屏谓之‘树’。”李巡注：“以垣当门，自蔽，名曰‘树’。”室内屏风也称“屏”，以致引起了混乱。《广雅》说：“罘罳谓之‘屏’。”罘罳从“网”，约是轻质隔扇式的，可能原本是用于室内的。

③ 《论语·八佾第三》。

④ 庞怀靖、镇烽、忠如等：《陕西省岐山县董家村西周铜器窖穴发掘简报》，《文物》1976 年第 5 期。

⑤ 《说文》：“庭，宫中也”。此处的“宫”，意为“房屋”（“士有一亩之宫”的“宫”），“宫中”即房屋围成的院子。《玉海》：“堂下至门谓之‘庭’。”小盂鼎铭文称“大庭”；《仪礼·士丧礼》等称“中庭”。

⑥ 《渊鉴类函》：“古者为‘堂’，自半以前虚之，谓‘堂’；半以后实之，谓‘室’。‘堂’者，当也，谓当正向阳之屋。”这是指堂、室相连的一栋前堂后室的建筑来说的；独立的堂，仍然是前檐空敞的。

柱位的排列来看，堂面阔六间，间宽 2 米左右；通面阔为 17.20 米。进深三间，间宽约 2 米；通进深约 6.10 米。据发掘简报称，发现东北转角墙基，推测原来可能东、北、西三面有墙。堂的前檐开敞，于前檐柱间悬挂大幕，汉画像石（砖）有此图形，可以参考。遗址，特别是在前檐一带，出土有大量小型石、蚌雕饰，有的带有构造小孔，有可能是缀于帏幕上的饰物。出于保暖，冬季常于堂上设帐（帷幄），现已发现先秦、两汉的青铜帐钩，有的就是用于堂上帷幄的。主体厅堂前檐空敞这一传统，直至封建社会晚期保持未变。明、清府第、衙署等大堂，前檐仍然是不设墙体和隔扇，仅在两梢间设置木栅而已；堂上仍按古制设帐保暖。据简报分析，堂的后墙可能有两个等宽的门，各与前檐东、西台阶相对应。堂的东、西墙，有的古籍称为“序”。

这里登堂有三个台阶——左阶、中阶和右阶。古文献所记，多为两阶制，即“左戚右平”——左边的一个为“戚”，是踏步式的台阶，即北宋《营造法式》所谓“踏道”，汉及先秦文献称“阼阶”，解释说是主人用的；右边的为“平”，为斜坡式的礓礤，《营造法式》叫作“慢道”，汉及以前文献称“宾阶”，释为客人用的。这里，复原即按文献。东、西厢各有二阶，简报称“西边两阶相距 2.9 米”，但所附图为 4 米左右，复原从图。古籍将中间台阶称作“中阶”[①]，大约是严肃的建筑才有。从残存砂子灰抹面来看，台阶还没有垂带的设置。

北堂、室、旁、夹和闱 堂后的庭院由东、北、西三面房屋环绕，遗址西北角被灰坑打破，复原面向庭院坐北朝南形成进深 3.10 米（中—中）的一列五个房间。东起第一间面阔 3.20 米，前廊地面一直延伸到室内，证明无前檐墙，后墙开一个小门。这可以说是一个堂屋，或即“北堂”[②]。东起第三间，即中央一间，前廊地面未发现向室内延伸，同时就近遗存似未经扰乱的倒塌墙体残段，由此判断应有前檐墙。这样复原后，中部为一列三室，面阔各为 5.20 米。第五间已遭破坏，简报称尚存后门东边残迹，如观察无误，则可按对称复原。

后庭正房称“室”；东、西房称“旁”（古文与“房”相通）[③]或“厢”。“旁”“厢”都是旁边房子的意思，因此后世把正房两旁的房子叫作“厢房”。东、西厢净进深约 2.60 米，附有 1.50 米宽的前廊。东厢房南起第三间内有火塘，似为炊事之用，此处或即《礼记》等文献所记作为庖厨的“东房”。

室与旁之间的转角房间，叫作“夹”。东北角门称“闱”；在这里，闱内的敞厅大概就是“北堂”。

后庭中间由堂至室有一甬路式的台基相连，根据柱洞知道上面有屋盖，即为一条廊道。这样，后庭被分为东、西两个天井，或称“东庭”“西庭”。二庭的雨水由西向东排放，廊道及东房台基下均埋设有排水管道。面向天井东、西两侧各有两个房间，其地位在室之旁。

---

① 《礼记·明堂位第十四》：“三公中阶之前，北面东上。”

② 见《尚书》之《顾命》《多士》；《仪礼·觐礼第十》；（清）戴震：《考工记图》。

③ 《释名·释宫室第十七》：“房，旁也，室之两旁也。”毕沅注：“今本作‘在堂两旁也’。”

可见西周之前周原地区的建筑，大概早就吸收了中原殷人宫室形制并有所发展。应即古籍所谓“旁”或“房”。东房也发现火塘，或也作庖厨之用。室、旁之间的东、西转角所夹的二室，应该就是所谓的“夹”。

遗址的后院，基本上保持着奴隶制初期高级宫室建筑的五室、四旁、两夹的布局，只是一小室演变为北堂而已。这就是说，甲组建筑仍带有脱胎于夏世室的痕迹。无疑，中国宫廷建筑是有着一脉相承的传统的，甲组遗址的发掘，又提供了一个实物例证。以夏世室形制的二里头 F1 与这组建筑相比较，可发现两者的室、旁、夹平面布置都共呈“凹”字形，只是甲组前堂业已分立，原来堂的位置变成了庭院。即使从总体来看二者规划类型虽有质的不同，但仍可看出其量变的联系——二里头 F1 廊庑向庭院紧缩，即转化为甲组的厢、旁，从而形成一颗印式的四合院。

北堂所开宽 1.10 米的后门，位于全组的东北隅，古籍记载周朝庙之东北隅有门谓之“闱”，解释说其是供妇人出入，与此相符合。这提示甲组建筑有可能是庙。《尔雅·释宫》说：“室有东、西厢，曰‘庙’。”这座建筑后庭三面房间的布置，恰是“室有东、西厢”，正是“庙”的形制。另外，从空间尺度来看，这座建筑的房间都远小于这里的其他宫殿遗址，对于邦君地位来说，不可能是他居住或行政使用的宫殿。这座祖庙有前堂，是后世文献没有提到的，祖庙模仿国君生前宫室，应该是“前堂后室”的格局。

关于全组建筑的体形，可从柱洞残深和台基遗迹做出推断。堂的台基残高约 61 厘米，设定堂前台阶的踢、踏之比为 1∶2，已知阶长约 1.90 米，则高程约为 95 厘米，即堂台基复原约比厢、旁高出 31 厘米左右。同时堂的跨度也最大，可知其体形为全组之冠。平面关系表明，整组建筑的屋盖应是互相连接的。厢、旁屋盖按其跨度应为两坡，尤其后檐遗存擎檐柱迹，完全证明了是两坡顶，不可能是一面坡的“半屋”。由于使用了防止下滑的带瓦钉、瓦环的屋瓦，也排除了平顶的可能性。堂与厢、旁的屋盖关系可有两种设想，其一是堂为四阿，其东、西两坡与厢、旁外坡呈同一斜面（图 3-1-71 左）；再一是堂为两坡，直达东、西厢、旁，即厢、旁屋盖皆插在堂屋盖前坡上（图 3-1-71 右）。后一种设想体形与空间关系不一致，似应以前一种设想较为可取。

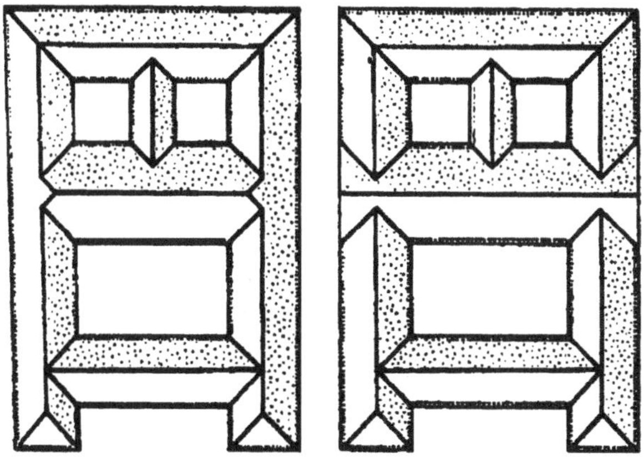

图 3-1-71　陕西岐山凤雏殷商晚期甲组建筑遗址屋盖复原两种设想图

2. 遗址所反映的结构及构造情况

从遗址及上部结构的残迹，可以探讨其原来结构和构造情况。甲组原是一座统治者的建筑，因此通过它基本上可以了解当时最高的工程技术水准。根据目前所掌握的材料，初步讨论以下几个问题。

大夯土台——建设地段的加固 我们曾就盘龙城宫殿遗址讨论过高台建筑的缘起，指出将整个建筑群置于一个低矮而广大的夯土台上，是奴隶制前期宫廷建筑的例行做法；这正孕育了从先秦至西汉所盛行的高台建筑。甲组遗址的发掘，为这一推断又提供了新的依据。简报称，从窖穴剖面测得“台基的高度约 1.30 米”，其实这是包括大夯土台连同地基和残存房屋台基的总高度。它减去房屋台基残高约 61 厘米，所余 69 厘米左右为窖穴所在位置的大夯土台连同地基的高度。建筑地段北高南低，据工地《简讯》，大土台高出当时地面 20～100 厘米[①]。

大夯土台构成整组建筑的底盘，即堂、室等房屋的台基是在此大台上夯筑起来的，并非“挖去院子和门道的夯土”而形成的。

内有木柱的版筑墙——木骨版筑墙 山西夏县东下冯遗址已见版筑墙遗迹；二里头遗址的建筑遗存中更发现了内有木柱的版筑墙做法。发展至商朝，这种木骨版筑墙已成为高级宫殿建筑墙体的通行做法。建于殷晚期的此处甲组基址，其版筑墙体内也是有木柱的。河北藁城殷商中期的普通房屋遗存，其版筑墙体内没有木柱，在当时大约算是简约的做法。

从遗址残存的墙体来看，工程质量相当好。墙体下部宽度一般在 58～75 厘米之间，大概相当于西周三尺，推测上部略有收分。像这样的宽度，无须木柱也完全可以稳定地承受顶部荷载，但此时尚沿袭原始木骨泥墙的意匠，而保留着木柱。甲组版筑墙从遗迹可以推知其施工程序是：先于墙基内立柱，然后版筑，则柱被打入墙内。版筑墙内的木柱一般是看不到的，所以排列并非严格的一条直线。从遗迹来看，个别柱洞贴近墙皮，可知当时在墙面上已显露出来。这就启示了用壁柱加固的版筑墙的出现。

墙面装修所涂抹的砂土泥中，掺有少量的石灰质材料。为使面层与墙体结合牢固，先将壁面划刻沟槽使其粗糙，然后抹面。面层一般厚约 1 厘米，表面再刷白——垩饰。

地面做法 室内、走廊和大门过道的地面以及台基、台阶和散水表面，与墙面的做法略同，都是用砂（地面用粗砂）、黄土与石灰质材料加水混合的灰浆涂抹，厚 2～3 厘米，发掘所见的表面相当坚硬。

擎檐柱 大门、塾、厢、堂的前檐均发现擎檐柱迹；门塾南墙外、西厢西墙外和西夹北墙外散水上也都发现擎檐柱迹；堂的后檐被简报称之为“廊柱”的实际也是擎檐柱，原靠台基边，加砌土墼后，位于台基上（因此证明此组建筑的两厢都是两坡顶，不可能是一面坡的半屋）。东厢前檐擎檐柱洞反映柱截面为方形。擎檐柱表明，这组建筑尚未用斗栱。

---

① 《周原考古简讯》第九期刊载：“由于原来地面北高南低，所以在筑房屋台基时，有意识地把南面垫得高一些。从当时的室外地面算起，南边高约 1 米，北边高约 0.2 米。”

安阳小屯殷墟也有擎檐柱迹，晚期已表现出向斜撑转化的趋势。据《诗·小雅·斯干》推测，西周宫室擎檐柱发展为斜撑，从而向插栱转化的阶段约在西周晚期。看来甲组建筑水平略与殷晚期建筑相当，就承檐结构的发展来说，将甲组断为殷末的早周是合适的。

屋架与屋面 从这组建筑所处的发展阶段估计，屋架应为大叉手——人字木结构，这可由遗址保存的屋面残迹得到证明。遗址出土的檐部墐及残块上面印有大叉手及其上承密排苇束（代替木椽）的痕迹（图 3-1-72）。难得的是它反映了内壁和屋架之间的角度，据此可知大叉手举高与跨度的比略大于 1∶2，即甲组屋盖的坡度较《考工记》所记葺屋 1∶3 为大，而接近商、周铜器的屋形器盖和近代民居草顶的坡度（图 3-1-73）。另一块残墐带有部分粗砂子灰屋面，厚约 1 厘米。再有屋盖内部残墍，涂于苇束上，最薄处约 2 厘米，亦为粗砂子灰抹面，做法与地面相同。当地民居的屋架现在大体上仍保持这种古老的做法，称大叉手为“顺水”，其间距略等于一般的檩距；于顺水垂直方向置木椽，有的将檐椽改为顺坡（图 3-1-74）；其脊檩用两根叠置；为减少顺水的跨度和增加其稳定性，有的还设置斜撑，当地称之为“戗尾”。

图 3-1-72 陕西岐山凤雏甲组建筑遗址堆积中的墐、（墍）残块

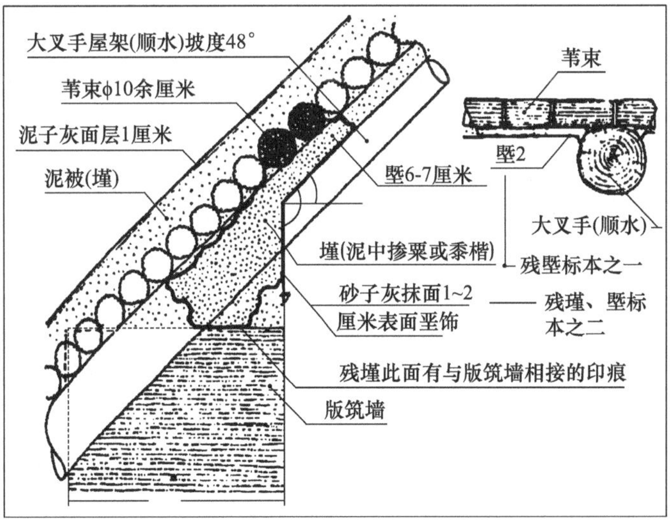

图 3-1-73 墐、墍残块反映的构造

周原凤雏甲组这座邦君的祖庙，是我们所见到最早用瓦的建筑实例。据上述残墐复原这座建筑，屋面为砂子灰抹面。遗址出土少量屋瓦，形制较为原始，推测只是局部使用。这种瓦首次发现于沣西遗址，因系灰坑出土，难以判断其用法。这次遗址堆积中保存的屋瓦，提供了研究的条件，初步分析如下。

图 3-1-74　陕西岐山凤雏民居檐下“顺水”或称欃——大叉手

遗址伴出的屋瓦采用原始的泥条盘筑工艺制作，无筒、版瓦之分，仅有一种弧度，约为 1/4 圆，也可以说只有一种版瓦。凸面或凹面做有环耳或钉柱，这显然是结瓦构造的需要。附有环或钉的一面应朝下，可知瓦有仰、覆两用。环耳的构造匠思反映了结瓦系穿索扎结；钉柱型可分为帽钉、齐头柱钉和尖锥钉三式（图 3-1-75）。估计是先有帽钉，进而发展为锥、柱钉。帽钉的意匠与环耳相同，是防止结索脱落，即此式也是扎结的。取消蘑菇形钉帽而形成的柱钉和锥钉，便于插入泥背或灰背，估计这种瓦的使用已改进为较扎结省工的黏结。这就是说，其屋面做法早、晚期是不同的，早期为茅茨，晚期为灰背。使用少量屋瓦，结合古籍和民居材料推测，首先是用于草顶（“茅茨”）容易漏雨的位置。带环耳和帽钉的瓦，反映了屋面为茅茨，屋脊编草后为了防漏而加盖屋瓦，环耳和帽钉就是为了将瓦扎结固定在茅草上而用的。这种草顶上的瓦脊，就是古文所谓“甍”[①]。继之，在排水不利、容易积水腐烂的天沟、屋檐等处铺瓦。用于天沟的瓦先扎结在苇束椽上，茅茨屋面再搭接在瓦面上。用于檐口的瓦，为防止错位、脱落，则需并联扎结，所以这种瓦的两侧都有构造小孔。据考古学断代，这组建筑约使用到西周晚期。在这样长的使用过程中，屋面有所改革，晚期由茅茨逐步革新为泥背、抹砂子灰防水面层的灰背顶，以代替原来的草顶；结

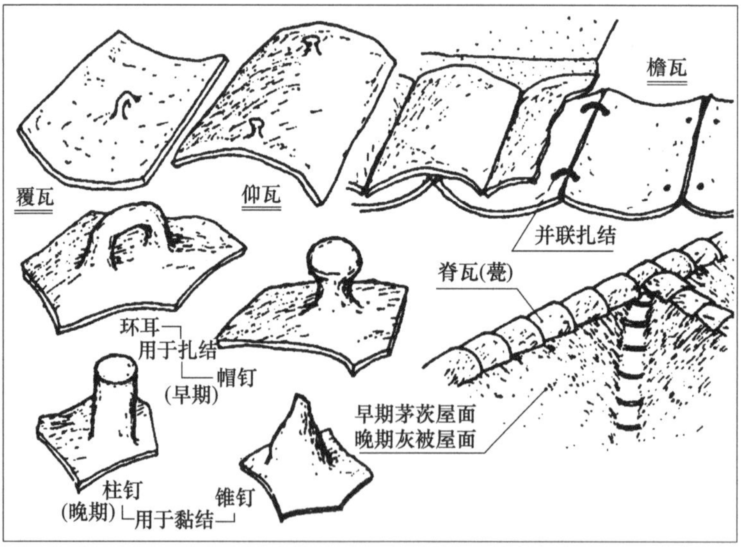

图 3-1-75　陕西岐山凤雏甲组建筑遗址屋瓦构造示意图

① 《尔雅·释宫第五》：“屋脊曰‘甍’，蒙也，在上覆蒙屋也。”在屋脊上覆蒙什么？没有解释清楚，但由此字从“草”、从“瓦”，可以了解到应是草顶上的瓦脊。

瓦技术也相应地由扎结改为黏结。因为扎结屋瓦较为费工，少量的瓦仍然是用于屋脊、天沟和檐口，结瓦方式只需将瓦按于灰背上、使其不致滑落即可。

甲组遗址所见屋瓦尽管带有原始性，但在使用上已积累了相当的经验，说明其距发明的时间较久。和它同时的中原地区小屯殷墟宫殿遗址还只是草顶的时候，这里已经懂得用瓦了。看来屋瓦可能是周人祖先或西北地区的其他部族发明的。在周原以西、黄河上游流域和现在陕西接近的甘肃省的灵台遗址，已发现氏族社会向国家过渡时期的齐家文化有附加堆纹的红陶屋瓦，它距今有四千年之久了。看来，古史传说的“夏时昆吾氏作瓦”①，有一定的可信性。

十七、周原扶风县召陈建筑遗址

周人早在周原的时候，大约尚未取代殷人之前，就已经学会制造和使用屋瓦了。所以周王朝建国之初的丰、镐两京宫殿，都已全部是瓦屋顶。沣水两岸原来周王都城——丰、镐遗址一带，都曾出土周瓦，证实了这一点。

周明堂是殷商台榭的直接继承和发展，而在屋面做法上有较大的革新。明堂这座高台建筑（台榭）由于采用了瓦屋顶（据记载太室圆盖仍是茅茨），要比殷商茅茨屋面的台榭高级得多了。瓦屋面的宫殿，在西周初期尚属新事物，所以特别强调哪座宫殿是“瓦屋”。这犹如近代农村，在多是草顶和泥背顶房子的情况下，出现少量瓦顶的房屋，都以其造价高而且式样新，特别把它叫作“大瓦房”，赞美这样的房子说是“清堂瓦舍”。西周的“瓦屋”实例，见于周原扶风召陈遗址。

据发掘简报称②，召陈一带建筑基址相当集中，已发掘十四座，其中属于西周早期的两座，其余属于中期。已揭露的部分遗存并不完整，未发现凤雏甲组那种四合院布局，但单体建筑的规模则较凤雏甲组为大。从遗址所反映的建筑形制和工程做法来看，此处建筑无疑是当时的高级设置。历来这一带所出窖藏铜器也都不是周王宫廷之物，说明这些建筑也并非周王宫廷，其所有者身份或与凤雏甲组相似，即为邦君（诸侯），而且不是中心地区的主要建筑。

报道指为同时存在的十二座西周中期遗址，是一个建筑群残存的局部，就现在所揭露的情况看，总体规划不甚严谨（图 3-1-76）。F5、F8 及 F13 前后（南北）排列；F13 东接 F6、西接 F10，形成南北中轴，但前部的 F8、F5 并未严格遵守这一轴线，F8 略偏西，F5 略偏东，就 F5 与 F8 之间场地而言，东部有 F11，而西部相应位置却没有对称的建筑。就 F13 的中轴来说，东部 F3 与西部 F2 也并无严格的对称关系。偃师商城 I 号宫城的布局不是严格对称，但中心部分却是具有一条中轴线的。这里，南北排列的 F5、F8、F13 却没有遵守一条严格的中轴线。

---

① 《古史考》。

② 陕西周原考古队：《扶风召陈西周建筑群基址发掘简报》，《文物》1981 年第 3 期。

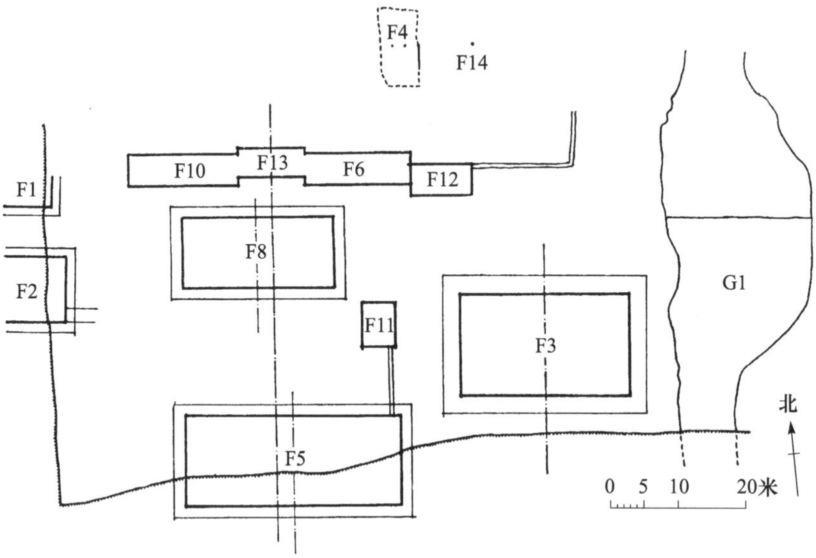

图 3-1-76 召陈西周中期遗址总平面示意图

召陈这十二座西周中期遗址，废弃后的堆积无存，台基也损失大部分，单体建筑的平面分隔情况不明。从伴出较多陶制炊、餐具来看，这里似乎原是居住环境。相信以后的发掘将为进一步的研究提供更多的现象和材料。

此处，仅就这一阶段的发掘成果，试做初步考察。

1. 磉

1984 年春，在偃师商城的宫殿遗址发现素土夯筑的木柱独立基础，即古文所谓的“磉”，清朝以来的民间工匠犹把柱子的独立基础呼作“磉墩”，当然其做法已经改进为砖砌了，其操作叫作“抹（音 ma）磉”。这里所见的是目前所知时代最早的磉墩实例。而磉墩做法在此前的 1976 年就在周原扶风遗址中首次发现了，不过其时代为西周，要晚于偃师遗址。扶风召陈遗址所见的磉墩，不仅有素土夯筑的，还有巨大的、加入大砾石夯筑的做法。

发掘简报称，西周早期遗址 F9“柱础由夯土筑成，础径 60～70 厘米”；规模较小的基址 F6、F10、F12、F13 的“夯土柱础”直径 40 厘米左右，厚 20 厘米左右；F14 的“夯土柱础”径 50～55 厘米。规模较大的遗址 F3、F5、F8 等这种“柱础”不仅既大又深，而且夯土中还加入大砾石。如 F5 的直径 65 厘米左右，F8 的直径 0.90～1.00 米，铺砾石一层，石下夯土厚 35～40 厘米；规模最大的 F3，“柱础”一般直径为 1.00～1.20 米，中央“都柱”直径达 1.90 米，深度一般为 1.80 米左右，最深达 2.40 米左右，其中铺大砾石有 7～8 层之多（图 3-1-77）。

根据简报：“础面一般是中间低四面高，略呈圆凹形，以纳柱子。”并举 D8、D15 为例，其中“D8 中间的圆凹形最低最平处的直径为 50 厘米，如果以周围略高算，直径可以大到 70 厘米”。这显然是一种误解，这样小的建筑当然不可能有 70 厘米直径的柱

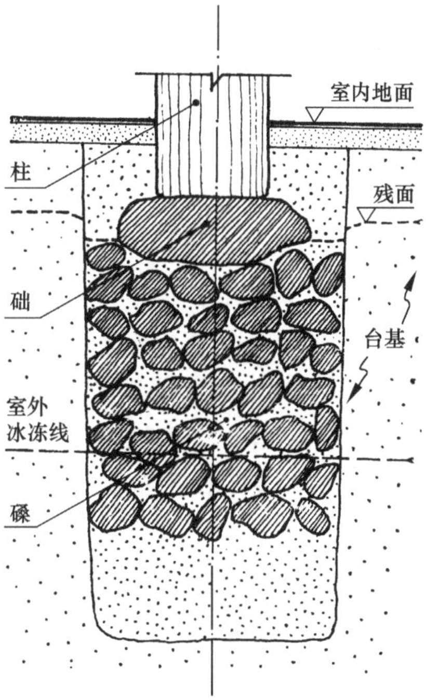

图 3-1-77　召陈 F3 磉、础、柱构造

子。这种凹形表面证明磉墩为完整高度，凹面正是大型砾石柱础的印痕。F2 遗存有砾石础，直径为 50 厘米左右；F3 建筑大于 F2，柱础应该更大，借此可以参照印证。柱础石古称“础”，在结构上可以加大柱脚承压面、减小压应力；在构造上，起着隔潮作用。早期梁、柱交接节点构造为扎结或不够严密的榫接，结构的整体稳定性差，因此采用栽柱的办法以使其稳定（柱脚接近刚接）。栽柱脚下置暗础，还需要一个坚实的地基。如果地基过浅，不仅对于早期节点不牢的栽柱构架来说不能稳定，而且对于柱基来说，春天解冻翻浆时柱脚仍要大幅度不均匀沉陷，所以埋深必须加大。营造经验早已告诉了古人，在荷载较大的情况下，栽柱暗础的基底必须坐落在冻不透的土壤上才能确保无虞。半坡仰韶文化遗址 F42 栽埋柱深达 1 米以上（即深达冰冻线以下），就是这个道理。另一方面，建筑地段多为早期居民点的灰土层，这也要求加大埋深，使柱础安置在坚实的生土上或在换土夯实的地基上。对于高大建筑来说，加大埋深要求将粗大的柱料更多地加长，这往往是困难的。为此则有改善柱基的做法，即在安放柱子的位置深挖地基，着重加夯，筑成一个坚固、防潮、可以不受冰冻影响的地基，这就是所谓的“磉”。简易的磉只是素土夯实，进而掺入砾石、瓦片等骨料；晚期更出现砖砌的磉墩。满堂铺垫砾石构成坚固、防潮的地基基础，最早见于二里头夏遗址。召陈所见只在柱位重点处理而形成的磉，显然是一个很大的进步。其做法是在夯就的台基上，按柱位挖坑，另行着意夯筑磉墩。这样可减少台基夯筑量，节省工、料。磉的出现，减小了栽柱的埋深。召陈早期遗址 F7 的柱础直径为 30 厘米左右，低于室内地面 37 厘米，即柱埋深仅 7 厘米左右。中期柱埋深以 F5 为例，可通过台基复原加以推测。F5 台阶长约 1.20 米，若分三步，则上至台基共计四步。设每步高 19 厘米，则台基原高 76 厘米。现最大残高（约即磉面）为 42 厘米，则 76 减 42 余 34 厘米，即为础厚及柱埋深之和。如砾石础厚 20 厘米左右，则柱埋深约 14 厘米左右。柱埋深减至 10 余厘米或更少，实际上已非栽柱，而应属在台基面上立柱，只是地面覆盖柱础而已。这反映了梁、柱构架整体性有所提高。战国咸阳宫 1 号址壁柱、都柱和战国中山王陵享堂廊柱的柱础仅藏于地面之下，也都因袭这种做法。

2. 擎檐柱

盘龙城商中期四室寝宫遗址的擎檐柱位于散水上，稍离台基边缘。召陈 F5 及 F3 东、西擎檐柱靠台壁设立，这便进一步否定了它是副阶永定柱的猜想。

召陈中期遗址大都发现擎檐柱迹（柱径 15～20 厘米），数量大于檐柱，布置近似二里头及盘龙城遗址。小屯殷墟材料反映当时擎檐柱（径约 15 厘米）已发展为与檐柱数目相等，并改进为在礩上设立。这里为西周中期遗址所见，发展要缓慢一些。过去我们推测由擎檐柱经斜撑而转化为插栱的时间约当西周晚期，上述情况与我们的推测相符。

3. 序

F3、F8 的台基上，各有东、西两堵横隔墙遗迹。墙为版筑，基宽 80 厘米。这堵墙只是一道屏障，并未形成“环堵之室”，发掘简报推测它是“序”。古籍记载堂的东、西有“序”，东称“东序”，西称“西序”。《尔雅》解释：“东、西墙谓之‘序’”；郭注：“所以序别内外。”两堵隔墙把建筑空间分为三部分，若视东部为“东堂”、西部为“西堂”，则序可谓东、西堂之隔墙，而起到“序别内外”的作用。但是《尚书·顾命》将东、西序与东、西房并提，似乎是指一个房间，是以郑玄注为“东、西厢谓之‘序’”。堂前庭左、右的配房谓之“厢”，郑玄指厢为序可以解释“东序西嚮（向）”“西序东嚮”，否则若指上述东、西堂的空间为序，则“东序西嚮”“西序东嚮”的安排就要面壁了。按《尚书·顾命》所述的安排，将序解释为堂的东、西墙则是讲得通的，意思就是在堂的“东墙下面向西”和“西墙下面向东”。目前还没有更多的根据来考释序的究竟。简报所指隔墙为序，目前是可以成立的一种设想。

4. 四阿瓦屋

根据遗址平面的情况可以判断其上部结构及整个建筑的基本形制。F3（图 3-1-78）、F5（图 3-1-79）、F8（图 3-1-80）的柱网布置比较特殊，尚属首次发现。F8 基本是面阔七间、进深三间。但中部有特殊的处理；缺少当心间左、右的四个内柱，而在南北中轴上布

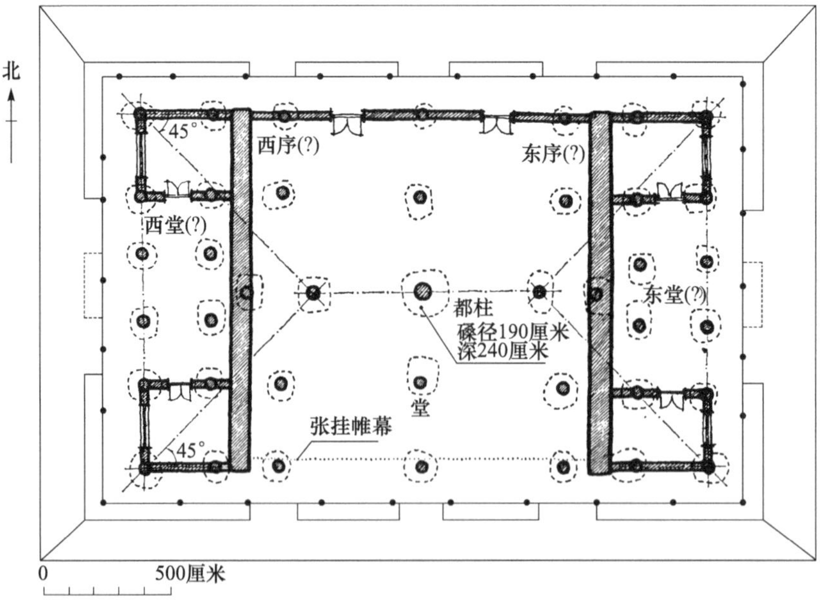

图 3-1-78 召陈 F3 复原平面图之一

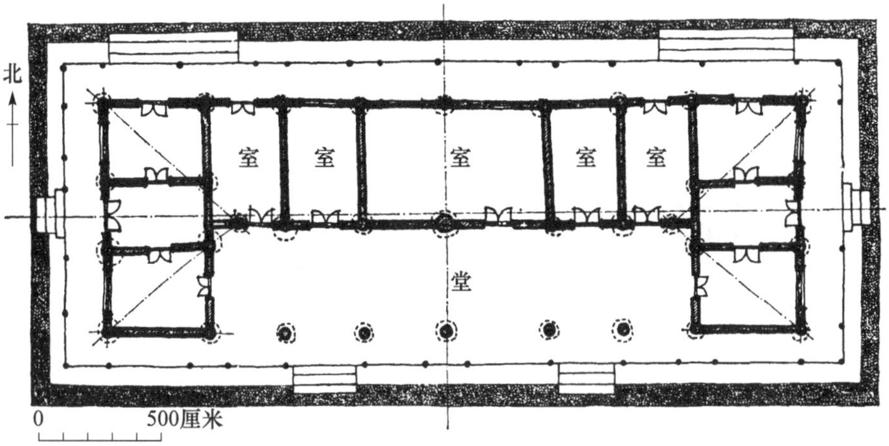

图 3-1-79　召陈 F5 复原平面图之一

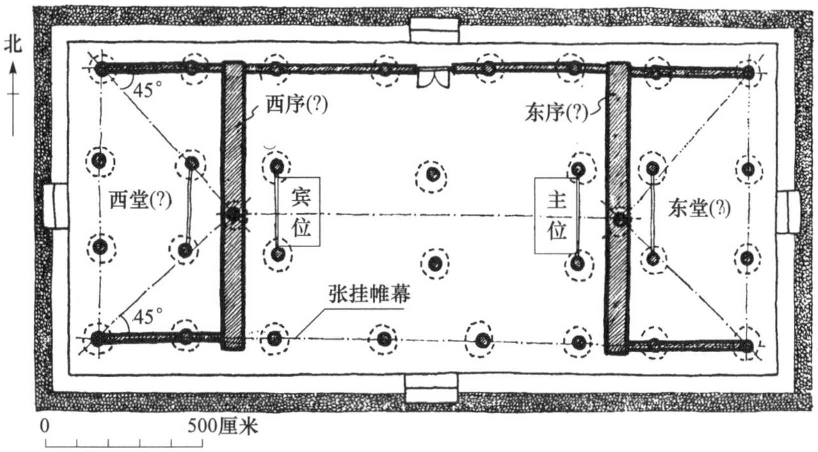

图 3-1-80　召陈 F8 复原平面图之一

置二柱，于是在中部形成了东、西对称的两处集中的使用面积。对照古籍发现，这与宾、主东西相对就席的实用要求相适应。也便于“东序西嚮”“西序东嚮”设馔之类的安排。尤其值得注意的是，在两头向内数第二间中间各增设一柱，平面位置恰处于四角分角线的交点上。这样看来，此柱可能是四阿屋盖脊檩两端的支点，也是四角斜梁（45°人字木）的顶部支点。这就有必要特别增强其稳定性，前述东、西两堵版筑隔墙可能主要是为此而设的。同时，台基四周设砾石散水，似乎也可作为屋盖四注排水的佐证。

F5 若以西阶为东西轴复原其平面，则是进深三间的建筑。其八间面阔的中部六间，却仅在东西轴上布置一排内柱，这可能与内部空间划分有关（此遗址残存印有木骨痕迹的垩饰沙子灰墙皮，估计原有木骨泥墙的分隔），同时也反映不同于 F8 的另一种构架方式。平面西端 45°分角线的交点上也发现残墤（但未见隔墙遗迹），与 F8 相同，这座建筑也应是四阿形式（图 3-1-81）。

推测为四阿顶脊檩两端支柱的磉墩，在 F3 也有发现。所不同的是，与隔墙中间的磉相距 1 米多的地方又并列一磉。隔墙上的磉不在 45°分角线上，而且较浅（50 厘米）；另

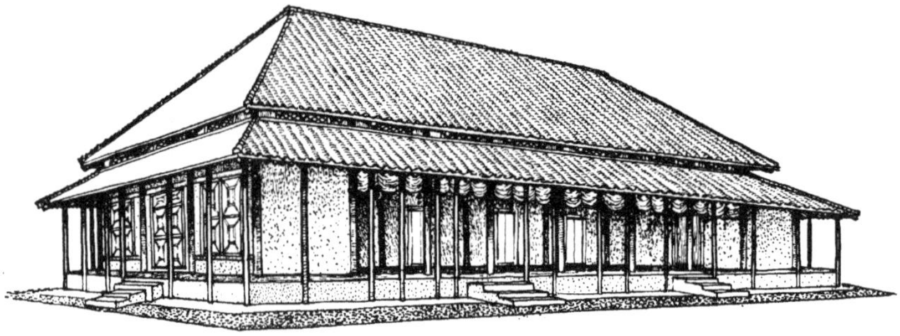

图 3-1-81 召陈 F5 复原透视图——四阿瓦屋（从擎檐柱推测或继承殷人重屋形制）

一磉恰在 45° 分角在线，而且较深（可能为 1.80 米）。如果保持四坡斜度相同，则不在隔墙上的磉应为脊檩端支柱基础。这一问题连同遗址所反映的其他问题，应在进一步田野工作后予以探讨。

召陈遗址出土西周早期屋瓦的形制与凤雏相同。中期遗存大量屋瓦中，除一部分保持早期式样外，还出现不同规格的筒瓦（1/2 圆弧），最大的有 58 厘米长，矢高 15.5 厘米。过去沣西曾出土“V”形截面的脊瓦，现在这种半圆弧的瓦似乎也是一种脊瓦。晚期出现带花纹的小型筒瓦，略如以前所见的战国瓦，并有素面及带图案的半瓦当。根据出土残瓦数量推测，召陈中期的屋盖已全面覆瓦，遗址出土塌落屋瓦局部保存了仰、覆叠置的原状，提供了证据。晚期建筑，由瓦当可知，筒瓦并非只用于脊部，而是与版瓦合用。在这以前，我们主要根据文献推测屋盖全面用瓦的时间约在西周晚期，现在看来可提前到中期。但是从《春秋·隐公八年》“盟于瓦屋”的记载来看，时至春秋全瓦屋盖仍未普及而被认为是特别需要指出的事物。

十八、周原云塘士的住宅遗址

切入点：面积、U 形“陈”。

1. 带有“堂涂”反映礼仪的周朝贵族宅第

20 世纪末叶，周原在已经发现的凤雏邦君宗庙和召陈瓦屋建筑群之间的沟东扶风县一侧，又发现一片建筑遗址。其中分别位于云塘和齐镇的两座西周晚期住房遗址已经发掘，为建筑史提供了当时贵族住宅的实例（图 3-1-82）。

文献记载：“士有一亩之宫，环堵之室。”是说士的宅院有一亩之大，以及用墙壁围合的房间（并非一般简陋的编笆代墙做成的房屋）。周朝所谓的“宫室”，即“房子”，并非专指宫殿。“士”是一般贵族。在血缘奴隶制的周朝，凡统治阶级血统都是贵族。贵族是分等级的，自周王即天子以下，分为诸侯、大夫和士。通常是国王的世子（“世”即“大”也就是“太”）继承王位，其余诸子分封为各地诸侯；通常诸侯的长子继承其爵位，其余诸子降为大夫；大夫长子继承其地位，其余诸子降为士，士的长子仍为士，其余诸子都成为普通的庶民了。所以说庶民当中，甚至是很穷的人，出身却高贵。按这两所住宅的规模

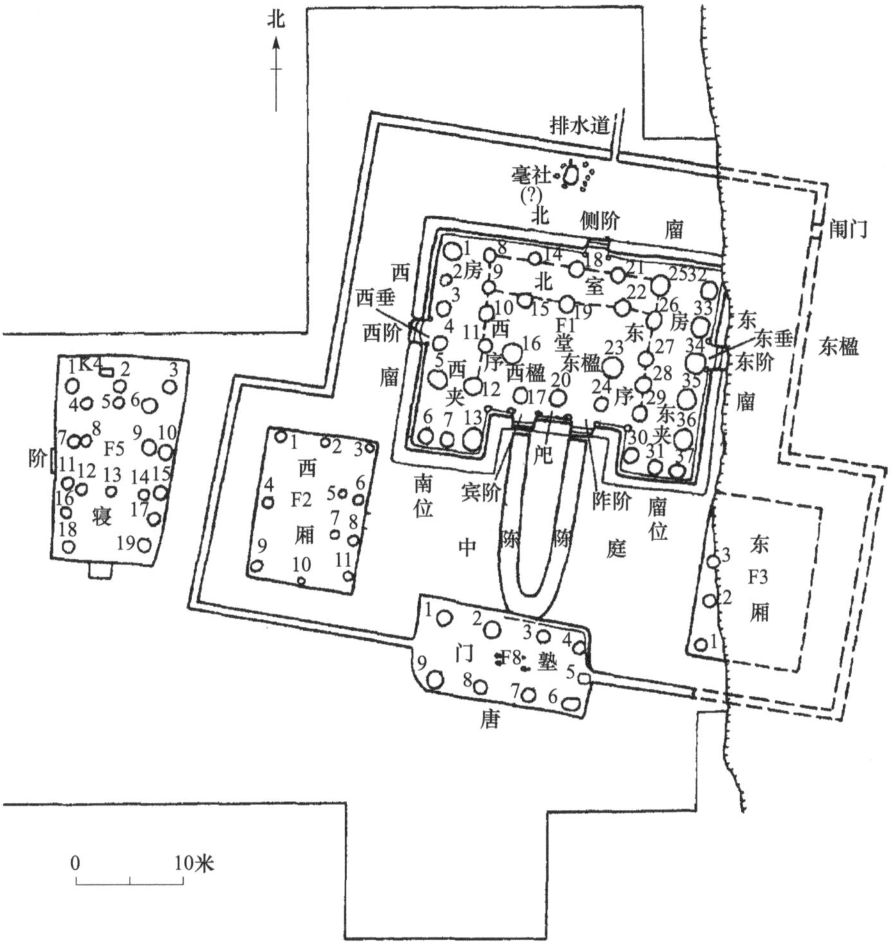

图 3-1-82　云塘西周建筑基址①

和形制，再结合遗址伴出的石磬、青铜器和玉器碎片，可以认为它是贵族的宅第。

2. 总体——有 U 形“陈”的三合院

云塘遗址东侧被农民取土破坏，因为是对称布局，所以从残存部分可以推知这是整体呈“凸”字形的院落，长边在南，短边在北。南墙居中设宅门，有左、右塾。住房为三合院布局，正屋平面为“凹”字形，凹处在南，有左右二阶；东、西厢各三间。建筑方位是北偏东 8°，即朝向西南——昃位。

这座宅院遗址十分难得的是保存了砾石铺装的“U”字形甬路，即古辞书《尔雅》所谓的“陈”。《尔雅·释宫》说：“堂涂谓之‘陈’。”“涂”是甬路，“堂涂”是由堂至门的甬路。遗址考古首次提供了“堂涂”，也就是“陈”的实证，他与《礼记·士冠礼》“迎宾设筵图”相对照，可以生动地明确当时的礼仪风俗。

① 图片来自徐良高、王巍：《陕西扶风云搪西周建筑基址的初步认识》，《考古》2002 年第 9 期。

按周朝主人迎接宾客的礼节，关系到“陈”的使用。“陈”铺装成“U”形（如云塘遗址所示）或“Y”形（如“迎宾设筵图”所示），正是迎宾之礼所要求的。宅院路面的铺装正显示出宾、主由门内至堂的行进路线和行“三揖（行拱手礼）、三让”礼的位置。

《仪礼·乡饮酒礼第四》：

> 主人一相迎于门外……主人揖，先入。宾厌介，入门左；介厌众宾，入；众宾皆入门左，北上。主人与宾三揖，至于阶；三让，主人升，宾升。主人阼阶上，当楣，北面再拜。宾西阶上，当楣，北面答再拜。

所谓“三揖”，是院内的礼节。周朝上流人士迎宾之礼，主人要在大门（带有左右塾的穿堂门）外迎接宾客。先是在门前与门外影壁之间的场地（这个位置叫作“宁，音zhu”）迎宾，主在左、宾在右，主人向宾客作揖礼拜，宾答揖；宾、主进入门“邃”（穿堂门的过道，《迎宾设筵图》中的大门注有“庙门”，古礼“事死如事生”，宗庙与住宅形制基本相同），至门槛前再揖，然后各自转向进门。“三揖三让”是从此开始的：宾、主并行在门内甬路开端，于“U”或“Y”形路分叉处，双方停步，相向，主人拜揖，宾客答拜——这是“一揖”；双方背转，循路而行，各自循路至转向处，各自转向相对，主人再拜，宾客再答拜——“二揖”；然后各自转向，循路朝北堂前进；至堂前庭中央（庙有立拴车马的“碑”，可作为标志；云塘遗址的路面铺装在此有材料变化，也是一种标志）止步，同时转向相对，再拜和答拜——“三揖”。再各自转向朝堂前进；至左、右阶前暂停，主、宾“三让”；然后主人迈上左阶（阼阶）一步台阶，宾客再起步迈上右阶（宾阶），一同升阶登堂。《礼记·乡饮酒义第四十五》说：“三揖而后至阶，三让而后升（堂），所以至尊让也。”“三揖三让”是最尊贵的礼仪。

“楣”是檐柱间的额枋，楣是堂的空间边界，“当楣”就是处于堂空间的边界位置，就要再拜。这次不是对揖，而是宾、主都面北，主人对堂揖拜，即所谓“拜至”——对宾至的欢迎；宾客再答拜——表示感谢。然后在堂上各就其位，宾、主相对落座。当时的坐法是臀部坐在后折的双腿上，谓之“跽”，古人这种将不洁净的脚放在背后的坐法是出于礼貌。周人仍然遵从古制、崇拜日出的东方，所以面向东方的西侧为上位（这就是“尊西”的道理），让宾客在西侧面向东，以表达对宾客的尊重。

人类的社会活动行为，是决定建筑格局和形制的主要因素。周朝的这一仪礼习俗决定了“陈”为从门内分叉的双道——由大门内侧各自通向堂前两阶，这就形成了“U”字形，或如古图所示，有一段短的直路，再分叉，而略呈“Y”字形。云塘遗址所见的“U”形两陈均宽1.20米，其铺装为砾石拼三角形二方连续图案。路面铺装，与台阶之间空出0.20米的距离。路全长13.10米，自南端向北，东西二路各有一段用石板铺装的路面，长度分别为3.90米和3.40米。这段石板路所表示的位置，正是宾、主当庭对拜的地方。

云塘遗址所见“陈”的路面不平，南北两段较高，中间较低。即庭院中心低于宅门和堂屋，院内雨水是通过东西两侧流向后院排放出去的。后院墙中间略偏东的墙根处有排水口，其做法是：在地面标高，用两块筒瓦仰置搭接，院内一端高，院外一端低；上面覆扣版瓦，从而形成一段穿过 0.67 米厚院墙基部的管道；院内排水口两侧堆置石块以保护口部夯土免遭雨水冲刷。值得注意的是，在排水管道的覆瓦上发现小动物残骸，很可能是奠基牲遗迹。埋藏奠基牲是三代营造的一种程序，此处的工序应是在墙基夯筑至地面标高以后，安置屋瓦做成的管道，然后在覆瓦上摆放小动物，再继续向上夯筑墙体。墙外排水管口与一条向北延伸的排水沟相接，沟宽 0.45 米，深约 0.2 米，此沟通向北面的壕沟。

3. 堂屋

堂屋（F1）有“凹”字形的两层台基，底层东西两边长各 16.50 米，北边长 22 米；南面的东凸部分东西长 6.12 米，西凸部分东西长 6.10 米；中间凹进约 3.40 米，其东西长度为 9.78 米。底层台基高 0.35 米，收进 0.40 米为二层台基，二层台基残高为 0.30～0.35 米。从保存较好的东阶可以推知台基原来的高度：阶宽 1.70 米左右，每级高 0.22～0.24 米，踏步深 0.38 米左右，现存三步，第四步高仅残存 0.10 米，按平面关系可知原为五步到达二层台基地面，可知台基大约损失 0.35 米左右高程。这就是说，两层台基原来总高度约为 1 米。底层台基转角修整成弧形，两层台基都用沙子浆抹面，厚 2～4 毫米，表面罩以 1 毫米的石灰。从北面上层台基来看，白灰面上画有 1 厘米的菱形格装饰。

登堂的台阶，除正面的左右二阶外，东、西、北三面又各有一阶，共计五阶。

台基周围距离 0.20 米开始有 0.60 米宽的散水，是用 0.07～0.10 米的大砾石拼成二方连续的三角形花纹，与陈铺装相同。散水外的地面曾经烧烤成青、红斑驳的硬面。

台基上遗存有许多直径 1 米左右的磉墩，其夯土中掺有大砾石，由排列可以看出柱网情况。一般柱间距中至中 3 米左右，个别柱位不规则。沿台基的东、西、北三面布置各室，中间凹心处为面阔四间的“堂”。

堂内有东、西对称的二柱，它正与文献所说的“堂之上，东、西有楹”相一致。这两根柱是个标志，许多礼仪活动与它有关。宾、主登堂，先在檐柱以里（楣北）立定，主人再拜，宾答再拜，然后宾由西楹西进堂内，主人由东楹东入堂内，相对落座。一般不可从堂的两楹间进入，这个堂上中心空间是严肃的地方，不能作交通之用。这里除会客外，一切礼仪活动都在两楹之间进行，死人停灵也在两楹间，所谓“正棺于两楹间，用夷床”。

堂后，相对堂的宽度，大约排列三室，中间一大室、两侧各有一小室；再对称布置堂左右的“旁”“夹”。

遗址发掘所见，在台基周围有红烧土堆积，有的烧土块印有直径 0.15 米的苇束，还有的带直径 0.20 米木柱的印痕，可知房屋原为木骨泥墙。此外，有的残块带宽约 0.80 米的劈裂木板的印痕，这应是屋盖泥背残迹，可知所用的是板椽。另有“白灰面”的砂浆泥皮，可知是白色墙面的遗迹。

4. 两厢

东西两座厢房对称布置。西厢（F2）距堂屋 1.50 米，台基保存基本完整。平面南北 11.40 米，东西 8.40～8.50 米。现存台基最高处为 0.50 米，设定原为三步台阶，则台基原高为 0.70 米左右。遗迹表明此屋有前廊，面阔三间，没有散水。台基距院西墙约 2.88 米，距南墙约 2.60 米，距北内折的一段院墙 2.90 米。

东厢房残存前边和一角，但前檐三柱迹已显示出它与西厢一样也是三间。

5. 门塾

宅门（F8）是有屋盖的屋门（穿堂门）形式。台基西侧被破坏，仅存基槽，但仍可看出东西长约 12.84 米，南北宽 6.70 米；发掘现状台基高出周围地面 0.35 米，周围无散水。堂涂坡上与此门台基相接，看来可以行车进院。如果这样，则门外侧也不应有台阶，而设慢道。门面阔三间，中间为门道，东西两侧各有一“塾”。门道中间及两侧残存石块，应是门槛构造遗存。

6. 院墙

围墙平面为“凸”字形，系版筑而成。墙基宽为 0.67 米，墙根有护坡散水，墙体有收分。院墙与宅门东、西山墙相接，门西一段长为 17.20 米，北折 18.40 米，再东折 7.72 米，再北折 21.40 米；再东折，即为北墙，残长 27 米。

遗址伴出的筒、版瓦有大小之分，筒瓦表面有不同的纹饰，相当讲究（图 3-1-83）。大瓦用于屋盖，小瓦用于墙头。

西墙外有一建筑遗址，考古编号为 F5，另外还有一些成排的瓦砾堆积等现象，由于材料不足，暂存疑。

此宅为瓦屋，而且筒瓦和瓦当是带有纹饰的，绝非一般庶民所有，当然奴隶就更不可能有这样的住宅了。这是一所贵族宅院是没有问题的。这个宅院远大于一亩，如果“一亩之宫”为“士”的住宅，则这所住宅有可能是高于“士”的“大夫第”。从正屋的台阶数量来看，也和大夫宅第相符合。当时正屋的台阶也是有等级规定的：“天子九阶，诸侯七阶，大夫五阶，士三阶。”此宅正屋为五阶，应该就是“大夫”的宅第了。

十九、战国秦咸阳宫一号址

切入点：不对称；牛羊沟的排水管口证明沟东遗址为一体。

陕西省咸阳市东郊秦都咸阳城址“北坂”一带 250 米见方的范围内，发现五座相互联系的高台宫观遗址，大小不等。其中 1 号宫殿遗址保存较好，经发掘后，已做了科学复原。

1. 咸阳宫 1 号遗址

咸阳宫 1 号宫殿遗址约为战国时期建筑，它建在咸阳北部黄土阶地即所谓“北坂”“北陵”或“北塬”上。以牛羊沟为中轴，东西两组高台宫殿相对峙，中间跨沟以“飞阁复道”相连（图 3-1-84）。牛羊沟是秦时就有的一条上塬的坡道，同时也是雨水泄洪的涧沟。考古发掘的是沟西的一半，遗址复原的情况是：夯土台略呈“L”形，东西长约 60

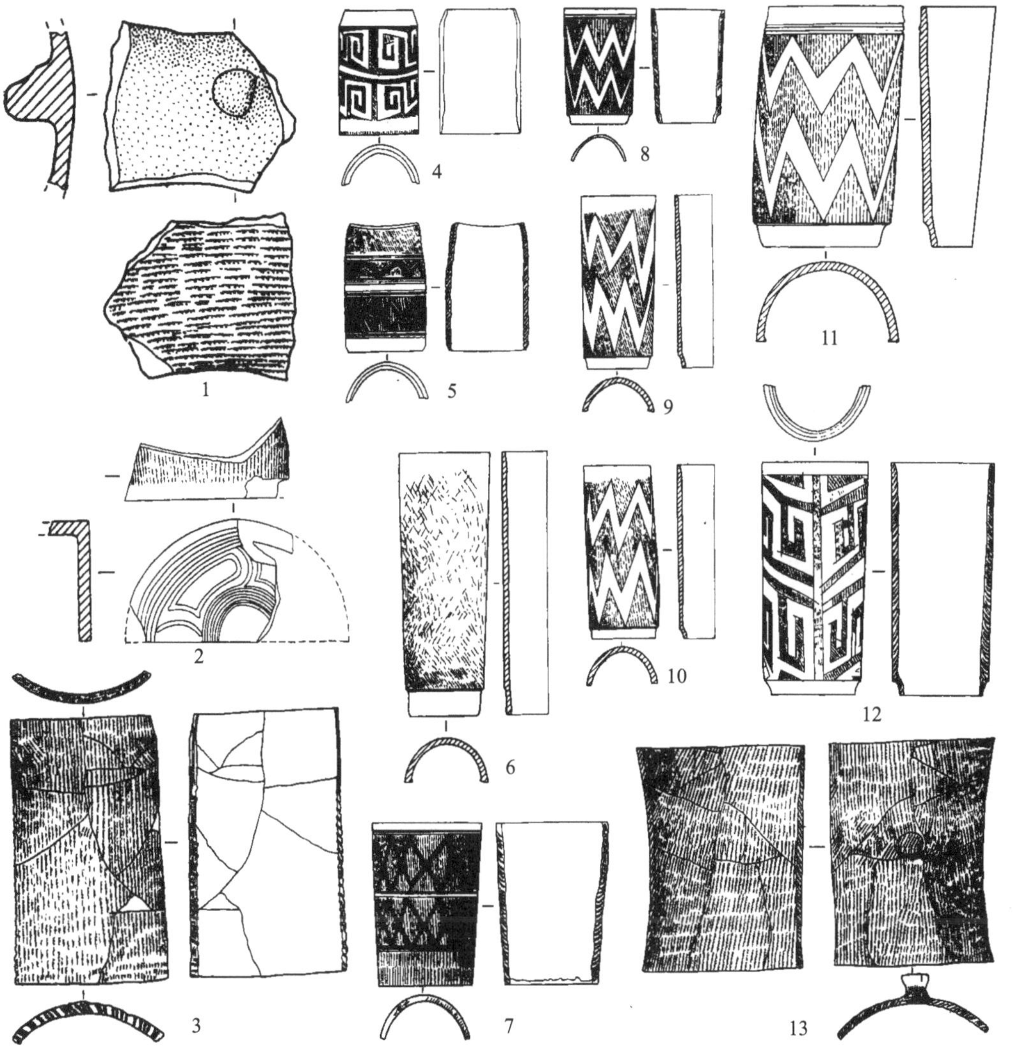

图 3-1-83　云塘建筑基址出土的筒、版瓦

1、3. B 型版瓦（TG4 ④：4、H21：5） 2. 瓦当（T1010 ③ A：6） 4～12. 筒瓦（T0708 ④：6、4、9、7、5、10、2、3、1） 13. A 型版瓦（H9 ①：16）（1.1/4，2、11.1/8，3、7. 约 1/13，6.1/12，余皆 1/16）

米，南北宽约 45 米，高约 6 米。台下南、西、北三面建有 2.50 米宽的檐廊；现存基址南为 50.35 米，西为 28.10 米，北为 37.20 米，其中部有六步五级踏步两处，用长方空心砖铺成。廊的外沿用方砖镶边的卵石散水铺砌。高出地面 0.96 米处，有屋舍七间，南五北二。北二室宽 16.20 米，进深 5.05 米。南部东第一室宽 6.80 米，内有取暖用的炭炉，上部盖有木板的大排水地漏，似为浴室。东第二室内墙北部绘白地黑色的菱形装饰图案和其他壁墙。在台基地坪上 4.90 米处，是这一遗址的主殿，平面近方形，东西长 13.40 米，南北宽 12 米，面积约 160.8 平方米。地面涂朱红色，中间有一直径 60 厘米的“都柱”。东有一门，南北各有两门。在 1 号宫殿遗址的台基上下，分别有七个窖穴，用以储藏。另有四处排水池与下水管道相接。

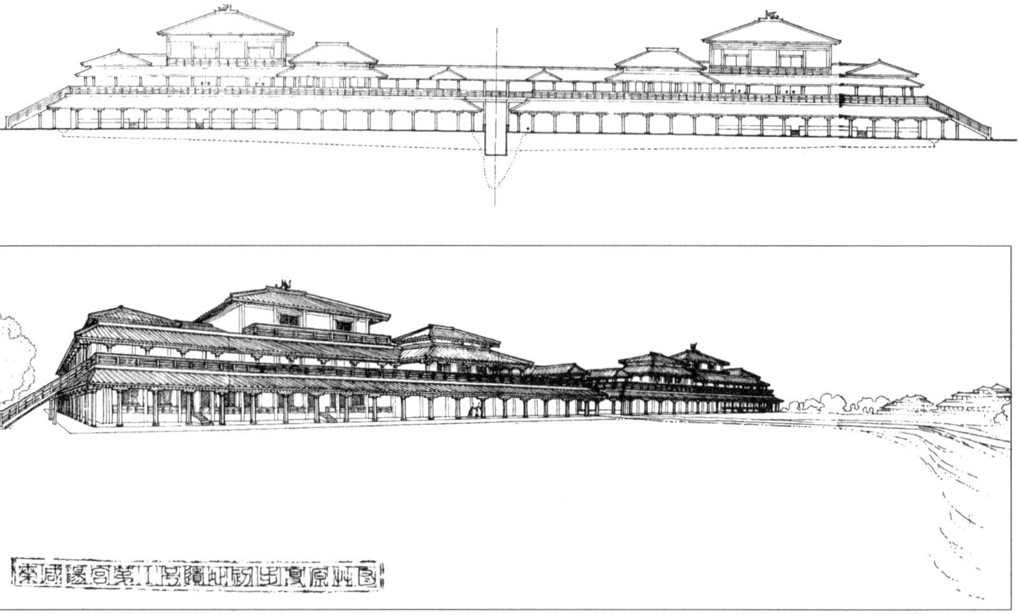

图 3-1-84 咸阳宫第一号遗址复原总体南立面图及透视图

文献记载这些宫殿都是“钟鼎、美女充之”，遗址并伴出有妇女用的陶纺轮，完全证实了这些房间为宫嫔住处（图：遗稿未配图）。台上是主体殿堂，有供秦王起居宴乐之用的堂、室。堂中央有“都柱”，室内有取暖壁炉。其西侧有浴室等附属房间；北、东侧也有厅堂之类（图：遗稿未配图）。

南部西段的五室排成一列，西边的四室是宫妃居住的卧室，出土有内容丰富的壁画和一些陶纺轮。最东 1 室内有取暖的壁炉及大型的陶质排水管道，推测可能是浴室。浴室的一角是储存食物的窖穴。主体宫室建在高台之上，东西长 13.40 米，南北宽 12 米，地表为红色，即所谓的“丹（彤）地”，门道上有壁画痕迹，表明这是最高统治者的厅堂。

2. 咸阳 3 号宫殿遗址

在 1 号遗址的西南角上，有夯土互相连接，是一处十分复杂的高台宫殿遗址。遗址中间高，西边低，呈鱼脊形。其东西长约 117 米，南北宽约 60 余米，总面积约 7 020 平方米。已发掘出过廊、阁道两道，屋宇两室。阁道长 32.40 米，宽 5 米，两侧残墙高 0.2～1.08 米，绘彩色的壁画，内容是秦王的车马出行图，其中有车马、人物、游猎、鸟兽、花木、鬼怪建筑等题材。色彩有红、黑、紫红、石黄、石青、石绿等。车马图每组为四马一车，马有枣红色、黄色和黑色，其系驾方式与秦始皇陵兵马俑坑出土的车马相似。因为古代的宫廷壁画大都毁坏不存，所以这些保存下来的秦代的宫室壁画具有很高的价值，在中国建筑史和美术史上占有重要的地位。

3. 咸阳 2 号宫殿遗址

在 1 号宫殿遗址西北 93 米处。东西长 127 米，南北宽 32.80～45.50 米不等，房屋依台基，分为二层。室内发现封闭式排水池和蓄水窖，出土较完整的龙纹、动物纹、四叶纹空心砖多件。此外，还出土瓦当、带钩、半两钱和大量壁画残片等遗物。

1号宫殿遗址之东3.5千米处的柏家嘴，是兰池宫遗址。《史记·秦始皇本纪》记载：“始皇为微行咸阳……逢盗兰池。”这里有多处夯土层，出土有“兰池宫当”和云纹瓦当、龙凤纹、素面空心砖以及方砖、版瓦、筒瓦等遗物。

经勘察，在城北阶地上宫殿群遗址的西端，毛王沟附近宫殿基址出土楚国瓦当，怡魏村出土齐国瓦当，东端柏家嘴出土燕国瓦当。证实了史书关于仿建六国宫殿的记载；并为确定六国宫室的具体位置提供了极为有用的线索。

秦咸阳的手工业作坊遗址发现六处，分别冶铜、铸铁、制砖瓦、制陶、制骨器，这些作坊，除一处设在兰池宫附近外，其余散布于宫殿遗址的西部。

20世纪60年代初和80年代初，先后在长陵车站附近发现了三处窖藏，其中北沙坑中出土熔烧变形的铜器和铁器500多千克，其中有完整秦始皇诏板一件。南沙坑出土铜器280多件，有生活用具、钱币、兵器和车马器，坑中的三件铜诏板残。西南沙坑出土的三百二十余件铜器，大多残损，其中铜人头像一尊，制作颇工整，另有秦二世诏板一件。

二十、战国中山王陵墓上享堂遗址

切入点：

河北省平山县发现战国时期中山国王室陵园，当时王陵区谓之“兆域”，考古调查发现了中山国王陵兆域的大砾石界碑，上面刻有“监罟尤、臣公乘得守丘，其齿将曼，敢谒后叔（俶）贤者”[①]。

陵园中遗存中山国王嚳和王后的陵墓及墓上享堂遗迹，王墓中并出土有当时这座陵园的规划图——金、银嵌错的铜版《兆域图》（图3-1-85）。在周朝天子和诸侯生前就有专职

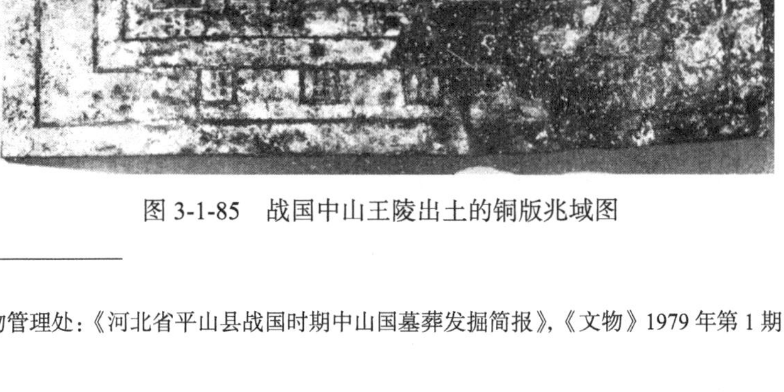

图3-1-85 战国中山王陵出土的铜版兆域图

① 河北省文物管理处：《河北省平山县战国时期中山国墓葬发掘简报》，《文物》1979年第1期。

官员为他们作陵墓的规划设计[①]，陵园以及陵墓形制都要经他们本人亲自审定，这一制度一直延续到清朝。

《兆域图》出于中山王䜣的陵墓（一号墓），对照《兆域图》可知，一号墓东侧并列的二号墓应为先于䜣死去的哀后墓。二墓都有残存封土，封土周围有建筑遗迹。其实这里所谓的“封土”，就是享堂建筑的一部分遗构。关于战国大墓的地下墓室，考古工作者是很注意的，但对于残存封土和有关建筑遗迹则比较忽视，《辉县发掘报告》重视了这个问题，对于部分建筑遗迹做了测绘记录，现已成为研究平山陵墓享堂建筑难得的参考材料。平山发掘简报以及发掘单位补充的材料，尚可供粗略讨论一号墓上享堂的原来形制问题。

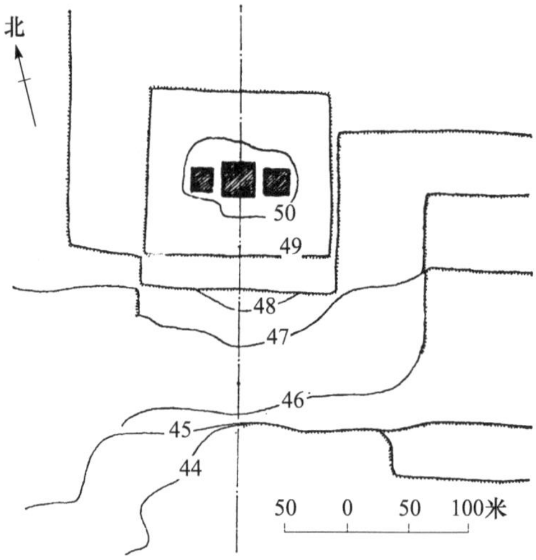

图 3-1-86 辉县固围村战国陵墓总平面图

这件公元前3世纪制作的中山国王室《兆域图》，不但在中国建筑史上是很有价值的，在世界建筑史上也是罕见的珍贵史料。中山王、后陵墓及《兆域图》所表示的陵园规划及享堂形制和与此同时的河南辉县固围村魏国王室陵墓及享堂基本相同[②]，但比魏王室陵墓规模要大许多（图 3-1-86）。邯郸城西北的王陵群也是选址丘陵，并筑陵台于山丘之上。陵台上建台榭形制的享堂。其创作意匠一如中山及魏国陵墓，只是赵陵大台为南北向的长方形而已[③]。另外，现在已知形制相同的战国陵墓还有燕下都大城西北隅的“虚粮冢”与“九女台”的赵王室陵墓群[④]。其实这类战国时期的陵墓还有一些发现，不过没有引起更多的重视。例如，安徽淮南市蔡家岗赵家孤堆战国初期大墓[⑤]、河北邯郸百家村战国中期 25 号墓[⑥]等。这样看来，结合文献似乎可以说明，制作《兆域图》一事不仅是列国通行的一种制度，而且其规划设计已基本定型。所以说，此处出土的中山王、后陵园规划设计，是具有时代典型意义的程式化、制度化的代表作。这就更显示出了一、二号墓以及《兆域图》在建筑史上的重要性。

1. 中山王享堂遗址

发掘简报称：一号墓的“封土平面呈方形，由下至上构成三级台阶，现高约 15 米”。所谓“三级台阶”，当是指未完全建成的大台座，即简报中所谓“平台”（《兆域图》中所

① 《周礼·春官宗伯第三》：“冢人掌公墓之地，辨其兆域而为之图。”

② 中国社会科学院考古研究所：《辉县发掘报告》，科学出版社，1956 年。

③ 河北省文物处、邯郸地区文保所、邯郸市文保所：《河北邯郸赵王陵》，《考古》1982 年第 6 期。

④ 河北省文化局文物工作队：《河北易县燕下都故城勘察和试掘》，《考古学报》1965 年第 1 期。

⑤ 安徽省文化局文物工作队：《安徽淮南市蔡家岗赵家孤堆战国墓》，《考古》1963 年第 4 期。

⑥ 河北省文化局文物工作队：《河北邯郸百家村战国墓》，《考古》1962 年第 12 期。

称“丘”）和底盘台基以及中心夯土台，即简报称为“封土”的遗存。简报还称：“封土及平台均夯土筑成。第二台阶以内的夯层薄而坚硬（按：即享堂的底盘台基夯筑品质较高），第一台阶夯层较厚（按：即大台座的夯筑品质稍次）。第二台阶上有边廊建筑遗迹，第一台阶内侧有散水。”散水为砾石铺砌，宽110厘米左右。底盘台基高出散水130厘米，平台呈方形，边长5200厘米。此台基上的中心夯土台平面也是方形，边长4400厘米。中心夯土台残壁直立，壁面用草筋泥打底，澄浆细泥罩面，表面再“粉饰成白色”（约为石灰抹面）。残壁遗留有壁柱槽，下部有粗糙的暗础，埋深0.20米。东、西两壁的壁柱间距3.60米（中—中，以下同），南面为3.34米。这只是残存的个别数据，它反映壁柱间距有所不同，而并非东、西两面开间大于南面开间。已知咸阳秦宫遗址的壁柱间距也不完全相等，这大约是战国时期的习惯做法。这里一号墓上享堂遗址无实测平面图，不过，根据方形平面可以推测四面开间数目相等。简报称，与壁柱相对应的位置有檐柱，檐柱暗础埋深也是0.20米。从壁柱至檐柱的间距，也就是回廊的进深，为3米。檐柱至台基边，“水平间距约1米多”。回廊每面间数不详，可以3.34～3.60米的约略平均值为参考，等分中心台壁的边长。辉县固围村战国时期同类型陵墓享堂遗址，其中2号墓可以判明，中心夯土台每面用壁柱划分为五间（回廊每面为七间）（图3-1-87）。据此，设定这一遗址的底层回廊每面开门也是单数。中心台每面44米，可分为十三间，平均每间约为3.38米。已知回廊进深为3米，即每面回廊两头一间面阔各为3米。这样，复原底层回廊每面共为十五间，通面阔50米，台基每边长约52米（图3-1-88）。

从剖面图来看，底层回廊地面高出墓室口0.44米。据补充材料，墓口以上“封土”残高6米，即残存“封土”高出底层回廊地面5.56米，而“封土”原高更大于这个数字。

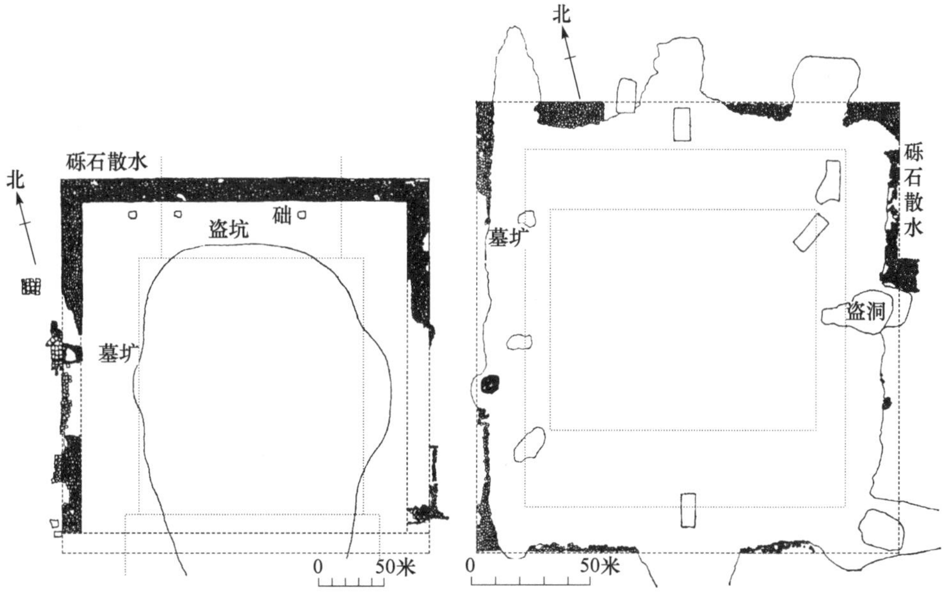

图3-1-87　河南辉县固围村战国陵墓上的享堂遗址

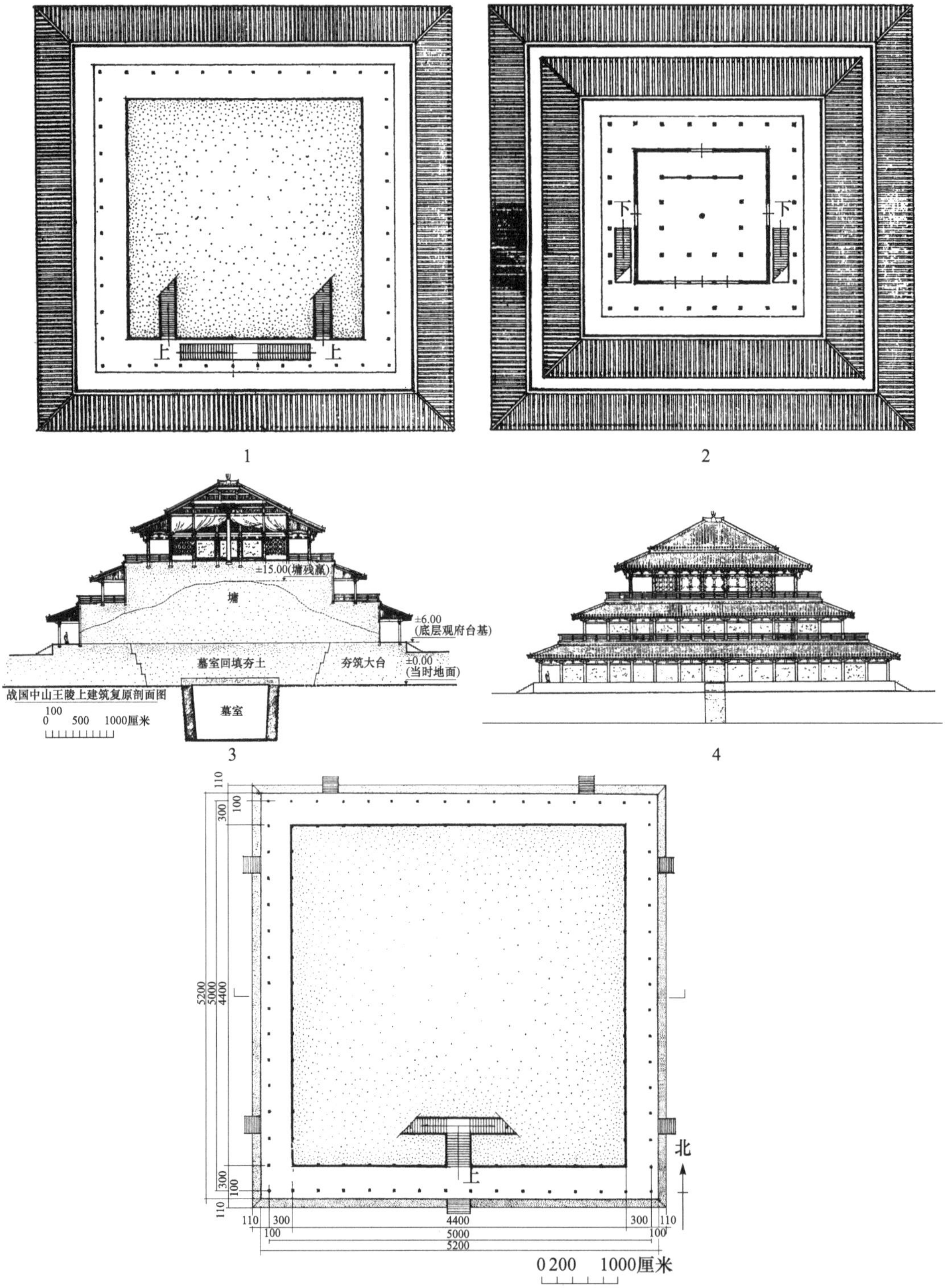

图 3-1-88 战国中山王陵（M1）上享堂复原图

1. 二层回廊复原平面图 2. 台顶享堂复原平面图 3. 享堂复原剖面图 4. 享堂复原正立面图

5. 底层回廊复原平面图

设定底层回廊檐楼高于回廊地面 3.50 米左右，回廊进深为 3 米，屋架举高按《考工记》“瓦屋四分”，则为 1.75 米，即回廊后壁原高约为 5.25 米。今“封土”——中心夯土台残高 5.56 米，已经大于 5.25 米。可知原来中心夯土台至少还要高出一层。根据现存夯土台残迹推测，二层夯土台平面仍为方形，周围台壁同样为白灰抹面外加防水瓦檐，与一层同样形成回廊。二层回廊檐柱也应为暗础栽柱，因此檐柱需要退离二层台边（传压角不应从地面开始计算，应从暗础底开始计算）。这样，二层回廊檐外便形成一周平台，台边应设有栏杆。战国时期铜器上的宫殿建筑形象，曾反映了这样的情况（图 3-1-89）。

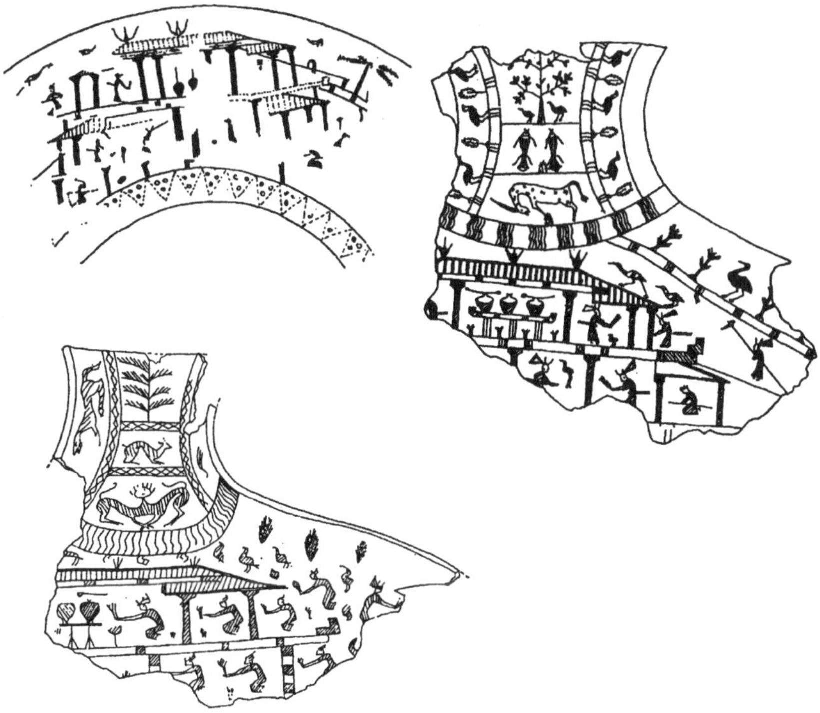

图 3-1-89　战国时期青铜器上的宫殿建筑形象

设定二层夯土台四周平台宽度与下层相等也是 3 米，以保证二层台回廊开间面阔与底层相等而且每面开间也是单数，则二层台的每边长度为 32 米，如果此上再设 3 米宽的周围平台以及 3 米宽的回廊，则中心只剩 20 米见方的范围。若此上再设三层台，除去三层台周围平台、回廊，则中心仅余 8 米的范围，不足以安置享堂和周回平台。可知二层台上不能再设三层台。

按上述平面尺寸，二层台顶约 32 米见方。若周围布置 3 米宽的平台，中央设堂，则堂可为四面七间（五间方堂加一间的回廊），面阔约 26 米。从立面上看，这样是合适的。就设计思路来说，当时基于死后有知的迷信，根据“事死如事生”的礼仪，统治者的陵墓建筑要求略如生前起居的宫殿。通过对这一“王堂”遗址的复原分析，已可看出它是仿制当时主要殿堂形制建造的。在廊庑环绕的高台上设堂室，是先秦流行的式样。汉人复古，曾设想台上设五室的“明堂”式样，即中央一大室，四角又加四小室，这不应视为先秦定制来做这一遗址的复原依据。并且据遗址推算已经表明，二层台上除中间设堂外，四隅已无法容纳四个角亭式的小殿堂，除非过量缩减建筑尺度。这里，复原采取在二层高台上安置享堂的方案。复原参考战国同期特别是本墓出土的铜器（图 3-1-90）、漆器上宫殿图形（图 3-1-91）、秦咸阳宫一号遗址复原考察以及先秦文献的有关记述，柱头上置栌；栌上置栾——曲枅（一斗二升）；无补间铺作；平台平座亦无铺作，栏杆采用卧棂；享堂中央设都柱；主体屋盖四坡复笮，屋面直坡或略呈折面反宇，短正脊（屋面前后与左右坡度不同）上置青铜凤鸟脊饰，本墓出土的青铜、玉器等表现出中山国少数民族独特的民族特色和很高的工艺水平，建筑也是如此。战国时期各国风行建筑雕刻、彩饰，梁、柱等多加雕饰，所谓“立木鸟兽，横木龙蛇”，并多用青铜饰件。从本墓出土的器物推测，这座“王堂”建筑装饰也应是相当华丽的。关于登堂的通道，由于缺乏遗址迹象材料，复原仅凭推理。设在中轴南出的长阶道或慢道，可能性很小。因为按《兆域图》所示，王、后等三堂建在一座大台上，“王堂”（一层台）南距大台边“五十尺”，按 1 尺 =22 厘米（详后），即 11 米，再减去回廊台基宽 4 米，仅余 7 米。一层台高按前述 5.25 米有余，再加底层回廊台基高 1.30 米，则从大台上开始登上“王堂”一层台，其高程为 6.55 米有余。慢道毋庸说了，即使采取接近 45° 斜度的阶道，也要延伸到大台边缘，如果按 1∶2 的斜度，更要延伸到大台以下，也就是说要在大台下直接登堂，这显然是不合理的。这样可知，只有在土台内设登堂通道，即所谓的“纳陛”（即“内阶”），可能性最大，而且较为合理。现在已知的战国秦宫及两汉明堂、辟雍、太庙、灵台等高台建筑遗址，都是采取纳陛登台的方式（包括内部木梯）。据此，这一遗址的复原即采取纳陛。纳陛的设置可在中央，即由南面一层回廊当心间台壁设入口，从此循梯上高台之半，再分左右上至一层台面；再由二层台壁左右分别设入口，北上纳陛登二层台，到达顶部殿堂两侧（图 3-1-88）。这样处理，即一层为中阶制，二层为东、西阶制。内阶的另一处理，是从一层台开始即为东、西两阶布置，于底层回廊左右对称设内阶，直达二层台东、西廊；再由二层台东、面壁相对设内阶，直达二层台顶殿堂后廊。内阶的再一种布置，为只取上述两阶的一侧阶道，或左旋或右旋上（图 3-1-92）。如洛阳东汉灵台遗址，即为内阶（慢道），自东南始，左旋上。第二

图 3-1-90 战国中山王陵出土的铜方案（龙头顶斗栱承方案）

图 3-1-91 山东临淄战国墓出土漆盘所绘宫室形象

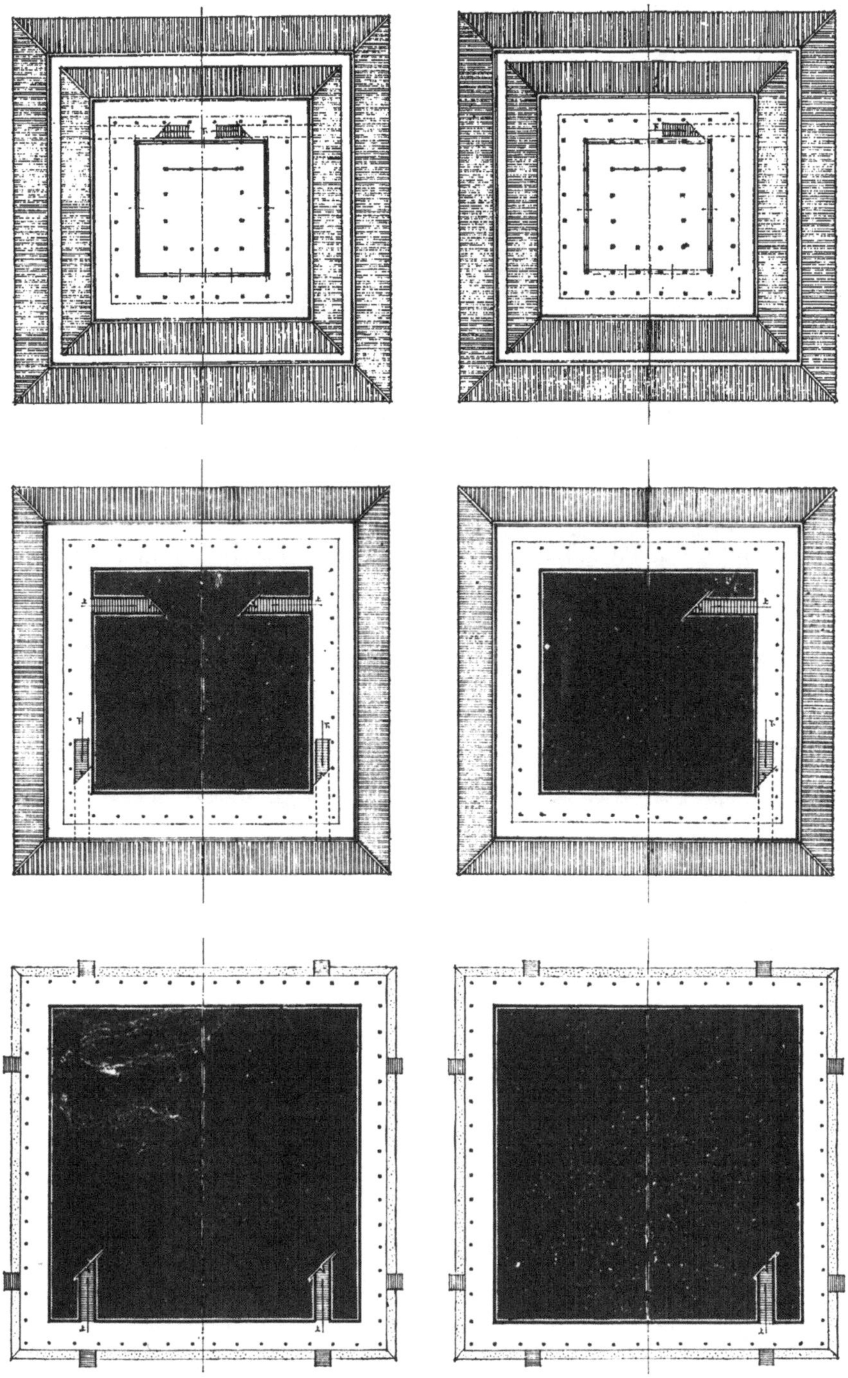

图 3-1-92　内阶的不同布置

左：内阶两阶制　右：内阶单阶东南始左旋上（右旋上同理反之）

层回廊台基的小踏道，按战国咸阳宫遗址，复原无垂带。建筑整体复原体形为“金”字塔构图（图 3-1-93）。从出土实物来看，这座建筑所用瓦钉是一个透雕的陶板（图 3-1-94），与以前所知战国小型陶泡瓦钉不同。泡形瓦钉虽然也具有一定的装饰性，但其浮雕花纹仅

图 3-1-93　中山王陵墓享堂复原透视图

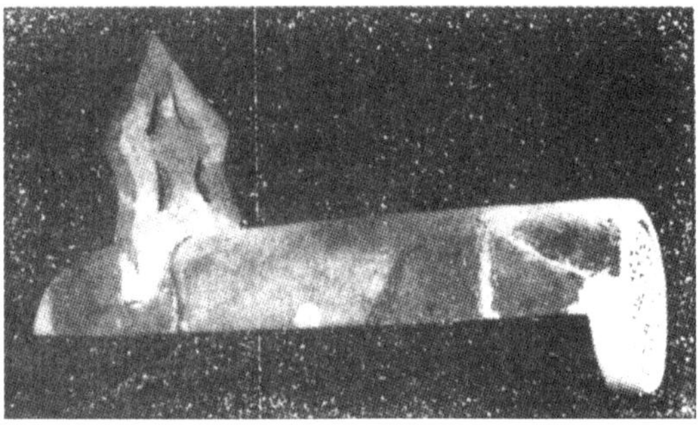

图 3-1-94　平山一号墓出土檐头筒瓦及瓦钉

在高台上层俯瞰下层屋盖时可以看到。这里所用板形透雕瓦钉有更大的观赏范围和更强烈的装饰效果。它排列在层层檐头筒瓦之上，犹如欧洲“哥特式”（Gothic）教堂尖顶棱边上镶嵌的花、叶雕饰，具有增加神秘气氛的表现力。这种类型的瓦钉已见于北魏遗址，现在尚难判断这两者之间有无传承关系。

2.“王堂”复原

平山一号墓上享堂的形制，除了根据遗址情况外，还要研究遗迹现象所反映的设计构思和已知时代相同或相近的同类型建筑的情况——这既是进行复原考察的提示，也是决定复原方案取舍的依据。

一号墓享堂复原，从外观上看似乎是三层楼阁。然而分析其设计构思，则只是在两层高大的夯土基座上建筑的殿堂。战国时期，大台夯土壁面还没有晚期那种砖、石包砌以防水、加固的做法，而是沿用传统的方式，在夯土壁面涂抹草筋泥（古籍记载是泥中掺“黍稂”）并做白灰面——垩，同时外加瓦檐以防水，这样就形成了环台周围的回廊。从整个体形来看，回廊环绕的高台与顶部享堂一起，构成多层建筑巍峨壮观的艺术效果。这种借助中心夯土台而取得重叠高耸的体形，结构面积过大，在工程上是很不经济的，然而这也正是奴隶制时代驱使大量奴隶服劳役的产物。这种高台建筑在西周本是天子宫廷主殿明堂的形制，当时大约仅有一层高台，根据常朝、布政等实用功能以及思想意识方面的要求，背靠台壁布置四面堂、室。论其主体，仍然是建在中心台上的“太（大）室”（意即“大房间”）。种族奴隶制重视血统、崇拜祖先的习俗反映在礼仪制度上，是把奉祀祖先的太庙与布政的殿堂同等对待的。西周时期，大约太庙的主体殿堂也采用明堂的式样，正像明清太庙主殿采用与太和殿同样的重檐庑殿形制一样。因此造成汉儒以及后代学者思想上的混乱。这明显地表现在汉朝以来诸儒托古设计的明堂方案和有关明堂的争论上。以重叠的夯土高台为核心构筑宫室的形式，成为战国时期流行的宫殿式样，当时最大的可能有“九层之台”。邯郸、临淄、侯马等战国都城遗址的宫廷中轴上，仍见方形高台遗迹，将来发掘或可看到它与西周明堂在形制上的联系。作为陵墓祭祀之用的享堂，同太庙一样，历来采用当时的主要殿堂式样，明长陵祾恩殿便是晚期的一例。这里，中山王陵又提供了早期的例证。

平山一号墓享堂遗址和辉县固围村的三座享堂遗址，是迄今所发掘的东周时期接近明堂的方形高台建筑遗存的实例。前者体量较大，现复原为二层高台上建享堂，后者三座遗址较小，原来大约都是在一层高台上建造享堂。两者的中心夯土台都有遗存，可以作为讨论高台建筑中心土台名称问题的实物佐证。笔者意见，高台建筑的中心夯土台周时称“墉”，象形文字写作。西周天子、国君布政的明堂以及坛、庙的主题殿堂多是这种高台建筑，而经常使用的是南面堂、室。从“君南乡于北墉下”的记载来看，是把堂、室北墙叫作“墉”的。《仪礼》更是明确区分“墙”与“墉”，它只把北墙称作“墉”，即使一般房屋也保持称北墙为“墉”的习惯。显然“墉”字的初始含义与宫室有关，而与城垣无关。“墉”字的图形，甲骨文刻画出来的图形不能表现中间方块是实体还是空间，而同时代的象形文字——金文，则明确表现为实体——正是表明被四面房屋环绕的一个方形土台。也正是因为它的原始含义是指一个带有“墙壁”性质的夯土部件。汉以后这种结构面积太大，很不经济的夯土核心的高台建筑被淘汰，“墉”字已失去它创始的现实基础，而无从知其所以然了。于是即便文字学家也只知其作夯土墙解，臆测是一座城的图形——中央方框为城垣，四面房屋形为城楼。王国维曾注意到这种解释与原始字义不符，从而提出此字为宫室形象的高明见解。但由于当时没有条件进一步了解这个图形所摹仿的建筑形制，仅在其知识范围内把它解释为四合院的形象，这便很难说明此形如何反映了垣墉。所以国内、外学者很少有附议他的说法的。陈直赞成王氏之说，也认为此字是“象四屋函一庭形”，并进一步指出它是“殷太学之象也”；认为“殷礼与周礼同”，因而它就是周明堂的形制。这是对王氏说法的重要发展，但仍把它理解为四合院，只是中庭多了一个房子。至于徐中舒提出此字是四面带踏道的竖穴形象，就离事实更远了。对于此字的认识，只有考古发掘掌握了这个图形所由产生的客观实物才有可能。

平山一号、二号墓的“封土”都是“墉”的遗存；秦咸阳宫一号遗址原是一种发展了的高台宫观，其体形繁复的夯土残台仍是“墉”的遗存。该土台的部分台壁也是采用白灰抹面，再加防水瓦檐的处理方式。平山一号墓享堂残墉壁面的白灰抹面和壁柱遗迹表明，大约墉的周围只有防水回廊，并无堂室，仅有台上一个大室而已。可以看出，它是明堂、太庙的简化。单纯作为纪念和墓祭之用的享堂，不需要很多的堂、室；建筑艺术同样要求空间和体形简单、庄严。

考古仅发现中山国王䂮及哀后两座墓葬，当时哀后先死，按照《兆域图》规划位置埋葬了哀后，并在她的墓上建了享堂。中山王䂮死后，又按规划位置埋葬了他，并建享堂。此后，公元前296年，中山国被赵国所灭，所以规划图中的“后”“嫔（？）”“夫人”的墓葬和享堂就没有再建。按照《兆域图》的规划是：陵上一列五座享堂，王和王后、哀后三座享堂一般大，王堂居中，两旁是较小的嫔（？）和夫人的墓及其享堂（图 3-1-95）。

图 3-1-95 据兆域图绘制的原规划设计的总体鸟瞰图

王堂与哀后堂形制相同，都是在 1.30 米高、52 米见方的台基上筑起二层大台——墉，上下两层大台的四周建防雨回廊。底层大台面积为 44 米见方、高 5.25 米，回廊进深 3 米，每面十五间，通面阔 50 米。二层大台为 3.20 米见方，回廊如一层。二层台顶上建大室——享堂，整体外观看起来像是一座阶梯形金字塔的三层楼阁（图 3-1-93）。

二十一、秦碣石门与碣石宫

切入点：

秦“始皇帝”建立空前统一的大帝国，在中国历史上首次体现了“普天之下莫非王土”的气概。史籍记载他巡狩国土直至尽端——“东海”（渤海），并在海滨建立“国门”——“碣石门”。“碣石门”究竟在哪里，成为千古之谜。20 世纪 80 年代以来，辽宁、河北二省的考古工作者在沿渤海的半岛、岬角之上，陆续发现秦、汉建筑遗迹，使我们有可能在秦、汉考古学的研究方面获得新的进展。辽宁省绥中县万家镇墙子里村石碑地遗址的试掘和黑山头遗址的发掘，首先揭示了渤海之滨存在秦、汉宫廷建筑的史实。虽然史籍有秦皇、汉武东巡至海滨的记载，然而记焉不详，两千余年来后人始终未能有具体地了解。考古发现渤海滨的秦创建的宫廷建筑遗址，启示我们对与它以及和它相联系的海蚀柱有了明确的了解——海蚀柱便是《史记》所载秦始皇命令题刻的“碣石门”；与其相对应的宫廷建筑遗址，则是礼仪性、纪念性的建筑群——“碣石宫”。

1. 碣石门

《史记·秦始皇本纪第六》：“三十二年（前 215 年），始皇之碣石，使燕人卢生求羡门、高誓，刻碣石门。”

墙子里石碑地海中有高 24 米的海蚀柱碣然而立，它便是方志所记的“姜女石”也叫“姜女坟”，民间传说它是秦时孟姜女投海所化，近旁的三块巨石是她为服长城徭役的丈夫所做的冬衣包袱。我们感兴趣的是，这荒诞的传说恰与秦始皇有关。石碑地建筑遗址的发现和试掘确认了其为秦朝建造的宫殿，特别是这座宫殿又正好和姜女石有轴线关系，这便使我们的思维有了进一步的深化。

自然景观中碣然而立有若碑碣的岩石、山峰，甚至因以命名“碣石”的不止一处。秦始皇东巡所至“碣石”究竟在何处，自古众说纷纭。到目前为止，在东海之滨的碣石，而且与有关人文遗迹相关联的，唯有姜女石一处。

20 世纪 80 年代初叶，笔者应邀前往现场考察时，工地人员介绍宫殿中轴线直对海中的姜女石。然而近旁散乱的三块巨石干扰中轴，显然不是秦时原状。这便是需要深究的问题。如果当年秦宫确实按姜女石设定中轴线，则此石必然高大独立，也就是说附近散乱的巨石有可能是后来因海蚀、雷殛或地震而塌落下来的。当地居民反映，1949 年散乱的一块巨石曾落雷而被击裂，这就更增加了自然损坏塌落的可信性。在此后多次赴现场的踏查中，发现顶部水平的巨石似与大陆架相连，于是产生了秦时是否只有一块碣石的疑问。为此详询殿址试掘人员，得知“中轴线对姜女石不准，稍偏西”。据已知秦宫廷建筑放线，所谓“稍偏西”绝非施工误差。这表明宫殿中轴线有可能对东、西二碣石的中央。后经辽宁省考古研究所勘查，结果证实此平顶巨石为与大陆架相连的原位，其余两块皆为无根的落石。这就是说，秦时海中有二碣石对峙而立；宫殿南向取二碣石中央为中轴。对峙碣石俨然门阙，正是《史记》所记的“碣石门”，而且其又恰恰处于燕地。《史记·秦始皇本纪第六》所载秦始皇三十二年东巡至碣石，“使燕人卢生求羡门、高誓，刻碣石门”，大约就是这里了。至于现存碣石上是否存有刻凿痕迹，因海蚀及风化严重，又西碣石业已断落，目前尚未做详细地察看。与碣石门一体工程的右侧黑山头遗址，其南部龙门石上确有凿痕，可以作为秦人加工海中礁石的佐证。古籍载始皇东巡至海，择地作“国门”或“东门”之说，大约就应在这里了。

碣石门的又一有力证明，就是海中甬道的铺设。当时的规划设计，为了加强中轴线、突出殿前东海中对峙碣石的门阙性质，遂采取自殿前宫城南门外铺砌宽阔的石甬道直达碣石门的方式处理（图 3-1-96）。20 世纪 50 年代后期，落大潮时甬道尚可暴露海面，由于

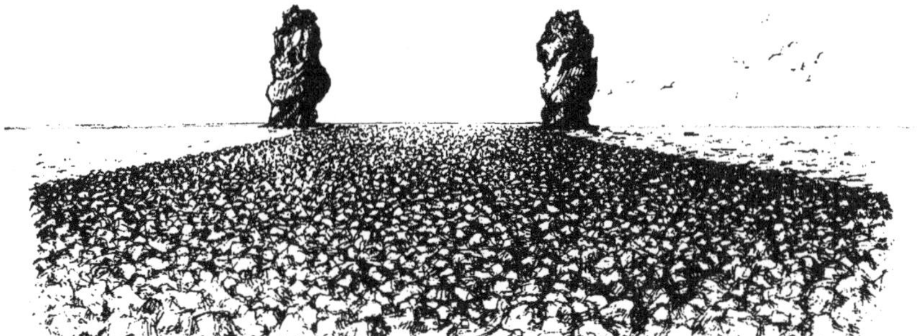

图 3-1-96　辽宁绥中秦碣石门遗址复原图

"大跃进"中村民将这些铺装甬道的毛石当作建筑材料拆卖，现已破坏殆尽。笔者曾潜入海底踏查，接近碣石的大段甬道尚存有大片的底层堆积，遇落大潮仍能显露出来一部分；接近岸边一带，还有零星毛石遗存。经笔者建议，辽宁省的考古发掘单位已请水文部门协助抓住落大潮的时机拍摄到碣石附近显露毛石铺装遗迹的照片（图：遗稿未配图）。

2. 碣石宫

墙子里石碑地海边，沿着碣石门甬道中轴线有一座宫城遗址，城中的主体殿堂应该就是"碣石宫"，这也便是整座宫城的名称。"碣石宫"一词，见于《史记》。《史记·孟子荀卿列传第十四》记载：驺子"如燕，昭王拥彗先驱，请列弟子之座而受业；筑'碣石宫'，身亲往师之"。这段记载是说，战国时期，"以阴阳主运显于诸侯"[①]的驺衍到燕国，燕昭王以师礼事之，并为他建了一座"碣石宫"。宫殿称"碣石"，想必与碣石有关；而且为"海上方士"筑宫，理应面向大海。现在所发现的原属燕国地域的这一和海上碣石有关的宫殿遗址，正出土有燕瓦（这一遗址在局部试掘中即已发现燕瓦当残片一件），足证这里就是燕国的碣石宫址。从遗迹来看，墙子里石碑地的宫城主殿，为战国盛行的台榭形制。

1996年辽宁省文物考古研究所试掘了主殿附属部分，发现"沐浴间"、水井、渗井、窖藏、排水陶管道等设施[②]。1998年11月，又对"中心大夯土台"进行了发掘。报道说："其总基础外轮廓呈长方形，长宽近42米，厚度超过3.50米（因地势不同略有区别）"（报道有些费解，既然长、宽都是42米，又说是"长方形"，未审何故）。基础做法很特别，报道表述："建筑总基础时经过周密地规划，首先将整个大夯土台上的院落部分空出，下部以海沙填充，厚达2米余，地表面为黄褐色黏土，厚近1米。这种构制有利于雨水的自渗。"[③]说"院落部分"填沙是为了渗水，不确。因为沙上覆盖有1米厚的夯筑黏土，不可能渗水。如果地面可以渗水，就无须排水管了。然而，报道说："台上的院落之间均设有排水管道，或预埋，或挖洞放入……"这些排水管道的设置，已表明了雨水是由管道排放的。夯土基础中空出三处天井填沙，既不影响基础的整体性和强度又可节省用土量。节约用土，在这一海滨地段的工程中是很重要的。

在基础之上，主体部分的夯土台尚有遗存。土台遗迹表明，它比基础退后2.70米，而形成台壁防雨庇檐——外廊。台壁东、南、西三面均有壁柱；廊前檐柱础犹存；廊外有散水，用条砖和空心砖镶边。台边设壁柱已表明有护壁外廊，既有外廊，就是一房高度的高台——高度应是5米左右。南面有左、右阶，宽皆3.30米。"台阶长2.70米"，并遗存有空心砖踏步，看来还有疑问。因为这样短的踏道是不可能登上5米高台的。高台东西两侧各有一侧阶，台上并发现建筑遗迹。报道对台上建筑的认定也还有进一步取证的必要。

大量秦瓦的堆积，特别是出土有和骊山始皇陵同样的巨大夔纹瓦件，确证此处是秦帝

① 《史记·封禅书第六》。

② 《中国文物报》1999年。

③ 《姜女石秦汉建筑群址考古发掘获新成果》，《中国文物报》2000年2月16日第1版。

国宫殿的规格。主殿以及北部连接的附属建筑并见西汉瓦件，可知西汉时仍有修建和使用。

秦碣石宫是一座宫城建筑群，现已查明 15 万平方米的宫城范围。进一步以宫城为主体，在沿海 14 平方千米的范围内，尚布置有从属建筑。西侧 2 千米处的岬角——黑山头有西阙楼遗址，已经发掘，东侧相对应的部位——长岬止锚湾红石砬子上，有东阙楼遗址（已遭严重破坏）。宫城以北瓦碴地，约为禁军营房遗址。

西阙楼遗址遭到驻军建设的破坏，用推土机推掉一人左右高度，残存遗迹尚可辨认基本形制（图 3-1-97）。它原是一座略如“L”形平面、转角处高起的楼观，推测与东阙楼相对称（图 3-1-98）。

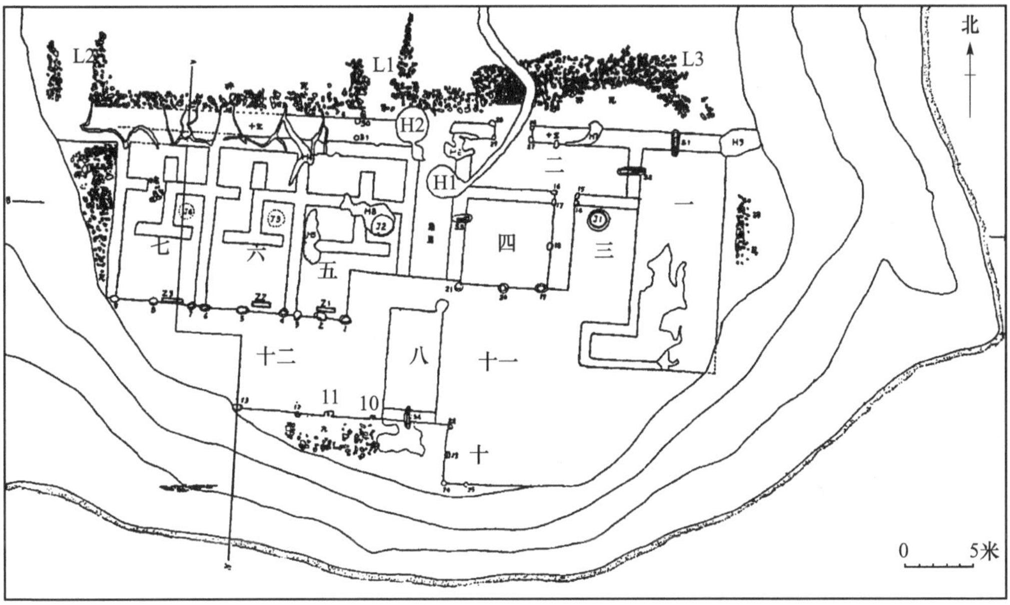

图 3-1-97　辽宁绥中黑山头秦碣石宫西阙楼遗址平面图

图 3-1-98　辽宁绥中秦碣石宫西阙楼复原透视图

秦代宫廷建筑着重于人工环境与自然环境相融合的大环境设计，首都大咸阳规划中的新朝宫——“阿房宫”，中轴线直抵终南山，并与其峰峦构成有机联系，是所谓“表南山之巅以为阙”。体现“溥（普）天之下，莫非王土；率土之滨，莫非王臣”的思想，在东海国土尽端设置的礼仪性、纪念性的碣石宫，同样是一个人工环境与自然环境相融合的大环境设计。如同新朝宫“表南山之巅以为阙”，碣石宫是表东海碣石以为阙（图 3-1-99）。新朝宫的范围是从骊山直走咸阳，“覆压三百余里，五步一楼，十步一阁”[①]，这虽是文学夸张之词，但考古材料证明确实是宫观相望、连绵不断的。东海之滨的碣石宫，目前所知，自河北省秦皇岛市北戴河区的金山嘴、横山遗址，直至辽宁省锦西市绥中县黑山头、墙子里和止锚湾红石砬子遗址，覆压不下四十千米，这应是碣石宫一体工程，亦即碣石宫的总体概念。在秦以前，东周列国虽在广袤万里的大地上，却是各有其不可逾越的疆界。秦统一后，凡有土地，直至东海尽端，都是秦国的天下。始皇帝巡视国土直至东海之滨，勒石刻铭莫不宣扬这种空前统一的思想意识。碣石宫的建置，正是统一大帝国的象征。汉武帝承袭、巩固和发展中华统一大业，继续经营碣石宫。遗留至今的碣石宫遗址，仍不失其作为我们统一的多民族国家的纪念丰碑，而继续发挥其团结、凝聚全国乃至全球华裔的引力（见图 3-1-99）。

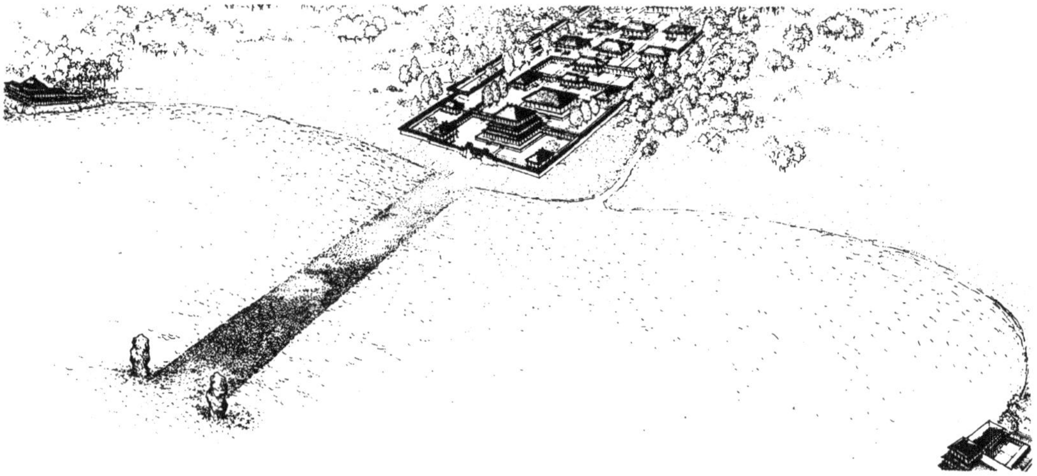

图 3-1-99　辽宁绥中秦碣石宫主体及东、西阙楼复原鸟瞰图

二十二、秦始皇陵园及九层之台的陵上享堂

切入点；遗迹呈三层大台状。

位于西安临潼骊山北麓的秦始皇陵，史称“骊山园”。秦始皇陵墓堪称建筑艺术杰作，它确实能够反映秦始皇其人和他所主宰的时代。始皇陵可谓空前绝后，历史上所有皇帝陵墓是无法与之相比的。秦始皇即位之初，就开始营造他自己的陵墓。《史记·秦始皇本纪》记载：“始皇初即位，穿治骊山；及并天下，天下徒送诣七十余万人。穿三泉，下铜而致

① （唐）杜牧：《阿房宫赋》。

椁；宫观、百官、奇器珍怪徙藏满之。令匠作机弩矢，有所穿近者辄射之；以水银为百川、江河、大海，机相灌输；上具天文，下具地理。”以现代考古学验证，一些记载已基本得到证实。记载没有提到总体规划情况，但遗址现状弥补了文献史料的不足。

1. 三重宫垣的“骊山园”

古人相信灵魂不死，秦始皇不但建设规模巨大的皇宫，同时也建设规模巨大的死后安息的陵园。陵园选址在骊山北麓向北低下的几层阶地上，在骊山脚下建陵墓，深挖墓室，正可谓“穿治骊山”。现在仍然遗存的巨大的夯筑“封土”，坐落在最大的一片阶地上（图：遗稿未配图）。关于陵墓的位置，文献记载最初规划位置更接近骊山，墓圹挖掘时遇到地质问题，遂放弃而北移，即文献所谓“旁行三百丈”。考古勘查在陵墓以南 700 米，也就是秦的“三百丈”的距离，确实发现一个被填埋的深坑，完全证实了文献的记载。

田野考古已探明，在“封土”外围有两道宫垣环绕。陵园的经营，时值东周的战国末期。当时列国流行的兆域（陵园）制度，是内、中、外三道宫垣，难得保存下来的中山国王陵铜版《兆域图》限于版面只注明了“内宫垣”和“中宫垣”（图 3-1-100），可知还有外宫垣，考古调查已发现外宫垣的界碑（图 3-1-101）。参照战国时期的中山国陵园，其外宫垣为缭墙形式，范围相当广大。可以推测“骊山园”的外宫垣——缭墙也应在更广阔的外围。20 世纪 80 年代当地负责勘探的考古工作人员，已在周边的村庄附近钻探到不止一处缭墙的夯土基址，可惜由于领导的认识问题而没有继续探查下去。外宫苑与中宫苑之间，规划为大面积的林园。所谓陵园，是指缭墙以内包括广大林园在内的整体而言。现已

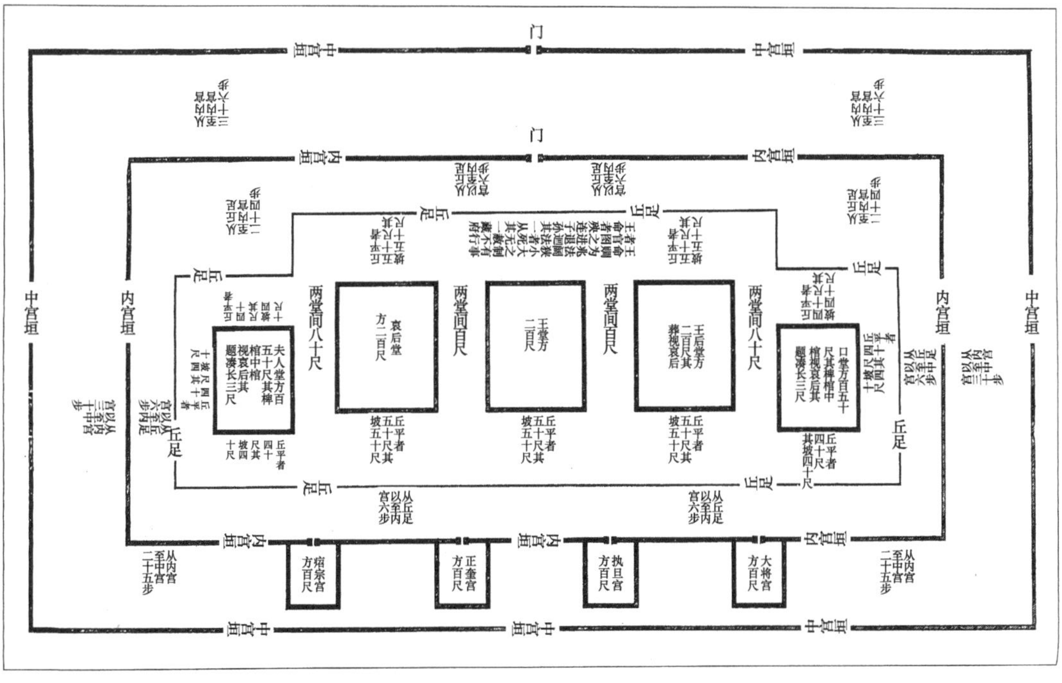

图 3-1-100　铜版《兆域图》摹本

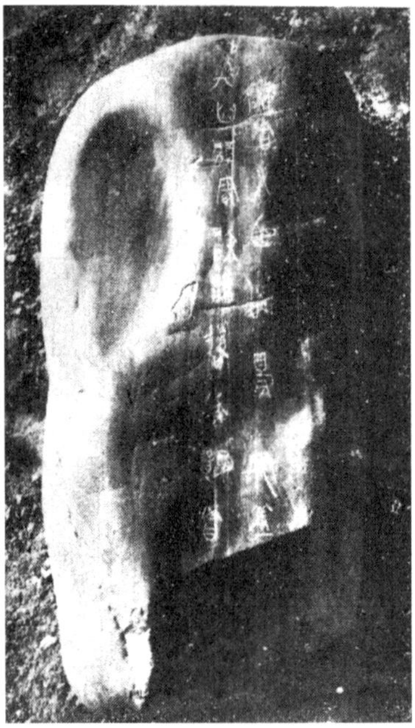

图 3-1-101　战国中山王陵区发现的大型砾石界碑

发现的被认为是陵园“外城”以外的“兵马俑坑”，并不是在陵园外，而是在外宫苑以里的林园之内。经过1998～2001年的大规模勘探，得知中宫垣外有大量与陵园有关的遗址，各种陪葬坑多分布在东、北两侧的几个阶地上。尤其重要的证据是，在中宫垣以东2350米东宴村附近，地面有双阙遗迹，这应是外宫垣东宫门的双阙无疑。外宫垣由于是缭墙形式，范围并不规则（图3-1-102）。建议有关部门在东门阙遗迹向南、北探查，必有墙基遗存；相信它可以和20世纪80年代所探到的几座村庄附近的墙基连成一体。确定外宫苑，才是真正的“秦陵博物苑”的范围。

勘探数据表明，陵园在建设期间以及后来的两千多年间，曾遭多次骊山泄洪的严重破坏。不但植被遭到损害，陵园大面积被泥石流所覆盖；而且洪水冲毁了中宫垣的南墙，并在宫内冲出一道大壕沟。

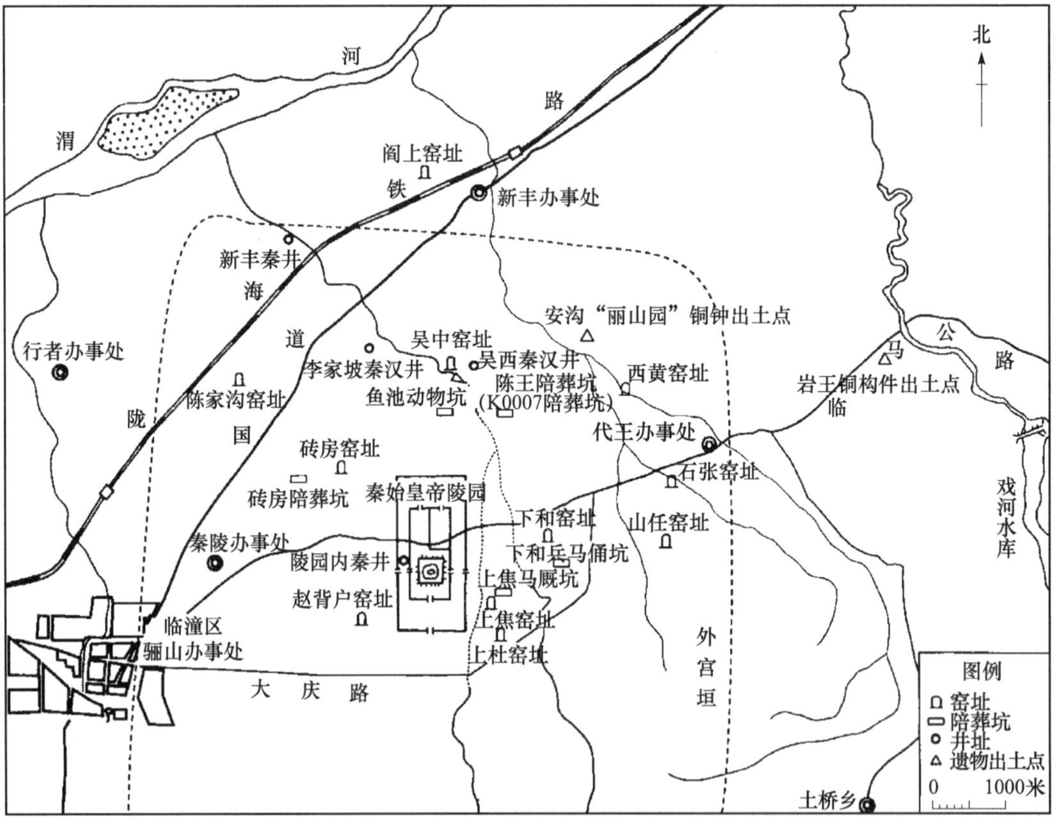

图 3-1-102　秦始皇陵外宫垣示意图

（1）宫垣、角楼与廊庑

被“普通考古学”工作者误称为“外城”的中宫垣，东西 971 米，南北 2188 米；周长 6321 米；宫内面积 213 万平方米[①]；内宫东西 580 米，南北 1355 米（图：遗稿未配图）。有简报称，宫垣四隅有角楼遗迹[②]。已发掘的内宫垣南、北墙基宽为 8.20 米，墙体底宽 3.50 米。沿内宫垣内外，都环绕有廊庑遗迹。廊庑进深 1.45 米，可知为单坡顶；廊外侧有宽 0.90 米左右的砾石散水；并伴出大量筒瓦、版瓦、脊瓦和少量脊头瓦（即脊端挡板，因上面有饕餮纹浮雕，故日本称“鬼脸板”，《发掘报告》误解为“遮朽”）。西南隅等转角处出土脊头瓦，证明廊庑转角顶盖上原是有 45°斜出的垂脊。廊壁上发现红、黑两色的壁画残迹。

（2）宫门与阙

现已发现两重宫垣的东、西、南门遗址，估计北面尚未探查到遗迹的是一座衡门（棂星门）（图：遗稿未配图）。南垣居中设置的两道南门，形制相同而略有误差。内宫垣南门址东西宽 65.40 米，南北深 18.60 米；中宫垣南门址东西 68.00 米，南北 15.40 米。

位于东西轴线的内、外宫垣的东、西宫门，形制相同而略有误差。内宫垣的东宫门址南北 77.00 米，东西进深 23.00 米；中宫垣东门南北 77.00 米，东西 22.40 米。

在内宫垣东、西宫门之外（中宫垣以里），各发现对称布置的独立三出阙遗迹。这东西两对门阙应该是一样的，但在施工中也有误差。实测遗址，东宫门左阙总长 45.90 米，母阙宽 14.60 米，次子阙宽 4.60 米；西门左阙长 44.00 米，母阙宽 44.00 米，次子阙宽 5.00 米。

始皇陵所发现的门阙遗址，是迄今为止所知道的最早的帝王三出阙遗迹实例。

2.“起寝于墓侧”的创始

以宫垣环绕的“封土”为主体，中轴对称的格局，表明它是按照宫廷制度规划的。骊山园的三道南宫门，实际上是礼仪设置。犹如都城里的皇宫，经常使用的是东、西二宫门（图：遗稿未配图）。内宫垣的范围象征宫城，其外至中宫垣以里，象征皇城。内宫垣（内墙）的范围在中宫垣里的居中部位，内宫又有横隔墙将其分为前（南）后（北）两部分；巨大的阶梯形方锥“封土”位于内宫的南部，是朝廷前殿的象征，位于“宫城”的南部，按照传统布局坐北朝南。遗址表明，“宫城”前（南）方——内宫垣以外、中宫垣内的“皇城”里，左右分列东、西“朝堂”。文献记载秦朝陵墓有新创意，即突破东周列国只建象征前朝的享堂制度，而有所谓“起寝于墓侧”的新发展。按照“前朝后寝”，所谓“墓侧”就是墓（“封土”）北。现在“封土”北已发现高台榭式“寝殿”遗址。再北的大面积地段，有南北向隔墙将其分为东西并列的两大部分。西部发现后宫“便殿”及附属建筑遗址（图：遗稿未配图）；东部发现陪葬墓群，推测应是后宫未生育子女的嫔妃们处死随葬的墓地——象征嫔妃生前居住的“掖庭”。现在“封土”北侧——“墓侧”位置留有大面

① 编者按：作者在此列出脚注，但未有内容。

② 编者按：作者在此列出脚注，但未有内容。

积的地段，紧邻处已发现“寝殿”遗迹，完全证实了文献记载的翔实。

寝殿遗址平面近方形，东西 57 米，南北 62 米，约是回廊环绕台壁的台榭式宫殿，大概与时间相去不远的西汉初期建设的未央宫椒房殿类似（图：遗稿未配图）。

3. 象征宫廷各种设置的“陪葬坑”

现已在中宫垣以里发现“陪葬坑”一百〇四座，以外七十六座，共计一百八十座。它们分别位于地宫内的各层台阶上、地宫外“封土”内、内宫垣以里、中宫垣以外的林园之内。

这些“陪葬坑”分别象征不同的部门。

（1）武库的象征

K9801“陪葬坑”在内宫垣东宫门外南侧，东西 130 米，南北 100 米，四角各有一门道。此坑形制类似兵马俑坑，即若干平行版筑墙上架设密排木梁覆土而形成地下空间。这些陪葬坑大都遭到项羽军队的劫掠和焚烧，可见原来都有地面标准，否则难以发现。局部发掘 K9801，出土青石片铠甲 150 领和青石胄十五顶。这或许是一处象征性的武库。

（2）娱乐供奉

K9901 在 K9801 南邻，中间略呈方形，两边各有斜坡门道，东西总长 70 米，南北中间宽 16.00 米，坡道宽 12.50 米。局部发掘，出土一件大铜鼎和十一件百戏陶俑，应是象征宫廷娱乐供奉的所在。

（3）前朝机构象征

K0006 位于“封土”西南角 50 米处，是迄今所知唯一没有焚烧过的陪葬坑。从此坑位置和出土的文官俑和车马等可知是一处象征性的前朝机构。

（4）苑囿象征

在中宫垣外东北约 900 米处发现平面略呈 F 形的一处陪葬坑。局部发掘了东西向的一段坑道，得知是仅见的双层棚木的结构；中间为水道，两侧台上排列大型青铜禽鸟，周围还做了象征生态环境的布置。看来这是一处象征园林水渠的苑囿。

（5）御林军象征

在中宫垣东宫门外发现的与真人等身的兵马俑坑，惊动了世界。已发掘的一、二、三号所显示的庞大的阵容，再现了始皇帝卫队的威风。

4. 登峰造极的台榭——九层之台的陵上享堂

2003 年 5 月 20 日至 21 日，中央电视台《科学历程》栏目邀笔者制作一套《寻找失去的建筑》。当时计划先播放五集，首播的第一集便是国内外观众所熟知的颇具传奇魅力的秦始皇陵。这五集连续播放后，收视率很高，获得广大观众的好评，也引起考古学和建筑史学界的注意。

首先制作的这五集当中，有四集都是早有遗址的发掘材料而发表过复原研究成果的古代名构，唯独秦始皇陵，因为缺乏考古材料，而没有进行过正式的建筑考古学研究。“始皇陵”这一集，笔者只是把三十多年以来多次向学术界谈论关于所谓始皇陵“封土”和地宫的初步判断（这一判断见诸文字发表在拙著《宫殿考古通论》）介绍出来，算是复原破解工作的“嫌疑推定”。关于地宫，由于不掌握关键材料，但也不妨做一初步推测。对于暴露在地面以上的“封土”，有现状可以考察，而且获得了借以推理的关键线索，可以提出比较切实的科学假说。笔者的这一假说，得到秦陵考古队的探查及探沟揭示的验证，其确属实。

（1）阶梯状“覆斗形封土”引起的思考

始皇陵的“封土”，现在已被绿化，很难看出陵丘的轮廓了。在20世纪上半叶，现场踏查还可以明确辨认出它的基本形状。1962年出版的《中国建筑简史》第一册《中国古代建筑简史》中录入的早期照片，有所显示；尤其是更早的摄于1906～1910年的照片就更加清楚地显示出它是三层阶级状态，而并非简单的“覆斗形”（图3-1-103）。1980年再版的修改本《中国古代建筑史》也有类似的照片，并增加了对始皇陵的描述，说它是“由三层方形夯土台累迭而成。下层台东西宽345米，南北长350米。每层台壁都向内斜收；自底至顶，三层共高43米。这陵经过二千多年风雨剥蚀，原来的体量应该更为巨大”。书中进一步发挥，写道：“累土为坟，植草树以象山。”这大概是受到历史上误解始皇陵名“骊山园”的影响，而把陵丘想象成一座人造的土山。

图3-1-103　未植树前始皇陵的封土［摘自足立喜六《长安史迹研究》（摄于1906—1910年之间）］

始皇陵被视作“封土”的陵丘夯土高台，虽然经过两千多年来水土的流失，但仍然可以看出是略呈三层台的几何形状，显然并非模仿自然山形。这在半个世纪之前就引起笔者极大的兴趣。当时由于没有考古学的知识，而无从做出进一步的思考。但多少年来总是魂牵梦绕，头脑中总是出现一座巨大台榭的影像，挥之不去。笔者在1973年，受当时夏鼐所长的邀请进入中国科学院考古研究所之后，方便与界内同仁讨教，曾多次询问始皇陵“封土”曾发现秦瓦的情况，得到的回答总是否定的。因为发现秦瓦系已故刘致平教授见告他亲历的事，所以笔者对考古调查无瓦的结论暂存疑。

先秦盛行“高台榭，美宫室”，列国统治者陵墓上的享堂，象征朝廷前殿，也是高台榭的样子。战国时期的中山王陵、魏王陵都是实证；至今未予公开披露的一个田野发掘的重大失误，陕西凤翔秦始皇祖先的春秋秦公大墓的“封土”被推掉，有成排的大柱础出土，也提供了同样的实证。秦朝建国于战国末期，建国伊始就开始了始皇陵的建设，建筑发展阶段的划分并非以改朝换代为界线，也就是说，秦始皇帝陵的作者是学成于战国时期的匠师，其作品自然是那时的形制与风格。这结合始皇陵“封土”呈阶梯状的迹象，几乎就可以断定它是台榭式享堂的遗存（图：原稿为配图）。

根据考古学提供的遗址材料，我们已经认识到至少在新石器时代晚期就出现了墓上建享堂的做法。东北地区大凌河流域的牛河梁红山文化遗址，发现积石冢上有建筑遗迹，可以证明。红山文化积石冢，在遗骸头部伴出“束发玉冠”（笔者在现场认定命名，得到中国考古学会苏秉琦理事长的认同），结合墓葬的高规格形制及随葬品，可以断定为初级酋邦的酋长陵墓。民族学材料，也提供了在墓上建享堂很可能源于原始氏族公社时期的佐证。现在仍处于原始氏族社会晚期形态的诺基族，就有墓而不坟、而在墓上设置祭祀建筑的习俗。现在已掌握殷商晚期在陵墓上建享堂的实例——小屯妇好墓上享堂，笔者考证即卜辞所谓“母辛宗”；山东前掌大遗址发现了更多的商代墓上所建“宗”的遗迹。东周列国，无论是东方还是西方的诸侯国，都是统一的陵墓制度——在墓上建享堂。已知春秋时期秦公陵墓上也有享堂遗迹，战国时期中山国、魏国也是这样的制度。东周是西周的延续，相信西周时期一定也是在陵墓上建享堂的。秦建国之初，即战国末期，秦始皇创建陵墓时，看来也是按照这一传统制度行事，并且更加发扬光大了。

（2）震撼心灵的“九层之台”大享堂

始皇陵的阶梯“金”字塔形夯筑“封土”只是一个遗迹，原状究竟什么样？尽管现在还没有做进一步的考古勘察、发掘，仍然可以做出推测。

现在遗存的这个阶梯形夯土大台，应该是和秦帝国新朝宫前殿“阿房”一样，当年对其工程质量的要求是非常高的。文献记载陵高“五十丈”，约合 116 米。据主管及具体管理部门提出的报告，勘测现状高度：顶部最高处为 87 米。探查夯筑“封土”周围，两千余年来，地面的水土流失堆积厚度不过 1～3 米，认为“封土”高度减少也不过几米。报告并推测，所谓“五十丈”可能是设计高度，由于秦末起义军战争的影响，被迫修改了设计而降低了高度。笔者未敢苟同报告所做的这一推测；考虑到去秦未远的汉文献“陵高五十丈”的记载应该是有根据的，而且这个高度符合秦始皇大尺度的大环境规划设计的气魄，所以应该是实际完成的高度，而不仅仅是一个预定高度。根据目前所能得到的材料，可推测如下。

先看一个参考材料：唐大明宫含元殿遗址，于 20 世纪 50 年代发掘时，去除高台上的覆土，发现台上大殿地坪犹存，而且保留墙体最好的部分高达 30 余厘米。千余年来殿址不但没有降低，而且上面有较厚的覆盖层。这是因为建筑废毁后，千余年来蒙古风沉降黄土的结果，由于遗址上草木丛生，保护了高台覆土免遭雨水冲刷流失。同属关中地区的这一材料，可作为推测两千余年前的秦始皇陵“封土”高度的依据。从现状看，原来“封土”的高度绝无 116 米的可能，高度究竟有多少损失，在没有发掘的情况下暂可参考含元殿遗址情况来判断。假定 87 米左右基本是原来的高度，则还缺 29 米左右的高程才是“五十丈”——约 116 米。

这巨大的夯筑“封土”与后世皇陵只是一个坟丘的封土不同，它并非原状，而是破坏后的遗迹。人们由于不了解这种形制，往往忽略了它明确显示出的阶梯形状之所以然。当然，两千余年的水土流失，使各层阶梯的垂直壁面被积土掩盖而呈斜坡状。这样的阶梯状“封土”，是我们破解原状的重要线索。战国末期始皇陵的设计，无疑是以战国时期的陵墓为蓝本，即在陵上建造模拟宫廷前殿的享堂——以夯土墩台作为核心，层层高台周围用廊庑环绕，以保护台壁免遭雨淋，并在顶上建造太室，而形成一座和战国中山王陵及魏王陵一类的更加高大、更加繁复的墓上台榭（图：原稿为配图）。当外围木结构被项羽军队纵火焚烧之后，只剩下了带有几个阶梯的所谓“封土”。也就是说，所谓“封土”实际是台榭享堂的夯土核心——“墉”。这样来看，87 米左右的台高再加上 20 多米高的主体建筑——太室，正好是 116 米左右，与文献所记的“陵高五十丈”相符合。这就是说，“五十丈”是当时陵上享堂落成后的完整高度。

进一步对照遗址来看，被称作“封土”的夯土墩台底盘四周如同岗坡，边界不清楚，笔者得到新的材料是：地面勘测的资料大致为东西 485 米，南北 515 米。看来这个资料是有问题的，已知战国时代的王陵享堂如魏王陵和中山王陵遗存的夯土核心都是方形，秦陵暂设定是正方形，若估计为 500 米左右见方，以秦尺核对，取整数二百丈比较接近，即约合 464 米。被覆盖层遮掩的遗迹尚可看出“阶梯金字塔”为三大阶级，最下面可能还有一个低矮的大台基，即中山王陵出土的铜版《兆域图》注明的“丘”。二百丈即 464 米，再加上周围的“丘”宽，就是 500 米左右了。这样，设定了享堂平面为二百丈见方。现在获得新的信息：《中国青年报》2003 年 11 月 28 日头版刊载题为《高科技把秦始皇陵内部探了个明白》的报道。根据已通过验收的“863 计划”项目“考古遥感和地球物理综合探测技术”的探测结果初步估计，位于“封土堆”下的“开挖范围主体的东西长 170 米，南北宽 145 米。开挖范围主体和墓室均呈矩形状。墓室位于地宫中央，顶深海拔高程 470 米至 480 米，高 15 米左右。东西长约 80 米，南北宽约 50 米”。

先秦陵墓的所谓“封土”，都是陵上享堂的遗址，不但战国如此（见魏王陵和中山王陵），春秋也如是（有秦穆公等大墓，发掘主持人见告）。再看秦以后，“汉承秦制”，西汉初期的皇陵“封土”也是阶梯金字塔状，文献似乎提供了汉高祖陵墓上有享堂建筑的线索，而且据说早在 20 世纪 50 年代上面曾发现柱础，四周由于水土流失而呈坡状处，残留有屋瓦。自高祖长陵之后，西汉时期的帝、后陵墓都是台榭形制。至东汉时期，陵上享堂的才被简化只剩下夯土核心，即所谓“覆斗形”的封土了，其阶梯“金”字塔的平顶叫作“方上”。从秦朝前、后墓上享堂的发展逻辑，也可以推测秦始皇陵上应该是有建筑的。

战国时期，陵上建筑是祭祀的享堂，它只是具体而微的象征宫廷前殿，中山王和魏王陵上的享堂都只是两层台上建太室（遗迹表明没有三层台，否则上面太窄，就不能建太室了），规模都不太大（图：遗稿未配图）。而这座硕大无比的秦陵，则显示为三层大台阶，如果是等分，则每层高约 29 米左右。显然大台阶的缓坡中埋藏的是几层较小的台阶，如果也等分，则可分为每层高约 9 米左右的三层。这样，“封土”总计九层，就是至尊极数的“九层之台”的一座大享堂（图 3-1-104）。《老子》讲哲学以建筑做比喻，有“九层之台始于累土”之说，可见春秋时期，就已有“九层之台”的建筑。至今还没有发现东周“九层之台”遗迹。20 世纪 50 年代《文物参考资料》曾有一则消息：四川发现东周七层台遗迹，可惜报道过于简单，而且再也没有下文了。这次经过建筑考古学的初步研究，秦始皇陵“封土”让我们真的看到了震撼心灵的“九层之台”的遗迹！

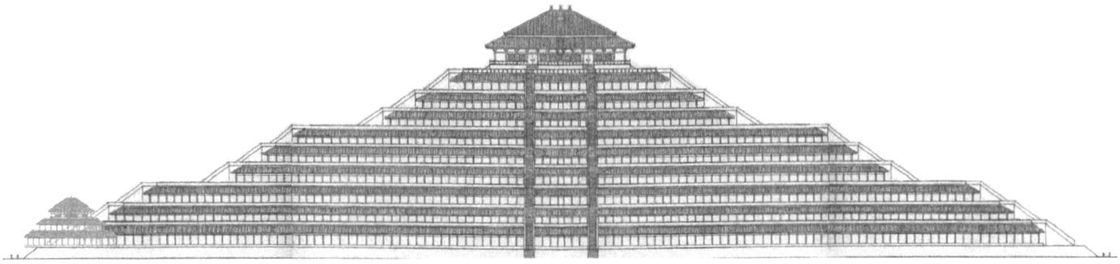

图 3-1-104 秦始皇陵复原立面图

秦朝对陵墓的发展创新，不但是进一步强化商、周以来传统的陵上享堂的形制，把它提高到宫廷前殿的重要规格和空前绝后的规模，而且“起寝于墓侧”，从而在总体规划上更加强了宫廷的象征性。近年来，在象征前殿的陵上享堂的后（北）部西侧已发现寝殿及附属建筑群遗址，历史文献的记载得到了证实。

秦始皇陵上的享堂体量巨大，以至尊的阳性极数做成土木合构的“九层之台”，显示了空前大一统的气吞山河的排场。它的底边长度比埃及最大的胡夫大金字塔大了将近一倍，可以说是人类的奇迹（图 3-1-105）。

图 3-1-105 秦始皇陵九层之台的陵上享堂

笔者的这一推测，得到当地考古工队长的证实：他从西安与笔者通话，说他于 2004 年下半年为印证笔者 2003 年在中央电视台公开做出的推测，对秦陵“封土”进行了一些田野考古工作，查清自下而上共有九层台，而且每层都有屋瓦堆积，也发现红烧土和木炭甚至有柱洞遗存，完全证实了笔者对其原状以及毁于楚人一炬的推断。

5.“下锢三泉”“上具天文，下具地理”的地宫

“下锢三泉”“上具天文、下具地理”的始皇陵地宫，到底是什么样子？也是一个千古

之谜。这里根据有限的材料，姑且做一推测。

按照“天人合一”的观念，天子与天相通，因此不但他生前的宫殿群落按照天体环境布置，他灵魂居住的地宫也要象征天、地、人的一体。文献记载始皇的陵墓地宫内是“以水银为百川、江河、大海；上具天文，下具地理”。20 世纪 80 年代初，中国地质科学研究院物理探测研究所两次对始皇陵地宫进行探测，发现“封土”中心部位约 12000 平方米范围内，有强烈的汞异常反应——黄土中的汞含量比正常值超过 8 倍（数值另有他说）。这应是地宫中象征“百川、江河、大海”的水银扩散的结果，证明文献记载是翔实可信的。

关于安置灵柩的地宫情况，汉文献除《史记》的“穿三泉”外，还有《汉书》“下彻三泉”和“下锢三泉”的记载。所谓“穿三泉”，可以只是说明多层地下水，也许是真的穿透三层地下水。从秦始皇完成统一大业导致个人意志的大膨胀，体现在万里长城、“覆压三百余里”的阿房宫等浩大工程来看，他的葬身之地，埋深穿透三层地下水是完全可能的。据探查，当地的浅层地下水深 16 米，二、三层地下水各深几许还不得而知。

地宫平面范围还不清楚，作为阶段性的讨论问题，可参考战国中山王陵享堂大台底盘与地宫的约略比例 4∶1，暂设定地宫平面为方形、边长为二百丈的 1/4，即五十丈——116 米；墓圹开口为享堂之半，即百丈——232 米见方。墓圹壁的阶梯可按大台之三大级，也分三级；每级又分为三小级，共计九级——显然是一个负的“九层之台”。其深度，参考欧洲核子研究中心对地宫的探测资料，深 50～150 米，设定为五十丈——116 米。挖掘这样深的墓圹，是怎样施工的，可略加探讨。

地宫的建造，首先要解决的是隔断地下水的问题。按建筑地段的地理形势，地下潜水是由南向北流动的。现已发现地宫南侧地下埋藏有厚达 8～9 米的拦水坝（图：遗稿未配图）。坝体顺“封土”南边东西走向，两端沿“封土”北折，越过东西轴线以北即分别向东、西延伸。坝基底深达 39.40 米，坝体的下段 17 米为沉积青泥膏做成，上段 21 米则排水改为黄土版筑（一说为夯土砌块垒砌的墙；夯土砌块古称“墼”，现在关中方言叫作“胡墼”）。按报告推算，坝顶形成开口 8.40 米、深 1.40 米的明渠。

地宫的建造，由于地下已有阻挡南面流来潜水的地下挡水堤坝，解决了地下水的主流，因此可以下挖墓圹。墓圹下挖留有二层台，是商、周开挖大墓就已有的施工经验，推测这项工程也是如此。由于始皇墓圹既大且深，似应将墓圹从口至底分作三段，即在四壁留有两圈边台，因为这样才便于出土上运的操作。

墓圹下挖 16 米左右，由于对上游潜水已有拦截，可能遇到少许浅层地下水。尽管水量不大，但必须进行防水处理。推测是靠墓圹四壁夯筑大墙，连成一圈。有一定厚度的大墙既能够抵挡地下水的侧压，也能防止渗漏。当完成第一层地下水的挡水工序后，淘掉有限的积水后，即可缩小一圈留出二层台，再向下挖。当遇到第二层地下水时，再进行同样的处理，直至第三层完成。但从前殿“阿房”版筑工程的过筛、炒熟等过分谨慎的工艺来看，当时施工惧怕出现工程质量问题，而采取了极大的保险系数。《史记》有“穿三泉，下铜而致椁”的记载，说明使用了铜材料，这显然是一种防水处理。《汉书》有进一步说明，是“下锢三泉”。“锢”是熔化金属以封堵空隙的意思，此处应该是指将铜熔化来浇灌大墙与墓圹壁面之间的缝隙，从而形成一圈阻断地下水的青铜板，这类似现在隔断地下水的钢板桩的工程做法，只不过它是现浇的熔铜。四面墙体应是连接成为一个整体方框；配合解决三层地下水，就要有层层下沉的三圈铜板桩。欧洲核子研究中心曾对始皇陵地宫做过探测，结论十分令人兴奋——深50～150米发现三圈青铜环状物！这不仅证实了文献用熔铜灌注的记载，而且证实了笔者所作的“三圈”的推测（图3-1-106）。

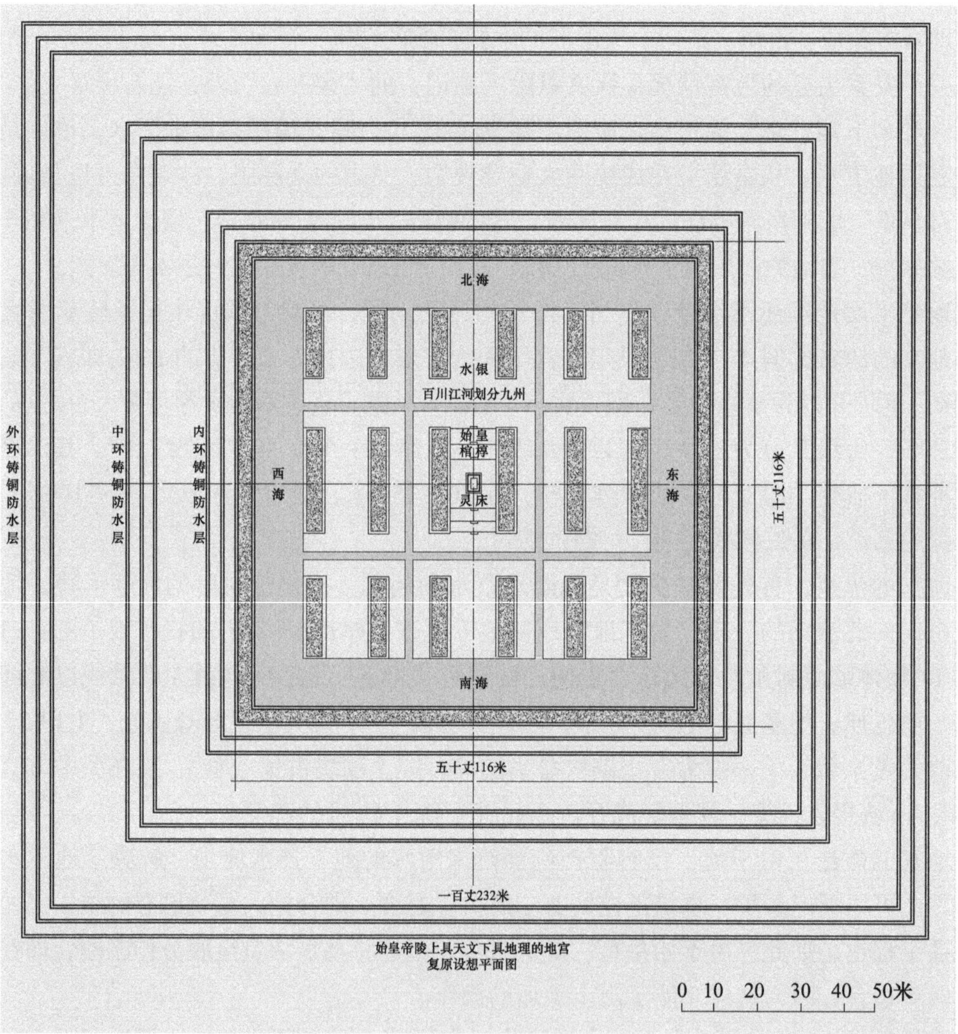

图3-1-106 地宫平面布置设想

地宫的结构，按照战国至西汉初期的陵墓地下部分的工程做法，还没有砖石拱券，而是土木结构。这样巨大的地下空间及顶部厚重的夯土荷载，推测应是始皇陵容纳兵马俑的地下建筑的方式，即采用版筑墙体及楞木过梁支撑顶盖。

关于“上具天文”：推测顶盖上彩绘象征天象的云气和用宝石等镶嵌的日、月、星辰等天体图案。

关于“下具地理”：至于地宫内用水银表现“百川、江河、大海”的布局，姑且做如下设想。

“溥（普）天之下莫非王土”，按当时的地理观，象征一统天下的国土，周围应是“四海”（据说有探测材料说西部似乎无水银的显示，被推测为无“海”）。被“海”围成的中部则应是天下“九州”的象征——用纵横水银江河划分成九个方块，正中的方块安置始皇灵柩。

报道说：“863 计划”项目所探测到的“封土”汞含量异常，其分布情况是“北、东最强，南、西次之，北、西最弱”。表述不甚明确，既说“北最强”，又说“北最弱”，大概是北东最强，北西最弱吧。总之，意思是说“封土”含汞量四面不均匀，这很可能是地宫密封四面不均匀，所以散发出来的汞量不同所致，不能简单地据此就判定地宫中汞所表现的“西部、北部无海”的分布情况。

以上，只是在正式发掘之前的一个案件推理，调查取证还有待于今后的大量科学考古的田野工作。相信我们的推断有助于探测和发掘工作的开展。

二十三、西汉未央宫前殿

切入点：

未央宫是汉帝国创建的第一座宫殿群，建设的第一期工程，包括东阙、北阙、前殿以及宫旁的武库和太仓。竣工后汉高祖刘邦来视察，见宫阙非常宏伟壮观，很是生气，训斥萧何说：“天下匈匈苦战数岁，成败未可知，是何治宫室过度也！”萧何回答说：“天下方未定，故可因遂就宫室，且夫天子以四海为家，非壮丽无以重威，且无令后世有以加也。”[①]刘邦听了便高兴起来，从此由栎阳迁居长安。

的确，建筑环境对于人们的精神是有着巨大的感染作用的，壮丽的宫殿环境才能烘托出宫廷仪礼的威慑力量。汉高祖刘邦即位之初，当年随他打天下、现已封王、封侯的众弟兄，朝见刘邦时，很是随便，有的大声喧哗，有的不行跪拜大礼。高祖遂命叔孙通制订朝廷礼仪，到高祖七年长乐宫落成时，在体量、空间巨大的宫殿里，君臣上下的距离拉大了，按照朝仪朝拜之后，皇帝赐宴群臣，诸侯王以下莫不震恐，再没有人敢失礼了。刘邦感慨地说：“吾今日乃知为皇帝之贵也！”[②]

1. 宫城

位于长安城的西南隅，相对东面的长乐宫——“东宫”来说，当时又称“西宫”。初建宫时还没有筑城，汉惠帝元年（前 194 年）开始筑城。未央宫的建造，是先建东、北两面的司马门和阙以及作为宫城主体的前殿，陆续又增建天禄阁、麒麟阁、石渠阁等。在未央宫开工时，就在东墙外建造储备兵器的武库和储存粮食的太仓。惠帝时，建有藏冰的凌室和纺织的织室；文帝时建了曲后、渐台、宣室殿、温室殿、承明殿；武帝时建柏梁台、

① 《史记·高祖本纪第八》。

② 《史记·刘敬孙叔通传第三十九》。

高门殿、武台，并在未央宫北建北宫、桂宫，在长乐宫北建明光宫，在城西郊建建章宫，并扩建上林苑，开凿昆明池。未央宫内逐年增建：门有金马、白虎、长秋、青琐诸门；殿有椒房、漪兰、清凉、玉堂、金华、长年、凤凰诸殿；另外还有昭阳、增城、椒风各舍。未央宫内的宫殿，古籍录有名称的，不下四十座。

考古勘查宫址范围近方形，宫墙东西 2250 米，南北 2150 米，周围总长二十一里多，与《西京杂记》记载"宫周二十二里九十五步"之数较为接近（图 3-1-107）。宫垣四面各辟有门，与《三辅黄图》所记"四面皆有公交车司马门"相一致。东、西各二门，南、北各一门。南门正对长安城的西安门，是由未央宫直通南郊的要道，为礼仪上的正门；实际使用中的主要宫门，是与长乐宫联络方便的东二门以及与北宫、桂宫联络方便的北二门（东侧为"北司马门"，门外有"北阙"；西侧为"作室门"）。东二门与西二门之间有东西向直路相通；偏南的东门向东直行，快捷方式与长乐宫南门相通，可能是"东司马门"，门外有"东阙"。通向西安门的南司马门直北与北司马门有大路相通；北司马门直对城市横门内大道。此门以西的另一北门，有路直通"作室"（皇家作坊，考古编号为"十号址"），应即"作室门"。作室门与北面的桂宫南门——龙楼门基本对应。未央宫总体规划仍是传统的"前朝后寝"——前部安排朝廷前殿，后部布置后、妃寝宫。前朝的主体建筑，汉朝称为"前殿"，它采取先秦的台榭形制，与后来单一的前朝殿堂不同，而是在一

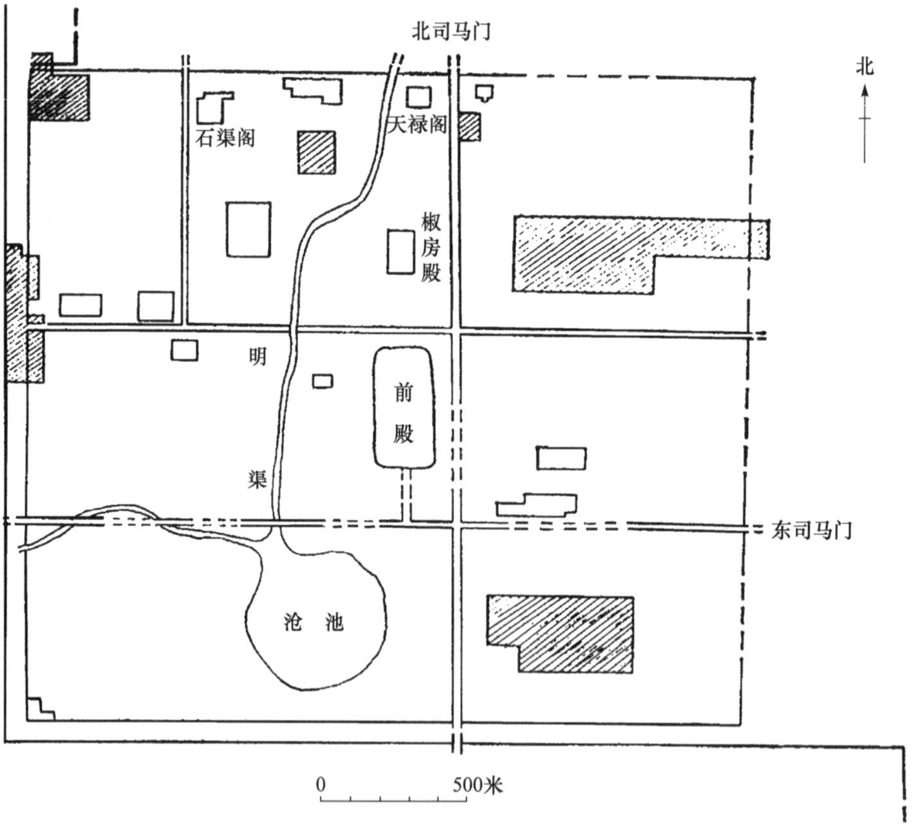

图 3-1-107　陕西西安汉长安城未央宫遗址平面图

座大台之上所建的一个建筑群，这个群组既包括前朝的大殿，又包括其后部的皇帝寝宫，所以汉朝所谓的“前殿”就是先秦的“路寝”（或称“大寝”“正寝”）。也就是说，大台本身就是一个前朝后寝的群体。前殿已做了局部试掘，其东、西两侧探得许多规模较大的建筑遗址，推测就是文献记载有名的那些宫殿。宫城东南隅发现若干体量不太大的建筑遗址，应是朝廷衙署区；与其相对的西南部是以沧池为主要景象的苑囿区。沧池面积约19.6万平方米，其中筑有“土山渐台”，以象征东海神山。考古发现在前殿之后（北）350米处，有一组台榭建筑群，应该就是后宫（《周礼》称“北宫”[①]）区域，它包括皇后所居的椒房殿和十四位被称作“昭仪”“婕纾”的嫔妃们居住的十四处寝宫——掖庭。所谓“椒房”，就是用花椒水和泥涂抹墙壁、地面等处。花椒是温馨香料，可以驱虫及恶气，有益卫生，同时还取“花椒多子”的吉祥含义。后宫以北、以西，有收藏皇家档案、图书的石渠阁、天禄阁等遗址。后宫以西，为总管皇家事务的少府（四号址）及其所辖的尚方诸作坊遗址（三号、十号、十一号址等）。现已发掘的遗址有：后宫椒房殿和掖庭的一部分（二号址）、后宫以西400米处大约为少府或其所属官署遗址（四号址）、再西近西宫垣的一处约为宫内官署遗址（三号址，出土数以万计的骨签）、宫城西南角楼遗址（五号址）。

2. 前殿

文献记载未央前殿选址在龙首原上一丘陵处[②]，考古勘察发现这块高地部分切削、部分增筑，做成大台；所以大台中有“生土”，其中有仰韶文化的墓葬，直接证明了记载的翔实。对大台的探查，发现汉文化层之下有战国秦瓦等建筑遗迹，表明在这一丘陵上早在战国秦时就建有宫殿。或推测为当时秦国赫赫有名的“章台”。据考古材料可以确知，汉未央宫前殿是在战国始建的秦宫殿基础上建立的。大台遗址由南向北，层叠高起，现存大台北部最高处，在今地表以上15米（图：遗稿未配图）。

考古因就农田灌溉渠的破坏，已清理了128米长的大台西侧南部依台壁若干室的遗迹，得知保护台壁的庇檐廊庑和后室进深残迹为13.8～15.4米；这些室有方形和长方形两种。出土物除有大量汉砖、瓦等建筑材料之外，还有铁制工具和刀、剑、镞、弩机等铁、铜兵器；个别室内出土木简（其中不少与医药有关）、封泥等。可以推测，环台廊、庑的功能为守卫士兵驻房和医疗保健的御医以及皇室杂役人员居室和厨房、库房之类的服务房间。经勘测，前殿位置，东距东宫垣990米，西距西宫垣1060米，南距南宫垣850米，北距北宫垣900米。前殿大台的底面积为南北400米，东西200米；台分三层，高差较大，现状二层台比一层高3.30米，三层比二层高8.10米。南部第一层台、中间第二层台及北部第三层台上都各探得一座大型殿堂基址。南部和中间台上的基址为长方形，钻探北部三层台上的基址似不甚规整。南、中、北三个殿堂基址的面积分别为：2680、8280

---

① 《周礼·天官冢宰第一》：“宪禁令于王之北宫”，郑玄注：“北宫，后之六宫。”

② 《昭明文选·西京赋》：“疏龙首以抗殿。”李善注引《三辅黄图》曰：“日营未央，因龙首以制前殿。”［（梁）萧统编，（唐）李善注：《文选》，中华书局，1977年］

和 4230 平方米，尺度之大实属惊人！这印证了秦新朝宫的前殿“阿房”台榭建筑群的主殿“可以坐万人”的可信性。南部的基址距大台南边 50 米；中间基址距南基址 94 米，在它与南址的中间有一东西向的夯土基址；在中基址以北 32 米为北基址。在第三层台以北，即整个大台的最后部，还有一个东西窄长的高台，它高出三层台 3 米，其上有一座建筑基址，现状南北宽约 16 米，东西长约百余米，残高约 15 米。据钻探和试掘材料，大台的中部西侧和东北隅均有登台的慢道或踏道，据此推测中部的东侧也应有对称的慢道或踏道（图 3-1-108）。东北部的踏道或慢道应是通向台顶东厨的。

文献记载，汉时的大朝——皇帝即位、颁诏、大婚、寿诞、接受觐谒以及驾崩入殓等重大典礼，都在“前殿”这座台榭式宫殿的最前面一座殿中举行；日朝，或曰常朝，则在中间体量做大的殿堂里举行。上述台榭上的三殿遗址，其前方一层台上的殿堂为大朝所用的前殿本身，它也是这整座台榭的总称，当时的“未央宫”匾额应即悬于该殿之上。其后部的中殿体量最大，应即文献所载的“宣室殿”或称“宣室”[①]，是这一群组的主体，它相对前方朝堂来说，乃是皇帝的后部寝室，所以称“室”，当时称“正室”或“正处”[②]，即先秦所谓“正寝”或“路寝”。由这座未央前殿实例的形制，便可明了先秦时期将前殿整组台榭称作“路寝”的道理。

前殿（三殿的前面一殿）内部分三段：中间为大朝时使用的主殿堂，左段为“东厢”，右段为“西厢”。皇帝平时多在“东厢”的堂中上朝听政，岁旱祈雨、群臣奏事、与太子视膳等，也都在东厢进行。未央前殿的前朝殿约与长乐宫前殿的前朝殿规模相当，文献记载长乐宫前朝殿“东西四十九丈七尺，深十二丈”，折合现行米制，约为 120 米 ×30 米，即 3600 平方米，今未央前朝殿据《三辅黄图》记载：“东西五十丈，深十五丈，高三十五丈”，稍大于长乐。今遗址前部第一层台上的殿址钻探面积为 2680 平方米，小得多，后部第三层台上的殿址为 4230 平方米，比较合适，文献所说的前殿规模可能是误指的这座后殿。

中殿——路寝，为常朝。

后殿——宣室殿，是皇帝退朝后生活起居的地方，它既有寝室也有办理政务以及宴会、娱乐等的厅堂。其巨大的空间组织也是按照“前堂后室”的原则设计的。其中央大堂，仍然作为视朝之用，而且是相当重要的朝堂——内朝（日朝、常朝）场所，它也是一个发布政令之处[③]。这里另有一些堂、室，也可供单独召见奏对[④]及内宴使用[⑤]。

---

① 《汉书・贾谊传》苏林注：“宣室，未央前（此处似脱一‘殿’字）正室也。”《三辅黄图》：“宣室殿，未央前殿正室也。”

② 《汉书・贾谊传》苏林注：“宣室，未央前（此处似脱一‘殿’字）正室也。”《汉书・东方朔传》：“夫宣室者，先帝之正处也。”

③ 《汉书・刑法志》如淳注：“宣室，布政教之室也。”

④ 《汉书・贾谊传》：“……后岁余，文帝思谊，征之至。入见，上方受釐，坐宣室。……乃拜谊为梁怀王太傅。”《汉书・何武王嘉师丹传》：“是时，宣帝循武帝故事，求通达茂异士，召见武等于宣室。……以褒（王褒）为待诏，武等赐帛罢。”《汉书・何武王嘉师丹传》：“鸿嘉中，举敦朴能直言，召见宣室，对政事得失；（嘉）超迁太中大夫。”等等。

⑤ 《汉书・东方朔传》：“上为窦太主置酒宣室。”

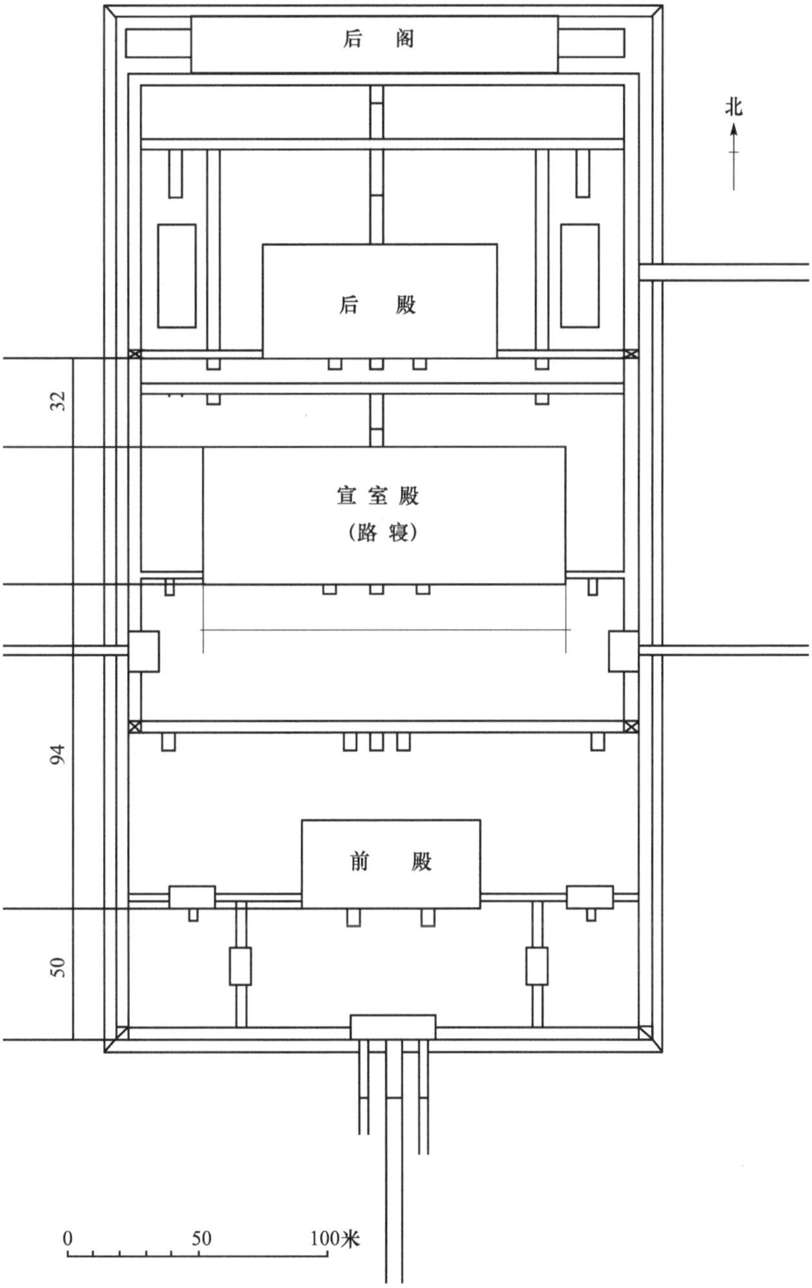

图 3-1-108 陕西西安汉长安城未央宫遗址前殿复原设想平面图

前殿高台上的最后部高起的遗迹，正是文献所记的“后阁”残存，史籍记载当年后阁中有“更衣中室”[①]。

未央前殿由高祖创建，后经武帝增饰，达到了既宏伟又华丽的地步。《西都赋》描述前殿：“重轩三阶，闺房周通，门闥洞开；列钟虡于中庭，立金人于端闱。”《三辅黄图》

① 《汉书・王莽传》：“壬午，列（烈）风毁王路西厢，及后阁更衣中室。”

描述前殿："以木兰为棼橑、文杏为梁柱；金铺玉户，华榱璧珰；雕楹玉碣，重轩镂槛；青琐丹墀，左碱右平；黄金为壁带，间以和氏珍玉。"其辉煌可见一斑。

二十四、西汉未央宫椒房殿及掖庭宫

切入点：

在前殿的后方所发现后宫遗址——一座大型台榭式宫殿遗址应即皇后居住的椒房殿，其后部相连的规模较小的台榭建筑群约即嫔妃居住的掖庭。1981 年秋至 1983 年春进行了发掘，可惜椒房殿后部的掖庭遗址仅发掘了局部，推测还有相当大的范围。文献记载掖庭十四座寝宫，即有十四个庭院，现在只揭露一个连接椒房殿东北角的台榭庭院（二号庭院）和北部相连的庭院一角（三号庭院），而且房址都未完整揭露出来。猜测掖庭的布局可能是十四座嫔妃寝宫在椒房殿后分左右排列，但并非对称。发掘简报①将椒房殿称为"正殿"，将掖庭的局部称"配殿"。

现将椒房殿遗迹和复原情况概述如下。

1. 椒房殿遗迹概况

夯土高台于 20 世纪 70 年代末农田平整土地时被破坏殆尽，发掘时一部分耕土下就是夯土。大台内含一个天井庭院，其外轮廓总体平面接近方形而东西略长——东西长 54.7 米，南北宽 47.8～51.2 米（图 3-1-109）。庭南的主台南北宽约 29 米，庭北窄长台的南北宽度为 4 米，东台宽 9 米，西台宽 4 米。大台现存高度，一般仅高出防水檐廊地面 20 厘米，最高 1 米；基础深约 2 米左右。大台东北隅向北延伸，与掖庭大台相接。大台南壁发现壁柱槽十二个，间距一般 3.5 米，下有柱础。庭院南壁也有壁柱槽十二个，十个柱础。大台东壁有壁柱槽遗迹七个（连同东南转角为 8 个），间距为 4～4.30 米。大台南壁的檐廊宽 2.4 米，外有陡砖边缘的散水宽 2.40 米；东檐廊宽 2 米。在南檐廊东数与西数第五间，各有一南北长 5 米、东西宽 3.60 米的夯土墩遗迹，残高 50 厘米，二者的东北角各遗存一个础石；遗迹表明原来其东、南、西三面有方砖包镶。大台东壁，距东南转角 5.50 米有一踏道遗迹，长 10.5 米，宽 4 米，残高 30～50 厘米。在东廊外，相距 1 米有一道与廊平行的沟槽，顺东踏道东折。槽宽 25～30 厘米，槽内抹有草泥，已被烧成红色，并有许多木炭，还有铁钉。在这一遗迹旁有南北排列的四个础坑，内有简易的瓦片基础，周围并有陡砖砌的长方形边界，似一单独的附属建筑遗迹。其北遗存水井一口，圆口，直径 1.54 米，深 8.30 米。井口有高起 5 厘米的砖砌井台，3 米见方。井用扇形砖砌成，口部向下 2.10 米一段被破坏，2.10 米以下至 7.60 米为砖壁，以下为三节陶井圈，下为黄土，底为锅底形。大台西壁的对称位置有西踏道，东西长 13.30 米，南北宽 7.10～8.30 米，残高 30～50 厘米。

---

① 中国社会科学院考古研究所汉城工作队：《汉长安城未央宫第二号遗址发掘简报》，《考古》1992 年第 8 期。

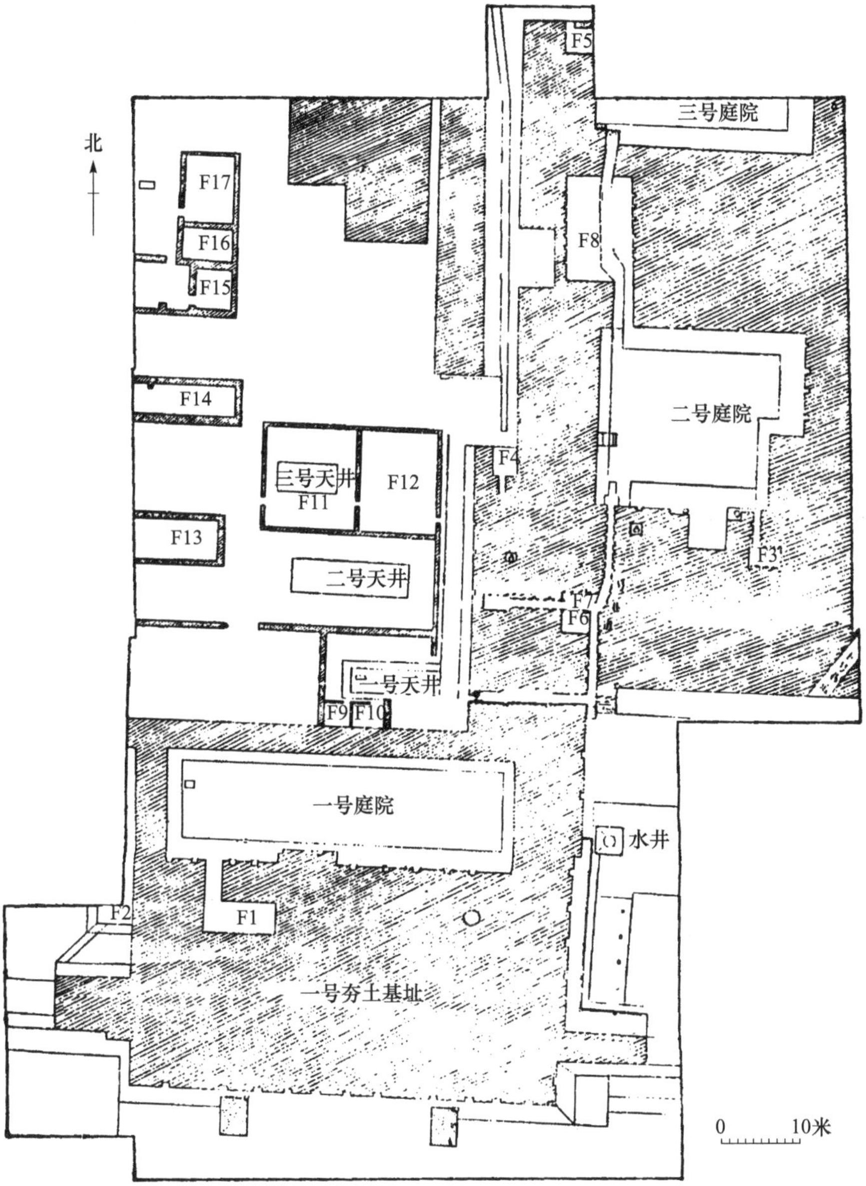

图 3-1-109　陕西西安汉长安城未央宫椒房殿遗址平面图

庭院从四面夯土壁算起，东西长 43.70 米，南北宽 12.20～13.60 米；遗迹显示原为方砖铺地。庭内四面台壁防水檐廊略高起的地面遗存陡砖砌的边缘，可知东廊宽 1.20 米、西廊宽 1.70 米、南廊宽 2.30 米（窄处 0.80 米）、北廊宽 1 米，残迹表明也是方砖铺地。南廊以北 1.10 米有一条东西向、宽 1.20 米、长 41 米的砾石甬路，路两侧有陡砖边缘。庭院地面有由东向西的泛水坡降，西廊边缘设排水井一口。井口长 1.10 米，宽 1 米，深 0.70 米，按这一深度，不似渗井，应有排水管连接，将雨水向西部庭院外排放，但简报未提到排放出口的问题。主体大台内，西北部有一暗室，朝向庭院开口。暗室东西长 87 米，南北宽 36 米；南北壁各有五个相互对应的壁柱槽，都有柱础，间距 2 米。暗室西部通向庭院的门道，宽 125 米，两壁各有四个壁柱槽，间距 18 米，无柱础。通道长 9 米，存有木门槛槽，宽 15 厘米、深 10 厘米，两侧有门砧槽。

依靠大台北壁，在平地上建有一组附属建筑，发掘只揭露了一部分，计有房屋围绕的三个天井；另外还有一些夯土基址。

2. 椒房殿复原

大台外围有防水庑檐所形成的檐廊，据此推测台高为檐柱加屋盖的高度，为 5.50～6 米。沿台边缘应设有栏杆，从东汉明器陶楼来看，或有类似的平座构造（图 3-1-110）。大台前有左右对称的两个夯土墩，这一设置也见于同属台榭形制的王莽九庙。从九庙所有的这种墩台遗迹都相对一条甬路可知，它是登台木构飞陛的支座，而并不是简报所说的“阙”。这种夯土墩台提供的飞陛支座，目的在于形成大台边缘外突的休息板，既作为飞陛与大台交接的缓冲，也便于大台的防水庑檐在飞陛断开处有所交代。河南西汉梁王陵墓前的高台寝殿也作这样的处理。早在东周时期的台榭已有这种做法，湖北潜江楚章华台遗址就是例证（章华台地处湖沼区，缺乏土壤，为了节省用土而采取木结构的墩台支座）。主台北壁向庭院凸出的夯土部分，应是台上与庭院交通的梯道，从其处于檐廊的位置看，梯口应设有防雨的棚盖。

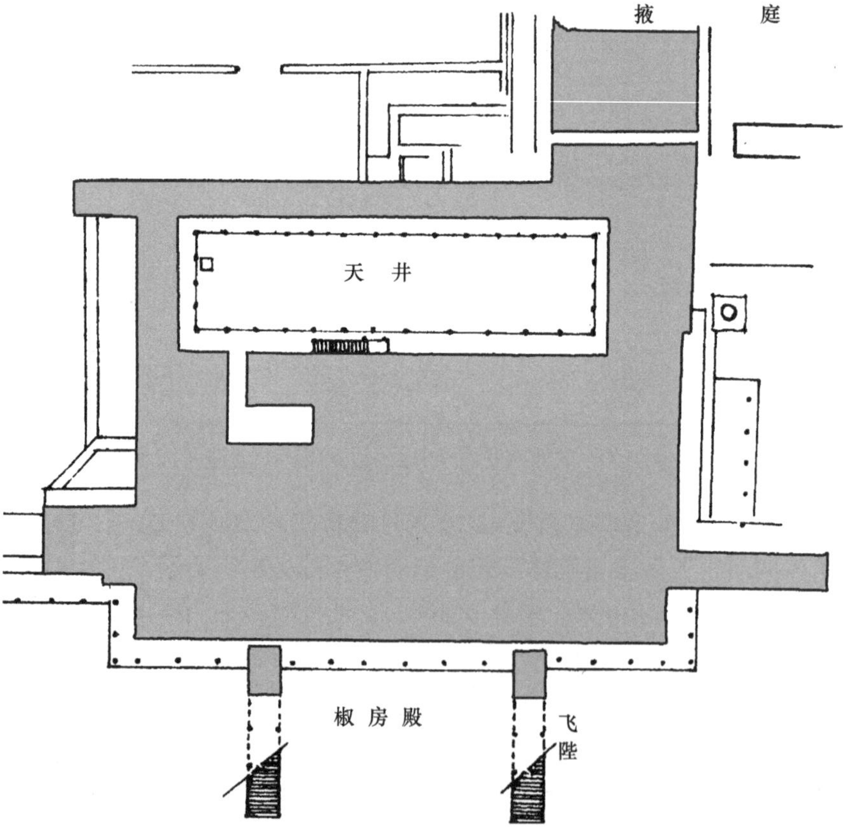

图 3-1-110 陕西西安汉长安城未央宫椒房殿复原平面图

在东西 54.70 米长的主台面上，应布置有主体大殿，按早期左右两阶、偶数开间的传统，可设定为面阔十间，间宽 3.60 米，则通面阔为 36 米；进深设定为五间，间宽也是 3.60 米，则通进深为 18 米。大殿的空间组织，鉴于殿后有围绕庭院的廊庑与大殿相连，则大殿似应有檐廊环绕；内部按传统“前堂后室”的分隔——三面布置室、旁、夹，形成中部的当正向阳的厅堂（图 3-1-111）。《西都赋》关于长安宫殿有“反宇”的描写，这座大殿屋盖可设想为四阿折面反字的形式。

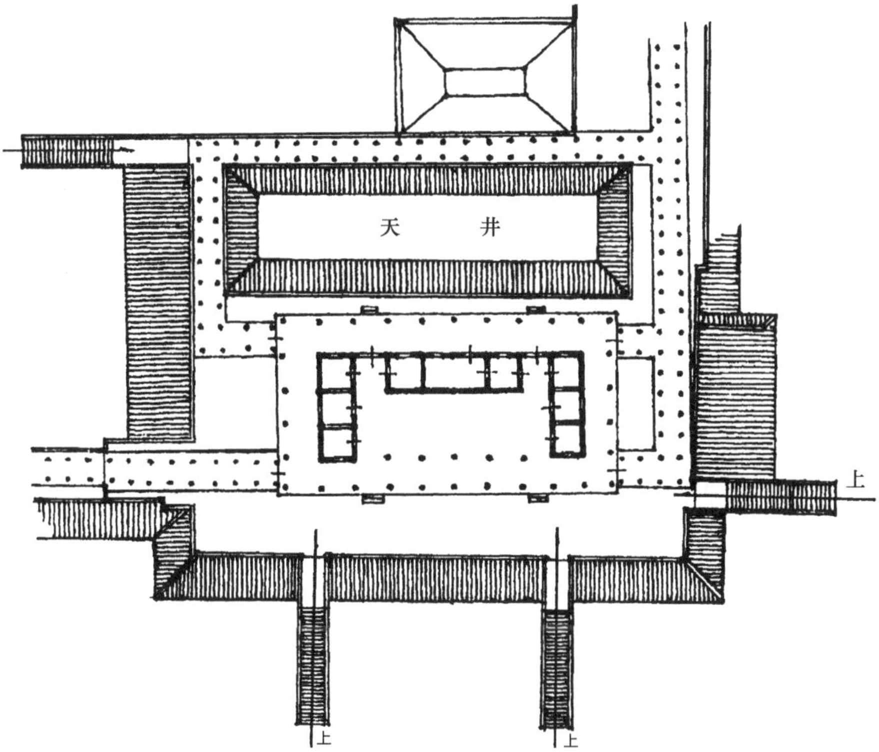

图 3-1-111　陕西西安汉长安城未央宫椒房殿台上复原平面图

深达 7.40 米（遗迹残深 1.90 米，加上大台原有高度 5.50 米）的食物冷藏窖，恰处于大殿檐廊内的东北角。已知最古老原始住房的传统习俗是把东北角称之为“宧”，是炊事、饮食的地方；遵循这一传统，从二里头夏宫殿开始，厨房就布置在大殿的东侧；直至汉朝，“东房”为厨房的位置，也便成为厨房的代称，或称“东厨”。现在椒房殿外檐廊东北角有食物储藏窖，与厨房功能正相符合。推测厨房就在近旁大台东邻的水井南侧——四个柱位的南北 10 余米的房屋遗迹大约就是。这里就近有东侧阶可以登台，向台上大殿供应饮食。厨房与大台之间的沟槽，应是隔离之用的木构栅栏之类的遗迹。

3. 掖庭情况

椒房殿大台东北部的台榭群落表明，它绝非一般附属建筑。附属建筑无须奢侈的高台，只采用地面建筑的形式，如大台北部遗迹所见。这部分遗址虽然没有完全发掘，但从已揭露的局部，已得知它是高台环绕天井庭院的形制，很像是前部大台，但具体而微。这种表现正是低于皇后的嫔妃所用的建筑，而不可能是一般宫人能够居住使用的。揭露部分已表明它是以天井为单位的若干宫殿群落，初步判断有可能就是文献所记十四位嫔妃的寝宫，也就是掖庭宫。相信以后的续掘会提供这一带后宫建筑群的进一步遗迹材料，而使我们得以深入研究。

二十五、西汉桂宫明光殿

切入点：

1997年11月～1998年5月，中国社会科学院考古研究所和日本奈良国立文化财研究所组成“中日联合考古队”，对桂宫二号建筑遗址A区（前部）进行了发掘，并有简报发表①；1998年10月～1999年4月，又对二号建筑遗址B区（后部）进行了发掘，也发表了简报②。

桂宫遗址位于西安市未央区夹城堡乡夹城堡村东约200米处，原长安城未央宫北、直城门与雍门之间、紧邻西城垣。《三辅黄图》记载：“桂宫，汉武帝造。”“桂宫在未央北，中有明光殿、土山，复道从宫中西上城，至建章神明台、蓬莱山。”③现已探出桂宫南北长1800、东西宽880米。“二号”宫殿遗址位于桂宫城垣内的南部，简报说其南正对未央宫北垣西段的作室门。如果勘测无误，这就是说，在这座宫殿正南桂宫的南垣对应未央宫作室门处应有南门——正门；而此殿是与桂宫南门相对的，则此殿为桂宫的前殿——明光殿。简报以此殿与未央宫椒房殿（二号建筑遗址）相似而认为“这座建筑很可能是后妃的重要宫殿”，这种单一表象的模拟，是欠妥当的。因为西汉时期的一般台榭宫殿都是前部为主体大台、后部为较矮台榭或一般平地矮台基的宫室；台榭前设左、右阶，而且多作飞陛。未央宫皇后居住的椒房殿如此，西汉梁王陵墓的寝殿如此，就连更早的东周时期楚灵王的章华台也是这样的。所以见到这样的宫殿就认为是“后妃的重要宫殿”，是过于简单的判断了。

明光殿是由前殿、也就是皇帝正寝（A区）与嫔妃后宫（B区）所组成，这里分别复原论证如下。

1. 前殿（遗址A区，图3-1-112）

明光殿的前部是一个高大的台榭，它是皇帝驾临时所使用的前殿——既有作为视事的殿堂，又有皇帝正寝的宫室，“明光殿”的匾额应即悬挂在这座高台殿堂之上。这里，根据遗址情况进行复原探讨如下（图3-1-113）。

---

① 中国社会科学院考古研究所、日本奈良国立文化财研究所“中日联合考古队”：《汉长安城桂宫二号建筑遗址发掘简报》，《考古》1999年第1期。

② 中国社会科学院考古研究所、日本奈良国立文化财研究所“中日联合考古队”：《汉长安城桂宫二号建筑遗址B区发掘简报》，《考古》2000年第1期。

③ 《三辅黄图》引《关辅记》。

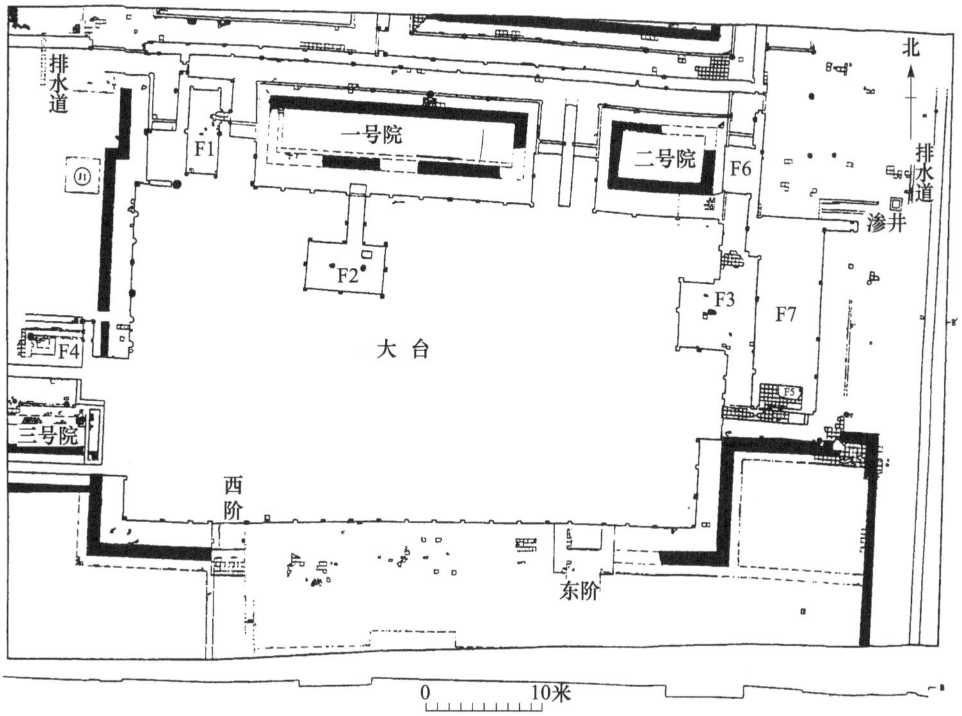

图 3-1-112　陕西西安汉长安城桂宫明光殿前殿遗址平面图

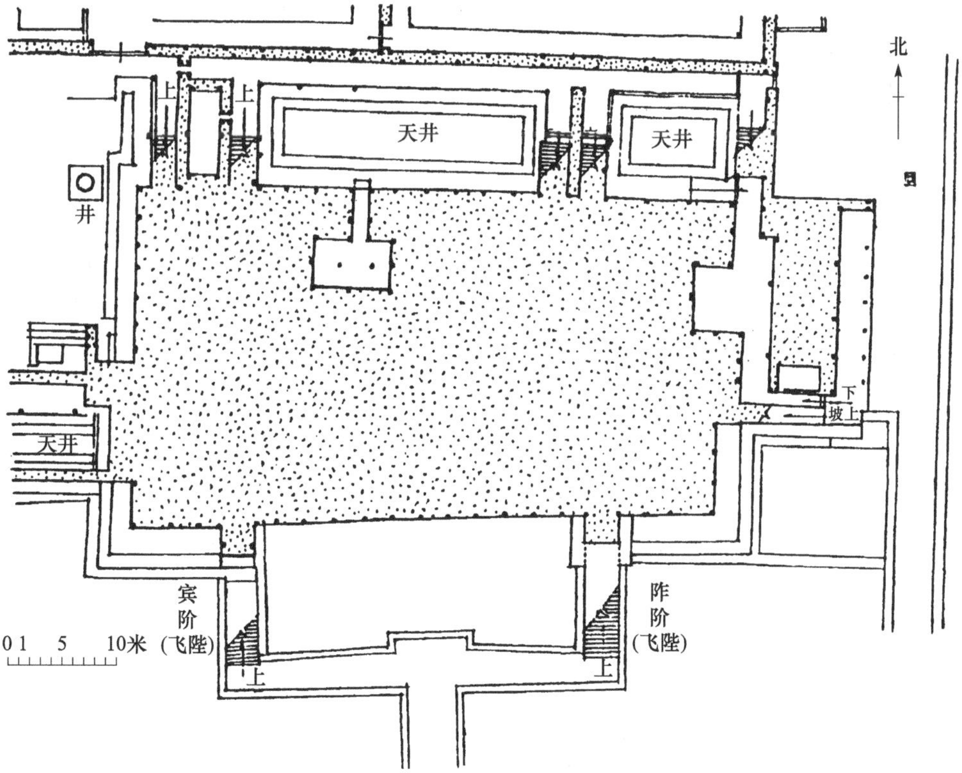

图 3-1-113　陕西西安汉长安城桂宫明光殿前殿复原平面图

围墙 已发掘了明光殿东侧的围墙，残长 50.05 米，宽 1 米，残北壁分别揭露了 11 和 12 个壁柱。高 5～25 厘米。被简报称作“北墙”的，实际是向北围拢的北部宫室的围墙，并不与东墙相接。“北墙”残长 67.20 米，宽 1.05 米，残高 23 厘；南已揭露的西段有一个门，宽 4.80 米，从遗迹可知门向北院内开启；木门槛宽 25 厘米，埋深 10 厘米。门道南侧有 1.90 米长的慢道，8° 坡；此处向西有 2 米宽的廊道。

大台 明光殿主体台榭遗址东西 84 米、南北 56 米，遗址保存基本完好。已揭露部分是这座台榭式宫殿前面的主体，也就是大台部分，即 1999 年简报所谓的“南院”。这一叫法不太恰当，所以在 2000 年 1 月发表的简报中改称为“A 区”。

大台（墉）平面为不甚端正的矩形，简报文字所记大台东西长 51.10 米，所指应是南面的长度，而附图所示南面边长约 48 米。简报所记台的南北宽度为 29 米，实际上台的东、西两侧宽度不同，东侧窄、西侧宽。图面所示东侧宽约 26.1 米，西侧约 28.50 米。残高 29～36 厘米。

大台四壁皆有间距不等的壁柱，外有防雨庇檐，檐下形成廊道，道边有散水。这里的散水有瓦片、砾石的不同材料和不同纹样的富有装饰效果的铺装。大台系版筑，壁面用土坯包砌；坯面涂抹 2 毫米的细泥，以黏结瓦片，瓦片表面涂抹厚 3 毫米多的滑秸泥。南壁现存 21 个壁柱槽和柱础，柱间距不等，一般在 1.85～3.45 米。东壁曲折，现象较为复杂，以致简报的报道有错误。被发掘者误认为房间的“F7”和“F6”，实际是大台的组成部分，即“F7”和“F6”是实体不是空间。“F7”的东边即大台的东壁。此大台东端内，含有巷道及暗室——F3。简报误将 F3 的西壁指为“殿堂台基”的东壁，因而也就误将此暗室西壁的三个壁柱遗迹误认为是台东壁的遗存了。西壁现存十个同样的壁柱遗迹，简报忽略了 F1 西壁的南端也是大台的组成部分，所以认为“西壁现存九个壁柱”。这里，顺便强调一下：遗址发掘简报应该是客观地、准确地叙述遗迹现象，这就是所谓的科学性。能否如实地介绍遗址是至关重要的，因为它被视为古代遗迹、遗物的原始记录，是进行科学考证的基础。对于遗迹现象如果发掘者不能准确地认知，可不作解释，而只是客观地加以表述即可，决不能作主观地“复原”臆测，因为臆测的错误会把下一步的研究引入歧途。有些表述也要注意，如简报所说“现存……壁柱”的这一说法，也与遗迹现象不符。其实，木壁柱早已毁坏无存，发掘所见的只是壁柱的遗迹——残存的壁柱槽及其底部的柱础。这种对遗迹现象的“复原”性质的说法，尽管对壁柱的认知无误，但它不是“现存”的，而是遗迹，所以也应避免按原状叙述。

台壁有壁柱加固，证明是高台。其高度，从已知战国时期中山王陵享堂遗址所遗存的二层台来看，约为回廊的高度，即大约 5 米左右高。所谓回廊，实际是出于台壁防水的庇檐，所以不要求沿台壁回环通行，而常是被登殿的踏道或慢道所断开。回廊宽度可从平面知道：铺砖的廊道宽 2.05 米，其外为 1.05 米宽的散水，出檐滴水应落在散水上，则檐出约为 2.50 米左右。廊的地面铺砖损失殆尽，其前檐柱础也随之损失掉了，参考壁柱推测檐柱开间约为 3 米左右，应基本是等间距的。此台散水的铺装材料不一，西侧为瓦片砌成，其余是砾石铺装的。

左、右阶（飞陛） 大台前沿有东、西两阶遗迹，简报误认为是极其低矮和极其短促的“坡道”。按其坡度，大约只能登上不到 1 米高的台基。其实，这是登上 5 米左右高台的飞陛遗迹。

东阶距东南隅 7.20 米（图面所示约 8 米），西阶距西南隅约 8.10 米（图示约 7.70 米）。东阶遗迹，简报文字记述“东西 5.40、南北 4.20 米”，这是连同阶旁铺地砖的宽度，其实东阶夯墩遗迹的东西宽度约为 2.80 米（简报记作 3.10 米，是误将西边残存的铺地方砖包括在内了），其南北长为 2.10 米。西阶保存了两个壁柱遗迹，可证它是高起的夯墩，推测与大台等高，即它是飞陛与大台相接的“休息板”支座，其构造情况一如未央宫椒房殿，二者的区别只是一个与大台相连、一个与大台略微分离就是了。简报所谓“坡道”的坡度——东阶 2.7°、西阶 2.5°，是对夯墩旁散水铺地砖泛水面的误解。

东、西飞陛之间的地面用方砖铺装，其形状略呈“凹”字形。在两陛（阶）之间的这一方砖铺装的小广场，是礼仪实用所要求的。由两陛向南延伸的甬路，推测至宫门附近即行内折，相互连接而形成一条东西向的甬路，再与中轴在线“丁”字相交、向南铺装至宫门。这是汉承古制所保守的堂涂甬路铺装方式，是宾、主按礼的规定入门后分别通过庭院登堂的必由之路。

侧阶 在大台东侧暗室的东西向入口通道以南，有 10.8 米长、1.40 米宽的登台侧阶遗迹（简报指为“廊道”），如系廊道，应与南北向廊道相接，既然转角处被大台占据，则应是由此衔接登台的阶梯。从遗迹来看，这一侧阶有可能是木梯——飞陛。

北阶 大台北面有东、西和东北隅三个向北延伸的通道遗迹，除东北隅为单道外，其余两个均为双道。

东通道位于大台北面距大台东北隅 11.50 米，被一条约 1 米厚的南北向版筑墙分为东、西两道：东道宽 2 米，西道宽 2.25 米。这个与大台相连的夯土通道遗迹，有加固壁柱表明它原是较高的登台阶道；而且夯土遗迹北端尚残存 1 米宽南上大台的斜坡，东坡为 24°，西坡为 21°。按理两坡应该是相同的，既然不同，可知这是大台被破坏后（现在仅存 30 余厘米高）、在历史上长期暴露中被践踏的结果。也就是说，其坡度原来都应该更大，甚至很可能原来不是斜坡而是台阶被践踏成坡状了。从平面的长度可以知道它原来是一条台阶状的踏道，且看：残存“坡道”长为 1 米，从大台北边到残存“坡道”为 4.50 米，则“坡道”的总长度原为 1 米 + 4.50 米 =5.50 米。

在 5.50 米这样短的距离内登上 5 米左右高的大台，其斜坡的角度将近 44°，绝不可能是慢道，而必须是踏道。关于踏道的做法，根据秦咸阳宫和碣石宫采用印花的大空心砖做踏步，推测这里可能是在夯土胎上、铺设空心砖做成登台踏道。

这条踏道的下部尽端有木门槛遗迹，可知有门的设置。按简报所说，门以南即为踏道，可知门只能是向北部廊道开启的。门以北的横、竖廊道用方砖铺地，前檐都设有木版装修，廊道向天井（一、二号院）应有门相通。东西横向的廊道就依靠在这座前殿的北墙上。

殿北踏道直抵廊道的门，为防雨水，踏道必须也是设有顶盖的，即踏道为“阁道”或曰“复道”的形式。这样，阁道上端应与大台上的殿堂建筑相接，雨天由台顶大殿至北部的廊、院，不至于淋雨。这种用阁道、复道相接的做法，是秦和西汉所盛行的。

西通道位于大台西北隅，被 F1 分割成东、西两道。两道及门的遗迹与大台东侧踏道的情况相仿佛（简报误将 F1 的东、西墙算在踏道的宽度之内，其实它与东侧踏道的宽度是一样的），只是与大台东侧踏道残存遗迹的坡度略有不同——此处东踏道遗迹为 17° 坡，西踏道遗迹为 24° 坡。24° 坡与大台东部踏道相同，但又出现了一个 17° 坡。坡度的不同，说明都不是原状，而是践踏的遗迹。可知这里与大台东部一样，也是踏道的遗存。

东北隅踏道被发掘者指房间——F6，其遗迹现象一如其他两组踏道，即北面是一个门槛槽，门槛南为踏道的夯土遗存。所不同的是，这座登台踏道与下到暗室 F3 的通道呈立体交叉，所以其夯土不与大台连接，而是在“二号院”南廊处截断。推测截断处与暗室顶的构造相同，是用木梁、板架空，上面再铺垫夯土与大台结为整体。

奴婢居室（F1） 在“一号院”西侧、两踏道间的隐蔽处有一个大房间——F1，应是役使人员的住处。其平面东西 2.80 米、南北 7.30 米；室内为方砖铺地。墙厚 1 米，南墙与夯土大台相接，东、西墙的南段与夯土踏道相接。朝向东廊开门，门口宽 70 厘米，门口转角有壁柱；在外门口壁柱间设置木门槛厚 20 厘米，埋深 10 厘米，即门扉靠近外墙，向内开启。大约在东墙上、门的北侧和西墙与门相对处开窗。

暗室 大台内有两间暗室——F2、F3。

F2：在北部，东西长 6.75 米、南北宽 4.10 米；并有宽 1.40 米、长 4 米的巷道通往“一号院”的北廊，在大台北壁的两个壁柱之间设门，遗址存有木门槛遗迹，得知门槛厚 25 厘米，埋深 7 厘米。门槛以外的大台北廊、亦即“一号院”的南廊地面，高于暗室地面 20 多厘米，有 85 厘米长的慢道坡下此暗室。暗室的四角和四壁中间都有壁柱，巷道两壁及口部转角也设有壁柱，壁柱都有石础。室内地面涂抹 2 厘米厚的滑秸泥；在东北部巷道口东侧的地面上有一个东西长 85 厘米、南北宽 60 厘米、深 16～18 厘米的浅坑，其用途不详。室内四壁和巷道两壁的做法是：在夯土壁包砌土坯，部分是先在夯土上贴瓦片，再砌土坯；表面抹 3 厘米厚的滑秸泥，再抹 0.5 厘米厚的细糠泥面层。中部左、右有两个对称的圆形石础，表明原有两个支柱。在跨度仅有 4.1 米的房间内还要设柱，从而形成约 2 米的小跨度，这说明上部荷载之大。可知顶上密排大梁、并铺垫较厚的夯土，做成与夯土大台一样的表面。

F3：位于大台东部，与一条南北向的巷道结合在一起，有南北两个出入口。南口朝东，由一条东西向的宽 95 厘米的通道进入，再右转入南北向的巷道，达到暗室。由于暗室地面低于室外，则此通道是逐步下降的——开始是两步夯土台阶，第一步下 20 厘米，台阶宽 20 厘米，再下 15 厘米。平道休息板长 1.55 米，再接 1.4 米长、16° 坡的慢道，再接 4.50 米长的平道，共下降 90 厘米，达到巷道和暗室的地坪。此 4.50 米长的平道北侧，有一个在大夯土台掏挖出的小室——F5，东西长 3.80 米、南北宽 1.90 米。小室的东壁是在夯土上直接抹滑秸泥，西、北壁是在包砌的土坯上抹滑秸泥。南墙为 30 厘米厚的土坯砌筑，接近中部相距 70 厘米立有二柱，中间是门；其东侧可能有一扇窗。室内与通道一样，为砖铺地面。在此通道右折进入南北向的巷道处，设有门，门与巷道等宽，为 2.40 米，遗存有埋置木门槛的宽 20 厘米、深 12 厘米的沟槽。

北入口在“二号院”的东南隅，由宽 2.10 米的院南廊坡下 3.30 米，坡度为 15°；再接 90 厘米长的平道休息板，其尽端、即大台东北隅转角壁柱处设置入口的板门，存有 20 厘米厚的门槛遗迹。进门右转进入南北向的 2.20 米宽巷道，通向暗室。

暗室的南北长 6.90 米，东西包括巷道总宽也是 6.90 米。室内及巷道都有壁柱；接近室中部有一支柱；地面为方砖铺装；壁面包砌土坯，并滑秸泥抹面。

这一包藏在夯土大台之内的半地下暗室——F3 与下面将要谈到的东房庖厨联络方便，有可能是食物储藏的库房和酒窖之类。

东房庖厨　在大台东部、考古编号所谓“F7”这一夯土遗迹东侧，有长 18.50 米、宽 2.60 米的东房。其前檐有木装修遗迹——厚 20 厘米、深 6 厘米的木灰槽，推测原为可以装卸的木槛墙，上部为可以支摘的窗，即当时所谓“闉”。这里正是传统庖厨的位置。此东房内为方砖地面，前面有同样铺装的场地，附近又发现排水道、“渗井”等遗迹，看来颇有庖厨的可能性；而且它紧邻登台的侧阶，便于向台上供应运送食物。

这里以北 10 余米长宽的房屋和场地，也应同样是东房庖厨的性质。在当时，庖厨面积相当大，因为它需要具备粮食加工、牲畜屠宰等一系列的功能内容。由于此地破坏严重，无法深入探讨。

大台西侧附属部分　此部有 1 米厚的墙体、“三号院”、F4、水井（J1）、排水道等遗迹，因尚未发掘完毕，暂不探讨。

台上主体殿堂　先秦至西汉流行的所谓“台榭”即我们时常叫作“高台建筑”，基本形制是在夯土高台之上建造殿堂。战国时期是其建造高潮，台高有“九层”之说，台上的殿堂是一个建筑群。西汉时，一般只是一层高台，台的高度为一层房屋，即台壁防水庇檐所形成的廊高；台上也只是一座主殿或附有少许陪衬建筑。西汉皇帝的正式宫殿是未央宫前殿，桂宫是别宫，其主体明光殿是皇帝临幸时的驻跸之所，形制按照未央前殿，只是简单许多。台上的建筑也应是一座“前堂后室”的大殿，前“堂”用以为“朝”，后“室”用以为“寝”。所以前殿既是“外朝”，又称“正寝”（图 3-1-114）。按西汉武帝时期，大约殿堂还作偶数开间、左右阶制。可设定大殿八间，每间面阔 4.60 米左右，则通面阔为 36.80 米，加上 2.50 米宽的周匝副阶，通面阔可达 41.80 米。设定进深三间，若尺寸与面阔同，则通进深为 13.80 米，加上副阶，为 18.80 米。大殿的左、右阶与登台的左、右飞陛保持同一轴线；北面东部双阁道正对大殿的东数第二间；大殿西北隅副阶与西阁道相接。

从大台的平面东部突出形状来看，主殿的东侧可能还有一座体量较小的“东堂”，或曰“东厢”。自三国时期以来，宫殿形成东、西堂的制度，皇帝往往在东堂办理朝政和进行起居活动。

关于殿堂的做法和形制：应是砖石包砌台基、左右阶、方柱、抬梁屋架、叠置栾栌昂，木构施以彩绘；屋盖为四阿、折面反宇。

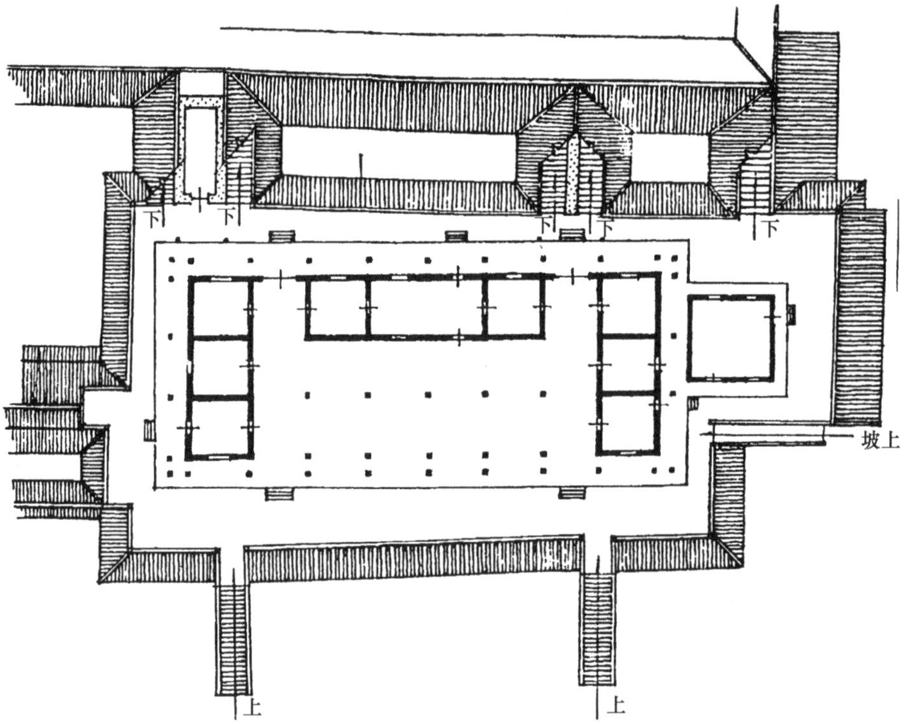

图 3-1-114　陕西西安汉长安城桂宫明光殿前殿复原上层平面图

2. 后宫（遗址 B 区，图 3-1-115）

前殿北墙以北，为后宫部分（B 区）。后宫也是台榭式建筑，遗址也没有发掘完，东、北部的遗迹都延伸到探方以外，主体大台的东边界只能根据钻探材料予以推测（图 3-1-116）。

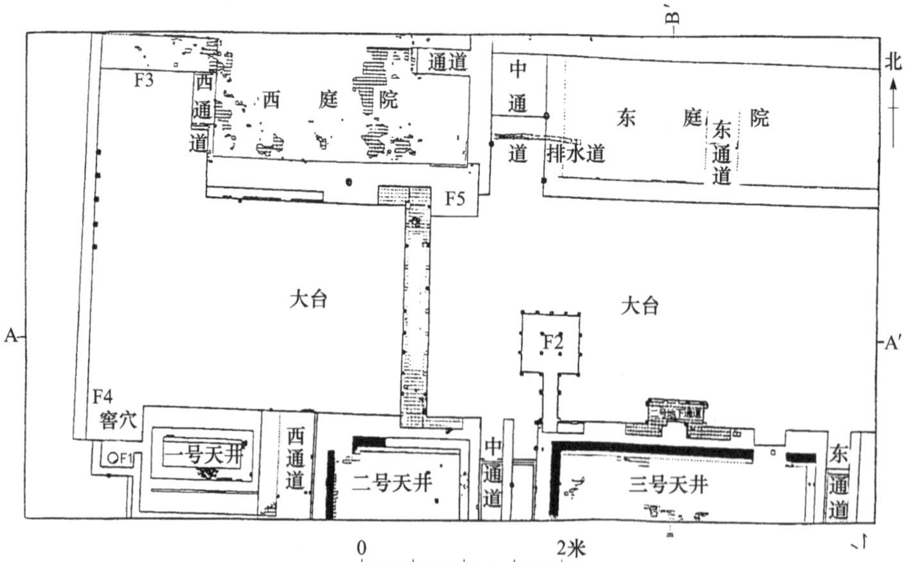

图 3-1-115　陕西西安汉长安城桂宫明光殿后宫遗址平面图

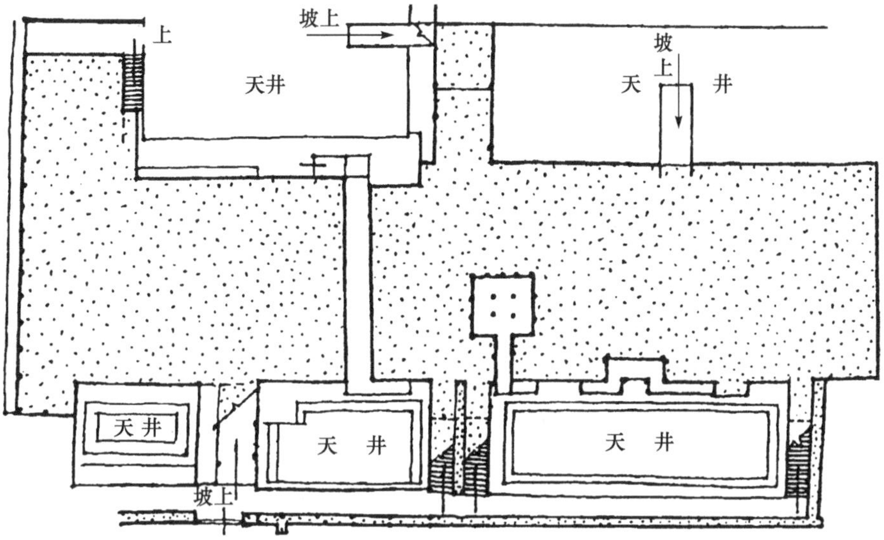

图 3-1-116　陕西西安汉长安城桂宫明光殿后宫复原底层平面图

大台　后宫大夯土台平面东西长约 84 米，已发掘长度为 77.50 米，东部的南北宽约 22 米，西部的南、北均有展宽，总宽度为 32 米（遗址图 35 米）；大台残高 7～48 厘米，基础深约 1.60 米。台四壁都有壁柱遗迹，可知也是高台，从登台踏道较短来看，可能台的高度比前殿略低。

大台四壁包砌土坯，表面涂抹 2 厘米厚的细泥。大台西部无廊道，而只是 4° 坡的散水，宽 1.20 米。大台无廊，这也表明防雨庇檐的出檐较小，即台较矮。大台南、北有廊道，南廊宽 2～2.20 米，为方砖墁地，西段临“一号天井”部分有立栽瓦片的散水，宽 90 厘米；中部廊道临“二号天井”部分和东部临“三号天井”部分，散水均为砾石铺装；天井均为方砖墁地。大台北部面临“西庭院”的廊道宽 4 米；面临东庭院的廊道宽 2 米，直接与方砖墁地的庭院相接，均无散水。

登台通道　大台南、北各有几条登台的通道。

南部中通道与前殿的北部的东双踏道相同，也是居中设墙，分东、西踏道。墙厚 1 米，踏道各宽 2.30 米左右（从其南的平道外侧有 20 厘米厚的木坎墙遗迹来看，踏道也应有 20 余厘米的拦护坎墙，则踏道净宽约 2 米多），经践踏的残坡皆为 18°，长皆为 28 厘米，已被削平部分皆为 3.80 米长，残坡长与被削平部分的长度之和即踏道平面投影长为 4.08 米。前殿踏道平面投影长为 5.50 米，推测其台高约 5 米左右，此殿踏道较短，推测台高约 4 米左右。

东踏道位于中部双踏道以东 28.50 米，东靠 1 米宽的版筑墙。踏道宽 2.20 米，除去拦护木坎墙，净宽 2 米。残坡长 55 厘米，20° 坡。

大台南部的三个天井内，都有一个木楼梯直登大台。“一号天井”的木梯在西部联系前、后大台的通道西邻；“二号天井”内的木梯在西北角，“三号天井”的木梯在东北角。

西部通道与联系前殿与后宫的主要门户相接，距大台西壁 17.50 米，在东侧的“二号天井”与西侧的“一号天井”之间。通道宽 3.45 米，长 10.30 米，西侧与一 1.8 米宽的铺砖甬路相并行；通道夯土遗迹两侧边缘都有柱迹，有铺地砖痕。推测这里的顶部是一个联系前、后殿的架空的复道。复道的楼板标高与大台持平，其南端架在前殿的北墙上，略向东转折，即南折通向前殿大台。复道通向大台的一段，就是前殿 F1 的楼层，F1 东、西墙向北的延长线上、在后殿二号天井的南廊边有二柱迹，应是这段复道的北端的两个支柱。这一“之”字形的复道，是前殿与后殿台顶交通的通道。西侧 1.80 米宽的甬路，仅南端残存铺地砖，推测这是一个向北登上后殿大台的木构楼梯。

北部中通道基本与南通道相对而略偏东，其宽度与南部双道略相当，为 5.35 米。北段有残坡迹象（简报记作“3°”)，表明这是一条登台的慢道，其总长为 7.6 米 +5.95 米 = 13.55 米，坡度略小于 1/3。此处有横穿这一通道、沟通东西两侧院的雨水排放管道；所用的排水管为耐高压的五角形管（穿越西汉长安城垣的排水管道即属此种），进一步证明了这确系一个较高的夯土部件——登台坡道。

在这条中部慢道的西侧，还有一条从西院内由西向东登台的夯土慢道。其宽度为 2.40 米，残存长度 60 厘米；从残坡上保存在原位的几何花纹方砖来看，其坡度为 22°。这是唯一一个有准确坡度的慢道，它可作为复原其他慢道的参考。从这一慢道可知，其西侧的宽 2.50 米的所谓“附道”，实际是一个高起的由后殿大台直通北面（尚未发掘）的南北高台通道。

北部的西通道距大台西壁 9.50 米，从门南开始为坡道，宽 1.70 米，残坡 19°，长 40 厘米；被削平的长度为 6.50 米，坡道正投影总长为二者之和，即 6.90 米，应是踏道。

北部的东通道位于东部庭院，已被破坏殆尽，仅遗存东、西边界的个别陡砖，得知它是由北向南登台的，其宽度为 3.10 米；西边界距中部登台慢道 15.90 米。推测它与西院内的登台通道一样，也是一个夯土慢道，设定其坡度和平面长度与西院慢道相同。

大台内外的房间、巷道 依靠大台有房间，台内还有暗室和巷道。

依大台北壁、面向西庭院有进深 5 米的一列房屋（简报仅认定其东端的 F5)，沟通南、北院的巷道考古编号为“一号地下通道”，其北口即设在此排房屋内。

巷道入口宽 1.70 米，向下坡 28°，坡长 3.20 米，坡上有边长 35 厘米的方砖痕迹，坡道底部尽端有一道陡砖遗迹，然后与一段东西 2.10 米、南北 1.75 米的平道相接；它与南北巷道相接处，也有一道陡砖遗迹。

巷道由此向南直穿过大台通往台南的“二号天井”的北廊，宽 1.8 米，长 19.5 米。两壁有相对的壁柱 11 对，间距 1.67～2.19 米，有柱础；壁面包砌 24～28 厘米宽的土坯。地面铺边长 34～35.6 厘米的方砖。

巷道的南口与北口形制相同，只是从东面进入的；也是坡下，坡度 17°，坡道宽 1.1 米，长 4.2 米，为方砖铺砌。

“二号地下通道”在大台南壁，面向三号天井，有东西两个入口。东口宽 1.10 米，下坡长 3.13 米，坡度 24°，几何纹方砖铺面。此慢道接 1.35 米长的平道，即转入台壁内 5.30 米长、1.48 米宽的平道，再折出西道。西道与东道略同，也是经一段 1.37 米长的平道然后上 2.60 米长、28°坡的慢道。这凹进台壁再出来的一段巷道，是何用途，尚不得而知。

F1 是大台西南隅“一号天井”西侧的一个小储藏室，内部空间东西 3.30 米、南北 2.40 米。门宽 1 米，墙厚 80 厘米。其中有一窖穴，系夯土中挖成，深 3.30 米，内设 4 厘米厚的陶井圈，口径 94 厘米。窖内出土不少猪、鸡等遗骨，可知为储藏食物之用。

F2 是一暗室，位于大台中部偏东处，向南开口，前有巷道直通大台南壁。巷道口在三号天井的北廊即大台南壁的西北隅、东折由慢道出入。慢道宽 1.10 米，长 2.74 米，17.5° 坡。慢道尽端即为长 56 米、宽 1.45 米的南北巷道，其两壁顺砌土坯一道，用滑秸泥抹面，厚约 6 毫米。巷道和暗室均有壁柱，垫有柱础。暗室为 5.60 米见方，四壁砌土坯，抹滑秸泥，白灰罩面。滑秸泥地面，厚 2.6 厘米，表面平整光滑。中部设有四柱，东西、南北的间距均为 1.80 米。

简报误认为房间的“F3”和“F4”，都只是大台的一部分。

庭院与天井　大台北部有东、西两个庭院，西院东西长 25.50 米，南北宽 10.80 米。地面为方砖铺装，有向北的 5° 泛水坡。

东院东西长 31 米、南北 11.50 米。遗址破坏较甚，推测铺装情况应与西院相同。

大台南侧的三个天井，由西向东的编号分别为“一号天井”“二号天井”“三号天井”。都是方砖铺装，四周回廊前的散水由瓦片或砾石铺成，用陡砖镶边；特别具有装饰性的是二号天井的西廊散水，它是用条砖陡砌，划分成菱形格纹样，内填瓦片。三个天井内都设有直通台上的木楼梯。

台上殿堂　当时皇帝的正寝在未央宫，就是所谓的前殿。前殿高台之上是一组宫殿，作前朝后寝布置，所以前殿有寝宫。皇后的寝宫在未央前殿之后，即椒房殿。其他别宫之内也都有皇帝寝宫，就在别宫前殿内。因为是次要的离宫别殿性质，所以前殿高台上往往设一座前朝后寝的宫殿就解决了。别宫的后寝应是嫔妃的住所。这里明光殿的后宫，应是嫔妃们居住的。皇帝嫔妃，在汉朝有所谓夫人、婕妤、昭仪等称号，她们的住所分散在各宫之中，也就是说，各宫之中都是美女充之。

这座明光殿后宫高台的长度大于前殿高台，但是按照规格此台之上的宫殿不应大于前殿，则可以认为后宫大台上不是一座殿堂，而是两三座，每座殿堂都小于前殿。今根据大台南、北中通道考虑，设定后宫台上是在中通道的左、右设置两座宫殿。每座面阔八间，每间 4 米，通面阔可达到 32 米；进深三间，通进深 12 米。这两座殿堂的内部空间也作前堂后室的划分；方柱、抬梁、施以栾栌；屋盖可作并厦两头造。

《三辅黄图》记载：“桂宫……中有明光殿、土山。”今明光殿遗址北部恰存一个土丘，土丘显然是被后世农民取土及因水土流失而减小了，并且部分被削作断壁、掏挖了几座窑洞。按当时皇家造园保持轴线的构图章法，土山应位于中轴在线。现在这座中轴在线的土丘应该就是当年土山的遗存。

二十六、西汉杜陵上的享堂及寝殿、便殿

切入点：

杜陵是西汉宣帝的陵墓。宣帝刘询，字次卿，为武帝曾孙；生于公元前91年，死于前49年；于公元前74年即帝位，在位二十五年。他在位期间，政治比较清明，社会比较稳定，被史家称为“中兴”时期。

宣帝“元康元年（前65年）春,以杜东原上为初陵,更名杜县为杜陵”①。可知杜陵之名源于杜县；而杜县取名于杜地。杜在周时为伯国，后来因衰落而附于秦，直至被秦所吞并，而改为县（前687年）。杜县故城遗址位于今西安市南郊杜城镇；杜陵位于杜县以东10.5千米的鸿固原，又称“杜东原”。

1. 陵园总体概况

杜陵在今西安市雁塔区曲江乡三兆村南；陵区范围：东西3千米，南北4千米。陵区位于鸿固原的最高处，南望逆光、柔和的终南山倩影，北眺层叠如锦绣的京师宫观，东临浐水、白鹿原，西傍宜春下苑，四面风景宜人。

普通考古学工作者认为，“杜陵地面上的封土体形如覆斗”，顶和底部的平面都是正方形，分别为50米和175米见方；所谓“封土”实际是陵上享堂的遗址，高29米。经钻探得知，陵墓四面正中各有一条羡道通向地宫。四条羡道的大小、形制等基本相同。道宽一般8米，封土边下的羡道底深达20米。此陵承袭武帝和昭帝的随葬制度，墓内随葬金银财宝、鸟兽鱼鳖、牛马虎豹等,《晋书·索琳传》载：三秦人盗发杜陵时，“多获珍宝”。

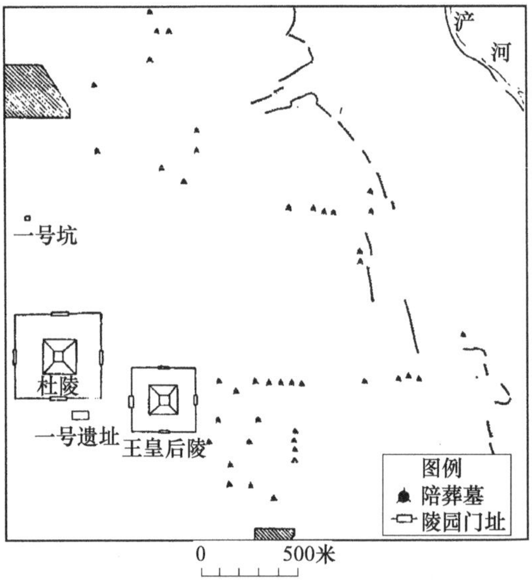

图3-1-117 陕西西安汉杜陵遗址平面图

象征宫城的陵园，平面是方形，边长430米；陵上享堂遗址即“封土”，位于陵园中央（图3-1-117）。园墙损失荡然无存，埋藏在地下的墙基宽8米，深2.50米。四面墙垣正中各有一门，西、南门已进行了试掘和钻探，东门和北门已进行了发掘。四门情况基本相同，门距封土120米，门址通宽85米，进深20米。门由门道、左、右塾和左、右短廊所组成（图3-1-118）。

2. 陵上享堂

所谓“封土”即陵上享堂遗址，现状高29米，推测和少陵一样，原来也是三层台上建太室。

---

① 《汉书·宣帝纪》。

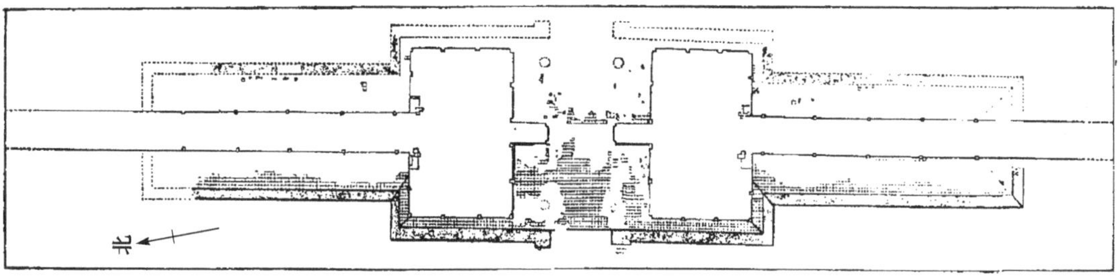

图 3-1-118　陕西西安汉杜陵遗址东门平面图

3. 寝园总体布局

“汉承秦制”，杜陵和其他西汉帝陵一样，是按照“前朝后寝”制度，在象征宫廷前殿的陵上享堂之后布置寝殿的。寝殿、便殿和服务性设置等建筑群，由围墙环绕，形成一个独立的环境（寝殿在西，便殿等在东），当时称为“寝园”，简称为“园”。如汉高祖长陵的寝园即被称作“高园”；又,《汉书·韦贤传》说：“园中各有寝、便殿。”此处所谓“园”，即指“寝园”。西汉时不止皇帝陵设寝园，皇后陵也同样有寝园；甚至皇帝的父母、祖父母及兄弟的陵墓附近有的也设置寝园。杜陵的寝园遗址，是目前唯一经过考古发掘的汉朝皇帝陵寝实例。

《后汉书》记载：“秦始出寝，起于墓侧，汉因而弗改。”[①] 考古勘测在秦始皇陵的陵园内城中心、墓冢中轴在线以北 150 米处发现东西 57 米、南北 62 米的大型夯土遗址。从其所在位置和廊庑环绕中心土台的建筑形制，以及线刻菱形纹石的地面铺装和直径 61 厘米的脊头夔纹陶挡板等高级装修来看，这应是寝殿的遗存。西汉承秦制起寝于墓侧的具体情况，前、后期有所不同。这一规划体现出前朝后寝的宫廷格局。或认为当时是坐西朝东，寝在陵墓以北，即是“墓侧”。西汉初期也是按照这一规划布置的，如汉太上皇陵、高祖陵、吕后陵的墓冢中轴北面都发现大型建筑遗址，当属寝殿无疑。这就是说，当时的寝殿与陵墓结合为一组，是建在陵园之内的。有人推测大约从景帝的阳陵开始，寝殿被安置在陵园以外，一般在帝陵东南。

以寝殿为主体的寝园与庙堂一样，是死者灵魂的住所，也是对死者进行祭祀的地方。它仿照皇帝生前所用宫殿的基本形制，但是具体而微。所以文献记载：“‘寝’者，陵上正殿，若平生路寝矣。”[②]

杜陵的寝园位于陵园东南，依靠陵园南墙东段外加东、南、西三面墙垣围合而成。东西长 173.80 米、南北宽 120 米。南墙宽 1.30 米，铺砖台基宽 85 厘米，散水宽 1.04 米。东墙宽 1.50 米，墙外与墙基相连有 1 米宽的陡坡散水；西墙宽 1.60 米。南面有三门，其一是寝殿南门；其二是以东的便殿南门；其三是最东侧的角门。从角门这一带的遗迹来看，寝园的东南隅迹象仍向南延伸，南部并未发掘。推测寝园以南尚未发掘的部分，有可

---

① 《后汉书·祭祀下》。

② （汉）班固著，（唐）颜师古注：《汉书·韦贤传》，第 3116 页。

能是陵寝管理机构“寺吏舍”址，复原研究此处暂存疑。

寝殿南门东西 28.80 米、南北 8.60 米，门口宽 7 米，门道深即墙厚为 1.40 米，门道坡状。两侧有 1 米宽的沿墙砖台基，其外为 1 米宽的砾石散水。

便殿南门宽 1.91 米，外有 17° 坡的慢道；有砖铺甬路通向南面。东南隅的角门，坐西朝东，门口宽 76 厘米，有踏道二级，门前紧临地漏。此门显然是供杂役出入之用。

东门位于东北隅，开在东墙上，宽 2.22 米，门道即墙厚——1.50 米，居中设木门槛，埋深 5 厘米，厚 22 厘米，高度应在 30～50 厘米之间。门道及附近为方砖铺地。门内北侧有一间门房，东西 3.45 米、南北 4.65 米，其南面西侧设 81 厘米宽的门，东侧应有一窗。房内出土西汉铁矛等兵器，据以推断这里是卫兵的值班房。东门外 2.10 米处有一条南北向 78 厘米宽的砖路，与北部的陵园东门相通。

西门正对寝殿的西廊，门道中间有一道 95 厘米厚的隔墙，将门分为并行的两个门道，各宽 2.90 米。

4. 寝殿

寝殿位于一个回廊环绕的近方形的庭院当中，作严格的中轴对称布置。殿左、右与廊相接，廊的中间有隔墙将廊分为并行的双道，在使用上可能是“左出右入”。左、右廊的中段各有 4 米宽的门沟通南、北庭院。值得注意的是，大台距南门很近，南院极为局促，而北院远大于南庭院，正是祭祀活动的场地。看来寝殿是面向北部陵墓布置的。

寝殿台基四周有壁柱遗迹，证明为高台。壁柱截面 33 厘米见方，下有洁白的柱础，础面略高于外廊地面。发掘者的研究报道，“柱基部箍以铜鑕，……八角形鎏金铜鑕”云云[①]，既然说是“箍”，怎么又是“鑕”呢？“鑕”是础上的垫块，它被垫在柱脚下。如果是箍在柱脚上，则它应该是“釭”而不是“鑕”了。因为未见实物、图样和照片，对此暂存疑。台及墙壁涂以麦糠泥，表面涂白垩，再施粉红色。

发掘所见高台损失殆尽，高台上的殿堂遗迹无存，而研究著作却说：“寝殿通宽（东西）13 间，进深（南北）5 间。……可以肯定，寝殿东西门内为东西厢，或称东西阁……”显然是误会了。看来是把高台壁柱遗迹误认为殿堂建筑的开间了，同时又把殿两侧廊的门道与殿之间部分误认为“厢”或“阁”了。

高台大小，包括四周檐廊宽度，为东西 55.40 米、南北 33.50 米；廊宽 2.10 米，则台东西为 53.30 米、南北为 31.40 米。台南、北均设左、中、右三阶（被发掘者误解为“三门”），南阶宽 4 米，北阶宽 4.20 米，遗迹表明南、北阶都是木构飞陛。台四周檐廊为素面方砖铺地，外有 1 米宽的砾石散水，散水外用几何纹方砖镶边（图 3-1-119）。

台上应有一座殿堂，设定为八间面阔、四间进深，每间 45 米，则通面阔为 36 米，通进深为 18 米；外加 3 米副阶周匝，总面阔 42 米，总进深 24 米。四阿重屋、反宇屋盖。

---

① 刘庆柱、李毓芳：《西汉十一陵》，陕西人民出版社，1987 年，第 89 页。

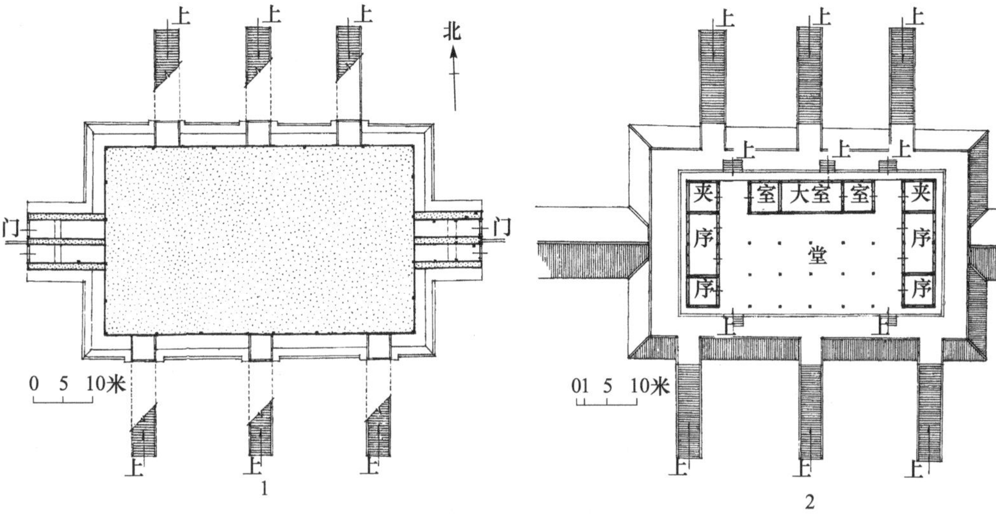

图 3-1-119
1. 陕西西安汉杜陵寝殿复原底层平面图　2. 陕西西安汉杜陵寝殿复原上层平面图

关于寝殿的功能，作为“陵上正殿”的“寝”，既是“若生平路寝”，则其使用也是按照皇帝生前的礼仪来侍奉。寝殿中的“堂”内，设置象征皇帝的“神座”；“日祭于寝”“日上四食”的日常奉祀是：寝园中的宫人们每日要随鼓、漏来理被、枕，具盥水，陈庄具以及进奉饮食。每逢重大的礼仪祭祀活动，则更是隆重如皇帝生前的朝会。东汉继承了西汉陵寝制度，从东汉典籍的有关记载可以有所了解：“东都之仪：百官、四姓亲家妇女、公主、诸王大夫、外国朝者侍子、郡国计吏会陵。昼漏上水，大鸿胪设九宾，随立寝殿前。钟鸣，谒者治礼引客，群臣就位如仪。乘舆自东厢下，太常导出，西向拜，折旋升阼阶，拜神坐。退坐东厢，西向。侍中、尚书、陛者皆神坐后。公卿群臣谒神座，太官上食，太常乐奏、食举，舞《文治》《五行》之舞。”[①] 从这一记载可知，重大祭祀主要是在寝殿前的庭院和寝殿内进行的，所以我们推测宽阔的北庭是前庭，这样才可适合礼仪活动的使用要求。

朝廷前殿有东、西厢，陵寝照此也设有东、西厢。这座杜陵的寝殿是一座简单的台榭，推测其台上仅有一座大殿。这里的所谓东、西厢，可能就是大殿中的东、西序，亦即商、周时期的东、西“旁”。陵寝的重大祭祀活动，是从东厢进入大堂，并“退居东厢”。

5. 便殿

汉高祖长陵近旁建造了寝殿，“以象平生正殿路寝也；又立便殿于寝侧，以象休息闲晏之处也”[②]。这里有也便殿，在寝殿东侧，与寝殿东翼廊有门相通。便殿及服务性的房屋都不是高台建筑，而一般是低矮的台基——廊庑、殿堂的夯土台基连为一体。

象征皇帝生前“休息闲晏”使用的帝陵寝园便殿，其功能是安置皇帝生前用过的衣

① 《后汉书·礼仪上》。
② 《三辅黄图》。

物，以及举行一些奉祀仪式；便殿的附属建筑，则是存放葬仪时曾使用的和祭祀所用的仪仗器物（乘舆、虎纹衣等），还有奉祀官员和守卫军士所用的房间，以及饮食供品加工制作的厨房、仓库等；祭祀的筹备工作也是在这里进行的。

便殿这一部分，从南门进入之后，迎面是一个回廊环绕的天井（研究报告称“殿堂南院”）。再北进，为第二进檐廊环绕的天井——东西 15.62 米、南北 3.94 米，即研究报告所谓的“殿堂北院”，其实它与前院仅隔一道廊庑，此处为穿堂而过的中门，并不是殿堂；此院可能有西厢。第二进天井的北面才是主体建筑——便殿的所在，近旁的厢房可能是“更衣别室”或陪陵的皇帝嫔妃居室之类。便殿之后，又有第三进天井（研究报告所谓“殿堂大院”）。天井东西 15.65 米、南北 9.40 米，有 1 米宽的檐廊环绕；可能也有西厢。第三进天井以北，还有东西并列的两个天井（“西大院”“东大院”）；东天井的东侧，有一南北狭长的天井，其东侧即是寝园的东门。

便殿的墙、柱遗迹无存，推测东西长度略与天井相等；便殿的南北进深，略小于南、北二天井的距离。

便殿以东部分，除中部有两间大型房屋外，一般空间较小而密集。紧邻大型房屋的南、北、西侧，有三个小房间中各发现一座储藏窖，窖内出土有大量腐朽的粮食和牛、羊、猪、禽、鱼之类的动物遗骸，以及漆器残存的鎏金铜件、铁鼎等残块、西汉五铢钱和王莽时货币等，推测大房屋为祭祀服务的东厨所在。这里的部分房间除酒和食物的储藏、加工之类，还应有存放礼器、仪仗之类的库房以及管理官员和勤杂人员的住所。

二十七、西汉长安明堂辟雍

切入点：四面围夯土台。

1. 汉长安城南郊明堂辟雍的认定

汉朝在秦一统江山的基础上，致力于进一步完善统一帝国的制度。当时称作“儒术”的治国之道，曾经暴秦的镇压之后，在新的经济基础上又显示出极大的实用价值，从而逐渐为汉朝统治者所器重。至武帝时，在大儒董仲舒等的不断奏议下，实际上已开始采纳儒术之说；元帝以后，更进一步明确借助儒术治国。汉儒推崇西周统治秩序，因而把鼎盛时期的周王礼制建置奉为王（皇）权象征的典范，大力提倡兴建作为礼制性的明堂、辟雍、灵台、太庙、太学等建筑。武帝时不但采纳董仲舒的谏议，兴建了太学[①]，而且在众儒的提倡下，还不止一次组织建立明堂之议[②]。

---

① 《汉书·董仲舒传》。

② 《史记·孝武本纪第十二》：“元年，汉兴已六十余岁矣，天下乂安，荐绅之属皆望天子封禅改正度也。而上向儒术，招贤良，赵绾、王臧等以文学为公卿，欲议古立明堂城南，以朝诸侯；草巡狩、封禅、改历、服色。事未就，会窦太后治黄老言，不好儒术，使人微得赵绾等奸利事，召案绾、臧，绾、臧自杀，诸所兴为者，皆废。”《汉书·武帝纪》：“议立明堂，遣使者安车蒲轮，束帛加璧，征鲁申公。”

明堂原是周朝廷前殿，当时奉祀祖先的宗庙，也采取明堂形制，因而后儒也称之为“明堂”。《宋书·礼志》说：“《周书》：清庙、明堂、路寝，同制。”这是可信的，正像王国维所说：“明堂者，古宫室之通制也。”[①]汉儒所描述的神圣化的西周天子明堂，虽有一定的模糊了的实际根据，但由于时代相隔，又缺乏科学考据，所以无论对其形制还是用途的认识，都极为混乱。同时还有“明堂外水曰‘辟雍’”[②]和“辟雍”为“圆如璧，雍以水”的说法[③]等。有人又把太庙、灵台、太学与之混为一谈，各人的猜测不同，颇有争议。汉儒主观臆测明堂形制的同时，并附会以儒术的说教，其中又往往混杂黄老之言。元封元年夏，武帝因封禅、求仙事，欲建明堂，遂下令再议古立明堂。

元封二年，济南人公玉带提出《黄帝时明堂图》，果被武帝采纳，令“作明堂汶上，如带图”[④]。这是西汉时建在泰山的原始“明堂”，它与西周作为专有名词的“明堂”不同，实际上是当时农神崇拜的“社”。至于武帝时是否在都城长安建起了明堂，其说不一。蔡邕说：“武帝封禅，始立明堂于泰山，犹不于京师。元始中王莽辅政，庶绩复古，乃起明堂辟雍。”[⑤]《汉书·平帝纪》：“元始四年二月，安汉公（即王莽）奏立明堂辟雍。”同书《王莽传》说：“元始四年，莽奏起明堂辟雍，为学者筑舍万区。”又，张竦为刘嘉上奏，也有关于王莽“建辟雍，立明堂，班天法，流圣化”的颂词。此外，王莽始建国两面铜镜的铭文还有“更作辟雍治校官”及“新兴辟雍建明堂”之句[⑥]。

《三辅黄图·明堂》引应劭《汉书》注却说：“汉武帝造明堂，王莽修饰令大。”宋敏求《长安志》说：“灵台、明堂汉武帝造，在长安南。平帝元始四年，王莽奏复修明堂辟雍。”比较早晚不同的记载，并对照考古材料，看来王莽创建长安明堂辟雍的记载是可信的；即终武帝一世，未能在长安南郊建起仿周的明堂。据《汉书》，成帝绥和元年刘歆的父亲刘向曾提出兴建辟雍的奏议，这也是武帝时未在长安建立明堂辟雍的一个证明。该项奏议因刘向于当年死去，未久成帝也相继死去，所以未能实现，直到王莽时方由刘歆等建成。1956～1957年在西安西郊大土门村，即汉长安城安门外大道东，所发掘的遗址[⑦]，原即王莽执政时所建明堂。西汉末王莽执政时，又以朝廷名义组织鸿儒重臣专门研究周代明堂，并把最后批准的明堂复原设计方案在长安南郊建了起来。这座明堂比后来东汉时期在首都洛阳南郊建设的明堂以及唐代武则天当上“大周皇帝”以后在东都洛阳宫城中轴在线建起来的创新的明堂，都更接近周王明堂的原状。这里就西汉王莽时在长安所建的明堂遗

---

① 王国维：《观堂集林·明堂庙寝通考》。

② 《大戴礼记·盛德》。

③ 《太平御览》卷五三四引《礼记·礼统》。

④ 《史记·封禅书》；《汉书·郊祀志》。

⑤ 《太平御览》卷五三三引蔡邕《礼乐志》。

⑥ （日）梅原末治编：《汉、三国、六朝纪年镜图说》第一册《汉代纪年镜》，图版第二，规矩兽带镜铭文：“唯始建国二年新家尊，诏书□下太多恩，贾人事市不财啬田，更作辟雍治校官，五谷成熟天下安，有知之士得蒙恩，宜官秩，葆子孙。”日本《考古学大系》汉式镜第一卷，第73图，始建国三年镜铭文：“新兴辟雍建明堂，然于举土列侯王，将军令尹民所行，诸生万舍在北方，乐中央。”

⑦ 唐金裕：《西安西郊汉代建筑遗址发掘报告》，《考古学报》1959年第2期。

址，讨论其原状，可以作为对西周明堂了解的参考。

汉长安南郊的这一遗址（图 3-1-120），虽经破坏，但平面布局基本清楚。总体外围有圜水沟，圜水以内为方形宫垣，四面辟门。宫垣内四隅有曲尺形配房，中庭地坪整个抬高，呈大台状；中央又筑圆形地基，布置一个四面朝向的高台建筑（图 3-1-121）。这个四面设堂、室的高台建筑，显然是汉儒所描述的明堂形象。《汉书·王莽传》记载："更始，众兵烧九庙、明堂。"考古发掘已知"九庙"位于安门外大道西。《汉书·王莽传》记载，地皇元年王莽颁布的诏书中说到建宗庙于"金水之南，明堂之西"。对照这一遗址，恰在一条宽 21 米河渠（"金水"）故道之南，"九庙"遗址以东。所谓"明堂"，正是指的这里。北魏《水经注·渭水》所说"明堂"，大约也是指的此处。该书记载渭水"东合昆明故渠……又东，径长安县南，东径明堂，南旧引为辟雍"，可知它是将明堂的圜水称"辟雍"的。这里《水经注》所说的"昆明故渠"，即《汉书·王莽传》所谓"金水"，遗址证明所记翔实。又，《大戴礼记·盛德》说的"明堂者……以茅盖屋，上圜下方……其外

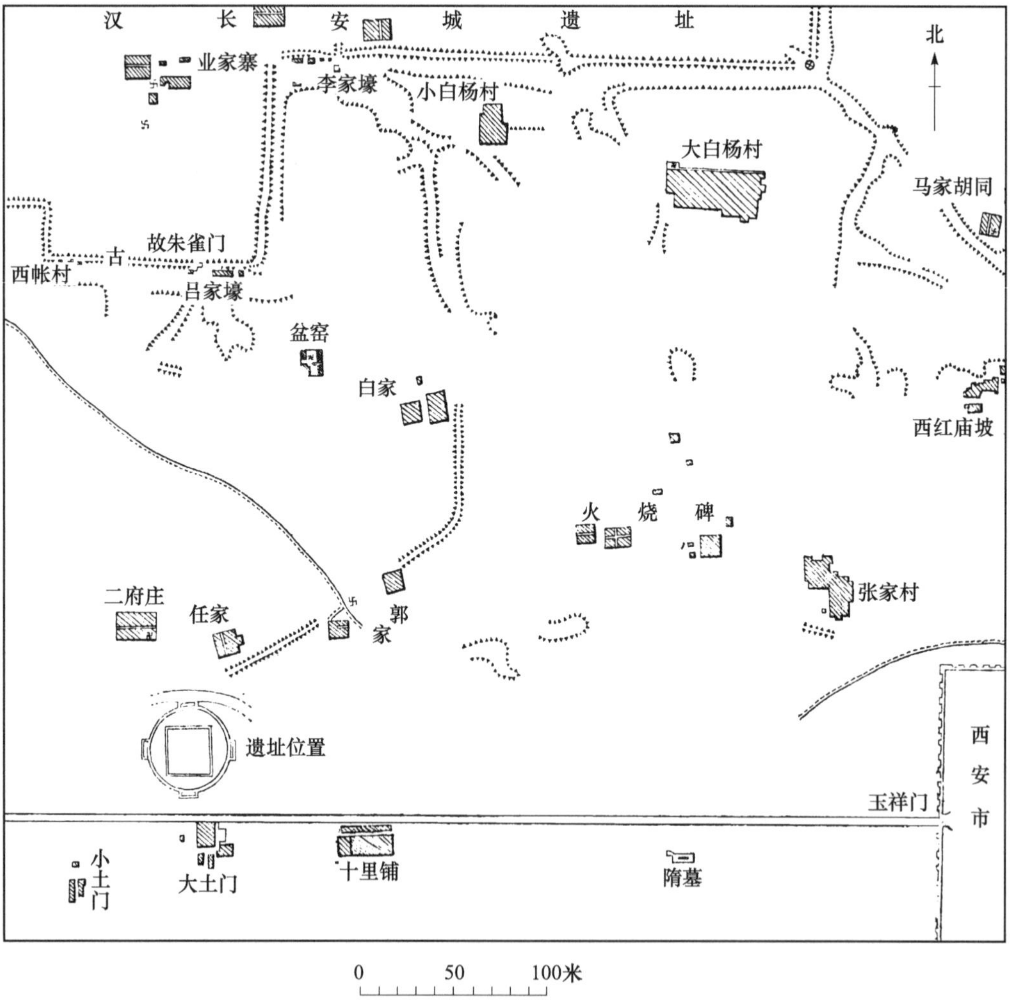

图 3-1-120 汉长安明堂辟雍遗址总体位置图

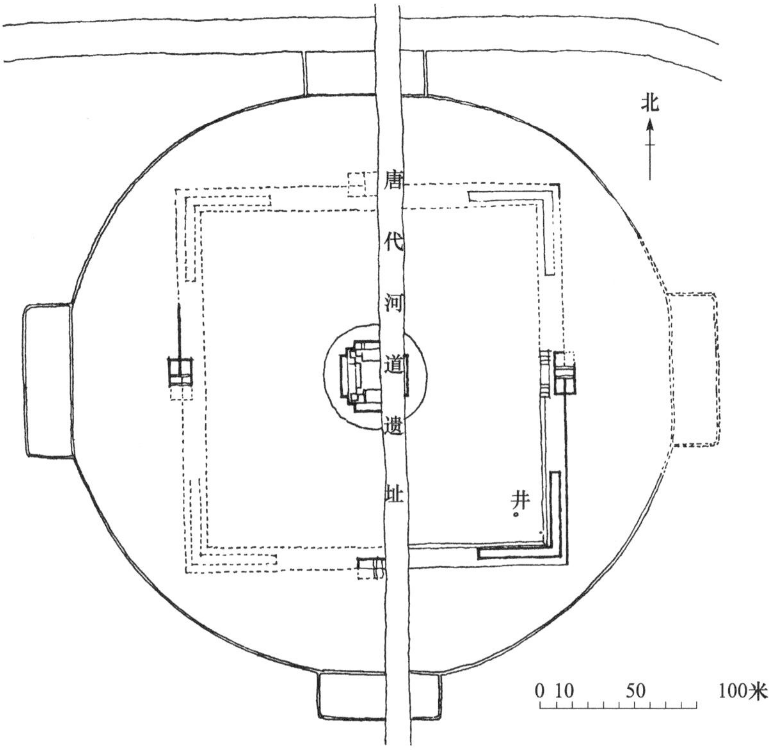

图 3-1-121　汉长安明堂辟雍遗址总平面图

名（一作‘水’）曰‘辟雍’”[①]，也只是指圜水而言。或有理解为明堂加上圜水而总称“辟雍”的，如《三辅黄图》即将此处建筑直称“辟雍”[②]；《两京新记》也跟着把它称作“辟雍”[③]。西汉时已有异名同实的说法，“元始四年，大议营起，孔牢等以为明堂、辟雍、太学一实三名”[④]。在讨论中，也有不同意见，如同一记载中有：“金褒等又称：‘经传无明文，不能分别异同。’”据史籍和遗址情况看，王莽并未完全采纳异名同实说，至少是将明堂、辟雍与太学、太庙等分开建筑的。按《两京新记》，在这座“辟雍”以东，唐时仍知有汉“太学”遗址（或为元始四年王莽“为学者筑舍万区”的所在），可知此处所谓“辟雍”并非包括一般讲堂、经堂及宿舍之类校舍的“太学”。按汉儒的说法，辟雍是天子行礼乐以宣德化的场所，东汉皇帝到辟雍飨射、养老礼毕，常亲自讲经，学者、诸儒生并听[⑤]。因此

① （清）惠栋：《明堂大道录・明堂制度》引。

② 《三辅黄图》：“汉辟雍在长安西北七里”。

③ （唐）韦述：《两京新记》：“普宁坊：南街西出，通开远门；坊西街有汉太学余址，其地本长安故城南，安门之外焉；次东，汉辟雍，汉元始四年所立”。

④ （北宋）王溥撰：《唐会要》卷十一《明堂制度》。

⑤ 《东观汉记・卷二纪二・显宗孝明皇帝》：“帝尤垂意经学，即位，删定拟议，稽合图谶……每飨射毕，正坐自讲，诸儒并听。……时学者尤盛，冠带缙绅，游辟雍而观教化者以亿万计。”同书《樊准传》也有同样记载。同书《卷十五传十・桓郁》：“上亲于辟雍，自讲所制《五行章句》，已复令郁说一篇。上谓郁曰：‘我为孔子，卿为子夏，起予者商也’”。《玉海》一百五十九，宣明殿条引《东观记》：“（明帝永平十四年）冬，上亲于辟雍，自讲所制《五行章句》。”《后汉书・王充传》：“（王充）后到京师，受业太学（袁山松书曰：‘充幼聪明，谒太学，观天子临辟雍作《六儒论》’）。”

可以认为汉朝明堂又是太学儒生御前习礼乐的大礼堂，而并非一般的“太学”校舍。又，在这座遗址以西，即汉长安城安门外大道西，发现同期而略晚所建的宗庙（王莽九庙）遗址，因之它也不包括专门的“太庙”。汉儒按《孝经》“宗祀文王于明堂，以配上帝”的说法，在“布政之宫”的明堂里，要播五行于四时。《淮南子·天文训》说：“东方木，帝太皞，治春，神为岁星；南方火，帝炎帝，治夏，神为荧惑；西方金，帝少皞，治秋，神为太白；北方水，帝颛顼，治冬，神为辰星；中土，帝黄帝，治四方，神为镇星。”明堂即按照不同方位的殿堂，宗祀太昊等五时帝——上帝，这是体现天子与天相通的意思，或再加上后土，即后儒所谓“通神灵，感天地”[①]，并以祖先配祀，教诸侯以孝道。明堂也有宗祀的内容，但它并不等于“太庙”。王莽执政时，约按此见解，故于明堂之西另有“九庙”的设置。元始间，平帝以“诏羲和刘歆等四人使治明堂辟雍”[②]，也并未提到其中包含“太庙”。这一遗址中央有夯土方台，然而并非灵台性质。东汉蔡邕论述明堂，也并未说其中包含灵台[③]；《水经注·渭水》称：“（明堂）北三百步有灵台，是汉平帝元始四年立。”又《三辅黄图》载：“王莽为宰衡，起灵台，作长门宫，南去堤三百步。”[④]可知当时另有独立的灵台。据记载，东汉洛阳南郊礼仪建置，曾参考原来长安制度。现在考古发掘已经证实史籍的记载，东汉洛阳明堂、辟雍、灵台、太学是各自分立的。这也可作为长安明堂中并不包含太学、灵台等的一个佐证。正因为如此，才使得东汉异名同实论者卢植不以为然地说：“明堂即太庙也。天子太庙，上可以望气，故谓之‘灵台’；中可以叙昭穆，故谓之‘太庙’；圜之以水似璧，故谓之‘辟雍’。古法皆同一处，近世殊异，分为三耳。”[⑤]将长安这一遗址与洛阳明堂遗址作比较，形制虽不尽相同，但含义略相仿佛。这样看来，20世纪50年代所发掘的汉长安南郊这一遗址，应即自西汉文帝以来汉儒多次倡议建立[⑥]，而终为王莽所实现的“明堂”。这一遗址的宫垣外围设环形沟，与北面河渠相通，发掘报告说明“接近沟底为黑色的淤土”，可证当时是积年蓄水的。《礼记·明堂阴阳录》说：“明堂之制，周旋以水。”[⑦]汉李尤《明堂铭》并有“流水洋洋”的描写，与这一遗址也相符合（洛阳明堂外围应有圜水）[⑧]。

“水圜宫垣”这一点，与武帝时建于汶上的明堂形制也相一致。当时或采取《大戴礼记》之说，将圜水称作“辟雍”；或因明堂设圜水，即以“辟雍”称之。《通典》说：“戴

---

① 《白虎通·辟雍》：“天子立明堂者，所以通神灵，感天地，正四时，出教化，宗有德，重有道，显有能，褒有行者也。”

② 《汉书·平帝纪》。

③ 东汉蔡邕：《明堂·月令论》。

④ 《太平御览》卷五三四。

⑤ 《毛诗·灵台》注。

⑥ 《汉书·贾邹枚路传》记载贾山上书文帝：“……臣不胜大愿，愿少衰射猎，以夏岁二月，定明堂，造太学，修先王之道，风行俗成，万世之基定，然后唯陛下所幸耳。”

⑦ 《太平御览》卷五三三，“明堂条”引。

⑧ 《艺文类聚》三十八引（汉）李尤《明堂铭》：“布政之室，上圆下方，体则天地，在国之阳。窗闼四设，流水洋洋，顺节行化，各居其房。春恤幼孤，夏进贤良，秋厉威武，冬谨关梁。”

德曰：‘明堂、辟雍是一物。’”长安明堂的设计，大约即接受了这个二位一体的概念。因此，如果把它统称“明堂辟雍”也无不可。《王莽传》记载：“居摄元年正月，莽祀上帝于南郊，迎春于东郊，行大射礼于明堂，养三老五更，成礼而去，置柱下五史。”可见当时这座明堂却是兼作辟雍使用的。

2. 以遗址对照文献来考察长安明堂形制

自秦、汉以来，历代关于明堂的议论众说纷纭，我们考察西汉长安明堂形制，应从遗址的实际出发；所用参考文献数据，则以当时的论述及对当时产生影响的早有的材料为主，至于后儒的争议，暂可不去管它。

首先看长安明堂遗址，明堂主体平面虽遭唐朝河道打破，但幸好保存东部前檐部分，可以证明它是以中央土台为核心，四面设堂、室的一座建筑（图 3-1-122）。据发掘报告，明堂是建在一个直径 62 米的圆形夯土基座之上的。这个圆形夯土基座从表面到基底，报

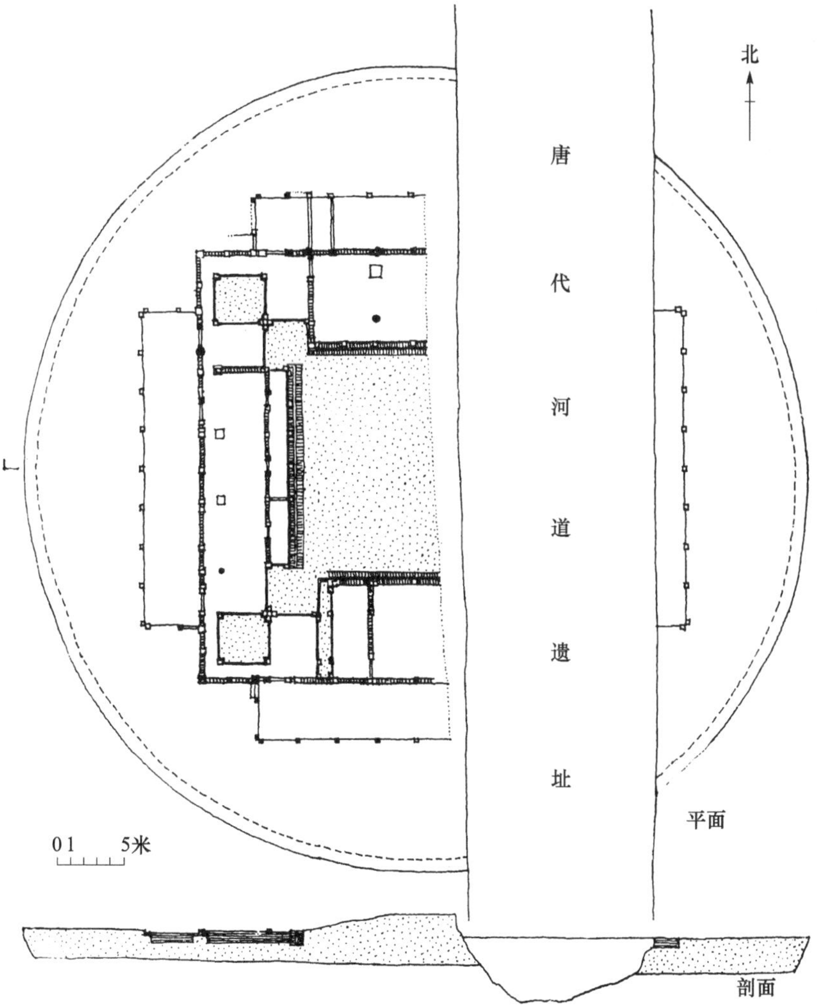

图 3-1-122　汉长安明堂辟雍遗址平面图

告称厚 2.9 米，从报告附图量到共厚 2.5～3 米；基底直径收缩为 60 米不等。报告称这个圆形基座“高于院落地面 30 多厘米”，但剖面图中未表明庭院地平线。从剖线来看，这一圆形基座上大下小，似乎整个是基础部分，说它有高出庭院地面 30 厘米的台基，尚有疑问。台壁向外倾斜，不符合黄土材料的特性，它经受不住人们上下的践踏，边缘很难保持悬挑的原状。如果确实存在 30 厘米高的外倾台壁，按当时做法应有沙子灰之类的加固面层或用砖、石包镶。但从发掘报告来看，无所发现。这个圆形地基有可能高出庭院地面，也有可能采取《礼记·礼统》所谓“外如偃盘”的形制，然而关于这一点，报告不详，庭面、台面、台壁均未提出实证，只好存疑，复原时可暂按报告所说有 30 厘米的台基。

在这个圆形夯土基座中央，筑有大方台，从夯土边缘计算，台南北长 16.8 米，东西 17.4 米，残高在室内地面以上 1.5 米（发掘报告附图所示近 2 米）。台的四面均有墙、柱遗迹，可以看出四面有大体对称的堂、室布置（图 3-1-123）。前堂为方砖地面，后室为墐涂地面，并饰以鲜艳的朱红色。从四面前堂边缘计算，南北通长 42 米，东西 42.4 米。复原这一平面，可与当时理解的明堂情况相符合（图 3-1-124）。《汉书·平帝纪》有“羲和

图 3-1-123　汉长安明堂辟雍遗址照片

1. 北堂建筑遗址（由西向东摄）2. 汉长安明堂辟雍遗址残存全景（由北向南摄）3. 后室建筑遗址（从北堂望后室）4. 西堂建筑遗址（由南向北摄）5. 南堂建筑遗址（由东向西摄）

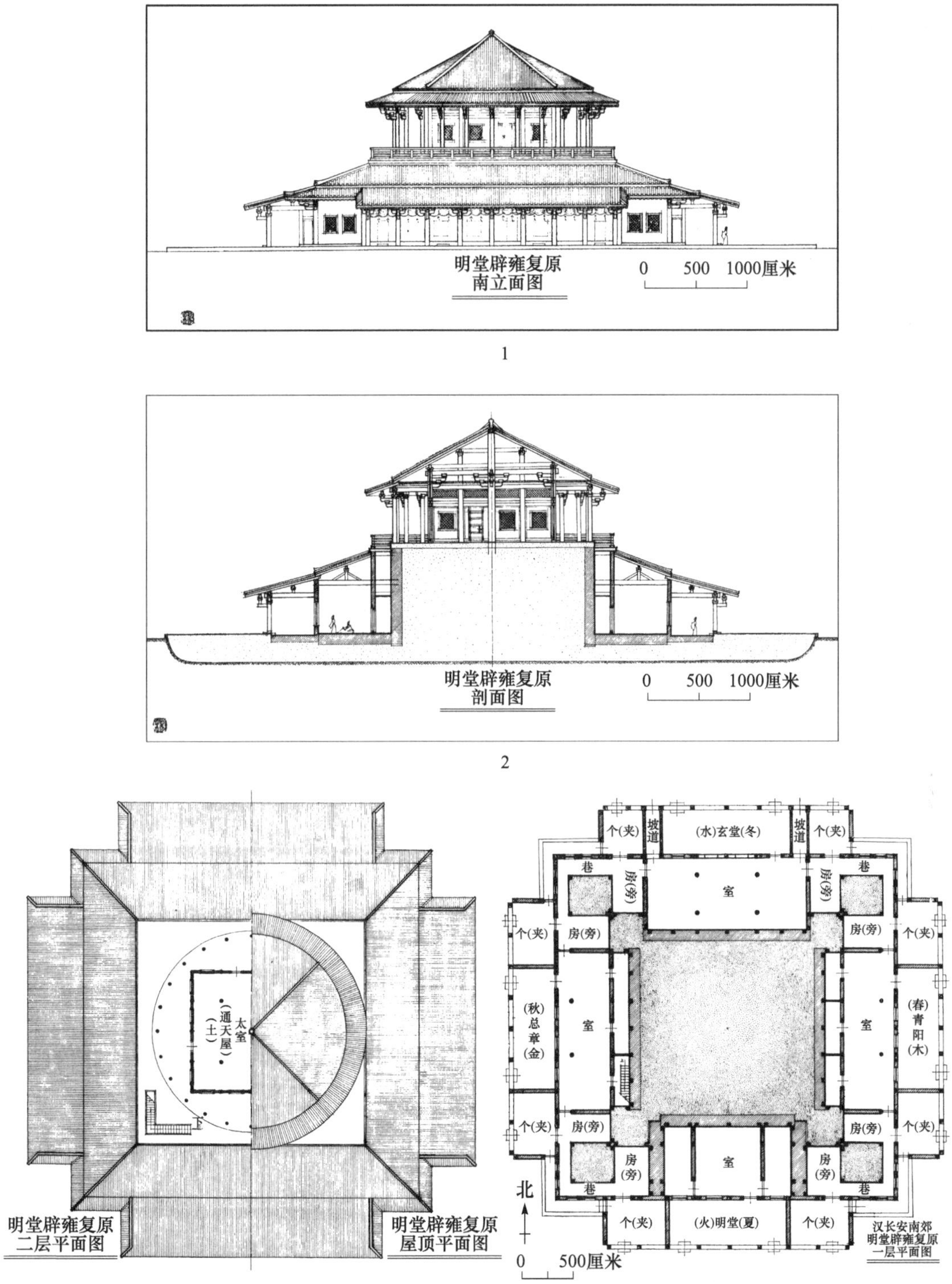

图 3-1-124　汉长安明堂辟雍复原图

1. 南立面图　2. 剖面图　3. 二层及屋顶平面图　4. 一层平面图

刘歆等四人使治明堂、辟雍”的记载，王先谦《补注》说：四人即刘歆、平晏、孔永、孙迁。由此我们得知这座明堂是在刘歆的领导下，由平、孔、孙参加研究、设计和督造建成的。明堂工程至迟于平帝元始五年正月已告落成，因为王莽于“五年正月，祫祭明堂。诸侯王二十八人、列侯百二十人、宗室子九百余人征助祭”[①]。明堂设计的主要负责人、任“羲和”（即“大司农”）之职的刘歆，为王莽的国师，是当时经学的最高权威。建成明堂是刘歆的一大功绩，“刘歆、陈崇等十二人皆以治明堂、宣教化，封为列侯”[②]（刘歆等四人治明堂辟雍；太仆王恽等八人使行风俗，共十二人[③]），刘歆封“红休侯”[④]。所以在考察长安明堂形制时，除了考虑到王莽的主张外，应以刘歆关于明堂的见解为准。至于东汉诸儒的说法，则不应作为考察的直接依据。刘歆等所建造的明堂，只是当时的一个建筑创作，然而它却是一个力求反映周明堂旧观的复古主义的作品。其创作是建立在对“周人明堂”记载和传说的考证基础之上的；当然，其中还有王莽和刘歆等自己的理解与发挥的设计。尽管经过秦朝的大举查禁、销毁周朝经书，但还是有一些关于周明堂的记载被保存下来而为刘歆等所看到。在隋礼部尚书牛弘关于明堂的奏议中，提及汉时尚存的有关古籍有：《古文明堂礼》《王居明堂礼》《明堂图》《明堂大图》《明堂阴阳》《太山通义》《魏文侯孝经传》等，估计这些多为西汉以前或西汉时期的著作[⑤]。郑氏《三礼目录》说刘向并撰《别录》，其中有“明堂阴阳”，即《月令》《明堂位》两篇，阐述明堂形制[⑥]。

如是，则应是刘歆等设计明堂时的主要参考材料。可惜这些文献在隋时早已亡佚。我们现在更无从据以查核遗址了。刘歆等设计明堂时，主要的依据自然还有《周礼》补阙的《考工记》；此外即《淮南子》等较少涉及明堂的先秦典籍；再就是秦人对明堂的说法了，即《吕氏春秋》的有关段落；西汉编成的有关著述，如《礼记》《大戴礼记》之类，也是刘歆等当时能够看到的主要材料。

《礼记·月令》关于明堂的使用，基本是照录秦人的说法。吕不韦集中一部分学者汇集先秦文献而编成《吕氏春秋》；《月令·明堂位》归纳《吕氏春秋·十二纪》中有关明堂的章句较为集中：“孟春，天子居青阳左个；仲春，居青阳太庙；季春，居青阳右个。孟夏，居明堂左个；仲夏，居明堂太庙；季夏，居明堂右个。中央土，居太庙太室。孟秋，

---

① 《汉书·平帝纪》。

② 《汉书·王莽传》。

③ 《汉书·平帝纪》。

④ 《汉书·楚元王传》。

⑤ 《隋书·牛弘传》：“案刘向《别录》及马宫、蔡邕等所见，当时有《古文明堂礼》《王居明堂礼》《明堂图》《明堂大图》《明堂阴阳》《太山通义》《魏文侯孝经传》等，并说古明堂之事，其书皆亡，莫得而正。”

⑥ 《明堂大道录》(《皇清经解续编》卷百四十七）“‘月令’‘明堂位’两篇属《明堂阴阳》”一节记载：“《隋书·经籍志》云：马融传‘小戴之学，融又足《月令》一篇、《明堂位》一篇，后人遂谓《明堂位》为刘歆撰’。案郑氏《三礼目录》‘月令’、‘明堂位’下曰：此于《别录》属‘明堂阴阳’。《别录》为刘向所撰。《汉书·艺文志》：礼十三家，五百五十五篇内，《明堂阴阳》三十三篇，则马融所足者，采之《明堂阴阳》。此书刘向所录，班固《艺文》同之刘氏，而非子骏所撰明矣。且《逸周书》七十篇‘月令第五十三’‘明堂第五十五’，西汉诸儒皆见之，谓之刘歆所撰可乎？”

居总章左个；仲秋，居总章太庙；季秋，居总章右个。孟冬，居玄堂左个；仲冬，居玄堂太庙；季冬，居玄堂右个。”长安南郊的明堂正是作四向布置，与这段记载相符合。它四面共作四堂，正合古制。如果加上各自的左、右个，即构成《大戴礼记》解释的“十二堂”了。按古音，“个”同“介”，也就是“夹”（音 ga）。后儒解释它即“隔”的意思，对于汉明堂来说，这或许是有道理的。从遗址来看，“个”应是八间堂的两端隔出来的。1956 年 10 月笔者在现场考察时，发现堂、个之间的隔墙没有基础，只是在方砖地面上用土坯砌起来的，所以损失后了无痕迹。根据这个情况，可以推断四堂左、右原来都可能是有个的。刘歆等所设计的这座明堂，共四堂、八个，应该都是前檐空敞的“堂”的形式。我们在前面“概论”中曾讨论过古史传说“神农”及“黄帝”时代的“明堂”，上古所谓“明堂”，是极朴素的概念，即指开放的建筑空间而言，古辞书《尔雅》《释名》等解释“堂”为“当正向阳”，是正确的。“堂”这一称谓被保留到后代，直至清朝，虽然建筑发展了，但对于前檐空敞的建筑空间，诸如衙署大堂、城隍庙堂之类来说，甚至前檐安装了隔扇、门、窗的宅邸正房，仍然以“堂屋”相称。周时，对于空敞明亮的王国朝廷前殿的堂，便借上古神圣建筑的古老说法而称之为“明堂”，从此“明堂”便被固定为专有名词了。周朝的明堂，是中间设方形夯土核心——墉；四面各建有“前堂后室”；南面的堂日照时间最长，最明亮，所以称为“明堂”，于是它也就成了这座宫殿的总称。北面背阴的堂，光线较暗，所以叫作“玄堂”，其实是很合乎实际的，本来并不神秘。这一遗址，在四堂、八个的前檐，有的地方（如北堂左个）存有与前檐方柱等宽的土坯墙残迹。对照“九庙”遗址，推测它的原状也是如“九庙”的做法，即设置 40 厘米高的坎墙。这是挡外檐雨水之用的，因为室内低于室外（“九庙”也是采取室内低于室外的做法，这可能是象征性地附会上古窦穴）。至于《吕氏春秋》称四堂为“太庙”，大概就是《大戴礼记·盛德》所推测的“或以为明堂者，文王之庙也”。古籍载周明堂有宗祀文王之礼，因而或称之为“庙”或“清庙”，其实它并不是宗庙。周公摄政时，曾于明堂按天子礼朝诸侯，为了借助文王的威信以折服天下，所以同时在里面宗祀文王。按西周时建在都城之内（而不是南郊）、作为王宫正殿的明堂，其功能原是“布政之宫”，即外朝前殿，因此有把明堂谓之“此天子之路寝也”的说法[①]。《礼记·明堂阴阳录》对于四堂就不称“太庙”，足见这段文字是有来历的，笔者颇怀疑它基本上是古老的《明堂阴阳》的节录。其文曰：“明堂之制：周旋以水，水行左旋以象天。内有太室，象紫宫；南出明堂象太微；西出总章，象五潢；北出玄堂，象营室；东出青阳，象天市。”[②]

刘歆议论明堂时也说：“王者师天地，体天而行。是以明堂之制，内有太室，象紫宫，南出明堂，象太微。”[③] 可知他是接受了“明堂阴阳”的说法，他所设计的这座明堂，既是“周旋以水”，又是四面设堂的。

---

① 《大戴礼记·盛德》。

② 《太平御览》卷五三三引。

③ （汉）刘歆：《七略》。

遗址所示的四面堂、个，每面通面阔均为24米。每面各八间，按堂及左、右个，复原分隔之后，中间的堂均为四间。东、南、西三面间距各为3米，北面堂开间略宽、个开间略窄。北面玄堂的左、右个各为一间半，堂、个之间有斜坡道，用板壁与堂、个相隔。其余三堂的左、右个，面阔均为二间。关于登堂的阶道，从四面宫门内遗迹可以推知。每座宫门内，登上庭院台地的通道有四条，外侧两个七级踏道，内侧两个铺凸纹方砖的慢道。这四条踏道、慢道当有甬路直通前堂及两夹，测得四条甬路正好与堂及两夹的开间相对，即堂有二阶、两夹各有一阶。

图3-1-125　北堂后室西头小屋（旁）

堂后有土坯墙隔成的“室”，正是“前堂后室”的古制。堂、室之间的门户，可据遗迹复原；为求室内采光，应设有牖（窗）。四面室的左右各有一房（即“旁”）遗迹（图3-1-125）。四隅的两房之间有走道相联系，走道用墙封闭，大约可以称之为“巷”。南面室内由两道土坯墙分隔成三个空间，当有其含义及使用方式。

关于明堂的平面布置，西汉时即有五室、四堂与九室、十二堂的不同说法。“四堂”一般没有争议，即《礼记·月令》所说的青阳、明堂、总章、玄堂四“太庙”。所谓十二堂之说，始见于《大戴礼记·盛德》，其实它是按照《吕氏春秋·十二纪》天子临堂使用的情况，将四堂、八个共称“十二堂”的。其说可通，因此争论不大。问题的焦点是“五室”与“九室”之争。西汉时古文学派立论《考工记·匠人》，坚持明堂五室之说[①]；而今文学派则以《大戴礼记·盛德》为根据，力主九室之议[②]。王莽出于政治目的的托古改制，自喻周公摄政，想大朝诸侯于明堂之位，以服天下。为此建立

① 《考工记·匠人》：“周人明堂，度九尺之筵。东西九筵，南北七筵；堂崇一筵。五室，凡室二筵”。

② 《大戴礼记·盛德》：“明堂者，古有之也。凡九室，一室而有四户、八牖，凡三十六户，七十而牖。”又曰：“《明堂月令》：上圆下方，九室、十二堂。”或说“九室”始自秦人，如郑玄驳《五经异义》说：“《礼》戴所云，虽出《盛德记》，及其下，显与本章异。九室、三十六户、七十二牖，似秦相吕不韦作《春秋》时说者所益，非古制也。”（《玉藻》疏引）又，《北史·封轨传》：轨议曰：“案周与夏、殷，损益不同，至于明堂，因而弗革。明五室之义，得天数矣。是以郑玄又曰：‘五室者，象五行也。’秦焚灭五典，非毁三代，变更先圣，不依旧宪，故《吕氏》、《月令》见九室之义，大戴之《礼》，着十二堂之文。汉承秦法，亦未能改，东、西二京，俱为九室。是以《黄图》、《白虎通》、蔡邕、应劭等，咸称‘九室以象九州，十二堂以象十二辰’。夫室以祭天，堂以布政。依行而祭，故堂不过五；依时布政，故堂不逾四。‘州’之与‘辰’，非所可法；‘九’与‘十二’厥用安在？”然而查《吕氏春秋》并无“九室”之明文，九室之议实际始自《戴礼》。正如袁翻所说：“明堂五室，三代同焉。配帝、象行，义则明矣。及《淮南》、《吕氏》与《月令》同文，虽布政班时，有堂、个之别，然推其体例，则无九室之证。既而世衰礼坏，法度淆弛，正义残隐，妄说斐然。明堂九室，着自《戴礼》，探绪求源，罔之所出。而汉氏因之，自欲为一代之法。故郑玄云：‘周人明堂五室，是帝一室也，合于五行之数。《周礼》依数以为之室，施行于今，虽有不同，时说炳然。本制着存，而言无明文，欲复何责？’‘本制着存’，是周五室也；‘于今不同’，是汉异周也。汉为九室，略可知矣。……”（《魏书·袁翻传》）。

明堂，其式样当然是要周制的。从经学上说，他与刘歆属于古文学派，由他们设计、审定的明堂，自然也是力求遵照古制，古文不详的地方，或从今文典籍。这座明堂的布置，应从《考工记》周制五室之说，作五室。遗址已表明了前文封轨所谓：“汉承秦法，亦未能改，东、西二京俱为九室”以及后文袁翻所谓“汉为九室，略可知矣”，都是据典籍的推测。四面的四室（遗址所见总章后室又附有暗室，复原在对称的青阳后室的后部，也作同样的暗室。未知这是否作为天子避日、月蚀的所在），其余的一室即中央的太（大）室，按刘歆所说，“内有太室”，则太室应在周围四室的中间。按遗址情况，内为夯土方台，原来台面上或因加平座而稍大的范围，恰好只能布置一座体量适当的太室，其周围略有回旋的余地。室相对开放的堂来说，是封闭的隐奥空间，所以太室周围应有墙壁围护，并设户、牖。至于太室平面是方是圆，遗址中央方台上部已经损失，无迹可寻，复原判断仅凭文献。考周明堂太室形体，西汉诸儒根据古籍中片段的记载，并附会以当时儒术的说教，而形成《大戴礼记·盛德》所记“上圆下方”的描述。当时的解释是“室以祭天，堂以布政”，明堂与天地相通，“上圆法天，下方法地”，作奉祀五时帝中司中央的黄帝的处所——太室，应体现上天而作圆形。据此判断，当时处理这座明堂的太室，约即按照《大戴礼记》的说法，设计作圆形。关于明堂，无论西汉还是以后，都没有相反的“上方下圆”的说法，然而后儒却有“中方外圆”的解释①。遗址所见方形重隅的明堂外围，正是作圆形的基座；同时明堂方形宫垣的外围，又是有圆形的水沟。“中方外圆”或者也体现在太室本身的布局上。譬如，外檐廊柱共呈圆形，檐柱位为了构造上的方便，仍作方形布置，这或即《大戴礼记》所谓“圆盖方载”。

至于登台入太室的阶梯，中央土台遗存部分未见内阶，推测或采用木梯。其位置，有可能按公玉带明堂图“从西南入”的说法，设于西南隅靠大台壁处，即在总章后室的暗室布置木梯。入太室的登道设在西南隅，也符合《吕氏春秋·十二纪》木（春）、火（夏）、土（中）、金（秋）、水（冬）的五行顺序，即“中央土”排列在火（夏）与金（秋）之间。在天子临堂使用中，应时按顺序在夏季居南方的明堂右个之后，按中央土，居太室；然后于孟秋居西方的总章左个。出于这种礼仪实用的要求，入太室的途径也应在西南。遗址北部有个现象值得注意：玄堂与左个之间保存有一坡道，据报告称仅5°坡，未指明坡向（图3-1-126）。这是否是登台通道的入口？看来即使坡道向室内高起，由于坡度极缓，而且至后室前墙即中断，显然并不是登台通道。如果在后室内另有木梯，则可能通至台面，不过

图3-1-126　北堂西头小屋通外残斜坡路（由东向西摄）

① 《明堂大道录》引《吕氏春秋·十二纪》注：“青阳者，明堂也。中方外圆，通达四出。”

从报告所附照片来看，这个通道似乎是向室内坡下的，况且此处为西北隅，由此登台入太室，与当时的说法也不合。现在估计这条坡道可能是由堂外直接入室的通道。莫非入玄堂后室，在某种情况下，有不予登堂而直接入室的礼仪要求？未见经文，使人莫解。

《大戴礼记·盛德》中有关于明堂制度的数据，其记载是："其宫方三百步。堂方百四十四尺，坤之策也。屋圜径二百一十六尺，乾之策也。太庙明堂方三十六丈。通天屋径九丈，阴阳九六之变；圜盖方载，六九之道。八门以象八卦，九室以象九州岛，十二宫以应十二辰。三十六户、七十二牖，以四户、八牖乘九室之数也。户皆外设而不闭，示天下不藏也。通天屋高八十一尺，黄钟九九之实也。二十八柱列于四方，亦七宿之象也。堂高三尺，以应三统；四乡、五色者，各象其形。外博（广）二十四丈，应节气也。"[①] 这段文字显然有错讹误漏之处，姑且不论。仅从其中"堂方百四十四尺"来看，按西汉尺为米制 0.2765 米计算[②]，折合为今 39.8160 米；若按新莽尺，则一尺 = 0.2304 米，折合 33.17 米，都与遗址"亚"字形平面的通长尺寸不符。从遗址来看，更没有"二百一十六尺"（按西汉尺折合 59.7240 米；新莽尺折合 49.7664 米）的圜形屋盖（洛阳汉魏明堂采取这种形制）。由此可知，这座明堂的设计并没有遵照《大戴礼记》的资料。

刘歆主持设计的这座长安明堂，推测其原来体形应是依中心台周围设单坡屋盖，四面堂、个又另出复笮重屋；中央土台顶部四边向外扩大至与大台对角相接的四隅四小台，即包括下部暗室顶的范围，以便设在西部暗室的扶梯登台；台中央布置圆形屋盖的太室，即《大戴礼记》所谓的"通天屋"。历来认为明堂平面像一个乌龟的腹甲，呈"亚"字形。龟甲是殷、周时代所崇拜的东西，因此当时对"亚"字有神秘感。汉儒解释周明堂"亚"字形平面，是代表四方和中央，又代表四季和五行（木、火、土、金、水）。又说周明堂方台上的大室是圆形的，借以体现"天圆地方"。周天子与天地相通，代表天地神明在明堂里布政和教化臣民。所以说这座建筑是十分神圣的、充满哲学意味的和经典的不朽之作。三千多年来，历史上各代都有专门从事明堂研究的学者，直到今天，更有世界各国的学者为之钻研不懈，甚至献出毕生的精力。

3. 遗迹现象所揭示的工程做法

考察遗址及伴出残构，可以了解这座明堂的工程做法。在结构上，它基本保持先秦以土结构为核心的土木混合结构的传统，这与东汉以后所流行的以木结构为骨干的土木混合结构有所不同。四面的堂、室依靠中心夯土台建立；四隅梁、枋等屋架构造较为复杂，因此同样设较小的夯土墩台作为结构的核心。这或可理解为东、西暗室及南、北相当于暗室进深的室内空间，向中心土台凹进。凹进大土台的布置，大约反映了此部顶盖为密梁架设的平顶，密梁上铺厚木板并作墁涂地面。四为单坡瓦屋面，周围环绕中心台，一如先秦高台建筑做法。四面向前突出的四堂及左、右个另作屋盖，与周围瓦屋共呈复笮重屋形式。

---

① 《明堂大道录·明堂制度》引。

② 吴承洛：《中国度量衡史》，商务印书馆，1957 年；天石：《西汉度量衡略说》，《文物》1975 年第 12 期。

中央大台设平座、栏杆，平座下无铺作；台上置太室。太室为方形平面，设定边长为 12 米；外围环形布置外檐廊柱，设定直径为 19 米。

遗址残存筒、版瓦残件，证明这座明堂屋盖是覆瓦的，理应整座建筑全部覆瓦，但是否太室圆顶为茅茨？据遗址所反映的形制可以做出判断：王莽与设计人刘歆复古是托周制，在经学上是古文学派，从遗址已看出他们所建的这座明堂并未按照今文经典《吕氏春秋》《大戴礼记》的“九室”及各数据的说法，对待屋面材料的处理也应采取古制。《吕氏春秋·召类》说：“明堂茅茨、蒿柱、土阶三等。”《大戴礼记·盛德》也跟着说：“明堂以茅盖屋。”文献论及明堂屋面材料，都是指“明堂”整体，并不单指太室，可见屋面材料是统一的。遗址有瓦，可证明刘歆等未采用茅茨之说。新莽后，信奉今文典籍的东汉初期诸儒，在建设洛阳明堂时，曾经设想保守茅茨制度，结果为了更好地防水和减少维修，只是象征性地在瓦下铺垫茅草，并未完全做成草顶，太室屋盖当不例外①。这样看来，西汉末年信奉古文经典的王莽、刘歆，更不会遵照今文典籍将太室作茅茨了。周天子宫室为瓦屋，无疑刘歆等是知道的，托周制以复古，明堂自然是覆瓦的。

讨论中央大方台上建太室，顺便再提一下四隅的八个小方台。前面已谈了以夯土墩台为核心是先秦盛行的结构方式，厚实的土台、土墙往往作为稳定木梁、柱构架的依靠，对于多层建筑来说，它更是必不可少的结构核心。因此遗址所见的八个小方台，并不意味着它是“小方亭”（或加门、窗而成为小方室）的基座。如果按后世建筑概念，见到方台就认为是基座的话，则在太室四隅要增加八个方亭或小室，可是历来关于明堂的记载都没有这种制度。如果为了凑“九室”之说，仅指定其中四个小台为上层四小室的基座，则无法辩解说另外的四个小台不是小室基座。可见四隅的八个小台并非建筑基座。对于这座西汉明堂遗址，有一种复原方案即以晚期概念着眼于这些小方台，而引用东汉甚至魏、晋时期的材料进行复原论证，把它搞成两晋随葬“魂瓶”上的设防坞壁庄园模型的形象；甚至做成三层：一层四面前堂后室，共呈四堂、四室；二层又是四堂；三层（亦即台上）又有五室，合起来竟成了闻所未闻的八堂、九室！实在令人不敢苟同。

关于这座明堂的工程做法，可作重点考察。

磉墩、柱础和墙基 从发掘报告所叙述的现象来看，柱础石下都有特别夯筑的素土磉墩，平面比柱础大一倍。目前所知最早的磉，是偃师（尸乡）商城的宫殿遗存，也是素土夯成的。

柱础皆为平面明础，有方、圆及长方、方圆相连（二柱共享）的不同形式（图 3-1-127）。

堂、室之间的土坯墙，系在夯土基上砌起，基底不放宽。大台壁包砌的土坯墙的基础，垫木炭防潮层（炭块较大）厚达 2～4 厘米。堂、室内壁墙，自地面砌起，无基础。

有防潮措施的地面及墙面做法 由于席地而坐的生活方式，要求地面有较好的防潮措施。北部堂、室背阴，防潮尤为讲究，地面是在 1.5～1.7 米的夯土基上垒砌六层土墼，

---

① 《后汉书·光武纪》：中元元年十一月，“是岁，初起明堂、灵台、辟雍及北郊兆域”。胡伯始注云：“古清庙盖以茅，今盖以瓦，下籍茅，存古制也。”

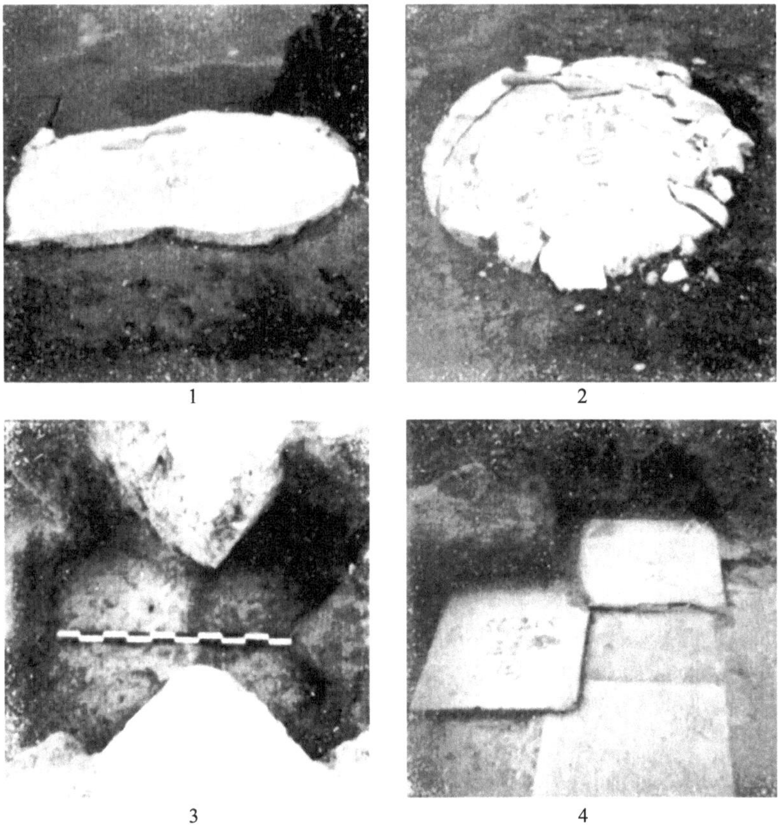

图 3-1-127　柱础遗迹

1. 北堂隔墙内的一端方形一端圆形柱础（二柱共础） 2. 北堂后室内圆柱础

3. 西堂后室北头小屋角与北堂西头小屋角相邻四个柱础坑　4. 转角双柱础

堂共厚 65 厘米，室共厚 70 厘米。堂内在土墼上垫 3～ 4 厘米填土为趁平层，上铺方砖地面。室内防潮有进一步措施，即在夯土基上铺沙层厚 35～60 厘米；上铺 0.5 厘米的木炭层；上砌土墼一层；垫席一道；再砌土墼一层；再铺 0.5 厘米木炭；再砌土墼四层；最上层的地面是在土墼上抹 2～2.5 厘米的麦秸泥，即宋《营造法式》所谓“麦䴵泥”（从文献看也许是泥中掺粟或黍秸）打底；上面抹 2～ 2 .5 厘米的麦糠泥（也许是谷糠），《营造法式》称“麦麸泥”，作为趁平层；上面涂 0.1～0.2 厘米的细泥面层；表面再抹色彩鲜明的朱红细泥，约即《营造法式》所谓“红灰”。由此可知宋《营造法式》所记的这一做法，早在西汉时期已经采用。室内地面高出堂地面 20 厘米。南室地面防潮做法比北室简单，基底沙层厚为 25～35 厘米，上铺炭层厚 1～2 厘米，以上则为连续垒砌的六层土墼。西室在红色地面下为八层土墼，厚 80～85 厘米；在第六层土墼下，铺麻（报告判断）一层。西堂内砖地面下，土墼六层厚 60～68 厘米；第四层下铺“麻”一层（与室内“麻”层平）；最下的夯土基厚 1.55～1.85 米。

室内后墙即夯土台壁，其防潮处理是：依台壁平铺丁砌二道土墼，中间夹一道陡铺顺砌的土墼，共厚 1.10 米（图 3-1-128）。这道依台砌筑的土墼墙的下部，加有木板防潮层。

墙面用4～4.5厘米麦秸泥打底；1厘米麦糠泥罩面。表面用石灰粉刷——垩饰，墙脚画4厘米高的紫红色踢脚线。“房”内的墙面即小夯土台壁，其防潮层为紧密编排的“高粱秸”（报告判断），也许是芦苇，用铁钉固定在小台壁，钉的横排间距为24厘米，竖向间距40厘米（图3-1-129）。“高粱秸”上抹泥，做法与室后墙相同，只是墙面粉刷为淡红色。南部后室西间的西墙为1.6米厚的版筑墙，墙与小土台相依处，中间设10厘米厚的木板防潮层。

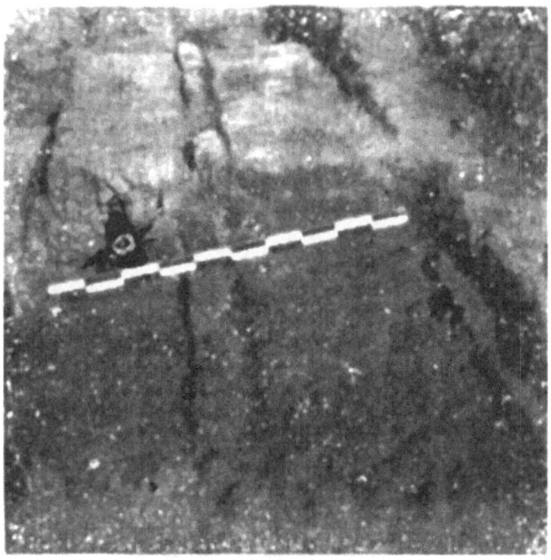

图3-1-128 室后墙土坯砌法

图3-1-129 有“高粱秸”（或芦苇束）印痕的墐涂残块

木构架做法推测 遗址表明这座明堂基本上保守先秦以土结构为核心的土木合构体制，木构架系围绕土台架设。从柱础看，除后室部分炭痕表明，直径约为55厘米；方柱据柱础推测，大的为40～55厘米见方，小的为30～34厘米见方。柱的使用，除室内独立的柱和堂、室之间的柱，室与暗室之间、巷的土墼墙中间的柱以及堂前檐柱外，余皆为依靠大、小土台及厚土墙的壁柱。此处的壁柱虽然还是加固土结构之用，但与秦咸阳宫殿遗址所见不同，而是相互对应，共成柱网。这样，壁柱可以承接梁、枋并与所靠的土结构保持联系，使得内部构架看起来整齐得多。这座皇家的高级礼制建筑，无疑采用了当时称之为栌栾（斗栱）的构件。现有材料表明西汉末已初步完成了栌栾的组合，但用以解决深远出檐的悬挑问题，还不像后世那样将悬挑、支撑构件完全组织在栌斗上，更没有完全与梁、枋组织成为整体。从东汉房屋形明器来看，当时出跳大约主要还是依靠柱身和墙体上插栱（丁头栱）、斜撑或弯曲斜撑。东汉明器反映，当时并创造了“欃”（原始昂）——一种无须抬高檐口的悬挑构件。这座明堂建于西汉末年，承檐结构可以参考东汉做法，复原设想暂用叠置的插栱挑檐。

屋架根据东汉画像砖、石及陶屋明器推测，西汉末年除传统人字木（大叉手）屋架外，应有抬梁屋架出现，因为梁上置侏儒柱——棁，早已见诸先秦文献的记载。平顶部分，则为先秦多用的密梁、望板，上面墐涂并做朱红面层以为上层地面。

屋盖形制 推测四周堂、室及中央太室屋盖为汉代高级建筑多用的复笮重屋，即呈折面反宇形式。四面前堂屋盖作悬山式，按汉明器及石室所示，设排山沟滴，即宋《营造法式》所谓“华废常行屋”。太室圆锥体屋盖，按汉明器陶仓所示加四垂脊，以便在四向限内平行覆瓦。这是在没有发明攒尖顶放射铺设变截面瓦之前的一种做法。复原圆屋复笮的宇部，覆瓦可作放射形；据出土瓦件，是采用筒、版瓦、云纹瓦当。

门、窗、栏杆可按汉明器及画像砖、石常见式样复原，窗采取菱形格子纹样，栏杆采取卧棂形式。

4. 明堂总体复原考察

明堂主体建筑的外围，宫墙、四门及圜水沟的原状，可做如下推测（图 3-1-130）：

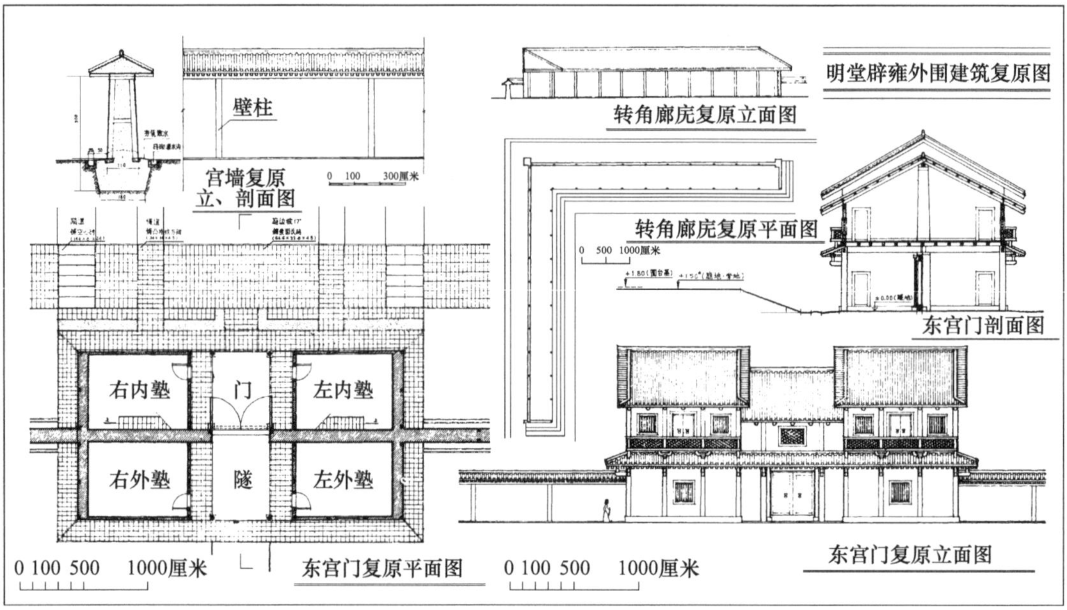

图 3-1-130 汉长安明堂辟雍外围建筑复原图

宫墙 版筑宫墙据发掘报告每边长 235 米；墙基深 1.20 米，基底宽 1.80 米；残高 15～30 厘米，上宽 1 米。残墙两面都有方壁柱遗迹，下有石础。墙内外都有 40 厘米宽的夯筑散水，距墙根 50 厘米处并有砖砌滴水沟一道，宽 20 厘米（图 3-1-131）。墙体有壁柱加固，收分比宋式为小，估计墙根宽约 1.10 米，复原设定版筑墙体高 3 米，上部宽为 90 厘米。墙体两面壁柱，从发掘报告所附东门遗址平面图推算，壁柱间距约 6 米。报告推测墙头有瓦顶是可信的，山东战国遗址已有这样的实例，版筑宫墙采用防水瓦顶的做法一直被沿用下来。这一遗址，从滴水沟水平距离推知，墙头瓦顶出檐约 70 厘米，应为木椽挑檐，即蜈蚣木的做法。

宫门　遗址表明宫墙四面中间各辟一门，四门形制相同（图 3-1-132）。从发掘报告所附东门遗址图来看，中间门道——“隧”，其两旁各有“塾”，左、右塾内部各有 1 米厚的版筑墙，又把室内空间划分为“内塾”和“外塾”。两内塾长、宽为 7.65 米 ×5.50 米，外塾为 7.65 米 ×5.45 米。左、右塾两山为版筑承重墙，厚 90 厘米，外侧设壁柱；其余三面为方木柱支承，并由 20 厘米厚的土墼墙维护。从土墼墙的厚度可知墙体无收分，外观与东汉画像砖及陶屋模型所见相同。从遗址知道，土墼墙内侧面原装有 8 厘米厚的护墙板。这样，左内、外塾及右内、外塾均形成面阔三间、进深两间的格局。塾有夯土台基，高度已残，发掘所见高于隧 22 厘米。这种左、右塾分别筑台的做法，即宋式所谓“断砌造”。隧地面做法是在 30～35 厘米的夯土基上作

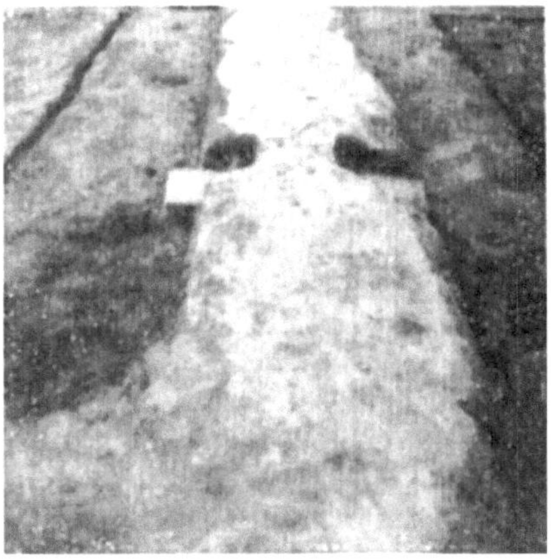

图 3-1-131　宫墙散水与壁柱石础

1　2　3　4

图 3-1-132　宫门遗址

1. 东门遗址（由南向北摄） 2. 西门门道遗址（由西向东摄）

3. 南门遗址（由北向南摄） 4. 西门遗址（由南向北摄）

3 厘米的墐涂，再抹 15 厘米的谷糠泥，再涂红色泥面。隧标高低于中央主体建筑四堂地面 1.50 米，隧宽 4.50 米。遗址表明原有木门槛，宽 40 厘米，埋入地下 32 厘米。从门砧位置可知，门扉仍按常规作内设。

门址周围有 1.6 米宽的方砖散水，可知门上四周均有屋檐。门内外两侧散水外有 80 厘米宽的砾石铺装，报告称为“龟背形”，而且“高于砖面 3 厘米”，因此知道它不是散水，而是起有路拱的甬路。据隋朝建筑大师宇文恺关于明堂的奏议说，汉长安明堂外围“殿垣四门八观”①，即每门两观。他是经过调查研究的，其说可信；对照遗址来看，也正相符合。汉朝画像砖、石及明器都提供有两观大门的形象材料（它应是双阙与门相结合发展而成的），可据以复原如图所示。现在所知汉朝大门两观顶盖正脊各随围墙走向，这里左内、外塾及右内、外塾各为顺门道方向的长方形，因此两观屋盖宜做前后两坡的形式。另一种考虑是两观骑墙设立，观的内部不分隔，前后各出一间宽的露台，屋盖可作正脊顺墙的四阿式。不过，这样将使两观前后檐的围护结构不在下层墙上，而是落在楼层大梁上，于结构不利，当然这对于大梁截面相当保守的情来说，是不成问题的。这后一种设想，可构成重要建筑所需要的四阿顶两观，因此也是有可能的。

门内与散水相接有三段方砖铺装的短甬路，中间甬路与大门道正对，宽 2.5 米，左、右各宽 2.1 米。与左、右短甬路相对，有登上高起约 1.5 米左右（报告没有说明圆台基高于堂地面多少，从附图估计圆台基高于堂地面 30 厘米左右，暂按报告庭低于圆台基 30 厘米，则庭高于门道 1.5 米）的庭院地面的慢道。慢道的坡度为 17°，用回纹及小凸格纹方砖铺设（图 3-1-133）。两慢道外侧，还各设有约 3 米宽的空心砖踏道。空心砖厚即踏步高，为 24 厘米，宽 81 厘米。铺设时每级宽度压 1 厘米，即每级宽 80 厘米，恰与 17° 坡相吻合。据遗迹，砖下原铺有 3.0～3.5 厘米的细沙趁平层。

图 3-1-133　铺地砖纹饰（左：回纹砖；右：小凸格纹砖）

转角廊庑（图 3-1-134）　宫墙内四隅各有一段转角廊庑，平面呈曲尺形，每边长 47 米；后墙及两山墙为版筑，后墙长 52 米，墙根宽 60 厘米。转角廊庑每边十间，间宽 4.70

① 《隋书·宇文恺传》。

图 3-1-134　转角廊庑

1. 东南隅配房北头遗址情况（由北向南摄）　2. 东南隅配房东南拐角处遗址情况（由南向北摄）

3. 配房转角处的散水及路面铺装　4. 东南隅配房东北角残迹　5. 东南隅配房西头遗址情况（由东向西摄）

米，进深约相等。廊庑无台基，内部地面略高于散水，地面做法与大门道相同。仅前檐及两山面有散水（方砖边，砾石心，宽约 2.20 米），据此可知屋盖为向庭院倾斜的单坡，两山也坡下，呈四阿半屋形式。屋面覆筒、板瓦小于大门用瓦，瓦当与大门一样同为素面。

庭院边坡　明堂建筑群的建设地段原为西部高东部低，高起 1.5 米强的庭院西部保持原地面，东部填土垫平，垫平时略有夯筑。庭院四边距宫墙约 14 米处开始坡下，四周边坡为 12°～17°（图 3-1-135）。边坡夯筑较坚实，铺沙趁平，表面铺装长方砖。砖的规格为：长 66.6 厘米、宽 33.8 厘米、厚 4.5 厘米；两端有小圆孔，孔中遗存铁锈，表明这些铺砖为防止滑动而用铁钉固定。这样看来，明堂庭院实际是一个 1.50 米左右高、四面缓坡的大台。

水井 在庭院台地东南角，位于相邻二边坡各约 18 米的分角在线，有同期水井一口。井为圆形，口径 1.38 米，从发掘所见的井口至底深 5.80 米。井底叠置两节陶井圈，直径均为 1.20 米（图 3-1-136）。据报告，“井口深 0.40 米”，推测为井台被毁后所造成的现象。参考汉墓出土的井亭、井架明器形象，可设想原来井台上为装有滑车提升设备的井亭。

图 3-1-135 距宫墙约 14 米处的边坡情况

图 3-1-136 水井井圈出土情况

圜形水沟——辟雍 宫墙外围的圜形水沟，按照其“环如璧，雍以水”的含义，而被称作“辟雍”。实测其直径东西 368 米，南北 349 米；沟距东、西宫门 56.5 米，距宫门 54 米，距北宫门 43 米。相对四门的位置，于圜形沟外侧又开有长方形回环的水沟，东、西两侧的长方回环长 90 米、宽 27 米；南北两侧的长 72 米、宽 27 米。北部的这种长方形圜沟与东西向的一条宽 21 米、深 3.8 米的“金水”（即“昆明故渠”）相通。《水经注》记载昆明故渠东流，与遗址所见渠底自西而东的坡降是一致的。

圜形水沟用素面长砖砌筑，沟深 1.8 米，净宽 92 厘米。相对门址的位置伴出青石板，可知在正对宫门位置的水沟上，原架设有石板平桥（图 3-1-137）。北宫门圜水沟北有金水，估计不继续向北通行，或于东、西两小水沟上再架桥。石板长 1.08 米，宽 63 厘米、厚 12 厘米；一边有便于拼接的裁口 2.5 厘米。这样，可知石板架设沟上，两端各搭接 8 厘米；桥不窄于门隧，则最小宽度应并列石板八块，按裁口拼接，则桥最小宽度约 4.8 米。

复原西汉末王莽执政时由刘歆主持设计、建于长安南郊的明堂辟雍，这一建筑群总体情况，略如图所示（图 3-1-138）。

图 3-1-137　圜水沟遗址

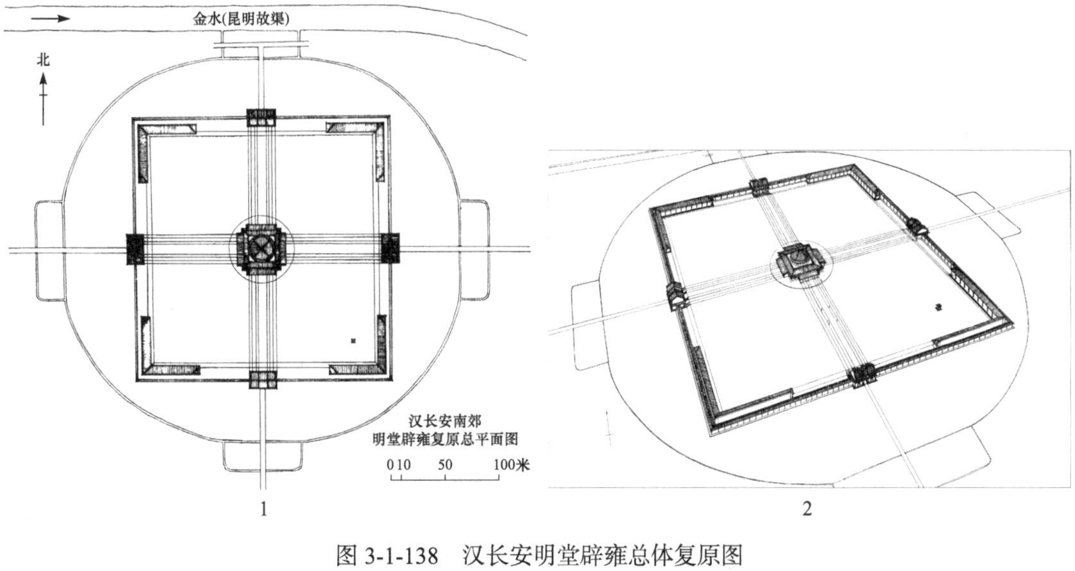

1　　2

图 3-1-138　汉长安明堂辟雍总体复原图

二十八、王 莽 九 庙

公元9年，王莽篡汉，改国号为“新”，年号“始建国”。公元24年，新莽政权瓦解；汉宗室刘秀复兴汉朝，都城东移至洛阳，史称“东汉”。在王莽称帝的短短十五年间，他刻意巩固皇权，极其重视礼法的建设。早在登基之前，为篡位作准备，他先是主持建造了长安南郊的明堂。《汉书·王莽传》记载王莽为表现其正统，在即位之后又“坏彻城西苑中建章、承光、包阳、大台、储元宫及平乐、当路、阳禄馆凡十余所，取其材瓦以起九庙”——建造帝王礼仪的祖庙设置。田野考古确实在南郊发现了九庙遗址，另外还发现了社稷的遗址。

按照“左祖右社”的周礼，他把祖庙布置在主体宫城中轴在线的南城门——西安门以外的大道东；在道西，与九庙前部大庙相对位置上布置官社和官稷。这祖庙便是供奉王莽远祖帝喾、田和、田建等祖先的所谓“九庙”。

王莽九庙遗址早在20世纪50年代中期就已发掘，1960年发表了简报[①]；时至将近半个世纪之后的今日，尚未发表报告。现在研究所能看到的材料，仅有一幅总平面图和一幅九庙单体建筑遗迹的速写。这里，就简报和《中国大百科全书·考古学》[②]所披露的简约信息，我们仅能做到如下的考察。

关于九庙的总体规划，它实际是包括12座高台庙堂的庞大建筑群。中轴线最南面是一个独立的方形庭院，围墙每面长约1400米（据《大百科全书·考古学》“汉长安南郊礼制建筑遗址”条，数据与《考古》文附图似有出入），居中设置约百米见方的大庙；它的后部是一个大院落，其中布置三排约55米见方的庙堂——北排并列四座，中排三座，南排四座，共计十一座。每座庙堂外围都有方形围墙环绕，围墙边长260～280米，四面居中设门。院内四隅各设有曲尺形的配房（图3-1-139）。

至于单体建筑的情况，我们只知道它是与明堂类似的复古主义作品，采取周制的台榭形式。其中的11座庙堂建筑从遗址平面看大约是相同的，每座的边长约55米，四周有砾石散水（图3-1-140）。围绕中心夯土台四面建屋，残存室内地面为草筋泥抹面，表面涂朱红色。遗迹表明，围绕中心大台的四面堂、室每面各向前方延伸三条砖砌甬路；甬路与堂室之间都有一个方形小土台遗迹，鉴于小土台紧邻檐墙并与门皆无对位关系，可是却与甬路相接，这便表明小台为登上大台顶太室的木构飞陛的支座。如此可知，庙堂建筑的四面各有三个上到太室的木梯——即左阶、中阶和右阶。估计大台为一层，上面为主体建筑——方形的太（大）室。

---

① 中国科学院考古研究所汉城发掘队：《汉长安城南郊礼制建筑遗址群发掘简报》，《考古》1960年第7期。

② 中国大百科全书总编辑委员会《考古学》编辑委员会：《中国大百科全书·考古学》“王莽九庙遗址”条，中国大百科全书出版社，1986年，第162页。

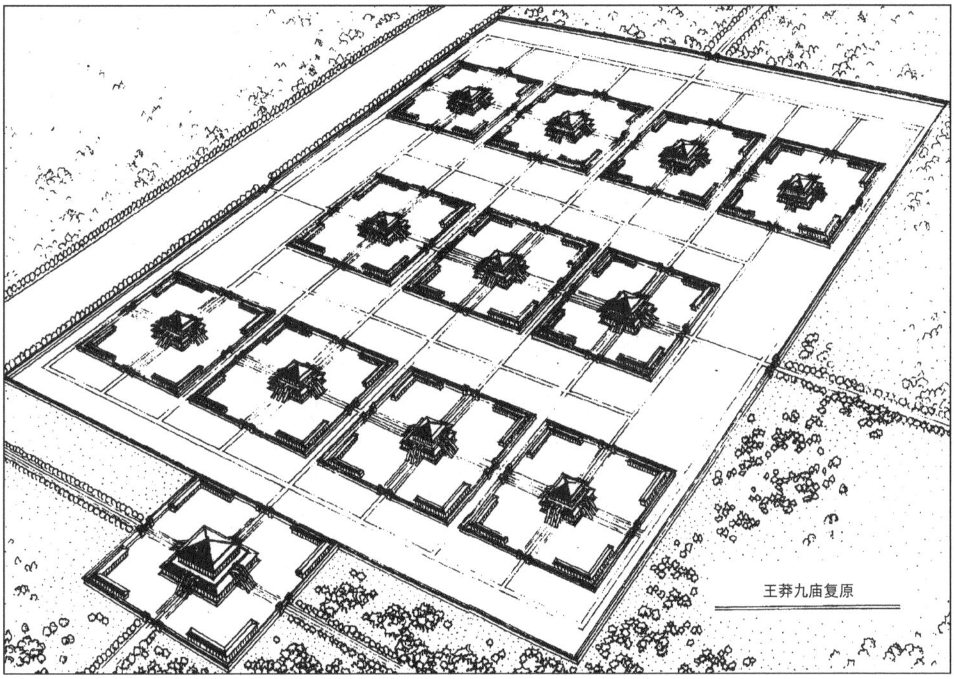

图 3-1-139　陕西西安王莽九庙复原鸟瞰图

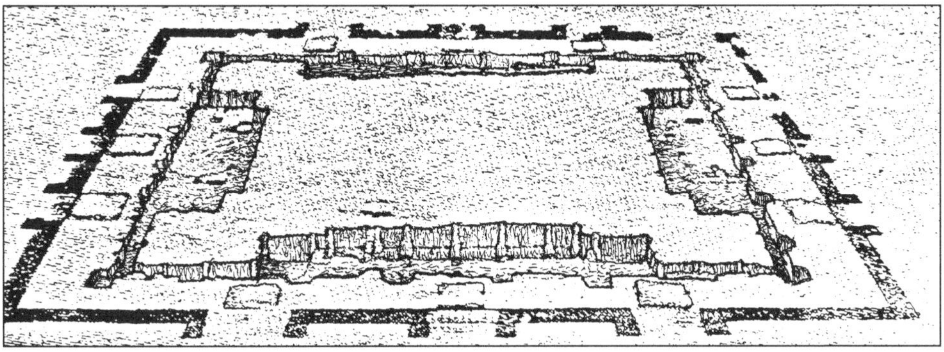

图 3-1-140　王莽九庙单体建筑遗址速写

全组建筑最前方的大庙，也是高台形制，每边长约 100 米，房间的布置虽略有不同，但基本做法是相同的。这座大庙应即《汉书·王莽传》所记的“黄帝太初祖庙”，遗址与“东西、南北各四十丈”的记载基本相符；后部各庙的方台遗迹为 55 米见方，也和记载的“余屋半之”基本一致。看来文献记载此大庙“高十七丈”；“为铜薄栌，饰以金银雕文，穷极百工之巧”，均可作为复原考证的依据。

二十九、北魏复建洛阳宫城阊阖门

切入点：

北魏都城洛阳是沿用东汉、魏、晋以来的故城；而魏、晋的宫城则只是利用东汉的北宫。曹魏重修洛阳宫城时，“魏文帝上法太极，于洛阳北宫起太极殿于汉崇德殿之故处；改雉门为阊阖门”[①]。北魏时仍沿用魏、晋宫城，太极殿、阊阖门名称依旧（图：遗稿未配图）。太极殿遗址现在为显露在地面之上的一个长方形土堆，经过考古调查已知此殿有木构副阶周匝，整体形制因为没有发掘，还不清楚。阊阖门址埋藏在现在的一个高坡地之下，此处被当地群众称作“午门台”（图 3-1-141）。2001 年 11 月至 2002 年 6 月对阊阖门遗址进行了考古发掘，2003 年发表了简报[②]，这为我们进一步开展建筑考古学研究提供了材料。

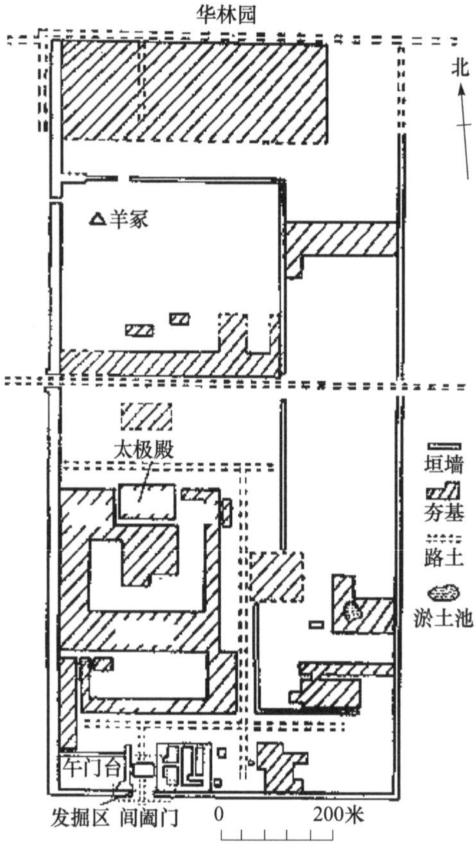

图 3-1-141 北魏洛阳宫城勘探平面图

1. 阊阖门遗迹

城门及门前双阙都有夯筑的满堂基础，基础范围略大于地上的台基，城门基础东西 48～50 米，南北 31～34 米，深厚 1.25～2.20 米。台基东西 44.50 米，南北 24.40 米，方向北偏东 4°。

---

① 《水经注·榖水》。

② 中国社会科学院考古研究所洛阳汉魏故城队：《河南洛阳汉魏故城北魏宫城阊阖门遗址》，《考古》2003 年第 7 期。

遗迹显示此宫城大门与下部为墩台的一般城门不同，它是面阔七间、进深四间的殿堂式柱网格局。东西两尽端一间用夯土填实，即为内含木柱的夯土墩台；内部各有一登上城楼的“纳陛”——内阶，而不是采用一般顺城墙壁的马道。中间五间的两个次间，也是满筑夯土而做成墩台，如此则形成宽度与进深相同的三个门道，各宽 4.70～4.80 米，进深都是 8.60～8.80 米（图 3-1-142）。在门道的前（南）方各有门槛遗迹；更为特别的是，门道前后各有面阔五间、进深一间的轩廊。前、后檐的台基边缘，相对中门道有一慢道遗迹；相对东、西门道，各有一踏道遗迹。

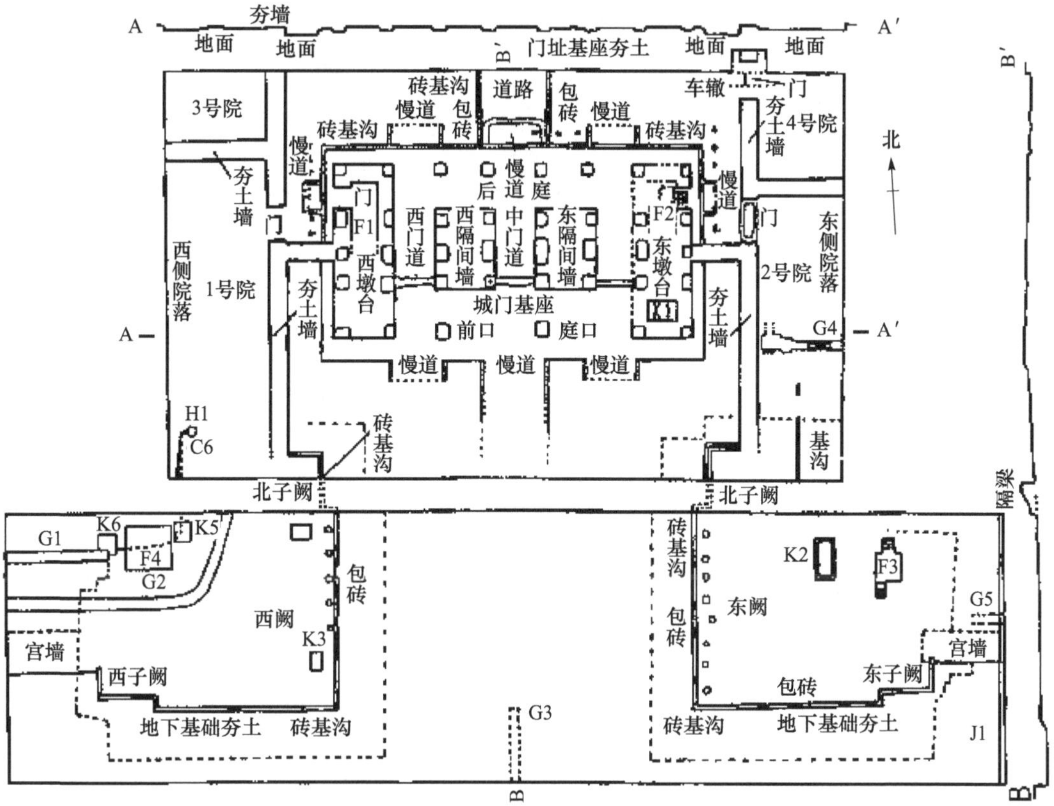

图 3-1-142　阊阖门遗址平面图

对称的东西两阙均为子母阙，母阙平面为方形，各向外侧和北侧连接一个子阙，因此平面各呈略 L 形。阙的基础平面深厚达 4 米；东阙基础东西长 36 米，南北长 37～37.50 米，西阙基础的东西长 36.50 米，南北长 37.50 米。从阙台包砖遗迹可知，东阙台底盘东西总长 29 米，南北 29.40 米；母阙东西 22.80 米，南北约 23.10 米；东阙东西长 6.20 米，北子阙南北长约 6.30 米。对称的西子阙也基本相同，西子阙墩台东西总长也是 29 米，南北 29.10 米，母阙东西约 22.70 米，南北 22.80 米；西子阙东西 6.30 米；北子阙南北也是 6.30 米。东、西子阙遗迹不全，量不出子阙宽度，但知道子阙比母阙两边各收进 2 米许，则可知子阙宽为 19 米左右。

城门与其前方左右对称的双阙之间，有版筑墙相连。此墙下部宽度为 1.70～1.80 米，从城门两侧中部向东伸出 5.50 米，向西伸出 5.40 米，然后分别与一条南北向的墙相接。东侧的南北墙宽为 2 米，向南 28 米与东阙台相接；西墙宽 2.10 米、向南 33 米与西阙台相接。两墙继续向北延伸，同时构成东、西院落的隔墙。

遗址有早、晚期叠压现象，证实了文献所载此门是在魏、晋阊阖门基础上复建起来的。也就是说，其夯土墩台、柱位等部分都是魏、晋遗物，出土瓦当有早晚不同形制（图 3-1-143）。

图 3-1-143　出土瓦当

2. 复原考证：门阙结合的初始

汉朝的宫阙是单独立在宫门前左右的。这里所见北魏宫城阊阖门遗迹，则表现为门、阙用宫墙连接在一起的形制。这是目前所确认的最早宫城正门，亦即周代称作“雉门”、后世所谓“午门”的遗址复原实例。这是建筑史上的一个相当重要的划时代的典型代表。阊阖门首先使传统的门前设置双阙的制度转型为门、阙结合的形制。它应是门前分设双阙向着门、阙一体化发展的起点，可以说它奠定了未来“五凤楼”形制的基本格局。它的下一个发展环节实例，便是比阊阖门仅晚一百多年、始建于东魏的邺南城正面的朱明门①。朱明门实际上只是小小都城的正门，而并非严格意义上的宫城正门。就是这座城门，首先构成“五凤楼”形制的雏形。它带有明显的原始性，其墩台遗迹表明还没有分成主、从的组合，但却反映出主楼观左、右出现对称的垛楼，即形成“五凤楼”式样了②。在稍晚的隋代，建筑大师宇文恺正式完成了“五凤楼”组合体的创作。隋东都洛阳宫城正门——则天门，是“五凤楼”成熟形制的代表作。其墩台与上部楼观都是由主体、从体和连接体组合而成。这一首创的正规“五凤楼”复合建筑形制③，成为隋、唐主要宫门和主要殿堂的典型构图，隋仁寿宫天台山上的主殿——仁寿殿（考古发掘编号“1号”）和人工湖“西海”中象征蓬岛瑶台的游乐殿堂（“3号”）④，以及唐长安大明宫含元殿⑤等，都是采取此式。

这座阊阖门夯土台基大部分都有厚30厘米的包砖，只有南部和门道壁面没有包砖，无论壁面包砖与否都用石灰抹面，即全都是白色的，这在我们看来非常新奇，和后世城门墩台大不一样。

（1）主门楼墩台及双阙台复原

墩台包砖有早、晚期，早期应是魏晋时期的遗存，晚期为北魏的构筑。发掘所见的遗迹还有几层包砖，应是可以看出壁面是否垂直，但简报没有交代城门台壁有无收分。从其营造理念判断，作为具备木柱构架的殿堂式处理，墙体基本上是不作明显收分的。遗迹表明，木柱都藏在涂泥、抹灰的壁面之下，壁面是素平的。

东西两端墩台南北长19.50～19.60米，东西宽6.70～6.90米。中间分隔三门道的两个墩台，南北长8.60～8.90米，宽6.80～7.10米。唐文献记载长安城垣高一丈八尺⑥，城门墩台的高度是城垣高加雉堞的高度，共约二丈五尺，即7.35米，这实际是隋大兴城的原状。隋距北魏很近，推测此遗址基本也是这一高度。

门道宽4.70～4.80米，进深8.60～8.80米。门道内有三对排杈柱，承担楞木过梁，而形成梁柱结构的方门洞。

---

① 魏收：《魏书·孝静帝本纪》：“（天平）二年（535年）秋八月甲午，发众七万六千人营新宫”；“兴和元年（539年）秋九月甲子，发畿内民夫十万人城邺城，四十日罢”。

② 遗址发掘简报见中国社会科学院考古研究所、河北省文物研究所、邺城考古工作队：《河北临漳县邺南城朱明门遗址的发掘》，《考古》1996年第1期；笔者的复原考证论文待发表。

③ 杨鸿勋：《宫殿考古通论》第十八章第二节，紫禁城出版社，2001年。

④ 杨鸿勋：《宫殿考古通论》第十八章第三节，紫禁城出版社，2001年。

⑤ 杨鸿勋：《宫殿考古通论》第十九章第二节，紫禁城出版社，2001年。

⑥ 杨鸿勋：《宫殿考古通论》第十九章第二节，紫禁城出版社，2001年。

东、西端两墩台内有东西宽3米左右的楼梯间，楼梯间入口宽2.45米，有门槛遗迹证明原来是有门扉可以封闭的。室内地面南北残长仅有6～9.60米。内部的南端为断痕，可知此内阶是在夯土墩台里掏挖而成。地面上有南北向的二排八九个直径约0.40米、深约0.55米的柱洞，间距1.70～3.20米。这约是支撑楼板的柱迹。跨度3米的房间还需要两排中间支点，可见顶面负荷较大。推测此门两端的长墩台和中间两个短墩台与其他木构梁板共同构成的顶面上，是有夯土层的；在这样形成的夯土墩台面上，再建立楼观（图3-1-144）。

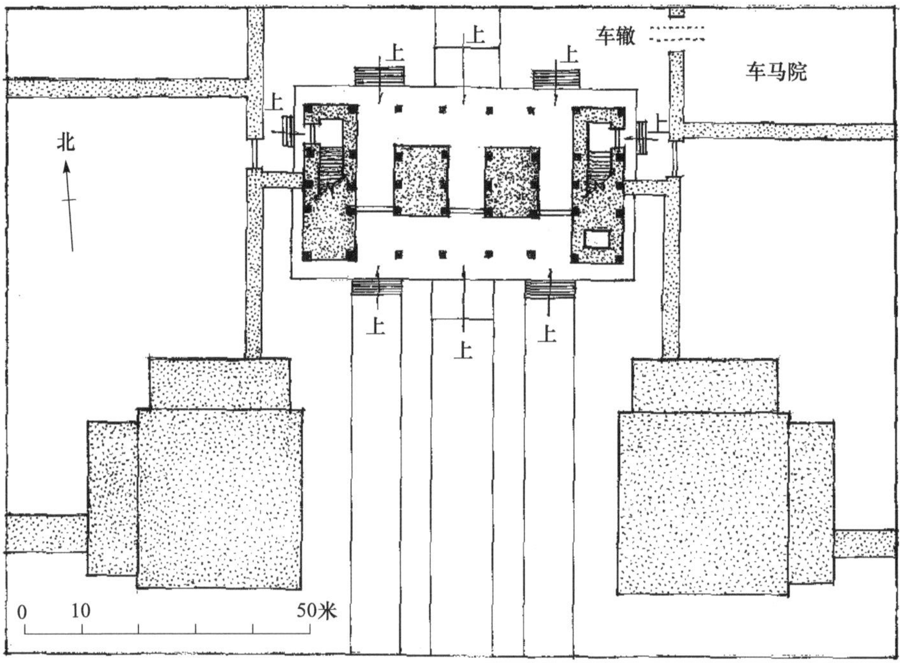

图3-1-144　北魏复建洛阳宫城阊阖门复原平面图

空中摄影显示，墩台周围有排柱遗迹环绕，南面低地被破坏，个别尚存，北半部保存较多可以辨认：东、西、北排柱中心距台壁约2米；东、西横向短墙以北，东西各五柱，间距约2米多；北部大体也做如此排列，从门道也有柱迹可知，这些密排柱迹和此门不是一体建筑。

东汉陶楼明器已表明有简单的腰檐、平座的做法，则晚于东汉的此阙楼应该也是有类似东汉或稍有改进的腰檐、平座。

在东尽端的墩台内，南侧发现一个考古编号为K1的直壁长方坑，东西3.05米，南北2.30米，按照传统台榭的做法，它可能是一个自台顶下挖的窖藏。

（2）主楼观复原

参考北魏及其时代相近的石窟寺壁画所表现的门楼形象，可以对主楼观做出推测（图3-1-145）。

图 3-1-145　主楼观复原图

夯土台平面显示为子母阙，母阙台平面为方形而有误差，东西 22.70～22.80 米，南北 22.80～23.10 米。两母阙各向外、向北附加子阙；子阙宽度破坏不详，但从遗址图上测得子阙比母阙两边各内收 2 米左右，则可知其宽度为母阙减 4 米，即 19 米左右，子阙伸出的长度为 6.20～6.30 米。简报说阙台有 6°～8°的收分，如果观察无误，则小于唐、宋 1/4 的收分坡度，而是接近 1/8 的收分坡度。双阙墩台与主楼观墩台等高，也是 7.85 米左右，则台顶平面应为 21 米左右见方。

沿台壁残存一排柱迹，反映原来台上的建筑有沿台边布置的木柱，这是为了避免下传压力使台壁坍塌而设的。这些柱迹反映台上必有楼观，北魏石窟寺壁画有此类墩台上设立楼观的建筑形象，可以作为复原的参考。

连接主门楼与两观之间的墙体，东西短墙底宽仅有 1.70～1.80 米；南折与两阙连接的墙体稍宽，也只有 2～2.10 米。这种版筑墙必然是有收分的，则墙头宽度将小到 1 米左右。因此可以肯定，此墙上面不可能架设廊庑，而是一般宫墙形式，即墙头设木构瓦檐的顶盖，以保护土结构的墙体免遭雨淋。

双阙北面各有院落，从横隔墙来看，至少各为南北两院。东面的南院（2 号院），门宽 4.65 米，其北院（4 号院）门宽 4.10 米；西面的南院（1 号院），门宽 3.50 米。4 号院门发现 1.60 米宽的车辙，可以推测为车马院；其他也当是守护宫门的军士驻所。

阊阖门的双阙是子母阙，即一母阙带一子阙。母阙楼观平面约 20 米见方，设定面阔、进深皆为 3.20 米开间的五间；外加子阙很短，可知其顶盖不可能是四注式，也不可能采用简单的悬山顶，而只可能是“并厦两头造”，亦即显山屋盖；则母阙也应是显山屋盖。双阙是对峙的，即显山的山面向前（南），正脊作南北布置，两阙楼观的正面都是朝向主楼观的。

三十、北魏洛阳宫城凌云台凉风观

——已知最早的冷气设备殿堂。

北魏是少数民族拓跋氏的政权，来自西北方，与西域有着密切的联系。拓跋氏政权在学习汉文化得到极大发展的同时，又有很多的创造。在建筑方面，也有着许多创新。建筑作为一种社会现象，其发展取决于社会的需求，当然首先是占据权势和财富的统治者的需求。拓跋氏统治者来自西北，不习惯中原较热的气候，于是特别在意宫殿的防暑降温。“凉风观”顾名思义就是一座具备这样设备的宫殿。但此殿如何降温，却无明文记载。又是考古学弥补了历史学之不足，考古学提供了线索，对这一遗迹的考古学研究，使我们得以有所认识。凉风观形制的认定，使我们有条件对东汉和曹魏邺城冰井台“冰室”“凉殿”做出推断。

1965 年，在洛阳市东郊金村南偏西约 200 米，汉、魏洛阳宫城内西北部，西距宫城西墙约 65 米，南距阊阖门内大街约 300 米处，有一被村民呼做“羊冢”的方形夯土台遗址被毁（图：遗稿未配图）。在当时尚存的 25 米见方、残高 2.50 米的土台残迹中，发现埋藏有一个砖砌圆形构筑物。考古人员做了简单的清理，由于未引起重视，因此所获得的材料有限。笔者调进考古所后，得知这个材料，在清理这一遗址二十五年之后，才得以促成这一材料的发表[①]；又十年后，始得进行建筑考古学研究，幸好尚可勉强做出复原推测，初步认为是“清暑殿”遗存[②]；现在看到关于它在宫城中所处位置的考古探查材料，遂做出可能是“凌云台凉风观”的判断。

1. 遗迹现象

清理所见的遗迹现象是在残破的夯土台内包含一个圆筒形的砖砌体，周壁都是用 31 厘米 ×18 厘米 ×6 厘米的长方形小砖平铺丁砌（间杂少量顺砌）起来的。它的西部被一晚期井打破。砖壁与夯土之间，填有 5 厘米的活土。圆形砌体的内径为 4.90 米，外径 5.62 米，砖壁保存最高处为 3.60 米，东壁残高约 1 米。

在圆形砌体的周围壁面上，残存四个垂直槽。直槽的剖面为长方形，宽 11～18 厘米，深 5 厘米。垂直槽的下部和长方形壁洞相连接，壁洞也残存四个，大小略有差别，宽 20～28 厘米，高 30～36 厘米，深度均为 31 厘米；壁洞底距圆形砌体铺地砖面 36 厘米（3-1-146）。壁洞深度方向并非和周壁垂直，而是都有一定的斜度，相对应的两个壁洞斜方向恰成一条直线。推测垂直槽和壁洞原来各有八个，在现存垂直槽和壁洞内发现了大量朽木灰。圆形砌体的底部用长方形小砖平铺，砌法是按正方向铺砌成十字形，再随意补砌四角，共成一个圆形地面。在这铺底砖面上发现了大量的柱洞，排列整齐，南北、东西都成

---

① 冯承泽、杨鸿勋：《洛阳汉魏故城圆形建筑遗址初探》，《考古》1990 年第 3 期。

② 杨鸿勋：《宫殿考古通论》，紫禁城出版社，2001 年，第 349 页。

七排，间距一般 60～70 厘米，最大 90 厘米，最小 50 厘米。在南北和东西数第二排、第三排柱洞之间，各增加一个柱洞，推测整个铺底砖面上共有柱位四十个，现存三十七个。柱洞的形状有圆形、椭圆形、半圆形、方形圆角、方形、长方形、八角形等数种，其中以圆形和半圆形居多。柱洞大小也不一样，多数直径 20 厘米左右，最大的 26 厘米 ×24 厘米，最小的 13 厘米 ×12 厘米。柱洞的深度也不一样，最深的有 88 厘米，最浅的仅 4 厘米。柱的深度是有规律的，在八个壁洞各对应连接线的交点上和对应壁洞下的柱洞都比较深——在 50 厘米以上，其他柱洞都在 50 厘米以下。柱洞内填灰褐色虚土，也见有大量木灰，它的底部都置有柱础石。从解剖的三个柱洞来看，柱础石上面光滑，为大约 40 厘米见方、6 厘米厚的方形石板。从夯土分界可知，其建造程序是先在夯土面上需要安放木柱的地方挖一个约 50 厘米见方的坑，放好柱础石，立上木柱，然后回填素土、夯实。做好这个暗础栽立式柱之后，再在夯土面上铺砖。

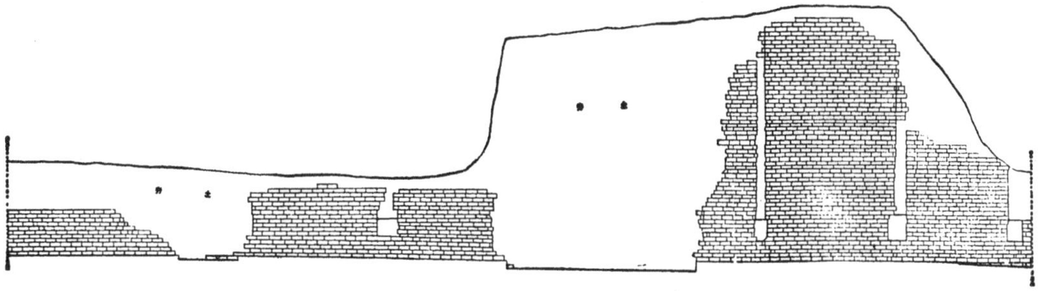

图 3-1-146　圆形构筑物周壁展开图

圆形砌体的西部，被晚期井打破。井的内径 76 厘米，是用 28 厘米 ×14 厘米 ×5 厘米的灰色小砖平铺丁砌起来的；井内有乱砖和素面瓦。

在圆形砌体中部，发现一个 1.40 米 ×1.50 米的浅坑，内有一个直径 70 厘米的砖砌圆形小池，是用 30 厘米 ×16 厘米 ×5 厘米的小砖平铺丁砌而成；小池底部也平铺小砖。池壁残高 20 厘米，池底低于圆形砌体铺底面砖 26 厘米。圆形砌体底部铺砖，形成四周向这个中部小圆池坡下的泛水面。在小圆池外围浅方坑东部，立有一块 82 厘米 ×82.5 厘米、厚 12 厘米的方形石板。石板外侧光滑，板面中部有一个 9.8 厘米见方的方孔。紧靠石板北边有一散落的石槽，通长 45 厘米，宽 24 厘米，厚 19.5 厘米，槽宽 4.5 厘米、深 9.5 厘米。

圆形砌体内，从上到下填满褐色土，内含大量残砖和少量瓦片，没有地层关系。瓦片有绳纹面、布纹里和光面、布纹里以及东周绳纹手制瓦残片。圆形砌体建于夯土内，夯土为高出地面的台。从圆形砌体所用的长方形小砖来看，这一遗迹应是东汉至北魏遗物。

2. 复原考察

清理“羊冢”时只见地表面为 25 米见方、2.50 米残高的一个土堆，由于遗迹遭受破坏，当时只清理了圜墙以里，大台四周并未能发掘、探查，所得的考古材料有限，因此复原考察就需要更多的推测。

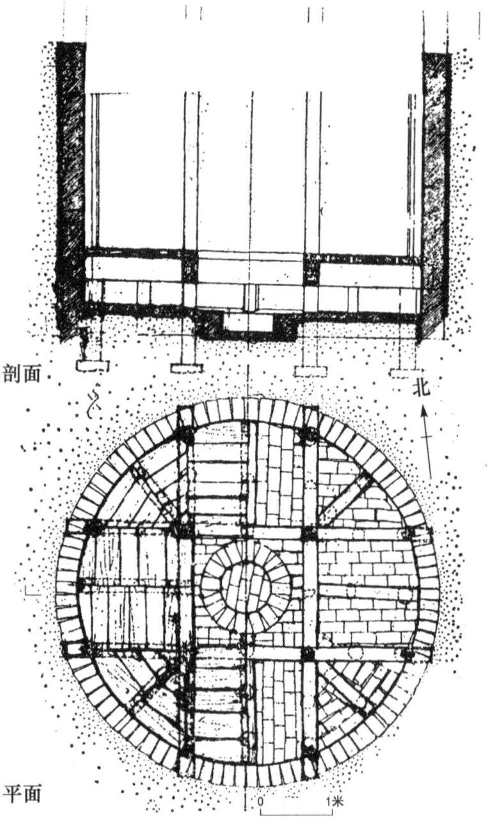

图 3-1-147 北魏洛阳凌云台凉风观冰室复原平面图、剖面图

首先确认冰井遗迹：考察圜形残壁上遗存的壁洞，确知原有八个；两两相对成一直线，内有朽木灰，可证原有木梁插入。壁洞反映了木梁截面为宽 20～80 厘米，高 30～36 厘米，插入深度 31 厘米。在壁洞以上的垂直凹槽，是壁柱遗迹，复原也应是八个。壁柱截面，据凹槽推知为 11～18 厘米见方或作长方形。底部铺砖地面上留有柱洞和础石，复原柱位共有四十个。据壁洞的方向推知，原来木梁做“井”字形布置；在与“井”字梁平行的方向，四面各有一个两跨的短梁与“井”字梁相交接。可做如下判断（图 3-1-147）。

在直径 4.90 米这个不大的圆形范围内，竟布置有四十根柱；柱间距，即大梁跨度，一般仅 60～70 厘米，最大也不过 90 厘米；主要支柱埋深达 52～88 厘米，据此判断当时上面的荷载是相当大的。

“井”字梁下皮距地面砖高度为 36 厘米，可知梁即地板龙骨。则梁上原来应铺有地板，地板应是较厚的板枋。鉴于中部地面上有浅方坑，内含一直径 70 厘米、复原深度约 25 厘米的砖砌小池，而且地面铺装有四面向小圆池坡下的泛水，看来此圆形构筑物原系储藏不怕潮湿，甚至是本身就有积水之使用的。其最大可能就是藏冰的冰室。在这半地下的圆桶形构筑物的厚地板上，可以叠置存放大量冰块；架空的地板铺装应留有缝隙，可以滤下冰水。冰水顺地面坡度流向中央浅坑（原铺装砖面已残缺），进而积蓄在小圆池内。地板下冰水积蓄过多则漫出池外，而储存于整个圆桶形构筑物底部，这时可由地板上所保留的中央方孔向有一定深度的圆池汲取排除。清理所见的石槽，应即原设在上部的排水设施。此圆形构筑物半入地下，地面以上的部分又被较厚的夯土所包围，这正是隔热冷藏所要求的。

这座藏冰室支承“井”字梁的柱子当中，有十二根（遗存十一个柱洞）埋深在 52～88 厘米，大于其余埋深，可知为主要承重柱。其中八根为圆形截面的短柱，支承依圜壁设立的长方形截面的木柱；所余中央四根圆柱，埋深达 74～78 厘米，推测上面应有与壁柱等高的柱子；再是埋深短柱（与依圜壁栽立的八根短柱等高）支承通长的“井”字梁，再于梁上按短柱轴线竖立上部长柱。这两种做法，以后者可能性为大。与圜形砖壁大致在同一标高的这十二根柱顶端，原来应架有与下部相同的“井”字梁，上面也铺装地板。这上一层的圆形地板面位于台顶殿堂中央，其标高应与台顶殿堂室内标高相等。这个地板面的中心部位也应留有方孔，出于藏冰入窖及排除冰水的需要，估计方孔上原来应装有辘轳、滑车之类的升降机械装置。在台顶殿堂内部中央的这套装置，可能由室内装修隐蔽；地板应有冷气对流所需要的通风口（图 3-1-148）。

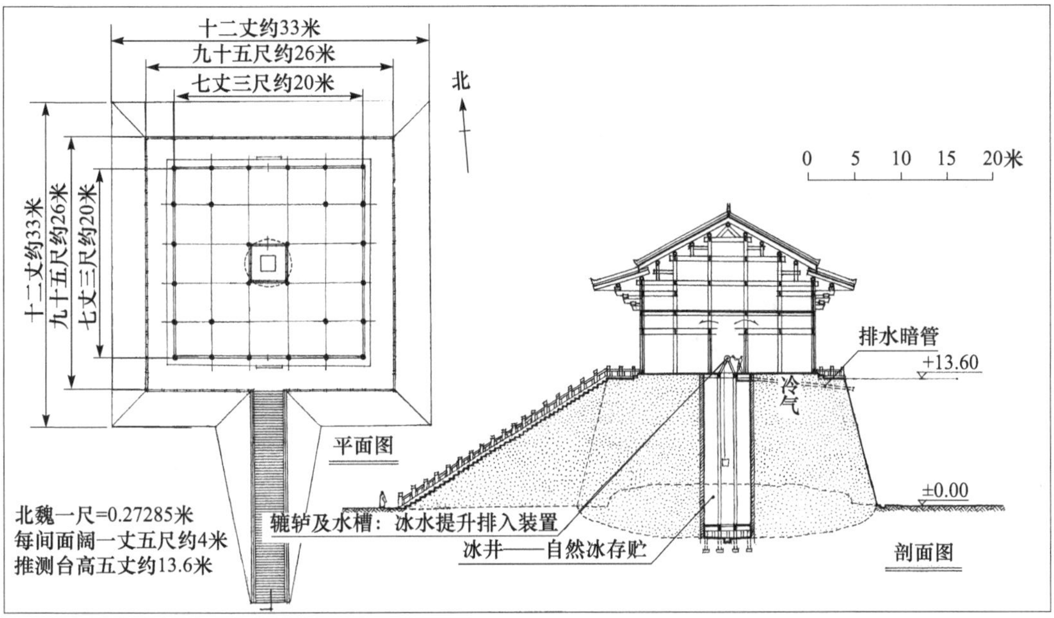

图 3-1-148　北魏洛阳宫城凌云台凉风观复原图

埋藏在夯土台中的砖砌圆筒状的构筑物，是一藏冰室，它与简陋的以藏冰为目的的冰窖，即所谓“凌阴”不同。已知东周以来的几座凌阴遗址，陕西凤翔春秋秦国凌阴的发掘，提供了宫廷用冰的储藏窖实证[①]。这种冰窖地点一般接近河流等地表水源，以便于自然冰的开采和就地储藏。仅为藏冰之用的凌阴，是库房性质，即使是皇家御用，其建造工程也较为粗放。凌阴最为明显的特点是，由于目的是保持藏冰不易融化，所以都遗存有苫盖藏冰的大量稻草之类的腐殖质遗迹；而且设有便于冰块出入的坡道（图 3-1-149）。这座北魏洛阳宫城内的砖砌藏冰室，深藏在高高的夯土台下，冰块的出入都不方便；而且没有隔热保温的稻草朽灰的遗迹。东汉时期在洛阳城宣阳门里凌云台西建有“冰室”，一直被曹魏、西晋所沿用[②]。

现在我们所考察的这座冰室，位于洛阳城北部宫城内的西路，看来不是一般的凌阴。这座冰室，较为讲究，用砖砌筑的规则圆形，外包大于 25 米见方的夯土高台；遗址并出土有砖、瓦，推知台壁原来是用砖包砌的；而且台上原有建筑设置；从规整的方形高台看，上面的建筑也应是比较讲究的。遗憾的是，遗址材料短缺，又不能续掘复查而进一步取得材料，所以无从确知上部建筑形制。但从其处于宫城之内、宫廷建筑群之间的位置，判断它是一座备有避暑降温设施的殿堂当无问题。《永乐大典》九五六一卷所载古图中，

① 韩伟、董明檀：《陕西凤翔春秋秦国凌阴遗址发掘简报》，《文物》1978 年第 3 期。

② 《永乐大典》载东汉、曹魏、西晋洛阳城图。

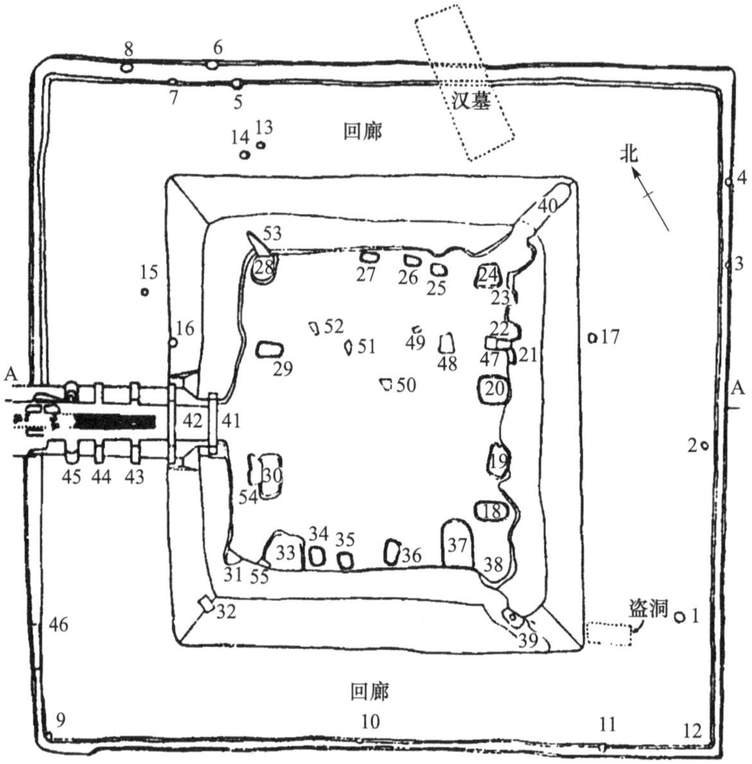

图 3-1-149 陕西凤翔春秋秦国凌阴遗址平面图

在北魏宫城西路正绘有“清暑殿”一座，顾名思义这应是一座防暑降温的宫殿。古图的绘制，殿堂位置只是示意，并不准确。不过一般来说，大体部位有依据。图中“清暑殿”明确标在宫城西路，与这座“圆形建筑”的遗址位置是一致的，只是画得偏南了一些。当时配合发掘人撰写一个简短的报道性文字，做了这样的初步推测，因为缺乏相关考古材料未能深究。2003 年有文章披露了这一带的考古探查结果，得知此“圆形建筑”“位于勘探到的北魏也即魏晋洛阳宫的北半部一座完整小宫院内西北角”[①]。对照文献可以知道此院即“西游园”，也叫“西林园”。园中有曹魏文帝始建的凌云台[②]，台上有被称作古旧藏冰处的八角形冰井。其位置与“圆形建筑基址”相符；北魏时仍然沿用西游园和凌云台，孝武帝永熙三年（534 年）洛阳永宁寺塔失火，武帝就曾“登凌云台望火”[③]。曹魏的凌云台上面也是有建筑的；北魏孝武帝时重建，台上建筑称作“凉风观”。看来这一遗址大约就是北魏凌云台凉风观的遗存了。这里的疑问是：遗址所见的冰井为圆形，而文献记做“八角形”的差异。前面，根据《永乐大典》得知凌云台西有“冰室”，现在凌云台址距宫城西墙仅 65 米许，它的西面就是接近西宫墙了，墙外就有河道。“冰室”——凌阴，设在这里，正

---

① 《考古》2003 年第 7 期。

② 《考古》2003 年第 7 期。

③ 范祥雍：《洛阳伽蓝记校注》，古典文学出版社，1958 年。

是为了接近地表水源，便于冬季就近藏冰，也便于就近提供凌云台夏季防暑降温之需。

鉴于圆桶形砖结构的形式及砌筑都很讲究；伴出石槽的用料和制作也同样讲究；再者伴出残瓦，可知原来上面有建筑物。其圆桶形构筑物外围不是一般堆土而是夯筑的方台，进一步提供了它原为高台宫观的佐证。由于当时并未探查地下夯土的范围，千余年来自然与人为的破坏，这个土台应该已是减小很多了，到底原来多大，没有探查材料很难作出准确的估计。“凌云台”，顾名思义应是比较高大的。

从北魏孝武帝登台观火来判断，这座凌云台的高度恐怕要超出一般殿堂，这里暂设定此台原高为五丈，按北魏一尺等于 0.27285 米折算，即 13.60 米左右。如果台这样高，它的范围也一定要大一些。台的遗迹为方形，可设想原来大概也是方的，暂设定底面积为十二丈，即 33 米见方，按高四收一的比例，则台顶面积约为九十五尺见方，即大约 26 米见方（图：遗稿未配图）。

按台为方形平面，可以认为台顶建筑也是方形的。按照台顶 26 米见方，可以设定殿堂建筑为五间面阔、五间进深；间宽 4 米；则每面通面阔七丈三尺，即约 20 米。出于室内降温的考虑，空间太大则降温效果不好；作为宫殿，只是三间恐怕是太小了，推测五间的殿堂是合适的。北魏去秦、汉未远，当时的建筑尺度应保持大尺度的遗风，这从北魏洛阳的永宁寺塔仅九级就达 147 米之高，可以知道。所以这座凉风观应该也是很高大的。在建筑风格上，特别是细部处理，和永宁寺塔一样，也应该是具备外来的影响。如此，我们可以提出一个凌云台凉风观形制的推测了（图 3-1-150），即便是一个阶段性的研究成果，也聊胜于无。希望今后有可能对这一夯土台遗址进行钻探，得到翔实的数据，那时我们再进一步作复原研究的修正。

图 3-1-150　凌云台凉风观复原透视图

三十一、北魏洛阳永宁寺塔

——台基上角墩遗迹表明北魏石塔四角加固。

北魏洛阳永宁寺塔以其高大壮丽载入史册，称得起是中华第一浮图。其遗址虽然长期暴露在地面之上，但一直不被人们所认识。清乾隆十年（1745年）所修《洛阳县志》，将“高六丈”的永宁寺塔遗址误认为是“汉质帝静陵”，毕沅并树碑说明此“陵”的遗存情况，恐怕是因此而招致塔的地宫被盗。1962～1963年，中国科学院考古研究所对汉魏洛阳城遗址进行考古勘察时,才确认了位于城内的永宁寺及其塔址[①]。此后长期没有继续进行考古工作。塔的遗址在历史上就不断遭受农民取土破坏，大土包日渐缩小，从乾隆年间的“高六丈”——约18米，到20世纪70年代末，其高度已减至3.60米。1973年笔者调至中国科学院考古研究所后，见塔址无法保护，不断被农民挖土已露出残存的木柱，并将木柱劈下作为柴火就地在农田里烧烤白薯，十分痛心！遂多次向夏鼐所长建议尽早发掘并保护，终于在1979年春由本所洛阳工作站开始对永宁寺塔遗址的考古发掘工作。1979年夏塔基发掘完毕，但工地人员无法准确测量和绘制遗址图，急邀笔者前往考古工地解决问题。当时笔者亲自完成遗址的测绘工作，同时应工地人员的请求绘制了塔的初步复原设想草图。1981年公布了发掘简报后[②]，笔者鉴于草图业经拍照外传，有人询问复原情况，遂于1992年发表了题为《关于北魏洛阳永宁寺塔复原草图的说明》一文[③]。当时发表的文章，只是说明在田野工作中为了便于发掘人员辨认遗迹所作的参考草图，仅是一个很不成熟的设想。进一步的室内复原研究工作，还有待详细的发掘报告发表后才可进行。1996年，发掘报告出版[④]，现在提出笔者的复原研究论文。

1. 永宁寺及塔的历史简况

少数民族拓跋氏政权的北魏时期，十分崇尚佛教。早在代都平城（今山西省大同市）时，就修建了许多佛寺和佛塔（当时塔是主体佛殿）；494年迁都洛阳后，国势日盛，更是大兴佛寺。至北魏末年，洛阳城内的佛寺达到千余所，永宁寺是其中最大的一座。

这座寺院是熙平元年（516年）孝明帝之母灵太后胡氏所立，由于是皇家工程，资金雄厚，所以无论在规模上还是质量上，都是史无前例的。时人杨衒之描述寺院位于重要地段，说：“在宫前阊阖门南一里御道西（勋按：宫城南500米，铜驼街西200余米）……东有太尉府，西对永康里，南界昭玄曹，北邻御史台。”[⑤]（图3-1-151）

---

① 中国科学院考古研究所洛阳工作队：《汉魏洛阳城初步勘查》，《考古》1973年第4期。

② 中国社会科学院考古研究所洛阳工作队：《北魏永宁寺塔基发掘简报》，《考古》1981年第3期。

③ 杨鸿勋：《关于北魏洛阳永宁寺塔复原草图的说明》，《文物》1992年第9期。

④ 中国社会科学院考古研究所：《北魏洛阳永宁寺1979～1994年考古发掘报告》，中国大百科全书出版社，1996年。

⑤ 范祥雍：《洛阳伽蓝记校注》，古典文学出版社，1958年。

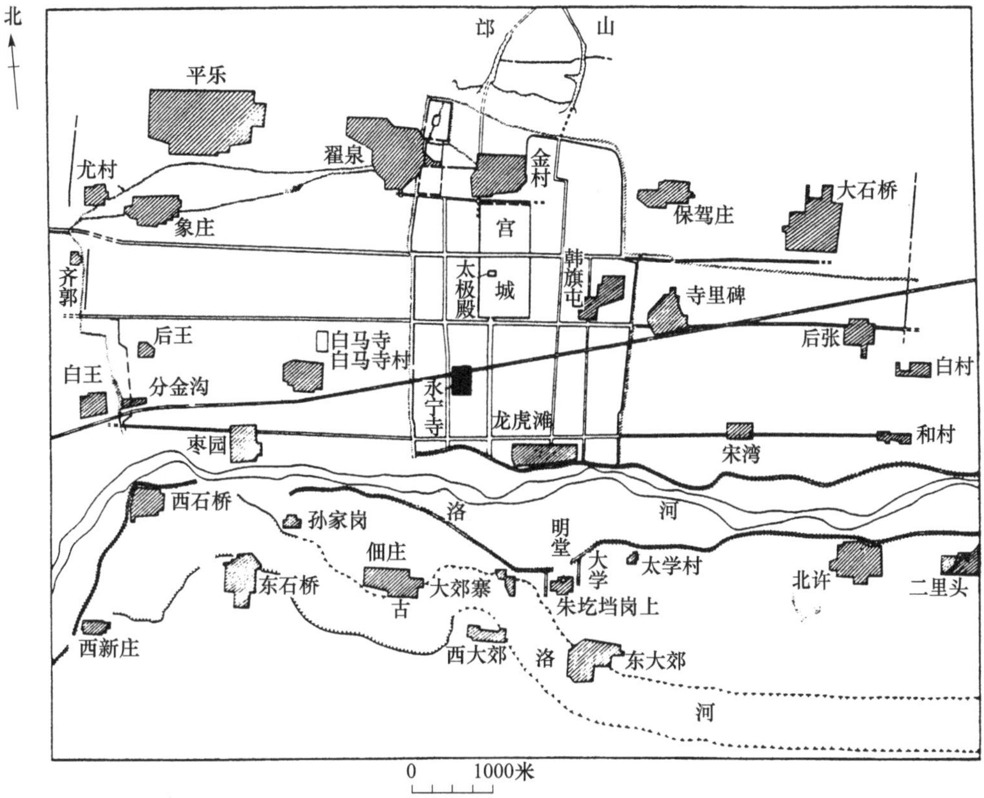

图 3-1-151　北魏洛阳永宁寺位置图

当时的文献记载："寺院围墙皆施短椽，以瓦覆之，若今宫墙也。"围绕寺墙之外，还有水渠，如同护城河一般。关于南面正门的描写是："南门楼三重，通三道，去地二十丈，形制似今端门。图以云气，画彩仙灵，绮钱青鏁，辉赫丽华。拱门有四力士、四狮子，饰以金银，加之珠玉，庄严焕炳，世所未闻。"① 寺院主体——九层高塔，以及其他建筑，无不"殚土木之功，穷造型之巧；佛事精妙，不可思议"！波斯高僧菩提达摩，历涉诸国，博闻多识，目睹此寺之奇巧壮丽，也不禁为之"口唱南无，合掌连日"②，叹为观止。当时高僧法显说："西国（勋按：犍陀罗）有爵离浮图，其高与此相状。东都、西域具为庄妙矣！"③。塔后有大殿一座，文献说它的形制如同皇宫前朝太极殿，其遗址可惜在清末修筑陇海铁路时被破坏，部分叠压在路基之下。另外，寺内还有僧房楼观一千余间。

塔落成十八年后，孝武帝永熙三年（534 年）二月的一个"雷雨晦冥，杂下霰雪"的夜晚，"浮图为火所烧"。"火初从第八级中，平旦大发"——火从第八层内部烧起，显然是由于塔刹落雷而引起上部刹杆木构组合燃烧；黎明火势发展到外檐，估计塔顶的两层熊熊大火才引起人们的警觉。"帝登凌云台望火；遣南阳王宝炬、录尚书长孙稚，将羽林

① 范祥雍：《洛阳伽蓝记校注》，古典文学出版社，1958 年。
② 范祥雍：《洛阳伽蓝记校注》，古典文学出版社，1958 年。
③ 《水经注》转载《释法显行传》。

一千救赴火所……”[①]面对如此高大的建筑，尽管有一千名羽林军将士，但灭火的操作面是极其狭窄的。从遗迹可知，登塔木梯的宽度约 1 米，仅可容二人并行；而且坡度比现在 30°的楼梯要陡峭得多，大约 40°左右。如果许多人手提装满水的木桶沿梯而上，几乎是不可能的。当时运水上八层高度的唯一方法，就是自下而上沿梯排成一字长蛇阵，形成人体传送带；手递手地把水桶传上，再把空桶传下来；塔外运水来的最高效率也应如此（最方便的水源就是寺墙外围的水渠）。这样灭火，即使能在梯上并排两行人传递，每递一次也只是两小桶水，可想而知是无济于事的，火大水少反而起到助燃的作用。火势自八、九层向下蔓延开来，观火的人、救火的人，一片惋惜的感叹声和悲痛的哭泣声；甚至，“时有三比丘赴火而死”[②]！由于这是一座人类创造的绝代伟构，我们对于她的圆寂多说了几句。

寺院的其他建筑，则在后来的战乱中被焚烧毁坏；北魏灭亡，寺院也随之没落无闻了。

西汉张骞打开通向西域的贸易和文化交往的通道以后，佛教即开始传入中国；而形成一定影响，是在东汉时期。经过三国至南北朝的不断战乱与分裂，民不聊生，唯有求助于宗教来解脱精神的痛苦，于是佛教得到迅速的发展。南北朝时期尚属佛教输入的初期后段，佛寺的创建多是按照印度的模式。这时所建的洛阳永宁寺，就是以印度第一大寺，也是唯一以高塔式殿堂（佛陀迦耶精舍）为主体的寺院作为蓝本的。这不但是中国、也是其他佛教国家寺院的基本模式。古代中国具有坚强的自信心和包容精神，从不排斥外来文化，对于优秀的外来文化都是消化吸收，而并非亦步亦趋地模仿，北魏永宁寺及其主体塔殿，就是融合外来文化成功的范例。建筑史学家梁思成说“建筑有可译性”，洛阳永宁寺以及塔殿可以说是早期成功的译作。

永宁寺塔以其惊人的高度和造型的无上庄严，不但使火灾当时“有三比丘赴火而死”，而且引起当时和后世多少人的关注，以致众多文献，诸如《洛阳伽蓝记》《水经注》《魏书·释老志》《资治通鉴》《释教录》《续高僧传》《大唐内典录》《历代三宝记》《北山录》等都有详细记载。其中前三部书的作者都是北魏时人，并且都曾目睹过此塔，他们的记录是复原考证的重要材料。

2. 永宁寺塔遗址概况

1973 年发表的遗址调查简报认为塔的基座有上下两层，笔者当时认为约百米见方的“下层基座”不可能是塔的地面台基，而应该是塔的地下基础。1979 年的发掘，证实了笔者的这一判断。

这“下层基座”就是塔的素土夯筑的满堂基础，后来的塔也都有这样大范围的基础。此塔基础，东西 101.20 米，南北 97.80 米，厚度在 2.50 米以上，土质纯净，夯层较薄，在 0.12～0.15 米，十分致密坚实。这个大约百米见方的满堂基础表面与当时地面基本相平，它作为当时塔周围的地坪，有坚硬的黄土、细沙、石灰三合土面层。同时，此基础范围的地面，做成自塔台基边向四周约 1% 的泛水。

---

① 范祥雍：《洛阳伽蓝记校注》，古典文学出版社，1958 年。

② 范祥雍：《洛阳伽蓝记校注》，古典文学出版社，1958 年。

在这一夯土基础的中央，为青石包砌的方形夯土台基残迹，当年大火焚烧的结果历历在目，砌筑在塔心里的粗大木柱已成木炭（下面还残存部分未能烧完的木柱），泥坯已被烧成红色，甚至呈焦熘状。足证《洛阳伽蓝记》所载的“火经三月不灭，有火入地刹柱，周年犹有烟气”的言之不虚。又兼塔毁后的挖取柱础、磉石等的破坏，使遗留至今的台基满目疮痍（图：遗稿未配图）。包砌台基所用石料一律宽 0.50 米，长 0.60～0.90 米，厚 0.26～0.28 米；表面为细剁斧加工，石块衔接一面刻作搭接咬合；砌筑对缝严密，内用石灰膏黏结，并加铁细腰连接（图：遗稿未配图）。石砌的台基呈正方形，长、宽的完整边长均为 38.20 米。台上局部尚遗存三合土地面，据以得知台基原高为 2.20 米。残存的部分砌体显示，台基壁面砌筑平整，有 5°收分，无隔身板柱。

台基方向纵轴北偏东 5°，四面中间各有一条夯土斜坡（图 3-1-152）。南、西、北三面的夯土坡长约 5 米，即和当时地面相接，即坡度略小于 1/2，看来并不是发掘报告所谓的“慢道”，无疑是踏道遗迹。踏道宽度已经破坏，边界不清。从东面的遗迹可以看出宽为 4.50 米；但斜坡比其他三面的较长，约 8.30 米，遗迹坡度不一，约 8°～10°。完整台基高 2.20 米，此道长 8.30 米，似乎是慢道遗迹。这座皇家的庄严高塔，四面登台的设置应该是一样的，不可能有一面另作慢道。从遗迹现象来看，它并不是原状。推测此延长的夯土斜坡，是塔废弃后拆取础石、磉石等建筑构件时，为了从台基上往下搬运这些重大构件所铺垫而成的。靠斜坡南侧距台基约 2 米处遗存青石板一方，表面素平，长、宽各 0.53～0.54 米。慢道铺装使用摩擦力大的浮雕或刻作横线牙的石料或者花砖，这里的素面方石板正说明是用于踏道铺装的。

台基中心有 1.70 米见方的地宫，报告称：“坑口整齐，四壁直立，壁每平整……已清理了 2 米深，仍未见底。因地下水水位高，无法继续清理下去。因此，迄未获得证实其为地宫的过硬证据。”西部有盗洞，直抵地宫；地宫内是否还有遗物，由于没有发掘到底，不得而知。按田野发掘原则，应当抽水见底认真查找，放弃不做是不对的。

发掘所见，台基中心是一个残高 3.70 米、四边残长 19.80 米的泥坯砌体遗存，其中包含立柱和横向的粗大横木，可知原为土木混合结构的中心部件。泥坯为模制、掺有谷草，残长 37 厘米、宽 22 厘米、厚约 9 厘米，砌筑时用掺草泥浆黏合。台基上的柱础，大部分在历史上早已被取走利用，有些深埋的木柱残段犹存，从遗迹尚可辨认平面关系。

遗迹显示柱网为内外五圈，从中间向外数第四圈以里为塔心泥坯砌体。包含其中的木柱尚存炭化及未曾炭化的残段，可知为柱径为 0.50 米见方；下置青石暗础，长、宽都是 1.20 米，厚 0.60 米（正是北宋《营造法式》总结的“础厚为础方之半”）。中心没有贯穿上下的刹柱遗迹，而是围绕中心一圈四个一组，共四组十六个柱础，都是三块叠置，即础下垫两块磉石。此塔异常高大，并非矮小得多的木塔可以使用贯穿上下的一根刹木可比，遗迹所见的这十六根中心柱迹，可以说就是刹杆下部的延续。建塔之初，胡太后“亲率百僚，表基立刹”[①]，恐怕指的就是这中心的十六根柱。第四圈是塔心砌体的边界，此界线上

---

① 范祥雍：《洛阳伽蓝记校注》，古典文学出版社，1958 年。

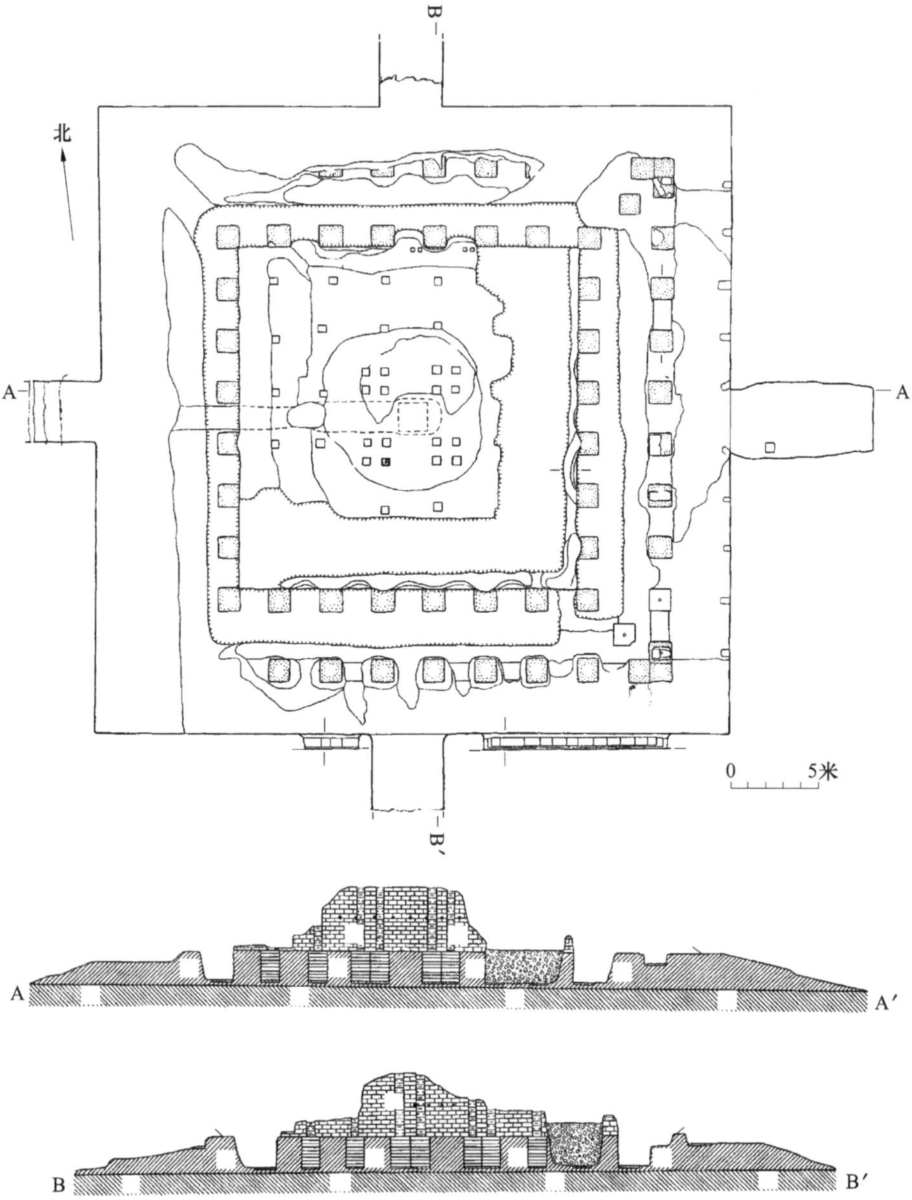

图 3-1-152 永宁寺塔基遗迹平、剖面图

有一圈明础印痕，础石都已无存。破坏坑壁显示了也是础下叠置两层磉石。第五圈柱即此塔的外檐柱，也是明础，只有个别遗存。础为方形素面粗加工，中心有直径 0.16 米的圆卯眼；从遗痕的标高可知，础石与地面取平安置；直接将础石安置在夯土台基上，下面没有磉石。第五圈柱间有槛墙遗迹，表明无外廊。

这五圈柱迹显示纵横皆为十条轴线的柱网，形成纵横都是九间的布局。每面中间七间的柱距（中 - 中，以下同）均为 3 米（一丈一尺），七间总面阔为 21 米，这也就是中心泥坯砌体——塔心柱的边长。从塔心柱遗迹可以看出，东、西、南三面每间原来都砌有弧形凹进的佛龛；北面有一排较细的柱迹，表明是登塔的木梯所在。围绕塔心柱，为周回的使用空间，轴线宽 4 米。则每面的两端尽间各加宽约 1 米（约两个柱径），即每面通面阔为 29 米。

有一个需要特别指出的遗迹现象，就是台基破坏过甚，仅东南角依稀尚可辨认曲尺形布置的础痕外邻还有础痕。当时笔者在发掘现场即将这一重要现象告知工作人员，遗憾的是，事过十余年之后编写发掘报告时他们早已忘却，而没有按照笔者的原始实测记录将此现象反映在报告的文字和图纸上。这里，笔者作为曾亲自在现场指导工作的建筑考古学工作者提出证言，说明台基上四角有特殊加固做法的遗迹现象，以弥补这一失误。

遗迹虽然残破，但还是显示出平面布置与文献所记“浮图有四面，面有三户、六窗”[①]，以及更为明确的“四面、九间、六窗、三户”[②]相符合。残存低矮的窗下断砖和泥坯砌筑的槛墙厚 1.10 米，最大残高 0.40 米，壁面涂层是谷草泥打底，粗糠泥找平，细糠泥抹面，这一点也与北宋《营造法式》所总结的做法相同。槛墙外壁涂红色，内壁粉白、距地面 0.20 米以上有彩绘（图：遗稿未配图）。

遗址出土有狮面（护法的含义）石螭首和浮雕装饰的石栏板残件以及彩绘墙皮之类和许多残破屋瓦；还有大量影塑以及大小佛像和璎珞装饰等残存（图 3-1-153），依稀显示了当年装修、陈设的豪华（图：遗稿未配图）。

3. 复原考证

永宁寺作为主体建筑的高大塔式殿堂，来源于印度支提雅（chaitya；或 Caitya，或音译为“支提”）的一种变体。唐玄奘法师描述的他目睹的印度佛陀伽耶（布达嘎雅）精舍，是其代表作。它是供奉佛陀伽耶（释迦牟尼）佛像的精舍，也就是后来所谓大雄（释迦牟尼）宝殿。现存西安唐慈恩寺大雁塔、应县辽代佛宫寺释迦塔等都是此类塔式佛殿，而不是所谓“窣堵坡”（Stupa）。窣堵坡是佛教早期的崇拜物，印度人相信神是住在山上或洞窟中的，所以印度庙宇都是“庙山”（temple-mountains）。佛教的奉祀对象窣堵坡原本只是土山丘，后来为了加固和装修才包砌石头而成为人造结构的外观。这种做法东渐中国又传到日本，1993 年日本发掘的奈良县头塔遗址，邀请笔者当场绘制复原草图，就是这种用砖石包山形成的窣堵坡。在此基础上，进一步才创造出了象征窣堵坡的建筑物——覆钵式塔，即所谓“喇嘛塔”。

北魏洛阳永宁寺塔是早期中国化的佛陀伽耶精舍，以其高大壮丽载入史册，称得起是中华第一浮图。值得庆幸的是，文献记载了此塔的设计人，使他名垂青史；同时，又令人遗憾的是，记载只有“永宁塔郭安兴为匠”的只言片语，使我们无从了解这位建筑大师的生平事迹。

（1）塔的台基考证

1973 年发表的遗址调查简报说塔的基座有上下两层，笔者当时认为约百米见方的所谓“下层基座”不可能是塔在地面上的台基，而应该是塔的地下基础。1979 年的发掘，

---

① 范祥雍：《洛阳伽蓝记校注》，古典文学出版社，1958 年。

② 范祥雍：《洛阳伽蓝记校注》，古典文学出版社，1958 年。

1 2 3 4

5 6 7

8 9 10

图 3-1-153 泥塑、瓦当、石螭首

1. T1 2189（正面） 2. T1 2189（侧面） 3. T1 1055（正面） 4. T1 1055（侧面） 5. Ⅲ型 1 式云纹 T9 3244
6. Ⅲ型 1 式云纹 T31 3265 7. Ⅲ型 2 式云纹 T30 3158 8. Ⅲ型 3 式云纹 T31 3263 9. Ⅱ型莲花化生 T1 3047
10. 狮面石螭首 T1 4001

证实了笔者的这一判断。

这“下层基座”就是塔的素土夯筑的满堂基础，后来的塔也都有这样大范围的基础（后来的塔基边长一般是塔高之半，这座塔基却大得多），此塔基础东西 101.20 米，南北 97.80 米，厚度在 2.50 米以上；土质纯净，夯层较薄，在 0.12～0.15 米之间，十分致密坚实。这个大约百米见方的满堂基础的表面与当时地面基本相平，它作为当时塔周围的地坪，有坚硬的黄土、细沙、石灰三合土面层。同时，此基础范围的地面，做成自塔台基边向四周有泛水坡，其坡降自台基边至夯土基边低下 50 厘米，约 1% 的坡度。

在这一夯土基础的中央，为地面之上的方形夯土台基残迹（图：遗稿未配图），四周原包有青石面层。包砌台基所用石料一律宽 0.50 米、长 0.60～0.90 米、厚 0.26～0.28 米；表面为细剁斧加工；条石上下衔接一面刻作搭接咬合，砌筑表面对缝严密，内藏石灰膏黏结，壁面不见灰缝。条石水平衔接面上，加铁细腰连接。台基石壁与夯土台基之间缝隙，用杂土回填，则石壁比夯土台基宽出 70 厘米。石砌的台基呈正方形，四面完整边长均为 38.20 米。台上局部尚遗存三合土地面，据以得知台基原高为 2.20 米。残存的部分砌体显示，台基石砌壁面平整，有 5°收分，无隔身板柱。

这座高大精美的永宁寺塔的台基遗址出土有佛教护法含义的狮面石螭首和浮雕装饰的石栏板残件（图：遗稿未配图），可知 2.20 米高的台基周边设有石栏杆，每个栏杆望柱下挑出一个螭首。

台基遗址四面中间各有一条夯土坡。南、西、北三面的夯土坡长约 5 米，复原按台基高 2.20 米，则其坡度略小于 1/2，相当陡峭，绝非发掘报告所谓的“慢道”（慢坡的蹬道），而是踏道遗迹。踏道宽度已经破坏，边界不清，从东面的遗迹可以看出宽为 4.50 米。东斜坡比其他三面的较长，约 8.30 米，遗迹坡度不一，为 8°～10°。它似乎是慢道遗迹，但这座皇家的庄严高塔，四面登台的设置应该是一样的，不可能有一面另作慢道。从遗迹现象来看，此延长的夯土斜坡，是塔废弃后拆取台基上的大础石、磉石等建筑构件时，为了便于往下搬运这些重大构件所铺垫而成的。靠斜坡南侧距台基约 2 米处遗存青石板一方，表面素平，长、宽各 0.53～0.54 米。慢道铺装使用摩擦力大的浮雕或刻作横线牙的礓礤儿石或者花砖，这里的素面方石板正说明是用于踏道铺装的材料。从遗迹看，踏道壁和台基壁一样也有收分，踏道两侧也应该和台基一样设有石栏杆。

台基中心有 1.70 米见方的地宫，报告称：“坑口整齐，四壁直立，壁面平整……已清理了 2 米深，仍未见底。因地下水水位高，无法继续清理下去。因此，迄未获得证实其为地宫的过硬证据。”西部有盗洞，直抵地宫；地宫内是否还有遗物，由于没有发掘到底，不得而知。按田野发掘原则，应当抽水见底认真查找，放弃不做是不对的。

发掘所见台基遗迹，当年大火焚烧的结果历历在目。台基中心是一个残高 3.70 米、四边残长 19.80 米的土坯砌体遗存，其中包含立柱和横向的粗大横木，可知原为土木混合结构的中心墩台。土坯砌体部分被烧成红色，局部呈焦熘状。砌在塔心墩里的粗大木柱已成木炭，下面还被包在砌体里的木柱残存部分，未能烧完。足证《洛阳伽蓝记》所载的“火经三月不灭，有火入地刹柱，周年犹有烟气”的言之不虚。塔焚毁后挖取柱础、磉石等移做他用的破坏，使遗留至今的台基满目疮痍。土坯是一定规格的模制，掺有谷草，残长 37 厘米、宽 22 厘米、厚约 9 厘米，砌筑用掺草泥浆黏合。台基上部分柱础和深埋的木柱残段犹存，从遗迹尚可辨认平面关系。

（2）塔台基上的平面状况

台基上的柱础，除部分历史上早已被取走利用外，大部分尚存留原位置。石础为方形，素平面粗加工。由台基遗存三合土地面标高得知，础面与地面略平。若干木柱尚遗存当年被焚毁的残迹——木炭及未朽的木柱残段。平面柱网，遗迹显示为内外五圈，即纵横皆为十条等间距轴线所构成的方格网，形成纵横都是九间的布局（图：遗稿未配图）。轴线间距，亦即开间面阔实测为 3 米（中—中，以下同），即一丈五尺。中间七间，两侧各缩进一个柱径，为塔心土坯砌体的边长。

包含在塔心土坯砌体中的木柱尚存炭化及未曾炭化的残段，可知柱径为 0.50 米见方；下置青石暗础，长、宽都是 1.20 米，厚 0.60 米（正是北宋《营造法式》总结的“础厚为础方之半”）。土坯砌体中心，没有贯穿上下的刹柱遗迹。此塔异常高大，并非矮小得多的木塔可以使用贯穿上下的一根刹木的构造。砌体的中心，是四个一组、共计四组十六个柱础围成的一圈——这些大约就是《洛阳伽蓝记》所谓“地刹柱”。这些柱的基础都是三块石叠置，即础下垫两块磉石。

由中心向外数第四圈木柱，是塔心砌体的边界。此边界上有一圈明础印痕。础石都已无存，破坏坑壁显示了也是础下叠置两层磉石。第五圈柱即此塔的外檐柱，都是明础，只有个别遗存。础为方形素面粗加工，中心有直径 0.16 米的圆卯眼；从遗痕的标高可知，础石与地面取平安置；直接将础石安置在夯土台基上，下面没有磉石。第五圈柱间有槛墙遗迹，表明无外廊。

塔的柱网表明，转角形成向外扩展曲尺形布置的三个角柱。有一个需要特别指出的遗迹现象，就是台基破坏过甚，仅东南角依稀尚可辨认曲尺形布置的础痕外邻还有础痕。当时笔者在发掘现场即将这一重要现象告知工地负责人，遗憾的是，事过十余年之后编写发掘报告时他们早已忘却，而没有按照笔者的原始实测记录将此现象反映在报告的文字和图纸上。这里，笔者作为曾亲自在现场指导工作，并测绘遗址图的建筑考古学工作者，提出证言，以弥补《发掘报告》的疏忽漏记：台基上东南转角尚残存特殊加固墩台的遗迹现象。

平面布置，遗迹与文献记载相符合。《洛阳伽蓝记》载：“浮图有四面，面有三户、六窗。”《续高僧传》《开元释教录》更明确记载：“四面、九间、六窗、三户。”可知三间为门、六间为窗。遗迹正是四面、九间；无副阶，檐柱间局部保存残高 20～30 厘米的墙迹，最大残高 0.40 米，厚 11 厘米[①]，显然系窗下槛墙遗迹。残墙壁面涂层是谷草泥打底，粗糠泥找平，细糠泥抹面，这一点也与北宋《营造法式》所总结的做法相同。槛墙外壁涂红色，内壁粉白。此处出土彩绘墙皮，确知距地面 0.20 米以上的墙面上有彩画。

塔心砌体遗迹表明，东、西、南三面当中五间都砌有弧形凹进的佛龛遗迹；北面残存四对密排小壁柱迹，表明是登塔的木梯所在。遗迹表明梯宽大约 1 米多，可能是六尺；从水平距离与一层塔高的比值推测，木梯坡度约为 40°左右。塔心砌体周围一圈 4 米宽度（两丈），是礼佛活动空间。

（3）塔的构造考证

永宁寺塔一向被误解为“木塔”，即使遗址发掘之后，已知存在土坯砌体的高大墩台，

---

① 《简报》误作 1.10 米。

古建专家们还是认为它的原状和现存辽建应县木塔类似。其实永宁寺塔是土木混合结构，其构造理念与技法和后来的木塔完全不同。其土木混合结构塔心墩台的周围连接木构架的构造方式，就是始自殷商、盛极于周东春秋、战国时期，延续至秦和西汉的依靠中心夯土墩台周围建造木构房屋的所谓“台榭”，就是我们现在所说的“高台建筑”。永宁寺塔构造方式正是其一脉相承，只是土心变得瘦高；为了加强其稳定性，而在土结构中加以纵横木构，从而形成土木混合结构的瘦高中心墩台。

探讨此塔的构造，可从其外部体形入手。先看一个石塔模型：原藏在山西省朔县崇福寺内的北魏天安元年（466 年）北魏曹天度造像石塔模型提供了复原研究非常有价值的参考材料（图 3-1-154），此塔每层都有角墩，完全证实了永宁寺遗址角墩遗迹的真实性。这就是说，当时曹天度石塔模型是按照永宁寺塔这类形制雕刻的，因此对永宁寺塔复原具有直接的参照作用。曹天度石塔雕刻十分写实，可以看出其底层出檐刚刚盖过角墩的小屋顶；二层塔身开始内缩，反映了二层角墩的中柱恰好坐落在内部转角柱上。二层以上开始收分，全塔构图在底层形成一个稳定的宽座。三层角墩的中心柱，则坐落在泥坯砌筑的中心墩台的角柱上。三层以上，都坐落在坚实的中心墩台之上。这就是此塔能够稳定地达到百米以上的构造原理。从二层开始，以上逐层按五尺（1 米）等差基数收缩，形成塔体的椎体轮廓；同时，按五尺（1 米）等差基数逐层降低，这就形成曹天度石塔所示的体形。

图 3-1-154　北魏曹天度造像塔（右图为被分离的塔刹）

为了增强土坯砌块墩台的整体受力能力，包在其中的接续增高的木柱分层由横木连接。这个土坯实体内含的木构架共有四圈列柱，中心一圈的四柱，各向外侧增加三柱，形成四柱组合体，四个组合体共计十六根柱，此十六根柱上下垂直相接，直到塔顶，作为中心第一圈。其外的第二圈每面各三间；第三圈每面各五间；第四圈即墩台边缘，每面各七间。这个土木合构的中心土坯砌筑的墩台由于逐层收缩，而有相当的刚度和稳定性。其中的木构架与外围的梁、柱结合成整体，从而使这座高大的建筑物具有很强的抗风荷载和地震纵、横波推力的能力（图 3-1-155）。

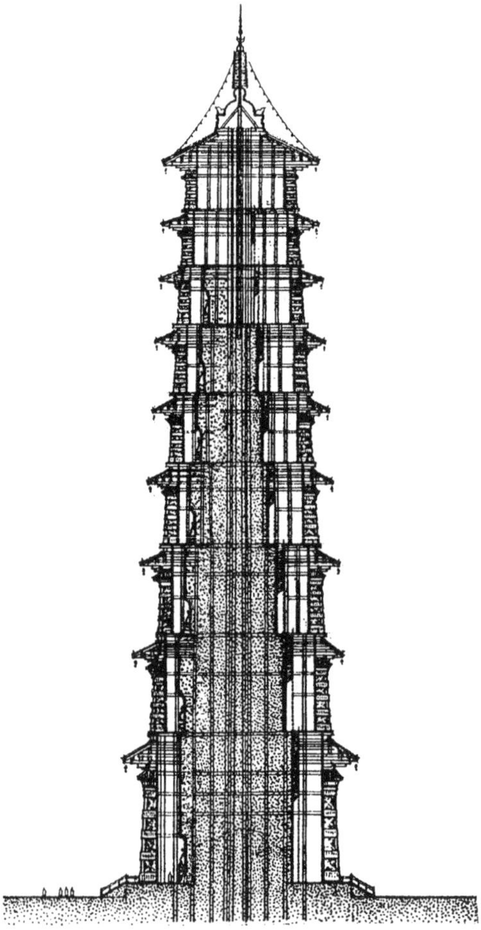

图 3-1-155　永宁寺塔复原剖面图

按方形构筑物的四角，是应力集中之处，所以常常是四角破损。这就是方塔向六角、八角塔演变的结构机制。简报描述："四角的两个木柱相交处，其内角与外角各增置一个木柱。"即此塔应是沿袭秦、汉高级建筑为加固转角，采取三柱"L"形并立。永宁寺方塔遗址保持稍好的东南角，还有不易辨认但是特别重要的遗迹现象：东南转角外侧对角线上及其左右相隔二础处，各有一遗址图漏画的角墩木柱础痕。遗迹证明转角做法是由六柱共同组成的联合受力的框架；这个框架整个包含在土坯砌体之内，从而构成一个土木混合结构的整体角墩。同时，在室内东南角还保存一个柱础，室内东北相应转角位置，也有一个础下黄沙痕迹，这应是抹角梁与角梁交接处的柱位。

角墩造型被处理成阙的式样，正如曹天度造九层石塔形制。在方塔转角应力集中、最容易破损的位置，各层转角设置一个加固墩，正符合结构力学的原理；同时，在建筑立面构图上，于各层两端设置一对阙，更增添了塔高峻、庄严、神圣的气氛。这一处理，在工程技术与艺术造型上达到完美的统一。它标志中国化佛塔的创作，已具有了相当成熟的技巧。

1992 年笔者发表复原草图说明文章之后，不再有古建专家坚持按照应县木塔来判断永宁寺塔的意见了，而且有与笔者方案类似的复原方案问世，并被引入五卷本《中国古代建筑史》第二卷中。该案为避免与笔者方案雷同，而去掉有遗址和当时形象材料证明的四角墩台，并增加一条遗迹没有而只是主观想象的 150 余米长直插地宫的刹杆。

推测刹杆可能立于第六级的砌体中。以接近此时、深受中国南北朝至隋朝佛教影响的日本飞鸟时代佛塔的情况看，刹杆下可能垫有“刹下石”[1]，有的舍利就安置在此石所凿的孔洞中，这就是与“地宫”相对应的所谓的“天宫”。中国古代建筑施工，架设房屋最高的“脊梁”（也就是脊檩，即古文“栋”）要举行隆重的典礼。对于塔来说，重要的是树立刹杆的典礼。永宁寺建塔时，胡太后“亲率百僚，表基立刹”，应该举行的就是树立“地刹柱”的典礼。

推测砌体只到七层，八、九两层表面裸露木构。文献记载塔焚毁时，“火初从第八级中”，正是大雷雨中淋湿刹杆、水流循杆下漏一层多、浸湿暴露在土坯包围之外的刹杆，落雷导致电击火花引起燃烧的。

（4）塔高的考证

永宁寺塔的高度，文献记载不一，按照其较小的高度也在百米以上，即使在今天也不失为“超高层”的摩天楼。远在一千四百多年前用土、木这些自然材料建造如此高大的建筑物真可谓奇迹！

在笔者发表此塔的复原文章之前，所接触到的古建专家，无一人相信文献关于塔高的记载。关于此塔的高度，各文献所记都是“九级”，但高度有三说，实际上可以认为是两个数据。《洛阳伽蓝记》说：“举高九十丈；有刹，复高十丈，合去地一千尺。”折合200米，这达到了现代超高层的高度。对于一千四百余年前的工程技术条件以及土、木自然材料来说，是完全不可能的。这个数字显然是以“十丈”为单位，九级就是“九十丈”。该书作者杨衒之忽略了塔的逐级收缩，而粗略地估计了塔的第一级为十丈后乘以九而得出的数字。另一说，郦道元的《水经注·穀水》记载塔的台基数字翔实，对塔高的记载也应该是比较接近的。他说：“自金露盘下至地四十九丈。”不但数字具体，而且上下起止交代得清楚，想是经过逐层丈量的。再一说，《魏书·释老志》记载：“永宁寺佛图九层，高四十余丈。”与郦道元之说暗合，因此可以认为两者是同一种说法。

有人曾对永宁寺塔的高度做出推测，1985年出版的《中国古代建筑技术史》第五章“木结构建筑技术”，误以晚期木结构楼阁概念来分析土木混合结构的永宁寺塔，做出“全塔总高不得大于二十七丈一尺（75.60米）”的结论[2]。该书提到塔基业已发掘，可见其作者是知道此塔的考古材料的。但是所得的结论却无视塔的遗迹现象所反映的实际情况，也没有按照建筑发展的逻辑做推断，而是具有很强的主观随意性，认为：“对于塔的高度只能做粗略的估计。文献记载一说去地千尺（272.66米），一说四百九十尺（136.06米）均不足为据。按现知唐辽时代建筑层高均为间广之倍，而在前述此塔可能的结构形式下，层高可能要小一些。现在仍按层高为两个间广估计，得每层二丈八尺，九层共高二十五丈二尺合68.76米；刹高假定三丈合9.2米；现存两层阶级共高4.7米（按：其实只有一层台基，其作者误以为基础是第一层台基，所以说是‘两层阶级’），则全塔总高最高可达81.66

① 〔日〕宫本长二郎：《飛鳥時代の建築と佛教伽藍》，《日本美術全集》，講談社。

② 中国科学院自然科学史研究所主编：《中国古代建筑技术史》，科学出版社，1985年。

米。可见文献对高度的记载都过于夸大了。”[①] 这种错误说法，在此后出版的《应县木塔》一书中再次重复出现[②]。这种对北魏永宁寺塔高度推测的错误，是依据唐至辽代木结构楼阁式佛塔的比例关系，岂不知早得多的北魏时造塔完全是另一回事。

笔者在 1992 年所发表文章中推测是按“四十九丈”，以“基方十四丈”换算的尺度为 133.70 米，加塔刹总高可达五十四丈左右，约为 147 米许。至今笔者的这一推断已基本得到学术主流的共识。现在看来却是有问题的，问题就出在以“基方十四丈”为准。另有记载“基方十九丈”，如此换算一尺 =0.20 米，这正符合当时朝廷按照周尺度规定。则塔高“四十九丈”，合 98 米；再加刹高十丈，即 20 米。这样，塔从地面至刹尖的完整高度为 118 米，这应该是正确的（图：遗稿未配图）。

（5）塔的外观形制和风格

北魏佛教盛极一时，当时佛寺布局按外来形制，是以高显的塔式殿堂为主体，因此似乎是寺寺有塔。首都洛阳更是佛塔林立。大量建塔，累积了丰富的营造经验；在建筑艺术上，也已把这一外来建筑形式予以民族化了。

北魏塔的外观形制和风格，从石窟遗存的形象材料可以有所了解。据《水经注》记载洛阳永宁寺塔是以平城永宁寺七级浮图为蓝本，又加高、加大，而建成九级伟构的。其造型尺度之大颇具秦、汉遗风。此塔的形制略如曹氏所造石塔。至于细部，可见文献的描写：“浮图有四面，面有三户、六窗；户皆朱漆，扉上各有五行金钉（其十二门，二十四扇），合有五千四百枚；复有金环铺首……”[③] 这一记载表明，各级都有三门、六窗；都是双扇板门，每扇有五行、五列金钉。每级有门，必有平座栏杆。平座在腰檐以上，由硕大的斗栱承托。这种做法早在东汉已经出现，陶楼明器提供了证据。屋盖也应是折面反宇。

永宁寺塔的基本造型，是模仿印度塔殿形制。此塔的台基、腰檐、平座、栏杆以及塔顶屋盖等处理，则完全是中国传统手法。总的来看，它颇具中国神韵，可以说是秦、汉朝楼阁向瘦高的转化；只是细部装饰吸收了外来的题材与手法，与北魏石窟寺所见相同，而有一些异国情趣。塔身四隅增设角墩，似乎金刚宝座的变体；角墩顶设瓦檐，又是传统阙的处理。参考现存北魏嵩岳寺塔和大同云冈石窟材料，推测此塔门、窗口都设有印度券饰；由于木柱很高，或采取加束腰的八角木柱形式。全塔有机融合中外文化于一体，是在民族传统基础上吸收外来文化的创作典范。出土遗迹、遗物证明这座“殚土木之功，穷造形之巧”[④] 的皇家工程，原有壁画和影塑和雕刻等装饰；遗址伴出散落的璎珞、串珠等遗物，并证明了文献所记塔内供奉大量的宫廷珍宝。《洛阳伽蓝记》描写寺门“图以云气，画彩仙灵，绮钱青鏁辉赫丽华”，则作为主体建筑的塔殿，只有过之而无不及。塔遗址出土许多残破屋瓦；还有大量影塑以及大小佛像和璎珞装饰等残存，依稀显示了当年装修、

---

① 陈明达：《中国古代木结构建筑技术・战国—北宋》第二章，文物出版社，1990 年。

② 陈明达：《应县木塔》，文物出版社，1966 年。

③ 范祥雍：《洛阳伽蓝记校注》，古典文学出版社，1958 年。

④ 范祥雍：《洛阳伽蓝记校注》，古典文学出版社，1958 年。

陈设的豪华。

《洛阳伽蓝记》描写“刹上有金宝瓶，容二十五石（《续高僧传》《释教录》《北山录》均为‘二十五斛’）；宝瓶下有承露盘三十重（《三宝记》《内典录》《续高僧传》《释教录》《北山录》皆作‘一十一重’），周匝皆垂金铎。复有铁鏁四道引刹，向浮图四角。鏁上亦有金铎，铎大小如一石瓮子（范祥雍校注本断句误作‘复有铁鏁四道，引刹向浮图。四角鏁上亦有金铎’）。浮图有九级，角角皆悬金铎，合上下有一百二十铎（《三宝记》《内典录》《续高僧传》《释教录》作‘一百三十’）。”所谓刹上“承露盘”即相轮，一般是采取奇数，“三十重”为偶数，值得怀疑。从金铎数目来看，问题更为明显。金铎共计一百二十枚，承露盘“周匝皆垂金铎”，每盘至少垂五六枚方可谓之“周匝”，若以每盘五枚计，三十盘就已有一百五十枚了；此外，还有九层屋檐四角所悬的三十六枚以及四条引刹铁锁链上的若干悬铎如何交代？显然“三十重”是错误的，或许是“十三重”之误。“一十一重”之说亦可信，或有所本。这里，暂按十一重复原。

此塔无论在造型艺术风格上还是工程结构上，都不能与晚期“楼阁式”塔同等看待。它并非想象中的“楼阁式木塔”，造型颇有西域砖石塔原型那种浑厚的风韵；艺术风格上也带着外来文化的明显特征。全塔有机地融汇中外文化于一体，是在民族传统的基础上吸收外来文化的创作典范。早在一千五百年前的北魏，纯用自然材料——土、木，建造起118米高的摩天楼，堪称空前绝后的世界奇迹！（图：遗稿未配图）

三十二、隋仁寿宫

切入点：《九成宫图》（纨扇图）。

（图3-1-156）。

（图3-1-157）。

三十三、唐大明宫清思殿

切入点：文献。

大明宫是一座综合庄严肃穆的朝廷和轻松活泼的园囿为一体的宫苑。宣政殿以南，为前部朝廷区；以北，为后部园林区。清思院便是园林区里的一处以体育、娱乐活动为主的建筑，其主体宫殿称“清思殿”。

发掘所见的清思殿遗址，是唐敬宗在大明宫清思院中所建的一座新殿。这是一座娱乐休闲的殿堂，遗址出土有围棋的黑、白棋子等，还有侍卫游猎、打球的神策军出入宫廷的“同均府左领军卫”字样的铜鱼符可以证明；《资治通鉴》记载，长庆四年（824年），苏玄明、张韶率百余人入左银台门作乱，当时敬宗皇帝正在清思殿打球[1]，可知清思院内确实

---

① 《资治通鉴》卷二百四十二，唐纪五十九，长庆四年。

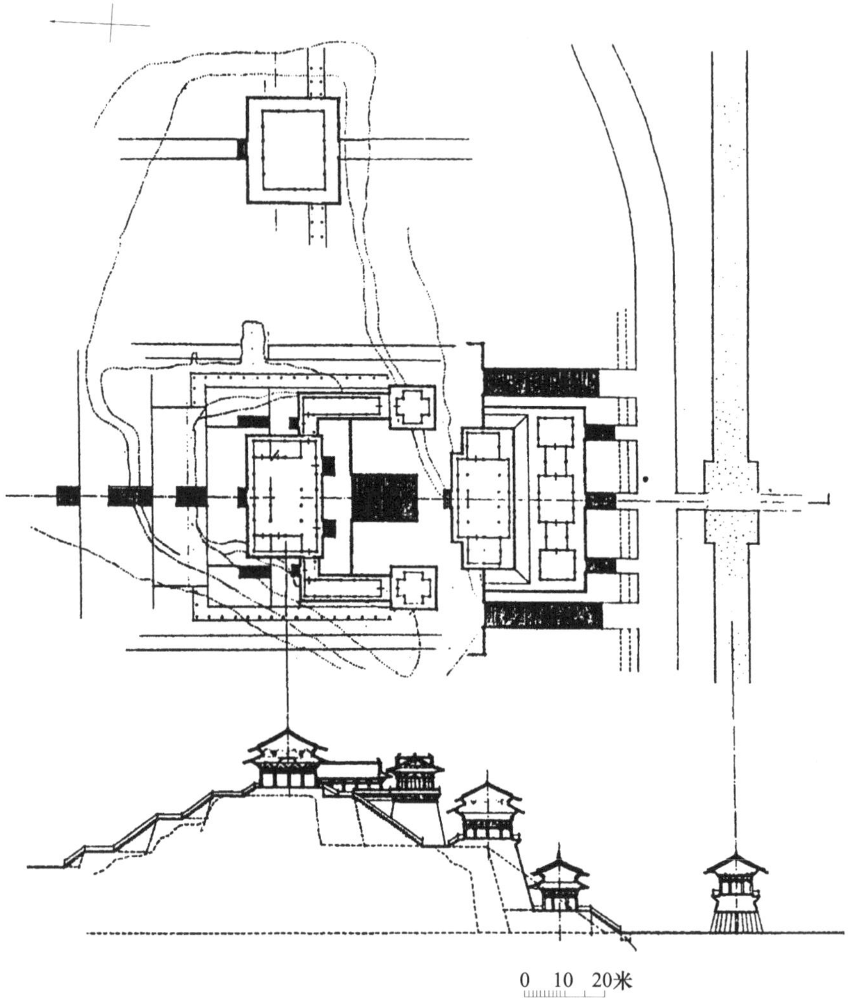

图 3-1-156　陕西麟游隋仁寿宫仁寿殿复原总平面、纵剖面图

图 3-1-157　陕西麟游隋仁寿宫仁寿殿复原透视图

有球场——马球场，看来清思院是相当大的。

殿址在左银台门内西北 280 米处。发掘所见的基坛遗迹，平面东西 33 米、南北 28.80 米。基址下压有早期建筑基址，说明清思殿是在旧殿基址上建成的（图 3-1-158）。史籍载："敬宗荒姿，宫中造清思院新殿，用铜镜三千片，黄、白金箔十万番。"[①] 可知敬宗所建新殿是很豪华奢侈的。

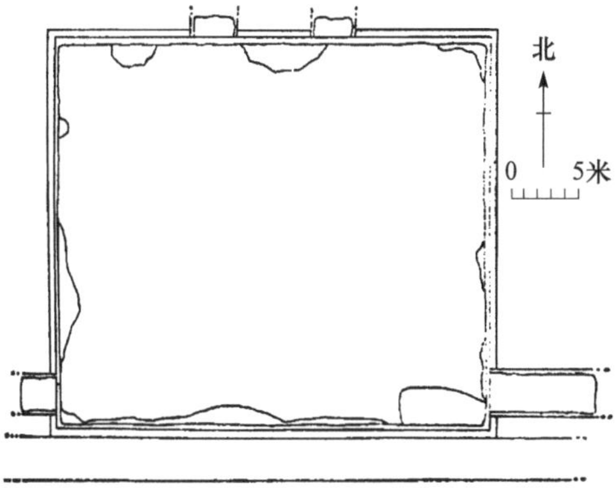

图 3-1-158　陕西西安唐大明宫遗址清思殿遗址平面图

敬宗所建的这座清思院新殿，按台基尺寸应是面阔七间、进深六间。间宽 4.50 米，即唐一丈五尺，则通面阔为 31.50 米，即十丈五尺，通进深 27 米，即九丈。殿坐北朝南，台基前紧靠一条 3 米宽的砖铺甬路，证明它的正面没有上殿的踏道，只是在殿基前沿左、右各设斜廊慢道出入殿堂。殿前甬路以南，经钻探为平坦的场地，没有建筑设置。其范围，从附近建筑的距离来看，至少有百米见方，即有 1 公顷的场地。相当的广阔，也许这就是马球场的所在。则此殿具有面临马球场的御用看台性质。按照这一分析，推测台基上六间进深的前二间为敞轩，后四间为暖阁。阁内中央为堂，左、右应有"序"——旁室，这样才能满足对弈、宴饮、更衣之类的娱乐和休憩活动的功能需求。

至于殿堂的体形，其平面接近方形，应是并厦两头造；台基前沿或设有不遮挡观赏视线的低矮栏杆（图 3-1-159）。

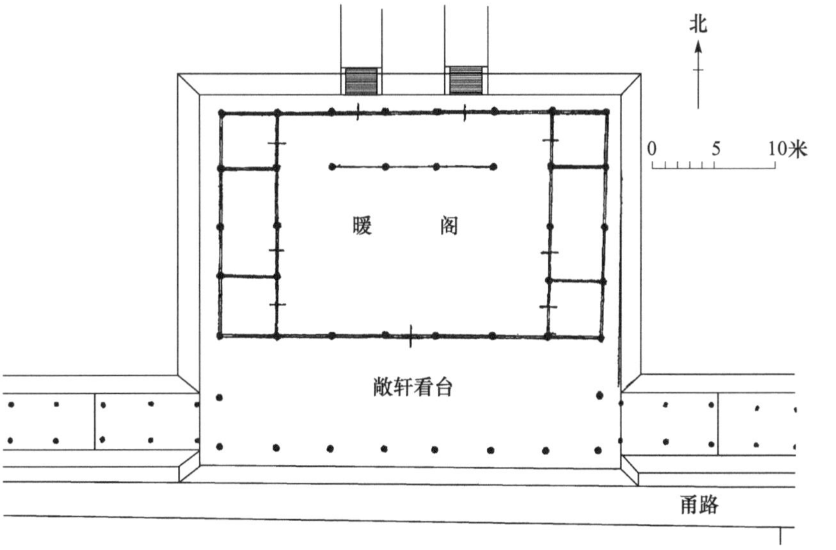

图 3-1-159　陕西西安唐大明宫遗址清思殿复原平面图

① 《旧唐书》卷一五三，列传一〇三，《薛存诚传》。

所谓清思院，应是包括前后两个庭院。

前庭：从殿左右两侧的斜廊来看，大约是由廊庑环绕的。唐时讲究的庭院都作廊庑环绕的格局，此处马球场周围所设的廊庑别有用途，当马球比赛时，周围的廊庑可为宫人、官员等观众提供遮阴的看台，同时也可作为马球手们在比赛间歇时小憩的处所。

前庭的大门，从总平面来看，由于南面紧邻另外一组建筑，可知不在南面，而是设在东西两侧，这与登殿的通道是一致的。院门有大队马匹出入，所以应是高大、宽阔的，而且不设踏步、仅用慢道。

殿后的庭院，应设有服务性的建筑，并保持有较大的场地。服务设施包括饮食供应的仓储与加工房屋、管理和役使人员的住所、饲养马匹的马厩等。由于这个后院比较杂乱，它与主殿之间应有所间隔，即殿后有廊庑围护。

清思殿是大明宫内的起居便殿，大约只供皇帝参与或观看马球比赛的体育运动、对弈、小酌或者还有歌舞演出之类的娱乐，以及休闲小憩之用。主要作为运动场地的清思院，基本上是一处喧闹的环境，它与东北近邻的太和殿恰成鲜明的对比。太和殿也是一处便殿，其规模大于清思殿，由于北濒太液池东池，花木环绕、风景幽美，是安静闲居的胜地。皇帝可以在这里小住静养，如文宗皇帝就是曾经在此处养病，并且死在这里的。

三十四、唐大明宫三清殿

切入点：文献。

唐朝统治者对宗教施行开放政策，除固有的道教和早期传入我国、已经汉化了的佛教外，袄教（拜火教）、婆罗门教、印度教、伊斯兰教等也是此时传入我国的。唐朝皇帝信奉佛、道，就连大明宫里也有佛寺和道观的设置，如宫内东北隅的天王寺和大角观等；宫内常住僧人、道士达数十人之多。李姓的唐朝皇帝，自诩是老子李耳的后裔，所以尤其崇信道教，尊封老子为“玄元皇帝”，而且在大明宫内建立供奉老子的“玄元皇帝庙”。顾名思义，三清殿也是供奉老子的地方。道教认为“老子一气化三清”，所谓“三清”，即“至清”、“上清”和“太清”。因而道观或其主殿，多以“三清”命名。大明宫中的这座奉祀老子的高台宫殿，也是以“三清”命名的。

大明宫内的高台建筑共有三处，除三清殿外，一是宣政殿东面武宗时所造的“望仙台”，现存夯土基残高 5 米；一是宫城西北隅和西、北城垣相连的传为“斗鸡台”的遗址，现存高度将近 10 米。三清殿是这三处高台建筑遗址中保存最好的一座。

1. 三清殿主体

三清殿位于大明宫北青霄门内路东，发掘所见的遗址是一座夯土高台，南面居中有踏道遗迹，台西壁靠北有向西伸出的慢道遗迹。夯土台的东、西、北三面有增补夯土外凸，从而改变了形状，说明使用中曾经倒塌过[①]。遗址发现大面积烧土，大概此殿是毁于乾宁三

① 马得志：《唐长安城发掘新上收获》，《考古》1987 年第 4 期。

年（896年）兵变的战火；废弃后未再修复。难得的是，三清殿废弃后的千余年来，这座高台基本保持了原来的高度，夯土台面上堆积的残砖断瓦和白灰墙皮，证明了这一点。高台初创时为长方形，夯土外包有1.25米厚的砖壁，砖壁完整的平面为南北长73.25、东西宽为47.65米，方向北偏西1°（图3-1-160）。现存土台南低北高，上面显示南、中、北三个不同的标高——以唐地面为±0.00，南部为12.50米、中部为13.60米、北部为14米，基底标高为-1.50米。台用纯净黄土夯成，夯层厚6～8厘米；遗痕表明，每高3米铺有一层桩木，桩木排列呈辐射状，外端间距为3米左右。

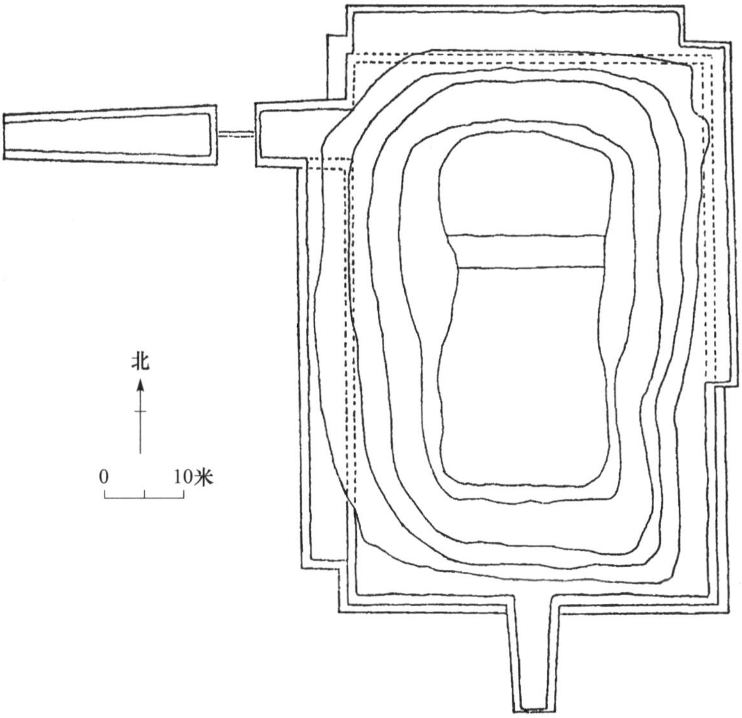

图3-1-160　陕西西安唐大明宫三清殿遗址平面图

从高台东侧所保存的6米长、最高1.50米多的一段台壁包砖，知道其砌筑做法是：内层条砖层层交错斜砌，即一层左斜、一层右斜；表面为磨砖对缝顺砌（据其他唐遗址推测是若干行有一层丁砌），相当平整光滑。清水磨砖台壁的基部，垫有两层土衬石，皆为青色条石制作。条石最长2.30米，最短1.15米，宽46～60厘米不等，厚25厘米；暴露面打磨光滑，并有与砖壁相同的11°角收分。条石叠砌时，为避免向外的水平移动，二层石收进17厘米，并卧在3厘米深的刻槽内，砖壁砌筑也内收17厘米，并卧在二层条石的刻槽内。土衬石对缝严密，其下砌有二行砖的基础，厚30厘米。土衬石恰显露在散水面上。

散水为青掍方砖铺砌，用四块砖，宽1.35米，坡降2厘米，表面平整光滑。下有一层条砖衬底，外沿埋有侧立条砖边缘，并有埋于地下的顶砖。

大台上存有砖、瓦和白灰墙皮，证明台面基本还保持原来的高度。据发掘主持人马得志先生所提供的材料计算，高台南边地面砖壁至二层台边的水平距离为44.50米左右，台壁有收分，按高四收一，则约 12.50 米高的一层台面上台边至二层台的距离为 41 米左右。二层台宽 4 米，高出唐地面 13.60 米，高出一层台 1.10 米，南边砌有 40 多厘米厚的砖壁。第三层台复原宽度约 20 余米，高出二层台 40 厘米许，比唐地面高出 14 米，南边也砌有砖壁（图：遗稿未配图）。

登台的通道有二。

其一，位于南面中间，其平面南北长，包括砌砖在内为 14.70 米；南端宽，包括包砖在内为 5.10 米，北端宽 6.55 米。从其长度和遗迹来看，它是一条 5.10 米宽的踏道，其两壁与台壁一样，也有收分。踏道为砖砌，两侧应有条石副子及石栏杆。

其二，位于西北隅，由西向东登台；长 44 米，西端宽 4 米，东端宽 9.1 米。据遗迹复原，它是一条 4 米宽的铺砖慢道，两壁同样有收分。慢道向西连接的甬路，是用九排方砖铺成。中间五排用葡萄、狮纹方砖，两侧各铺素面方砖两排，再埋两道侧立条砖作为边缘。由此推测慢道上的铺装可能也是如此；此处出土有加工精细的条石等石构件残段，可知慢道有石副子和石栏杆。

慢道的东段有一门道遗迹，其夯土两壁相距 5.40 米，加包砖的净空为 4 米多，进深约 7 米多。遗迹表明，门道中间有石门槛，两端有门砧石；地面铺砖。

通过此门的道路，向北直达青霄门。也就是说，此路是经由青霄门出入大明宫的必由之路。大概是由于三清殿需要与宫西北隅的一组建筑保持密切联系，那里可能有管理三清殿的机构，因而设置了西慢道，这便形成了南北道与东西慢道的立体交叉；并设门户以控制通行。

在这条慢道西端的两侧，各有一个“土坑”，这应是一座乌头门的遗迹——“土坑”是埋设门柱的遗迹。这就是说，这条慢道是有门可以封闭的。

在高台遗迹的东北隅，有向东凸出的一块夯土遗迹，它与高台北壁平齐，两者夯土是连接在一起的，包砖壁也是相连的。这块附属的小夯台遭到晚期改建破坏，其东端不整齐，北壁东西长 13.60 米，南壁 11.40 米，南北宽 18.55 米。可以设想，这个突出于东北隅的小夯土台既是与大台连在一起的，则原是与大台等高的。关于它的形制和用途，可以有一个设想：宫廷中所建的三清殿，既是奉祀道教尊崇为始祖的老子，则基本是道观的性质；但又具备皇帝游览眺望风景和修身养性的休闲功能。可以设想，三清殿的前殿是供奉老子的殿堂，后部楼阁则是皇帝休闲论道、炼丹药及眺望风景的地方。道观建制是模仿佛寺的，佛寺中往往在东北隅设置住持居住的“方丈”；可以设想，这里东北隅小台上与后阁相连的建筑，就是皇帝临幸时的驻跸之所。

关于三清殿的形制，因为是道教性质的建筑，它显然是按照传统道家思想来进行创作的。先秦方士认为“仙人好楼居”，所以秦、汉以来常用高台宫观来体现仙居境界。这里，三清殿的创作就是遵循秦、汉传统，采取高台宫观的形式，所不同的是，此时的高台建筑已经不是秦和西汉那种用木构瓦檐的回廊来保护台壁的“台榭”，而是在包以砖、石的高台上建造宫室楼观的方式了。复原三清殿台上的布置，前部一层台上的殿堂基坛东西面阔可达到 35 米左右，南北进深可达到 25 米左右，应是七间面阔、五间进深，或者再加上周匝的木构副阶。这座殿后，高起 1.10 米的第二层台为砖壁，台边应设有石栏杆，居中设置踏道。这应是高台（即所谓“一层台”）上的一座建筑基坛，它的东、西、北三面应退后台边 2～3 米。所谓 4 米宽的“二层台”上又高起 40 厘米的“三层台”，实际是基坛上退后 4 米左右有高起 40 厘米许的建筑台基。所谓“三层台”，实际是“二层台”上的建筑台基，其南北进深可达 20 米左右，东西面阔可达 28 米左右，即进深为四间、面阔为五间。

这座高台建筑，台上后面高起，表明体形处理是前低后高的意匠，据此推测前面所建的是殿堂，后面基坛上所建的是楼阁。按照皇帝的始祖、道教至尊的规格，两座建筑都应是四阿重屋盖；楼阁有平座、腰檐（图 3-1-161）。遗址出土黄、孔雀蓝、绿、茶色、浅黄、墨绿等单色及黄、蓝、绿三彩和黄、绿、蓝、茶四色琉璃瓦，以绿釉瓦居多，从残片可分辨出有筒、版瓦两种。遗址还伴出有鎏金铜泡钉和鎏金花瓣形铜看叶等，采用大量琉璃和鎏金装饰，可见建筑之豪华壮丽。

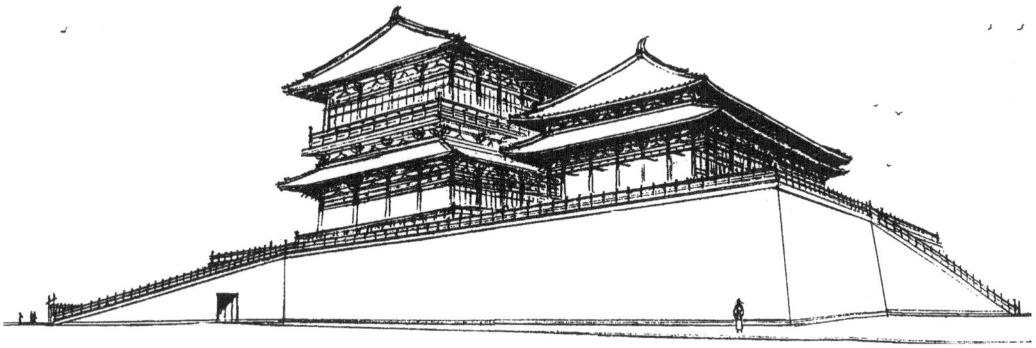

图 3-1-161　陕西西安唐大明宫三清殿复原透视图

2. 附属建筑

在三清殿高台建筑的东侧，有大片夯土遗迹，可分早、晚两期，早期是三清殿创建时的一体工程。

早期夯土遗迹与大台东散水下的夯土连为一片，也是和东北隅突出的小台夯土相连接的，南北与大台齐，基础深度以及土质和夯筑质量也都相同，即东面这片夯土与大、小台浑然一体。这片夯土由西向东突出，呈重复“凸”字形——由大台东侧散水向东 13.60 米，南北两端各向内收 14.40 米，再向东延伸 18 米后又向内收，北端收进 20.80 米，南端收进 13.55 米；又向东伸出 7.60 米，在各向内收 1 米后，再向东突出 5.4 米的小“凸”字形。据发掘负责人马先生介绍遗址情况，在这片夯土基上的中部偏东，发现仿佛磉墩的遗迹四个，排成南北一排；另在东侧，还有较规则的扰乱坑三个。如果确是磉墩的话，则此台基上原有建筑物，而且台基不会太高（因为已见到磉墩），那就可能是一般殿堂基坛的高度。也就是说，这片夯土基址可能是一座朝东布置的殿堂基址。至于建筑的形制和功能性质，只能做初步的设想：这是主体高台宫观东侧、面向东方的一座殿堂。面阔七间，每间 4.70 米（唐一丈六尺），通面阔约 33 米（十一丈二尺）；进深四间，加一间前轩，共五间，每间 4.40 米（一丈五尺），通进深 22 米（七丈五尺）。殿前有站台，夯土宽 10.10 米，加包砖可宽至 11 米多，站台前居中设 8 米多宽的开阔踏道。此殿应为并厦两头造；设铜皮拍子庇檐的前轩（图：遗稿未配图）。此殿面向东方，或为体现“紫气东来”的信念。

三十五、兴庆宫花萼相辉楼

切入点：吕大坊图石刻残碑。

玄宗注重手足之情是著名的，早在作太子时期，就曾仿效“长枕大被”的典故，与兄弟同榻而眠；即位以后，仍然经常与兄弟们欢娱宴饮，是以赢得史家“天子友悌近古无比”的溢美之词而载入史册[①]。玄宗为了更方便地与其兄宁王联络，遂于开元八年选址兴庆宫中西南隅、邻近西墙、面向西侧胜业坊中的宁王李宪（同父异母的“大哥”，原封宋王）府邸建造楼阁，取花、萼一体相互依托的含义而命名为“花萼相辉楼”。文献常记作“花萼相辉之楼”，可知是按照当时楼上所悬题额书写的。唐时殿堂悬立“额”而不挂横“匾”，这一直为后世所沿袭，北京明、清宫殿仍然如此。立额上所题殿名，三字者一般竖写一行，四字以上的则分作两行。像“花萼相辉楼”“勤政务本楼”字数较多，必须分作两行书写，就需要凑成偶数方能对称整齐。在习惯上都是加一“之”字，即书作“花萼相辉之楼”“勤政务本之楼”，如此则额面上形成三字一行的两行字。这样处理题额，后世是有例证的，不但见于辽明器三彩陶楼，还存有建筑实例，如元朝所建的山西永济县道观永乐宫，其无极殿虽然是三个字，但为了额版宽阔丰满，也是加一“之”字，凑成四字分写两行，即书作“无极之殿”。

按文献记载，花萼楼有扩建，即早、晚期的面貌和位置都不相同。据 1959 年发表的发掘简报，可以作出判断。

最初的花萼楼（遗址编号为十七号） 临近原来的西宫垣，面向西邻的宋王府。遗址残破，仅遗存西边的前檐柱础一排八个，每个 1 米多见方（按柱径为础方之半，则表明最大柱径为 60 厘米左右），与仍有楼梯遗迹的勤政楼的础方相同，可知为楼阁支柱。此残破的遗迹表明楼为七间面阔，通长 29 米；因仅存一排八个柱础，无法知道进深几何。根据同时建造的勤政楼估计，其进深可能也是三间。对于初期的这座花萼楼的形制，可做出复原设想（图 3-1-162）。

扩建的花萼楼（发掘编号为六号） 开元十四年（726 年），兴庆宫建造朝堂[②]并扩大范围，将其北邻永嘉坊的南半部和西侧胜业坊的东半部并入兴庆宫。这样，西宫垣向西拓展约 78 米后，花萼楼便不再能望到西邻的宁王府。因此才临近新建的西宫垣，又扩建了

---

① 《旧唐书》卷九十五《让皇帝传》。

② 《大唐六典》卷七。

一组新楼。

关于新建花萼楼的始建年代，文献记载是开元二十年（732 年），玄宗在东都洛阳时决定，并派遣官员到长安扩建花萼楼[①]。其落成时间，记载为开元二十四年六月[②]。

遗址在原西宫垣与新西宫垣之间，占地东西 60 余米、南北 80 余米。它是回廊环绕的一组宫殿，体现“花萼相辉”的主题，在中庭以北布置两座并列且有复道相连的姊妹楼，构图犹如花、萼之相依，正可谓“兄弟楼”（图 3-1-163）。新建的花萼楼与旧楼基本东西相对、相距约 8 米，西楼仍可眺望西邻的宁王府。根据遗址及落成之初群臣所赋赞美诗歌的描述，可以得知花萼楼的基本原状。

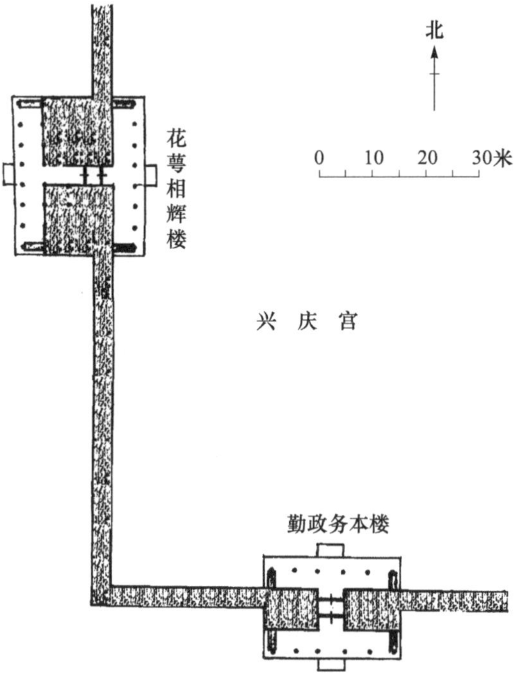

图 3-1-162　陕西西安唐兴庆宫遗址初建花萼相辉楼与勤政务本楼复原总平面图

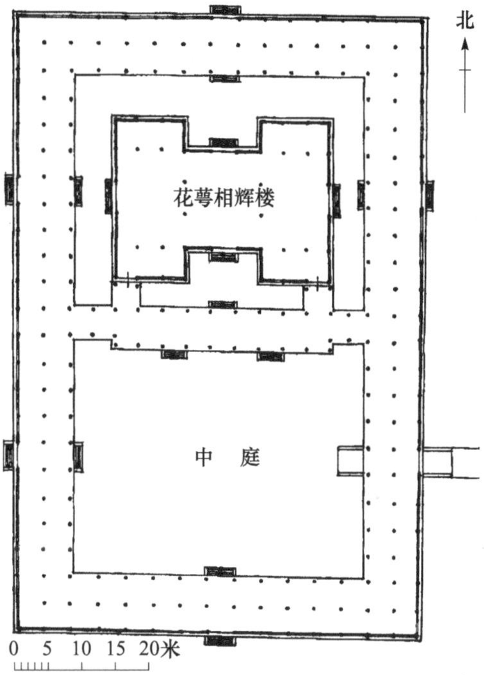

图 3-1-163　陕西西安唐兴庆宫遗址新建花萼相辉楼复原首层平面图

扩建后的新楼面阔仍作七间（据残留的石础推断），但是一式二栋并由阁道相连，而形成“工”字平面（主楼台基两座如系分立的，为了采光应距离较远，既然相近，显然是为了联系方便，则必然是相通的，即两相连接；台基南端东西相对的内侧仅 5～6 米即未再向南延伸，可以推知台基在此稍南约即横向相连而共成“工”字形）。使用面积加大而且空间曲折有致、体形丰富多姿而富有园林游乐的趣味性（图 3-1-164）。开元二十六年，赞颂新建花萼楼之语如下。

① 《旧唐书》卷八《玄宗上》。

② 《唐会要》卷三十：“（开元）二十四年六月，广花萼楼……十二月三日，毁东市东北角、道政坊西北角，以广花萼楼前。”

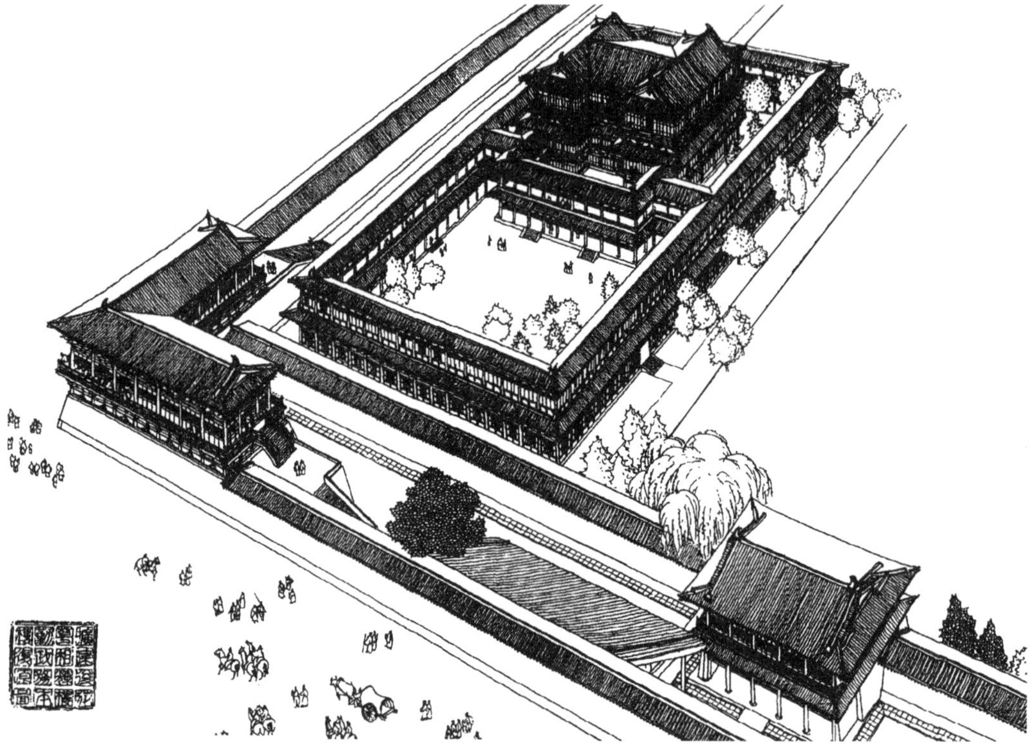

图 3-1-164 陕西西安唐兴庆宫遗址新建花萼相辉楼、勤政务本楼与角楼复原鸟瞰图

王諲《赋》:“……建此飞楼，横丽迤而十丈，上崚嶒而三休。仰接天汉，俯瞰皇州。为栋宇之观，实崇高之寡仇。……方面曲折，匠石所务。浮栏郁律而却偃，飞甍参差而前注。边蹬道而内属，曳轩窗之横骛……”

高盖《赋》:“……将崇大壮之义，裁考方中之作。缭以垣墙，周乎旧宫，设井轩而为新阁。……攒画棋以交映，列绮窗以相薄……飞梁回绕于虹光，藻井倒吹乎莲萼……幸大花萼之楼，然后层轩四敞……”

张甫《赋》:“……跻攀初极，眺览还周……掩宫扉，则闻箫声之下汉，卷珠箔，则睹天人之在楼……”

陶举《赋》:“……迭栾栌之夭矫，绕轩槛之周流……”

敬括《赋》:“……建百堵之崇墉，起九重之层阁……”

这些是文学描述，“百堵之崇墉”“九重之层阁”显然是夸张之词。但有的仍反映出一些实情，从王赋的“横……十丈”来看，比较接近遗址的东西面阔；故“上……三休”，此处用楚灵王章华台典故，可能就是三层楼。另外，此楼是廊轩天井中的楼阁（设井轩而为新阁），周回空敞的廊轩是两层的（层轩四敞），可以周回眺望（眺览还周），近方形而有凹凸曲折（方面曲折），楼层有腰檐形成上下错落的屋檐（飞甍参差），有挑出的平座栏杆（浮栏郁律而却偃；绕轩槛之周流），每层四面用灵空槅扇（层轩四敞；列绮窗以相薄），内楼梯（边磴道而内属），重叠斗栱（迭栾栌之夭矫）、月梁（飞梁回绕于虹光）、垂莲藻井（藻井倒吹乎莲萼）、格子天花（攒画棋以交映）等。

三十六、兴庆宫勤政务本楼

切入点：吕大坊图石刻残碑。

与花萼楼同时建造的勤政楼，则是玄宗即位初期亲民勤政的举措之一。这在他于开元二十五年对诸王所说的一些话可以表明：“我自奉先帝宫室，不敢有加，时时补葺，已愧于劳人矣！……新作南楼（指勤政务本楼）本欲察甿俗，采风谣，以防雍塞，是亦古辟四门达四聪之意；时有作乐宴慰，不徒然也。”[①] 从遗址来看，此楼不过面阔五间，确实是比较简约的；而且骑墙而建，直接俯瞰外郭东垣春明门内车马行人络绎不绝的街道和繁华的东市，可命身边内侍极方便与楼前市民交谈；此楼骑墙而建，楼下居中辟门，必要时可以就近联络内外，确实体现了辟门达聪的古意。隋、唐时期的楼阁与庄重的大门往往同一形制，开元年间拆迁大明宫内的乘云阁为兴唐观的大门就是一例。出于亲民的实用要求所建的勤政楼，看起来确实像一座门楼。后来虽然楼前又加了一道宫垣，但楼上仍可俯瞰到一部分街道。

勤政楼遗址（发掘编号为“一号”）位于西宫垣以西125米，坐落在南内垣上（图3-1-165）。花萼楼在其西北50米，两楼之间是供节日、庆典表演活动的一个大广场。勤政楼遗存柱础及础坑可知为面阔五间、进深三间；通面阔26.50米，通进深19米。当心间开门，门道宽4.90米，两壁排杈柱础共残存四块，从遗迹看，原来应为九块；各础均低于门地道面15厘米，即皆为暗础。设石门槛两道，相距3米，即为内外两道宫门，以加强防卫。门槛宽30厘米，高出门地道面15厘米。两道门槛均有车辙开口，其轨距与大明宫玄武门相同，为1.38米。门槛的车辙开口凿痕几乎没有磨损，可知当年很少行车。此门为断砌造，门道东、西两侧的次、梢间（东、西塾）台基，南北宽各为8.1米，残存最高处60厘米。台基上的两排柱础，埋在夯土台基之内，形成暗础，由柱洞可知柱径50多厘米。如此粗大的柱子且栽入台基之内，说明上部荷载很大，定是楼层。东、西两山为版筑墙，厚1.20米，伸出台基3米，外壁包砖，内壁的下部于土墙上贴瓦片，再用石灰抹面。从遗址图来看，门内东侧有楼梯地栿埋置槽和焚毁遗迹，可知此处原为楼梯的位置。门、塾内外皆有廊，其地面略高于附近地面10厘米。

这一遗址对照文献复原为二层楼阁，呈面阔五间、进深四间的门楼形式。楼下为断砌造大门，两道门板门；左、右塾各二间，前后出廊；东、西山墙为版筑，与两侧宫垣相接。楼上周回用隔扇围护，并挑出外廊。其大木结构略如麟德殿的两楼；屋盖也作并厦两头的“九脊殿”形制（图3-1-166）。

楼右前方、依靠南外垣的建筑遗迹（二号），内有火塘，外有水井四眼，明确显示出它是具有宴会厅性质的勤政楼必不可少的附属建筑——御厨。这一御厨可通过楼下的大门与初期花萼楼联络，因此它也可供应花萼楼宴会。

---

① 《旧唐书》；又，《唐会要》及《两京城坊考》记作“开元二十四年”。

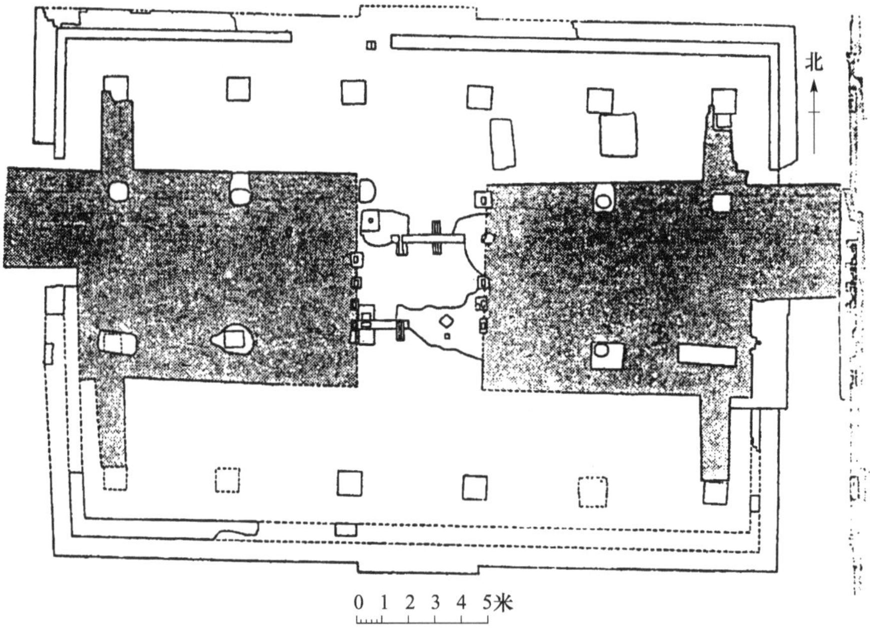

图 3-1-165 陕西西安唐兴庆宫勤政务本楼遗址平面图

图 3-1-166 陕西西安唐兴庆宫遗址勤政务本楼复原透视图

勤政楼不仅作为玄宗体察民情之用，而且和花萼楼一样，也是上元节、千秋节（玄宗诞辰）、重阳节等节日、庆典宴会及观赏杂耍百戏的地方；同时，还可在此赐宴群臣。重大的庆宴，往往是花萼楼与勤政楼同时使用的。

• 南内扩大改造增建的角楼

文献记载：开元二十年（732 年），又占据东市的东北隅、安兴坊的东南隅和道政坊的西北隅建成新扩充花萼楼和勤政楼前的广场[①]；此举可能同时增建了西南隅角楼，考古材料揭示了这一史实。兴庆宫至此，形成了“南内”最后的规模；天宝十二年（753年）再一次维修了南内宫垣，大概未再改动宫城范围。

关于考古报道的角楼遗迹，应作逻辑思维的分析探讨，详见下面勤政楼的讨论。

花萼楼与勤政楼都是观看杂耍百戏等庆宴活动的地方；也是举行便宴、招待从边疆来朝的少数民族使团之处，例如，天宝元年（742年）九月，回纥毗伽可汗之妻可登夫人率领使团来到长安朝贺，玄宗就是在花萼楼设宴款待的[②]。

关于勤政务本楼的使用，文献记载后来甚至取代西内承天门和东内丹凤门的功能，而在此献俘，例如天宝十三年（754年）北庭都护程千里生擒叛将朔方节度副使阿布思，献于楼下，玄宗命斩之于朱雀大街。又，天宝十五年，玄宗在此为天武军副元帅高仙芝迎讨安禄山出征饯行[③]。献俘这一使用方式对照遗址，不能不引起我们进一步的思考。按承天门与丹凤门，都是高踞于城垣之上，面临足下的广场毫无遮拦，视野非常开阔。举行献俘仪式，无论是居高临下地检阅还是发号施令，都很适宜。而建于内宫垣一线的一座二层楼阁，是低于承天、丹凤两座城楼的，更何况在它的前方还有一道高大的宫垣遮挡，可见在献俘仪式的使用上，是很不适合的。这就使我们联想起宋人的调查结果——认为西南角楼是花萼相辉楼与勤政务本楼。看来，这座角楼不会是宋人臆造出来的，考古材料已证实确有角楼的存在。它有可能是开元二十年扩大兴庆宫西南隅外临街广场时的新建筑，恰可代替原来的花萼楼与勤政楼。开元二十年以后，在春明门内大街东市东北隅广场举行的许多“与百姓同欢”的活动以及凯旋献俘和出征饯行等典礼，玄宗可能都是登临这座角楼的。

这座角楼，简报所记仅有西垣一侧的墩台遗迹；东侧则是根据对东垣残迹的铲探和局部发掘材料所做的推测——将南外垣一直通向西侧的角楼墩台。我们知道，凡是角楼都是作转角布置的，此处也不应是仅有西侧一边，而应该也是转角的形制。这从陕西省文管会的考古调查简报[④]可以得到证明，该简报所附“图五”（图3-1-167）明确表示了兴庆宫西南隅转角有向北、向南较宽的遗迹堆积。

角楼复原，参考宋图并结合遗址，可做出推测。

角楼墩台底宽10.50米，可能原为唐三丈五尺；设定垣高也是三丈五尺，即10.29米，按高四收一的比例，则台顶宽约为5.50米。这便是曲尺形角楼的进深；楼每面的长度，宋图表明为七间，可与遗址相符合。参考原勤政楼面阔，也定为5.00米，则七间通面阔为26.50米。这也便是平座永定柱的通面阔，进深则是台顶宽度，即5.50米。角楼总体复原，略如鸟瞰图所示（同图3-1-164）。

---

① 《旧唐书》卷九《玄宗本纪》。

② 《唐会要》卷三十。

③ 《旧唐书》卷九《玄宗本纪下》。

④ 《旧唐书》卷九《玄宗本纪下》。

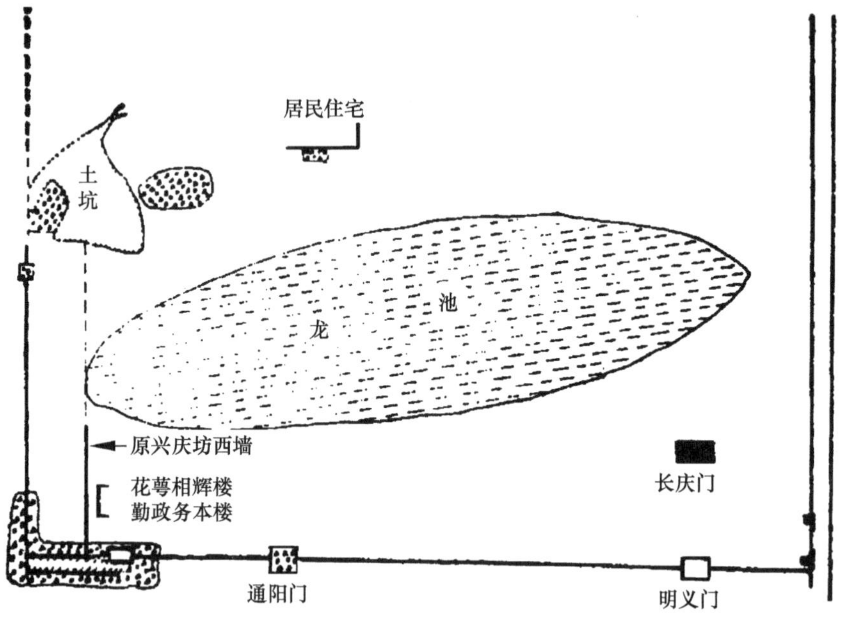

图 3-1-167 陕西西安唐兴庆宫遗址西南转角墩台遗迹

三十七、唐华清宫温泉浴殿

1. 九龙汤（御汤）

唐时这一离宫中，有先后两个“御汤”。除唐初太宗时建造的“御汤”外，玄宗又建造了新的“御汤”，命名为“九龙汤”。宋程大昌《雍录》说：“御汤在飞霜殿之南，亦名莲花汤。”恐怕不确。“莲花”与“芙蓉”同义，“莲花汤”又名“芙蓉汤”是情理中的事。《长安志》唐骊山宫九图中，就是把“九龙汤”与“莲花汤”作为两处并列的。

温泉涌出后，经星辰汤直接流入新御汤——九龙汤（图 3-1-168）。玄宗入浴九龙汤，则上游星辰汤是决不允许任何人使用的，因此发挥蓄水和降温池的作用而保留下来[①]。

据遗迹复原，九龙汤池平面略作壶门形，为避免向池内突出的尖角伤人，将其改作小圆角（图 3-1-169）。池东西长 10.60 米、南北宽 6 米；深 1.50 米，距池底高起 0.70 米有二层台。池北壁居中为御座位置，座下有踏垛三级。浴池东西各有入池的踏垛二级。正对御座的池南壁，为进水口——管道分二支，设并石雕蒂莲花涌水。排水口在西北部，有早、晚期的变更。

---

① （宋）程大昌：《雍录・温泉》：“贞观十年，诏阎立本营建宫殿、御汤太”。汤池宫殿落成，太宗临幸，制碑曰：《温泉铭》，描述改建后的新汤池是“泉涌殿而萦池，砌环流而趣岸。岩红耀彩，曲曲垂梁；岫月澄轮，低低入牖……疏檐障，枕殿岩阴；柱穿流腹，砌裂泉心”（罗振玉编：《墨林星风・温泉铭》）。

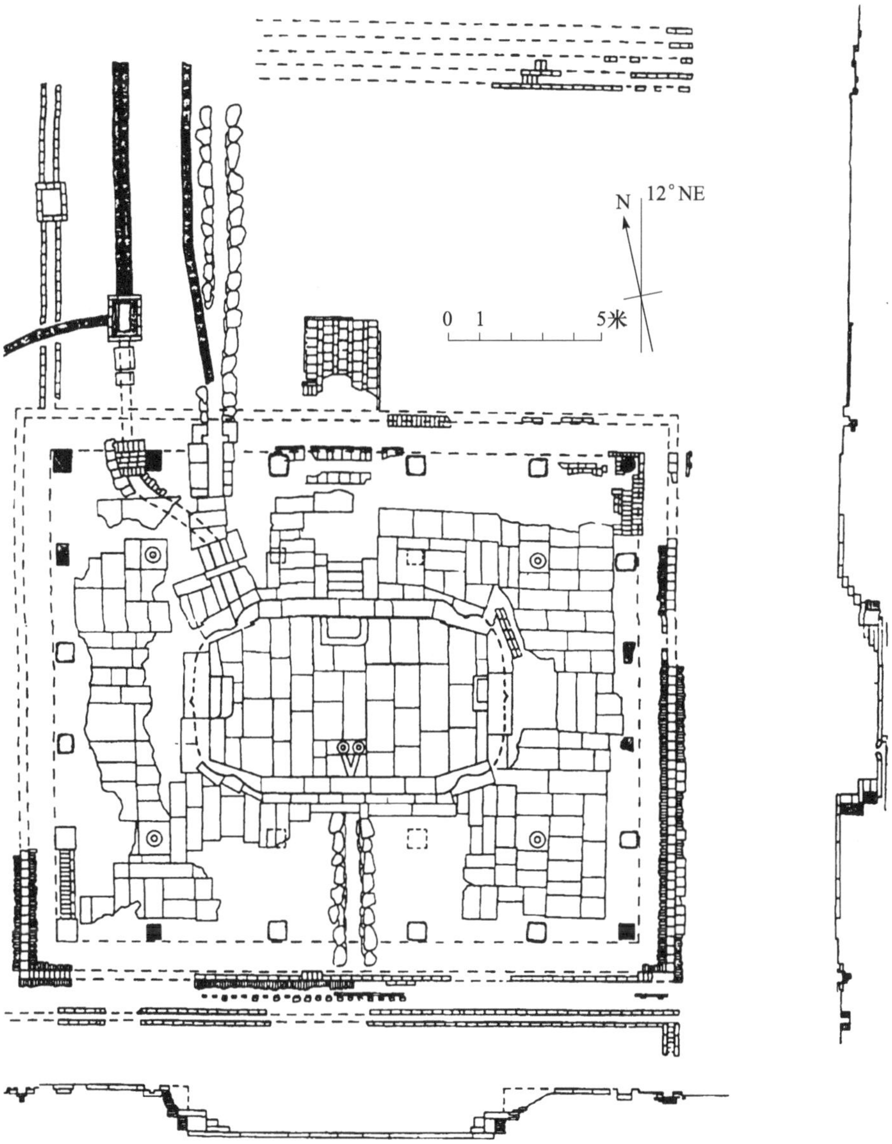

图 3-1-168　陕西西安唐华清宫九龙汤遗址平面图

浴池的九龙殿，位于台地上，由北上五级宽阔的踏道至台地。殿堂方向北偏东 12°。南北面阔五间，唐六丈三尺，即 18.522 米；当心间宽一丈五尺，即 4.41 米；次间一丈四尺，即 4.116 米；梢间一丈，即 2.94 米。当心间设门，门前有慢道。进深五间，通长五丈，即 14.70 米；间宽各一丈，即 2.94 米。柱底径一尺七寸，即 49.98 厘米。墙厚三尺，即 88.2 厘米；外壁露柱，内壁不露柱，白灰壁面厚 1～1.3 厘米，下涂红色踢脚线。室内青石铺装地面；转角有内金柱，可知为收山九脊殿，按天子规格，即使休闲殿堂也可能是重檐，以区别于后、妃、太子的浴殿（图 3-1-170）。早期（开元十一年）台基、散水较宽，从檐柱中线至散水边为 2.7 米，沿散水有砖砌排水沟；晚期（天宝二年）宽度减半。

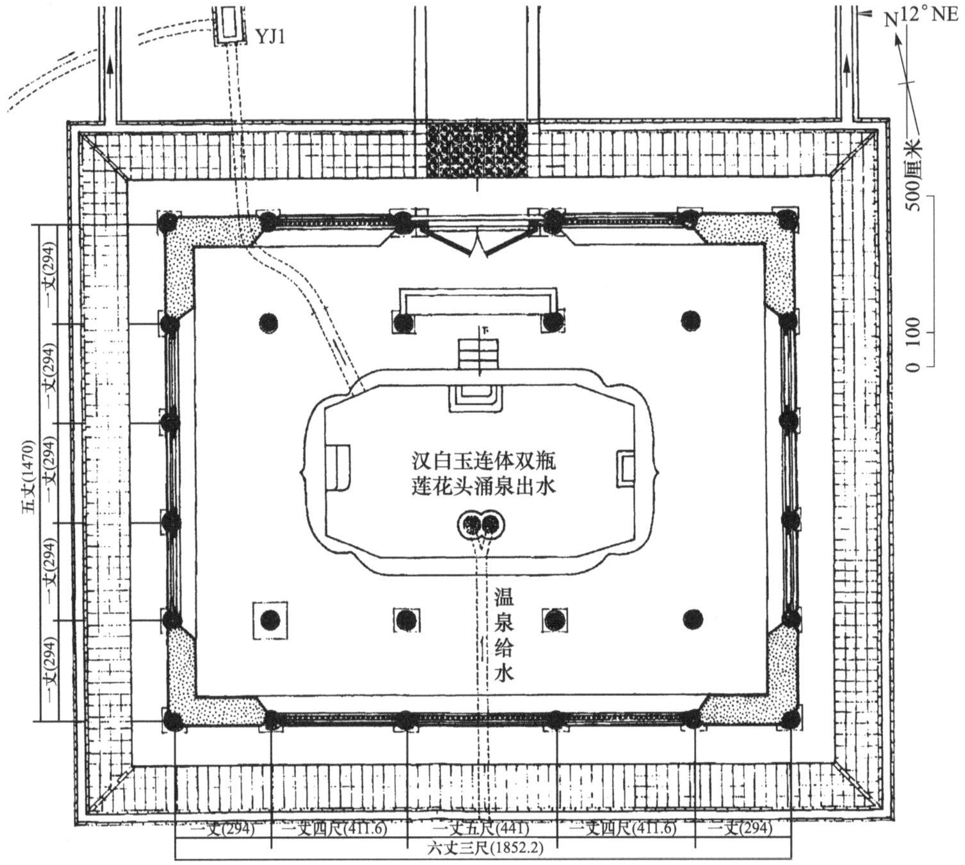

图 3-1-169 陕西西安唐华清宫遗址九龙汤浴殿复原平面图

图 3-1-170 陕西西安唐华清宫遗址御汤九龙殿复原透视图

2. 莲花汤（芙蓉汤、海棠汤）

为贵妃浴池，池保存较好，平面为壶门形，向池内突出的尖角也做成圆角（图 3-1-171）。池深 1.40 米，高出池底约 50 厘米有二层台；池东西两端设入池的踏垛四级。池与地面都是青石砌筑。进水管在池南壁中央埋入，原来池中心有石刻莲花出水口。发掘时石莲无存，只留有池底的出水圆孔。据当地老者反映：1937 年 12 月 12 日“西安事变”时，他在遗址附近的地面上看到过弃置的石莲花雕刻。此石刻莲花系当年安禄山使人用北京房山所产的汉白玉雕刻成莲花状的温泉喷水口，进贡给玄宗和贵妃的。排水口在北面，埋设管道由门下经走廊下向北排放。

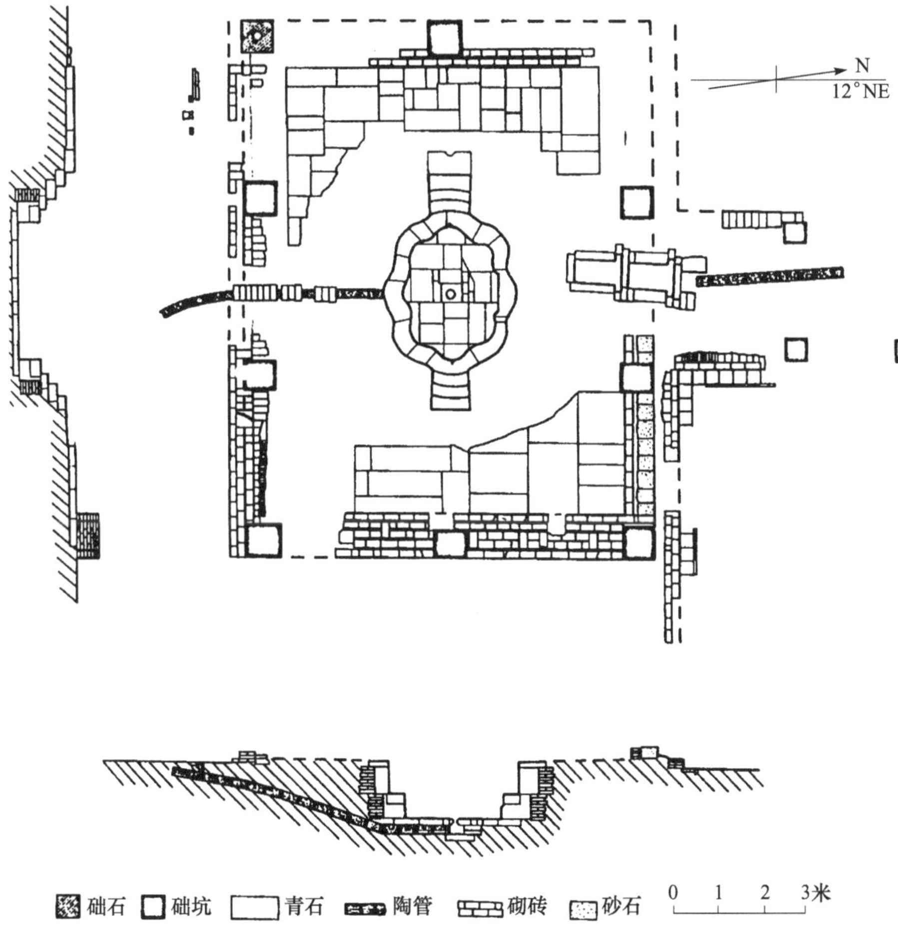

图 3-1-171　陕西西安唐华清宫莲花（芙蓉）汤遗址平面图

浴殿亦北偏东 12°，南北面阔三间，当心间一丈三尺五寸，即 3.969 米，此间一丈二尺五寸，即 3.675 米；进深两间，每间一丈四尺，即 4.116 米（图 3-1-172）。北当心间入口处有廊，宽八尺八寸，即 2.5872 米；廊间宽八尺五寸，即 4.116 米。南面台基有二级，第一级从檐柱中至散水边为 1.35 米，低下 15 厘米为二级台基，宽 17 厘米，再低下 7 厘米为散水。

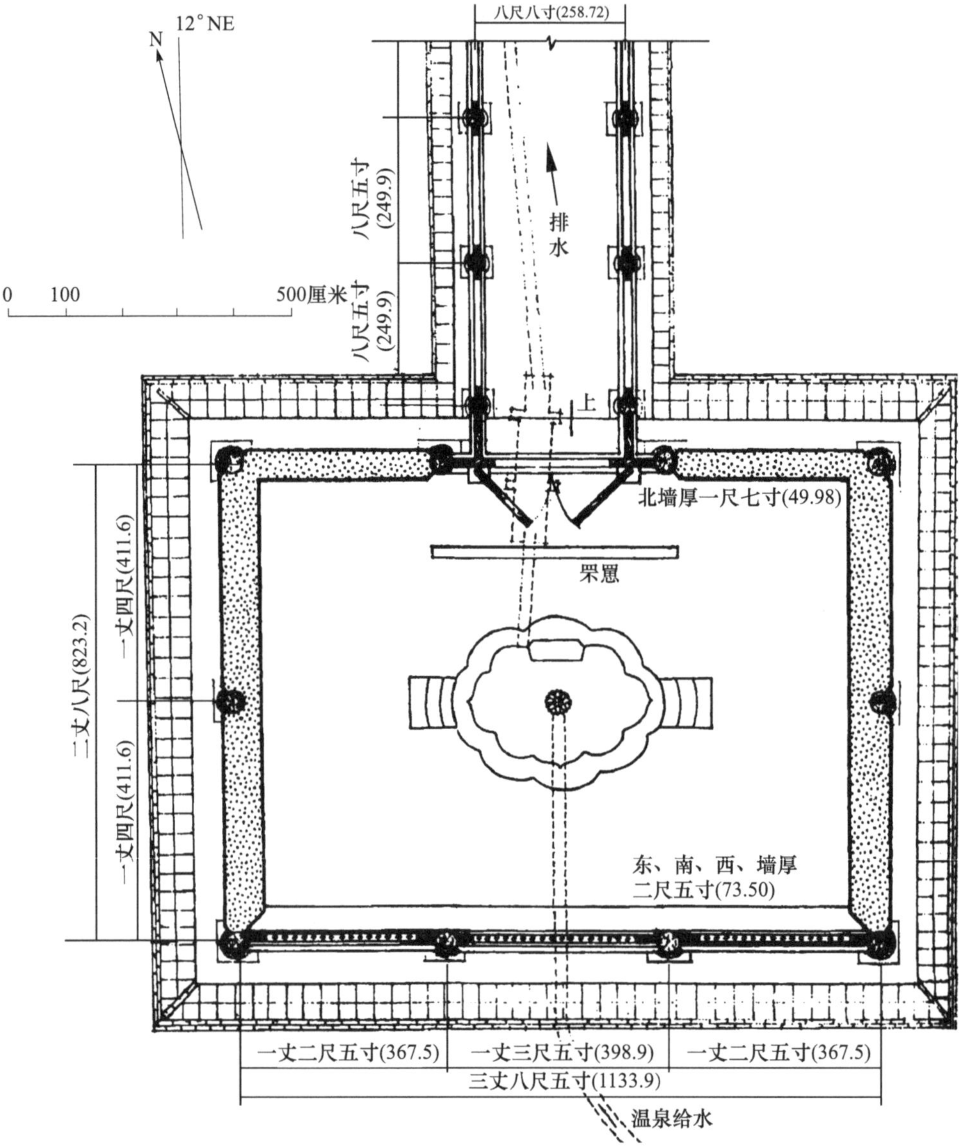

图 3-1-172 陕西西安唐华清宫遗址莲花汤浴殿复原平面图

此殿也应是并厦两头造（图 3-1-173）。

3. 太子汤

太子汤的始建年代不详，但它与星辰汤的做法相同而不同于其他汤池。例如，在池底用两层绳纹条砖铺砌、池壁下层用砂岩的条石砌筑，表面都用光滑的青石，其他汤池则全用青石。另外，太子汤与星辰汤都是在池底和池壁中加垫“开元通宝”钱；池底垫枋木，这也是其他汤池所没有的。可见太子汤与星辰汤是同期工程，即它也是建于贞观十八年（644 年）。

太子汤池位于御汤附近的西南侧，这是由于北高南低的地势，即太子浴池要在皇帝浴

图 3-1-173　陕西西安唐华清宫遗址莲花汤浴殿复原透视图

池的下水。太子汤是以御汤的排水管道为给水管道的，即它使用经过御汤的泉水。进水口在池东北隅，出水口在西南隅。汤池平面东西长 5.20 米、南北宽 2.70 米；池深 1.30 米，距池底 70 厘米高处有 25 厘米宽的二层台。据遗迹推测，依池北壁正中设有石砌的座位；池东北角有入池的四级踏道（图 3-1-174）。

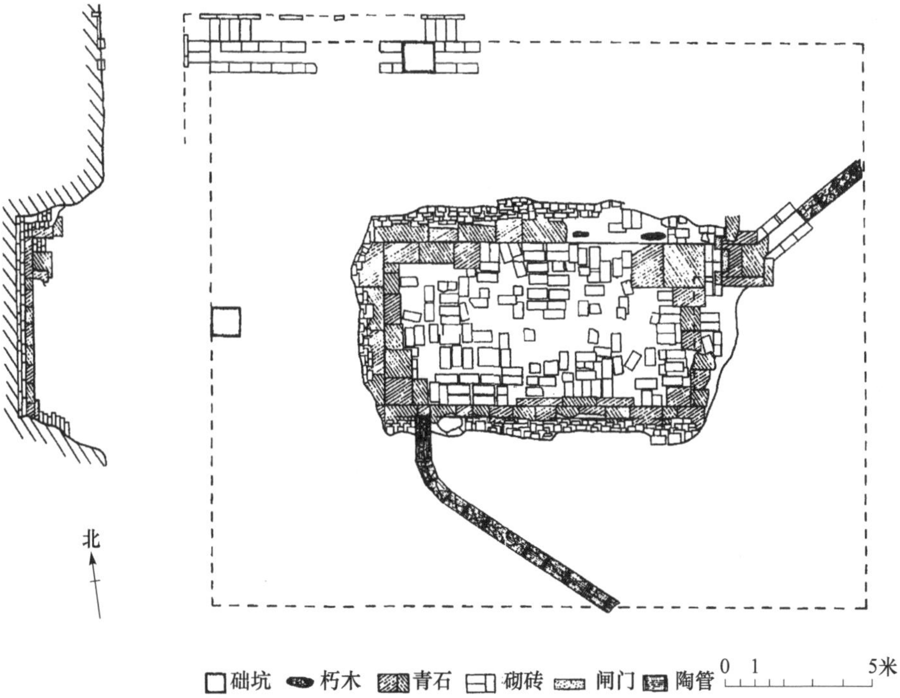

图 3-1-174　陕西西安唐华清宫太子汤遗址平面、剖面图

此汤浴殿仅保存殿基的西北角，池西边距殿西墙外壁 2.90 米、池北边距殿北墙外壁 3.40 米。参考其他汤池都位于殿堂的中央，可知此殿汤池也应是居中设置的。则池东、南两侧距墙也应如此，这样便可知道殿堂东西（至墙外壁）面阔 11 米（实际上应是柱中线至中线 10.29 米，唐三丈五尺）、南北（至墙外壁）进深 9.50 米（中—中三丈，8.82 米）。据西北隅遗存的三个础痕推测，此殿为面阔三间。当心间一丈三，即 3.822 米，此间一丈一尺，即 3.234 米。进深两间，每间一丈五尺，即 4.41 米。

室内地面采用 10 厘米厚的青石铺装，四面都有向汤池方向的泛水坡。墙外就是散水，没有台基。殿堂接近方形平面，应该是并厦两头造（图 3-1-175）。

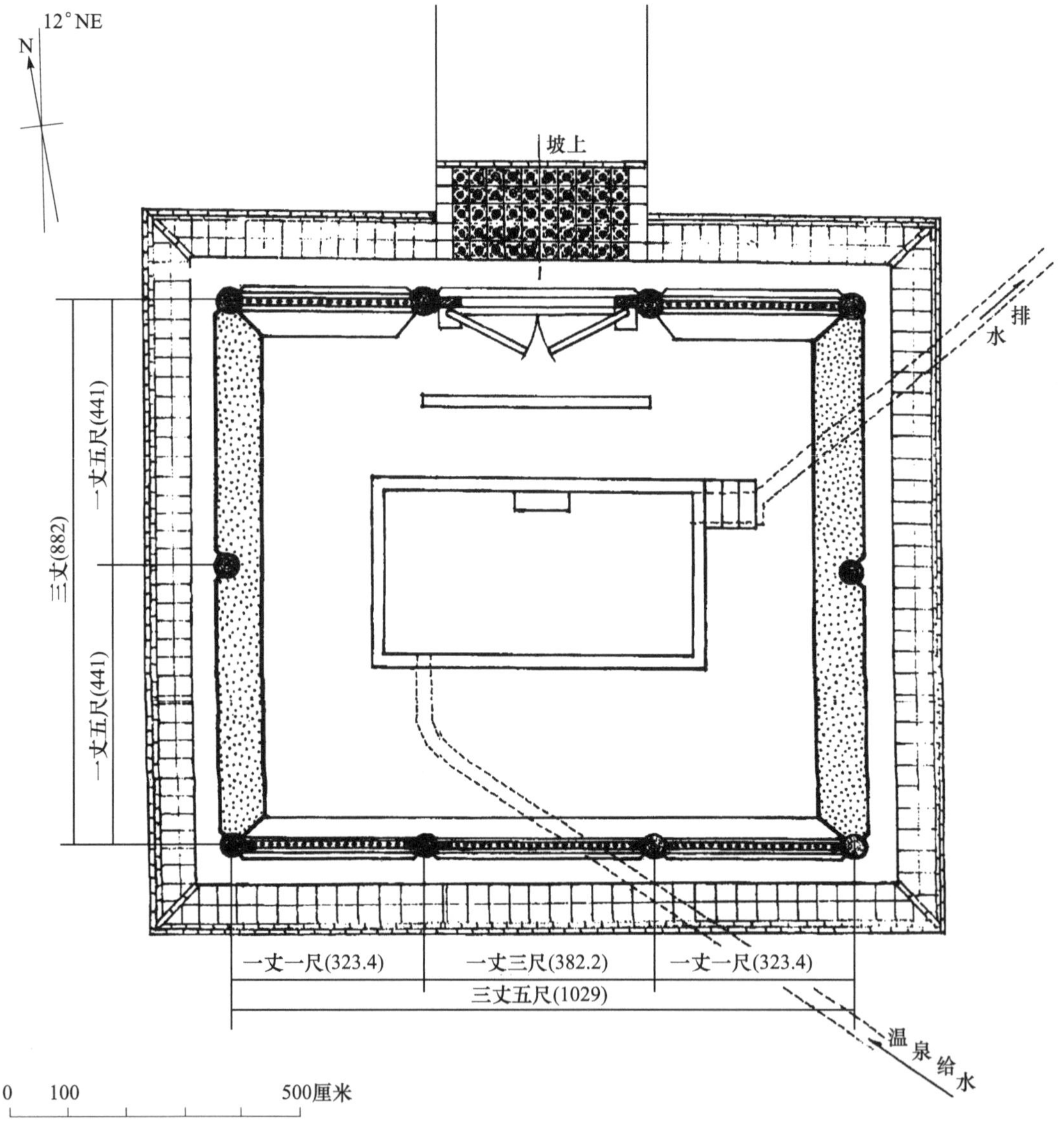

图 3-1-175　陕西西安唐华清宫遗址太子汤浴殿复原平面图

第二节　现存古建筑原状考证案例

一、唐长安慈恩寺大雁塔

切入点：印度佛陀迦耶精舍。

陕西省西安市的大雁塔正名慈恩寺塔，一般都说是唐朝的建筑，然而在全国大协作编写的《中国古代建筑史》上却找不到它；甚至在获得“国家图书奖·荣誉奖”的著作——《中国古建筑大系》的“佛教建筑”分卷里也只字未提大雁塔。这是因为学术界知道此塔经过明代大修，已经不是唐代的样式了，而又说不清楚原委的缘故。至今仍伫立在那里的这座历史伟构，讲“建筑史”“佛教建筑”的著作不予谈论，而采取回避的态度，不能不说是一个遗憾！唐代的大雁塔到底是什么样子？长期以来成为困扰建筑史学界的一个谜。

唐慈恩寺的所谓“大雁塔”，真的成为永远不可知的千古疑案了吗？笔者想或许不是。根据文献的线索，还有即便经过修改但仍健在的实物，侦破这个疑案不是不可能的。在笔者已破解的案例中，不乏挑战性的难题，恐怕都是自古学者们无由问津的千古之谜，诸如“黄帝时明堂（昆仑）”、日本的原始神社、“黄帝合宫”、“夏后氏世室”、“殷人重屋”、“周人明堂”、秦始皇“九层之台”的陵上享堂、西汉南越王宫苑殿堂等，慈恩寺塔也可以说是富有挑战性的难题之一。它是笔者长期思考企图解决的问题，实际上破解大雁塔的线索已经掌握，只待调查取证。两年前，笔者终于获得了盼望已久的关键材料，使笔者破解慈恩寺大雁塔原状的尝试成为可能。

1. 慈恩寺大雁塔初创形制探索

大雁塔所在的慈恩寺位于唐长安城进昌坊，这座寺院是当时长安城中有名的法相宗道场，唐太宗贞观二十二年（648 年）太子李治（后来的高宗）为其已故母亲文德皇后所建，题名“大慈恩寺”。寺院最盛期有十余院，房屋一千八百九十七间。当时玄奘法师从印度取经归来，太宗命江夏王李道宗设九部乐，以隆重的仪式迎接玄奘入驻慈恩寺。高宗即位后，玄奘奏请朝廷批准按照他从印度带回来的石造大塔的图样，在都城长安大慈恩寺内主轴线南端的“端门之阳造石浮图”，建筑防火，可以永葆他带回的珍贵原版梵文经卷和佛像安全地储藏和供奉①。高宗永徽三年（652 年）准奏建造，但地点改在慈恩寺西院；为了节省费用，改用砖表土心（推测为土墼砌体）。玄奘法师按照印度塔式亲自设计、督造建成的大雁塔，“塔基面各一百四十尺，仿西域制度，不循此旧式也。塔有五级，并相轮、露盘，凡高一百八十尺”②。宋人记载唐慈恩寺塔，“初唯五层，崇一百九十尺，砖表土

---

① 《大慈恩寺三藏法师传》。

② 《大慈恩寺三藏法师传》。

心，做西域窣堵波制度”[①]，当以前说“一百八十尺”为准。这是慈恩寺塔的初创，其具体形制如何，有线索可考。

首先，玄奘当年造塔的蓝本是可知的。所谓“窣堵波”，即梵文 stupa 的音译，实际上它是专指埋藏佛舍利、佛骨的建筑，是陵墓的意思，它与另类高塔式礼佛庙堂建筑不同。中国古代，人们分辨不清楚，有时用“窣堵波”泛指佛塔。玄奘当年造塔所本的印度石造“窣堵波”高塔，不是一般等闲的佛塔，而是当时印度最著名的、也是唯一的礼佛高塔，那就是在当时印度最为推崇的、建于佛陀（布达）得道圣地的高塔——佛陀伽耶（布达伽雅）精舍，汉文意译为“正觉塔”或“大觉塔”。这座所谓“塔”，是塔式殿堂，即高层建筑形式的佛殿。所谓“精舍”，是当时玄奘对梵文的意译，和后来所译的“宝殿”含义基本相同。所谓“佛陀伽耶精舍”，也就是“大雄（佛陀）宝殿”。现存佛陀伽耶精舍是经过 19 世纪重修改造过的，并非原状，要对比慈恩寺塔与佛陀伽耶精舍，首先要认证佛陀伽耶精舍原来的样子——它成为解决这一难题的关键。知道玄奘建塔之所本，再考订现存慈恩寺塔还保存有多少当年的东西，这样就可对比研究了。

慈恩寺塔在历史上经过多次大修，层高屡次增减，这些都只是顶部或上部少数几层的改动，即使外壁有劈裂而包砖，其方锥塔体收分并没有变化；从来没有推倒重建的翔实记录。这就是说，塔体现状庞大体量基本反映了当年的情况。有的著作认为：“长安中（702 年左右），拆除旧塔，更造新塔。”[②]还有的书说是“因倒塌而重加修建”[③]。其实文献所记长安年间的整修改建，是因塔上长小树和杂草，而“逐渐颓败”[④]，不一定是倒塌了；即使宋人所说的长安年间“拆建改造”，也不一定是“倒塌”和“拆除”。这由此塔至今还基本保持着类似佛陀伽耶精舍的体形，就可进一步得到证明（说详后）。这里，先讨论大雁塔最初形制，然后再论证武则天时代改造的式样和五代整修后的式样。

让我们首先考察佛陀伽耶精舍的原状。

公元 5 世纪，印度笈多王朝时期，在佛陀（释迦牟尼）得道的圣地——摩揭陀的佛陀伽耶，建造起一座高塔式佛堂——“精舍”，一般叫它“佛陀伽耶精舍”，作为礼拜佛陀的圣殿。19 世纪对此圣殿维修时，大加改造，现在所能看到的佛陀伽耶精舍已经和原来的面貌完全不同了。佛陀伽耶精舍是玄奘当时得到的唯一可以模拟的高塔蓝本，因为在印度当时只有佛教圣地可以建造这样的高塔，其他地方所建的礼佛殿堂多采取源于犍陀罗的覆钵塔即窣堵波形制。7 世纪上半叶，玄奘到印度求取真经时，曾到过摩揭陀国的伽耶城（今比哈尔省伽雅县），城西南五六里有伽耶山（印度俗呼“灵山”），其东南有钵罗笈菩提山（意为“前正觉山”），此山西南十四五里有佛陀得道的菩提树，佛陀伽耶精舍就在树东。玄奘目睹佛陀伽耶精舍这座高塔的原状，他在著作中记载：“菩提树东有精舍，高

① （宋）宋敏求：《长安志》“进昌坊”条。

② 傅熹年：《中国古代建筑史第二卷：三国、两晋、南北朝、隋唐、五代建筑》，中国建筑工业出版社，2001 年。

③ 赵立瀛：《陕西古建筑》，陕西人民出版社，1989 年。

④ （宋）宋敏求：《长安志》“进昌坊”条。

百六七十尺；下基面广二十余步；垒以青砖，涂以石灰；层龛皆有金像，四壁镂作奇制：或连珠形，或天仙像；上置金铜阿摩落迦果（亦谓宝瓶又称宝台）。”[①] 塔高一百六、七十尺，按唐一尺=0.294米计算，约折合47～50米。“下基面广二十余步”，即塔下部的台基每面宽度为二十多步；一步为六尺，二十步为35.28米，“二十余步”，如果是二十步多一点，而不是多很多，大概就是36米左右。都知道佛陀伽耶精舍是石塔，从玄奘的记载知道它的台基却是砖造的，而且用石灰抹面，完全是白色。“四壁镂作奇制”，可知塔身为方形，而且四面都有制作新奇的雕刻。“层龛皆有金像”，可知塔壁各层都雕刻有许多佛龛，龛中佛像是金色的。“上置金铜阿摩落迦果”——塔顶设置金色的宝瓶台座。按玄奘的描写，佛陀伽耶精舍大体如此，再具体究竟是什么样子，还是很难想象。所幸的是，在印度巴特纳近郊库木拉哈尔出土了一块有些残缺的浮雕圆形石板，它是祭祀的供品。这个圆形石板上所雕刻的一座高塔，正是佛陀伽耶精舍。这样一来，久违了的佛陀伽耶精舍的真面目，又重光于尘世了（图3-2-1）。以印度古代遗留下来的这块圆板状的浮雕供品，对照玄奘的描写，可以获得更为真实的印象。石板所刻的佛陀伽耶精舍的形象是五层，正与玄奘所造慈恩寺塔相同。尽管雕刻艺术不可能是完全准确的，但从玄奘目睹的描写，可以知道它基本上反映了高塔的本来面貌。

图3-2-1　印度出土的佛陀伽耶精舍浮雕圆形石板

再看现存慈恩寺塔实物：

现状七层的慈恩寺塔，本身高59.05米，包括台基总高度63.25米。塔的平面南北长25.35米，东西长度略有不同，南边长25.55米，北边长25.48米。现在由于塔的地基问题而逐渐倾斜，西安市城建局进行严密监测，1963年10月25日测定，塔偏西北8° 25′ 16″，即偏西70.25厘米，偏北10.4厘米，斜距71厘米。

慈恩寺塔应是土墼（密度很大的湿土夯筑的风干砖）砌体，外包青砖。其结构实际上是一个逐层收缩的方形墩台，中间留有一个较小的空间，整体如同一个四壁极厚的方形大烟囱，具有很好的抗水平推力（风荷载与地震横波的推力）的性能（图3-2-2）。塔心空间逐层铺设木楼板及木楼梯。楼层高度，首层为10.36米，二层7.37米，三层7.15米，四层6.65米，五层6.70米，六层6.40米，七层5.20米（顶部厚度不计）。明代包砖后的外观现状，立面用倚柱分隔成为仿木构的楼阁式样，首层和二层每面为九间，三、四层为七

① 傅熹年：《中国古代建筑史第二卷：三国、两晋、南北朝、隋唐、五代建筑》，中国建筑工业出版社，2001年。

间，五、六、七层为五间；首层正面当心间开券门，以上每层、每面的当心间有券窗；柱间砌砖隐出阑额、柱头栌斗；每层以叠涩出檐划分，檐下砌出菱角牙子；塔顶叠置宝瓶、葫芦作为全塔的结束（图 3-2-3）。

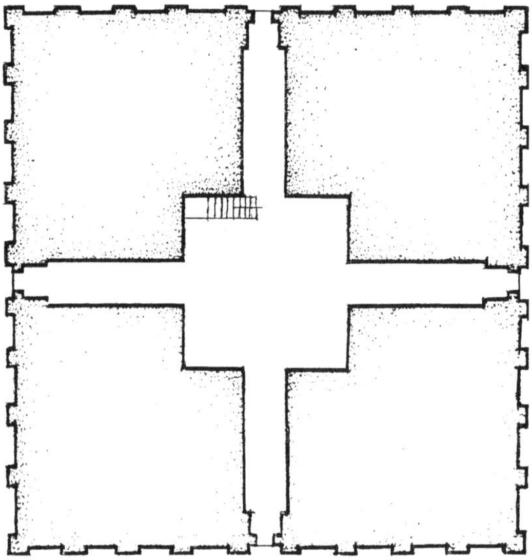

图 3-2-2　大雁塔平面图

图 3-2-3　明代大修后的大雁塔（现状）

武则天重修慈恩寺塔，加高为十层，这恐怕是唐代最后一次大修了，后来由于“安史之乱”的战争破坏，晚唐时期的大雁塔只剩下七层。公元 931～933 年，即五代后唐长兴年间，又曾有过修缮；明代又包砖大修，一直维持七层的高度，这就是现在人们所看到的情况。

对比佛陀伽耶精舍认知慈恩寺大雁塔原状如下。

佛陀伽耶精舍与大雁塔两者的基本轮廓颇有相似之处，都是方锥体，但显然现在的大雁塔要比佛陀伽耶精舍肥胖得多。据记载，玄奘建慈恩寺浮图“一百八十尺”，按唐尺合 42.52 米。经过武则天时大修的改建，改为中国式样，即去掉塔壁的佛龛，只能是通体包砖；后来明代又有很厚的包砖，塔体更加肥胖了。减去后来的所有包砖，再去掉上面的两层，降低为五层，则立面所见的梯形应该就接近当年佛陀伽耶精舍塔体梯形立面的高宽比例了（图 3-2-4）。

石圆盘浮雕所示佛陀伽耶精舍的塔体，首层中间有一个夸大了的大券门（目的在于表现内部供有佛像），实际上券门不会是如此之大的。以上四层的中间，也都各开有券洞窗。难得的是，大雁塔在历史上几经修改，至今仍然还保留着这一基本形制。至于塔体以宽阔的横线划分各层以及壁面隐出倚柱划分开间，这又是两者的共同之处。现在所见大雁塔划分各层的横线，是采取中国惯用的叠涩手法，推测初创时每层之间的横线应是按照佛陀伽耶精舍的刻有图案的宽带式样。一直保留至今的这些基本的共同点，就已表明了大雁塔对佛陀伽耶精舍的模仿关系。现在大雁塔与佛陀伽耶精舍不同的是素平墙面，当年初创时的大雁塔，应该也是按照佛陀伽耶精舍有通体佛龛装饰的。大约在武则天时代包砖大修时就简化了壁面装饰，去掉了塔壁各间里的佛龛（说详后）；明朝再一次包砖，由于立面加宽了许多，可能是这一次增加了壁面的倚柱数量，也就是增加了开间，减小了每间的壁面，使它不至于显得平淡。

鉴于已可证明的这些基本共同点，则塔顶处理，我们完全可以认为是佛陀伽耶精舍的忠实仿造。即慈恩寺塔初建时，一如佛陀伽耶精舍，塔顶为平台，中央设置一个较为高大的覆钵塔，四角各设一个小型的覆钵塔，形成仿佛“金刚宝座”的构图（图 3-2-5）。

图 3-2-4　大雁塔现状图

图 3-2-5　唐玄奘法师创立长安慈恩寺浮屠复原草图

关于塔的高度可以有个推测，按照《大慈恩寺三奘法师传》记载，玄奘所建的大雁塔并非按照佛陀伽耶精舍的“百六七十尺”，而是有“一百八十尺”高（玄奘向朝廷申请时，甚至想建“三十丈”高①）。估计历次维修与加固、加高或降低的改造，楼层高度是不会变动的。现在七层塔体本身，不计塔顶的高度为 49.83 米，推测五层以下是初创原物，去掉后加的六、七两层的高度，即去掉 6.40 米和 5.20 米，计 11.60 米，则五层塔高为 38.23 米。按照圆盘雕刻所示的佛陀伽耶精舍比例，原来顶上的覆钵塔的高度可能有 10 米多。这样，再加上台基高 4.20 米，则原来塔高从地面算起，约为 53 米许，与“一百八十尺”，即 52.92 米的记载可以说正相符合。

2. 武周时期的慈恩寺大雁塔

《长安志》记载玄奘所造的慈恩寺塔：“……后，浮图心内卉木钻出，渐以颓败。长安中（701～704 年）更拆改，依东夏刹表旧式，特崇于前……”看来，此塔长出小树、杂

① （唐）玄奘：《大唐西域记》卷第八《摩揭陀国・上》。

图 3-2-6 武则天改建的十层大雁塔

草，经过五十年的时间逐渐胀裂了塔身，因而有长安年间的拆改大修。这次改建，从工程方面考虑，特别是层数增高一倍，应该是通体加固的。这就是说，此塔外壁从下到上包了一层砖，因而才有可能改变了外观，成为“依东夏刹表旧式，特崇于前”。“依东夏刹表旧式”，是很关键的一句话，即改变为中国所熟悉的、早已汉化了的式样。此话不但证明了原来玄奘所建的大雁塔是洋味十足的印度式样，同时说明了武周改建后的样式不再有通体的佛龛装饰。塔体可能还是保存初建时各层用倚柱分为五间，当心间开券窗，其余为素平壁面。塔改为十层后，顶部已经很窄小，不可能再按照原来的样子安置五座覆钵塔，应是采取已经中国化了的金属塔刹或宝顶作为结束。按武氏当时把塔增至十层的膨胀、张扬的思想，塔顶似乎应该按照原来覆钵塔刹的意匠树立富有表现力的高高竖起的金属相轮刹杆（图 3-2-6）。

武则天崇信佛教，即位后多有重大佛事活动。武周长安四年（704 年），对慈恩寺浮图的改造，就是其中之一。这次是因为塔体长树、草，有崩裂而动工大修的，应是保存塔体平面尺寸和收分斜度不变，将已坍塌败坏甚至塌落的顶部五座覆钵塔，也许还连同最高处一两层的损坏部分拆除重建，就势增高，改为十层。唐朝佛塔已形成阳性的奇数层高的惯例，而武则天采取弘扬阴性的偶数十层，在当时是一个打破常规的举措。她的叛逆性格有诸多方面的表现，在宫城中轴线前方兴建的大朝前殿，就是本着“自我自作古”的原则，采取特异的高楼式明堂——万象神宫，其顶冠九龙拱卫鋶金宝凤，显然也是张扬她篡夺了男性皇帝的至尊地位。“人类童年”时期的上古社会，母系氏族公社里受到尊重的女性地位，是本能驱动自然形成的，她们肩负孕育氏族发展的使命而不是社会的统治者。在早已进入男性统治的封建社会时期，武则天能够破天荒地成为女性统治者——天子，其叛逆思想实属难能可贵。

3. 晚唐和五代时期的大雁塔

武周时期十层的大雁塔，后来经过战争的破坏，到晚唐时只剩下七层了。岑参与高适、薛据登大雁塔曾赋诗，有“四角碍白日，七层摩苍穹”的诗句[①]可以证明。如果武周

① （唐）岑参：《与高适薛据登慈恩寺浮图》诗：“塔势如涌出，孤高耸天宫。登临出世界，蹬道盘虚空。突兀压神州，峥嵘如鬼工。四角碍白日，七层摩苍穹。下窥指高鸟，俯听闻惊风。连山若波涛，奔凑似朝东。青槐夹驰道，宫馆何玲珑。秋色从西来，苍然满关中。五陵北原上，万古青蒙蒙。净理了可悟，胜因夙所宗。誓将挂冠去，觉道资无穷。”

时是高高树起的塔刹，此时应已无存。当时应该有简单的维修，否则雨淋日久这座土心的砖塔会倒塌的。这样来看，晚唐时大雁塔的顶端，由于国势衰微、经济不济，推测可能已是改为较为简单的宝瓶、火珠一类的宝顶了（图 3-2-7）。

五代时期的后唐长兴年间（930～933 年）又有修缮，应该是仍保持七层的式样；鉴于当时的经济能力，恐怕不会有太大的改动。

4. 明朝对大雁塔的大修——现状

此塔保存到明代，由于年久失修，恐怕已经是满目疮痍了。因此这次大修才又有整体包砖之举。这次包砖，是按照武则天时已经中国化了、人们喜闻乐见的平墙倚柱形式。如果按照原来每层五间的墙面划分，由于没有佛龛或窗口之类的点缀，会显得过于单调，所以采取了增加倚柱数量的手法。这就是今天我们所见到的大雁塔了。

图 3-2-7　晚唐维修的七层大雁塔

二、唐长安荐福寺小雁塔

切入点：碑图。

在讲建筑史时，是把现在的小雁塔当作原状看待的。其实它是不完整的建筑，有必要对它进行复原考证，以期让世人知道真正的史实。探讨小雁塔原状，主要是靠荐福寺的院中出土的有图的碑。复原考证的论文如下。

荐福寺塔又称小雁塔，是唐长安著名的佛塔之一，位于今陕西省西安市南门外友谊路大荐福寺内。唐时大荐福寺分南北两部分，塔在南院，与寺隔街相望。寺原占开化坊南半部，塔在开化坊南邻之安仁坊的西北隅。寺创建于唐文明元年（684 年），始称献福寺，武则天天授元年（690 年）改名荐福寺。塔建于景龙元年（707 年）。据塔底层北拱门的石门楣上明嘉靖三十年（1551 年）王鹤题刻，明成化末（1487 年）长安地震，“塔自顶至足中裂尺许，明彻若窗牖”；“正德末（1521 年）再震，塔一夕如故”。此塔在宋、元、明、清历代都有修葺，于 1961 年被公布为第一批全国重点文物保护单位，20 世纪 60 年代，在保持现状的原则下，有关部门又对塔进行了整修，整修后的小雁塔形貌保存至今。现存塔有宽大的高台基，方形塔身底层每面长 1138 厘米，残存 13 层密檐，塔顶与檐角残缺，塔残高约 4300 厘米（图 3-2-8）。小雁塔以其优美的造型，作为唐代密檐塔的典型范例，历来为建筑史家所乐道。遗憾的是，论述皆以塔残损的现状为对象，并未说清塔当年完整造型的特点。近年来在该寺发现几通宋、明、清重修寺、塔石碑，上面除碑文外，尚

图 3-2-8 荐福寺小雁塔现状

有塔的图形二帧。这些为探讨该塔原貌，提供了翔实的数据。

两年前，笔者应西安市唐代艺术博物馆之邀，主持制作了荐福寺塔的复原模型。现将复原考证概述于下。

过去，我们从张礼《游城南记》“荐福寺塔”条下金飞元人的续注知道：“贞祐乙亥，塔之缠腰尚存。辛卯迁徙，废荡殆尽；惟砖塔在焉。”此塔原有缠腰，直至金宣宗贞祐三年（1215 年）仍然存在。后至金哀宗：正大八年（1231 年）金元战乱中，才“废荡殆尽”。所谓“缠腰”，即副阶。现在寺中出土北宋政和六年李璺撰《大荐福寺重修塔记》碑，碑文中有“洎以□（周）徊副屋，堕砖所击，上漏下湿，损弊尤甚，悉皆修完”的记载，乙副屋是副阶的别称，前者指主体建筑周匝附廊的屋盖（或看附廊整体的含义），后者指其台基，实际上两者说的都是周附廊一件事。据此，可以确知砖塔原有木构副阶周匝。

政和碑并记述：“自景龙至本朝政和丙申，三百九十二年风雨摧剥，檐角垫毁……”所谓“檐角垫”，是密檐砖塔各层塔檐四角叠涩悬挑时所埋设的垫木。自唐中宗景龙年间建塔，至宋徽宗政和六年（1116 年）重修，经历四百〇七年（碑记“三百九十二年”有误）的风雨损害，各层檐角垫木朽烂，以致它所承托的角部叠涩砖塌落。“周徊副屋”因遭受这些“堕砖所击”而“上漏下湿”。砖塔四面叠涩出檐，构造稳定，不易塌坏，唯转角处檐出较大，叠涩砌筑时砖受剪力，出挑大则易断裂，且构造也不牢固，需依赖 45° 埋设的木板枋（或条石）托垫。垫木受潮易朽毁，百年后垫朽则砖堕，是以在历史上檐角屡修屡坏。现存此塔，即保存了檐角损坏的状况。60 年代对此塔整修时，已查明砌砖全用黄泥黏结，这是唐代的常规做法。唯底层加厚的砖壁部分用石灰黏结，显然是后世修缮所为。因在塔的副阶毁掉以后，底层外壁遗留许多梁头的洞眼；同时，去掉周匝副阶的塔身造型，塔底层也显得纤细无力，因此可能在填补梁头洞眼的同时，将底层外壁统一包砌了一层砖；也可能在填补梁头洞眼的小修之后，又一次整修时包砌加厚了底层外壁。至于这次整修的时间，按目前材料可做如下的判断。

1980 年寺内大殿东前方出土明正统十四年番僧勺思吉修寺碑，碑阳刻礼部札付，碑阴刻寺飞塔全图。图中塔坐落在一个类似一般殿堂的台基上，全塔除了没有副阶外，15 层密檐及宝顶式塔刹皆无缺损，保持着唐代原状，而且特别夸张了底层的纤细（图 3-2-9）。对照清康熙三十一年《重修荐福寺碑记》碑阴《荐福殿堂图》中塔的形象，可以发现康熙刻碑的塔身底层已较前粗壮，台基也改得高而宽大，即现状的样子。也就是说，正统十四年塔的底层尚未包砌加宽。正统碑所刻礼部札付中记：“……殿堂废弛，宝塔见存。臣思是古迹，于宣德七年发心，舍己衣钵及化缘，修盖前后殿宇、周围廊庑，俱各完备。”仅提到“殿堂废弛”，修葺的也只有“前后殿宇、周围廊庑”，并未说修塔，可见塔底层不是这次加厚的。康熙碑《荐福殿堂图》中塔的形象，除底层和台基宽大如现状外，塔顶已残，宝顶无存，檐只剩 14 层了（图 3-2-10）。至于底层包砌的时间，可以肯定不是康熙年间的这次修缮工程，而应在明宣德七年重修到康熙年间这次重修之间。康熙碑记载：“历宋而元而明，虽有山谷迁叟、番僧勺思吉及晋阳刘公修葺，代有其人，历年久远，仅仅存刹……”故而可以推知是在宣德七年之后，明代“晋阳刘公”的那次修缮时，将塔身底层包砌了一层。

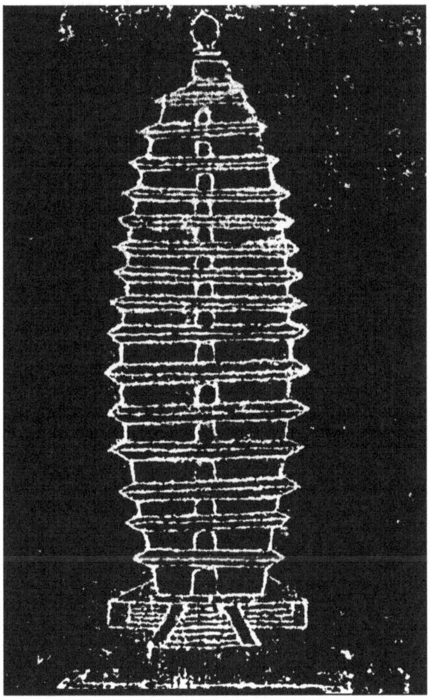

图 3-2-9　明正统十四年番僧勺思吉修寺碑所刻之塔的形象

图 3-2-10　清康熙《重修荐福寺碑记》碑阴所刻塔的形象

唐代密檐砖塔底层外加周匝副阶的形制，在现存砖塔中似不只荐福寺塔一例。河南登封法王寺塔很可能原来也是有副阶的。明、清时代也有带副阶的砖塔，如山西洪洞广胜上寺明建的琉璃砖饰面的飞虹塔及北京香山清建宗镜大召的琉璃塔等。不过晚期这些塔为八角、楼阁式，工程做法和艺术风格也都有所不同了。

• 荐福寺小雁塔副阶复原

此塔实测图未发表，底层晚期包砌厚度不详，设定每面去掉包砖厚度约为 1040 厘米（包砌的外壁略有收分，按减去墙根最宽包砖计算）。按唐代一般殿堂分间，当心间不加大，即副阶与塔身等宽部分三间相等，可皆为 350 厘米，两稍间面阔亦即副阶进深也是 350 厘米，则副阶各面为等宽的五间，通面阔 1750 厘米（图 3-2-11）。

副阶的台基应是与一般殿堂的形制相同，正如正统碑塔图所示的情况。参照明正统碑

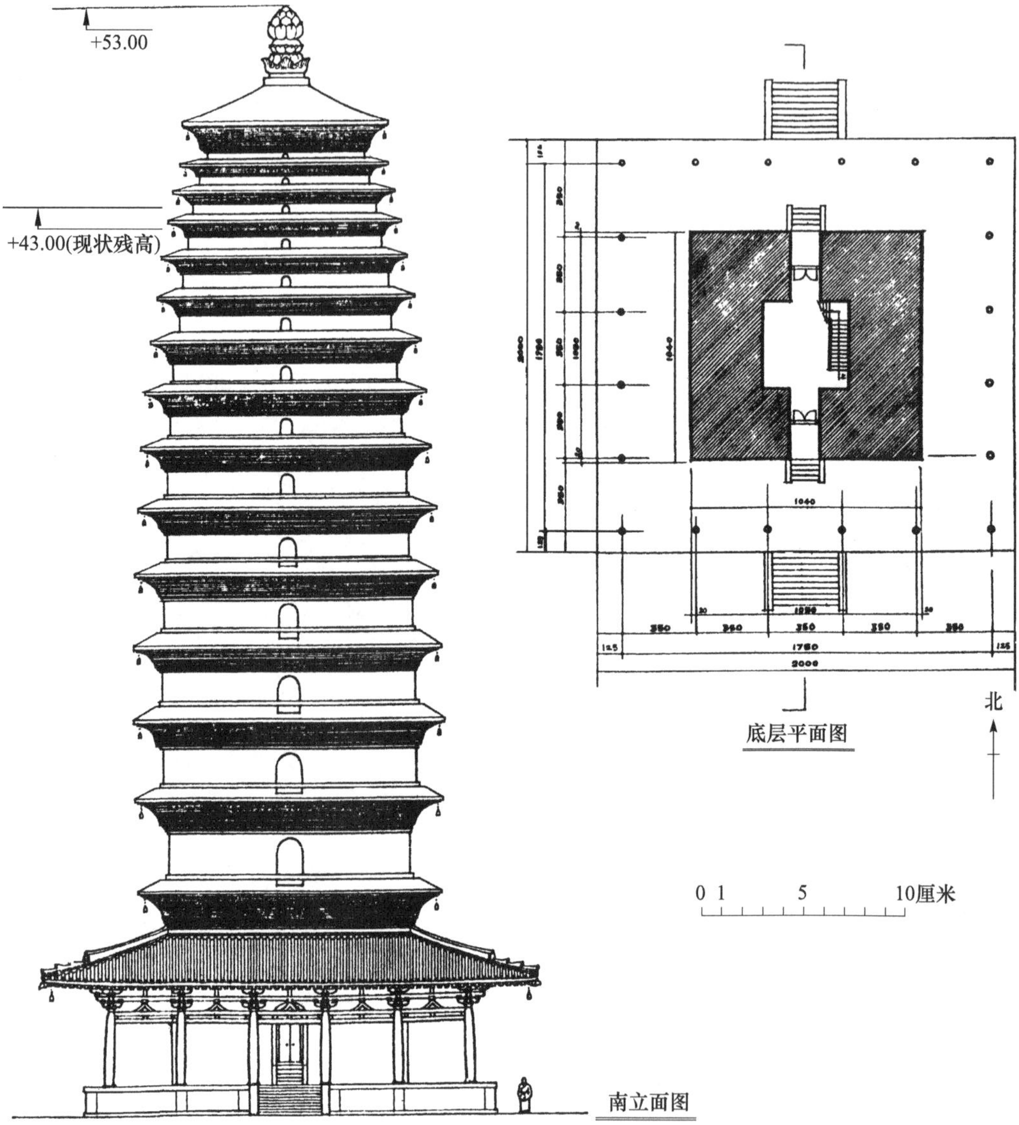

图 3-2-11　唐长安荐福寺塔复原立面、平面图

图复原台基为清水磨砖砌筑，有角石。台基南北中间正对拱门设踏道，设定 10 级，则台基高度约为 148 厘米（合五唐尺，也有可能设勾栏）。

关于大木结构情况，按唐景龙年间建塔的时间以及在首都长安的地点，应做如下的推断：

柱，当为上下卷刹的梭柱，据副阶开间尺度，设定其底径为唐一尺二寸，即 35.28 厘米（柱础，按此塔规格，应作覆盆形式，础方约 70 厘米）。当心间柱高与开间相等，为 350 厘米，次、梢间柱有生起及侧脚。斗、梁、枋的用料，推知唐代已基本规格化略如宋《营造法式》所总结的那样。按此塔尺度，设 1 分为 1.5 厘米，材为 22.5 厘米 ×15 厘米，高 9 厘米，足材为 31.5 厘米 ×15 厘米。斗栱六铺作偷心造，补间用人字栱及斗子蜀柱。

柱间用重楣，彻上明造，明栿后端砌入塔身砖壁中。

副阶屋面，唐时似用绿琉璃瓦覆盖。因为荐福寺是唐皇室为高宗死后献福建造的，所以寺院主要建筑得以使用绿琉璃瓦。明正统碑刻礼部札付称：“荐福寺……始自唐时建立。有：汇佛殿、天王殿、大悲殿、藏殿、慈氏阁，俱是绿琉璃□造。”由于当时塔副阶无存，所以文中未提及。塔较以上殿堂晚建二十三年，时值中、盛唐之交，国力雄厚。又据宋《大荐福寺重修塔记》碑载，塔“实景龙中宫人率钱造立”，即建塔也和皇室有关，这就可以推测建塔用瓦当求与全寺的统一，副阶大约也是绿琉璃瓦顶。明正统重修时，各殿改为“将旧绿琉璃瓦沿边（即剪边做法）”，此时塔副阶无存，未予恢复。

塔刹复原：明正统碑图中，塔的形象尽管是印象式的示意图，但基本上反映了塔的概貌。图中明确表现塔刹为宝顶式，只是细部从略了。对照玄奘塔、明惠大师塔等唐代类似塔顶的处理，可以肯定方塔的刹座也是方形的。现设定在方形平座（或为须弥座）之上，安置四角蕉叶饰件，其上再设圆形的仰覆莲座，顶上以莲蕾或宝珠或葫芦结束。

全塔复原至宝顶总高度约为5300厘米，通体用青砖砌筑，对缝严密。唐时即保持此清水墙面。据北宋政和修塔碑记，山谷子（山谷迂叟）因“梦现一宝塔，白光亘天……后二年获修此塔，以白垩饰之，素光耀日，银色贯空”，至今塔身犹残存石灰抹面遗迹。可知此塔于宋政和重修时，始改为白色。

荐福寺小雁塔建成至今已一千二百八十多年了，经复原我们得以窥见它唐时的完美风采，实在是令人欣喜的。它的原貌将以端庄、秀丽的造型而载入建筑史册（图3-2-12）。

图3-2-12　唐长安荐福寺塔复原

三、北宋定州开元寺塔

切入点：每层有门；周围大量屋瓦堆积。

古建筑专家们都把现存的河北省定州市开元寺塔作为完整的建筑来谈论，全国大协作编写的《中国古代建筑史》《中国古建筑大系·佛教建筑》《中国古塔》等有影响的著作，提到开元寺塔也都是这样看待的。后两部书对现状描述都说：塔的二层以上“只有塔檐，没有平座”[①]，其实各层四个正方向都有门通到塔外，与每层周边叠涩出挑的平台相连通，

① 韦然：《中国古建筑大系·佛教建筑》，中国建筑工业出版社，第151页；罗哲文：《中国古塔》，外文出版社，1994年，第34页。

图 3-2-13 河北定州开元寺塔
（料敌塔）现状

这每层塔体外环绕的平台不是平座又是什么？（图 3-2-13）这说明即使对塔的现状表述，也是不符合实际的。看来有必要纠正对此塔的误解。

1. 塔的历史概况和现状

北宋时，定州（今河北省定县，现在已为定州市）唐代所建的开元寺有会能法师自西天竺取经归来，得到朝廷的重视，宋真宗颁诏敕建佛塔以供奉佛经。建塔工程于咸平四年（1001 年）动工，至和二年（1055 年）竣工，历时五十四年。塔为砖造，高 84 米有余，是中国现存最高的古塔。在当时宋、辽军事对峙的情况下，定州地处国防前沿，这座高塔用于瞭望敌情，而被称作“料敌塔”。

塔平面八角形，现状是坐落在八角形的三层台基之上（三层台基是中华人民共和国成立后的一次维修时，工程主持人主观决定的）。塔体八角对边长 27 米许，每边长 10 米许；塔体每边距离最上的三层台基边缘宽度为 7 米许。

首层塔体很高，有叠涩凹曲出挑，略如短檐，上承砖造斗栱挑出的平座；二层以上塔体缩小，每层之间用叠涩出挑的平座划分，层高按等比级数逐层缩减，塔顶覆瓦、八角攒尖，刹的造型是：矮刹座上置八瓣山花蕉叶，中间突起高覆钵，上托铁制承露盘和铜制宝葫芦。塔的总体轮廓形成抛物线卷刹的流线型子弹头状（同图 3-2-14）。

塔各层的四个正方向设券洞门，门外口沿边有彩绘。其余各面设装饰性的盲窗，用砖做成浮雕式花棂格，并涂朱彩饰；特别的是，还开有个别的券窗，如二层西南面就是如此。

砖塔外壁很厚，中间有八角形砖砌塔心。塔心每层都砌砖与外壁衔接形成回廊，在结构上使塔心与外壁连为一个整体。塔心与门相对的四个正方向设佛龛，斜面开有楼梯入口，塔心内设登塔梯道（图 3-2-14）。塔内嵌有北宋时的碑碣数十方；首层塔心内的穹隆顶中二层，还保存有北宋的彩绘，这些都是弥足珍贵的。

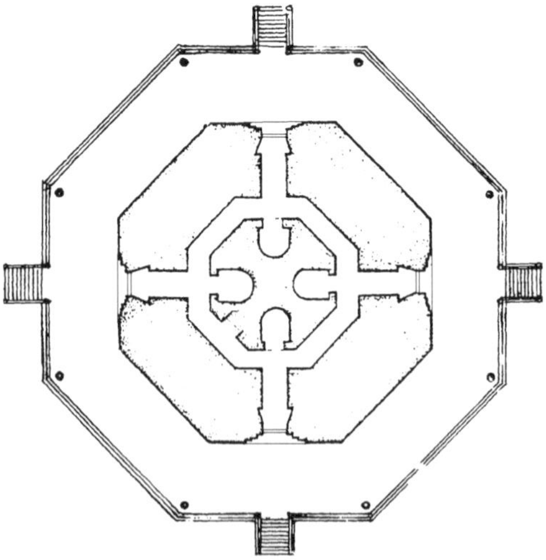

图 3-2-14 河北定州开元寺塔复原平面图

2. 开元寺料敌塔原状

开元寺料敌塔的台基，宋时不是现在的样子。参加过上次维修的人员反映，整修台基时发现地下有宋代台基边缘遗迹，可以知道原来台基比现在三层的最上一层台基范围略大，估计首层塔壁至台基边缘有 9 米左右的宽度。修塔人员推测，宋代在此台基下面可能还有一层台基，即原来是两层台基。这一判断是可信的，因为时代接近、略早于它的杭州雷峰塔等以及略晚于它的应县佛宫寺释伽塔等都是两层基座，前面还连有站台（图：遗稿未配图）。遗憾的是，维修时没有进行科学考古发掘，塔的台基无法确切认定，只有等待以后再次维修时弥补了。

塔的清水砖壁经过多次维修，但局部仍残存原来的石灰抹面，可知原来壁面是粉白的；模拟木构的斗栱和盲窗涂朱，门口也有彩绘装饰。

认定二层以上的叠涩出挑是平座，取决于二层以上各层都开有洞门——每层的四个正方向都有券门通向塔外，则周回挑出的一圈平台就是平座。首层平座重点装饰，采取模仿木构的砖雕斗栱出挑，容易识别；其余各层平座则简化为叠涩出挑，这便是人们忽略它同样也是平座的原因。斗栱出挑的二层平座，实测宽度为 1.12 米，三层叠涩挑出的平座宽度为 1.43 米，四层叠涩挑出的平座为 1.32 米，以上各层平座的宽度也都在 1 米以上，保证了人们的登眺通行。既然是平座，可以断定当年定有拦护设置，也就是说，每层叠涩出挑的平座周边原来都是安装栏杆的。

此类楼阁型的宋塔普遍是有副阶的，考察此塔，首层略有收分的塔体高达 9 米左右，完全具备副阶所需的高程。此塔首层平座之下有叠涩出檐，檐下虽经维修填补，但依稀尚可辨认出个别残存的构造洞眼痕迹（排除修缮时架设脚手架的遗痕），已显露了原来此塔具有副阶的蛛丝马迹。从台基推测的 9 米左右宽度可以设定副阶进深约 8 米左右；副阶檐柱高度如果是 3.50 米左右，柱上的铺作高约 1. 50 米左右，总高约 5 米左右，由檐柱铺作顶按 1/4 举高的坡度斜上与墙体相接，则此接触点至檐柱铺作顶的高差应为进深的 1/2，即举高 4 米左右；4 米左右加上檐柱铺作顶的 5 米左右高度，是 9 米左右，这与首层塔体的墙高相符合。这一分析的结果说明，安装副阶庇檐是完全合适的（图 3-2-15）。

在上次修塔时，发现塔的台基周围埋藏大量宋代的碎瓦，这些瓦无疑是塔上塌落的，这就提供了此塔原来有瓦檐副阶的直接证据。曾参与修塔的人员说，塔周围地下埋藏的残瓦数量很大，可知这些瓦不只是副阶屋面的遗存，应是各层瓦檐塌落的堆积。二层以上有无瓦檐，可从平座栏杆得到推断：栏杆应是木制的，如果没有屋檐的保护，容易雨淋损坏。所以一般做法是：与平座同时，必有腰檐的设置。各层的瓦檐应与首层副阶一样，是采用木结构悬挑。尽管壁面上所有的副阶枋木的插入痕迹，已经在历次维修时被填补了，但根据以上的判断，原有副阶的结论是毋庸置疑的。

现在人们所看到的光秃秃的料敌塔，绝不是宋塔的一种特殊形式，正像是杭州西湖倒塌前的雷峰塔和现存的保俶塔一样，是残损形态。可以断定，原来的料敌塔本是一座具备腰檐、平座和副阶周匝的宋代北方风格的木构瓦檐的砖塔（图 3-2-16）。

图 3-2-15 河北定州开元寺塔（料敌塔）复原剖面图

图 3-2-16 开元寺塔复原图

第三节 借助他案破解的连环案例

一、黄帝时明堂（昆仑 = 干阑 = 京）

切入点：借助日本考古材料。

本案见附录二。

二、周人明堂

切入点：文献；借助西汉末长安明堂。

时代的标志性建筑，对于周朝来说，莫过于明堂了。明堂不仅是周人的伟大创造，而且成为后世遵从周礼的“图腾”。在中国历史上，没有哪一种建筑形制像明堂这样给予人们的经典感和神圣感，这样经久不衰地受到人们的关注。自西汉以来，两千余年间，它已成为一个专门的命题，甚至几乎成为“明堂学”，而使世世代代的许多学者为之钻研不舍；近世以来，更有不少外国学人也为之着迷。然而，被后世奉为朝廷礼制建筑经典的明堂，其渊源如何，原本功能与形制如何，却一直是聚讼千载、莫衷一是的问题。诚如经学大师王国维所说：“古制中之聚讼不决者，未有如明堂之甚者也。”[①] 为什么明堂问题如此之

① 编者按：作者在此列出脚注，但未有内容。

难解，而被搞得如此之玄妙、如此之复杂，直到现在，不但看不到解决的前景，而且有越来越糊涂之势。究其原因，主要是由于历代的研究者们总是凭传说的记载作臆测，把明堂视为僵死的、固有的且从来就是服务于精神方面的礼仪设置；没有把它纳入建筑史学的动态发展的轨道上去分析问题；把本来首先是社会物质产品的这个对象，只当作精神产品而在意识形态的范围里兜圈子；被书本上汉儒象征含义的解释所蒙蔽，也跟着作各种各样地主观想象。两千余年来的从书本到书本的研究方法证明，再这样继续下去是没有出路的。笔者以为，首先需要改变研究方法，要从建筑发展的客观实际出发，以考古学的实物史料为依据，参考必要的文献，切实地探讨明堂的形成，只有这样才能如实地认识明堂的性质及其形制。

诚然，我们现在较诸汉儒相距明堂形成的时代更为遥远了，但是我们掌握了科学考古学的利器，可以获得汉儒从未见过的明堂发生、形成以及健全时期的有关遗迹史料，这些是运用现代科学的逻辑思维去认识明堂的物质基础。所以说，我们是有条件搞清明堂问题的。

这里，以科学考古学所提供的实物材料为基础，并参考有关文献的记载，对明堂试做考察。

1.“周人明堂”的渊源——三代宫廷前殿的一脉相传

“明堂”一词不是作为专有名词，而是泛指一个开敞明亮的建筑空间，由来已久。史前时期的传说，就有神农时的明堂和黄帝时的明堂。而见诸记载最早的，则是《考工记·匠人》所记专有名词的“周人明堂”。清朝学者江永从《考工记》所用方言推断，此书为东周起齐人所著；已被郭沫若所肯定，并进一步认为其是一部齐国官书，成书时间在春秋末叶。日本学者对照考古材料考察，也有相同的结论[①]。《考工记》所记武器、车辆、金工等制度方面，业经出土的春秋后期和战国时期的有关遗物所证实，则书中《匠人》部分所记的都城规划和宫殿建筑形制也应该是可信的。

《考工记·匠人》扼要记载的三代宫殿，应该是指朝廷的主要殿堂而言，即所说的“夏后氏世室”“殷人重屋”和“周人明堂”，都是宫廷前殿。不过此书记录三代宫廷前殿的文字有不少疑问，看来经过秦朝“焚书坑儒”的镇压运动之后，到西汉河间王（前155～前130年）求索先秦古籍再行整理时，难免有所传讹和脱漏。譬如当时收集到的《周官》即缺佚《冬官》全篇，而是以所得的《考工记》作为补充的。尽管这样，《考工记·匠人》中有一点则是表述得很清楚的，即只有周朝的宫廷前殿才称为“明堂”。从行文逻辑来看，所表述的含义是：夏后氏称作“世室”的主体宫殿，殷商时期与之相当的公殿则为“重屋”，周朝与之相当的宫殿，便是“明堂”。三者从形制到名称都不相同。然而历来就有人不顾原文，而认为“世室”“重屋”也都是方块模式的“明堂”，如汉朝的郑玄关于《考工记·匠人》的注释便是以五行比五室来解释的。实际上，从汉儒郑玄、马

---

① 编者按：作者在此列出脚注，但未有内容。

宫[①]等开始，直到隋牛弘[②]、宇文恺[③]等，唐贾公彦、杜牧[④]等，宋林希逸等，以至清朝的学者戴震[⑤]、黄式三[⑥]、俞樾[⑦]、孙诒让[⑧]等，都是这样理解的。这些学者们多是满腹经纶的经学大家，然而对待“明堂”这个涉及建筑史学的问题，却显示了知识领域的局限。自汉儒以来，两千年间不少学者都沿着汉儒的研究方法——从文献到文献，尽管已知《考工记》的文字有误，还是力求猜想出原文，而做出各种文字上，特别是数据假设的努力，以求解释明堂的原状。其结果是越猜想就越混乱，直至今日。两千年来的教训使我们认识到应当利用一种客观的科学方法，来讨论明堂问题。这里，让我们暂且抛开《考工记》关于三代宫殿的不尽翔实的具体资料；抛开自汉儒以来人们所制造的混乱说法和神秘色彩，从实际出发，还其历史本来面目，看一看周人明堂的形成过程，从而可以较为实际地了解其基本形制。

源于生活的一切东西，本来都是功能清晰、显而易见。“明堂”也是一样，即使被神秘化了之后，还是显示出它生活的气息，如朝南的向阳明亮的厅堂叫“明堂”，朝北的背阴黝黯的厅堂叫“玄堂”，这样朴素易懂的道理（后儒附会以“明教化”所以称“明堂”，“玄堂”该怎么附会呢）。探讨三代前殿的沿革，要首先明确三代宫殿具有传承关系，也就是说，周人的“明堂”是从夏后氏的“世室”和殷人的“重屋”演变而来的。因此考察“周人明堂”，当从考察殷人宫殿开始；而考察殷人宫殿，又需明了“夏后氏世室”；夏朝的“世室”，是脱胎于原始氏族和酋邦社会的“大房子”和进一步的“黄帝合宫”，所以要想知道“周人明堂”的形制，就必须具备三代宫殿发展史的实际知识。前面，我们已讨论了这一发展过程，现在我们有条件进一步探索“周人明堂”了。

2. 从“周人明堂”发展源流可以推知它是高台建筑

这里，不采取从文献出发的历史学方法，仍然采取从遗迹、遗物出发并对照文献的考古学方法，从“周人明堂”发展的源流序列中，对“周人明堂”形制做出判断。

关于周朝宫殿的遗存，西周都城丰、镐遗址在20世纪50年代尚有大面积夯土，结合文献与地望来看，是西周宫殿遗址无疑。但由于当时田野考古的经验不足，未能予以重视。半个世纪后的今天，沣西一带夯土破坏殆尽，很难说是否还有希望发现丰、镐二京的宫殿遗迹。东周都城的宫殿，也已被洛阳城市建设所破坏，目前还没有做进一步查寻遗迹的工作。所幸的是，一些周朝诸侯国的都城遗址尚存，如齐临淄、赵邯郸等宫殿遗址都保

---

① 编者按：作者在此列出脚注，但未有内容。
② 同上。
③ 同上。
④ 同上。
⑤ 同上。
⑥ 同上。
⑦ 同上。
⑧ 同上。

存较好。临淄大城西南角、即战国时期建的小城东北角，有俗称“金銮殿”的大方台（高台宫殿的“墉”)，很可能是春秋以前的正殿——明堂遗存。其西北部俗呼“桓公台”的大台，约是战国时期的正殿遗存。邯郸西南小城中俗呼“龙台”的大方台，也应是正殿明堂遗存；还有其他。这些一旦发掘之后，将可提供翔实的遗迹材料。目前在尚未发掘的情况下，仅从地面遗存的大夯土台，即可看出原来是高台建筑的形制。可以肯定地说，王国宫廷的主要殿堂，发展到东周时，已全都采取高台建筑的式样。甚至战国末期所建造的秦帝国新朝宫的前殿“阿房”[①]，也还是高台建筑；就连十余年后西汉萧何督造的未央宫前殿，也是采取高台建筑的式样。不过从现存的这些战国和秦、西汉的高台建筑遗址来看，当时作为宫廷前殿的高台建筑比西周时期周王的宫廷前殿——明堂，要高大和复杂得多了，而且平面出现了横长方形或纵长方形。仅从现存东周诸侯国高台建筑的宫廷前殿，即已可证明周天子的前殿“明堂”是高台建筑式样。

让我们先看一下遗址所揭示的高台建筑的基本情况。

考古材料可以提示高台建筑形成的机制。所谓“高台建筑”，是以土结构为核心的土木混合结构，即四面依靠夯土墩台建屋，台顶上再建主体殿堂。这便是“周人明堂”的模式，也是周朝主要宫廷建筑的形制。两周时期，明堂的形制不仅用于宫廷前殿，而且也用于其他重要的宫廷建筑上。这一点尽管王国维对明堂形制有误解，但他是意识到的，所以他说：“明堂为古宫室之通制。”[②]他的用词不确切，“古宫室”很含混。王氏所说的“古”，是指周朝；他说的“宫室”，不是先秦时“房屋”的含义，而是秦以后“宫殿”的意思。则所谓“古宫室”，即“周宫殿”也。他这句话的准确说法应该是“明堂为周宫殿之通制”。高台建筑形制的“周人明堂”，一开始并非精神形态的创造，作为社会的物质产品，其出现自有其发展的物质的、功能的逻辑。为了解明堂这种高台建筑产生的物质依据，试对其发生、发展的机制做一推测。

在黄河流域的广大黄土地带，建筑发生的主流——穴居，恰恰是从“建筑”含义的反面开始的，即不是从建筑材料的增筑，而是从建筑材料的削减开始的；其发展是从地下到地上。在居住面由穴底提升到地面之后，其发展并未结束，而是形成高出地面的台基，即先秦文献所谓“土阶”。仿佛创伤愈合之后，疤痕要突起一样，似乎也是一种“过强现象”。促使这一发展的机制，主要是由于穴居、半穴居“下润湿伤民”[③]，为寻求居住建筑的防潮以避灾病，成为当时改善居住形式的焦点。当半穴居改进为地面建筑之后，为了防止地面雨水倒灌入室，于是抬高居住面，即把房屋建在一个高于地面的土筑台基之上。台基愈高，防水效果愈好，当然是适可而止。所以在原始社会晚期，即使“先王”（氏族首领）宫室的台基，其高度也不过“三尺”（合今 0.50～0.60 米）。在国家形成之后，统治者可以奴役群众，消耗大量人力为他的宫殿夯筑更高的台基。而且随着奴隶制王国势力的发展，

---

① 编者按：作者在此列出脚注，但未有内容。

② 同上。

③ 同上。

宫殿台基越来越高。当台基达到一层房屋高度的时候，无法再用台基上的殿堂屋檐来保护台基免遭雨淋损坏，在当时尚未发明砖、石包镶台壁的情况下，是按重檐、重楼的意匠，采取在台顶四周加屋檐的方式。于是建筑外观就形成了周围廊庑环绕大台、台顶再建殿堂的高台建筑形式。所以说，高台建筑的外观其实并见不到台，而是像一座楼阁（在郑州商城遗址中已发现了高台建筑的残迹）。高台宫殿的进一步发展，则是利用四周防雨披檐下的空间，把它改进为大进深的房间；更进一步，四面都做成前堂后室。周朝继承了殷商的高台建筑，而引为朝廷前殿，这便是《考工记》所谓的“周人明堂”。

关于周人明堂，可引目前所知东周高台建筑实例作为旁证。已发掘的战国时期魏王陵享堂①及中山王陵享堂遗址②,经考古证明确知都是周朝流行的高台宫殿形制。当时遵照“事死如事生”的信仰和礼的原则，奉祀已故统治者的享堂仍按其生前所用宫殿的式样，即按照明堂一类高台建筑来建造，不过作为礼仪设置，只是具体而微罢了。中山国王陵上的享堂可说明周朝明堂一类高台宫殿的实际情况；西汉末年王莽所建的长安南郊的复古明堂，更为接近“周人明堂”的原形。

3.“周人明堂”的复原设想

西周明堂，作为初期高台宫殿，应是一层台上建“太室”；依大台四壁再布置前堂后室的形式。王国维推测周明堂说：“明堂之制，各有四室，东西、南北两两相背。……四堂之后，各有一室。”③即四面都是前堂后室，这一点是讲对了。遗憾的是，他无从知道当时这种宫殿是高台形制，“两两相背”的背后是一个大夯土台，而他只能按照自己所看到的四合院来做出判断，所以进一步地解释就错了。

所谓“明堂”，它既是整座建筑的名称，又是主体殿堂亦即中央墩台南侧殿堂的名称。这就不难理解《考工记》所载“周人明堂”的尺寸为什么不是很大，又不是方形了，那是因为所记的尺寸为南向殿堂这一“明堂”，而不是明堂整体。我们是从周朝高台宫殿模式确知这一点的，清人阮元却无缘得知周朝宫殿的实际，但他从中庭四面四堂相背，也同样推断出《考工记》关于“周人明堂”的尺寸是指一堂来说的④，仅此一点他是说对了。

《考工记·匠人》记载的尺寸：“周人明堂度九尺之筵：东西九筵，南北七筵；堂崇一筵；五室，凡室二筵。”根据这个数字，可绘制“周人明堂”的复原设想图（图 3-3-1）。

明堂整体南面的厅堂——“明堂”，通面阔东西九筵，每筵九尺，即八十一尺，按古制偶数开间，可作六间。进深七筵，为六十三尺。按周大尺 =0.225 米计算，则通面阔合今 18.225 米，通进深合今 14.175 米。台基高度一筵为九尺，合 2.025 米。西汉末年王莽执政时建造的长安明堂的尺寸，都比这些资料为小；而且四堂——明堂、青阳、总章、玄

① 编者按：作者在此列出脚注，但未有内容。
② 同上。
③ 同上。
④ 同上。

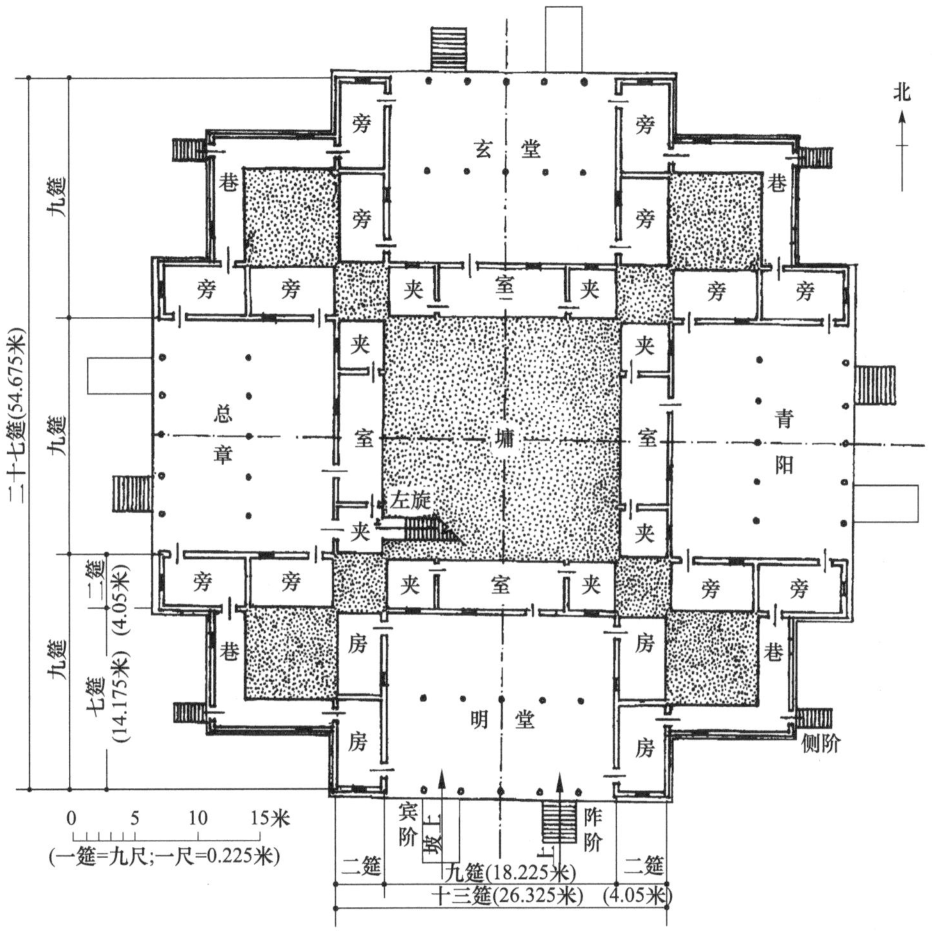

图 3-3-1 周人明堂复原设想一层平面图（按《考工记 · 匠人》推断数据）

堂，都比较狭长，又都比它的后室还小。这对于一座礼仪性的建筑来说，似乎无妨，但是作为真正的朝廷前殿来说，殿堂狭长并小于后室，显然是不合适的。《考工记》所记的明堂，长、宽比为 9∶7，不仅是合乎天子身份的数字，而且这样面积集中的大殿，也是很适合临朝使用的。秦人所记的“十二堂”，约是战国时期列国明堂已发展了的形式，从《考工记》的简略记载估计，大概西周天子明堂只是四堂。

《考工记》关于室的记载是“五室，凡室二筵”，相当笼统，“二筵”指的是室的什么尺寸，不明确。但我们掌握了明堂的基本形式，便可以推知。明堂为前堂后室，堂、室相对应，堂有多宽，室就有多宽（可包括夹室在内），这是不言而喻的。今堂宽九筵，即八十一尺，这便是室及两夹的总宽度。则所记室的“二筵”，自然是进深了，即室的进深为十八尺，折合 4.05 米。然而所记“五室”都是一样的尺寸，肯定是有问题的。五室中四室相同，其中应该另有一个大体量的太（大）室，在中央墩台之上。按《大戴礼记》所记“圜盖方载”，大约是方形平面而外廊檐柱排列呈圜形，上承圆形屋盖。这是符合工程建设实际的，因为门、窗按圜形排列的弧线制作，在当时施工是很困难的。

按照传统，堂有四“旁”，即左、右各有两“旁”，复原如图。

这里，按照《考工记》所载“周人明堂”的尺寸所提出的这一复原设想图，以它和王莽明堂相比较，最明显的特点是它的堂大、室小。这一点，正说明它是从当时作为朝廷前殿的群臣上朝奏对以及礼仪的实用要求出发建造的。因为前殿的堂有临朝活动，要求空间要大；而它的后室只是作为上朝时小憩之用，无须像正式寝宫的室那样宽绰。

这又一次证明《考工记》是可信的。根据《考工记·匠人》关于“周人明堂”记载所做的这一推测平面，应是接近“周人明堂”实际情况的。

比较“夏后氏世室”“殷人重屋”和“周人明堂”，可以看出三代宫廷前殿无论在建筑内容还是形式上，一代比一代都有较大的发展。

“周人明堂”研究的突破，是方法论的突破。

三、喇家遗址的干阑遗迹——原始明堂①

第四节　纠正错判的案例

一、河姆渡文化水井（错判为“原始崇拜建筑”）

切入点：地层关系。

二、仰韶文化半坡 F1、F41、F22（错判为日本的“天地根元造”及环脊覆碗式）

切入点：泥背屋面堆积、柱洞直壁、囱缘残段（图 3-4-0）。

《中国古代建筑史》插图（图 3-4-1）。

《西安半坡》发掘报告插图（图 3-4-2）。

三、偃师商城宫殿（错判为“坛”）

切入点：四阶残迹、础痕。

四、小屯商离宫（错判为殷都遗址——“殷墟”）

切入点：面积过小、建筑自由、伴生珍禽异兽遗骸。

《大百科全书·考古》及“全国重点文物保护单位”。

① 编者按：遗稿本处内容未来得及完成，本章第四节的一～六、第五节，以及后面第四章、第五章情况均如此，特此说明。

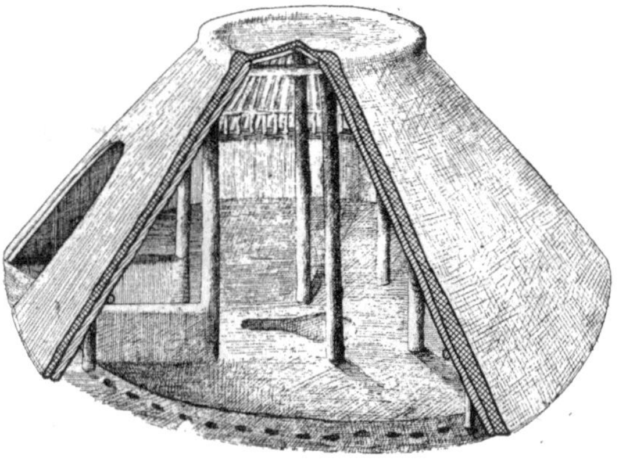

1

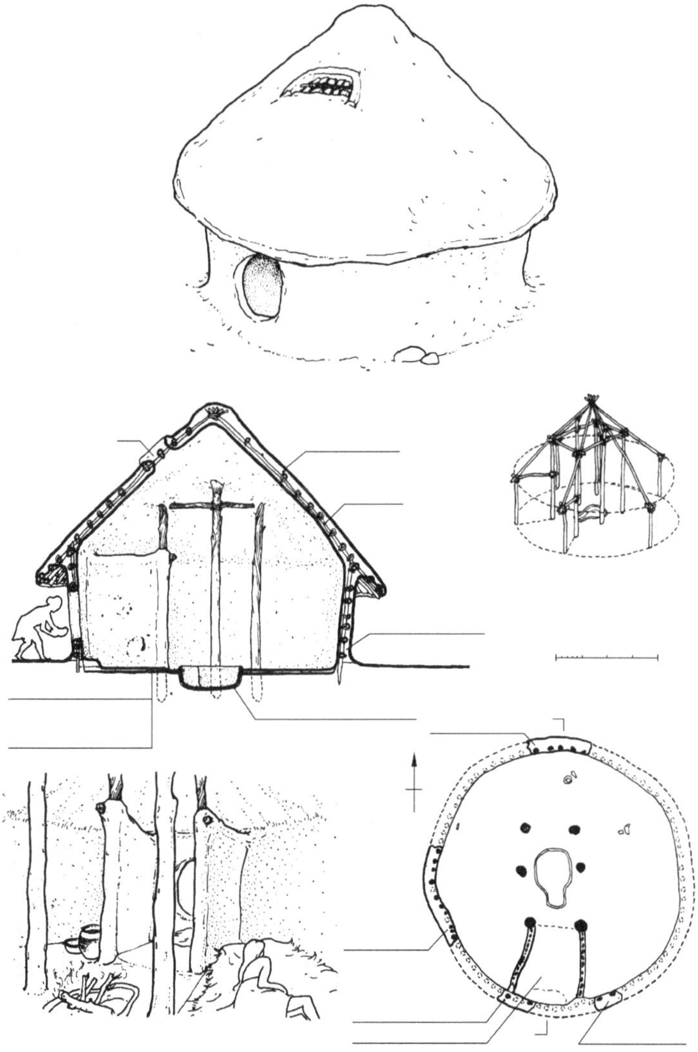

2

图 3-4-0　半坡遗址 F3“环脊覆碗式”的错误复原；下图为正确复原

1. 半坡遗址 F3“环脊覆碗式”的错误复原　2. 正确复原

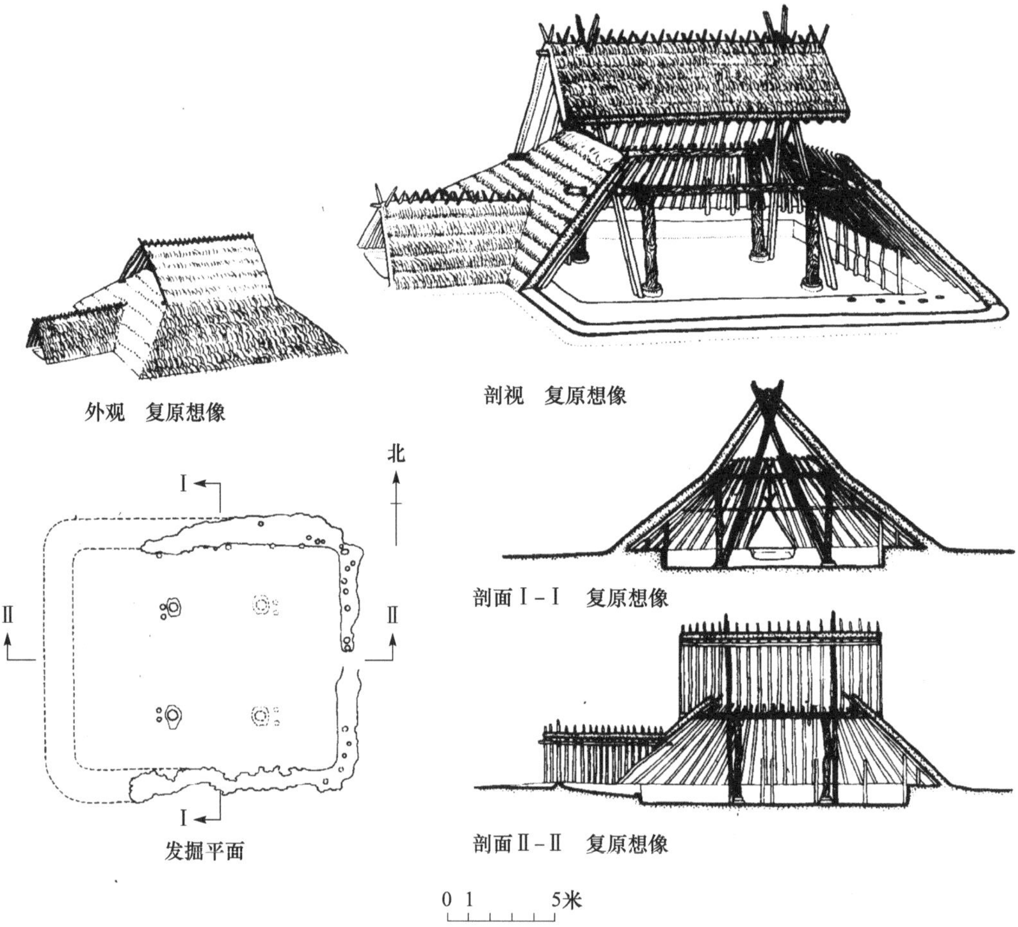

图 3-4-1 陕西西安市半坡村原始社会大方形房屋

五、商盘龙城宫殿廊庑（错判为“双层墙”“无散水”）

切入点：进深等于廊宽。

发掘简报：“三大殿”。

六、战国秦咸阳宫一号址（错判为单独建筑）

切入点：不对称；牛羊沟的排水管口证明沟东遗址为一体。

七、秦始皇陵园三重宫垣及九层之台的陵上享堂（错判为内外城及“覆斗形封土”）

切入点：三层大台。

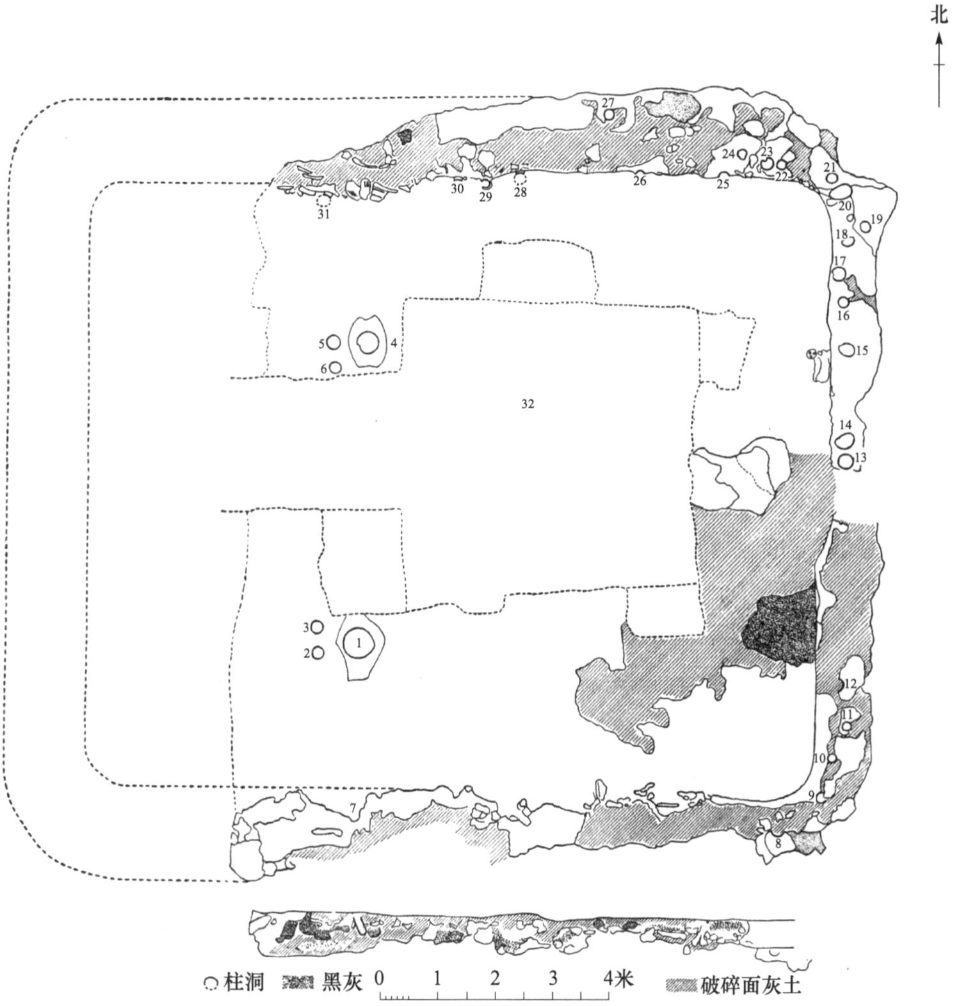

图 3-4-2　第 1 号大长方形房址平面

《中国古代建筑史》等说是“覆斗形封土”……

2003 年 5 月 20 日至 21 日，中央电视台《科学历程》(现改版为《历程》)栏目邀笔者制作一套《寻找失去的建筑》。当时计划先播放五集，首播的第一集便是国内外观众所熟知的颇具传奇魅力的秦始皇陵。这五集连续播放后，收视率很高，获得广大观众的好评，也引起考古学和建筑史学界的注意。

首先制作的这五集当中，有四集都是早有遗址的发掘材料而发表过复原研究成果的古代名构，唯独秦始皇陵，因为缺乏考古材料，而没有进行过正式的建筑考古学研究工作。“始皇陵”这一集，笔者只是把自己在三十多年以来多次向学术界谈论关于秦始皇陵园三重城垣以及所谓“封土”和地宫的初步判断介绍出来（这一判断见诸文字发表在《考古学报》1980 年第一期的拙著《战国中山王陵及兆域图研究》)。关于地宫，由于不掌握关键材料，但也不妨做一初步推测。对于暴露在地面以上的“封土”，有现状可以考察，而且获得了借以推理的关键线索，可以提出比较切实的科学假说。笔者在电视发表见解，每集只有大约15分钟的时间，不可能讲得很清楚。电视演播后，由于事关重大，引起广大观众的很大兴趣，尤其是学术界同仁更为关切，颇多询问详情的回馈信息。

1. 骊山园内外三道宫垣，已发现的兵马俑等随葬物都在园内

现在秦始皇帝陵园的研究者们还说是只有内外两道城墙，笔者在20余年前的秦陵会议上就指出是三道宫垣，并从当时的勘探队长口中得知他们已在秦陵外围村庄探到两三处墙基（属外宫垣）。现在外宫垣的东门阙遗迹犹存，在地面以上仍然能够看到，更是一个明证。

位于西安临潼骊山北麓的秦“始皇帝”陵，史称“丽（骊）山园”。秦始皇即位之初，就开始营造他自己的陵墓。《史记·秦始皇本纪》记载：“始皇初即位，穿治骊山；及并天下，天下徒送谒七十余万人，穿三泉，下锢而致椁，宫观、百官、奇器、珍怪徒藏满之。令匠作机弩矢；以水银为百川、江河、大海，机相灌输；上具天文，下具地理。”以现代考古学验证，一些记载已大体得到证实。记载没有提到总体规划情况，但遗址现状弥补了文献史料的不足。

古人相信灵魂不死，秦始皇不但建设规模巨大的皇宫，同时也建设规模巨大的死后安息的陵园。陵园选址在骊山北麓向北低下的几层阶地上，在这里建陵墓，深挖墓室，正可谓“穿治骊山”。现在仍然遗存的巨大的夯筑“封土”，坐落在最大的一片阶地上。

现已探明，在“封土”外围有两道城垣（据战国中山王陵《兆域图》，当时称作“宫垣”）环绕。陵园的经营，时值战国末期。当时的陵园制度，应有内、中、外三道宫垣，已发现的仅是“内宫垣”和“中宫垣”，即其外围还应该有更大范围的“外宫垣”，也就是不规则的大范围的“骊山园”缭墙。大约二十年前，笔者在秦陵博物馆召开的会议上提出三重城垣的推论时，当时的秦陵考古队长私下告知他们在周边村庄已探到三处墙基，由于领导否认它与秦陵有关，而没能继续探查下去。近年来，在陵墓以东的代王村陕西鼓风机厂附近发现地面犹存的南北对峙的门阙遗迹，这应该就是“外宫垣”的东门位置（图3-4-3）。外宫苑与中宫苑之间，规划为大面积的林园。所谓陵园，是指缭墙以内包括广大林园在内的整体而言。现已发现的被认为是陵园“外城”以外的“兵马俑坑”，并不是在陵园之外，而是在外宫苑以里的林园之内。经过1998～2001年的大规模勘探，得知中宫垣外有大量与陵园有关的遗迹，各种陪葬坑多分布在东、北两侧的几个阶地上。这些所谓“陵园以外”的遗迹，完全可以证明上述广大陵园的规划范围。

勘探数据表明，陵园在建设期间以及后来的两千多年间，曾遭多次骊山泄洪的严重破坏。不但植被遭到损害，陵园大面积被泥石流所覆盖；洪水冲毁了中宫垣的南墙，并在宫内冲出一道大壕沟。

以宫垣环绕的“封土”为主体，中轴对称的格局，表明它是按照宫廷制度规划的。内宫垣的范围在中宫垣里的居中部位，内宫又有横隔墙将其分为前（南）后（北）两部分；巨大的阶梯形方锥“封土”位于内宫的前（南）部，显然是按照传统坐北朝南的布局象征朝廷前殿。“封土”北面留有大面积的地段，有南北向隔墙将其分为东西两部分，西部安

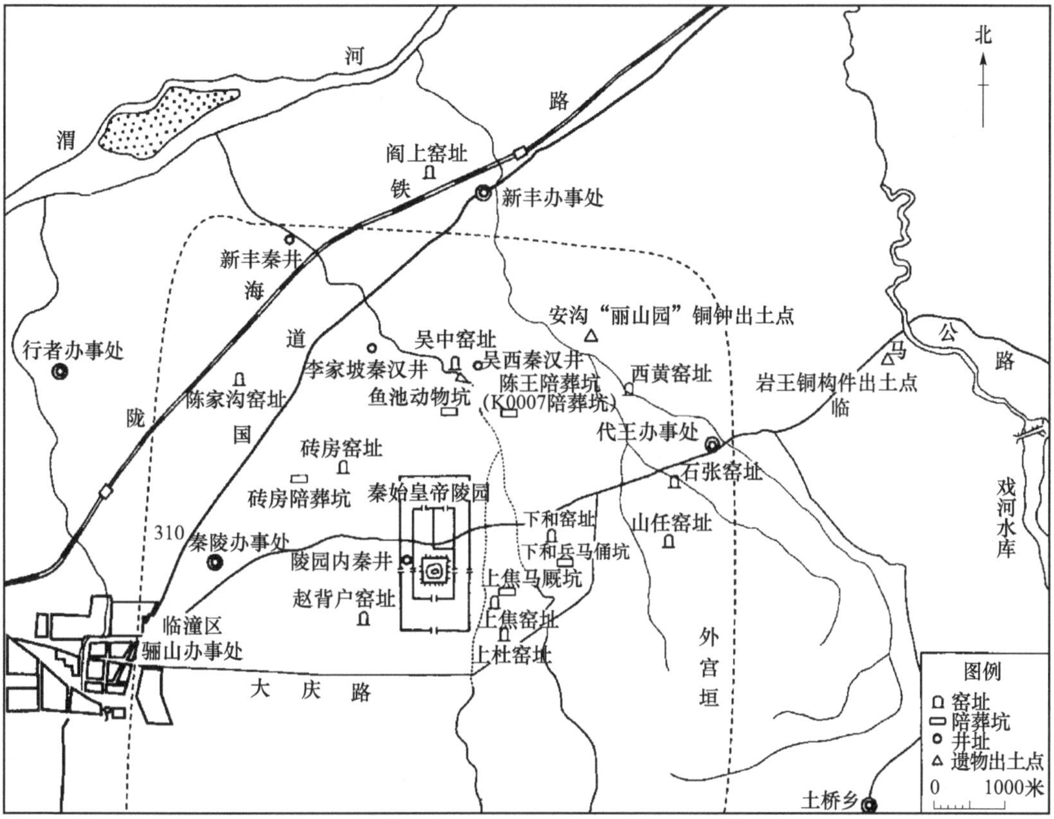

图 3-4-3 秦始皇陵外宫垣示意图

排后宫寝殿及附属建筑，正是“前朝后寝”制度。总体表明它绝非坐西朝东，而是按照宫廷定制，坐北朝南布置的。文献记载秦的陵墓有新创意，即所谓“起寝于墓侧”。现在“封土”北侧——“墓侧”位置，紧邻处已发现寝殿遗迹，完全证实了文献记载的翔实。

寝殿遗址平面近方形，东西 57 米，南北 62 米，正是回廊环绕台壁的台榭式宫殿。

2. 秦始皇陵“封土”引起的思考

始皇陵的“封土”，现在已被绿化，很难看出陵丘的轮廓线了。在 20 世纪上半叶，现场踏查还可以明确辨认出它的基本形状。1962 年出版的《中国建筑简史》第一册《中国古代建筑简史》中录入的早期照片，有所显示；尤其是更早的日本人足立喜六摄于 1906～1910 年的照片，就更加清楚地显示出它是三层阶级状态（图 3-4-4）。1980 年再版的修改本《中国古代建筑史》也有类似的照片，并增加了对始皇陵的描述，说它是“由三层方形夯土台累迭而成。下层台东西宽 345 米，南北长 350 米。每层台壁都向内斜收；自底至顶，三层共高 43 米。这陵经过二千多年风雨剥蚀，原来的体量应该更为巨大”；“由三层方形夯土台累迭而城……台壁都向内斜收”。其实这只是陵丘现状的直观现象。该文执笔人由于缺乏考古学知识，不了解所谓“每层台壁都向内斜收”是两千多年来水土流失的结果；他进一步发挥写道，“累土为坟，植草树以象山”，就更加离谱了。这大概是受到历史上误解始皇陵名“骊山园”的影响，而把陵丘想象成一座人造的土山。这本《中国古代建筑史》虽说是打倒“四人帮”之后于 1978 年最后修改定稿的，但原书《中国古代建筑简史》成书于 1958 年“大跃进”的年代，当时提倡“敢想、敢说、敢干”，治学、修史也不例外，此书多处仍然显示出这一学风的残余。

图 3-4-4　未植树前始皇陵的封土［摘自足立喜六《长安史迹研究》（摄于 1906～1910 年之间）］

始皇陵遗存两千多年之后，被视作“封土”的陵丘夯土高台，还可以看出是略呈三层台的形状，这在半个世纪之前就引起笔者极大的兴趣。当时由于没有考古学的知识，而无从做出进一步的思考。但多少年来总是魂牵梦绕，头脑中总是出现一座巨大台榭的影像，挥之不去。笔者在 1973 年，受当时夏鼐所长的邀请进入中国科学院考古研究所之后，方便与界内同仁讨教，曾多次询问始皇陵“封土”曾发现秦瓦的情况，得到的回答总是否定的。因为发现秦瓦系已故刘致平先生见告他亲历的事，所以笔者对考古调查无瓦的结论暂存疑。多年来，笔者由于事务繁杂，关于秦始皇陵的研究始终未能进行。直到 2003 年中央电视台《科学历程》栏目为满足观众普遍追求历史知识的要求，计划制作《寻找失去的建筑》，邀笔者到演播室宣讲人们渴望了解而又看不到了的历史上的辉煌建筑，并特别提出了“秦始皇陵”，笔者才在一周内完成了一个初步的复原设想，用三张草图略作表达。

根据考古学所提供的遗址材料，我们已经认识到至少在新石器时代晚期就出现了墓上建享堂的做法。东北地区大凌河流域的牛河梁红山文化遗址，发现积石冢上有建筑遗迹，可以证明。红山文化积石冢，在遗骸头部伴出“束发玉冠”（笔者在现场认定命名，后来得到苏秉琦先生的认同），结合墓葬的高规格形制及随葬品，可以断定为初级酋邦的酋长陵墓。在墓上建享堂，根据民族学材料考察其渊源，很可能始于原始氏族公社时期。现在仍处于原始氏族社会晚期形态的诺基族，就有墓而不坟、而在墓上设置祭祀建筑的习俗。现在并掌握殷商晚期在陵墓上建享堂的实例（小屯妇好墓上享堂，笔者考证即卜辞所谓“母辛宗”）；山东前掌大遗址并发现更多的商代墓上所建“宗”的遗迹。东周列国，无论是东方还是西方的诸侯国，都是统一的陵墓制度——在墓上建享堂。已知春秋时期秦公陵墓上也有享堂遗迹；战国时期中山国、魏国也是这样的制度。东周是西周的延续，相信西周时期一定也是在陵墓上建享堂的。秦建国之初，即战国末期，秦始皇创建陵墓时，看来也是按照这一传统制度行事，并且更加发扬光大了。

3. 震撼心灵的“九层之台”大享堂

始皇陵的阶梯金字塔形夯筑“封土”只是一个遗迹，原状究竟什么样？尽管现在还没有做进一步的考古勘察、发掘，仍然可以做出推测。

现已了解先秦时代列国统治者陵墓的形制，那时“高台榭，美宫室”盛行，象征朝廷前殿的陵墓上的享堂也是高台榭的样子。战国时期的中山王陵（图：遗稿未配图）、魏王陵都是实证；还有当年发掘主持人告诉笔者他的一项田野发掘的失误——陕西凤翔秦始皇祖先的春秋秦公大墓发掘时，将“封土”按照一贯做法首先推掉，但发现成排的大柱础出土，方知墓上的“封土”原来是建筑遗迹，悔之晚矣！这也提供了同样提供了墓上享堂的实证。秦朝建国于战国末期，建国伊始就开始了始皇陵的建设，建筑发展阶段的划分并非以改朝换代为界线，也就是说，秦始皇帝陵的建造者们是学成于战国时期的匠师，其作品自然是那时的形制和风格。这结合始皇陵“封土”呈阶梯状的迹象，几乎就可以断定它是台榭式享堂的遗存。

文献记载陵高“五十丈”，约合 116 米。据主管及具体管理部门提出的报告，勘测现状高度：顶部最高处为 87 米。探查夯筑“封土”周围，两千余年来，地面的水土流失堆积厚度不过 1-3 米，认为“封土”高度减少也不过几米。报告并推测，所谓“五十丈”可能是设计高度，由于秦末起义军战争的影响，被迫修改了设计而降低了高度。笔者未敢苟同报告所做的这一推测；考虑到去秦未远的汉文献“陵高五十丈”的记载应该是有根据的，而且这个高度符合秦始皇大尺度的大环境规划设计的气魄，所以应该是实际完成的高度，而不仅仅是一个预定高度。根据目前所能得到的材料，笔者的推测如下。

先看一个参考材料：唐大明宫含元殿遗址，于 20 世纪 50 年代发掘时，去除高台上的覆土，发现台上大殿地坪犹存，而且保留墙体最好的部分高达 30 余厘米。千余年来殿址不但没有降低，而且上面有较厚的覆盖层。这是建筑废毁后，千余年来蒙古风沉降黄土的结果，由于遗址上草木丛生，保护了高台覆土免遭雨水冲刷流失。同属关中地区的这一材料，可作为推测两千余年前的秦始皇陵“封土”高度的依据。从现状看，原来“封土”的高度绝无 116 米的可能，高度究竟有多少损失，在没有发掘的情况下暂可参考含元殿遗址情况来判断。假定 87 米左右基本是原来的高度，则还缺 29 米左右的高程才是“五十丈”——约 116 米。

这巨大的夯筑“封土”与后世皇陵只是一个坟丘的封土不同，它并非原状，而是破坏后的遗迹。人们由于不了解这种形制，往往忽略了它明确显示出的阶梯形状之所以然。当然，两千余年的水土流失，使各层阶梯的垂直壁面被积土掩盖而呈斜坡。这样的阶梯状“封土”，是我们破解原状的重要线索。战国末期始皇陵的设计，无疑是以战国时期的陵墓为蓝本，即在陵上建造模拟宫廷前殿的享堂——以夯土墩台作为核心，层层高台周围用廊庑环绕，以保护台壁免遭雨淋，并在顶上建造太室，而形成一座和战国中山王陵及魏王陵一类的更加高大、更加繁复的墓上台榭（图：遗稿未配图）。当外围木结构被项羽军队纵火焚烧之后，只剩下了带有几个阶梯的所谓“封土”。也就是说，所谓“封土”实际是台榭享堂的夯土核心——“墉”。这样来看，87 米左右的台高再加上 20 多米高的主体建筑——太室，正好是 116 米左右，与文献所记的“陵高五十丈”相符合。这就是说，“五十丈”是当时陵上享堂落成后的完整高度。

进一步对照遗址来看：被称作“封土”的夯土墩台底盘四周如同岗坡，边界不清楚，以致现在有几个不同的数据。笔者得到新的数据是：地面勘测大致为东西 485 米，南北 515 米。看来这个资料是有问题的，已知战国时代的王陵享堂如魏王陵和中山王陵遗存的夯土核心都是方形，秦陵即使改为矩形，也应是东西长于南北。现在暂设定是正方形，暂估计为 500 米左右见方。以秦尺核对，取整数二百丈比较接近，即约合 464 米。被覆盖层遮掩的遗迹尚可看出“阶梯金字塔”为三大阶级，最下面可能还有一个低矮的大台基，即中山王陵出土的铜版《兆域图》注明的“丘”。二百丈即 464 米，再加上周围的“丘”宽，就是 500 米左右了。这样，设定了享堂平面为二百丈见方。现在获得新的信息：《中国青年报》2003 年 11 月 28 日头版刊载题为《高科技把秦始皇陵内部探了个明白》的报道，根据已通过验收的“863 计划”项目“考古遥感和地球物理综合探测技术”的探测结果初步估计，位于“封土堆”下的“开挖范围主体的东西长 170 米，南北宽 145 米。开挖范围主体和墓室均呈东西长的矩形。墓室位于地宫中央，顶深海拔高程 470 米至 480 米，高 15 米左右。东西长约 80 米，南北宽约 50 米”（图：遗稿未配图）。

先秦陵墓的所谓“封土”，都是陵上享堂遗址。再看秦以后：“汉承秦制”，西汉初期的皇陵“封土”也是阶梯金字塔状，据说早在 20 世纪 50 年代上面曾发现柱础，四周由于水土流失而呈坡状处，残留有屋瓦。这如果属实，则可证实当年陵上原有建筑。大约西汉中、后期的帝陵，就被简化成只是所谓“覆斗形”的封土了，封土上的平顶叫作“方上”。从秦朝前后墓上享堂的发展逻辑，可以推测秦始皇陵上应该是有建筑的。现在还只能做此设想，有待他日对“封土”考古发掘之后，再做正式结论。

战国时期，陵上建筑是祭祀的享堂，它只是具体而微的象征宫廷前殿，中山王和魏王陵上的享堂都只是一层台上建太室，规模都不太大。而这座硕大无比的秦陵，则显示为三层大台阶，如果是等分，则每层高约 29 米。显然大台阶的缓坡中埋藏的是几层较小的台阶，如果也等分，则可分为每层高约 9 米的三层。这样，“封土”总计九层，相信日后的发掘可以证实秦仍保持先秦时期壮观的台榭式陵上享堂形制，它很可能就是至尊极数的“九层之台”的一座大享堂（图 3-4-5）。《老子》讲哲学以建筑作比喻，有“九层之台始于累土”之说，可见东周前期——春秋时期，就已有“九层之台”的建筑。但至今还没有发现东周“九层之台”遗迹。20 世纪 50 年代《文物参考数据》曾有一则消息，四川发现东周七层台遗迹，可惜报道过于简单，而且再也没有下文了。这次经过建筑考古学的初步研究，秦始皇陵“封土”让我们真的看到了震撼心灵的“九层之台”的遗迹！

秦朝对陵墓的发展创新，不但是进一步强化商、周以来传统的陵上享堂的形制，把它提高到宫廷前殿的重要规格和空前绝后的规模，而且“起寝于墓侧”，从而在总体规划上更加强了宫廷的象征性。

图 3-4-5　秦始皇陵复原立面图

秦始皇陵上的享堂体量巨大，以至尊的阳性极数做成土木合构的“九层之台”，显示了空前大一统的气吞山河的排场。平面 500 米见方，甚至比埃及最大的边长 230 米的胡夫大金字塔还大两倍多，堪称世界之最的人类奇迹！

据说 2003 年央视播放了笔者对秦始皇陵九层台享堂的推测之后，秦陵管理部门已于 2004 年对始皇陵“封土”进行了考古调查。调查确认了九层台以及环绕九层台的九圈残瓦、木炭、红烧土，并发现了柱洞。这完全证实了笔者对其原状以及毁于楚人一炬的推断。笔者呼吁有关方面尽快移去“封土”上所有的树木，避免年久树根造成对遗址的更大破坏。为了保护遗址、防止水土流失，可以采取覆盖浅根系的草皮的方式解决。

前不久，笔者看到这次调查的负责人在 2004 年 9 月总第 10 期《中国科学探险》杂志上并发表的题为《秦始皇陵的千古之谜》的文章。顺便说一下，该文对考古勘探结果做了另外的解释：将覆盖层下的九层台榭遗迹说成是有意埋在封土里的“观游廊房”。这种说法不能成立是显而易见的，因为造好的建筑是无法打入夯筑的封土之中的；被土覆盖的建筑也无法焚毁。该文又似乎说成是造好“廊房”后把它烧毁，然后夯筑在封土之中。可惜的是历来没有过这种不合逻辑的做法，特别是焚毁的建筑遗迹是埋藏在覆盖的堆积层中而不是夯土层中，这就证明了它并非当年埋进封土中的。

4. 负“九层之台”的地宫推测

“下锢三泉”“上具天文、下具地理”的始皇陵地宫，到底是什么样子？也是一个千古之谜。

按照“天人合一”的观念，天子与天相通，因此不但他生前的宫殿群落按照天体环境布置，他灵魂居住的地宫也要象征天、地、人的一体。文献记载始皇的陵墓地宫内是“以水银为百川、江河、大海；上具天文，下具地理”。20 世纪 80 年代初，中国地质科学研究院物理探测研究所两次对始皇陵地宫进行探测，发现“封土”中心部位约 12000 平方米范围内，有强烈的汞异常反应——黄土中的汞含量比正常值超过 8 倍（数值另有他说）。这应是地宫中象征“百川、江河、大海”的水银扩散的结果，证明文献记载是翔实可信的。

关于安置灵柩的地宫情况，汉文献除《史记》的“穿三泉”外，还有《汉书》“下彻三泉”和“下锢三泉”的记载。“穿三泉”大约是穿透三层地下水，从秦始皇完成统一大业导致个人意志的大膨胀，体现在万里长城、“覆压三百余里”的阿房宫等浩大工程来看，他的葬身之地，埋深穿透三层地下水是完全可能的。据探查，当地的浅层地下水深 16 米，二、三层地下水深各几许还不得而知。

地宫平面范围还不清楚，作为阶段性的讨论问题，可参考战国中山王陵享堂大台底盘与地宫的约略比例 4∶1，暂设定地宫平面为方形、边长为二百丈的 1/4，即五十丈——116 米；墓圹开口为享堂之半，即百丈——232 米见方。墓圹壁的阶梯可按大台之三大级，也分三级；每级又分为三小级，共计九级——显然是一个负的“九层之台”。其深度，参考欧洲核子研究中心对地宫的探测资料深 50～150 米，设定为五十丈——116 米（图 3-4-6）。挖掘这样深的墓圹，是怎样施工的，可略做探讨。

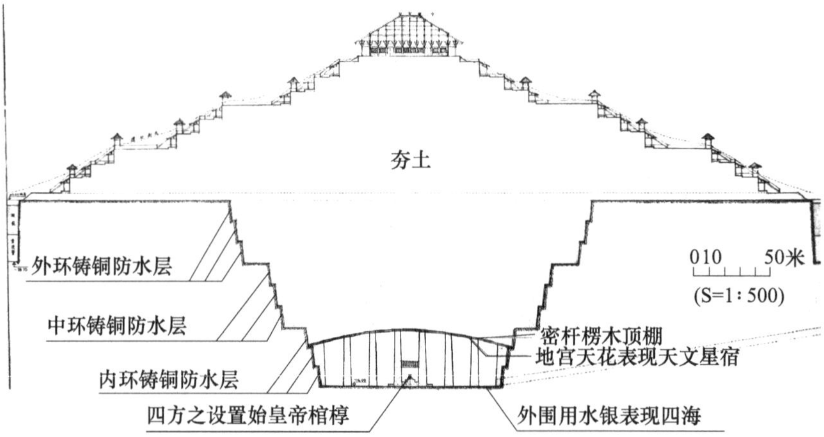

图 3-4-6　秦始皇陵复原剖面图

地宫的建造，首先要解决的是隔断地下水的问题。按建筑地段的地理形势，地下潜水是由南向北流动的。现已发现地宫南侧地下埋藏有厚达 8～9 米的拦水坝。坝体顺“封土”南边东西走向，两端沿“封土”北折，越过东西轴线以北即分别向东、西延伸。坝基底深达 39.40 米，坝体的下段 17 米为沉积青泥膏做成，上段 21 米则排水改为黄土版筑（一说为夯土砌块垒砌的墙；夯土砌块古称“墼”，现在关中方言叫作“胡墼”）。按报告推算，坝顶形成开口 8.40 米、深 1.40 米的明渠。

地宫的建造，由于地下已有阻挡南面流来潜水的地下挡水堤坝，解决了地下水的主流，因此可以下挖墓圹。墓圹下挖留有二层台，是商、周开挖大墓就已有的施工经验，推测这项工程也是如此。由于始皇墓圹既大且深，似应将墓圹从口至底分作三段，即在四壁留有两圈边台，因为这样才便于出土上运的操作。

墓圹下挖 16 米左右，由于对上游潜水已有拦截，可能遇到少许浅层地下水。尽管水量不大，但必须做防水处理。推测是靠墓圹四壁夯筑大墙，连成一圈。有一定厚度的大墙既能够抵挡地下水的侧压，也能防止渗漏。当完成第一层地下水的挡水工序之后，淘掉有限的积水后，即可缩小一圈留出二层台，再向下挖。当遇到第二层地下水时，再进行同样的处理，直至第三层完成。但从前殿“阿房”版筑工程的过筛、炒熟等过分谨慎的工艺来看，当时施工惧怕出现工程质量问题，而采取了极大的保险系数。《史记》有“穿三泉，下铜而致椁”的记载，说明使用了铜材料，这显然是一种防水处理。《汉书》有进一步说明，是“下锢三泉”。“锢”是熔化金属以封堵空隙的意思，此处应该是指将铜熔化来浇灌大墙与墓圹壁面之间的缝隙，从而形成一圈阻断地下水的青铜板，这类似现在隔断地下水的钢板桩的工程做法。四面墙体应是连接成为一个整体方框；配合解决三层地下水，就要有层层下沉的三圈铜板桩。欧洲核子研究中心曾对始皇陵地宫做过探测，结论十分令人兴奋——深50～150米发现三圈青铜环状物！这不仅证实了文献用熔铜灌注的记载，而且证实了笔者所做的三圈的推测（图3-4-7）。

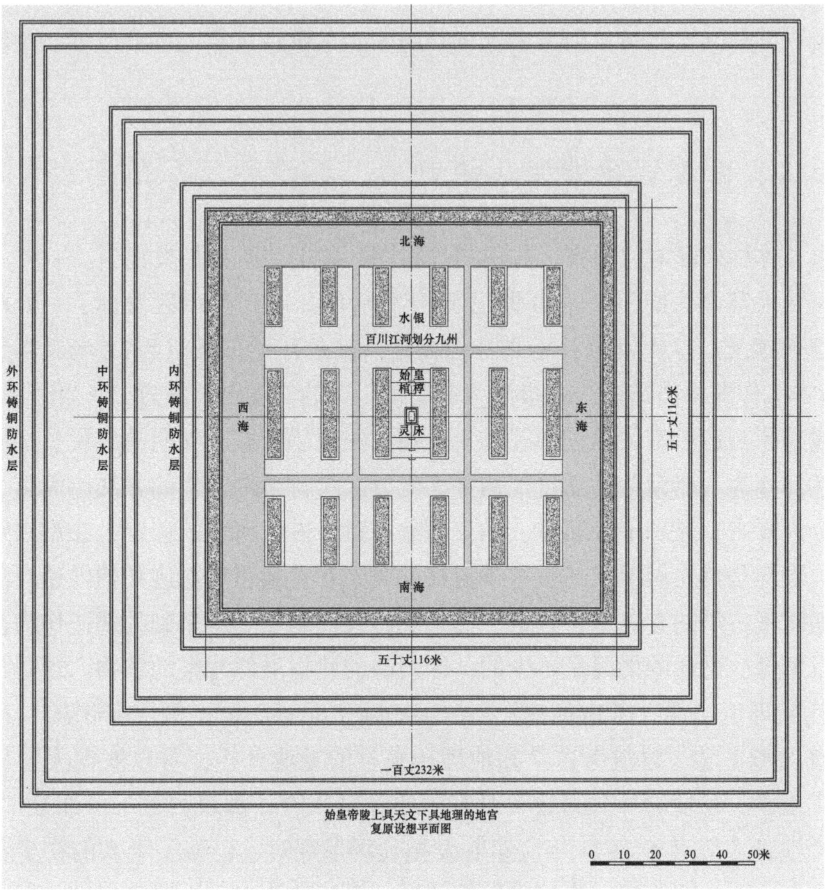

图3-4-7　地宫平面布置设想

地宫的结构，按照战国至西汉初期的陵墓地下部分的工程做法，还没有砖石拱券，而是土木结构。这样巨大的地下空间及顶部厚重的夯土荷载，推测应是始皇陵容纳兵马俑的地下建筑的方式，即采用版筑墙体及楞木过梁支撑顶盖。

关于“上具天文”：推测顶盖上彩绘象征天象的云气和用宝石等镶嵌的日、月、星辰等天体图案。

关于“下具地理”：至于地宫内用水银表现“百川、江河、大海”的布局，姑且做如下设想：“溥（普）天之下莫非王土”，按当时的地理观，象征一统天下的国土，周围应是“四海”（据说有探测材料说西部似乎无水银的显示，被推测为无“海”）。被“海”围成的中部则应是天下“九州”的象征——用纵横水银江河划分成九个方块，正中的方块安置始皇灵柩。

报道说，“863 计划”项目所探测到的“封土”汞含量异常，其分布情况是“北、东最强，南、西次之，北、西最弱”。表述不甚明确，既说“北最强”，又说“北最弱”，大概是北东最强，北西最弱吧。总之，意思是说“封土”含汞量四面不均匀，这很可能是地宫密封四面不均匀，所以散发出来的汞量不同所致，不能简单地据此就判定地宫中汞所表现的“西部、北部无海”的分布情况。

关于地宫的情况，只是目前尚无发掘材料的一个推理设想，也许对进一步的调查有些参考作用。

八、南越宫苑殿堂（错判为“秦造船工厂的船台”）

切入点：木柱残断对位整齐、方位与汉殿同；共生“万岁”文瓦当。

在“文化大革命”期间——20 世纪 70 年代中叶，在广州市区发掘了一处秦至西汉时期的大型建筑遗址。这次发掘并不是全面揭露，仅是开了三条东西 32 米、南北 4 米的探沟，田野考古工作即得出结论——指为“造船工厂”的“船台”遗迹[①]。当时，按照这一前提，特别邀请了与造船有关单位的工作人员在发掘现场听取有导向的解说，从而得到他们的附议，然而作为“船台”的立论根据并不充分。仅就学术工作的方法论而言，在拨乱反正之后的今天看来，道理十分简单、不言而喻：对于古代遗址的鉴定，在难以辨别其性质的情况下，理应是首先做深入的考古学考察；对于有大量建筑遗迹和构件遗存的遗址，更是应该做建筑考古学的专业考古鉴定，而不是将仅仅剩下一个基础的残迹作为基本完整的东西来加以解释。这样的情况是不少的，即残缺的此物酷似完整的彼物。这是从事考古工作——现代新词汇所谓“考古侦探”（Archaeology detective），极应警惕的。其实这一遗址，根据普通考古学、建筑考古学和地理历史学的专业分析，可以发现无论从考古地层学、文化类型学、环境总体关系还是从建筑学逻辑来看，都表明它不可能是“船台”，而是一座宫殿遗址。笔者于 1975 年应邀赴发掘现场参观时，已谈了个人的初步看法，供发掘主持人参考。原本期待进一步扩大发掘范围、搞清整体之后再研究定性，但此后没有再得到进一步交换意见的机会。1981 年，有专攻造船史的青年学者对此“船台”遗址产生了怀疑；在其研究这一问题的过程中，笔者在接受他的访问时已贡献出个人意见。但其质疑文章发表后[②]，竟未能引起学术界应有的注意。后来“船台”作为定论，以致载入了

① 广州市文物管理处等：《广州秦汉造船工厂遗址试掘》，《文物》1977 年第 4 期。

② 戴开元：《“广州秦汉造船工厂遗址”说质疑》，《武汉水运工程学院学报》1982 年第 1 期。

1986年出版的经典性《中国大百科全书·考古学》一书[①]。为了正确认识这一重要的遗址，有必要再予以分析说明，进行商榷。

关于这一遗址的位置及其时代，从事此项发掘工作的考古学家业已做出了清楚的说明。这一遗址位于广州市中心旧称“禺山”之地，是汉朝以来堆积形成的一个东西长约300米的高地。遗址埋在这一高地之下约5米深处，南距今珠江北岸1300米。这一遗址经放射性碳素断代，年代为距今（2190±90）年，即公元前（240±90）年；结合遗址出土秦半两、汉初半两钱以及秦至西汉官用瓦当和西汉初年的陶器等遗物来看，它应为秦统一岭南至西汉初期文、景二帝期间的建筑遗存；这一时期，即南越王赵佗时期。南越王赵佗原是秦封南海郡（郡治就在番禺）的龙川令，二世时代行南海尉。秦亡社会纷乱中，拥兵割据自立为“南越武王”。这些宫殿都是“南越国”创立之后建造的；汉武帝元鼎六年，发兵至番禺，“楼船攻败越人，纵火烧城”，平灭了南越[②]。发掘者推测，这一建筑创始于南越赵佗称王之后，而毁于南越灭亡时的战火中。

针对这一遗址被认定为“造船工厂”的“船台”遗存、于1982年所发表的质疑文章，已从造船技术与造船史以及建筑史的角度做了一些分析，基本上质疑是成立的，只是论证稍显薄弱。笔者认为排除这一遗址是“船台”，而证明它是宫殿遗址的依据是充分的。这里，再做一简要的论述。

1. 既然水平，即非船台

船台的滑道必须具备一定的坡度，以便船舶造成之后容易顺滑道下水。“滑道坡度对中型船舶一般为1/20～1/16，小型船舶为1/16～1/10。”[③]《中国大百科全书·考古学》在阐述“广州秦汉造船工厂遗址”的“一号船台”时称：“已揭露出长29米，呈水平状。”如此长度仍不见坡降，可知它绝非船台的轨式滑道。试掘简报解释说：曾在一号“滑板”往西延伸方向距离88米处、低于“滑板”75厘米的层位探到木头，认为这也是“滑板”，以此证明它有坡度，这显然是没有说服力的。因为其一，钻探到木头不一定就是同一整体；其二，有木头不一定就是“滑板”。

2. 既作船台，何必垫平坡地

如果选址这里建船台，定是地势坡度与临水的条件合适。试掘简报介绍说：“从试掘范围内的断面及钻探初步得知，这一层（按：指第10层——建筑基址）原是呈东南高向西北倾斜。”应该说这一建筑地段原为船台所要求的坡地。然而当年建筑施工时，却是首先用土垫平了这一地段，即试掘简报在叙述第9层时所说的“第二号船台西段下面有建台时填平地面的一层回填土”。这充分表明所造的建筑物需要平地，而不需要斜坡。而斜坡才是船台所具备的，因此所建的不是船台。

---

① 《中国大百科全书·考古学》第149页“广州秦汉造船工厂遗址”。

② 《史记·南越列传》。

③ 上海交通大学编写组：《小型船舶设计与制造》，国防工业出版社，1978年。

3. 并非“弯木地牛”

作为“船台”的重要立论根据之一，所谓烤制船舷木料所需的设施——“弯木地牛”遗迹，实际上它是垂直穿过“船台”遗迹、与“船台”有叠压关系的两道相当长的平行木板以及木桩，即使这一残迹已不辨形制，但仍可以看出它不是一个单独的设置，更不具备所谓“弯木地牛”的特征。

4. 宫殿群落中的一座殿堂

地理历史学的研究结果表明，这一遗址所在的位置，正是秦至西汉初年时期形成的古番禺城址的中心范围[①]，周围不断发现当时的高级建筑遗迹；又，据 1991 年 9 月中国考古学会第八次年会的论文宣称：“广州中山路一处位于中山四路至中山五路、在距地表 5～6 米处发现用砖、石铺砌的地面。走道与地面相距 100 多米，从地理形势及出土遗物判断，属同一时期的建筑群。中山四路揭露出一段长 20 余米的砖石走道，呈东北向西南延伸（即向中山五路方向延伸）。走道中间平铺两行灰白色砂岩石板；两侧为大型印纹方砖，砖边长 70 厘米、厚 12～15 厘米，表面饰菱形纹图案。走道面上及附近文化堆积中多见绳纹版瓦、筒瓦，有些瓦上印有‘公’、‘官’、‘卢’等单字戳印。还发现有卷云箭镞纹瓦当、涂朱的‘万岁’瓦当、砖质窗棂、涂朱、绿的砖雕脊饰等建筑构件。筒瓦直径 13～15 厘米，瓦当直径 13.6～15.2 厘米。距走道 10 米左右的绳纹瓦砾层下发现大型木构建筑，发掘简报推断为造船工厂，也有的专家认为属建筑遗存。走道遗迹属宫（官？）署建筑遗迹，则是没有异议的。”[②]其实，被认为是“船台”的遗址，在其直接堆积的 8 层出土有与咸阳秦宫瓦当和崇安汉时代大约为闽粤王宫城瓦当相类似的“云树纹”（云箭纹）瓦当，特别是遗址 7A、7B 地层出土带有“万岁”字样的瓦当，就已表明它不是一般的造船工棚而是宫殿遗址了。更何况在“船台”遗迹周边，甚至就在它的近旁 10 米左右处，发现同一时代的如此高级铺装的甬路、彩绘砖雕构件等，特别是还有涂朱红色的“万岁”瓦当，就进一步确证了这一遗址实乃大型宫殿而不是一般“官署”，更不是“造船工厂”的遗存。并且这座巨大的宫殿不是孤立的，在它的周围，包括它在内，当年是一个宏伟的宫殿群落，它应该就是秦至西汉时期南越王的宫城所在。

5.“一、二号船台”实为一个建筑整体

发掘所见认定为“船台”的三排基本东西走向的平行木构遗迹，每排为大枋木铺设，下垫有枕木（图 3-4-8）。南数第一、二排距离很近，只有 1.8 米，所以共享同一枕木，即所谓“一号船台”。第三排与探方外（北）的第四排距离稍远——2.8 米，不是共享枕木，即所谓“二号船台”。一、二排大枋木已露出东端，向西延伸出探方，揭露长度为 29 米；

① 徐俊鸣：《广州市区的水陆变迁初探》，《中山大学学报（自然科学版）》1978 年第 1 期；吴壮达：《〈水经注〉的“水坑陵”问题》，《华南师范学院学报（自然科学版）》，1980 年第 2 期。

② 邱立诚：《广东秦汉时期建筑遗址初探》，中国考古学会第八次年会论文。

第三排揭露长度为16米多。在大枋木之上，立有截面方形的所谓“木墩”，原位未动；“木墩”间距不等，但有规律。尤为重要的是，一、二、三排的“木墩”，竟保持有相互对位的统一轴线关系（仅“一号船台”东数第四“木墩”与“二号船台”错位23厘米，即相差半个“木墩”）。这一现象表明，三排“木墩”绝非两个各自独立的“船台”，而是一个建筑整体。

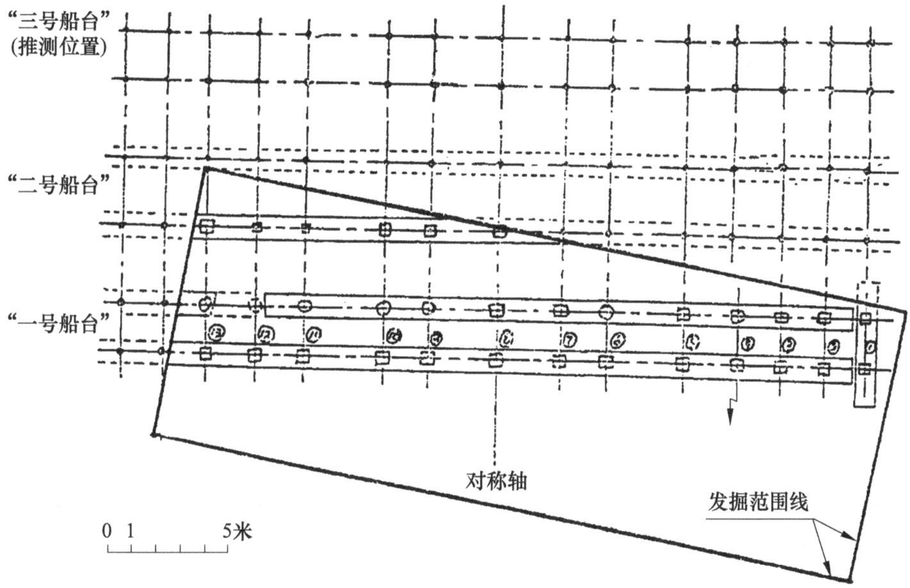

图3-4-8　广州西汉南越王宫苑建筑遗址平面分析图

6.“三号船台”也应是同一建筑

如上所述，既然三排“木墩”为同一建筑整体，则探方以北的第四排“木墩”也必然位于统一的南北轴线之上。进一步，已探得第四排以北还有类似的两排，即所谓“三号船台”，推测其“木墩”也应与已知的对位，即它与已揭露部分也应是同一座建筑的组成部分。

7.“船台”工棚的支柱何在？

如果这些是船台的木墩，那么工棚的支柱遗迹又在哪里？为了工人劳作和保护制作中的船体防晒、防雨，船台是不可能没有工棚的，尤其是在炎热而且多雨的广东地区，工棚设置必不可少；更何况堆积中伴出大量屋瓦，这就提供了原有建筑设置的直接证据。既然遗址没有柱迹，它就不可能是船台。

8. 烧不完的“木墩”

无论是工棚起火殃及木墩还是木墩引燃，都不可能普遍燃烧到每一个木墩（由于埋藏年久，有些“木墩”的炭迹随着朽木脱落了）；更为离奇的现象是，只烧“木墩”的顶面而不烧侧面，更不烧同样是易燃的“木滑道”和“枕木”；另外，“木墩”燃烧不尽，都留下一段即行熄灭。以上的遗迹现象，都是与“船台”的结论不符的。

9.“木墩”实为木柱残段

显然这些“木墩”只是构件的残迹，而不是完整构件。其顶部残端有火烧痕迹，这就完全排除了它是暴露在空气中的“木墩”的可能性。因为如果它们是暴露在空气中的，则引燃后早就烧光了，最多有个别幸存，而现在是基本都保留下来。这座毁于火的建筑何以能够保留下一排排的“木墩”呢？只有顶端被烧的“木墩”本身已做出了回答：此建筑被烧时，这些所谓“木墩”都是埋在堆积泥土中的，仅有上段暴露在外。也就是说，“木墩”原来都是被埋藏在长期使用过程的堆积地层中的木柱。火烧后，它们多数只剩下埋在堆积泥土中的柱脚一段。发掘所见的个别木柱残段，高度有 96、97 厘米，表明被塌落部件所压而熄灭，所以保留较长。这一现象与北魏洛阳永宁寺塔基的栽柱遗存情况有类似之处①。枕木和大枋木因为是完全埋在泥土中的，所以没有燃烧的迹象。

10. 有柱脚榫就不是“船台木墩”

否定“木墩”而推断为木柱残段的另外一个证据是：船台的木墩需要浮摆在滑道上，以便船舶造好之后撤除，而第三排木柱残段却发现了长 6 厘米、直径 9 厘米的圆榫、插入大枋木上的卯眼当中。这样尺寸和形式的圆榫正是柱脚榫，因为立柱后安装上部横向梁、枋时，需要转动调整木柱以使柱头卯眼对准梁、枋的榫头，所以柱脚榫要求做成圆柱状而不是一般的方柱体。由此也可证明它绝非船台的木墩，而是高大的木柱残存。

11. 干阑宫殿

关于辨别遗址所见的是木柱残段而不是“木墩”，其实无须更多的建筑考古学的专业分析，仅凭普通考古学的知识即可解决。考古地层学告诉我们，叠压在含有“枕木”“滑板”的 9 层之上的含有炭迹泥土伴生大量残瓦等建筑与生活遗物的第 8 层，就是位于当时地面之上的堆积。试掘简报记述：在第 8 层“采集标本大小千余件，计有版瓦、筒瓦、瓦当三种”；“灰土，土质很杂，含炭屑较多。有较多的瓦片，还有蚬壳和食后弃置的家畜残骨、橄榄核等物”；“发现有大量的有机堆积物，如橡子壳、菱壳、兽骨、鱼骨、龟甲、鳖甲以及残破的陶器等等”。8 层未见居住面而发现上述与“船台”毫无不相干的大量生活遗迹，与河姆渡遗址的情况极为相似②，这表明它原为架空地板的干阑形制——正是岭南的这一湿热地区建筑所应有的。它与地区接近、时代接近、性质接近的崇安宫城的主殿一

① 中国社会科学院考古研究所：《北魏洛阳永宁寺》，中国大百科全书出版社，1996 年。

② 浙江省文物管理委员会、浙江省博物馆：《河姆渡遗址第一期发掘报告》，《考古学报》1978 年第 1 期；梅福根：《江苏吴兴邱城遗址发掘简介》，《考古》1959 年第 9 期；浙江省文物管理委员会：《浙江嘉兴马家浜新石器时代遗址的发掘》，《考古》1961 年第 7 期；南京博物院：《江苏吴县草鞋山遗址》，《文物资料丛刊》（第 3 辑），文物出版社，1980 年。

样，同是低支架的干阑宫殿[①]。从民族学材料得知，干阑式建筑基于使用习惯，其架空地板或地板的一部分是浮摆在龙骨上的，也就是说可以方便地掀开地板向下投弃生活垃圾。

12. 问题在于错认建设地坪为使用期地面

这一遗址的试掘田野工作与河姆渡遗址水井遗迹的发掘出现了同样的问题。河姆渡水井遗迹就是因为忽略了井干木构露头的原为塘底的黑色淤泥层（井位于当年锅底形池塘底部中央），而一直下挖到完全暴露出木构井干为止，从而对于挖出的这座特别的“木构建筑”感到茫然。面对这座既不能储物又不能住人的建筑物，不仅普通考古学的专家、就连请来“会诊”的两位建筑史学老教授也感到难以认知，只有同意田野工作者们所猜测的“原始宗教设置”。

这里，也是因为没有辨认出废弃时的地面，而直接将建筑的基础发掘出来而产生误解的。第 8 层是这座宫殿使用期间的堆积层，实际上它已形成了新的地面，从而掩盖了建殿时的原地面；这也就使得木柱和地栿成为浅埋的栽柱、暗础了。了解到这一点，是认识火灾现象的一个关键。

13. 小于“船台木墩”的柱径

试掘简报说：“木墩用格木，一律底大上小，除五个为圆形外，其余都是方形。墩心都已腐朽。其中保留最大的一个底部长宽 41×43 厘米，上部残朽。清理土层时有四个木墩上部还有灰（按：约为‘炭’之误）痕可见……”描述“木墩”所谓“底大上小”，实际情况是，保存较好的可以看出原来柱身微有收分；另外，大部分是残留很短，而且腐朽过甚，其形体几乎成为锥状，并非原貌了。总的说，截面为方形而略有误差，40 厘米左右见方正是已知秦至西汉宫殿建筑的主要支柱尺寸，而小于承受如此大型船台侧压力的木墩所需的截面。

14. 连续柱础——地栿

所谓“木墩”之下的“枕木”“滑板”，其实是泥泞地基的一种建筑基础。考古报道它是“建造在灰黑色的沉积黏土层上（初步鉴定属海相地层）”，“秦代在此建造船场时已成沉积的泥滩”，即该地区当年的低洼地势正是一种泥泞地基。试掘一文所附遗址土层断面图已表示出包含在 9 层中的“大枕木”不是摆在沉积黏土之上，而是埋在沉积黏土（10 层）下挖的基槽之中的，它显然是一种基础。这种基础的简易做法早见于新石器时代的河姆渡文化和良渚文化等遗址；在二里头夏遗址中，则有进一步地发展。前者为木柱下垫木板块，而形成独立基础；后者是列柱立于木枋——地栿之上，而形成防止不均匀沉陷的带状连续基础[②]。广州的这一秦至西汉时代遗址，则是更进一步的做法，它出现有将两排距离

---

① 福建省博物馆：《崇安城村汉城探掘简报》，《文物》1985 年第 11 期。

② 中国社会科学院考古研究所二里头队：《河南偃师二里头二号宫殿遗址》，《考古》1983 年第 3 期。

较近列柱的两条枋木带状基础又用较短的枋木（枕木）连接起来，使两者联合作用，从而形成一个抗不匀沉陷的基础整体。

15. 进深五间的大殿

这一遗址经钻探和发掘，已知是南北平行排列的六排列柱遗迹，即《中国大百科全书》介绍所说："船台区有三个呈东西走向平行排列的造船台"（同图 3-4-8）。南数第一、二排柱之间的南北距离为 1.8 米，约合秦与西汉八尺[①]（中—中）；第三排与第四排之间的距离为 2.8 米，合一十二尺；第五排与第六排未发掘，情况不详。第二排与第三排之间的距离约为 3.2 米，合一十四尺；据已揭露的木柱对位布置，可以推测三、四排柱（"二号船台"）为进深的中间；按东西横轴对称，则第二、三排与四、五排的间距应该相等。即这是一座进深五间的大殿，六排柱的总宽度即这座建筑的通进深，约为 12.8 米，约合秦与西汉五十六尺。

一、二排柱之间距离较小——1.8 米，因而柱底加工较粗放，即简报所说"底部不平，另加薄板垫稳"，所以推测这是荷载较小的外廊部分。至于距离较大（2.8 米）的三、四排柱，则做法要仔细得多，即简报所说"木墩底部都做出一个小圆榫（长 6、径 9 厘米），滑板上凿出一个圆卯相套合"，这才是大殿的主体所在。

16. 大殿东南角

一、二排枋木的东端，又有殿堂建筑遗址的证据：在一、二排大枋木东端有横向枋木向北延伸。试掘简报援引当年船厂老工人的解释，认为这是"横阵"；其下同样垫有枕木，被说成是为了保持"横阵"与滑道的一致，"不致局部下沉，影响船体的稳定"。这里，"横阵"与"滑道"的枕木是断开的，对于略懂基础工程的人来说，它不起联合作用是显而易见的。

"横阵"仅露出 4 米多长，它向北延伸出探方，不能证明它只属于此"滑道"，它很可能是更长的一道枋木地栿。东端的这地道栿，明确地否定了造船滑道的可能性，因为滑道只需朝向水体延伸，而不要任何障碍，以便船舶造成之后顺滑道下水。现在这里设置横向枋木，显然是出于一、二枋木到此截止且向北转折的设计意匠，也就是说，此处是建筑的东南转角。

17. 推测大殿长度

发掘者据延长线上 88 米处仍探到木头，而推测"船台"在百米以上。这座建筑是否有这样长呢？已知秦和西汉宫殿的空间体量尺度巨大，最重要的宫殿——阿房与长乐、未央前殿的主体建筑，其通面阔确实都在百米以上，其通进深则在 30～50 米。现在这一遗址的规模远逊于秦和西汉的宫廷主殿，仅有南北六排柱，推测通进深仅为 12.8 米，看来

---

① 战国至西汉尺为 0.23 米，刘敦桢主编：《中国古代建筑史》，中国建筑工业出版社，1980 年。

其通面阔是不可能达到一百米的。据勘察，这一宫殿遗址周围都有建筑遗存，在列柱轴在线延长 88 米处仍然探到木头，不能就肯定它属于这一建筑，更何况层位低下许多呢。

18. 顺坡地的等高线布置

遗址所在的广州，其地理环境是东北为白云山区——白云山脉向西南延伸为越秀山，其西北部是低矮的丘陵地带；东、西部为流溪河与西江、北江携带泥沙所造成的冲积平原。总体地势是东北高、西南低——向东南和西南倾斜。具体到这一遗址的建设地段，试掘简报称："从试掘范围内的断面及钻探初步得知，这一层（按：指第 8 层——建筑基地）原是呈东南高向西北倾斜。"如果是船台，则正好向着水面，作东南—西北的倾斜布置。然而实际情况表明，已揭露被称为"船台"的三排"木墩"遗迹，是基本顺等高线布置的。

19. 与秦、汉宫殿的朝向一致

推测已探到的北部的"三号船台"亦即第五、六两排列柱，与已揭露的柱位也有对应关系。果真如此，则这六排列柱所形成的柱网，显然是一座殿堂的格局。从这一大殿的面阔来看，它朝向东南，即纵轴为北偏西 10°左右，正和已知秦、汉宫殿相同，如秦咸阳宫一号址和三号址的方位就是北偏西 13°及 10° 30′。如果是"船台"的方向，应该是滑道朝向水体，绝无"木墩"排列一线要和当时的宫殿一样面向东南的必要。

20. 推测大殿十四间

东西排列的柱间距——大殿面阔，从已揭露的柱位（"木墩"）来看，从东起"横阵"第一间开始已揭露部分依次为：1.60、1.80、1.90、2.36、3.20、1.90、2.77、2.68、1.86、3.20、2.12、2.06 米，略可分为大、小两种开间，大者为 2.8～3.2 米，即十二尺至十四尺；小者为 1.6～2 米，即七尺至九尺（都有 40 厘米左右的误差）。据此推测完整的大、小开间的排列，由东向西依次约为小、小、小、小、大、小、大、大、小、大、小、小、小、小。1982 年发表的质疑文章所附推测的平面柱网，是言之成理的：向西侧探方外扩展两小间，通面阔一共是十四间（该文误称"13 间"），这符合秦至西汉尚多遵守的偶数开间的古制，也正好形成纵轴对称——大殿东、西两端各为四小间（两端为应力集中之处，在泥泞地基的情况下更容易破损，经验告诉当时的工匠，懂得了增加柱子缩小跨度以提高构架的强度与稳定性）；再加上两侧向中轴数各有大、小、大三间。于是，便形成通面阔一百三十六尺，合 31.28 米。殿堂作此类大、小相间的布局，是有先例的，如陕西省扶风县召陈村西周建筑遗址 F3 就是如此[①]。

21. 具备生活起居功能的大殿

如果我们对这座大殿的原状做进一步的一设想，则首先要根据伴出的生活遗物推测其

---

① 陕西周原考古队：《扶风召陈西周建筑群基址发掘简报》，《文物》1981 年第 3 期。

功能性质，这样才可讨论其平面的可能布局。试掘简报叙述“地层堆积”说：“第 8 层：西汉初年堆积。这层的分布面积不大，基本上是覆盖在第一号船台上面，东厚西薄，由 0.2 至 0.55 厘米（按：单位应为‘米’之误）。这层是灰土，土质很杂，含炭屑较多。有较多的瓦片、陶片，还有蚬壳和食后弃置的家畜残骨、橄榄核等物。”当年堆积的生活垃圾和长期淤土范围表明，只覆盖在这座基址上，而且“东厚西薄”；据此可知，这是一座具有生活起居功能的殿堂。它应作前堂后室的布局，即室内是由东、北、西三面室、旁、夹围成中部开敞的大堂。按古老的穴居传统习俗，进饮食的地方在室内东北部——所谓“宧”的位置，发展至秦、汉，按照已改进了的房屋，已经改为在堂的东部，这正与遗迹“东厚西薄”的堆积相符合。

其屋盖应为四阿形式，鉴于体量巨大，有可能是《西都赋》所说的“反宇”，即屋盖每坡都呈“上尊而宇卑”的折面。

22. 伴出建筑工具和施工遗迹

《中国大百科全书》在介绍这一“造船工厂遗址”说：“船台区及加工场地上散落着大量炭屑和小木片。另外，在 1 号船台还出土有铁凿、铁锛、铁挣凿、木垂球、磨刀石等造船工具。”这一说法是不客观的。田野工作表明，若干建筑遗址都遗存有当年施工时遗留的木屑等建材遗物，不能就说成是造船场的木材“加工场地”，河姆渡遗址就在干阑长屋附近堆积有大量此类木片、木屑之类。特别是在潮湿地段施工，木屑等被掺入泥土中不易清理，而遗留了下来，这不能证明就是造船工厂。至于所列举的几种工具，也都是建筑工程所需要的，不能指为就是“造船工具”。

附　再论南越王宫苑——积沙为洲屿，激水为波澜

1998 年，笔者应邀撰写《宫殿考古通论》，关于秦、汉的部分，除中央政权外，近年来已取得一些边远地区藩属国宫殿遗址的考古学材料，这些同样是研究中不可忽视的重要环节。这些材料主要的有福建崇安的闽越遗址和广州的南越遗址。1974 年冬在广州市区最初发现的南越王宫殿遗址，被指为秦、汉造船工厂的“船台”遗迹；后来在学术界尚有争议的情况下，过早地作为定论而载入了 1986 年出版的《中国大百科全书·考古学》卷。笔者鉴于这一误断的严重性，认为有必要提请学术界认真讨论，予以澄清；遂将 1999 年下半年脱稿的有关考证，以《南越王宫殿辨——与船台说商榷》为题，发表在 2000 年 4 月 26 日《中国文物报》学术版。

在一年多以前，笔者进行这一南越王宫殿的考古学研究和撰写论文时，遗憾的是未能看到遗址发掘的原始记录，所掌握的材料仅限于已发表的“船台”简报和很有限的讨论文章。而且自从发掘之初，笔者应麦英豪先生之邀赴工地“指导”、回答垂询时，没有符合麦先生的意思，而是说：从遗迹现象看还不能排除是宫殿遗迹的可能性，不要急于确认是“船台”，此后就再也没有机会接触这件事了。至于后来在其附近又发现与判断“船台”遗

迹关系密切的宫廷园林遗迹，笔者更是无缘考察现场和查看发掘记录。即使这样，仅就已发表的有限材料，已可判断“船台”实际是宫殿遗存了。当然，《南越王宫殿辩——与船台说商榷》一文的论述，还有进一步的佐证材料未能引用，讨论还有未尽之意。今年我应广东省文物考古部门之邀赴广州时，有机会考察了园林池沼、曲水、亭榭和最新发掘的殿宇等遗迹现场以及出土标本，并获得了有关出版物，因而对这一问题有了更全面认识的可能性。据此研究的结果，可以认定：被误解为“船台”的遗迹，实乃南越王宫苑中的一座观赏曲水溪流景象兼备生活起居功能的大型殿堂遗存；也就是说，它是宫苑景象构成不可分割的组成部分。现在已揭露的宫廷园林局部遗迹，其考古地层学和文化类型学断代及总体规划上的关系基本清楚，毋庸置疑。这里，限于版面，仅做概略的论述。

本文行将脱稿之际，看到2000年7月26日《中国文物报》刊载的冯永驱、陈伟汉、全洪三位著文《广州秦代造船遗址考辨——兼评杨鸿勋〈南越王宫殿辨〉》，感谢三位补充了新的遗迹现象的说明（如田野考古已确认1、2、3号“船台”的“木墩”确有南北轴线对位关系；1、3号“船台”保持以2号“船台”东西轴线的对称关系等，完全证实了笔者的推断），所以本文又针对冯、陈、全文的论点增加了一些内容，一并作为对三位赐教的答复。

1. 从总体着眼——初露端倪的南越王宫苑遗址

中国历代史家重视正统王朝的更替，对于中原以外藩属国的记载往往简略。其实各边远藩属国有的尽管存在时间不长，但对我国周边的开发建设，特别是对发展民族与地域文化都做出了重要的贡献，他们同样是中华民族历史文化的开拓者与建设者。两千余年前，远在岭南地区的南越国，就是中国历史上不可忽视的一段辉煌。但文献记载极其简略，无法据以了解实情。考古学弥补了历史学之不足，提供了重要而翔实的遗迹、遗物史料证据。

20世纪70年代以来，广东考古工作者对广州市老城区的勘查与发掘，已揭露了大量南越国文化遗迹；特别令人兴奋和感激不已的是，他们已向世人证实了南越都城之所在，并展示了南越王宫苑遗存的一斑。

先是于1974年底至1975年，在中山四路儿童公园附近发掘了一座大型宫殿遗址（即被误解为“船台”的遗址）；继之，于1994年又进行了续掘。对于这一遗址，尽管尚未完全揭露，但根据已发掘和钻探所获得的材料，已经可以推知其基本形制。至于其时代，有材料说明它与周围的园林遗迹是一体工程（详后）。在这座大殿的南、西近邻，发现“溪流形”的曲折石渠遗迹、游廊遗迹；以及其东北不远处的“湖泊形”石砌大方池等遗迹；最近，并在大方池西南近邻，又发现了两座紧邻的殿堂遗址，现已发掘了其中一座的局部。这些遗迹已充分表明这一带原为南越国的一处王宫禁苑（图3-4-9）。

这一建设地段的地理环境，总趋势是北高南低，有相当大的水头落差。唯有选址在这样的地段，才有可能使石渠作景象观赏所需要的曲折蛇行布置时不至于因加大流程而高差不足，以致水流缓慢甚至无法流动、不能造成动荡的激流。水渠和“船台”一带发现淤

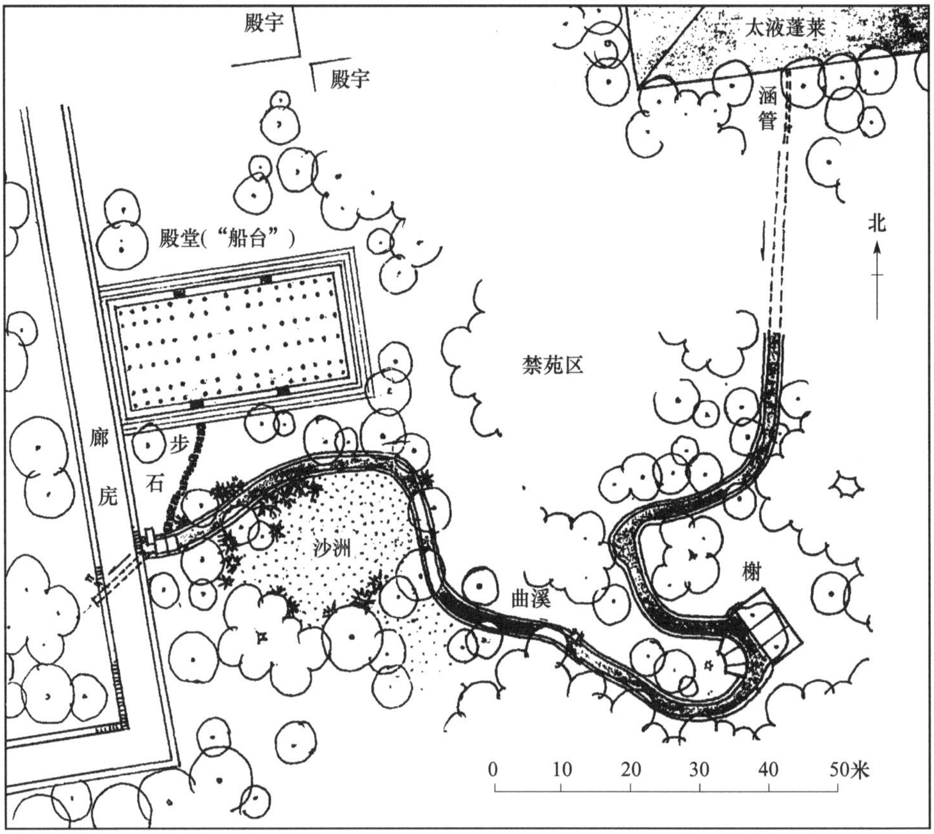

图 3-4-9　广州西汉南越王宫平面示意图

土，证明这里地势较低。建于水渠北岸的宫殿（即所谓“船台”），也正是位于这样有淤土层的地基之上，这便是为什么此殿不同于北部较高地段（中国社会科学院考古研究所刘庆柱所长说，比“船台”遗址高出 1 米左右——见《广州日报》2000 年 6 月 26 日 B2 版）新发现的具备台基、散水的殿堂建筑遗迹，而被造成架空地板的干阑形式的道理。环境考古学研究证明，此地在秦、汉时期的古地理环境是淡水的陆地环境，而并非“珠江河滩”。1995 年在“船台遗址”附近的忠佑大街发现“南越王国宫署遗址”，广州地理研究所李平日研究员就地采集了四个样品做化石硅藻分析。据介绍，“硅藻是具硅质壳的微体植物，因壳为硅质，不易腐蚀而能保存完整，因此地学界普遍认为化石硅藻是辨别古地理环境的可靠标志物”。李先生的分析结果表明，硅藻全部是典型淡水种，提供了有力的证明；他据此排除了这里为“船台遗址”的可能性。李先生的研究结论是：秦代珠江北岸线在今大南路、文明路一带，而“船台遗址”所在地是中山四路一带，船台不可能建在远离河道的地方（《广州日报》2000 年 6 月 12 日 4 版）。中山大学城市与区域研究中心司徒尚纪教授肯定广州地理研究所专家运用生物孢粉等分析法的结论——“船台”遗址范围属于陆地或湖泊的淡水环境，当时珠江岸线远离“船台”地点，故此地不可能造船（同见《广州日报》）。

这座宫苑的景象遗迹表明，它与当时西汉京畿地方的高级园林创作是一致的，足证当时南越与西汉联系之密切。描写自然溪流景象、用块石砌筑的曲折水渠，其遗迹已大部分揭露，保存良好。当年石渠的水来自北部大池，有木管道相通。石渠一般深度为米左右；一般宽度为米，最窄处为米，一处加宽的水湾，最宽处为米。渠底铺大砾石，并散点更大的砾石和拱起的石背以激流水，使其产生涡流和浪花。变平静的流水为动荡的水型，在设亭重点观赏处更有迭水、落瀑的淙淙天籁之音的处理。这种有色有声、兼顾视觉与听觉的艺术处理，是西汉时期造园艺术的一大成就。与此同时，现在遗迹展示现场标明在溪流的一大转弯处，考古并发现沙层。这些景象遗迹与古籍所记西汉时茂陵富豪袁广汉规模庞大的私家园林的景象正相一致。《西京杂记》记载："茂陵富人袁广汉，藏镪巨万，家童八九百人。于北邙山下筑园，东西四里、南北五里。激水注其内；构石为山，高十余丈，连延数里。养白鹦鹉、紫鸳鸯、牦牛、青兕，珍禽异兽委积其间。积沙为洲屿，激水为波澜。其中致江鸥、海鹤孕雏、产，延蔓林池。奇树异草，靡不具植。屋皆徘徊连属，重阁、修廊，行之移晷不能遍也。"我们所讨论的这一园林遗址大体也是这样，在曲水、沙洲之间不是也发现有殿阁、亭、廊之类的建筑遗迹吗？现在考古发掘者所辨认出的，与石渠、积沙伴生的园林动、植物，唯有龟、鳖遗骸而已。尽管如此，我们仍可推测当年此园的动、植物配置，大体和袁氏园林相类似，也应该是丰富多彩的。广州南越王宫苑遗址的发现，不但对于秦、汉考古是一大收获，这一实物史料对于园林史的研究也是十分重要的。遗迹对照文献可以确知，"积沙为洲屿，激水为波澜"等景象创作，看来是西汉时期高级园林的典型景象。相信随着这一遗址的进一步发掘，将会不断得到更为丰富的考古材料；通过研究，定会对南越王宫廷甚至都城面貌，形成生动具体的认识。

2. 作为园林组成部分的一座殿堂

笔者写的《南越王宫殿辨——与船台说商榷》已经论证了被误解为"船台"的遗址实际是南越王宫殿遗存。这里，引用冯、陈、全文所提供的简报未曾说明的材料再略加讨论。

科研中的方法论是极其重要的。冯、陈、全文在驳斥笔者的文章中涉及科学研究的方法论问题，他们为了从根本上否定笔者的宫殿结论，是从方法论上着手的。他们说："杨先生为了把造船遗址的木构遗存说成是他所谓的'南越王宫殿'……他先定了性……"即在探求未知时预先已有了结论，于是便"虚构遗迹的现象"，"随意肢解遗址的结构"，"搞乱遗址的地层关系"以及"随意解说"。这是否笔者的作风，自有公论。不过他们所谓的"先定了性"，倒是颇像"船台"定性的情况。2000 年 6 月 12 日的《广州日报》A4 版披露了"船台"出笼的背景：一篇题为《"文革"后期文物出土后，工宣队拍板说是船台遗址》的专访报道，中山大学的司徒教授认为，"'船台'滑道与珠江岸线平行，皆是东西走向，那么造出的船就不可能下海了"（《广州日报》2000 年 6 月 26 日 B2 版）。初步估计，这大约是一座面阔十四间、长达 31.28 米，进深五间、宽度为 12.80 米的架空地板的大型殿堂。其朝向与中原秦、汉宫殿相同，也是坐北朝南、略偏东南 10°左右。在这座殿堂遗址发掘前后，并在其附近不断发现宫殿建筑遗存的带有"万岁"字样等高级屋瓦、高级纹饰铺装的甬路、陶制窗棂、涂朱和绿色的砖雕脊饰等残迹。

九、隋大兴城太阳门·唐长安城明德门（错判为无双阙的一字长观）

切入点：壁画材料。

唐长安城明德门即隋大兴城太阳门，它是这座都城中轴线南端的正门，通过城市主干道150米宽的朱雀大街，正对北面的皇城正门——朱雀门。唐长安城沿袭隋大兴城，隋亡时有的城观被毁，城垣、城门墩台依旧。隋朝设计时，除此门外，所有城门都是三个门道，由于太阳门的重要地位，而安排五个门道；城观也是非常壮丽的，隋亡被毁，初唐复建。作为都城正门，这样的形制是空前绝后的。

唐长安城明德门遗址于1972年10月开始发掘，1973年1月结束，1974年初发表了发掘简报[①]。当时笔者配合遗址的发掘，进行了复原研究，写成初稿。二十年后，发表笔者的旧稿，以供学术界参考[②]。笔者在那篇文章中提出的基本架构没有什么问题，事后对于城观屋盖组合有进一步的考虑；另外，隋、唐东都洛阳城的正门——定鼎门的发掘，证实了笔者根据敦煌石窟寺唐壁画所示主观两侧附有对峙两观的设想。这样，便有进一步复原再论的必要。

隋朝以杰出建筑家宇文恺为主规划建设的都城——大兴，在隋亡时城池、宫殿都有破坏。唐建国后仍以大兴为国都，改称“长安”，重修城池、宫殿。大兴城的郭城即所谓“罗城”，原来的九个城门上依照传统都设有城门楼即所谓“观”。唐初高宗李治时，全面整修罗城并重建城观。文献记载：“高宗永徽三年（652年）十月修筑京师罗城九门仍各施观，明德门一观至五门。”[③]记载中特别指出了明德门。关于修建的时间有另说：“永徽五年（654年）冬十一月癸酉，筑京师罗郭，和雇京兆百姓四万一千人，版筑三十日而罢，九门各施观。”[④]这一记载具体，大概较为可靠。

1. 城门墩台复原和门道使用情况

明德门是长安城中轴南端的罗城正门，它通过宽150米的全城中轴干道朱雀大街与北面皇城正门朱雀门和再北的宫城正门承天门相对，位置相当重要。所以在初唐永徽年间重建时，由当时主管建设的最高行政长官为首主持这项重点工程。文献记载：“明德观正门以工部尚书阎立德为始。[⑤]”可以想象明德门城观从设计到施工都是高质量的。本来在隋初创时，杰出建筑家、将作大匠宇文恺，在建筑形制上已对这座郭城正门做了特殊的强调处理，采取了空前绝后的五个门道（其余八座城门都是三个门道）。城门墩台与城垣同为隋筑，唐初因而未改，只是加以整修和重建城观。至于唐时重建的“明德观”是否完全按照

① 中国科学院考古研究所西安工作队：《唐代长安城明德门遗址发掘简报》，《考古》1974年第1期。

② 杨鸿勋：《唐长安城明德门复原探讨》，《文物》1996年第4期。

③ 《册府元龟》卷十四《都邑》。

④ 《旧唐书》卷四《高宗纪上》。

⑤ 《唐会要》卷八六。

隋时原样，现在不得而知，估计大体上不会有太大差别，因为墩台尺寸和式样未变，至多新建城观在细部略有些微的不同。这次重建，时值唐建国初期，工程技术人员都是隋朝的班底，因此无论工程做法还是建筑风格上，都不会有明显的新发展。

遗址表明这座城门毁于唐末战火，城门墩台残高 1 米（相对唐代地面），平面形制基本完整，门道构造遗迹现象清楚。城门墩台夯土东西通长 55.50 米、南北宽 17.50 米，方向北偏东 1° 33′，即这座城门朝向与长安城总体一致，略偏向西南方。城门夯土墩台的外表包砌砖，遗迹表明厚度约为 50 厘米左右。城门墩台连同包砖的完整尺寸是东西 56.50 米、南北 18.50 米。以一唐尺等于 0.294 米换算（按日本法隆寺藏相当于中国唐代的日本天平时代——奈良前期《资财帐》记录的建筑尺寸换算，一尺 =0.296 米），长度折合唐十九丈二尺、宽度为六丈三尺。砖壁外铺砖散水，宽度 80 厘米，合唐二尺七寸。五个门道宽度相等，净宽都是 5 米，折合唐一丈七尺；门道间的隔墙夯土宽度为 2.90 米，合唐一丈（图 3-4-10）。

各门道壁面垂直，每侧壁面遗存十五个排叉柱础痕，门道两侧础痕对位工整。础痕表明础石约 65 厘米，即唐二尺二寸见方，厚约 40 厘米，即唐一尺四寸。据础方可推测排叉柱为二尺见方。门道两壁比排叉柱略凹进，则门道间的隔墙完整宽度应为一丈加上将近两个柱径即四尺，也就是一丈四尺，合今大约 4.10 米。据遗迹得知，各门道中间都有石门槛。门槛并没有在门道正中，因排叉柱为十六根，而门框要靠柱设立，则按“阴七阳八”，门槛以南排叉柱八根、以北七根。门槛高为 40 厘米，合唐一尺四寸，宽 26 厘米，合唐九寸。复原东、西各二门道石门槛留有车辙缺口四个，即可二车并行。中央门道为天子驰道，据遗迹推测只两个车辙缺口，即居中一车通行；石门槛还特别做了线刻缠枝牡丹加狮子、鸳鸯纹饰的处理，显得富丽堂皇（图 3-4-11）。遗址解剖得知，隋时门道内有砖铺地面，从中间门槛处向内外门道口呈坡下的泛水面，设计和施工一如当时其他皇家工程，都是非常讲究的。

《大唐六典》记载长安罗城高度为一丈八尺，从唐石窟寺壁画所提供的材料知道，城门墩台高度等于城垣加上雉堞的高度。雉堞是战争掩体，需要高出人体，城制规定雉堞高七尺，则城门墩台的高度为唐二丈五尺即 7.35 米。敦煌唐石窟寺壁画所示雉堞多为“凸”字形或作两级的“凸”字形。城门墩台壁面收分与城垣相同，先秦至宋、元时期城垣基本上是土筑无砖面（个别地区有用石砌的），所以比明代以后的砖城收分为大。宋《营造法式》总结城制，城壁收分是高四收一。城门墩台尽管包砖，收分仍与城垣相同。明德门等城门遗址出土有斜面城砖，用它砌筑墩台，具有收分的壁面是很讲究的平面（没有错砖的小阶级），可知这种有斜面的砖是隋代遗物，从砖的斜面可以知道城壁收分仍然是高四收一。

已知城门墩台底盘为十九丈二尺 × 六丈三尺，即 56.60 米 ×18.50 米，则墩台顶平面当为十七丈九尺余 × 五丈稍多，即约 53 米 ×15 米；城台平座尺寸约为十八丈 × 五丈一尺许，合今 53 米 ×15 米。从隋、唐城门遗址和敦煌石窟寺所提供的唐代城门的形象材料对照宋《营造法式》和《清明上河图》的城门形象知道，宋制城门完全承袭了隋、唐形制，可以说明德门的门道梁、柱构架做法和式样一如《营造法式》和《清明上河图》所示（图 3-4-12）。

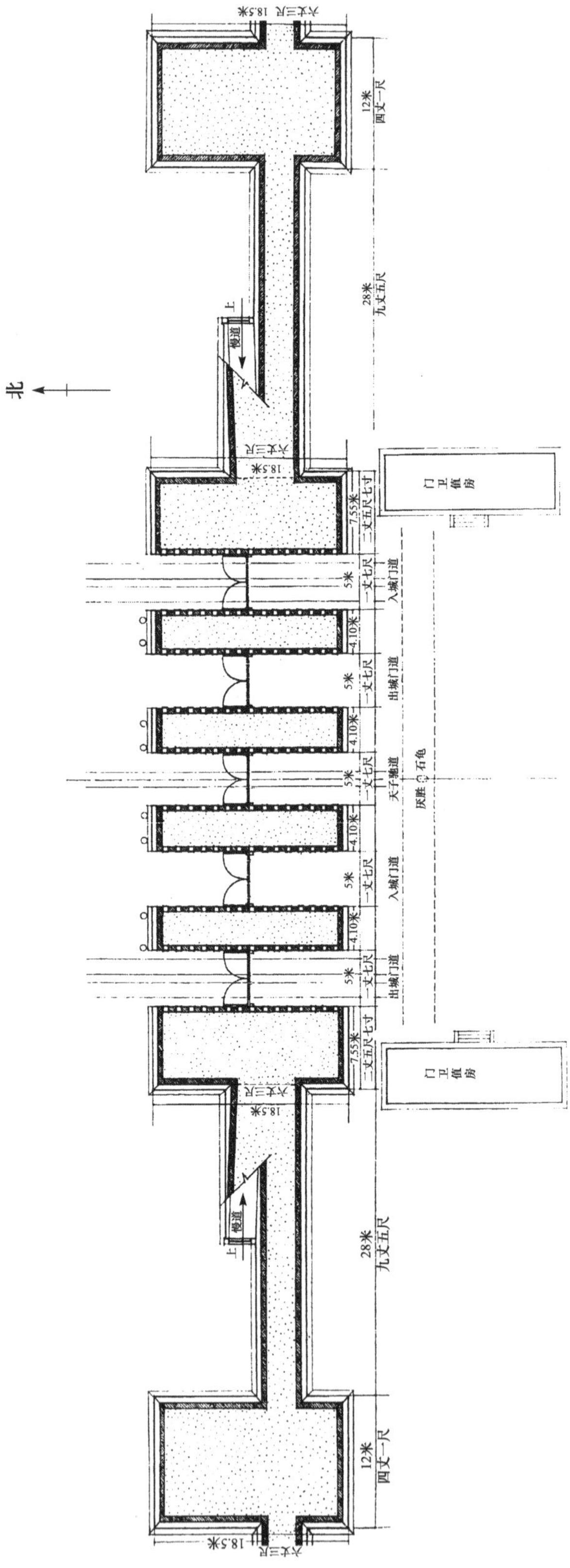

图 3-4-10 明德门墩台复原平面图

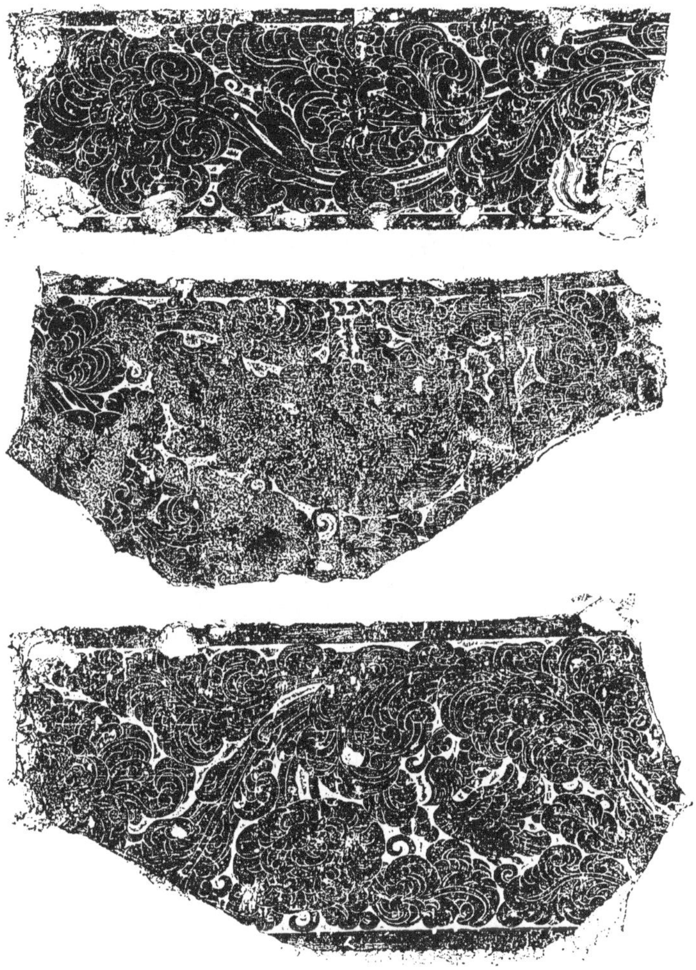

图 3-4-11 明德门中门道隋刻石门槛拓片

图 3-4-12 宋《清明上河图》城门形象

通过遗址，我们可有以上的大致认识。另有遗迹现象饶有兴味，就是唐时路土上的车辙痕迹所反映的明德门使用情况和当时的交通规制。迹象表明中间门道极少使用，石门槛残段上的雕刻花纹仍然清晰如新，鲜有磨损，正说明这个门道是经常关闭的，仅在皇帝每年赴南郊祭天等大型活动时才使用。皇帝及随行仪仗车马通行时，是用浐河白砂铺路，所以遗迹清理时并无车辙痕迹保存。五个门道中只有东端门道做了解剖，发现有车辙遗迹；而且有与西门往来绕行的轨迹。车辆在东、西门之间的绕行，说明城里中间天子驰道——朱雀大街是不准穿越的，即东半城与西半城的交通只能出明德门绕行。按唐朝规定："凡宫殿门及城门，皆左入、右出。"① 即和现在一样是右侧通行。由东城到西城要出东数第二门，进西数第二门；反之则出西数第一门，进东数第一门。可见五门道的设置不只是为了排场，也是为了解决当时众多车马的纷乱交通问题（图：遗稿未配图）。

另外，遗址表明城内四个门道隔墙附近各埋有两口水缸，缸底埋入当时地面以下约60厘米，埋缸坑口直径70厘米。这样大小的八口水缸所蓄水量很难对灭火有多大补益，从老北京城土路街道有所谓"泼街"的市政管理措施推测，这些水缸大约主要是为了城门一带防尘泼街用水的储备。消防用水靠这样小的水缸储存，是无济于事的，就近的消防水源就是护城河。

2. 城观复原

包含五个门道、长达56.50米的明德门上面的城楼到底是什么样子？《册府元龟》有记载，但只是说"明德门一观至五门"，即明德门上是一座通长的大城门楼，也就是说，城观是满建在城门墩台顶部53米 ×15米的范围之内的。至于具体的形制，敦煌唐石窟寺壁画为我们留下了极其宝贵的参考材料。例如，第172窟南壁盛唐《未生怨》的城观（图3-4-13）、第9窟南壁《劳度叉斗圣变》的城观（图3-4-14）、第138窟晚唐壁画（图3-4-15）与第196窟晚唐壁画的城观（图3-4-16）、第85窟晚壁画的城观（图3-4-17）等，都描绘了一种在城门墩台之上，由木构悬挑出一圈平座，平座上建造两端附夹庑（耳房）的组合体城观形式。明德门"一观至五门"，除去平座周回沿勾栏的走道宽度，城观本身通面阔长度也得有49米。这样长的城观，为避免单调正应作此式。特别是第138窟所描绘的兜率天宫的宫城正门形象尤其值得注意，为表达天宫城阙的庄严伟大绘作五个门道的形制。究其写照所依据的生活原型，只能是来自当时全国仅有的一座五个门道的首都长安城的正门——明德门。换句话说，138窟壁画所描绘的五个门道的城门应该正是长安城的明德门。

城门墩台上设置木构平座、栏杆，再于台顶另设主楼观的平座式的木构阶级和夹庑的砖石阶基。主楼观的阶级高起约一丈二尺，即3.50米左右；夹庑阶基较低，仅一尺，即0.294米左右。由于楼观主体南北和城台栏杆之间只有1米左右的宽度，所以南北两面不设踏道。东、西夹庑两侧有踏道；进夹庑后，有直对登上主观的木构踏道（图3-4-18）。

① 《大唐六典》卷二五"左右监门卫"条。

图 3-4-13　敦煌第 172 窟南壁盛唐壁画《未生怨》的宫城门

图 3-4-14　敦煌第 9 窟《劳度叉斗圣变》的城门

图 3-4-15　敦煌第 138 窟晚唐壁画的长安明德门形象

图 3-4-16　敦煌第 196 窟晚唐壁画的城门

图 3-4-17　敦煌第 85 窟晚唐壁画的城门

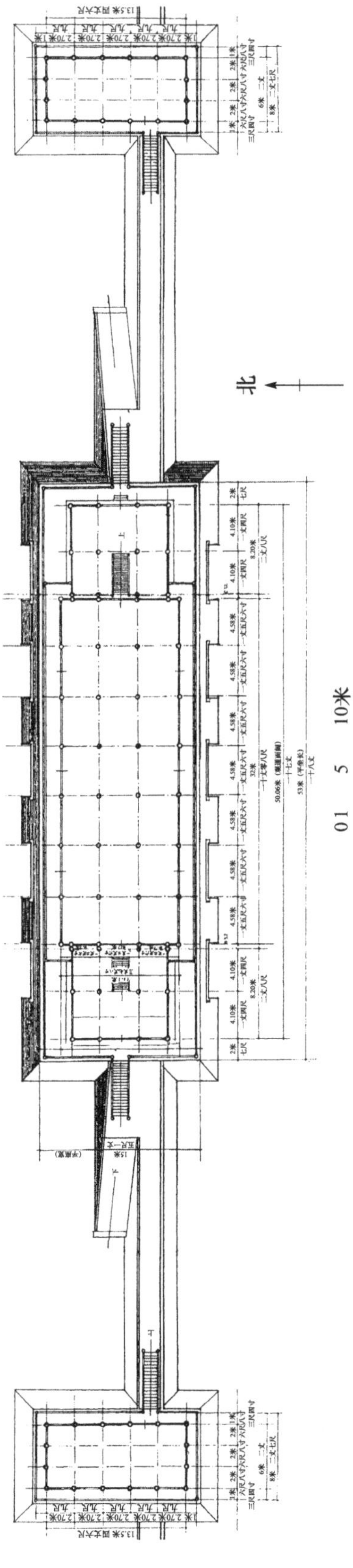

图 3-4-18 唐长安明德观复原平面图

参考敦煌石窟寺唐壁画所示城观形象，根据下部门道木构的对应关系，设定城观主体七间、两夹庑各二间，共计十一间的格局。城观开间，从结构、构造与建筑造型方面都要求与下部门道相对应，则主体开间的面阔应为门道与隔墙之和的平均值，即为一丈五尺六寸，合 4.58 米。唐朝建筑资料常有以寸计的，例如日本法隆寺收藏的《资财帐》记载食堂“长十丈二尺、广五丈七寸、柱高一丈五尺九寸”等可证。主体七间面阔计约十丈零九寸，折合 32 米（此时当心间一般不加大）；夹庑每间一丈四尺八寸，约 4.26 米，四间共约 17 米，则通面阔共计 49 米。设主体进深三间，每间一丈二尺六寸，即约 3.70 米；通进深三丈七尺八寸，即约 11.10 米。主体南北的外侧，有宽出二尺九寸许（约 1 米左右）的平座。夹庑进深三间，中间一间一丈二尺六寸，即约 3.70 米；南北二间各九尺二寸，即 2.70 米；通进深约三丈一尺，即约 9.10 米。城观与城台平座的构造关系如复原剖面图所示（图 3-4-19）。

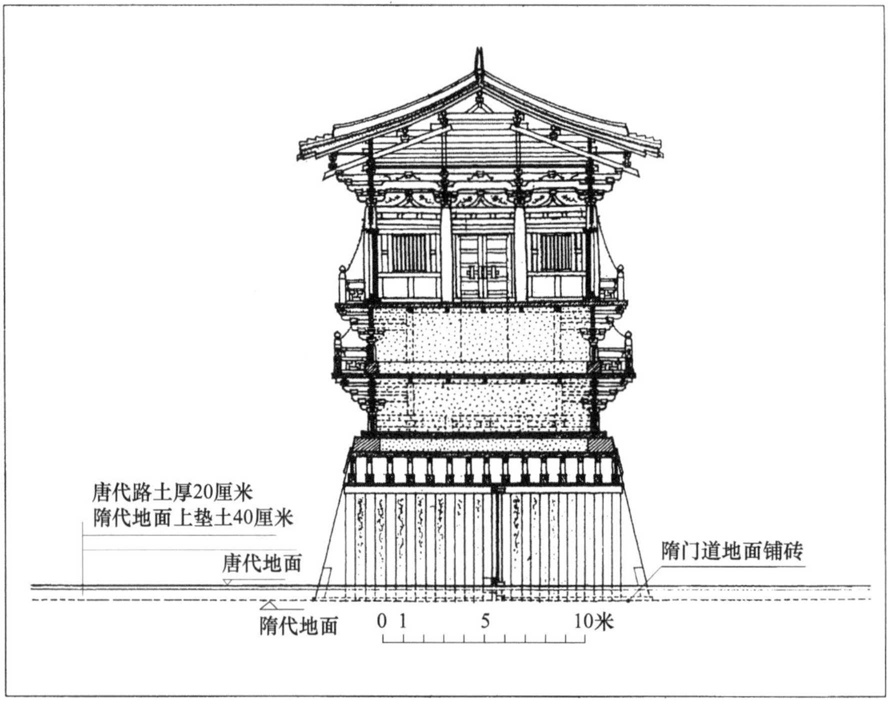

图 3-4-19　唐长安城明德门复原横剖面图

敦煌第 138 窟壁画所示的明德门城观，主观屋盖与夹庑屋盖都是四注式；参考第 9 窟、172 窟、196 窟等表现得更为明确的屋盖组织关系，夹庑屋脊在主体屋檐下。楼观的具体情况参考同期的大雁塔门楣石刻殿堂形象及日本法隆寺金堂以及宋式城楼复原。按照敦煌 138 窟壁画，主观正脊中央设宝瓶、火珠装饰。

主楼观用材应为宋制一等材，其他论证，请参见拙著《唐长安青龙寺真言密宗殿堂（遗址 4）复原研究》《唐大明宫麟德殿复原研究阶段报告》《唐大明宫含元殿复原再论》等。参考日本现存唐式建筑做法，平座无雁翅板遮挡，在立面上暴露加厚的地板横断面，转角 45°拼接。

3. 对峙阙楼的推测

敦煌第 138 窟壁画兜率天宫的城门两侧城垣上连接有对峙的阙楼作为陪衬，这是北朝“城阙”的遗风。隋建大兴城是在北朝末期，太阳门（明德门）也应该是这样的形制。1972 年发掘时，为寻找登城的马道曾向西扩展探方，至 17.50 米处发现了马道的起点。至此未再向西发掘，如果城观两侧设有阙楼，则其位置还应距离主城楼再远一点。笔者曾建议在明德门遗址两侧的相应位置进行探查，以便搞清城门左右有无阙墩的遗迹，遗憾的是一直没有落实。

幸运的是，1997～1999 年隋、唐东都洛阳城中轴南门——定鼎门，由中国社会科学院考古研究所和洛阳市文物工作队进行了考古发掘，提供了明德门具备双阙的重要旁证①。当时在田野发掘进行中，笔者曾赴考古工地，协助解决定鼎门遗址，特别是对峙两观墩台遗迹现象的问题。

隋朝东西二都的规划、设计，都是宇文恺具体主持的，两都的城垣、城门形制基本相同，只是洛阳城作为陪都，其地位略低一等而已。洛阳城中轴前沿的定鼎门，地位相当于隋大兴（唐长安）的太阳门（明德门），它降低一等而做成三门道。值得注意的是，是配有对峙两阙的。则规格高于它的太阳门，就更需要有两阙的陪衬了。现在尽管明德门没有继续发掘，但敦煌第 138 窟壁画所示的明德门形象，有了定鼎门的材料的佐证，还是可以肯定地说：明德门一定是有双阙的。

至于双阙的位置，可以参考定鼎门加以推测。

定鼎门阙台距门台 28 米，即九丈五尺，明德门也暂按此距离。定鼎门双阙台平面是东西长的矩形，而壁画所示的明德门双阙则为南北长，复原按照壁画。

关于阙楼形制，壁画表现主楼观和双阙的墩台都是包砖的，主楼观墩台已得到遗迹的证实，则双阙无疑也应该是包砖的，这已得到定鼎门遗迹的证实。设定明德门阙台南北的长边与门台南北宽度相等，为 18.50 米，约六丈三尺；阙台突出城垣的距离与门台相等，约 3.80 米，即一丈三尺。阙台东西宽度设定为 12 米，即四丈一尺。阙台也按照高四收一的收分，台顶平面约为 15 米（五丈一尺）×8.50 米（二丈九尺）。则楼观平面可为 13.50（四丈六尺）×6 米（二丈）。

壁画描绘明德门阙楼是三间面阔、两间进深，这只是示意它是长方形，不代表实际情况。其屋盖为四注式、侧面朝前，这应是反映实际的，即两观对峙而面向主体楼观。阙楼可能是面阔五间，若每间九尺，即 2.70 米，通面阔恰为 13.50 米，即四丈六尺；进深三间，若每间六尺八寸，即 2 米，则通进深恰为 6 米，即二丈。柱高与面阔的间宽相等，也是 2.70 米；铺作减主体建筑一等。

---

① 中国社会科学院考古研究所洛阳唐城队、洛阳市文物工作队：《定鼎门遗址发掘报告》，《考古学报》2004 年第 1 期。

4. 城垣防水处理

敦煌138窟唐壁画所示明德门是很能反映实际的，其中还有一个很值得注意的地方是，此壁画尽管相当简化，但对于墩台表面材料的表现并没有省略，而是可以清楚地看出主楼与双阙墩台之间的城垣，一如两阙左、右的城垣，是没有包砖而披露夯土的。城垣不包砖、仅止城门墩台包砖，已从遗迹得到证实。则壁画对明德门城垣的这一描绘，也是应该深究的。土城垣画成菱形格的形状，绝不是为了美观的润笔之作，它应该也是现实的反映。土城垣容易受雨淋损坏，因而需要加以保护，元大都城垣曾有披挂“蓑衣”的做法；壁画所见的菱形格，应该就是一种防止雨水冲刷的设置。这些菱形格最大的可能，就是用城砖呈菱形格斜砌在城壁上，以防止淋雨所引起的水土流水。直到现在，一些河堤之类的护坡仍然采用这种做法。

敦煌138窟壁画所绘明德门图形有一个不该省略的疏忽，就是忘记画出城垣的雉堞。如果说此图画的是从城里面来看，因此只见女墙而没有雉堞，似乎是讲得通的，但一般不会是这样画的。现在不知道壁画中的这座城门所在的环境，如果画的是从城里往外看，就没有问题了。总之，即便画的是城门南面而漏画了雉堞，这一点也不能成为否定此画是明德门忠实写照的理由。

5. 厌胜石龟

在明德门遗址中间门道以南4.50米处遗存石雕乌龟一件，它被埋藏在废弃水渠口部的填土之中。石龟长103厘米、宽65厘米、高33厘米，造型是典型的唐代式样，形制与唐碑龟趺碑座相同，只是没有立碑的卯槽（图3-4-20）。有人把它指为“玄武”，认为“前朱雀，后玄武”，在长安城南门外安置玄武是荒谬的，因而怀疑并非唐代遗物，而是和明德门无关的晚期扰进的东西。对此，或者需要说明一下：第一，它不是“玄武”，玄武是龟蛇交尾的形象；第二，考古发掘所见遗迹现象十分清楚，石龟被压在唐代路王土之下，位置正在明德门南北中轴在线，石龟下并有垫高的基础，显然是唐代遗物而且是蓄意安置的原位。石龟头部向南，前高后低，亦即头部一端上翘，与唐代路面略平，以致头顶被当时车马行人践踏而有所磨损。石龟是水渠废弃后安置的，它显然是作为城门前改善排水工程的组成部分，其目的是解决水患问题。

图3-4-20 厌胜石龟

与明德门外的雨水排放设施同时，安放了这只石龟以压胜。龟作为“四神”之一，被认为是水神，或有“水母”之称，古人认为龟可以镇水。隋建大兴城时，相地有六坡，郭城南面的正门明德门坐落在由北向南数的第六坡上。门坡以南的大趋势是向南的终南山逐渐高起。每逢雨季连续降雨，地面泄洪由南而北，致使明德门前一带常遭水淹。严重时，位于高地的明德门里也有积水。

例如，“元和八年（813 年）六月庚壬，京师大水，风雨毁屋扬瓦，人多压死者；水积于城南，深数丈余，入明德门犹渐车辐”（《唐会要》卷四四“杂灾变”条）。城南门外的水患，迫使对城门前这一段的管道予以改进，遗址明确反映了这方面的情况。按照发掘简报记述：“在城门南侧距各门道口 3 米多，有东西向与城门平行的填土沟一道。沟宽 3 米，由唐代地面向下深 1.80 米，经钻探沟长 43 米。再向外，其东端有房址，西端已近现代路沟，未能探得。我们这次只在中部发掘了长 5 米的一段。沟的口部被压在唐晚期路面下，沟的两壁很直，无坡宽。在沟底有很多乱砖，其中印有纪年文字的砖 18 块。印文为‘西坊开廿八九月官砖’（六块）及‘西坊开廿八官砖’（十二块）两种。从沟壁之直、并无坍塌的情况来看，这些砖很可能是沟壁的包砖，因而破坏后尚残留在沟底。但是在发掘的一段中，并未发现砌砖的痕迹。沟底不平，在坑凹处有淤土并发现有蛤壳。此外，沟内的填土较纯，只有少量的瓦片和陶器残片。”看来，这条 3 米宽的沟是计划回填废弃不用的。沟为直壁，而且没有坍塌，同时沟内遗存有乱砖，简报据此分析沟壁可能原来用砖包砌，是可信的。沟底发现蛤壳，证明原系水渠。它距城门墩台南壁 3 米多，顺台壁东西布置，恰与距城墙基 3 米许、宽 9 米多的城壕相对接。即 9 米多宽的城壕在经过城门处，改作 3 米宽。也就是说，城门前的这段 3 米宽的填土沟，曾经一度是城壕的一部分。但是这条水渠并不是隋代初创大兴城时的工程，由沟壁包砖上所印纪年来看，此沟渠大约开凿砌筑于盛唐开元二十八年或稍晚。因开元“盛世”，城防无关紧要，明德门五个门道的前面，城壕做成较窄的砖渠形式，既整齐美观，又方便跨渠的交通。但是由于这段沟渠过窄，排水不利，终于被废弃不用了。从“沟的口部被压在唐晚期路面下”判断，废弃时间大约在晚唐。“安史之乱”以后的晚唐，时局不稳，有必要加强城池防御工事；同时为了解决雨季泄洪，也要求拓宽城壕。估计在晚唐回填明德门前的这条砖渠之后，这一带的壕池加宽并南移了。若要确切搞清这一带壕池的问题，还有待进一步向城门以南探查、发掘。

6. 门仆值房

就明德门的复原，我们探讨了以上的问题。此外，遗址还揭示了城门前的房址一处。房址在明德门城墩台东南侧，其北边距城门墩台 3.6 米。因房址保存较差，仅发掘了北边局部。经铲探得知，房址南北全长 16 米多，东西宽约 4 米。现存北墙和东墙北段的部分夯土墙基，墙基宽度都是 80 厘米。在北墙西端遗存角柱柱础一方，为 40 厘米 ×40 厘米。据此已知这座房屋是坐东朝西的；经过在城门相对称的西南侧探查，已发现同样房址一座。这就是说，在城门左右对称布置有两座房屋，每座大约是五间面阔、两间进深。其功能性质应是城门守卫的值班房。《大唐六典》卷八“门下省城门郎”条记载，长安城共有“门仆八百人”，注脚释说：“……城门郎置门仆，分番上下，掌送管钥。”明德门前左右对称布置的这两座房屋，应该就是“城门郎”所辖门仆们值班的门房。由于遗址数据缺乏，对于门房的具体形制暂不做考证。

十、唐大明宫含元殿（附殿前的朝堂）

切入点：早期龙尾道生土与大台相连；文献：钟、鼓楼。

对于这座遗址，就在笔者进入考古所的当年——1973 年，有复原研究报告发表。它正好成了中国科学院考古研究所的许多人与笔者见面所谈论的话题；也是夏鼐所长关心的话题。他们都提出希望笔者能重新进行复原研究，因为已有的复原方案与遗址不符。发掘主持人陪笔者看了遗址现场，并详细介绍了发掘情况；笔者在分析了发掘报告后，提出了复原论证成果。由于当年只发掘了主体大殿，其他都是探测的数据，所以不很可靠。1996 年，联合国教科文组织作为国际保护工程，给中国经费再行发掘，委托笔者按照进一步发掘的材料，再提出进一步的论证。

笔者的复原再论报告如下。

7～10 世纪，中国的唐朝作为文明先导而矗立于世界民族之林。曾经长时间地作为大唐帝国朝廷正殿的首都长安城大明宫含元殿，可谓盛唐的象征。这座具有历史意义的旷世伟构，随着唐朝的覆灭而被焚毁废弃了。但是千余年来，其遗址犹存，实在是难能可贵的（图 3-4-21）。为了对含元殿的形制进行科学研究，1959～1960 年，中国科学院考古研究所对其遗址进行了第一期考古发掘，并有简报发表①；笔者并先后发表了两篇复原研究的论文②。

图 3-4-21　陕西西安唐大明宫含元殿遗址全貌（1995～1996 年第二次发掘）

---

① 马得志：《1959～1960 年唐大明宫发掘简报》，《考古》1961 年第 7 期。

② 杨鸿勋：《唐长安大明宫含元殿复原研究》，《庆祝苏秉琦考古五十五年论文集》，文物出版社，1989 年；杨鸿勋：《唐长安大明宫含元殿应为五凤楼形制》，《文物天地》1991 年第 5 期。

唐对外的影响是巨大的，一衣带水的日本，受其影响尤其深刻。时至今日，日本仍然关注着唐文化史迹的保护。1993 年，日本投资委托联合国教科文组织，作为国际文化遗产保护项目，策划对含元殿遗址的台基进行保护性的复原整修。1959～1960 年的发掘，限于条件未能全面揭露。当时以局部揭露并配合以铲探和探沟的方式，对含元殿总体情况进行了初步探索。由于田野工作观察到的遗迹现象有限，当时的简报对建筑遗迹所作的表述和推测还有不够准确的地方。中国社会科学院考古研究所接受联合国教科文组织的委托，遂于 1995～1996 年对含元殿遗址进行了第二期考古发掘。这次发掘订正和弥补了第一期发掘的结果，为科学复原提供了进一步的翔实依据。笔者作为联合国教科文组织的顾问，同时接受委托作为复原研究和台基整修保护设计方案的担当者，在两次发掘所取得的考古材料的基础上，首先对含元殿建筑形制作出进一步的复原考证；在此基础上再完成台基复原整修的设计方案。对于含元殿进一步地复原考证，可作如下的论述。

1. 含元殿的兴废

坐落在唐长安城北龙首原（实际上是一个黄土岗阜，亦称“龙首山”）东南端的含元殿，是大明宫的正殿。大明宫所在地段原为隋宫城北门（玄武门）外禁苑东南一区，西接宫城的东北隅。含元殿址，隋时曾建有作为“三九临射之所”的观德殿（俗称“射殿”），含元殿便是由观德殿拆改而成的。关于这个情况，宋人宋敏求及程大昌都有记述。由于所记简略，一直被人们所误解，或认为二人所记不同。其实两则记载是一致的，且相互补充。程大昌所著《雍录》记载：“大明宫（即含元殿早期一度的名称）地本太极宫之后苑东北面射殿也，地在龙首山上。太宗初，于其地营永安宫；龙朔二年高宗就修大明宫，改名蓬莱宫。”文虽简略，但已说明含元殿址本是宫城后禁苑东北部的原射殿位置。宋敏求《长安志》记载含元殿：“此本苑内观德殿，为三九临射之所，改拆为含元殿也。”书中并记：“观德殿在玄武门外。”所指是宫城的玄武门外，也正是禁苑之内。这一记载，意思也是清楚的，与程氏所记对照，说的完全是一回事，即含元殿原是禁苑内射殿（“三九临射之所”）——观德殿，就地拆改而成。

大明宫创始于唐初，先是太宗李世民以禁苑中“龙首山”岗阜高爽，计划在此地为其父太上皇李渊建造颐养天年的住所。遂于贞观八年（634 年）动工兴建宫殿，始称“永安宫”，翌年正月改称“大明宫”，工程未久即停止。高宗龙朔二年（662 年），“以大内卑湿，乃于此置宫”[①]，再度兴建大明宫。高宗是以一座兼备朝、寝及御苑的宫城来经营大明宫的。龙首山南端制高点上观德殿的位置，正好建朝廷正殿。龙朔三年正殿落成，改名“蓬莱宫”，高宗遂迁居此处听政。后来唐朝诸帝亦相沿袭，多以此处为朝、寝。这座宫城相对原有大内太极宫来说，位于东部，所以俗称“东内”，基本上取代了长安城里的太极宫——“西内”。咸亨元年（670 年）正殿改称“含元殿”；中宗神龙元年（705 年）这座宫城又改回“大明宫”旧称，正殿依然叫“含元殿”。

---

① 《唐六典》卷七。

据记载，“龙朔二年造蓬莱宫含元殿”[①]，高宗于龙朔三年四月“幸蓬莱宫新起含元殿”[②]，可知含元殿建造工期最多不过一年。能在如此短促的时间里建成高台重叠、宫阙对峙、殿阁宏伟的含元殿建筑群，正是因为这里原有观德殿的基础：因就“龙首山”建造的大台基已初具规模，拆除观德殿又提供了现成的基本构件；再兼以“操斧执斤者万人”[③]，这样便是一年工期可能做到的了。按照这一情况，在推测含元殿形制时，就要考虑到因就隋观德殿基础及利用其构件所带来时代风格上的影响。

含元殿一直使用到唐朝末年，自兴建至唐末被毁的二百余年当中，历经了德宗贞元四年（788 年）的地震和几次大风、大雨的自然损害，不断有所维修，但始终未见有重大拆改或重建的记载。“安史之乱”使宫廷档案损失殆尽，以致后人无从查阅含元殿具体改建、维修的情况。考古材料正是弥补文献史料之不足，第二期发掘，看到含元殿以南大约 70 米左右处，有一条西南—东北一线的断裂带；还发现殿前龙尾道被废毁、改为由两侧上殿以及底层大台散水有叠压的早、晚期工程构筑的现象，这为我们的复原研究提供了可靠的依据。

含元殿毁于唐末兵火，考古发掘所见的遗迹现象印证了这一点。至于被焚毁的具体年代，虽未见明确记载，却可根据文献做出大致的判断。《新唐书》记载：“自禄山陷长安，宫阙完雄。吐蕃所燔，唯衢衖庐舍。朱泚乱定，百余年治缮，神丽如开元时。至巢败，方镇兵互入掳掠，火大内，惟含元殿独存。”[④]这是僖宗中和三年（883 年）含元殿尚存的明确记录。此后便未见提到此殿了。含元殿遭焚毁，有可能就是此后不久的事。光启元年（885 年）十一月政变，宦官田令孜保护僖宗逃离时，火焚宫城，有可能焚烧了大明宫含元殿等前朝部分。朱玫拥立襄王李温称帝不在含元殿或常朝多用的宣政殿听政，而在后廷的紫宸殿，似乎反映了这个情况[⑤]。光启三年以后，修复被毁宫殿，仅有小规模的工程，而且在太极宫内。从文献来看，大明宫仅有部分后廷和御苑可供居寝、游乐使用，而元旦、即位、改元、大赦、朝贺等大典都在太极宫举行了。

2. 遗迹的确认

含元殿遗址有早晚期叠压现象；所出土的石刻及砖、瓦等建筑构件、饰件，也有时代早晚风格上的不同。这完全证实了含元殿址原建有观德殿的记载。如何辨别早晚期、确认含元殿遗迹，是复原考证的一个关键。1959～1960 年第一期发掘，重点揭露了最高处的主体殿堂，对这座大殿所取得的考古材料最为详细（图 3-4-22）。事隔三十多年之后，当年殿址发掘后所覆盖的半米多厚的保护填土，已然完全流失，而且损及殿址。三十多年前发掘所见的遗迹现象许多已经无存，所以当年大殿的考古材料就更为宝贵了。这份材料，经过第二期发掘的部分校订后，仍然是大殿复原的主要依据。

---

① （宋）宋敏求：《长安志》卷六。

② 《旧唐书·高宗纪》。

③ （唐）李华：《含元殿赋》

④ 《新唐书·黄巢传》卷二二五。

⑤ 《旧唐书·李拯传》卷二二〇有诗曰：“紫宸朝罢缀鸳鸾，丹凤楼前驻马看……”

图 3-4-22 唐大明宫含元殿遗址情况
1. 陕西西安唐大明宫含元殿南侧大础痕及永定柱遗迹（1960 年摄） 2. 陕西西安唐大明宫含元殿主体遗址（1995～1996 年第一次发掘）

含元殿于唐末被焚毁后，上部结构塌落的堆积早被扰乱，所余铺地砖、台壁包砖、柱础、螭首、石栏杆等，凡属未经烧毁尚可利用的，早被拆散无存。遗址出土唯有残砖断瓦以及破损的螭首（图 3-4-23）、栏杆望柱、土衬石之类的残段。遗址堆积的扰乱，遗迹的破坏，为辨认建筑形制增加了困难；主要承重柱基的明础与副阶永定柱的栽立遗迹，使得其早晚期并非简单的层位上下关系。总的说，完全包藏在夯土中的柱洞和础痕，都是早期亦即隋观德殿的遗存；开口于上层的柱洞，则是晚期栽柱的痕迹。关于埋藏在夯土台基内的类似粗加工方形暗础的石块（有些是两块拼接、有的叠置），清人王森文呼之为“承础石”[①]，近年来在隋仁寿宫（唐九成宫）遗址的发掘中，已见先例，对此已有所认识。这是隋朝高级建筑支柱独立基础——磉的一种做法。原来只知道唐朝有素土磉墩和夯土中分层加杂瓦片的磉墩，从隋仁寿宫遗址才知道隋时宫殿的夯土磉墩中都埋置有形同暗础的方石，而方石与础石之间，常常是加垫有夯土的。则被王森文称为“承础石”的构件，等于晚期的砖磉，准确地说应称之为“磉石”。据此可知，含元殿大殿台基内的磉石应该也是隋朝遗构，即隋观德殿的柱基。第二期发掘，校勘殿址北部暴露的一排磉石，基本上都在上层含元殿柱网轴在线（磉石间距略有误差，以东属第一间和西属第一间的误差为最大）。并已探明，含元殿础痕下 1.80 米处都有磉石；在南排础痕以南，以大殿东西轴线为准与北部磉石的对称位置上，未探得磉石，但从西山墙南端附近现存大础石的位置（略有位移）和形式（只雕琢一半覆盆，另一半为粗加工）来看，它原系西山墙南端一半压在墙下的柱础。这足以证实了这里原有一排前檐柱的推断。这就是说，唐建含元殿时采取隋观德殿的基本柱网，利用了隋观德殿的磉墩，而柱网间架数目略有改变。隋观德殿不计副阶（有早期永定柱遗迹，可知有副阶）为面阔九间，含元殿加大为十一间（这大约便是东、西两尽间磉石相对含元殿柱位来说间距有误差的原因），加副阶共计十三间；观德殿不计副阶为进深三间（减柱一排），含元殿向南拓展一间，进深为四间（减柱一排），加副阶共六间。唐建含元殿时，新建立的柱位与隋时不同，而只是素土磉墩（唐青龙遗址 4 就是在夯土台基上另做素土磉墩的），其中未置磉石。

---

① （清）王森文：《汉唐都城图 • 前记》：“含元殿西南隅有石如础，质粗，疑地中承础石也。”

图 3-4-23 陕西西安唐大明宫含元殿遗址出土残螭首

含元殿夯土正阶东西约 60 米，南北约 21.20 米，阶上有东、北、西三面墙体遗迹。北墙宽约 1.30 米；东、西墙宽约 1.50 米，南段残缺。1960 年发掘所见，保存最好的东北部墙体残高最高处为 30 厘米左右，北墙残高 20 厘米左右。墙体为版筑，收分不明显，内、外壁均无壁柱，都是洁白的石灰抹面，石灰面层的厚度为 6～8 毫米；墙根涂抹朱红色踢脚线，高度约为唐尺五、六寸，按一唐尺为 29.40 厘米换算，即 15～17 厘米左右。踢脚线下边距殿内最高夯土面约 10 厘米，可知此最高夯土面基本上为原来夯土台基标高，只是损失掉趁平层和地面砖。但是这些遗迹现象现在已然损失殆尽，只有东北墙角还残存部分墙基。

第一期发掘简报称：殿内遗存两列础痕，部分残缺，原来为每列十个，共计二十个。础痕的东西间距约为 5.30 米（中—中，以下同），东、西础痕与东、西墙基的间距也是 5.30 米；南北二列础痕的间距为 9.70 米，北列础痕至北墙基间距恰好是 9.70 米之半，即 4.85 米。保存完好的础痕，平面为 1.35～1.40 米见方，深度——殿内原夯土基面至础痕坑底——30～40 厘米。

大殿台基上西墙南端遗存已错位的一个青石柱础。础方 1.35～1.40 米，厚约 48 厘米。这块柱础石经火焚后表面有所剥蚀，经再次观察，已辨明为覆盆形制（图 3-4-24）。若干年前，在含元殿栖凤阁遗址西侧，现大明宫遗址保管所家属院附近，群众挖掘出土一块完整的有线刻花纹的覆盆柱础，其满装饰的意匠及纹样风格与含元殿出土的栏杆望柱相同，从其尺寸较大殿柱础为小来看，可推知大约为栖凤阁的遗物（图 3-4-25）。据此判断，很有可能含元殿的大柱础也是有线刻花纹装饰的。大殿残留的大柱础只有一半为打磨光滑的细加工，另一半为粗加工、保留粗糙的剁斧痕迹。显然粗加工的一半，是被压在版筑墙内的隐蔽部分。此础大小与殿上的础痕一致，础厚也恰与础痕坑底至墙根踢脚线下边（亦即殿内原来的砖地面）的高度相等，足证墙基与础痕为同一建筑遗存。

此外，尚有殿基周围残存的副阶永定柱遗迹，原来应为直径约 30 厘米（一唐尺）的柱洞（无础，发掘所见的栽立永定柱的掘坑口径为 70 厘米），以及砖墁散水、殿南西侧踏道和殿北的两个慢道等遗迹。殿北为广场，有配殿及廊庑残迹。第二期发掘校订，大殿东、西两侧飞廊的夯土台基宽约 7 米，位置正对大殿两排大础痕中间；东西两廊的宽度为 1.20 米的北墙上所开东西两个对称的侧门，位置不在两廊转角，东廊基有踏道残迹证明门在靠近大殿处。《大唐六典》补注记载：“……夹殿东有通乾门，西有观象门。阁下即朝堂……”所谓“夹殿”，意思似乎正是指“靠近殿的两侧”；而这两座门，应该就是“通乾门”和“观象门”了。尤为可喜的是，东、西两廊转角发现朵楼遗迹，证实了笔者关

图 3-4-24 陕西西安唐大明宫含元殿遗址西山墙南端残存已错位的大础石

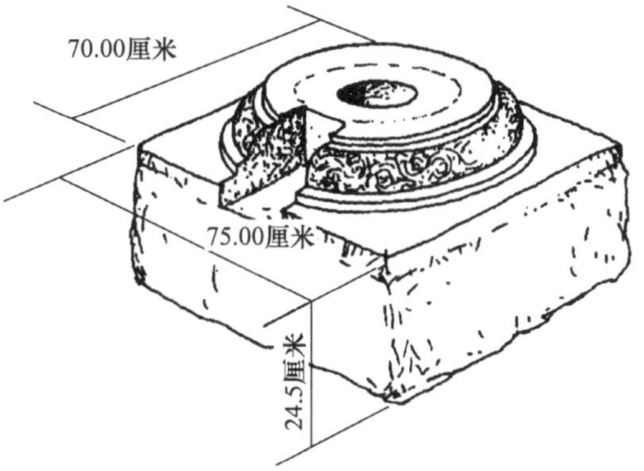

图 3-4-25 陕西西安唐大明宫栖凤阁遗址残存西侧完整刻花础石（群众取土挖出）

于“五凤楼”形制的推测[①]，只是这个朵楼要大得多。残存的东朵楼台基夯土遗迹为东西22.50米、南北17.00米；西部早已破坏无存，含元殿整组为中轴对称，西朵楼应该也是这样的。《长安志》卷六记载含元殿全组情况，除主体含元殿外，其余为：“殿东南有翔鸾阁，西南有栖凤阁，与殿飞廊相接；又有钟楼、鼓楼。殿左右有砌道盘上，谓之‘龙尾道’。夹道东有通乾门，西有观象门。”《长安县志》卷三叙述“东内大明宫图”的含元殿一组时，除主体含元殿外依次提到的有龙尾道、翔鸾阁、栖凤阁、钟楼、鼓楼、通乾门、观象门。由此可知，含元殿的两个朵楼应为钟楼和鼓楼。日本保存中国古制的古建筑还有类似的具体而微的组合体，也是在主体殿堂左右的抄手廊庑的转角处突起钟、鼓楼，当然多数是象征性的，其中并不设钟、鼓。钟、鼓楼至东、西两阁（翔鸾、栖凤）的飞廊，其夯土基座宽约5.50米；两阁经第二期发掘的校订和补充材料，已知情况如下。

保存南面上层部分夯土台边的栖凤阁，实测南北宽度为13.00米，与第一期发掘的翔鸾阁上层台的夯土宽度一致（图3-4-26）。翔鸾阁北部保存较好，第一期发掘时主体（母阙）阙墩北部居中9.50米宽的部分向北延长8.50米，即母阙平面呈“凸”字形，然后与5.50米宽的飞廊夯土基座相接，但发表简报时，母阙简化为矩形平面。这次发掘时，遗址已进一步遭到破坏，但仍可依稀辨认。此阙北侧有内折转角，即母阙夯土北壁的东端向南折进1.30米再向东延伸，可知母阙夯土的东西长度约为18.00米。母阙夯土北侧凸出部分的东肩长为5.00米，西肩长为4.80米，略有误差。

图 3-4-26 陕西西安唐大明宫栖凤阁二层台遗迹（从西南向东北望）

① 杨鸿勋：《唐长安城大明宫含元殿应为五凤楼形制》，《文物天地》1991年第5期。

关于龙尾道，第二期发掘的新发现对第一期发掘简报有所订正。原报道殿正南有三条70余米长的龙尾道（据第一期发掘主持人马得志先生补充说明，从第三层大台边至南端74米；西龙尾道南端残存两排并砌陡砖如散水边），当时是根据局部探沟和钻探材料推断的。据第二期发掘揭示的南部遗迹，已确认龙尾道有东、西两阶；两阶间的距离较第一期发掘为近。关于殿前龙尾道，1996年7月，因发掘主持人离工地外出，当时中国社会科学院考古研究所所长及主管这一工作项目的副所长召开了会议，决定由笔者主持发掘工作。在笔者主持工作期间，用了十天左右的时间，确认了含元殿初期殿前向南伸出的东、西二龙尾道的存在，搞清了龙尾道的平面是梯形的；同时，确认了后来改造为两侧布置的龙尾道“S”形盘上的遗迹。现将遗迹现象介绍如下。

含元殿前部早期的遗迹十分明确，毋庸置疑。在第一层大台基前沿位置，发现一道东西向的1.10米宽的版筑挡土墙，残存长度30米左右。挡土墙与唐朝初期质量不高、夯层不明显的夯土相同，而与隋仁寿宫所见的高质量夯土截然不同。在挡土墙外表的底部，尚遗存少许仍居原位的包壁残砖。遗迹表明殿前向南延伸的东、西两条带状生土，就是和这道挡土墙相连接的。这两条带状生土是切削龙首原南坡原生土预留形成的，其营造意匠与切削龙首原高岗而做成三层大台基（即《含元殿赋》所谓“划盘冈以为址，太阶积而三重”）是完全相同的，可证它与大台是一体工程。带状生土的两壁抹有石灰面层，这种在生土壁上直接抹灰的简易做法，与同属唐早期的九成宫遗址所见完全相同；正是文献所记唐朝初期皇家工程是厉行节约、因陋就简的情况。这些足以表明，带状生土就是含元殿初建时上殿的龙尾道底部。这两条龙尾道仅存靠底盘部分的残迹，自大台基边向南，可辨迹象的长度约40米。其宽度，靠北部为5.75米，中部为5.50米，南部为5.44米，这恰可与1959～1960年发掘所得的距殿阶70余米的南端起点宽度4.50米相衔接。这就是说，其平面呈梯形（这与后来测得中轴为北偏东1°，西龙尾道西壁为北偏东1° 20′的数据正相符合），即为保证生土龙尾道的稳定，其两壁是有收分的；其斜度应与台壁相同，约为1/4。这两条龙尾道的位置与殿后的两个慢道相对应（像本工程的其他部位一样略有误差），也就是与殿前两阶相对应，为东、西两阶的古制（图3-4-27）。这正南龙尾道直达第一层大台，残迹表明大台砖壁上也有石灰抹面。大台前沿一带垫土内含大量白色和涂红两种石灰墙皮残迹，表明大台壁面在使用过程的维修中，一度为白灰面，一度为红色粉刷。东龙尾道北端保存最好的一片石灰抹面残高约30厘米，在下部与地面相接处画出17厘米高的红色踢脚线。综合以上，可以推测这正南的两条龙尾道是唐朝初期建殿时的遗构。初期台壁一带，上面有后来叠压，现象是相隔60～70厘米的上层有后来改建的大台包砖和散水残迹，看来是初期龙尾道和大台前沿坍塌后予以废弃，将建筑渣土就地铺垫从而抬高了地面（图3-4-28）。

图3-4-27 陕西西安唐大明宫含元殿遗址北面东、西慢道及散水遗迹，慢道遗存为完整长度

后来台向北退缩 3.50 米，在切齐的原生土外直接包砌砖面，外加散水（图 3-4-29）。散水由东向西迹象未断，证明正南不再设龙尾道。同时，在栖凤阁底层大台东侧，发现有 8 米宽的类似基座的残迹，依残迹有斜上的路土，路土上遗存两枚北宋“治平元宝”铜钱。此处正是含元殿底层大台基向南转折的地方，这里还有坡状夯土遗迹，对照五代人的踏查记录，可知是后来上殿的龙尾道所在。此处的斜路，则是北宋人沿当年的龙尾道废基上殿址游玩时踏成的。在二层大台的西阶以西，战壕破坏断面上还遗存有大约 17 米长、高差 1 米向西阶坡上的路土面，它虽稍有间隔、但可与西阁下斜上的路土相衔接。当年龙尾道正是由两侧北上后，在此二层台处各向中间转折坡上的；到达二层台面时，恰可与三层台面的两阶相接应。实际上龙尾道不可能一直北上三台的，因为距离太短、高差太大。按遗迹所表现的这样平面呈“S”形盘上的龙尾道，其透视效果才正是“象龙行之曲直，夹双壶（按：宫中道谓之‘壶’）之鸿洞”（《含原殿赋》）。

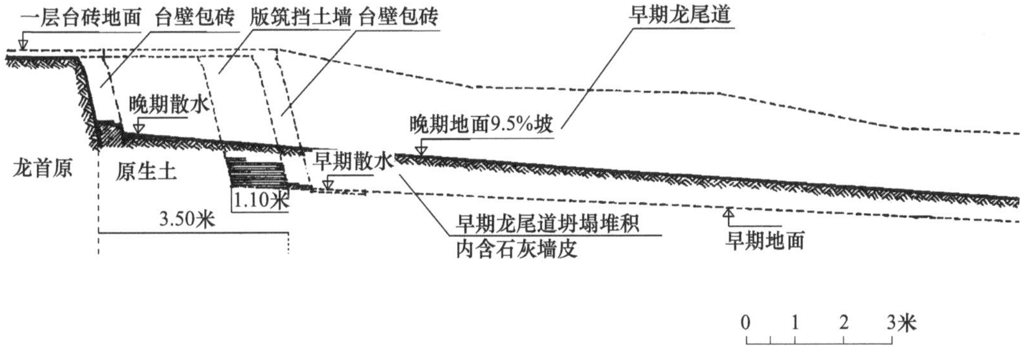

图 3-4-28 陕西西安唐大明宫含元殿遗址早、晚期龙尾道剖面

3. 复原考证

复原考证以遗址为主要根据，参考文献除唐人著述外，五代时后唐王仁裕等目睹含元殿遗构的记录，也是重要材料。对于宋代及以后的著述应格外慎重，需要对照唐及五代人的描述并印证遗址予以考订后，方可借以说明问题。

图 3-4-29 陕西西安唐大明宫含元殿遗址台基南面西侧包砖及散水

关于含元殿形制，唐玄宗开元年间著作《唐六典》《两京新记》以及李华的文学作品《含元殿赋》都有描述。日本近卫公府藏版考订《大唐六典》卷七据《资治通鉴》有所补注，增添了有参考价值的史料。这里予以摘引：“丹凤门内正殿，曰‘含元殿’（原注：殿即龙首山之东趾也，阶上高于平地四十余尺，南去丹凤门四百余步，东西广五百步。殿前玉阶三级，每级引出一（按：此处可能遗漏一‘排’字）螭头；其下为龙尾道，

委蛇屈曲凡七转。今元正、冬至于此听朝也。）夹殿两阁：左曰‘翔鸾阁’；右曰‘栖凤阁’（原注：与殿飞廊相接。夹殿东有通乾门，西有观象门。阁下即朝堂、肺石、登闻鼓，如‘承天’之制）。”

这段文献还有其他相关记载与遗址相印证，都相符合。正殿、朵楼、两阁的基本构图，与大内承天门的五凤楼形制完全一致。足见记录翔实，可用以作为复原依据。含元殿形制既然如同承天门，而承天门楼观两侧的朵楼为钟、鼓楼，则可以肯定含元殿的东、西朵楼也是钟、鼓楼。

对含元殿整体进行复原，其中大台、龙尾道部分，按照遗址的上、下层，首先对上层亦即推测在咸亨元年以后的两阁下盘上的形制先做复原；再按下层亦即推测在咸亨元年以前的向正南伸出的形制做出原状的推测。

兹分别对大台、龙尾道、含元殿、通乾门、观象门、飞廊、翔鸾阁、栖凤阁以及前述文献所提供的钟楼、鼓楼，进行概要的复原论证说明（图 3-4-30）。

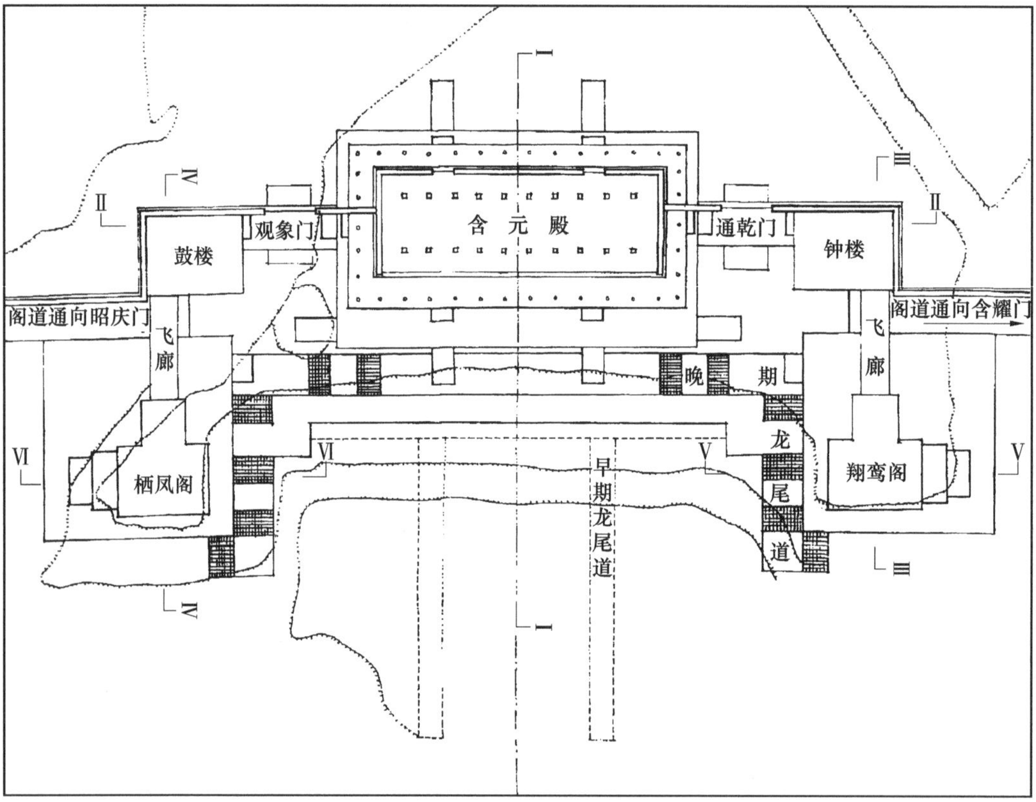

图 3-4-30 陕西西安唐大明宫含元殿复原总平面图

（1）大台

含元殿坐落在龙首山东部的南端，也就是《唐六典》原注所谓“即龙首山之东趾”。其大台基是因就南坡铲削并夯筑增补而成，大台高度，按同注记载：“阶高于平地四十余尺”。第一期发掘实测殿上夯土地面（仅损失地面砖），比南部平地高出 15 米多；第二期发掘殿上地面已有损失，测得数据为 14.94 米，如果所谓“阶”不是指大殿台基，而是指顶层大台基（三台），则比南部平地高出 13 米多，正是“四十余尺”，是相符合的。近卫本《大唐六典》所记含元殿，补注：“殿前玉阶三级。”即李华《含元殿赋》所谓“太阶积而三重”。《雍录》引王仁裕的描述说：“王仁裕自蜀入洛过长安，记其所见，曰：‘含元殿前玉阶三级，第一级可高二丈许，每间（按：指栏杆之间，即相对每一望柱头）引出一石螭头，东西鳞次，一一皆存，犹不倾垫。第二、三级各高五尺，莲花石顶亦存’。”[①] 所谓“玉阶”，是文学修饰之词，即石台基，实际上是除顶层台基为石壁外，下面两层大台都是包砖台基。“太阶”即大台基，共计三层，显然不包括大殿本身的石壁夯土正阶和木构副阶。大台基三重正是朝廷前殿制度，晚至明、清北京紫禁城太和殿依然如此。至于这三层大台基的高度，王仁裕所记与遗址实测有较大差别。王氏将上层台（三层台）称为“第一级”，说“可高二丈”，即 6 米许（应是自台下散水算起），实测为 9 米，相差 3 米左右。所谓“第二、三级各高五尺”，即各高 1.47 米，与实测第一层台高的 1.50 米仅 3 厘米之差（据第一期发 4 掘纵向探沟剖面），是测量时取整数，实际是完全相符。

第二期发掘时仍残存顶层（三层）大台基包砖和素面方砖散水遗迹，经核实，可以确认其平面的完整尺寸为东西 76.70 米、南北 42.60 米，以 1 唐尺 =0.294 米计算，则东西为二十六丈一尺，南北十四丈五尺（图 3-4-31）。这一层台承托大殿，如《雍录》所说：“与殿墀相接……制度不与下两层同，盖下两层培土砌砖而上，一层（按：即顶层）则列石为级也。此之小级两旁各有石扶栏，扶栏上压顶横石即刻螭者也（按：螭首位置表述错误，不是‘扶栏上压顶横石’，而是勾栏下压栏石横出螭首）。其谓东西鳞次者，足以见小级皆有螭首也。”据此可以认为这层台基是重点处理的，台壁采用条石包镶，直壁、加隔身板柱，相对石栏望柱出石螭首。此台两旁各有稍低下的“小级”，其边缘也设勾栏、螭首。这层台的地面——“墀”，系用丹淹泥涂抹，是所谓的“彤墀”或“丹墀”。《含元殿赋》描写有“丹墀夜明”，还有“陛莹冰级”，看来踏道即所谓“陛”，也是石砌的。

自下数第一、二层台，遗迹表明诚如《雍录》所记，是“培土砌砖”做成的。台壁为磨砖对缝做法，收分为高四收一。一层台甚为低矮，自散水高起仅有 1.50 米。解剖得知，这是废弃原来正南面的龙尾道，就地垫土而抬高了地面及散水形成的。根据 1956～1960 年大台纵剖探沟的揭示，第二层台的高度，从一层台面算起，为 3 米；若从一层台上的小级算起，则为 2.50 米左右。第三层台的高度，若从二层台面算起，为 4.50 米，若从二层台上的第二层小级算起，也是 2.50 米左右。王仁裕所记为“第二、三级（按：即下属第一、二层台）各高……”，即两者等高，这里遗迹所反映的是自上数第一、二层大台的高度相等，也就是下数第二、三层台等高。砖台边一如三层的处理，也是加青石栏杆拦护；相对每一个望柱下都同样装有螭首。二层台壁一线被近代战壕所破坏，二层台在相对三层台的位置上是否有左、右二阶，可从龙尾道登上一层台处台面加大得到答案：左、右盘上的龙尾道在达到一层台时，台面加大，以便向台中间通行，其目的显然是与左、右阶相衔

① 载《宋元方志丛刊》，中华书局。

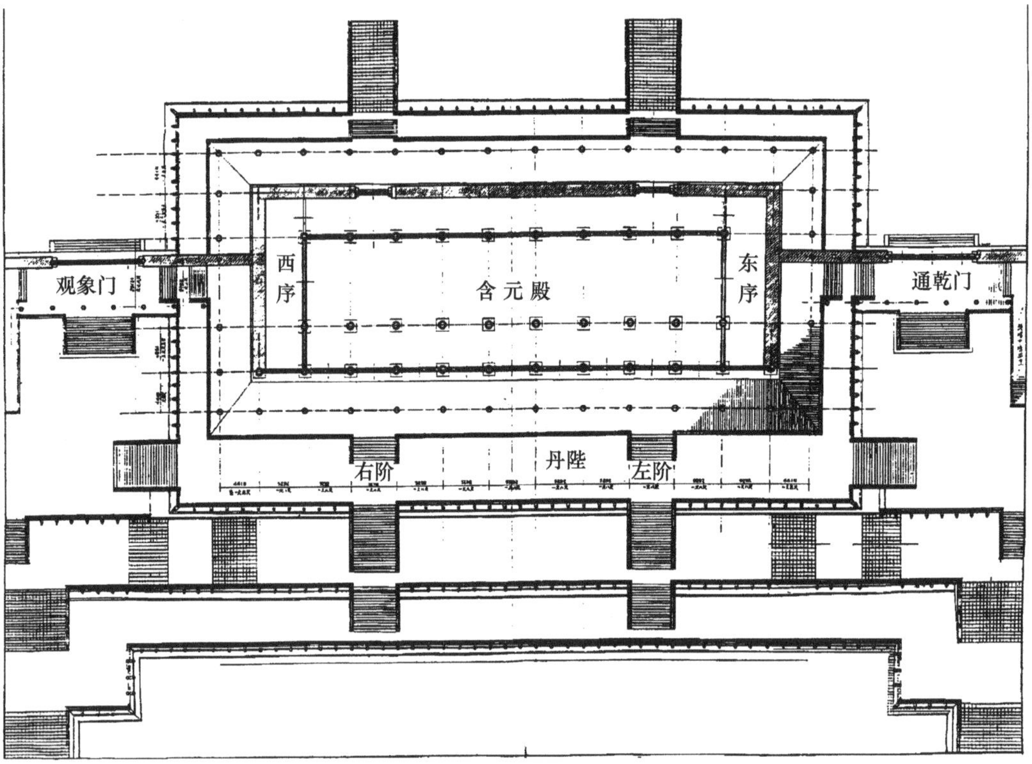

图 3-4-31 陕西西安唐大明宫含元殿复原平面图

接。如果一层台上没有左、右阶，则一层台壁可以通直，两端无须加宽，龙尾道在这里继续上三台就可以了。现在的情况是，龙尾道在一层台处可以沿龙尾道直上三层台，也可在一层上拐向中间，由二层台的左、右阶上二台及三台。

正如文献所记，含元殿依山所做的整个台基，总的说是分三层大台，但为节省土方工程，其中保留了一些小台。除三层大台左右的小台与三层大台一样也装有栏杆、螭首外，其余小台只是以砖包土，并不加栏杆、螭首之类。

（2）龙尾道

遗址表明含元殿的龙尾道有早晚二期，1959～1960 年的第一次发掘只发现早期龙尾道，由于当时对殿前龙尾道并没有发掘，而只是铲探和开探沟了解遗迹现象，据以做出了错误的判断是——简报报道为正南龙尾道三条。1995～1996 年第二次发掘，明确认识到有“台下”两条龙尾道以及晚于它的“两阁下盘上”龙尾道两种遗迹。

关于发掘所见殿前的龙尾道遗迹，在文献中至今未见明确的记载，但是日本近卫公府藏版考订《大唐六典》“含元殿”下原注有“殿前玉阶三级，每级引出一螭首。其下为龙尾道，委蛇屈曲凡七转”的字样，这里说三层大台基“其下为龙尾道”，而不说“其两侧为龙尾道”特别值得注意。这正是大殿前面三层大台下延伸七折的龙尾道，因为后来的龙尾道是在东西两阁下沿着三层大台分七折盘上的，而不是设在台基下。二期发掘的遗迹，证实了这段文献的记载。

至于早期龙尾道是何时所建以及何时改为两阁下盘上，现在也没有发现记载。科学研究总是阶段性的，保持客观的思维，才可以使认识不断澄清迷雾而逐步接近历史的真实。原来笔者对早晚期龙尾道曾有推测，这里，根据文献结合遗址和建设地段情况再一次作出另外的判断。

含元殿所在地段是所谓“龙首原东趾”——高地，这里向南是一缓坡。隋朝开始在此建观德殿时，是供皇帝居高临下检阅骑射的殿堂，按照传统自然是应该从正面，亦即南面上殿。遗迹表明，含元殿利用隋观德殿柱基，其磉石 1 米左右见方，工程质量是相当高的，据此推测上殿的通道也应该比较正规。隋观德殿所在的南坡，应该是经过修整做成殿堂的基座——缓坡的地势切削为层层退后的三层大台；结合大台，正好利用向南的缓坡，切削余土留出上殿的东西两条慢道，形成继承南北朝尚保持左右阶古制的两条所谓“龙尾道”。遗址业已表明，大台和龙尾道都是就高地的南坡切削而成的，也就是所谓“生土”做成的（不足之处则用夯筑补充）。殿下的大台前沿是坡地，本来也是不适宜骑射演练的，正好利用它布置上殿的慢道——起伏七折的上殿龙尾道。

这个推测还有一个支持点，就是这两条龙尾道与含元殿上的两阶对应有些许误差，可能就是沿用隋观德殿改造为含元殿时龙尾道仍然沿用，而含元殿的开间略有调整的结果。

至于龙尾道何时改为两阁下盘上，试作探讨如下。

唐初，太宗李世民按照勤俭的原则，利用环境垲爽的隋观德殿改造，为其父太上皇李渊建造避暑颐养天年的新宫——永安宫，在开工的第二年改称“大明宫”，后不久因李渊的去世而停工了。这次改建隋观德殿时，按照工程顺序，应该对大台下的龙尾道先有修整。这一未完成的工程在搁置了二十八年之后，高宗龙朔二年（662 年）才又以此地作为新朝宫而重新建设，龙朔三年竣工，改“大明宫”为“蓬莱宫”。到龙朔三年，龙尾道业已弃之未用二十九年了，这期间当然不会有所维修。恩格斯说得好：“弃之不用是最大的磨损。”在这漫长的时间里，瘦高如同斜墙一样的生土龙尾道，只靠石灰抹面的保护，是很难防水的。反复的雨淋，墙皮会有脱落，对于湿陷性黄土来说，遇水其强度骤减，甚至会局部坍塌。改造隋观德殿为含元殿时，应该对龙尾道进行过整修，在含元殿建成以后的使用过程中，又会有多次损坏和维修。遗址堆积有大量白、红不同的墙皮，反映多次维修的迹象，就说明了这个问题。

发掘负责人认为含元殿的龙尾道从来就是两阁下盘上的，对于发现的殿前龙尾道遗迹，开始提出“生土怎么会是建筑”的疑问，不认为殿前“生土墩”是建筑遗迹，后来发掘报告中承认是人为的“生土墩”，但是不认为与含元殿有关。宫廷正殿怎么会把上殿的慢道一开始就做成两侧盘上的非正统的样子呢？按照传统制度，正式的帝王宫殿都是从正（南）前方设踏道或慢道上殿的。含元殿的改制，必有其缘故在。

两阁下盘上龙尾道实属特别，从无先例。放弃正面中间上殿，而采取两侧上殿的方式，其意图何在？按照建筑设计的逻辑，违背中间上殿的传统，而将上殿慢道采取依靠东西两阁的墩台设置，显然并非初衷，它应该是改造的结果，为了避免以前殿南设龙尾道曾经反复出现问题、需要经常维修，才想出一劳永逸的解决办法。针对原来正面龙尾道孤立无靠的问题，改为有依靠、能稳定，而且把它包在台内，可保无雨淋坍塌之虞。这是接受反面教训的结果，总结一下说，开始是上殿的龙尾道是长长的、斜上的、独立在殿前的形式，因为饱受雨水冲刷，一再坍塌才无奈改为两阁下盘上的形式了。至于什么时候改造的，笔者曾有个初步推测。

1996 年，在笔者主持发掘龙尾道时，由富有田野发掘经验的技术人员冯孝堂具体操作。在殿前第一层台下，发现表土下有厚达半米多的被平摊开的堆积层，内含大量白灰墙皮，有的涂朱。不同颜色的墙皮，表明确是经过多次维修。同时，从正面向南伸出的龙尾道下部生土，在当时地面以上局部残存 20 多厘米高的白灰墙皮，下部与地面接触处，有 10 多厘米高的涂朱踢脚线。证明这些被铺垫在堆积层里的白灰墙皮原来都是涂在龙尾道上面的。殿前一直向南的两条龙尾道，可能在一次龙尾道和一层大台壁的大塌方事故之后，终于决定修改龙尾道的。推测废除正南龙尾道而改为在两阁下盘上的时间，有可能是含元殿落成七年后更名的咸亨元年（670 年）。宫殿更名是大事，推测这一次更改殿名件随有较大的修缮工程。

以遗迹、遗物为物件的考古学正是弥补以文献为物件的历史学之不足才应运而生的，在含元殿复原研究中，正是遗迹代替文献说明了问题。咸亨元年之后，又过了三十五年，废除“蓬莱宫”名称，恢复“大明宫”称号，正殿依然叫“含元殿”。初建时龙尾道在殿正南方，1995～1996 年发掘已确认的东、西两阶与大殿的左右阶相对应。其长度，自第一层大台边界向南残长约 40 米。按 1956～1960 年发掘数据，自三层大台边向南至龙尾道南端边界为 74 米，若从第一层大台算起，则为 57 米。可知自第一期发掘至第二期发掘的 30 余年间，龙尾道的南部遗迹已损失 17 米。南端宽度为 4.50 米，复原平、坡斜上的道面等宽，即都是 4.50 米。由于道两壁有收分，则其底盘平面向北逐渐展宽呈梯形，这使发掘负责人不能理解，著文说：“生土台（即龙尾道）的方向与含元殿不完全一致，墩台的方向是 181 度，而殿址的方向为 181 度 20 分。”[①] 这梯形平面恰恰证明，所谓“生土墩台”就是两壁收分高起的龙尾道（图 3-4-32）。

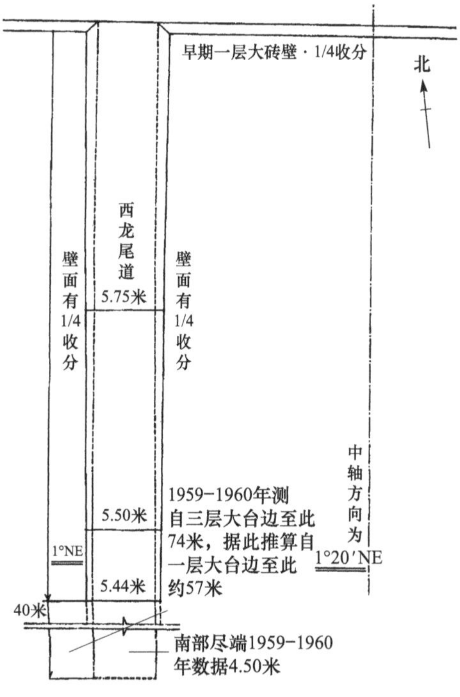

图 3-4-32 陕西西安唐大明宫含元殿遗址早期龙尾道复原平面图

特别要说明的是，遗迹表明不但是这两条一直向南的龙尾道不断经雨淋坍塌，而且与其相连的一层台前壁也有坍塌。在改为两阁下盘

① 安家瑶：《唐大明宫含元殿龙尾道形制的探讨》，《新世纪的中国考古学》，科学出版社，2005 年。

上龙尾道时，将坍塌的一层台前壁切除，即台壁向北退进约 米（按：原稿此处未见数据），重新包砖和铺砌散水。坍塌的台壁积土，就地平摊在退后的新台壁前，所以发掘所见的一层台自散水起台高才 1.5 米（含元殿初建时的台要高一些）。证明“生土墩台”是龙尾道的关键点是，查看结果，它与台壁生土是连在一起的。完全证明所谓“生土墩台”就是大台的一体工程。向南延伸的两条龙尾道残存的下部生土，其北端被压在改为两侧盘上龙尾道之后铺砌的散水砖下面。这种工程先后的现象，被发掘负责人误认为是文化地层的差别——判断为“两个生土台与含元殿不在同一地层。”①

改为两阁下盘上的龙尾道遗迹与已知文献的记载相符合，唐玄宗时人韦述的《两京新记》关于含元殿龙尾道的描述就是这样的。这证明了修改龙尾道是在玄宗时《两京新记》成书之前。《两京新记》早已散佚不全，《雍录》转引《两京新记》说：“含元殿左右有砌道盘上，谓之‘龙尾道’。”已明确是在“左、右”，而且是“盘上”。晚唐康骈《剧谈录》说：“含元殿，国初建造，凿龙首岗以为基址……左右立栖凤、翔鸾二阙（按：二阙名称颠倒）；龙尾道出于阙前。”② 这进一步说明了是从两阁前开始盘上的。五代王仁裕记龙尾道是：“阶两面龙尾道各六七十步方达第一级；皆花砖，微有亏损。”五代末北宋初人贾黄中《谈录》说：“含元殿前龙尾道，自平地凡诘曲七转，由丹凤门北望，如龙尾下垂于地，两垠栏悉以青石为之，至今石柱犹有存者”。龙尾道据遗迹复原 8 米宽，凡斜坡铺莲花砖，休息版铺素面方砖。按文献到达顶层大台共七折，复原坡道自阁下开始上到二层台作六折，连同上三层台的石踏道共计七折。从第一坡一直上到三台顶，可以符合“六七十步”的距离。

被认为是效法唐长安宫殿的日本平城京“第一次大极殿”（即早期大极殿），其遗址揭示回廊环绕的南北长的广庭北部约三分之一是高起的大台基——被称作“龙尾坛”（按日语“坛”为“基坛”，也就是“台基”的意思）。特别值得注意的是，“龙尾坛”的东、西两侧恰恰有着类似大明宫含元殿龙尾道的坡道（图 15）。从“第一次大极殿”的平面形制不难看出，它是先学习长安太极宫廊庑环绕的基本格局，连殿名也是照样引用的（中国古文“大”“太”同字，都读作“dai”）；进而又学大明宫新的宫廷前殿——含元殿，设高台、以两侧龙尾道上殿的形制。它反过来，恰可证明我们关于含元殿两侧龙尾道遗迹的辨认是正确无误的。

（3）含元殿

大殿夯土正阶平面约为 60 米 ×21.20 米，根据永定柱洞的位置判断，木结构副阶的宽度，东、西、北三面约为 5 米，即十七唐尺，南面宽度将近 6.20 米，相当于二十一尺。大殿东、北、西三面版筑承重墙略有收分，据残存墙根抹面可知，并无壁柱。北墙根厚 1.30 米，推定为四尺五寸（1.32 米）；东、西墙根厚 1.50 米，即五尺（1.47 米），墙体上部宽度略减，内外壁通体加抹泥墙皮并以石灰抹面，墙根画出红色踢脚线。第一期发掘时

① 安家瑶：《唐大明宫含元殿龙尾道形制的探讨》，《新世纪的中国考古学》，科学出版社，2005 年。

② 引自《学津讨原本》（照旷阁版）。

殿内尚保存两列内槽础痕，与墙体共呈“双槽”的格局。

按础痕、磉石的位置，测得大殿开间面阔约为5.30米，可知为唐一丈八尺（5.29米），十一间为十九丈八尺，合58.21米。进深四间，双槽间减柱一列，形成前内槽至前外槽柱及后内槽柱至后檐墙各为4.85米，即一丈六尺五寸。前后内檐柱间进深9.70米，即三丈三尺；四间进深为19.40米。此殿与通常双槽不同之处是，后外槽柱及山面柱代之以版筑墙。

《旧唐书·李训传》记载：文宗“由含元殿东阶升殿，宰相、侍臣分立于副阶……”，遗迹印证并表明了副阶形制。周匝副阶柱直穿副阶地板落地，应有粗加工的石础。由副阶柱的磉石位置，得知副阶宽度为4.41米（中—中），即一丈五尺。在宋、明绘画中均有描写殿堂副阶形象的，现在日本和朝鲜半岛还都保存有副阶实例。这些对照《营造法式》，都可作为复原的参考。

连同副阶，大殿总体复原为通面阔十三间，通长67.03米（二十二丈八尺），通进深六间，28.22米（九丈六尺）。木构副阶为木阶梯，同样为两阶古制。

此殿的平面布置，从其采取两阶古制来看，殿内偌大的空间也应承袭传统，依东、北、西三面墙布置房间，即商、周以来的所谓“室”“夹”“旁”（或称“房”“厢”“序”）的格局，但可能有所变革。由《旧唐书·后妃传（下）》“陈礼于含元殿庭……上衮冕出自东序门”的记载，得知此殿有东、西序，即殿的东、西两端隔出的房间。推测两序各占一间面阔，两序各有门与中部面阔九间（至尊之数）的“堂”相通。按古制，堂是开放性空间，前檐空敞，不设槅扇，而在檐柱间悬挂帷幕以为装饰（图3-4-33）。不过，时至唐朝，出于功能上的考虑，也有可能安装槅扇。序的南面应有窗，从《含元殿赋》“复槛罾缀，高窗景爇”的描写，似乎得到印证。《云麓漫钞》卷三引《文宗实录》有：“太和中甘露之祸，群臣奉上出殿北门，裂罘罳而去”的描述，可知大殿北墙有门，御座后有屏风——罘罳。北门位置显然应与殿北两个慢道的位置相对，即应有对称的东、西两个门。大殿北墙遗迹残存局部门迹，门槛迹象已无存了。至于屏风，推测在后内槽柱一线，九

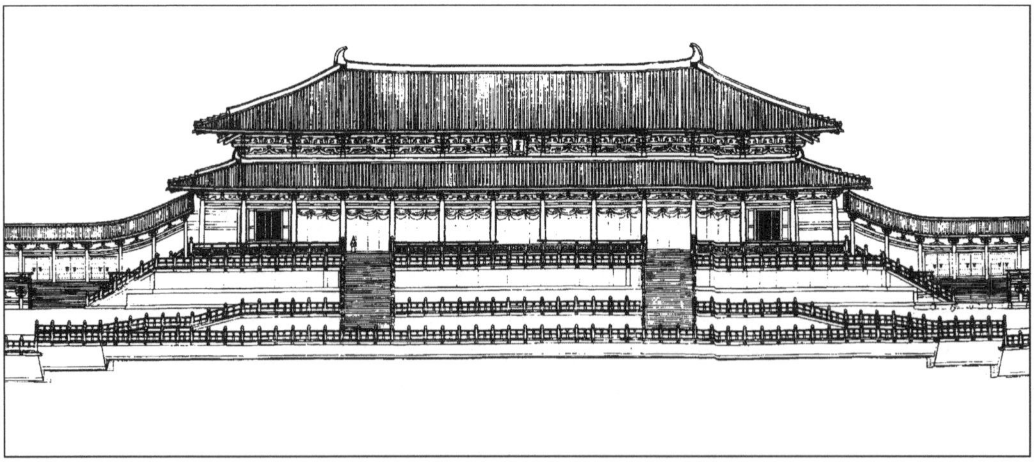

图3-4-33　陕西西安唐大明宫含元殿复原正立面图

间全部设屏，屏风背后形成一条东西廊道，从堂上不见北门。两序是皇帝及近侍们升殿登堂前后小憩的封闭性空间，临朝时从北部来，进殿北门后由此廊道入序。所以说只见“上衮冕出自东序门（由序登堂的门）”，而看不到皇帝从北门进来的情况。也只有这样，在突然事变的紧急情况下，“群臣奉上出殿北门”时，伧惶取快捷方式，只好“裂罘罳而去”，而不按常规由堂退入序再出北门了。由此也可推知御座后的一列屏风，是由木框架糊纸或织物装修的轻质隔断，日本目前还保留有这种唐式的轻隔断或推拉门的做法推测此殿的梁、柱、斗栱等不少是隋观德殿构件，现在木构无存，但遗址出土若干隋朝的石螭首及瓦当残件，可以作为这一推测的依据。这样，在复原大殿形制时要考虑到这个因素。

柱　从遗存的石础覆盆推知木柱底径为二尺四寸，即约 70 厘米，为础方之半（麟德殿亦如是），与《营造法式》的记载相同，可知宋朝是继承了这一做法。按隋、唐重要建筑都是采用梭柱，其最大径在下部三分之一处。今底径 70 厘米，最大径约 75 厘米，柱顶径小于底径，约 65 厘米。副阶柱底径设定为 53 厘米。柱有生起，平柱高与开间同，即为 5.29 米。参照宋《营造法式》，由中间向两侧按等比级数高起，最高角柱应为 5.70 米。檐柱并应有侧脚，可依《营造法式》复原。

铺作　此殿大于麟德殿，其铺作参考麟德殿复原的六铺作[①]，可改用七铺作（图 3-4-34）。麟德殿铺作复原是参照唐长安青龙寺“遗址 4”早期殿堂的复原[②]，以此作为“惠果、空海纪念堂”使用而重建时，已经过了验证，实际建设证明是没有问题的。按隋式，有可能作双抄双下昂，做法参照日本法隆寺及唐招提寺金堂，下昂不从斗口出，而托在斗口平出的略如华栱的枋木上；使昂头令栱坐落在平挑的枋木与昂的轴线交点上。复原昂的形制与日本法隆寺金堂及五重塔略同，这基本保持东汉以来功能性很强的“欃”的构造方式。此时昂嘴约略有所加工，垂直剁齐，即“劈竹昂”的始发形态。补间于重楣上置隋和唐初流行的长脚人字栱，上承柱头枋，再承斗子蜀柱，形制参照西安大雁塔初唐刻制的门楣石上的佛殿图及河南登封会善寺净藏禅师墓塔的式样（图 3-4-35）。已知当时即有标准材，晚唐佛光寺大殿用材略等于宋制一等材，此殿既早于又大于佛光寺大殿，用材也应加大。复原设定与麟德殿用材相同，为 33 厘米 ×22 厘米（1 分 =2.20 厘米），栔高 13.2 厘米，足材为 46.20×22 厘米。则华栱长 1.58 米，每跳自心出 79.20 厘米，七铺座出四跳，为 3.16 米。再加檐椽、飞子，则出檐可达 4.50～50 米。转角铺作，隋时仍然是只在 45° 出抄、昂，上座平盘斗、置十字令栱承绞角撩檐枋以托角梁。含元殿建造时已是初唐晚期，又是这样大的出檐，应采用当时已改进了的新构造，即如大雁塔门楣石刻所示转角铺作为三向出跳。

---

① 杨鸿勋：《唐大明宫麟德殿复原研究阶段报告》，《建筑考古学论文集》，文物出版社，1987 年。

② 杨鸿勋：《唐长安青龙寺真言密宗殿堂（遗址 4）复原研究》，《建筑考古学论文集》，文物出版社，1987 年。

图 3-4-34　陕西西安唐大明宫含元殿复原纵剖面图

图 3-4-35　隋及初唐人字栱

副阶铺作用材，根据柱径 53 厘米设定为 26.40 厘米 ×17.60 厘米（1 分 =1.76 厘米），栔高 10.56 厘米，足材为 36.96 厘米 ×17.60 厘米。推测为双抄五铺作；檐出约 3.50 米。平座斗栱按永定柱径 29.40 厘米，设定一材为 22.50 厘米 ×15 厘米（1 分 =1.50 厘米），栔高及 9 厘米，足材为 31.50 厘米 ×15 厘米。

梁架、平阇　大殿主体柱为等高，上部梁架为抬梁式。像这样大的殿堂，为增加稳定性，外槽明栿应尽量降低，复原设定外槽乳栿置于一跳华栱之上，乳栿两头各向外檐及内槽伸出化作第二跳华栱。乳栿上叠置足材枋，自二道华栱跳头伸出以承托下昂；向内槽伸出化作三跳华栱以承四椽栿。明栿加工为月梁形式，两端用偷心斗栱承托。大殿内吊顶装修参照法隆寺金堂、唐招提寺金堂、五台山佛光寺大殿以及章怀太子墓、懿德太子墓和永泰公主墓，设定外槽用平棊天花，井字格为一尺见方；内槽用峻脚椽作盝顶凸起，并加中央藻井。平棊及欹斜内绘制卷草、花纹彩画，式样如太子、公主墓。平棊以上的草架加斜撑；举折略如佛光寺大殿，屋角做法略如唐招提寺金堂。脊部采用大叉手，这是东汉以来常用的做法。

已知唐朝殿堂木构表面处理，梁、柱、斗栱、连檐板、门、窗、木勾栏等，都是在构件表面直接涂朱砂色（陈旧则带紫褐色调），因此木构仍见木纹。《含元殿赋·序》说："今为是殿，惟铁石丹素，无加饰焉。"又，"炯素壁以留日"，"炽丹臒于䍐曾"。可知它的外观色彩基调是，以素白壁面衬托朱红木构。但作为宫殿，不应是单调的，局部应略有变化。例如，斗栱色彩有可能像懿德太子墓壁画所示，于栱侧及斗施赭黄；栱眼壁或如大雁塔门楣石刻佛殿图之略施花枝彩绘；木勾栏则在节点加金叶装饰，如敦煌石窟壁画所示。殿内平门、藻井已如前述，则应有彩画，唐懿德太子、章怀太子、永泰公主等墓所表现的殿堂内部装修，已提供了佐证。

大殿的屋盖形式和瓦作 简而言之，含元殿作为朝廷正殿，遵循传统，其屋盖无疑为四阿重屋形制并施鸱尾。鸱尾在唐朝作为制度，已载入典籍《营缮令》。

鸱尾在隋和唐初仍基本沿袭南北朝式样，尾尖弯作 90°；高宗时弯度减小，盛唐渐趋直立。这一风格上的演变，已为考古材料所证明。此殿为拆改隋旧殿而成，主要是利用其大木构件，瓦作拆撤有所损失，需要大量补制，推测此殿的鸱尾或为高宗时的新作。遗址出土青掍瓦和绿琉璃瓦残片（釉瓦在唐时尚属稀奇，殿毁后早被捡拾殆尽，仅出土数片），证明原为敦煌石窟寺唐壁画所示的黑瓦顶、绿瓦剪边做法。渤海上京宫殿遗址幸存绿琉璃瓦鸱尾，提供了旁证。遗址伴出有灰陶鸱尾残片，可能是在多年的使用维修中，晚期国势衰微，更换为简易的普通瓦件了。复原可按龙朔建殿时的情况，处理为青掍瓦、绿琉璃剪边，绿琉璃鸱尾复原与麟德殿相同，为尾尖弯度较小的式样。测得瓦件尺寸，大殿筒瓦直径为 23 厘米，钟、鼓楼及两阁、飞廊筒瓦为 15 厘米。

（4）通乾门、观象门及飞廊

《唐六典》："夹殿东有通乾门，西有观象门。"遗迹揭示二门恰在大殿与钟、鼓楼之间。其具体处理是结合在飞廊的宽为 1.20 米的北墙上，从飞廊木构平座的木阶梯夯土基座的遗迹来看，二门大约占飞廊的三间宽度，也就是二门各为三个门道。门道北即北墙外遗迹表明原有砖石结构的踏道。文献记载皇帝所乘辂车可以出入通行，按辂车为轻便的人力车，可以推动，也可像步辇那样抬起走上踏道。二门处飞廊的夯土基宽 7 米，第一期发掘时，见到台基完整高度约为 50 厘米。西侧廊遗存少许地面砖，证明原来是包砖的。据此可知钟、鼓楼的夯土基座原来也是包砖的。基座上面的平座宽度与基座大体相同。平座铺作的用材或比大殿副阶减一等，做法略同。飞廊面阔约 3.40 米，合一丈一尺五寸，五间通面阔共约 17 米。连殿与两楼的飞廊，殿西部分尚保存廊北侧版筑墙一段，残高第一期发掘时可有 30 厘米左右。据此可知殿两侧飞廊是有北墙的，墙厚 1.20 米，墙体内发现三个柱洞。墙壁面也是石灰抹面，墙根有红色踢脚线。此墙原来应直抵大殿东、西山墙，以起到隔离大殿前后的封闭作用；为了殿前后的交通，因而才设置东、西两门。如不封闭，这样厚的大墙没有设置的必要；即使设墙，如不封闭也没有开门的必要了。

（5）钟楼、鼓楼

钟、鼓二楼与木构架空的飞廊相接，显然也是有木构平座的（图 3-4-36）。钟楼平座下的夯土基座遗迹尚存，测得数据为东西长 22.5 米，南北宽为 17 米（图 3-4-37）。北部为通乾、观象二门延长的版筑墙，墙体顺楼基座向南转折然后转向东、西，而构成通向含耀、昭庆二门阁道的北墙。

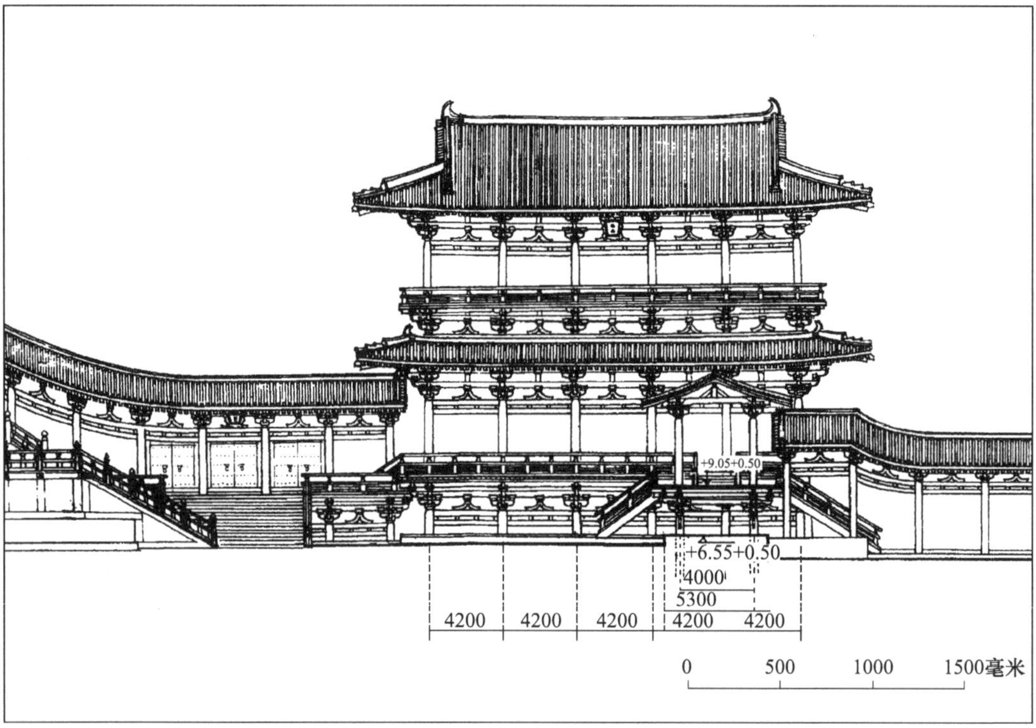

图 3-4-36　陕西西安唐大明宫含元殿钟楼复原立面图

楼的夯土基座损失过多，未见柱位及永定柱痕迹，但根据基座尺寸可以推知其间架为五间面阔、三间进深。面阔每间 4.20 米，进深每间 5 米。根据大殿以承重墙和木柱联合受力系统的考虑，这两座楼复原也如是。

从敦煌壁画看，类似殿堂建筑群的朵楼多与廊庑进深等宽，即廊庑转角处柱升高穿出屋盖以承平座，上置楼层。画中描绘的这种朵楼都是歇山屋盖，而且山面朝向南北，即东、西二对称朵楼面向中央大殿。现在含元殿东、西的两座较大的朵楼，是朝南布置的，参考唐壁画屋盖也作歇山式。按唐式做法，飞廊与殿、楼相接时，屋盖不相连，不论主体、从体还是连接体，各自保持其独立单元。

（6）翔鸾阁、栖凤阁

按照复原两阁“凸”字形台基顶面尺寸，两阁母阙楼观南部为三间面阔（当心间 5 米，两次间 3.30 米），一间进深（6 米），周围设 2 米宽的回廊；北部凸出部分为一间面阔（5 米），两间进深（每间 3.20 米），南北设廊。子阙楼各一间，加三面外廊。母阙楼观北

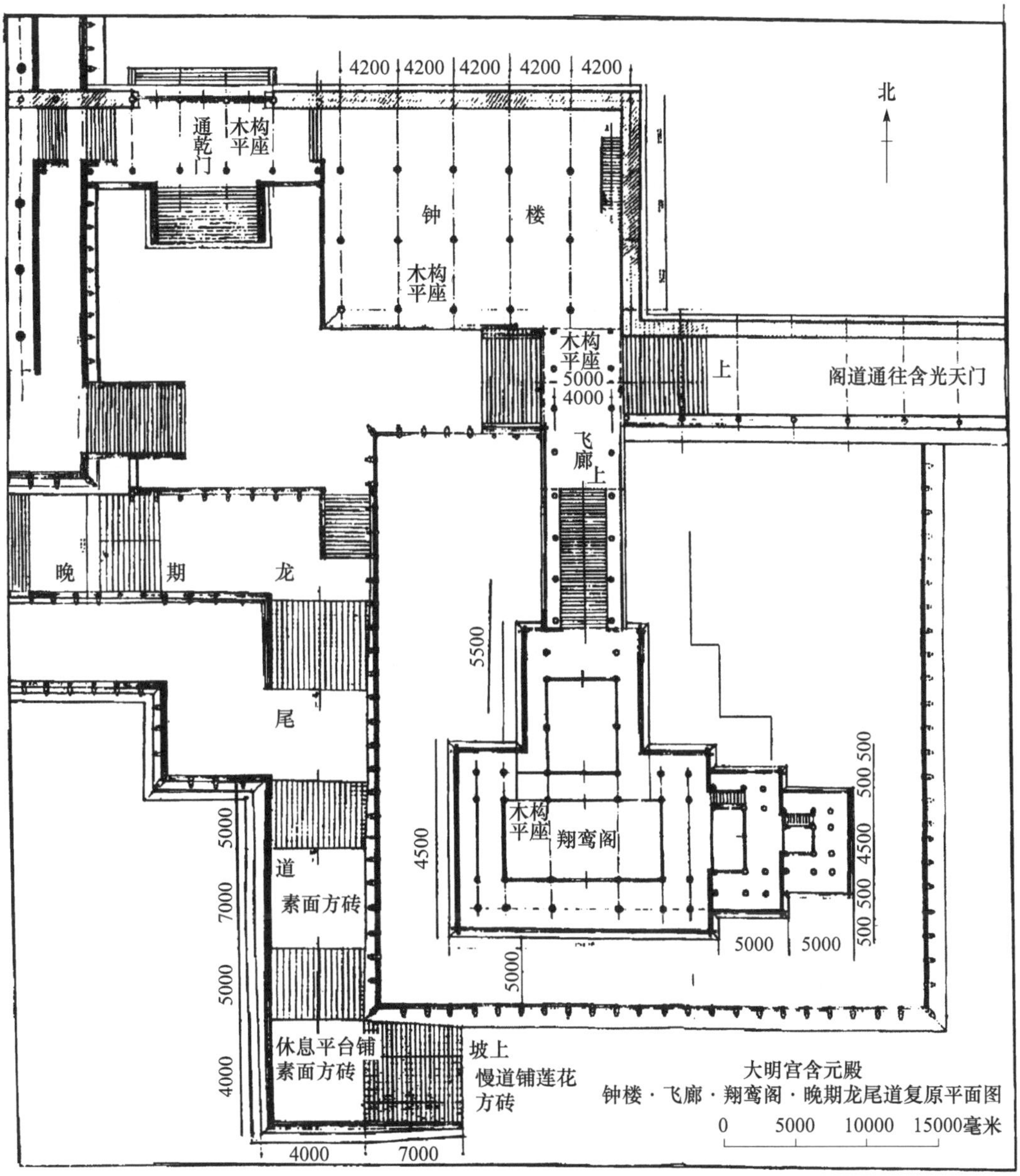

图 3-4-37　陕西西安唐大明宫钟楼、翔鸾阁复原平面图

面的飞廊，其平座南部斜上作木梯与阙楼平座相接（图 3-4-38）。

两阁的屋盖式样，参考《九成宫纨扇图》所绘天台山上丹霄殿东阙楼形象，复原可作歇山式（图 3-4-39）。两阁的屋盖是复合体，从唐壁画来看，复合体屋盖，如主体建筑附有夹庣的情况，都是两侧夹庣屋脊在主体屋盖之下。仿唐、宋形制的泰山岱庙朵楼，其递落组合的歇山顶，也是下层的屋脊在上层屋檐之下。日本现存仿唐、宋建筑的类似组合屋盖，也是这样处理的。直至明、清，如北京紫禁城朵楼，其歇山屋盖的组合，也仍是下层屋脊在上层屋檐之下。因此，复原含元殿两阁，其母、子阙楼观的屋盖组合，应作脊在檐下的处理。

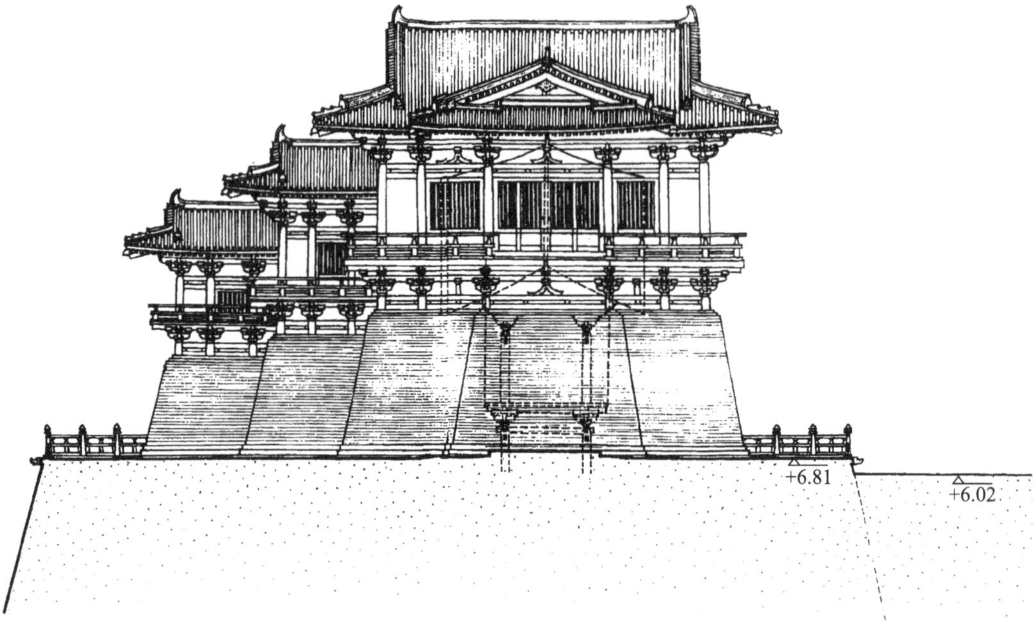

图 3-4-38　陕西西安唐大明宫遗址翔鸾阁复原北立面图

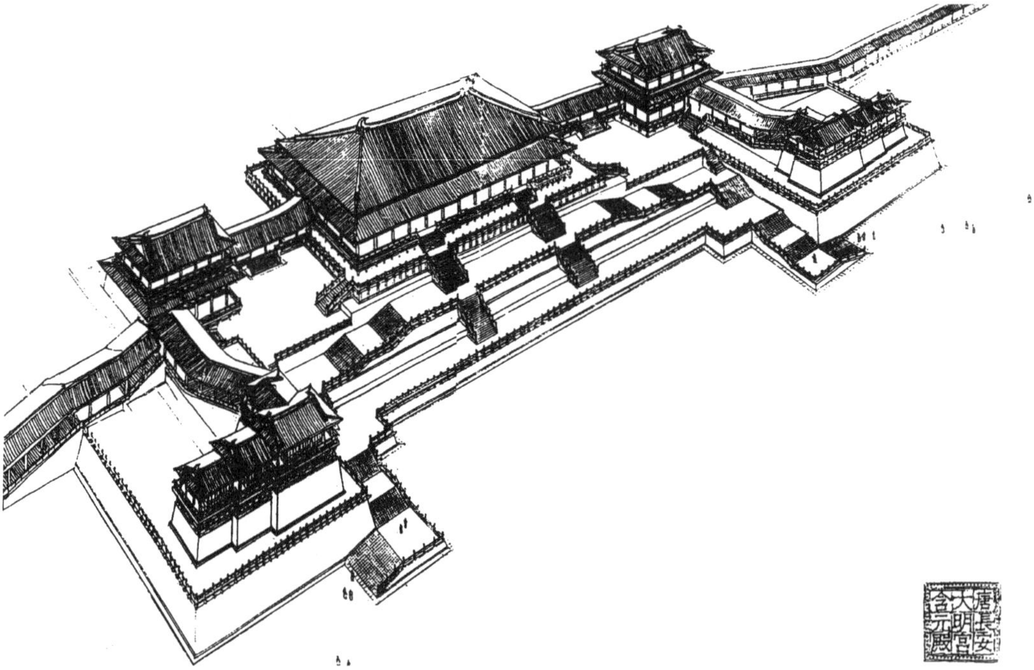

图 3-4-39　陕西西安唐大明宫遗址咸亨元年后含元殿形制复原透视图

推测在咸亨元年改造了龙尾道以后的含元殿，复原情况大体如是。这座建筑组合体主次分明、构图严谨，整体艺术效果确实像《含元殿赋》所歌颂的那样："进而仰之，骞龙首而张凤翼；退而瞻之，岌树颠而崒云末。……左翔鸾而右栖凤，翘两阙而为翼，环阿阁以周墀。……"（同图 3-4-39）。

至于早期龙尾道，长度按遗迹在40米以上；壁面像大台壁一样，有相同的收分。据第一期发掘所见素面及莲花方砖残块，推测大约也是慢坡铺莲花方砖、休息版铺素面方砖，姑且也按七折考虑（图3-4-40）。

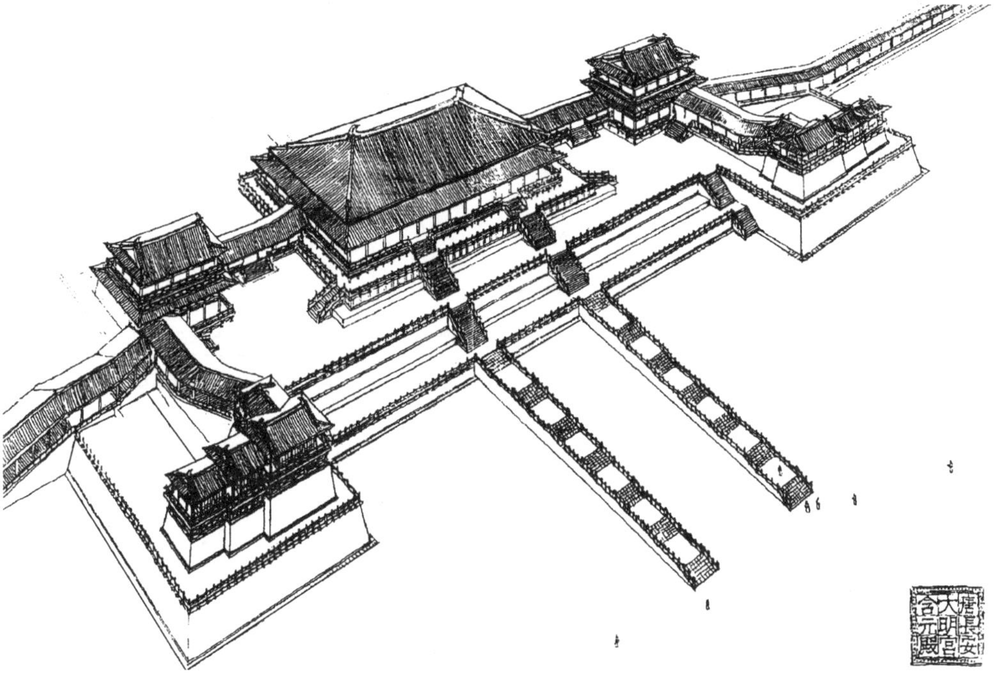

图3-4-40　陕西西安唐大明宫遗址咸亨元年前含元殿形制复原透视图

在这个认识的基础上，我们进行了遗址保护工程的设计。对于这样高大遗址的保护，像三十多年前那样用土掩盖，事实证明是无效的。为了避免继续破坏、确实做到对这个重要遗址的保护，在联合国教科文组织的主持下，经中、日专家的讨论，确定了按麟德殿遗址的保护方式，在夯土遗址表面以5厘米细沙作为隔离层，再用土覆盖50厘米作为保护层，上面依据考证结果建造复原台基。这样，不但保护了遗址，而且体现了科学研究成果的价值，使人们得以一睹这一历史伟构当年风采的一斑。

附　含元殿朝堂

大明宫含元殿配置有文、武官员候朝的处所——朝堂，有东西两座，称作“东朝堂”和“西朝堂”。门下省和中书省两省官员在上朝前分别集合于东、西朝堂，由御史引导,按照规定的次序入朝。有时太子或宰相也在朝堂会见百官[①]。含元殿具有大内太极宫外朝——承天门楼观的性质。其殿前的朝堂，就是按照承天门的朝堂制度设置的；其中同样

① 《资治通鉴》卷二百三十六：“永贞元年七月，宪宗为太子时，于东朝堂会见百官。”

也置有肺石、登闻鼓[①]。

东、西朝堂对称分布于东翼翔鸾阁与西翼栖凤阁的前方，距阁都是30余米。西朝堂遗址大部分被现今建筑所叠压，考古仅发掘了东侧朝堂[②]。东朝堂遗址有相叠压的早、晚期迹象，表明经过改建和扩大（图3-4-41）。

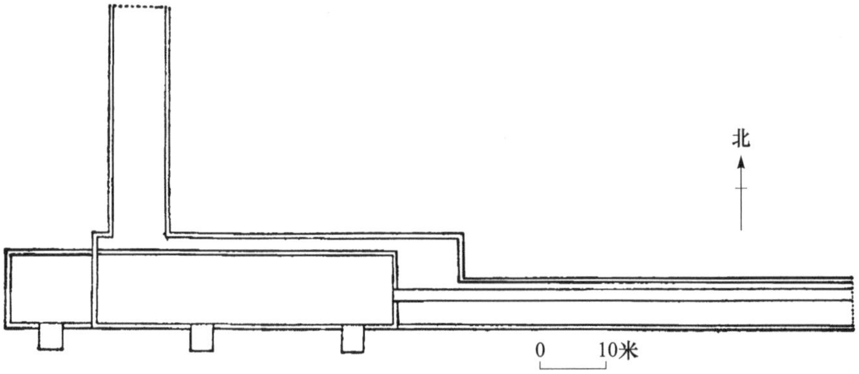

图3-4-41 陕西西安唐大明宫遗址含元殿东朝堂早、晚期基址叠压平面图

1. 早期朝堂

早期朝堂遗迹比较简单，它表明原来只是一座东西长、坐北朝南的房屋，在东山墙的中部连接一道向东延伸的墙垣。夯土基坛遗迹表明原有包砖，完整尺寸为东西长73米、南北宽12.45米，残存高度为30～60厘米，周围有铺砖散水。基坛南面有三个踏道，居中一个踏道，东、西相距24.15米各有一个踏道。居中有踏道，表明这座建筑是单数开间。按73米长的基坛，可设定为十五间。则每间面阔为4.704米，即唐一丈六尺；通面宽为70.56米，即唐二十四丈。这样，连同东、西版筑山墙的厚度，正与基坛的长度相适合；进深可能是三间。

这座早期东朝堂的屋盖应是悬山式；正脊两端施鸱尾。涂朱梭柱，用斗栱；当心间和东、西两端的第二间设门。门的式样有两种可能性，一是直棂槅扇门，一是版门。其余各间为直槛窗，窗下为槛墙。

早期东朝堂的东山墙所连接的墙垣为版筑，墙根宽度为2米。其原状应是墙体有收分，墙壁粉白，墙头有木椽出檐较大的瓦顶。

此墙发掘长度为87米、距含耀门向南延伸的道路10余米处，尚未到尽端。推测它再向东不远即与含耀门西的一条南北向的墙垣相抵，此处南北向的墙上开有文献提到的“侧门”（图3-4-42）。当年百官到大明宫上朝不走正门——丹凤门，而是由东侧的望仙门进入。从望仙门北行，进昭训门后西折，从“侧门”进入含元殿前的中心广场区，沿东朝

① 《唐六典》卷七。

② 马得志：《唐长安城发掘新收获》，《考古》1987年第4期。

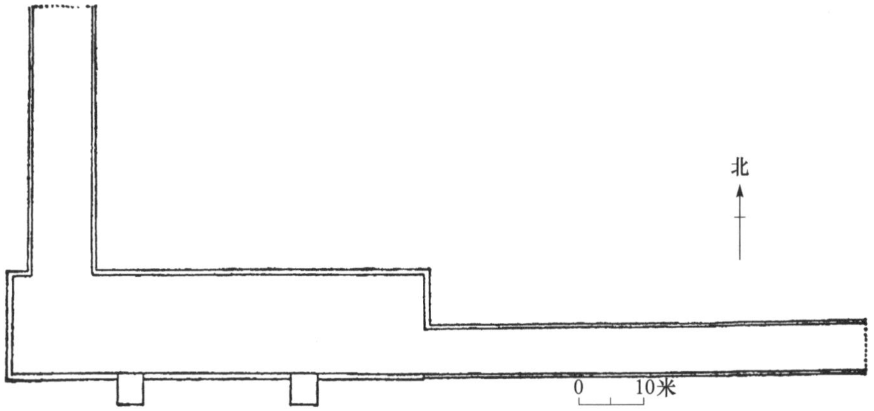

图 3-4-42　陕西西安唐大明宫遗址含元殿晚期东朝堂复原平面图

堂东墙到达东朝堂。从这一路线，可以了解到东朝堂设置东墙的空间围合及导引作用的意义了。

2. 晚期朝堂

晚期朝堂的夯土基坛叠压在早期的基坛之上，二者并不重合。晚期西山墙向东移了 16 米，房屋缩短了 5 米左右，即 68 米多长，大概改为十三间了；而进深却向北加宽了 4 米，成为 16 米多，大约是增加了前檐廊；廊前利用了原来的两个踏道，形成左、右阶古制。晚期朝堂又在西端向北加建了一段宽 10.4 米、残长 43 米多的廊庑。加建的这部分南北向廊庑，只有散水、没有发现踏道。

晚期朝堂所采取的“L”形平面，加强了它与含元殿构图的整体性；同时，东、西朝堂加上的两道对称的南北向廊庑，使殿前空间更为紧凑。

晚期废弃了向东延伸的墙垣，而改为一道走廊。廊基址宽 7.5 米，东西残长 73 米。这在功能上有很大的改善，使上、下朝的百官可以有一段遮阴、避雨的通道；同时，在环境艺术面貌上，也有了很大提高（图 3-4-43）。

图 3-4-43　陕西西安唐大明宫遗址含元殿晚期东朝堂复原透视图

含元殿朝堂的复原研究，使我们有条件对隋朝初建大兴宫（唐改称太极宫）时，作为外朝的宫门楼观前所设置的朝堂作出推测，即大约就是含元殿早期朝堂的样子。因为含元殿朝堂是按照太极宫承天门朝堂设计的，而太极宫朝堂则是隋时的遗构。

十一、唐大明宫麟德殿（将“三殿”错判为四顶及左右梯对称）

切入点：文献、石窟寺壁画。

这座宫殿遗址已有两篇复原论文发表[①]，中国科学院考古研究所夏鼐所长和发掘主持人都认为与遗址不符，复原方案不能成立。例如，此殿的遗址表明它不是对称的，复原为了好看，画成对称；又如，两亭、两楼的夯土台都是实心，而复原图为了“合理”而画成内有楼梯——“纳陛”等。1973 年笔者进入考古所之初，他们就谈及此事，并且提出希望笔者能重新考虑提出复原方案。后来，笔者有机会和复原的作者谈了他们的问题，几年之后不见新的方案发表，笔者才做了复原研究，并发表了论文。

笔者的复原考证论文如下。

麟德殿可以说是唐朝宫廷建筑的一种代表作，在这座宫殿中既包括典礼会堂性质的前殿，又包括大、小宴会厅；既有殿、阁，又有楼、亭、廊、天桥等附属建筑。在体形、空间的组织上，它继承隋的传统并加以发扬光大，而形成一种独特的唐代风格。已知隋仁寿宫采用主体殿阁两翼伸出楼观的构图，大明宫含元殿即直接沿袭了这样的形制，而麟德殿则更加丰富和发展。两翼从体亭、楼采用高台上建屋的方式，可以看出有着更为久远的战国以来高台榭的传统。主、从之间的连接体——天桥，再则显示出脱胎于秦、汉飞阁复道的痕迹。

从结构上看，麟德殿采用占满一间宽度（5.30 米）的版筑厚墙来稳定木梁柱框架的做法，反映了自周至汉以土结构为核心的土木混合结构体系的残余。其实自东汉以来，已确立了以木结构为骨干的土木混合结构体系，隋、唐时期更将这一体系推进到新的阶段，如斗栱与梁架的组合；木构模数化与用材的标准化，已趋形成，这为北宋的《营造法式》制度奠定了基础。

麟德殿的遗址保存至今，1959 年 5 月，中国科学院考古研究所完成了遗址的发掘，同年 11 月发表了报告[②]。80 年代初，国家文物局决定按照笔者的复原报告对台基遗迹进行复原整修保护，遗憾的是保管所未能严格照图施工。

为了正确认识遗址现象以便对麟德殿进行复原考证，首先需要了解麟德殿的创建年代、建筑性质和它的使用情况。

1. 建造年代

麟德殿的建造年代未见记载，已知最早的使用记录是乾封元年（666 年）农历四月，

---

① 作者在此列出脚注，但未有内容。

② 发掘报告载中国科学院考古研究所：《唐长安大明宫》，科学出版社，1959 年，第 33～40 页。

高宗从泰山回到长安的当天，在这座宫殿里宴会群臣[①]。也就是说，它建成于乾封元年以前。大明宫创建于太宗贞观八年（634年），初名“永安宫”，九年正月改称“大明宫”。一座宫殿的建造，按正常施工程序，应先建中轴一路，据宋人程大昌《雍录》，太宗经营大明宫正是先于龙首山改建原有射殿开始的[②]。然而工程中辍，并未完成。太宗一代更未见有营造或使用麟德殿的记载，可知当时还没有麟德殿。高宗龙朔二年（662年）复工，翌年四月才完成了由射殿改建的含元殿。据记载，大概于龙朔三年大明宫开始了全面工程；可能由于太液池、蓬莱山的苑景布置，并改大明宫为“蓬莱宫”（咸亨元年又改称“含元殿”，或作“含元宫”；神龙元年恢复“大明宫”旧称）。龙朔三年（663年）高宗迁入蓬莱宫听政；乾封元年四月，遂有麟德殿大宴群臣之举。一座宫殿建成之后，因过于潮湿，不宜立即使用，往往需要搁置一些时日。这样看来，乾封元年春即使是首次使用，该殿建成至迟也应在几个月之前，推测至迟应在前一年秋冬落成。查乾封元年的前一年为麟德二年（665年），这就是说，麟德殿至迟落成于麟德二年。“麟德”是应祥瑞而改元的，改元“麟德”时新建的宫殿也以“麟德”命名，是在情理中的事，而且是有例证的，高宗于咸亨年间在九成宫建造咸亨殿，就是一例。这样看来，可以推断麟德殿最早始建于高宗龙朔三年，至迟落成于麟德二年，即该殿的建造年代在663～665年。或者可以说，麟德殿建于初唐麟德年间。

2. 功能性质

麟德殿位于大明宫西部右银台门内龙首原（古籍或称“龙首山”）北坡一个突起的高地上。该地段比含元殿地段高5米左右，比太液池岸高10多米。这里可以俯瞰太液池、蓬莱山及周围殿阁亭廊的幽美景象。从史籍记载来看，麟德殿是大明宫中一座相当重要的大型宫殿，就朝廷礼仪而言，它具备一定的内朝性质，在这一点上，它是大明宫中仅次于中轴在线大朝含元殿、常朝宣政殿、紫宸殿，它也作一些朝会之用，不过它更为主要的功能是宴乐的会场。关于朝参、奏对、召见之类的使用情况，《旧唐书》《册府元龟》《唐会要》《南部新书》等典籍中多有记载。例如，高宗“永隆二年正月十日，王公以下以太子初立献食，敕于宣政殿会百官及命妇。太常博士袁立贞上疏……上从之，改向麟德殿”[③]。又，穆宗长庆二年三月戊申，“裴度来朝，对于麟德殿”[④]。另外，还有许多诸如李绛等宰臣奏对以及藩臣觐见、命妇朝参、公主出嫁等典礼在麟德殿举行的记载。这类活动所使用的是被称作“麟德殿”的前殿。其他佛、道法式也有以此殿为会场的，如

---

① 《册府元龟》卷一百一十：“干封元年……四月甲辰，帝至京师，先谒太庙，是日御景云阁宴群臣，设九部乐，颁赐采各有差。”同书同卷载：“上元元年九月辛亥，百官具新服上礼，帝御麟德殿之景云阁以宴群臣。”可知景云阁为麟德殿的组成部分。

② （宋）程大昌：《雍录》：“大明宫地本太极宫之后苑东北面射殿也。地在龙首山上，太宗初于其地营永安宫，龙朔二年，高宗就修大明宫，改名‘蓬莱宫’。”

③ 《唐会要》卷三十“大明宫”。

④ 《旧唐书·穆宗本纪》。

“上元二年九月……上于三殿（即麟德殿的俗称）置道场，以内人为佛、菩萨像，宝装饰之；北门武士为金刚、神王，结彩、被坚、执锐，严侍于座隅”①。至于大小各种宴会，除使用前殿外，大多在景云阁、障日阁及东亭进行。如高宗“乾封元年……四月甲辰，帝至京师，先谒太庙，是日御景云阁宴群臣……”；“上元元年九月辛亥，百官具新服上礼，帝御麟德殿之景云阁以宴群臣”②。另外有些在麟德殿举行宴会的记载，虽然没有指明具体地点，但从其规模可以判断，大型宴会多是在景云阁举行的。例如，上述上元元年九月高宗于“麟德殿之景云阁”大宴群臣，《旧唐书·高宗本纪》就只说“上宴之于麟德殿”。这样看来，像德宗贞元四年“宴群臣于麟德殿，设九部乐，内出舞马，上赋诗一章，群臣属和”③；宪宗元和十三年二月，“御麟德殿，宴群臣，大合乐，凡三日而罢”④；十四年八月，“宴田宏正与大将、判官二百人于麟德殿”⑤等可能都是在景云阁设宴的。最大规模的一次宴会，可能就是代宗大历三年赐宴剑南、陈、郑的神策军将士三千五百人⑥，估计可能同时利用前殿、景云阁、障日阁，甚至廊下、庭中。规模最小的曲宴，如“贞元十二年，上（德宗）宴宰相于麟德殿之东亭”⑦。一般宗族、命妇的内宴，多是在障日阁进行的。

关于麟德殿宴会的情景，可从张籍的七言律诗《寒食内宴二首》得到一个感性的印象。诗云：

> “朝光瑞气满宫楼，彩纛鱼龙四面稠，廊下御厨分冷食，殿前香骑逐飞毬；
> 千官尽醉犹教坐，百戏皆呈未放休，共喜拜恩侵夜出，金吾不敢问行由。”
>
> “城阙沉沉向晓寒，恩当令节赐余欢，瑞烟深处开三殿，春雨微时引百官；
> 宝树楼前分绣幕，彩花廊下映华栏，宫筵戏乐年年别，已得三回对御看。”

诗中不但描写了麟德殿有殿堂、有楼阁，还有服务设置——廊下御厨；建筑装饰还有华丽的栏杆、绣幕、彩旗；庭中配置有名贵花木。宴会时节，更兼瑞烟缭绕、彩旗缤纷，既有杂耍百戏的娱乐，还有马球比赛的观赏。

麟德殿自初唐建成后，直至晚唐，一直主要是作为宴会的场所。在二百余年的使用过程中，后期曾经有所改建，这在遗址中有明显的迹象。以下，对遗址情况略作概括的说明。

---

① （宋）钱易：《南部新书·壬》。
② 《册府元龟》卷一百一十。
③ 《旧唐书·德宗本纪》。
④ 《旧唐书·宪宗本纪》。
⑤ （宋）钱易：《南部新书·壬》。
⑥ 《唐会要》卷三十“大明宫”。
⑦ 《南部新书·乙》：“贞元十二年，上宴宰相于麟德殿之东亭，令施屏风于座位之后，画汉、魏以下名臣，并列善言美事。”

3. 遗存概况

遗址是复原研究的主要依据，在论证复原形制之前，有必要对遗址略加说明。麟德殿的遗存情况详见发掘报告，这里仅就复原考察中需要特别注意的地方，扼要叙述如下。

麟德殿自晚唐战乱中被焚毁后，遗存的废墟在唐末即被扰乱，劫余焚后的建筑遗构，如台基包砖、柱础、栏杆望柱、螭首、铺地砖、石以及金、石饰件等，大部分被捡拾，所剩无几。发掘唯见被焚裂残缺的石础一枚及覆莲石础一、二残片；栏杆石望柱残段二三块；残螭首十数件，完整螭首一件；少数压阑石、螭子石、副子、象眼等残段；以及部分残砖断瓦。其中尤当注意的是出土绿琉璃瓦残片数枚及兽形金箔一小片。

揭除早期已被扰乱的堆积层之后，只有殿堂、亭、楼、廊的台基和部分残墙基本保存；主体殿堂两层台基的南、东、西三面踏道、慢道残迹大部尚可辨认。中部殿堂的下层台基南部东西宽 80.20 米，南北纵深全长 131.55 米；由台基上原来地面至散水的完整高度为 2 米。二层台基南部东西宽 65.50 米，北部宽 63.30 米，南北纵深全长 101.75 米；完整高度为 1.10 米。二层台基上的前殿内残存原来的石地面而又高起 30 厘米；中部殿堂原地面与前殿平；后部殿堂原地面又高起 16 厘米。台基上残墙遗存最高处为 60 厘米；一百多个柱础及铺地砖、石的印痕犹存。西耳室以北，沿西山墙内壁一线，残存 3 米多长的一段沟槽。槽宽、深皆 10 厘米，内有木炭，可知北部外围原系木框架隔断。又，于东耳室以西第三间西侧北端第一间，在砖地面上发现白灰墙皮等大约是竹笆抹泥隔断残迹；发掘负责人马得志先生补充了报告中略去的另一现象，即与此相对称的西耳室以东第三间东侧南端第一间，也有同样迹象。东、西亭、楼的墩台基座残存最高处近 5 米，最低处约 1 米，全部实心夯筑，并无内阶，表面局部保存有收分明显的包砖。在续掘中证实了我们关于阁道登楼的推测，意外的是东、西二阁道并不对称，东翼阁道在楼南，西翼阁道在楼北。西翼楼北阁道基址保存较好，虽然残基低矮，但平面呈完整的长梯形，完全排除了它是回廊的可能性，明确表现出它是具有收分的一跑阁道的基座。东翼楼南阁道的残基较为低矮，最低处不到 50 厘米，与楼相接处保存最高。约有 1.50 米，长度与西侧阁道相等，所不同的是阁道南端与一个小型殿基相连，这一殿基南侧又与前殿后部向东延伸的廊道台基相连此东西对称、横向延伸的廊道两端尚未发掘，推测应与周围廊庑或围墙上的东、西宫门交接。已探得这座宫殿东、西两侧都有南北向带状夯土，宽约 3 米，西侧还发现画有土红色重楣的墙皮，推测周围可能是唐朝惯用的廊庑环绕，晚期改为围墙。周围的情况，还有待进一步发掘才能确定。

由于麟德殿自初唐建成直至晚唐，使用了二百余年之久，中间经过不断维修和破坏后的重建，特别是后期庭院地面增高，又重新在增高的地面上做散水，从而使下层台基高度减为 1.40 米。遗址表明，后期在二层台基南端，东、西各建造版筑墙一道。后殿东、西两侧，在下层台基上又建有南北向版筑墙，似乎围住了北半个台基。又于后殿西部向西开辟通道，打破西楼阁道基座，这表明西楼阁道已被废毁。后期在中部殿堂西侧（西亭前）的下层台基上，增建了房屋，并在西亭西侧已增高的庭院地面上也建造了房屋。这些权宜利用的改建和增建，完全破坏了麟德殿原有的格局，反映出晚唐国势日衰、苟延残喘的政治局面。我们的复原研究，是以麟德殿初期形制为准的。

4. 复原形制

考察遗址，对照史籍记载和其他参考材料，可以明晰麟德殿的格局。这是一组前后殿阁相连、前低后高、左右用天桥连接两翼楼、亭的宫殿组合体，与敦煌石窟寺唐朝壁画所示宫殿建筑群的构图恰相仿佛（图 3-4-44）。中部主体殿堂呈南北串联的形式，共同坐落在一个带有栏杆、螭首的两重大台基上。殿堂以南北为主轴，东西对称，主轴方位北偏东 1°。台基正（南）面设东、西两阶，台基上正面为前殿——麟德殿（图 3-4-45）。

图 3-4-44 敦煌石窟唐壁画中所示天桥相连的宫殿组合体

麟德殿 悬“麟德殿”额的是整组宫殿的前殿或曰正殿，正如含元殿作为整座大明宫的正殿、因而成为大明宫的总称一样，“麟德殿”也是整组宫殿的总称。这一部分的木构间架面阔十一间，间宽 5.30 米，通面阔 58.30 米。东、西两尽间填土夯实，构成两道实体的厚墙。所以殿内空间实际使用面积是九间面阔，净距 47.70 米。进深四间，南北两间各 5 米，中部两间各 4.25 米，通进深 18.50 米。殿内为争取使用面积，省略五柱，使柱网呈宋式所谓“金箱斗底槽”形式。此前殿是全殿中唯一减柱的部分，推测它是一层的大殿，即“堂”的形制。按照传统制度，这座主要殿堂应为四阿屋盖；这可从敦煌唐朝壁画的同类组合体形象中得到佐证。殿前有较细的廊柱一排，殿左右无此类柱，可知是按“天子临轩”的古制出有前轩，而并非三面廊檐。由前轩登堂，地面高起 30 厘米，殿前檐空敞，当年应是挂有垂幕帐幔之类。殿后檐应是轻质隔断；与后部穿堂门相对处，开有门户。殿中央三间，可能在其后金柱之间设屏风；居中布置御床宝座并设华盖、帷幄之类。

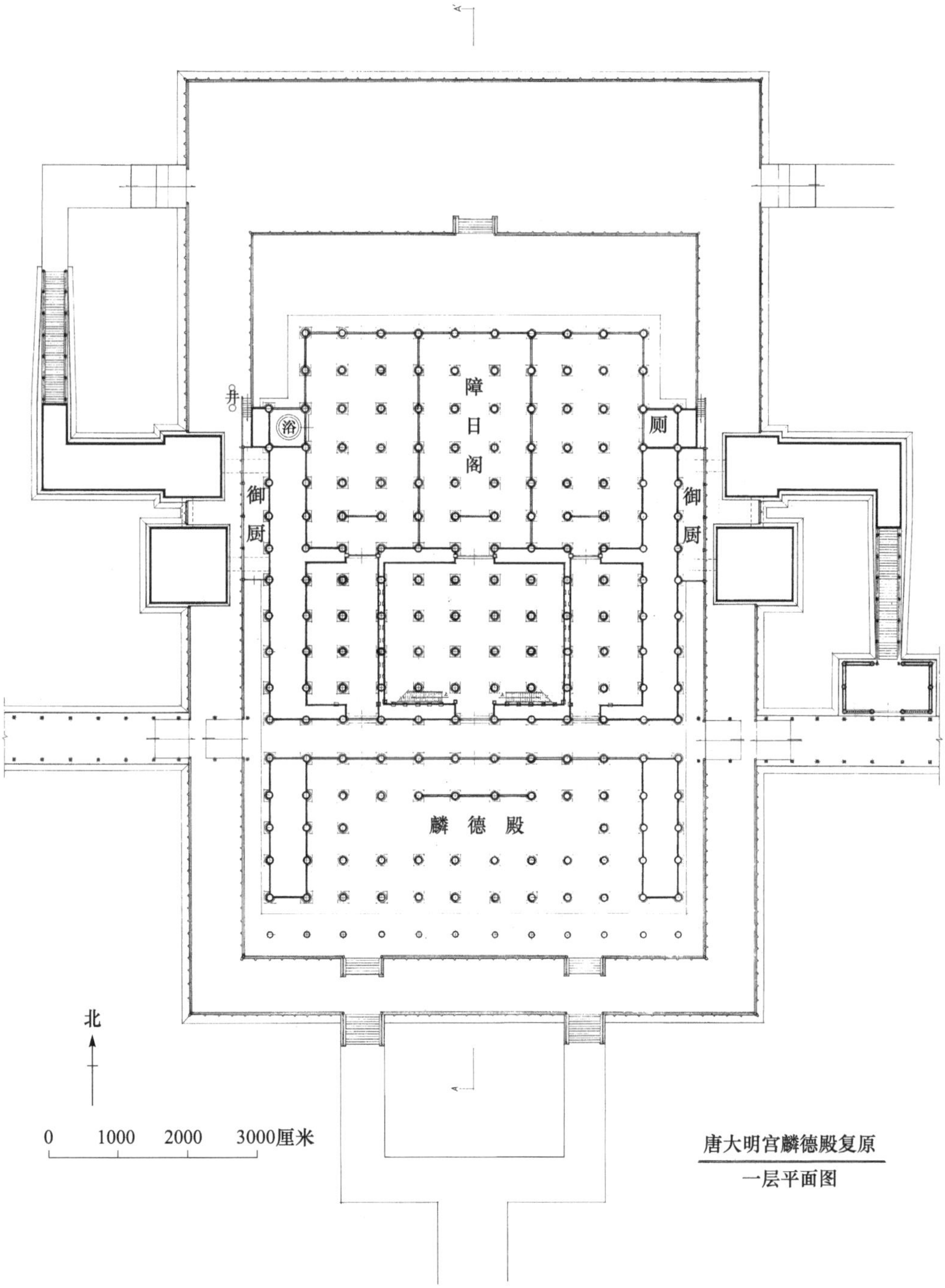

图 3-4-45　唐大明宫麟德殿复原一层平面图

穿堂　前殿北，隔一间宽的廊道与中部殿堂相接。中殿与后殿面阔与前殿相同，东、西两尽间同样为一间厚度的山墙，由中殿直达后殿。中殿进深五间，南北有土墙（南墙厚 2.20 米、2.40 米），将中殿围成封闭空间；其中又设 1.20 米厚、并有壁柱加固的南北向隔墙两道，从而分成中部面阔五间、两侧面阔各二间的三个空间。三个空间的南北各对应设门（中门宽 5.20 米东、西门宽 4.25 米），而成为穿堂或曰过厅的形式。此中殿内部较幽暗，既被分隔，又成为前殿至后殿交通孔道，所以它不是主要殿堂，而是主要殿堂之间的一个交通枢纽。它既是南北平面交通、又是上下垂直交通的中心。穿堂南墙内壁，在中门左右各有七个壁柱方础及壁面沟槽，从构造情况判断应为楼梯遗迹。估计这里有楼层，论证见下述“景云阁”一节。

障日阁 后殿进深六间，东、西厚山墙只占进深三间，墙北端各有一间的耳室，耳室东或西外侧各有 3.30 米厚的版筑墙。耳室北面为轻质隔断——隔扇或棂窗障日版。西耳室内，南、西两土壁为白灰抹面，室内地面低于后殿 10 厘米，朝向后殿一面（东面）有与中殿中门相同的“土梁”，推测为门槛包砖的地栿遗迹，可知有门与后殿相通。室内中央用磨砖对缝砌出一凹下盆形圆池，口径 2.10 米，底径 1.80 米，深 33 厘米。这一设备似与防水有关，报告推测为浴室，在这一凹下的圆池中置铜或木制浴盆，是可能的。东耳室是砖铺平地，从它与浴室对称的布置推测，功能或许也相对应，可能是厕所。厕所是宴会场所不可缺少的重要附属设置，宫廷宴会厅的厕所理应设在内部。唐以前已有关于高级室内厕所的记载，如西晋富豪石崇宅邸中的豪华室内厕所，由于使用恭桶，并有熏香、盥洗更衣等设备，便毕即有侍者立即清洗，效果犹如近代的自动冲洗，所以是无碍卫生的。从东耳室的空间尺度来看，作为更衣、盥洗的厕所使用，也是适合的。耳室以北，后殿两间进深的东、北、西三面外围，据遗迹可知是由 10 厘米厚的木质隔断围护的。对照文献“殿北相连各有障日阁”① 的记载，此部应装有槅扇、障日版（唐李思训《江帆搂阁图》中有槅扇的写照；近年四川唐墓并出土形象材料）。后殿内部，由遗迹推知原设有厚约 10 厘米的南北向轻质隔断，从而分隔成东西并列的三个面阔各三间、进深各六间的厅堂。这大约就是所谓“各有障日阁”的道理。后殿北侧采取障日版、槅扇的做法，使进深较大的三个厅堂都能保持一定的采光，这种分隔正是从实际使用出发的。推测并列的三个各自独立对外的厅堂之间或有门户相通，三位一体，可分可连。这正便于不同规模宴会的灵活使用。这里在全组建筑的最后部，比较隐蔽，合乎文献所记是作为“内宴”使用的②。

景云阁 遗址所见穿堂及障日阁的柱网无一减柱；特别是中殿，在周围及内部沿一定的柱轴线筑土墙以增加木构架的稳定性。这反映了上部有较大的荷载，推测此部可能是楼阁的底层。根据遗址现象所推测断的前部殿堂接后部楼阁的这一格局，不仅得到敦煌石窟唐朝壁画的佐证，而且由史籍记载证明它确实是有楼阁的。遗址与文献共同表明麟德殿不

---

① （宋）宋敏求：《长安志》卷六。

② （宋）宋敏求：《长安志》卷六注：“凡内宴多在此殿。”

但有东、西二配楼——郁仪楼和结邻楼[①]，而且还有宽敞、开阔的景云阁。如前所述，“麟德殿”本是前殿的名称，按习惯用它作为整体宫殿的总称。实际上这座宫殿中，另外还包括障日阁和景云阁两处宴会厅。因为麟德殿共有三个主要厅堂，而且外观上也是三个屋顶的体形（说详后），故唐时俗呼“三殿”。从遗址所反映的结构情况来看，景云阁应该就在穿堂和部分后殿（障日阁）之上，即东、西山墙，包括耳室山墙的总长度，应即景云阁的通进深。关于麟德殿的景云阁，《册府元龟》记载了高宗不止一次在这里大宴群臣。阁称“景云”，可见是楼层而并非障日阁的“阁”。其中可以宴会群臣、设九部乐，也足见其宽阔。对照遗址，景云阁正应该是在麟德殿（前殿）后的部位。元人王士点在其所著《禁扁》中说“景云阁在麟德殿侧”的话，也可以说是对的，阁确实是在前殿的近旁，不过话讲得含混了些。王士点的这一说法或有所本，然而由于时代相隔，原殿无存，在理解上或有疑惑，因而采用了这样含糊的措辞，当然也可能王氏误解为阁在麟德殿整组宫殿以外的近旁了。现在对照遗址的考察，景云阁是麟德殿整体的组成部分，是毋庸置疑的。在前面“穿堂”一节中已提到，靠穿堂南墙内壁约有楼梯；我们再从景云阁的复原平面来看，楼梯恰在南部回廊间，这里设楼梯恰可保持阁内使用面积的完整，是很合适的。对于下层穿堂来说，于其南部开这样的两个长条楼梯井，也正好解决了内部的采光问题。

遗址表明上部的景云阁通面阔应为十一间，由于它是侧脚做法，楼层通面阔应略小于底层的 47.70 米。鉴于周围平座栏杆距离檐柱很近（不足 1 米），众人聚会使用如此庞大的楼阁，周围应有一间宽度的外廊才能适应人流集散与登眺的实用要求。已知唐朝殿堂、楼阁是有周回外廊做法的，渤海宫殿遗址并见一间宽度外廊的实例[②]。如果除去周回一间外廊，则阁内呈面阔九间、进深七间的一个大空间，使用面积仍可达到 1750 平方米（除去内部柱子的结构面积）。按唐制席地而坐，并采用单人食案的方式，即使御前宴会、考虑到足够的御席以及乐部席、侍者席与进膳交通面积，也可供五六百人宴会之用。据唐朝画幅、壁画推测，景云阁四面用槅扇围护，内部有较好的采光。周回外廊可供凭栏眺望苑景；廊檐柱间，悬挂竹帘以遮阳。

底层后殿北部两间进深的“障日”部分，为楼座柱网的延续，推测上部也有楼层负荷。此部地处景云阁北，由下部向北突出的两层宽阔台基作为呼应来看，障日顶部可能有景云阁北外接的一个站台。这个站台正适合俯瞰北部底层台基；而宽阔的底层台基仅东、西两侧有慢道遗迹，估计北面不设阶道，它正像是一个舞台，可供乐舞、杂耍百戏、角抵之类的表演。关于底层台基北面不设阶道的推测，既可从它超过前方台基的深度来说明，还可由麟德殿“三面”的说法得到佐证。《南部新书》《长安志》及《雍录》关于麟德殿都有“三面”的说法[③]。称某殿堂几面的说法，曾见诸日本的记载，如《大内图考证》

① 《长安志》卷六：麟德殿“东西皆有楼”；《雍录》卷四：“麟德殿东廊有郁仪楼，西廊有结邻楼；学士院即在西楼重廊之外。”

② 渤海国东京城第五宫殿遗址。

③ 《南部新书・丙》：“麟德殿三面，亦谓之三殿。”《长安志》卷六：“此殿三面。”《雍录》卷四：“一殿而有三面，故名‘三殿’也。”“三面”是一回事，“三殿”又是一回事，《雍录》的解释有误。

所载，传为平安末期治承二年（1178 年，南宋淳熙五年）模仿唐长安青龙寺真言院古图中被称作“坛所”的正殿，注明“五间四面”；称作“长老坊”的东配殿，注明“五间四面，西有箦子”；称作“护摩堂”的西配殿，注明元（原）五间三面，后五间一面东厢；正殿北的“伴僧宿所”注明“七间三面，无北庇”；再北的“厨所”，注明“九间三面，无北庇”。对照图形来看，这就是说东配殿四面朝向，西向正殿的一面为防西晒、挂有竹帘（箦），这正是唐、宋绘画所多见的。西配殿原来是三面朝向，即朝正殿的东面及南北两侧面均可通，后来改为仅朝东厢一面出入。北部僧房与厨房各三面，即朝南的正面及东、西两侧面可通，北面不通，也不出檐（庇）。几面之说，大约是唐、宋时期较通行的说法。看来麟德殿“三面”之说，对照遗址应是指这座只有南、东、西三面可通，也就是在这三面设上殿的阶道（踏道或慢道）。

以上是布置在中轴在线的“麟德殿”“障日阁”和楼层的“景云阁”三处主要殿堂；下面再概述东、西两翼的亭、楼、廊等陪衬建筑。

东、西亭　东、西亭位于主殿台基中部的两侧，复原恰在景云阁的横轴上，亦即两亭恰好与阁进深的当心间相对，构图十分端正。两亭的高台夯土实心，无内阶；位置很靠近景云阁，甚至使亭的高台基座一半压在主殿的下层台基之上，这表明是自阁架设天桥登亭的，正与敦煌壁画所示相同。两亭的高台基座平面，以坐落在庭院地坪为准，东西 12.30、南北 11.80 米，近方形而东西略长。亭的高台基夯土残高 5 米左右，台壁收分明显，底部包砖大约高六收一。复原台高 10 米，如果按直线收分，至台顶则每面收进 1.50 米，台顶仅余 9.30 米 ×8.80 米，即使挑出平座也稍显局促。推测或如敦煌壁画所见、台壁作曲线收分，即台壁愈高收分愈小（图 3-4-46）。根据西楼阁道每面 80 厘米的收分（详后）至台顶，可保持约 10.70 米 ×10.20 米，上面再挑出平座，则建三间的小殿通面阔可至 10 米，即当心间 4 米、两次间各 3 米。在续掘中，幸而发现西亭高台南壁与殿台基相接处有保存完好的包砖高达 1.80 米，可借以看出亭的台壁正是呈内凹曲线，从而使这一推测得到证实（图 3-4-47）。呈抛物线内凹的台壁，更富有表现力，并且与如虹的天桥及曲垂而下的东、西翼廊造型协调一致，艺术风格更为完美。从高台基平面推知，上部的建筑实为面阔、进深各三间的小殿，面阔大于进深 50 厘米。如此，其屋盖应为正面向南的歇山顶（并厦两头的九脊殿）。从皇帝在其中设宴、御座后摆屏风等情况来看，御座应面南设置；这样，建筑也应有面南的方向性。今东、西亭作南向的九脊殿，正符合礼仪上的要求。

图 3-4-46　敦煌石窟唐代壁画壁面凹曲高台形象之一例

郁仪楼与结邻楼　《长安志》说麟德殿“东、西皆有楼”；《雍录》说得更为具体：“麟德殿东廊有郁仪楼、西廊有结邻楼。”二楼遗址表明，它们也是在高台上建楼阁的形式。高台夯土残基，在首次发掘的报告《唐长安大明宫》中已表明与两亭一样，也是实心，并无内阶。楼与景云阁以及与亭的距离都很近，而且楼台的东西轴线恰与阁的最后一间中心相对，可知互相间也是架设天桥相通的。复查东、西楼平面为长“凸”字形，即与主殿接近一端高台南、北各加宽 1.10 米，使这一端扩大成方形。楼台基座如果以庭院地坪的底盘为准，全长为 27.20 米；加宽为方形的部分，宽 10.10 米，长条楼深宽 7.90 米。设定楼台高度与亭相同，也是 10 米，砖壁也同样为曲线收分，则台顶设平座后，可建一个 8 米见方并连接 6 米 ×18 米长方的楼殿。其“修而曲”的体形，正符合古代“楼”的原意。楼的顶部处理，与平面相适应，应该也是方及长方两个屋盖的组合体，估计也是采取“并厦两头”的做法。

图 3-4-47　陕西西安唐大明宫遗址含元殿台基包砖与西亭高台相接残迹表明高台壁呈凹曲面

登楼通路，除由景云阁经天桥进楼外，遗址并有直接登楼的阶道遗迹。西楼阶道基座平面长 22.80 米北端起点宽 4.64 米，与楼相接一端宽 6.24 米，即基座壁每面有 80 厘米的收分。设定阶道斜面无平座，则斜面上至楼台 10 米高程时，须有一段平台以布置自楼平座下达楼台面高度的小木梯。若斜面顶的平台长 5 米，则斜面水平长度即减至 17.80 米。它登上 10 米高程的坡度为 1∶1.78，可知这是一条设有踏步的踏道。从文献所记楼有“重廊”[①]推测，登楼踏道大概是有顶的，即为一条斜廊式的阁道。东阁道基座保存较差，据残迹判断与西阁道相同，所不同的是，南端连接一个大约三间的小殿，约是阁道的门户所在。

御厨　从唐·张籍《寒食内宴》诗得知，麟德殿有御厨在廊下。对照遗址考察，主殿二层台基东侧中部，沿台基残边遗存有石灰抹面的泥墙残迹。同时发现对应的中部殿堂东山墙外壁粉饰色彩有所区别，自东耳室南数四间为白色，第五间以南为红色。显然白色为室内，即此部应有四间廊屋。与此对称的西檐下，也应有同样的廊屋；此处附近并有二井，估计这里就是为宴会服务的御厨房。东廊屋附近尚未探查是否也有井，还不能确定是否也是御厨。

东、西翼廊　沿前殿与穿堂之间的内廊一线，向东、西各延伸一廊。廊的台基砖壁也是水磨对缝做法，宽为 6.80 米，高度为 95～25 厘米，向两侧逐渐降低（东廊地势也略坡下）。台基上保留的方形平面石础，大小略有差异。由廊上殿，另设有稍窄于廊台基的花砖慢道。廊顶起自殿檐下，随东、西慢道曲线垂下，以至接近水平。

---

① 《雍录》卷四。

外围建筑 从文献材料知道麟德殿有庭院[①]，亦即外围有廊庑或宫墙环绕。田野考古探得周围有3米左右宽但是带状夯土，证实了文献的记载。复查中，确知结邻楼西侧相距2.50米处有3米宽宫墙遗迹，墙根内侧并有包砖残存。宫墙在相对楼、亭之间的位置上，有门址，宽约4.50米。门口两侧为白灰抹面，并出土画有红色重楣的白灰墙皮残片。从此墙较高的层位以及打乱原有格局的门位判断，它是晚期遗构。此墙与前殿左右东西向的晚期墙，在宽度以及外壁抹灰、内壁包砖的做法方面是一致的，推测可能在两者的延长线上垂直相交，连成一气。唐朝殿堂建筑群通常是用廊庑环绕的，麟德殿早期原状究竟如何，还有待进一步的田野工作。

麟德殿外围必然设置有门，按传统正（南）面有门无疑，从东、西翼廊的布置情况看，应在相对处还辟有东、西宫门。至于北面，从上述北部台基无阶道的推测以及在地势上殿北坡下的情况来看，可能没有北宫门。麟德殿称“三面”，大概不只限于殿堂主体本身，宫殿整体外围大约也是三面的。

麟德殿的外围情况这里略做推测，这部分的原状有待取得遗存材料后考察。复原透视图中外围权作廊庑，借以表示这座宫殿原有一定范围的庭院而已。

5. 工程做法

考察遗址及有关参考材料，可对麟德殿的结构、构造及装修的工程做法做如下探讨。

台基 中央主体殿堂及两翼亭、楼的台基都是黄土夯筑，外包有青砖。青砖规格不等，大的为36厘米×18厘米×7.5厘米；小的为32厘米×16厘米×6厘米。主殿的二重台基基础深平均为2.6米左右[②]，由基底至二层台基面的夯土厚度约5.7米．台壁包砖厚为一砖半，黏结材料为纯黄泥浆。里层粗砌，外层采取磨砖对缝做法，施工相当精细。为使内外砌砖成为整体，每隔一定距离外层用丁砖与里层搭接，底部土衬也用砖砌（图3-4-48）。按唐制，高级建筑的台基大概多设有隔身板柱，从宋《营造法式》来看，板柱与钩栏有一定的对应关系。日本仿唐建筑也是这样做法，国内石窟寺唐壁画也略有反映，可见宋制是继承唐朝的。钩栏分间是根据殿堂开间、铺作来定的，这里复原台基隔身板柱的分间，可在下面“栏杆”一节中讨论。台基周边，从所用螭首的构造情况来看，两侧有一砖厚度的刻槽，可知未用压阑石，仍为砖砌（图3-4-49）。

亭、楼高台基的地基、基础情况未经探查，还不了解。台壁包砖与城门墩台做法相同，但全部为砖砌，未用土衬石与角石。砌砖对缝，不露泥浆，逐层内收，下部每层收进1厘米左右，按曲线台壁，上部砌砖每层内收逐渐减少。从出土遗物看，台顶有压阑石及阁道副子之类。

---

① 《册府元龟》卷一百一十：宪宗元和二年“二月丁丑，以寒食节御麟德殿宴宰臣杜佑、武元衡、郑　、李吉甫……帝与之击于庭”；又，唐玄宗《鹡鸰颂》：“……秋九月辛酉，有鹡鸰千数栖于麟德之庭树……”

② 发掘报告（《唐长安大明宫》）称“台基深入当时地面下平均3.2米左右”，是按晚期地面升高60厘米后，即一层台基高1.4米（原为2米）计算的。

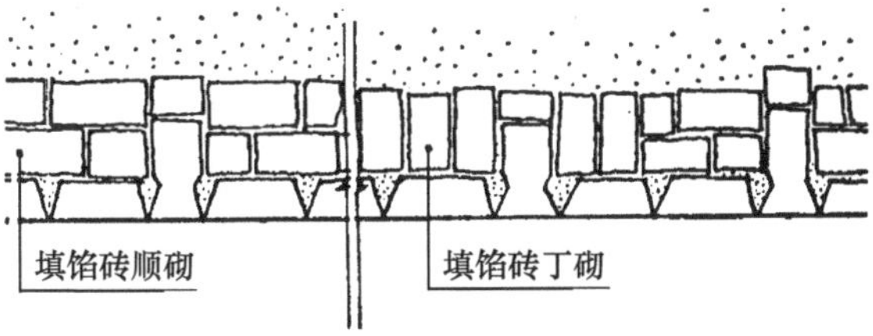

图 3-4-48　陕西西安唐大明宫遗址麟德殿台基包砖砌法示意平面图

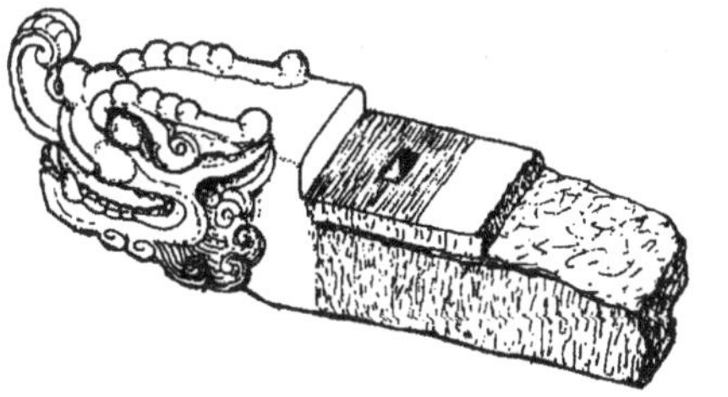

图 3-4-49　陕西西安唐大明宫遗址麟德殿出土完整石螭首

台基散水铺砖共二层，底砖粗砌，面砖对缝严密。主殿台基散水用 35 厘米 ×35 厘米 ×7 厘米的青方砖铺砌，共两块方砖的宽度，外加条砖陡砌边线，边砖外有暗顶砖。第一层台基面上，除二层台基散水外，其余也全用方砖铺装，并有底砖。

殿堂内是直接在夯土上用泥浆铺砌地面的，不再铺底砖。前殿地面为光滑石板铺砌；后殿内廊和中部与东部的穿堂地面也铺同样石板。石板尺寸除个别长达 1～1.50 米者外，一般长 60～80 厘米、宽 40～50 厘米、厚 20 厘米。西部地面铺 50 厘米 ×50 厘米 ×9 厘米的方砖；障日阁铺 35 厘米 ×35 厘米 ×7 厘米的方砖。砖、石铺地，为使对缝严密，侧面都磨斜，只表面侧棱一线相接（图 3-4-50）。由于用泥浆铺砌，所以地面砖、石损失后，缝间的凸起印痕非常清晰。

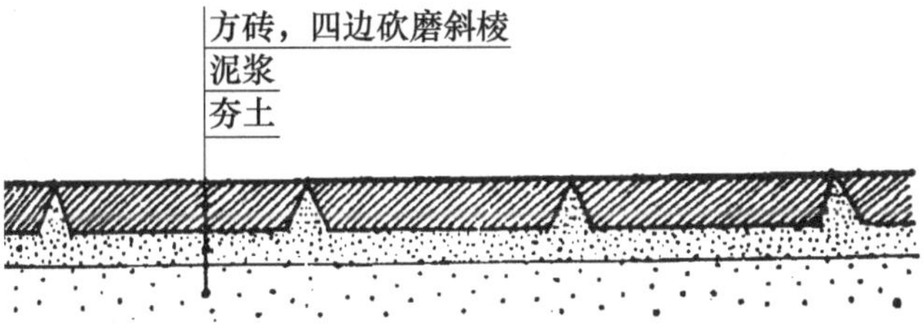

图 3-4-50　陕西西安唐大明宫遗址麟德殿地面铺装做法示意剖面图

唐朝壁画所示，高级殿堂有表现用砖砌台基和阶道的，洛阳的唐朝宫殿遗址并发现砖砌踏道遗迹。看来麟德殿主体殿堂不但台基、慢道为砖砌，所附踏道可能也是砖砌的。两侧慢道的遗迹已表明是用花纹方砖铺砌的；正面东、西两阶从残存的遗迹判断为踏道，估计也是磨砖对缝砌筑的。遗址出土一小型白石刻成的象眼，呈 30°角，即斜度大于宋制的 1∶2。由这个象眼的尺度可知，它不是用于前殿两阶的。洛阳唐宫殿遗存的砖踏道，斜度甚缓。参考这些情况，复原殿阶暂按宋制作 1∶2 的斜度。

栏杆　从遗址出土少量石望柱残段及螭首可知，主体殿堂的两层台基都设有栏杆。遗存有甚至完整的石刻螭首以及少量石望柱残段，但未见比螭首、望柱更细长、因之更易损坏而保留在废墟中的石寻杖及石栏板等残迹。由此可以推测或为唐壁画多见的只在转角、尽端采用石望柱的木制栏杆。目前所见的形象，都是宋《营造法式》所谓“单钩栏”式样，多作勾片棂格（图 3-4-51）。出土的完整螭首有彩绘痕迹，黑眼、红嘴、白牙、黑线勾勒鳞片。螭首施彩的处理，正与朱栏相匹配，这或可作为木钩栏推测的一个佐证。

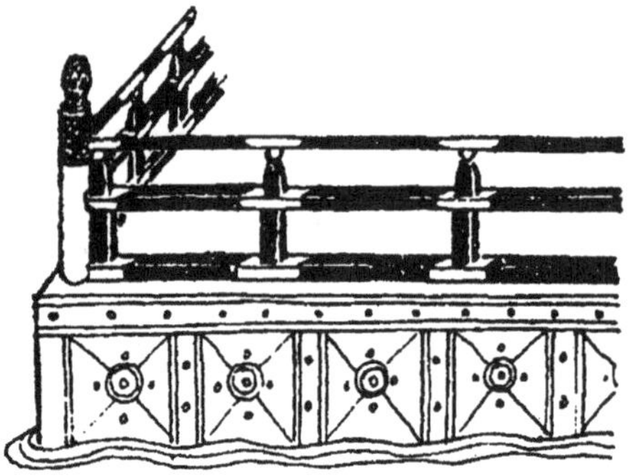

斗子蜀柱转角用望柱

勾片棂格斗子蜀柱转角用望柱

图 3-4-51 甘肃敦煌唐壁画中的木栏杆

石望柱截面作圆形，据残片复原其直径约 30 厘米许，应是一唐尺，即 29.40 厘米。望柱径一尺，正合宋《营造法式》制度，可知北宋是继承了唐以来的做法。这样，栏杆做法可依《营造法式》复原。假设木制单钩栏高度采用三尺六寸，换算米制为 1.06 米。则望柱高应加一尺零八分，即四尺六寸八分，合 1.38 米。与日本仿唐望柱相同，石望柱上部刻有一道凸起的箍；顶端并有安装柱头的卯口。参考含元殿的记载，柱头复原为莲花式样，具体处理按照大明宫出土的含苞欲放的莲花柱头形象。柱头高按《营造法式》为一尺五寸，即 44 厘米。

关于栏杆，据《旧唐书》得知麟德殿有龙墀（亦作“龙池”）制度[①]。龙墀就是折槛[②]，折槛是古老两阶制殿堂的一种栏杆制度。殿堂设东、西两阶，对殿当心间无阶，栏杆横贯，朝臣对奏时有碍御座视线，因而去掉此部寻杖，也就是说降低了正对当心间一段的栏杆高度。关于折槛的来源，《汉书》载有朱云忠攀槛（栏杆）而谏，槛楯（寻杖）折断，皇帝为表彰直臣，此后遂不设此部槛楯的典故。至于折槛的做法，唐、宋大约是相同的。《营造法式》载明“殿中心做折槛”，即钩栏的“当中两栱不设寻杖”。可见这种大型殿堂钩栏分间，应是殿堂一间相对钩栏三间；折间是去掉中间二云栱上的寻杖，同时去掉此二云栱及蜀柱的项部，即此中间二蜀柱改为华托柱，并加宽这一段的盆唇木以作为这段低矮栏杆的顶部结束[③]。宋画《毛诗图》所见折槛形象，栏杆与殿堂开间既不对应又失比例，只是一种示意性的画法。

按照唐壁画所示高级殿堂木钩栏形象，多在节点施以金饰，一般应是铜制，讲究的也许有鎏金。装饰性的节点金饰，只是铜叶片包镶的；另外一种具有构造功能的，则是类似帐构一样的构件。

① 《旧唐书·穆宗本纪》：长庆二年三月“戊申……裴度来朝，对于麟德殿，伏奏龙墀，因叙河北用兵，呜咽流涕，上改容慰劳之”。

② 《营造法式·总释》：“钩栏”注：“今殿钩栏当中两拱不施寻杖，谓之‘折槛’，亦谓之‘龙池’”；又，卷八《钩栏》：“如殿中心作钩栏者……”注：“今俗谓之‘龙池’。”

③ 《营造法式》卷八《小木作制度三·钩栏》。

栏杆安装的部位，与以往所知道的情况不同，螭首的构造表明栏杆是靠台基边安装的，这样很便于和踏道栏杆连接。出土螭首计有大小两种，小螭首随栏杆蜀柱安装，大螭首对台基转角石望柱 45°斜出。

亭、楼平座周围的栏杆全为木制，其尺度略小于主体殿堂，因系两翼从体的装修，设定为较简单的卧棂式样。

大木结构 殿堂础方 1.20～1.30 米见方，按残础复原柱径与宋制相仿，柱径约为础方之半，即柱径为 60～65 厘米（底径）。按初唐，应更多地保持南北朝及隋的传统，柱为通体卷刹的梭柱，最大径在下部 1/3 处，略如河北定兴北齐石柱顶的石屋及日本法隆寺金堂的形制。柱基本等高，但有生起，平柱高与开间相等，即为 5.30 米（从遗址知道当心间不加大），最高柱在转角处，设定为 5.70 米。列柱并有侧脚的做法。

铺作形制经过机构验算，殿、阁承檐需出三跳，可参考日本唐招提寺金堂（晚于麟德殿七至十年），而设定柱头为双抄单下昂偷心造的六铺作（图 3-4-52）。昂与晚期不同，实际是东汉以来功能性很强的“欃”，其做法如法隆寺金堂及唐招提寺金堂。补间在重楣上设长脚人字栱，上承柱头枋，再承斗子蜀柱。已知唐朝即采用标准材的做法，晚唐佛光寺大殿用材略等于宋制一等材，约 30 厘米 ×22 厘米（一分 =2 厘米）。麟德殿既大于又早于佛光寺大殿，用材也应稍大，复原设定为 33 厘米 ×22 厘米（一分 =2.2 厘米），栔高 13.2 厘米足材为 46.2 厘米 ×22 厘米。则华栱长 158.4 厘米，即每跳自心出 79.2 厘米。出三跳应为 237.6 厘米，再加檐椽与飞子挑出的距离，出檐可达 4.8 米，可与已知的比例相符合。

关于梁架，像这样大的殿堂，为增加稳定性，外槽明栿应尽量降低，复原设定外槽乳栿置于一跳华栱之上，乳栿两头各向外檐及内槽伸出化作第二跳华栱。乳栿上叠置足材枋，自二道华栱跳头伸出以承托下昂；向内槽伸出化作三跳华栱以承四椽栿。明栿均作月梁。外槽平棋天花平吊；内槽平棋周围施峻脚椽作盝顶凸起，平吊格子及攲歁内，参照永泰公主墓及章怀、懿德太子墓应有卷草纹样的彩绘。于四椽栿中央置驼峰（驼峰早见于北齐库狄回洛墓小帐）交互斗作为平棋枋的中间支点。平棋上的草架举折略如佛关寺大殿，屋角做法略如唐招提寺金堂。

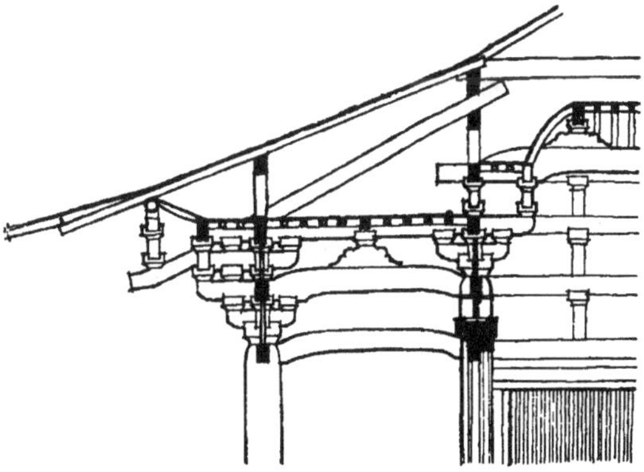

图 3-4-52 日本 759 年建唐招提寺金堂铺作示意图

关于景云阁的楼层，从它和两翼亭、楼之间架设天桥的关系以及阁的使用面积考虑，阁的楼层并不缩小，仅是上层檐柱按底层侧脚内倾，或再略向内移 1/2～1/4 柱径。底层柱高视前殿檐高而定，考虑前殿后檐以跳椽襻的水槽为两侧排水，中间最高处靠在阁下层由额上，则阁下层檐柱高应大于以前殿檐高的 7.95 米。设定其平柱为 8.5 米，参考宋制，生起减半，则角柱高为 8.7 米。平座也参考宋制“铺作减上屋一跳”，用重栱但偷心，其外檐跳头置令栱承平座檐枋，泥道栱上施柱头枋二重再置柱脚枋以承上层柱。内檐二道华栱跳头交互斗承乳栿及平棊枋。平座内逐间下草栿，前后安地面枋，以拘前后铺作，铺作上安铺板枋，上铺楼板。

景云阁进深特大，顶部应是对霤相接的两个屋盖，其铺作与前殿相同，梁架及平棊做法如复原剖面图所示，不再赘述。

亭、楼平座略与阁同，但用材减小，设其材为 22.5 厘米 ×15 厘米（1 分 =1.5 厘米），契高为 9 厘米，足材为 31.5 厘米 ×15 厘米。

筑墙与瓦作 殿堂版筑的东、西山墙占一间厚度，即 5.3 米厚。两壁面都在柱中轴线，外壁面随柱轴线侧脚略有收分，内壁面不可外倾，应基本垂直。此墙外观显示半个柱，表现完整的梭柱形象。穿堂 1.20 米厚的墙体有壁柱，复原 8 米高，推测应有壁带及柾木。

墙面用泥的做法与《营造法式》所记略同，先用掺麦䴷的粗泥打底，再用中、细泥趁平、作衬，表面抹石灰泥压光。外壁用红灰（大约也是掺的土朱、赤土之类）抹面；内壁用白灰抹面，在墙根处画出紫红色的踢脚线。

遗址出土筒、版瓦有青掍瓦与普通瓦两种，推测普通瓦为晚期修复改建时因陋就简添用的。据残片复原鸱尾，其形制与大雁塔门楣石刻相同，尾尖纤巧略内弯，造型挺拔、秀丽，与唐招提寺金堂鸱尾风格迥异。复原主体殿阁鸱尾高为 1.50 米左右，较宋制比例要小许多。由出土残瓦件知道，垂脊端尚未采用晚唐佛光寺大殿所见的垂兽，而是用浮雕兽面砖，即日本所谓的“鬼脸板”遮挡。屋角无走兽，应是像唐太子、公主墓壁画及石椁所示，用三起翘头筒瓦作为装饰。遗址出土有小型凤头套兽，估计可能是晚期修复工程的遗物。遗址出土少许琉璃瓦残片，似可作为唐壁画展示的绿琉璃剪边的佐证。但同时出土有无釉的鸱尾、脊头瓦、瓦当等，又与琉璃剪边的做法不符，尚难做出判断。

十二、唐东都武则天明堂（万象神宫）（错判无天井）

切入点：巨大础石与夯土基厚度。

唐初，太宗崇尚儒学，贞观五年想建造明堂。大儒孔颖达等上表陈述各种意见。由于都是从文献到文献，众说纷纭，无法互相说服。因而太宗之世，未能建成。高宗即位的第二年——永徽二年（651 年）七月，便诏令诸曹尚书及左右丞侍郎、太常国子监秘书官、宏文馆学士等共同详议明堂制度。群臣都附庸汉儒，一部分提出以郑玄为代表的“五室”之说，另一部分提出以卢植、蔡邕为代表的“九室”之说，相互对立；还有另外进呈其他的明堂图样，不一而足。这次议论，仍然是“诸儒纷争，互有不同”，高宗“以九室之议，理有可依”，令礼官学士详定九室明堂形制[①]。翌年不见结果，至六月，高宗干脆提出一个九室的方案，令有关部门加以增减。关于这个九室的“内样”方案，《旧唐书》有记载：

---

① 《旧唐书》卷二十二《志第二・礼仪二》。

内样：堂基三重；每基，阶各十二。上基方九雉，八角，高一尺。中基方三百尺，高一筵。下基方三百六十尺，高一丈二尺。上基象黄琮，为八角，四面安十二阶。请从内样为定基，高下仍请准周制高九尺；其方共作司约准，一百四十八尺。中基、下基，望并不用。

又，内样：室各方三筵，开四闼、八窗。屋圆，楣径二百九十一尺。

按季秋大飨五帝，各在一室。商量不便，请依两汉季秋合飨，总于太室。若四时迎气之祀，则各于其方之室。其安置九室之制增损。明堂故事，三三相重，太室在中央，方六丈。其四隅之室，谓之左、右房，各方二丈四尺。当太室四面，青阳、明堂、总章、玄堂等室，各长六丈，以应太室；阔二丈四尺，以应左、右房。室间并通巷，各广一丈八尺。其九室并巷在堂上，总方一百四十四尺，法坤之策。

屋圆，楣、楯、檐或为未允。请据郑玄、卢植等说，以前梁为楣。其径二百一十六尺，法乾之策。

圆柱；旁出九室，四隅各七尺，法天以七纪。柱外余基，共作司约准，面别各余一丈一尺。

内样：室别四闼、八窗，检与古同，请依为定。其户依古，外设而不闭。

内样：外有柱三十六，每柱十梁，内有七间。柱根以上，至梁高三丈。梁以上至屋峻起，计高八十一尺。上圆、下方，飞檐应规，请依内样为定。其屋盖形制，仍望据《考工记》改为四阿，并依《礼》加重檐；准太庙安鸱尾。

堂四向、五色，请依《周礼》“白盛”为便；其四向，各随方色。

请施四垣及四门、辟雍。按《大戴礼》及前代说，辟雍多无“水广”、“内径”之数。蔡邕云：“水广二十四丈，四周于外”；《三辅黄图》云“水广”、“四周”，与蔡邕不异，仍云：“水外周堤”。又，张衡《东京赋》称：“造舟为梁”。《礼记·明堂位》：“《阴阳录》云：水左旋以象天。”商量水广二十四丈，恐伤于阔，今请减为二十四步。垣外量取周足，仍依故事，造舟为梁；其外周以圆堤，并取阴阳、水行左旋之制。

殿垣，按《三辅黄图》：“殿垣四周方，在水内；高不蔽日（按：应为“目”）。殿门去殿七十二步。”准今行事，陈设犹恐窄小，其方垣四门去堂步数，请准太庙南门去庙基远近为制，仍立四门、八观；依太庙门别，各安三门，施玄阃四角造，三重魏阙。①

结果还是“群儒纷竞，各执异议”。最后，高宗令在观德殿前陈列五室、九室两个方案，与群臣一起评定，这样也还是不能形成一个统一的意见。工部尚书阎立德奏对：“两议不同，俱有典故，九室似门，五室似明，取舍之宜，断在圣虑。”此时高宗又放弃了原来

① 《旧唐书》卷二十二《志第二·礼仪二》记载有司遵旨对“内出九室样”损益的奏言。

九室的主张，而反过来倾向于五室，但“议又不定”，便又搁置下来。直到乾封二年（667年），高宗才确定下一个“鸿生、硕儒俱称尽善；缙绅、士子并奏该通”的明堂初步方案。他颁诏申明了设计原则——“创此宏模，自我作古，因心既展，情、礼获伸”，也就是说创作一个折中古代明堂诸说，并符合他所爱好的创新方针。据此，而于总章二年（669年）完成了一个新型的明堂创作。关于这个新创作，《旧唐书·志第二·礼仪二》有详细记录：

其明堂院：每面三百六十步，当中置堂。按《周易》：乾之策，二百一十有六；坤之策，一百四十有四，总成三百六十。故方三百六十步，当中置堂，处二仪之中，定三才之本。构兹一宇，临此万方。

自降院，每面三门，同为一宇，徘徊五间。按《尚书》：一期有四时，故四面各一所开门；每时有三月，故每一所开三门。一期十有二月，故周回总十二门。所以面别一门，应兹四序。既一时而统三月，故于一舍而置三门。又，《周易》：三为阳数、二为阴数，合而为五。所以每门舍五间。

院四隅各置重楼，其四墉各依本方色。按《淮南子》：地有四维，故四楼。又，按《月令》：水、火、金、木、土五方各异色，故其墙各依本方之色。

基八面，象八方。按《周礼》：黄琮礼地，郑玄注：“琮者，八方之玉，以象地形，故以祀地。”则知地形八方。又，按《汉书》：武帝立八觚坛，以祀地，登地之坛形象地，故令为八方之基以象地形。基高一丈二尺，径二百八十尺。按《汉书》：阳为六律，阴为六吕，阳与阴合，故高一丈二尺。又，按《周易》：三为阳数，八为阴数，三、八相乘，得二百四十尺。按《汉书》：九会之数，有四十合为二百八十，所以基径二百八十尺。故以交通天地之和，错综阴阳之数，以明阳不独运，资阴和以助成；阴不孤行，待阳唱而方应。阴阳两顺，天地咸亨。则百宝斯兴，九畴攸序。

基每面三阶，周回十二阶，每阶为二十五级。按《汉书》：天有三阶，故每面三阶；地有十二辰，故周回十二阶。又，按《文子》：从凡至圣，有二十五等，故每阶二十五级。所以应符星而设阶，法台耀以疏陛。上拟霄汉之仪，下则地辰之数。

又列兹重级用准圣凡象皇极之高，居俯庶类，而临耀基之上为一堂，其宇上圆。按《道德经》：天得一以清；地得一以宁；侯、王得一以为天下贞。又曰：道生一，一生二，二生三，三生万物。又，按《汉书》：太极元气，函三为一。又曰：天子以四海为家，故置一堂，以象元气，并取四海为家之义。又，按《周礼》：苍璧礼天，郑玄注：“璧圆以象天”。故为宇上圆。

堂每面九间，各广一丈九尺。按《尚书》：地有九州，故立九间。又，按《周易》：阴数十，故间别一丈九尺。所以规模厚地准，则阴阳法二气，以通置九州于一宇。

堂周回十二门，每门高一丈七尺，阔一丈三尺。按《礼记》：一岁有十二月，所以置十二门。又，按《周易》：阴数十，阳数七，故高一丈七尺。又曰：阳数五，阴数八，故阔一丈三尺。所以调兹玉烛，应彼金辉，叶二气以循环，逐四序而迎节。

堂周回二十四窗，高一丈三尺，阔一丈一尺；二十三棂，二十四明。按《史记》：天有二十四气，故置二十四窗。又，按《书》：一年十二月，并象闰，故高一丈三尺。又，按《周易》：天数一，地数十，故阔一丈一尺。又，天数九，地数十，并四时，成二十三。故二十三棂。又，按《周易》：八纯卦之本体，合二十四爻，故有二十四明。列牖疏窗，象风候气，远周天地之数，曲准阴阳之和。

堂心八柱，各长五十五尺。按《河图》：八柱承天，故置八柱。又，按《周易》：大衍之数，五十有五，故长五十五尺。斧兹八柱，承彼九间，数该大衍之规，形符立极之制。且柱为阴数，天实阳元，柱以阴气上升，天以阳和下降，固阴阳之交泰，乃天地之相承。

堂心之外，置四柱，为四辅。按《汉书》：天有四辅星，故置四柱以象四星。内以八柱承天，外象四辅明化。上交、下泰，表、里相成。叶台耀以分辉，契编珠而拱极。

八柱、四辅外，第一重二十柱。按《周易》：天数五，地数十，并五行之数，合而为二十，故置二十柱。体二仪而立数，叶五位以裁规。式符立极之功，允应刚柔之道。

八柱、四辅外，第二重二十八柱。按《史记》：天有二十八宿，故有二十八柱。所以仰则干图上符，景宿考编珠而纪，度观列宿以迎时。

八柱、四辅外，第三重三十二柱。按《汉书》：有八节、八政、八风、八音，四八三十二柱。调风御节，万物资以化成；布政流音，九区仰而贻则。

外面周回三十六柱。按《汉书》：一期三十六旬，故法之以置三十六柱。所以象岁时而致用，顺寒暑以通微。璇玑之度无愆，玉历之期永契。

八柱之外，修短总有三等。按《周易》：天、地、人为三才，故置柱长短三等。所以拟三才以定位高下，相形体万物以资生长短兼运。

八柱之外，都合一百二十柱。按《礼记》：天子置三公、九卿、二十七大夫、八十一元士，合为一百二十。是以置一百二十柱。分职设官，翊化资于多士。开物成务，构厦藉于群材。

其上槛周回二百四柱。按《周易》：坤之策，一百四十有四。又，《汉书》：九会之数，有六十，故置二百四柱。所以采坤策之玄妙，法甲乙之精微。环回契辰象之规，结构准阴阳之数。又，基以象地，故叶策于坤元，柱各依方，复规模于甲子。

重楣二百一十六条。按《周易》：乾之策，二百一十有六，故置二百一十六条。所以规模《易》象，拟法乾元，应大衍之深玄，叶神策之至数。

大小节级，拱总六千三百四十五。按《汉书》：会月之数，六千三百四十五，故置六千三百四五枚。所以远采三统之文，傍符会月之数。契金仪而调节，偶璇以和时。

重斡（按：应为“斡”）四百八十九枚。按《汉书》：章月二百三十五，闰月周回二百五十四，总成四百八十九。故置四百八十九枚。所以法履端之奥义，象举正之芳猷。规模历象，发明章闰。

下柳七十二枚。按《易纬》：有七十二候，故置七十二枚。所以式模芳节，取规贞候，契至和于昌历，偶神数于休期。

上柳八十四枚。按《汉书》：九会之数，有七十。又，按《庄子》：六合之外，圣人存而不论。司马彪注：“天地四方为六合，总成八十四，故置八十四枚。所以模范二仪，包罗六合，准会阴阳之数，周通气候之源。”

枅六十枚。按《汉书》：推太岁之法，有六十，故置六十枚。所以兼该历数包括阴阳，采甲乙之深微，穷辰子之玄奥。

连栱三百六十枚。按《周易》：当期之日，三百有六十，故置三百六十枚。所以叶周天之度，准当期之日，顺平分而成岁，应晷运以循环。

小梁六十枚。按有六十甲子，故置六十枚。构此虹梁，遐规风历。傍竦四宇之制，遥符六甲之源。

棒二百二十八枚。按《汉书》：章中二百二十八，故置二百二十八枚。所以应长历之规，象中月之度，广综阴阳之数，傍通寒暑之和。

方衡一十五重。按《尚书》：五行生数，一十有五。故置十五重。结栋分间，法五行而演秘，疏楹迭构，叶生数以成规。

南北大梁二根。按《周易》：太极生两仪，故置二大梁。轨范乾坤，模拟天地，象玄黄之合德，表覆载以生成。

阳马三十六道。按《易纬》：有三十六节，故置三十六道。所以显兹嘉节，契此贞辰。分六气以变阴阳，环四象而调风雨。

椽二千九百九十根。按《汉书》：月法二千三百九十二，通法五百九十八，共成二千九百九十。所以偶推步之规合通法之数，是知疏椽构宇。则大壮之架斯隆，积月成年，则会历之规无爽。

大梠两重，重别三十六条，总七十二。按《淮南子》：太平之时，五日一风，一年有七十二风，故置七十二条。所以通规瑞历，叶数祥风，遥符淳俗之年，远则休征之契。

飞檐椽七百二十九枚。按《汉书》：从子至午，其数七百二十九枚。所以采辰象之宏模，法周天之至数。且五为阴本，子实阳源，子午分时，则生成之道自著。阴阳合德，则覆载之义兹隆。

堂檐径二百八十八尺。按《周易》：乾之策，二百一十六。《易纬》云：年有七十二候，合为二百八十八，故径二百八十八尺。所以仰叶乾策，远承贞候。顺和气而调序，拟圜盖以照临。

堂上栋去基上面九十尺。按《周易》：天数九，地数十，以九乘十，数当九十，故去基上面九十尺。所以上法圆清，下仪方载；契阴阳之至数，叶交泰之贞符。又以兹天九乘于地十，象阳唱而阴和，法乾施而坤成。

檐去地五十五尺。按《周易》：大衍之数，五十有五，故去地五十五尺。所以拟大易之嘉数，通惟神之至赜。道和万象，理贯三才。

上以清阳玉叶覆之。按《淮南子》：清阳为天，合以清阳之色"。

但是优柔寡断的高宗在世期间，议而不决，一直没有把明堂建造起来。直到武则天执政以后，才在东都洛阳建成了一座高大、别致的明堂。武氏明堂是在总章年间明堂方案基础上设计的，所以关于总章明堂方案的记载，对于复原武氏明堂有一定的参考价值。

1. 背景情况

武后执政期间，为她正式登基称帝作准备，决定建造明堂。遂令沙门薛怀义负责主持此项工程，于垂拱三年（687 年）春至四年（688 年）正月，将近一年的时间里，在东都洛阳宫城内建起了一座标新立异的明堂。武后建造的明堂，与汉以来在都城南郊设置的礼制性的建筑不同，她是按周朝制度把明堂作为朝廷前殿来使用的，是所谓"上堂为严配之所，下堂为布政之居"[①]，尽管其形式不同于周制。因此，她的明堂是坐落在宫城内的中轴在线的（图 3-4-53）。明堂的位置原为隋之乾阳殿，唐高祖武德四年（621 年）秦王李世民平定王世充之乱时，焚毁了乾阳殿。高宗麟德二年（665 年）在该址建成乾元殿[②]。武后垂拱三至四年，拆毁乾元殿，于其地建起了这座明堂（图：遗稿未配图）。

武后于明堂建成后颁发诏书说："时既沿革，莫或相遵，自我作古，用适于事。"[③]明确阐述了新时代应创造新明堂的设计指导思想。在这个明堂新创作中，保持了传统明堂临朝、布政使用的四面朝向的四堂、八个以及前堂后室与太室（通天屋）的基本内容；体现了天子与天相通、表达四时、十二辰、二十四气以及四面八方的宇宙时空思想。关于这座明堂的基本形制，文献有概略的记载。

号称"万象神宫"的这座明堂建成以后，武后在此宴飨群臣，接受朝贺，发布政令。后来在明堂北又建造了"高百余尺"（30 多米）的"天堂"，内供佛像，所以又称"佛堂"。经考古勘察得知，明堂与天堂夯土基之间仅有 16 米的距离。难怪证圣（同年改元为"天册万岁"）元年（695 年）正月，天堂火灾殃及了明堂。三月，武氏诏令修复明堂、天堂；天册万岁二年（696 年）三月重造明堂落成，号"通天宫"。四月大赦改元为"万岁通天"。这次重建，开始在顶上安装宝凤，旋即改为火珠以镇灾[④]。后来玄宗时，开元五年

---

① 《旧唐书·志第二·礼仪二》。

② 《大业杂记》;《元河南志》卷四。

③ 《旧唐书·志第二·礼仪二》。

④ 《唐会要》卷十一《明堂制度》;《资治通鉴》卷二百四《唐纪二十》;《通典》卷四十四《大享明堂》;《旧唐书》卷二十二《志第二·礼仪二》。

（717 年）幸东都，更明堂为“乾元殿”；开元十年，又恢复了“明堂”旧称。开元二十六年（738 年），玄宗认为洛阳明堂“体式乖宜，违经紊礼，雕镌所及，穷侈极丽”，遂于十月二日诏令将作大匠康晉素往东都毁明堂。开元二十七年，“晉素以毁拆劳人，遂奏请且拆去上层，卑于旧制九十五尺。又去柱心木，平座上置八角楼。楼上有八龙腾身捧火珠。又小于旧制周围五尺。覆以真瓦，取其永逸”。这座新殿，依旧叫“乾元殿”；“二十八年，佛光寺火，延烧廊舍，改新殿为‘含元殿’”[①]。

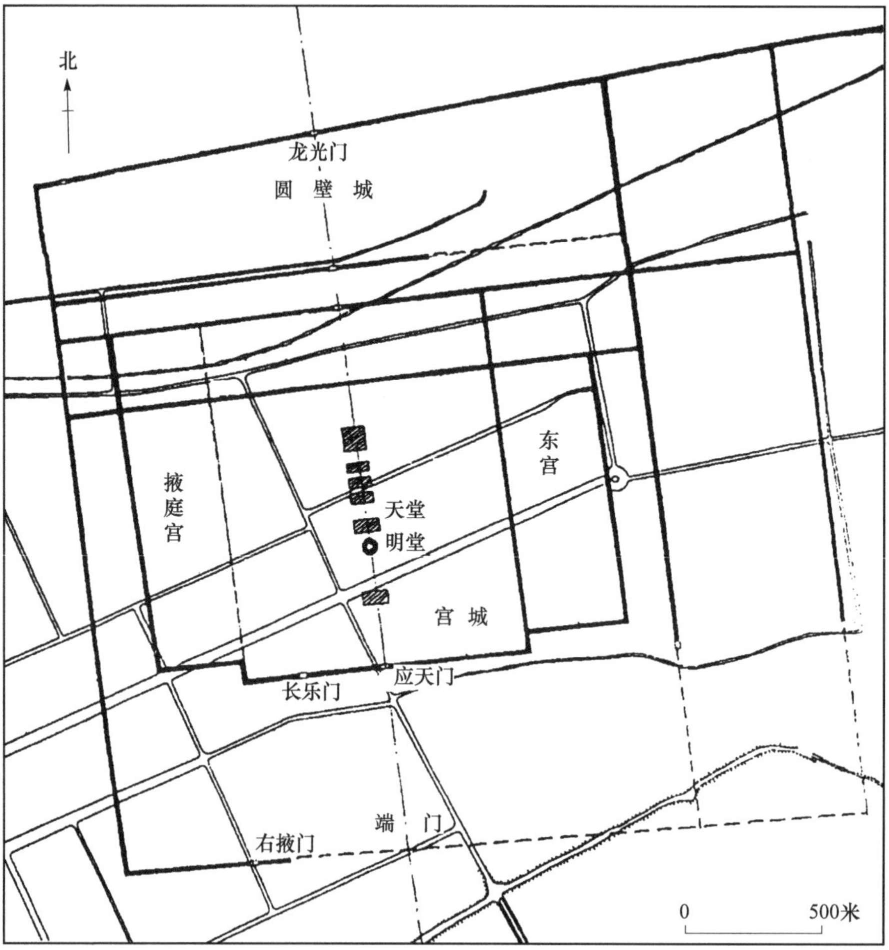

图 3-4-53 河南洛阳唐武则天明堂遗址位置图

2. 遗址概况

中国社会科学院考古研究所洛阳唐城工作队于 1982～1986 年配合洛阳市政基本建设工程，对唐宫城、皇城遗址进行了勘察和发掘。1986 年 10～12 月，对宫城中轴在线的武则天明堂进行了发掘。由于遗址处于市区的建筑之间，发掘面积仅限于中心部位，遗

① 《唐会要》卷十一《明堂制度》；《唐两京城坊考》卷五；《旧唐书・志第二・礼仪二》。

址外围只能采用钻探勘察的方法取得一些材料（图 3-4-54）。

遗址为一片夯土，其中心有一圆形大柱坑，口部直径 9.80 米，从口部深下 0.15～0.20 米有一个二层台，宽 0.60 米[①]。坑上大下小，底部直径缩至 6.16 米；深度从夯土面算起，为 4.06 米。坑底为四块方形大青石拼成的巨型柱础，每块青石为 2.30～2.40 米见方，厚度约 1.50 米；其中三块的中心部位都有一个圆形卯眼，可知原来都是柱础（图 3-4-55）。由四块柱础拼成的这个巨型柱础的光面上，有细线刻成的圆圈两周，内圈直径 3.87 米，外圈直径 4.17 米；并且刻有东、西、南、北四面定向线，方位为北偏西 2°（简报作 358°），这便是明堂建筑的方位——略偏向东南，与唐洛阳城的方位是一致的。巨础中心有一 0.78 米见方的柱脚榫的卯眼，深为 0.40 米。柱坑底部周围有单砖砌筑的不规则八边形矮墙，局部被近代墓破坏，残高 0.35～0.80 米。坑底有木炭灰堆积，厚 8～60 厘米；内含白灰渣、铁钉、铁锔子、少许残瓦，特别引人注意的是，还发现了铁渣，这使人联想起“铁渠”的记载。

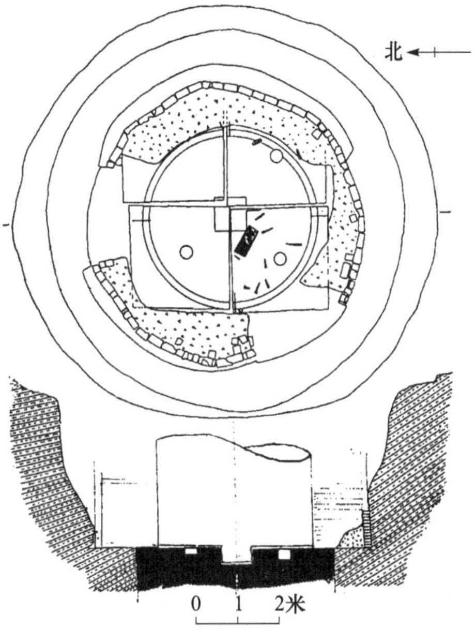

图 3-4-54 河南洛阳唐武则天明堂遗址中心柱平面、剖面图

殿基为红褐色夯土，由于现代房屋较多，发掘仅在 50 米左右的范围内进行。这个范围内发现晚期八角形夯基，即文献所记呈“八角楼”形式的含元殿遗迹[②]。另外，在明堂总体夯土基址的现存表面，发现四条边线，即夯土之间有 3～5 厘米宽的松软土形成的环带，把整个夯土基分作层层环绕的五部分。经钻探得知，各部分的厚度不等。第一部分即建筑的中心，自中心柱坑边缘到第一圈边线，宽约 8 米，柱坑直径为 9.80 米，再加周围 8 米，这中心部分的范围为方圆 25.80 米，夯土坚实、纯净，现存厚度为 10 米。第二部分为宽 6.50 米的一圈，夯土质量较差，总厚度 1.20 米。第三部分为宽 8 米许的一圈，夯土质量与第一部分相同，总厚度 4.8～8 米，第四部分为宽 4 米许的一圈，夯土质量与第三部分相同，总厚度约 1.40 米。第五部分，即殿基的最

图 3-4-55 河南洛阳唐武则天明堂遗址中心柱基础遗迹

① 中国科学院考古研究所洛阳唐城队：《唐东都武则天明堂遗址发掘简报》，《考古》1988 年第 3 期；中国社会科学院考古研究所洛阳唐城队：《洛阳隋唐东都城 1982～1986 年考古工作纪要》，《考古》1989 年第 3 期。

② 《唐会要》卷十一《明堂制度》。

外圈，宽约 11.70 米，夯土内含建筑渣土等，颜色较杂，总厚度为 1.50～4.20 米。总的加在一起，再加上四道边线的宽度，则这片夯土基址约为 86.40 米见方。夯土厚薄，显然反映了上部结构的荷载大小，同时也反映了体形高低的构图情况。

3. 复原论证

武后明堂是在高宗总章年间所制订的明堂方案基础上设计的，高宗时所确定的“自我作古”原则，俨然就是武则天为人之写照。在武氏执政期间制订的明堂实施方案，更体现出她我行我素、独断独行的特色。这座明堂充分表达了武氏的意图，它与总章年间的方案相比较，显然又有很大的发展。

高宗是一位低能的君主，总章年间制订明堂方案时，不无武后的意见；武氏经营明堂，是为巩固她的政权服务的。假古制表明正统，以便服众。当年周公执政，不是就借重了明堂的鼎力吗？在明堂形制复古的问题上遇到麻烦，她可以自我作古——自己就是准则，在形式上，她发标新立异的奇想；然而，明堂的基本内容她却是要保持的，否则便和明堂无关了。所以武氏洛阳明堂仍然应该还是具备四面朝向的“明堂”“玄堂”“青阳”“总章”四堂；保持“前堂后室”以及中央“太室”；上圆下方；外有圜水，以象辟雍等基本形制。关于武氏的明堂，文献有概括地记载：“凡高二百九十四尺；东西南北各广三百尺。凡有三层：下层象四时，各随方色；中层法十二辰，圆盖，盖上盘九龙捧之；上层法二十四气，亦圆盖。亭中有巨木十围，上下通贯，栭、栌、橕、欂藉以为本，亘之以铁索。盖为鸑鷟，黄金饰之，势若飞翥。刻木为瓦，加拧漆之。明堂之下，施铁渠，以为辟雍之象。号‘万象神宫’。”[①]

以遗址对照文献，可以发现，上、中、下三层反映在平面上是内、中、外三圈建筑（图 3-4-56）。可知这座明堂是隋、唐流行的单体组合的构图方式，这种以主、从单体组合的体形复杂的建筑，局部拆改比较方便。实测遗址的夯土范围是 86.40 米见方，连同原来夯土台基的包壁砖石厚度，则每面约有 88.20 米。按一唐尺为 0.294 米计算，正好是文献所记“三百尺”。夯土的厚薄不同，遗址的中心部位直径 25.80 米方圆的范围内，夯土基最厚、品质最高，这应即二十四角的内心的最高建筑，也就是文献所说的“上层”之所在。从遗址看，它应是从下到上都是二十四角的一座相对独立的主体建筑。它主要使用上层，为了把上层提升到设计高度，下面基本上是木梁、柱构架搭起的一个高台。这种做法，在敦煌石窟隋、唐壁画中可以看到（图 3-4-57）。文献记为“圆盖”，即为圆锥体屋盖，应当也是重檐。当时尚无放射铺装的变截面陶瓦，这就是为什么要“刻木为瓦”了。木瓦加拧、油漆，大约是按总章年间的方案，漆成蓝色以“象天”。圆锥屋盖顶尖，立有鎏金的“势若飞翥”的鸑鷟（宝凤）。其意图，显然是代表武氏本人——一位即将登基的女性“天子”（图 3-4-58）。

---

① 《唐会要》卷十一《明堂制度》。

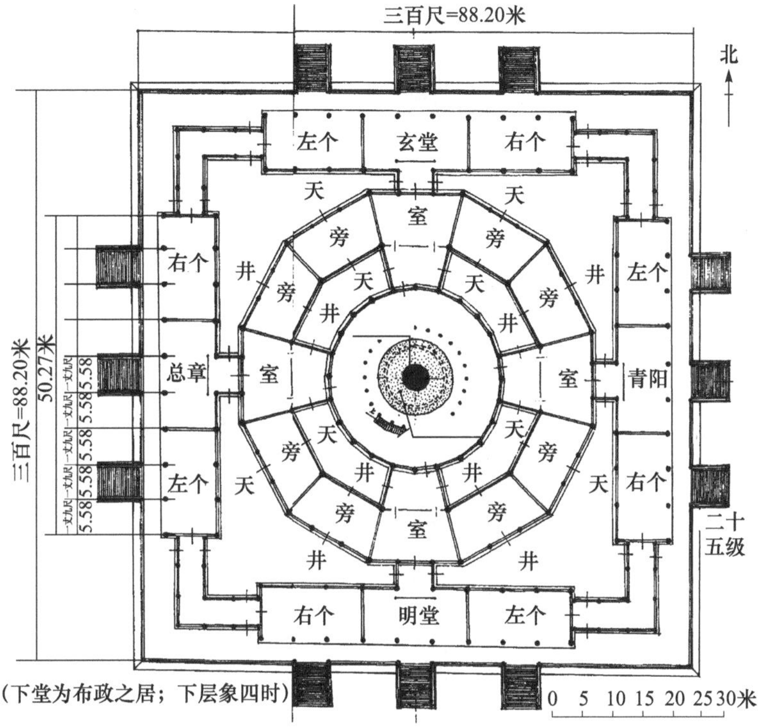

（下堂为布政之居；下层象四时）

1

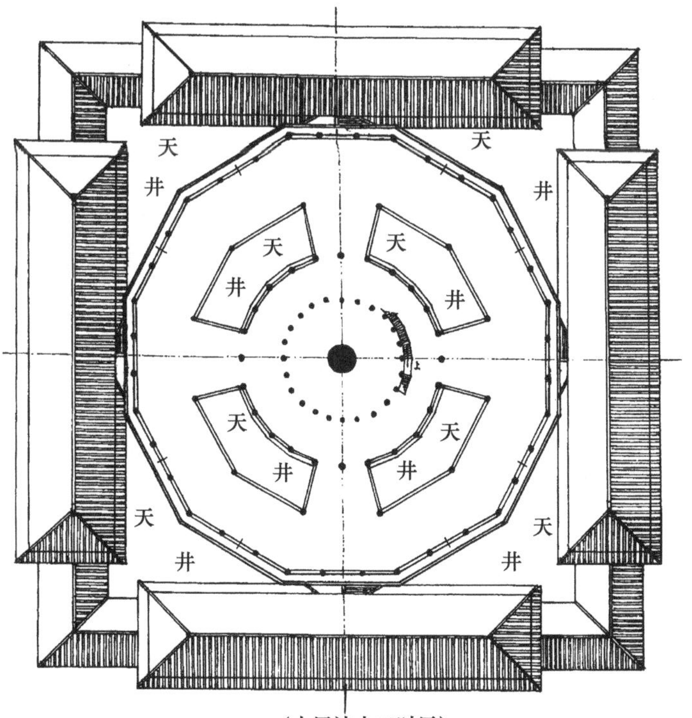

（中层法十二时辰）

2

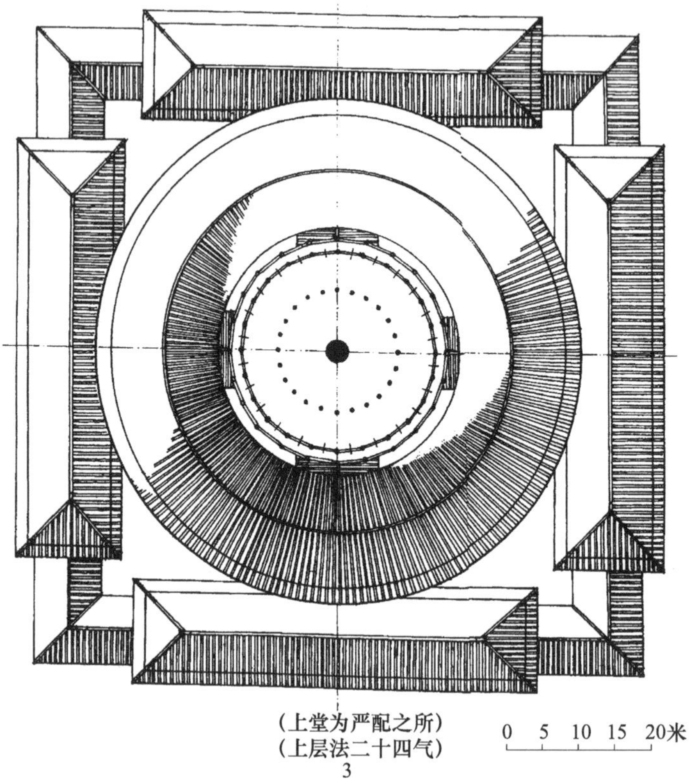

图 3-4-56　河南洛阳唐武则天明堂遗址复原平面图

1. 首层复原平面图　2. 二层复原平面图　3. 三层复原平面图

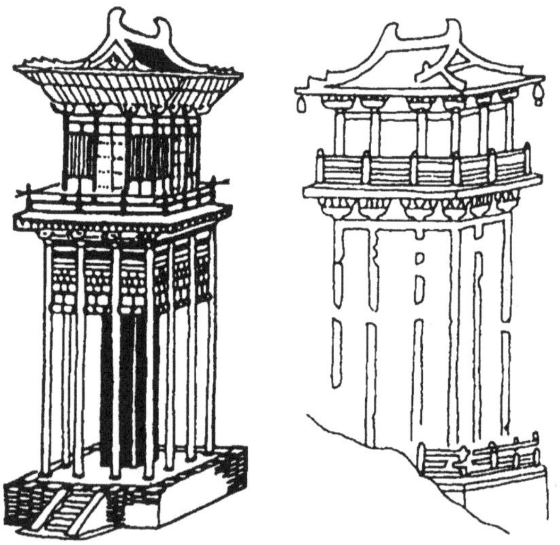

图 3-4-57　隋唐壁画的木构架高台

在中心部分以外 6.50 米之内的一圈，夯土厚仅为 1.20 米，而且质量较差，可知这一圈没有什么荷载，应是庭院。向外 8 米许的一圈，夯土厚度为 8 米，夯筑质量和中心部分一样好，看来原有上部荷载也比较大，仅次于中心部分，应是低于中心部分的十二角“中

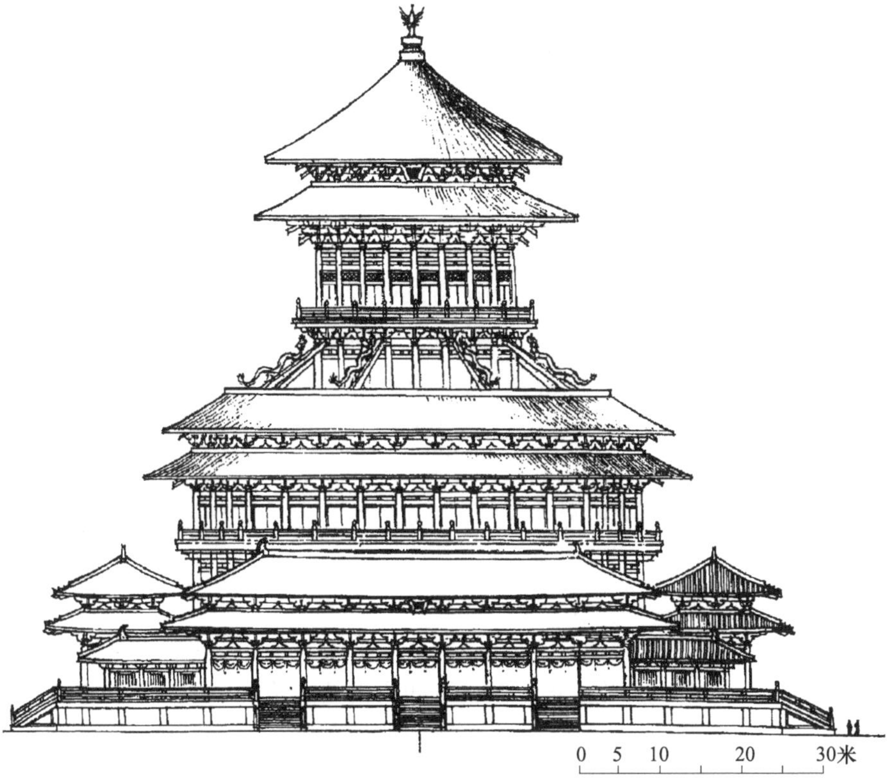

图 3-4-58　河南洛阳唐武则天明堂遗址复原南立面图

层”建筑之所在。从遗址看，这十二角的“中层”，应是圜状楼阁，也是“圆盖”，大约也是重檐。在圜形圆盖上，周围安置九条历来象征男性至尊的龙——推测是面向中央主楼、等距布置，对于高高在上的金凤，呈拱卫之势。中层的圜楼与内层中央主楼之间，在东西南北四个正方向上，应有飞廊相接，这不但是功能所要求的，而且也是结构所要求的。再向外 4 米宽的一圈，夯土基厚仅有 1.40 米左右，也应是庭院。最外圈宽度为 11.70 米的部分，夯土基厚 4.20 米许，应是单层大殿，即四面朝向的东面“青阳”、南面“明堂”、西面“总章”、北面“玄堂”四座大殿。这四殿的颜色，随所在的东、南、西、北四方（同时象征春、夏、秋、冬四季），而处理成青、赤、白、黑四色。四殿屋盖应为最尊贵的四阿重屋形制。四殿之间，即四角位置，应有曲尺形的廊庑连接，从而形成重隅。四殿与十二角圜楼之间，在四个正方向上，也应有短廊庑相接。这座伟构的楼梯应设在中央主体楼阁之内，按左旋布置。

二十四角的中心建筑有“巨木十围”的中心柱直达顶尖，从遗存的巨础刻线推测，内圈应是“巨木”的直径，即原来被描述为“巨木十围”的中心柱，实际上直径为 3.87 米。中心柱立在圆坑中，在坑底依坑壁有略呈八边形的砖砌矮墙，直径约 6.80 米，可以证明此处原来就是一个坑。坑内残存铁渣，对照文献可知原是“明堂之下”的“铁渠”之所在。所谓“铁渠”，原来有其构造上的用意，其意图大约是用铁砂加固柱基的；在造型上，把它解释为“辟雍之象”，其实明堂宫垣之外的圜水，才是传统形式的辟雍。这座建筑的构造意匠，如同木塔。文献提到有用的“三层”，高达“二百九十四尺”，以一唐尺 =0.294 米计算，折合 86.43 米。这样的高度，毫不足怪，明、清北京天坛仅是一层殿堂，就有 30 多米高。凡属政权兴旺时期，反映在重要建筑上，都是夸张尺度和体量，秦朝是如此，汉、唐盛期也是如此。不仅古代如此，现代也是一样，人民大会堂巨大柱础、巨大窗子等，都非同寻常。不但中国是这样，外国也是这样，欧洲文艺复兴时期的产物圣马可教堂就是众多实例中的一个。

关于武氏明堂的高度，还可从另一情况得到校核。开元二十六年，将作大匠康訾素拆改武氏明堂时，只拆了上层即第三层，改造后变成两层的八角主楼，其高度“卑于旧制九十五尺”，即比原来武氏明堂约低了 28 米。据此也可推知原来主楼三层的武氏明堂，应是“九十五尺”的三倍有余，恰可二百九十四尺，即 86.43 米。

十三、吴越皇妃塔（雷峰塔）（错判为五级、无副阶檐、无卷杀）

切入点：塔体照片的副阶梁枋遗迹、文献。

杭州市决定复建有名的雷峰塔，遂于 2000 年发起雷峰塔复原建造设计方案的招标。清华大学、东南大学和浙江省建筑设计院、杭州市设计院等若干单位参加投标。最后清华大学中标，但最后提出的方案却不是发标所要求的“复原”式样。笔者作为评委得知方案不是吴越初创时的七层塔，而是五层塔，立即向杭州市政府建议修改设计。

电视台报道了杭州雷峰塔基本落成的消息。报道说：“复建的雷峰塔为地上七层，地下一层，共计八层。”笔者以为杭州市领导能够采纳合理化建议，令设计单位改变五层塔方案，而复原吴越创建时的七级，这固然很好。但笔者作为建议人一直没有得到杭州市政府接受建议的答复，还不能完全相信这一报道的真实性。正好笔者有事要到杭州去，可顺便察看复原的新塔。看到已基本建成的新塔后，令人更增加了遗憾（图：遗稿未配图）。新塔不但仍然为五级，而且完全不是雷峰塔的科学复原（即使是宋时去掉顶上两级之后的五级雷峰塔）。如此对待这一严肃的课题，是不应该的。这不由得使人想起了《戏说乾隆》之类的历史闹剧，令人哭笑不得。听说设计者声明此塔可称作“雷峰新塔”，即仅仅是借用“雷峰塔”的名称，它是一个新创作。雷峰塔的复建，不比新建的“黄鹤楼”和“滕王阁”，后两者在建设之初建设单位就是要求设计者仅仅是借题发挥，“戏说”一个仿古的高层新建筑。现在这个世人极为关注的雷峰塔的复建，设计单位是按照标书和专家评审委员会的复建要求参加投标的，中标拿出的设计却没能做到科学复原，而是改为“戏说”了。

此时，国家历史博物馆的机关杂志更名为《中国历史文物》，首刊约笔者写《雷峰塔复原研究》——到底此塔应该是什么样子？笔者便把考证结果写成文章交付发表。

笔者的论证如下。

最近，杭州市正在复建雷峰塔，这是一件大好事。塔的恢复将为这座历史文化名城增添一个极有价值的名胜风景点，尽管它是原塔的复制品——足尺模型，像北京天安门城楼一样，但仍可起到再现历史风貌的作用，这就是原物已损失的所谓“模型保护”。遗憾的是，复建中标方案并非创建时的原状，而是南宋整修时改造的情况。吴越原塔建筑艺术水平很高，可谓优秀的传世之作。为了让人们知道雷峰塔的原状，这里将笔者的复原考证公之于众，请专家指教。

1. 雷峰塔背景情况

杭州雷峰塔创建于五代时期的吴越国，位于西湖南部九曜山北支最近湖滨的南屏山伸入湖中的余脉夕照山上。塔址坐落在夕照山东部较平坦地段，海拔30余米。当年此塔与湖北山上同时代建造的保俶塔相对应，形成湖上南北轴子午线。它是西湖风景区规划中至关重要的标志，恢复此塔对于传递西湖历史信息、申报世界遗产是有积极意义的。

过去的史学家们持正统观念，对于边疆小国不够重视。地处江浙的五代时期吴越国在开发我国东南海疆地区是做出过很大贡献的，更何况吴越的祖先来自山东半岛，是中华民族三大原始根源之一、具有海洋文化特征的东夷集团（篾帝——“蚩尤”的部族）后裔，然而在历史上却没有给予应有的地位，所强调的仅仅是吴越的“纳土归宋”。改革开放以来，杭州对外宣传历史积淀多突出曾是南宋都城临安，对于吴越的历史宣传不够。偏安的南宋是宋朝的尾声，在历史上建树不多，对于杭州的开发建设来说，它远不如吴越的贡献。天下有名的杭州西湖，就是吴越时期发展农业生产所开发的，可以说，杭州的繁荣始于吴越。近年来，杭州市已开始注意到吴越文化，雷峰塔的复建应该就是一项重要举措。美中不足的是，未能按照吴越时代的原样建造，因此不能体现吴越的成就与时代精神。在建筑史上，吴越建造的雷峰塔，是古代高层建筑的一座具有典型意义的作品，不容忽视。关于这一点，笔者不但在建塔方案的评审会上讲过，而且就此问题又向杭州市领导提出了《紧急建议书》。

吴越国王钱俶笃信佛教，宫禁中藏有“佛螺髻发”，钱俶为弘扬佛法于世人，改在“西湖之浒”建塔奉安。由于建塔费用是由王妃、宫人等出资，遂命名为“皇妃塔”①，民间或呼“王妃塔”，或讹呼“黄妃塔”“黄皮塔”。从塔砖中所藏的经卷文书得知，此塔在施工中暂称“西关砖塔”②，所谓“皇妃塔”，是落成后国王正式命名的③。吴越归宋后，废“皇妃”的称号，始改称“雷峰塔”。

---

① 雷峰塔遗址出土钱俶为《大方广佛华严经》所作的跋文残碑：“敬天修德，人所当行之。矧俶忝嗣丕图，承平兹久，虽未致全盛，可不上体祖宗，师仰瞿昙氏慈忍力所沾溉耶？凡于万机之暇，口不辍诵释氏之书，手不停披释氏之典者，盖有深旨焉。诸宫监尊礼佛螺髻发，犹佛生存，不敢私秘宫禁中，恭率宝贝创窣波于西湖之浒以奉安之。规模宏丽，极所未见，极所未闻。宫监弘愿之始，以千尺十三层为率，爰以事力未充，姑从七级，梯旻初志未满为慊。计砖灰、土木、油钱、瓦石与夫工艺像设金碧之严，通缗钱六百万，视会稽之应天塔。所谓许元度者，出没人间凡三世，然后圆满愿心。宫监等合力，于弹指顷幻出宝方，信多宝如来分身应现使之然耳。顾元度有所不逮。塔之成日，又镌《华严》诸经围绕八面，真成不思议劫数大精进幢。于是合十指爪以赞叹之，塔因名之曰：‘皇妃’云。吴越国王钱俶拜手谨书于经之尾。”

② 雷峰塔砖内藏《一切如来心秘密全身舍利宝箧印陀罗尼经》卷首题“天下兵马大元帅吴越国王钱俶造此经八万四千卷舍入关西砖塔永充供养乙亥八月日纪”。

③ 宋太祖开宝九年（976年，同年太宗即位，改元“太平兴国元年”）三月，吴越王钱俶及妻孙氏携子惟濬到汴梁朝觐，宋太祖举行“封妃之典”，封孙氏为吴越国“王妃”。雷峰塔落成及命名在后，钱俶命塔名为“皇妃”而不是“王妃”，未审何故。

吴越王的王妃等人发愿建塔之初，是想建一座八角、“千尺”，也就是200多米高的十三层大塔，因为财力、技术等条件不具备，实际建设改为七层；共花费“缗钱六百万”，与当时会稽的应天塔相同。塔于宋太祖开宝年间动工（一说为开宝改元的976年动工），太宗太平兴国二年（977）竣工[1]，翌年吴越归宋。

雷峰塔在12世纪20年代即北宋徽宗宣和年间，毁于方腊起义的战火，外檐木构俱焚，仅存砖砌塔体。南宋建都杭州后，进行了全面整修，但未按原状，而是降低了两层，改为短粗的五层塔；并恢复了塔院建筑[2]。上海博物馆藏南宋钱塘人李嵩所画《西湖图》中有当时雷峰塔的形象，尽管该画是写意的，但由于李氏为木匠（建筑匠师）出身，所以对塔表现得比较具体，明确为五层、木檐（图3-4-59）。再一次的毁坏，应是明嘉靖时（16世纪20～60年代），倭寇入侵纵火焚烧，又是只剩下砖砌塔体了[3]，明万历三十六年

1

2

图3-4-59　南宋李嵩画《西湖图》原图和局部临摹图

1. 原图　2. 局部雷峰塔摹本

① 《咸淳临安志》《淳祐临安志辑逸》等。

② 雷峰塔西侧副阶出土一方残碑，记录了塔的木构外檐毁于方腊起义战火，南宋干道至庆元年间大举重修塔及塔院。清《淳祐临安志辑逸》中“庆元修创记”的记载与此相符。

③ （清）陆次云《湖壖杂记》：“雷峰塔，五代时所建。塔下旧有雷峰寺，废久矣。嘉靖时东倭入寇，疑塔中有伏，纵火焚塔。故其檐级皆去，赤立童然反成异致。”

（1608）周龙画《西湖全景图》上所反映的就是只有五层砖塔体的残破情况。这个残高约 50 米的砖砌塔体一直保存到近代（图 3-4-60）。由于群众得知塔砖内藏有《一切如来心秘密全身舍利宝箧印陀罗尼经》和《金涂塔图》，传说供诸家中可使育蚕兴旺，或说辟邪、宜男，人们遂纷纷前往拆砖。塔的下部可以够得到的砖许多被拆除，尽管清末民初当局曾筑墙保护，盗砖者仍不能杜绝。终于民国十三年农历八月二十七日（1924 年 9 月 25 日）下午 1 时 40 分许，因附近汪庄建筑打桩诱发塔体坍塌。六十年来积土掩盖的一个形同岗阜的废墟，一直保存到 2000 年 2 月发掘时。

图 3-4-60　南宋整修后的五级雷峰塔残状

雷峰塔倒塌十年后，地方官绅曾筹款拟予重建；民国二十四年（1935）著名建筑家梁思成教授曾提出：重建雷峰塔，宜恢复原状。著名建筑家杨廷宝教授于 1981、1982 年两次抵杭，都曾提到争取把雷峰塔恢复起来。20 世纪 80 年代，《杭州城市总体规划》又提出重建雷峰塔，国务院于 1983 年 5 月批准此规划，并有肯定的答复："恢复'西湖十景'之一、并为民间流传极广的雷峰塔。"

2. 雷峰塔遗迹现象

为配合雷峰塔重建工程，经国家文物局批准，于 2000 年 2 月至 6 月和 2000 年 12 月至 2001 年 7 月，浙江省文物考古研究所主持对雷峰塔遗址进行了发掘；并在《文物》杂志发表了简报[①]。吴越所建的塔基、地宫及部分塔体遗迹保存基本完好；南宋及后代整修的遗迹也有残存。遗址伴出大量石刻佛经、铭文砖、残佛像、法器以及建筑构件等；地宫出土内藏金棺的纯银阿育王塔等若干宝物。

塔台基八边形，为山体原生土切削而成，八边的对径为 36～37 米，每边长 15 米；包石后完整的对边距离近 43 米，每边长 17 米（图 3-4-61）。因所在地段西高东低，所以台基高度不同，东部比当时附近地面高出 2.50 米，西部高出 1.20 米（图 3-4-62）。残迹表明，台基东、东南、西南、南、北为上下两层石砌须弥座，刻有须弥山、海涛、摩羯等图案；西部为单层须弥座，外加砖铺散水，宽约 2.30 米左右。为了由西向东排放雨水，在台基的南北两侧有石砌排水沟。

① 浙江省文物考古研究所：《杭州雷峰塔五代地宫发掘简报》，《文物》2002 年第 5 期。

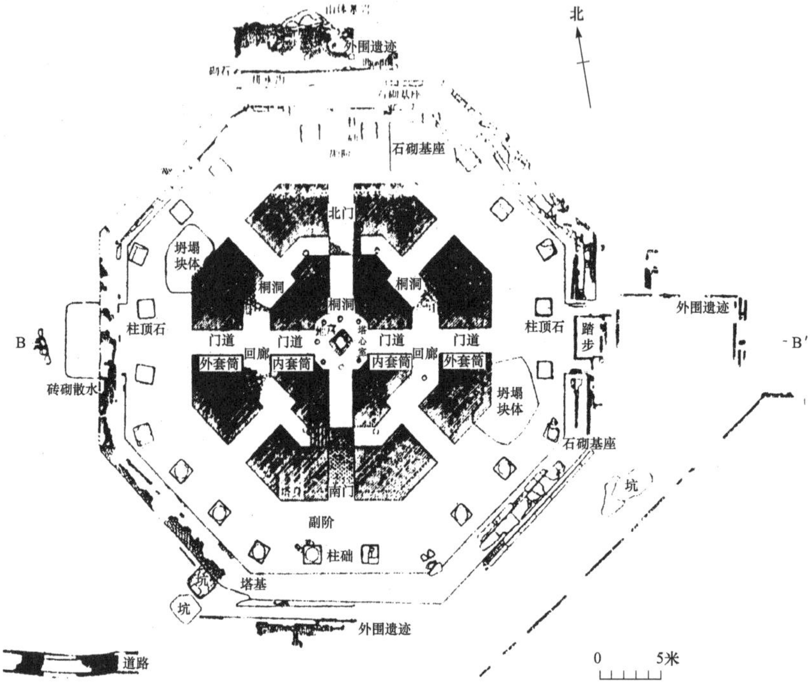

图 3-4-61 雷峰塔遗址平面图

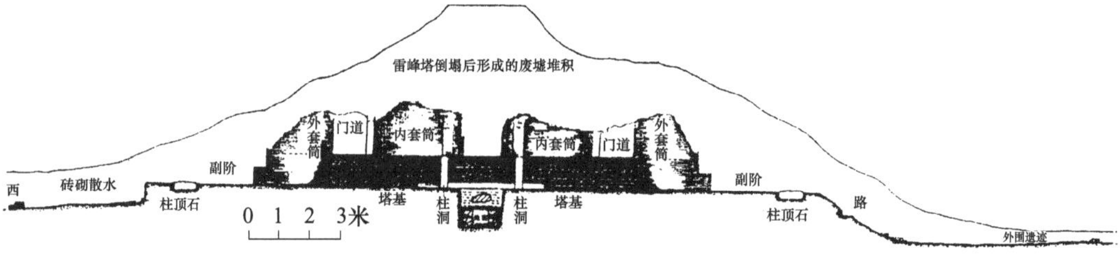

图 3-4-62 雷峰塔遗址东西向剖面图

台基上，中间为砖砌塔体，外围有副阶。自塔体外壁至台基边缘为 5.80 米；副阶进深——塔身至前檐柱础中心，约 4.20 米。础方 1.20～1.50 米，厚 0.40～0.50 米。前檐柱础有损失及位移，复原共 24 个础石，即周匝 24 间。每边面阔三间，每间面阔约 4.80 米，三间通面阔 14.40 米。台基东西两侧居中设踏道，东踏道宽 3.20 米左右，长 2.80 米左右；遗迹显示，西踏道在南宋时废弃。

中央砖砌八边形塔体为双层套筒式结构，外筒对径 25 米，对角约 27 米，残高 3～5 米。笔者现场实测所用灰色条砖，一般为 365～385 毫米 ×175～180 毫米 ×55～64 毫米，以黄泥浆黏结。外筒壁厚 4.20 米，外壁边长 10 米，每边中间开 2.20 米宽的门道。东、西门道内，有砖砌的高起 1.30 米的套筒间的廊道，为残破的断面。南、北门道铺砖地面平坦，至内套筒左右廊处有踏道遗迹。西南门道内有砖砌踏道遗迹。套筒内回廊宽度：东西两侧廊宽 2.30 米，南北廊宽 1.80 米。窄廊靠内套筒所形成的八边形的转角位置，都有一个柱洞，直径 0.30～0.40 米，深 1.60 米。内筒的四个正方向，各辟一门，门道深 3.70 米。

中央塔心室八边形，对边长 4.50～5.30 米，靠近每边有一个直径 0.26～0.40 米的柱洞。

塔心室砖地下 2.60 米深处，中央有地宫。发掘所见，为竖穴开在生土中，平面约 1.40 米 ×1.60 米，斜向布置，深约 1.80 米，底面积略小（图 3-4-63）。竖穴底部铺砖三层，四周砖墙用石灰泥浆黏结砌成地宫，开口约 0.75 米见方，深约 0.70 米；四壁厚约 0.55 米，表面用石灰粉刷。砖缝间发现一枚鎏金银钗，20 余枚“开元通宝”钱（其中 1 枚鎏银）和 1 枚双面铸龙凤的压胜钱；口上盖以 0.92 米见方、0.13 米厚的石板；上覆 0.30 米的土层，内瘗埋 10 余枚“开元通宝”钱。土层上覆压大约 1 米见方、0.20～0.40 米厚的不规则石板；上面覆土夯实至竖穴口。前述塔心室的四个正方向的柱洞底，即在此标高上。从此往上，塔心室再满铺 0.30 米厚的夯土，盖板以上的夯土总厚度 1.30 米；在这上面砌砖 13 层，厚 1.30 米，表面构成塔心室地坪。

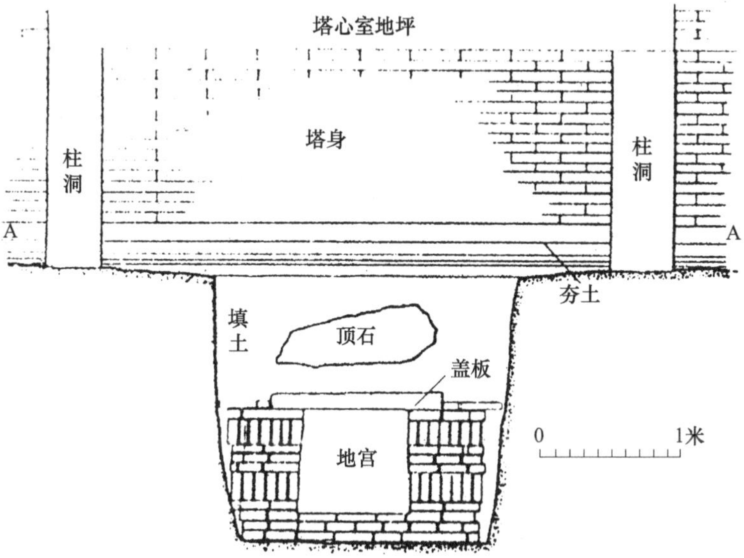

图 3-4-63　地宫东西向剖面图

3. 复原考证

复原吴越创建的雷峰塔依据充分：除遗址提供了台基、塔体平面形制、材料、做法和准确尺寸的直接证据外，砖砌塔体照片可反映塔体的基本轮廓以及副阶与主体连接的梁枋位置、数量和截面（图：遗稿未配图）；当时的文献记载了塔高七级。建塔投标方案在介绍中，都说经过详细计算确定没有副阶。笔者在评审时曾指出：其实仅凭已掌握的五代吴越此类楼阁式木檐塔的制度，就可推断它应该是有副阶的；何况塔体照片提供了二层平座、腰檐下面衔接副阶的高度和梁枋洞眼，更直接证明它肯定是有副阶的。遗址发掘后，进一步揭示了副阶檐柱的石础。现在，中标方案的工程设计已经改正，增加了副阶。

按照遗址，复原平面如图 3-4-64 所示。塔体收分则以塔体照片为准，外轮廓不是简单的斜线收分，而是丰满富有弹性、略呈抛物线形的卷刹。按照片，砖塔体的细长比约为 1∶2.17（前者是对角宽度，后者是五级加宝顶的高度）。八边形砖塔体实测，对角约 27

米，2.17 倍为 57.89 米，这便是五级塔心加宝顶残迹的约略高度。原塔为七级，则吴越创建当年，塔的造型不仅庄严而且秀丽得多（图 3-4-65）。

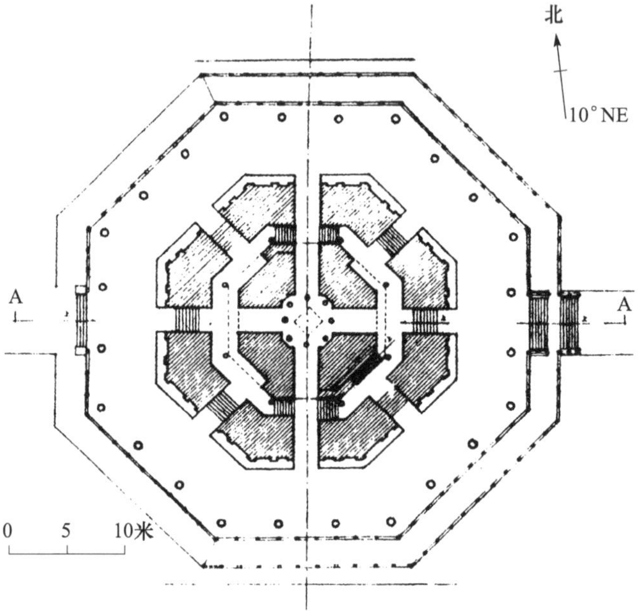

图 3-4-64 雷峰塔复原底层平面图

图 3-4-65 杭州吴越雷峰塔正（东）立面图

照片所反映的塔顶以下五级的情况，是吴越原状。底层残破拱门左右壁面，上部有两道仿木构的砖砌额枋残迹；中部左右有一道枋木构横梁——壁带残迹。现场观察，并有壁柱残迹。在拱门左右及转角处，从砖砌额枋开始上下排列一行行的木枋所遗留的洞眼，直达塔的上部。在底层拱门顶上的一道额枋遗迹之上，有并行两道梁枋残迹。从这往下，都是副阶梁枋遗留的洞眼，每面水平排列四洞，表明副阶每面为三间面宽，与发掘所见副阶檐柱石础的排列一致。从底层拱门上的额枋残迹开始，至二层拱门左右的并行的二梁枋，洞眼自下而上显示六个。第四个洞眼位于两个水平横梁遗迹之间；第六个洞以上又有两道与下面相同的仿木梁枋残迹，在这两道枋梁之间，应该还有如第四洞同样情况的第七个洞眼。第一至四洞墙面砌筑工整，是可以看到的部位，即一至四层洞为底层屋檐的梁枋遗迹。四至七层洞眼应为底层屋檐之上相重叠的一层平座、腰檐木构架的位置。

在此一层平座之上，可根据逐层同样的洞眼，知道五级平座的分段位置。以塔体照片底宽（拍摄时基本面向一角，故底宽大致为对角线的长度）为 27 米制作比例尺，用以量得五级自下而上逐层的尺寸，并以同时代所建钱塘江畔的六和塔（砖塔体部分）、闸口白塔、灵隐寺双塔、苏州虎丘塔等校核各级比例关系，由下而上各级高度都是以等比级数递减。

根据塔体照片显示的各级平座、腰檐木构所遗留的洞眼，推定雷峰塔的塔体从二级至七级以九成等比递减（图 3-4-66）：若以二级平座为 0.00 米，则二级平座至三级平座（三

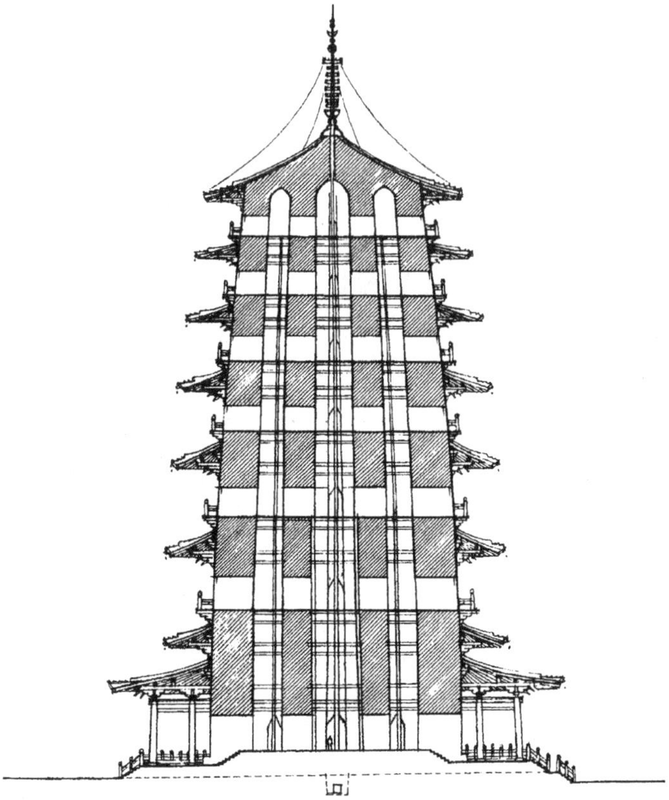

图 3-4-66 雷峰塔复原剖面图 A-A

层楼板）为 9.0 米，三级平座至四级平座（四层楼板）为 8.1 米，四级平座至五级平座（五层楼板）为 7.2 米，五级平座至六级平座（六层楼板）为 6.4 米，六级平座至七级平座（七层楼板）为 5.8 米，累积二级平座至七级平座的塔身高度为 36.5 米，各级塔檐之间的距离也是一样，从二级平座下的腰檐口至七级腰檐口，各级分别为 9.0 米、8.1 米、7.2 米、6.4 米、5.8 米；七级腰檐口至塔顶檐口的距离也按九成递减，为 5.2 米，累积二级腰檐至塔顶檐口的距离为 36.5 米 +5.2 米 =41.7 米。

这一数字加上台基附近地面至二级腰檐口的高度，再加上塔顶檐口至塔刹的高，便可得知全塔的总高度，即：41.7 米 +9.4 米（塔基附近地面至二级腰檐口）+17.0 米（塔顶檐口至刹尖）=68.1 米。

塔体砌砖模仿木构，砌出壁柱（转角柱为随八角形塔体而呈现两面，笔者实测了底层细部尺寸）、壁带（如宋建苏州报恩寺塔、罗汉院双塔、泉州开元寺石造双塔等，见图 3-4-67）、梁枋。砖砌拱券两边有槏柱；复原拱券形式，可参照苏州虎丘塔一类，为依两边槏柱向中央叠涩挑出，形成尖拱，砖面抹灰做成壶门形（图 3-4-68）。

图 3-4-67 苏州宋罗汉院塔双壁柱间有壁带

图 3-4-68 苏州虎丘塔现状

木构的斗栱、梁枋、平座、腰檐、钩栏等做法与式样，都可参照吴越和北宋塔复原。

台基 建塔地段限定塔以东向为正面，台基正面及左右，即东南、西南、南、北，大半个塔基座都是上下两层，背面因地势高起改作一层。两层台部分不设散水，西部三面一层台处有砖铺散水。二层台基是当时塔、幢的典型做法，例如同一时期建造的杭州闸口白塔、灵隐寺双塔、梵天寺经幢等基座都是例证。台基均由条石包砌，局部有雕刻。底层台宽约 2.20 米，高约 1.20 米左右，上层台高也是 1.20 米左右。从遗迹可知，东、西两面设踏道登上副阶。由台基的高度和高规格以及当时流行的形制推测，台基和踏道都应设有钩栏；参考同为五代的南京栖霞寺舍利塔，基座钩栏可设定为勾片纹样。

由于该地段由西向东坡下，故在台基南北两边设置石砌排水沟。

砖砌塔体　东、西门道内的遗迹表明，原有砖砌踏道直达内廊与塔心室的高度。南、北门内的遗迹表明，登上内廊的砖砌踏道设在门道内接内环廊口的位置。根据西南门道遗迹推测，四个斜方向门道内的踏道，与东、西门道内设踏道的情况一样。

双层套筒式砖砌塔体内环廊与塔心室标高相同，比副阶高起 1.30 米。外部相当裙墙的位置砌成高起 60 厘米左右、突出墙面约 40 厘米左右，从而形成一个台基，只是门道外观仿佛“断砌造”的形制。内环廊宽度不同，并有直径达 30～40 厘米的木柱遗迹，结合两者判断，柱洞为登塔木梯的支柱遗迹，木梯宽度为宽、窄廊之差——2.30 米减 1.80 米，即 0.50 米。

砖砌塔体表面抹灰，参考苏州虎丘塔，应是白粉壁、槏柱、壁柱、壁带、梁、枋、木栏杆等，与木构一样，涂成朱红色。

大木结构　副阶础方 1.20～1.50 米，按宋制柱径约为础方之半，此塔可设定柱径为 60 厘米。宋初期殿堂的柱高与开间相等，但塔的底层需要加高，从另一张显示塔体底部的照片，按照比例推测，柱高约为 6 米左右（图 3-4-69）。柱应有生起，次间转角柱提高 5 厘米左右；并应有侧脚，柱向心侧脚 5 厘米。柱头有卷杀，做法如《营造法式》。

图 3-4-69　显露底部的雷峰塔残体

按此塔的规模，斗栱应采取宋《营造法式》一等材，单材约 30 厘米 ×20 厘米（1 分 =2 厘米），栔高 13 厘米，足材为 42 厘米 ×20 厘米。柱头与补间铺作的华栱长 140 厘米左右，每跳自心出 70 厘米左右。出三跳应为 210 厘米左右，再加檐椽与飞子挑出的距离，檐出约在 4～5 米；檐角生起、生出各约 50 厘米；各檐角的子角梁前端，下悬风铎。

各层塔檐铺作需出四跳，设定为双抄双下昂六铺作；昂作当时流行的劈竹昂形式。各层平座应为四铺作，不用昂。柱间阑额上设平板枋；由于塔体底层较高，砖砌仿木构及副阶应有重楣。

塔刹　南宋李嵩所画改造后的五级塔，顶上没有刹杆而用宝顶。吴越初建时，从同期佛塔推测，当时像这样高规格的塔，应该是用塔刹的。当时所建西湖北山上的保俶塔，就用了五层相轮的塔刹，雷峰塔复原刹塔基本按照该塔和其他同期塔刹形制（图 3-4-70），考虑到雷峰塔更为高大和讲究，相轮可增加为七层。

建筑是社会历史文化的大载体，从外观效果的透视图（图 3-4-71），我们可以领略到吴越当年这座 68 米高的“皇妃塔”（雷峰塔）的风采，也便领略到吴越国和谐、繁荣的文化面貌。但愿新落成的这座壮丽的雷峰塔重光在杭州西湖之滨，永远显示着杭州历史的辉煌！

图 3-4-70 杭州西湖保俶塔现状

图 3-4-71 杭州吴越雷峰塔复原透视图

第五节 器具考证案例

一、河姆渡出土石楔（新石器时代经济分期的重要标志；石楔误认为斧）

切入点："异形斧"的背厚大于刃宽。

二、河姆渡出土石扁铲（误认为石锛）

切入点：石扁铲的切入点：器形过薄。

三、河姆渡出土制陶木托盘（不定轴心慢轮）

四、河姆渡出土树皮瓦

五、牛河梁出土束发玉冠

六、牛河梁出土陶鼓圈

七、大地湾出土陶平水

八、大地湾出土陶抄

九、白营出土砻石

十、章华台遗址出土陶线坠

十一、新石器遗址出土陶火支子

十二、灵台出土齐家文化陶屋瓦

十三、凌家滩出土原始砖

十四、邯郸出土战国陶脊饰

第四章　中国建筑考古学的分期与主要研究成果

大体可以归纳为六个历史时期。

第一节　古史传说时代的建筑考古（石器时代的人为的建筑遗迹）

一、哈尔滨阎家岗22000年前旧石器时代晚期的两座圆屋遗迹——动物化石垒砌矮墙体（与西伯利亚同一系统）

二、黄河流域和北方的穴居系统的新石器时代住所

1. 半坡仰韶文化时期遗址F1——前堂后室的滥觞
2. 大地湾遗址F901——“黄帝合宫”
3. 日本考古学材料提供了“黄帝时明堂”的佐证；喇家遗址提供了干阑实例
4. 襄汾陶寺圆坛遗址——印证了古史传说帝尧“观象授时”台
5. 凌家滩遗址红陶块——原始砖
6. 甘肃灵台遗址齐家文化屋瓦
7. 河南白营龙山文化遗址石灰及砻石
8. 洛阳王湾仰韶文化遗址F11擎檐柱
9. 内蒙古……圆屋遗址的火墙

三、长江下游河姆渡遗址七千年前的建筑遗存——巢居系统的干阑长屋

1. 干阑长屋下的垃圾遗迹证明地板是活动的
2. 屋面有长短坡
3. 石楔加工木板
4. 树皮瓦

5. 芦席轻质墙
6. 制陶工具——木制不定轴心转盘

第二节　夏商周建筑考古（铜器时代，包括同时代周边的酋邦）

1. 二里头遗址 F1——“夏后氏世室”
2. 偃师商城遗址、盘龙城遗址等证明了“殷人重屋”“茅茨土阶”，并揭示“左祖右社”可能创始于殷商，“周承殷制”所以见于周礼的记载而误以为是周人的创造

第三节　秦汉建筑考古（铁器时代，上至战国时代，下至三国、魏晋、南北朝）

第四节　隋唐建筑考古（铁器时代，包括五代十国）

第五节　宋元建筑考古（铁器时代，包括西夏、辽、金）

第六节　明清建筑考古（铁器时代，包括边疆附属国）

第五章　遗址的保护与展示

第一节　回 填 保 护

遗址是不可再生的文化遗产；保护的目的在于展示——为人类所共享。……可逆性

第二节　遗址的保护与展示

一、遗址的保护与展示个案

1. 半坡遗址博物馆
2. 殷墟博物苑
3. 广州南越王宫苑遗址陈列馆
4. 河姆渡遗址博物馆
5. 喇家遗址横穴遗迹陈列馆
6. 城子崖龙山文化城垣陈列馆
7. 尉迟寺原始聚落遗址博物苑
8. 广州南越王墓博物馆
9. 北京大葆台汉墓博物馆
10. 河北马王堆汉墓
11. 长沙汉墓

二、单体建筑遗址展示方式

1. 半坡展示仰韶文化住房遗址
2. 喇家展示新石器时代横穴遗址
3. 城子崖龙山文化等城墙遗址
4. 小屯妇好墓圹遗址

三、遗址状况或位置的模型展示

1. 小屯“殷墟”宫殿遗址位置

2. 侯家庄殷商王陵布局的展示
3. 西安唐大明宫含元殿台基

四、建筑复原展示（日本称为“模型保护”）

1. 小屯“母辛宗”
2. 小屯“甲十二”
3. 小屯“乙二十”
4. 唐长安青龙寺密宗殿堂
5. 唐大明宫麟德殿台基
6. 北京明清天安门城观
7. 北京永定门
8. 北京元朝妙应寺山门
9. 杭州胡雪岩故居
10. 清华大学“二校门”
11. 河姆渡遗址博物馆干阑建筑复原

五、外国复原展示的参考案例

1. 日本平城宫朱雀门
2. 宫内府复原
3. 日本平城京大极殿
4. 日本平城京皇宫东苑
5. 波兰古都华沙复建
6. 德国德累斯顿圣母大教堂
7. 德国柏林墙查理哨所
8. 俄国莫斯科基督救世主大教堂

六、外国遗址模型展示的参考案例

1. 日本平城京等建筑台基
2. 韩国……

附录一　原书稿目录

概论——“建筑考古学”的创立与发展
第一章　建筑考古学的田野工作
　第一节　田野考古调查
　　一、踏查
　　二、探查
　　三、探沟
　　四、试掘
　　五、调查记录
　　六、水下考古调查
　第二节　考古发掘
　　一、发掘工具与仪器
　　　1. 工具
　　　　A. 田野工作必备的小工具——手铲与鬃刷等
　　　　B. 人力与机械的挖土和运土工具
　　　2. 仪器
　　　　A. 小平板仪
　　　　B. 水平仪
　　　　C. 经纬仪
　　二、开“探方”
　　三、考古发掘的文化地层学知识
　　四、建筑考古学不同于普通考古学的特殊发掘原则
　　五、遗址的发掘
　　六、建筑学知识指导下的遗迹现象辨认
　　七、严禁制造现象与现场“复原”
　　八、探方的原始记录
　　　1. 文字记录与遗迹的测绘
　　　2. 照相、电影和录像
　　　3. 高视点拍摄——搭架、气球与航拍
　　九、出土标本的筛选
第二章　建筑考古学的室内工作

第一节 标本的清理与整修
第二节 发掘报告的编写
第三节 复原研究
一、复原研究的认识论——遗址与遗迹现象是复原研究的基础
二、复原研究的方法论——寻找深化认识的切入点
1. 客观地仔细考察遗址锁定切入点
2. 借助文献锁定切入点
3. 借助传说锁定切入点
4. 借助民族学材料锁定切入点
5. 有根据的推理是必要的，科学假说也是必要的
6.“有一分材料说一分话”的错误导向
7. 不理解的问题允许存疑
第三章 体现认识论与方法论的考证案例
第一节 遗址复原考证案例
一、河姆渡文化水井——切入点：支护木构与淤泥地层的关系
二、仰韶文化半坡 F1、F41、F22（错判为日本的“天地根元造”及环脊覆碗式）——切入点：泥背屋面堆积、柱洞直壁、囱缘残段
三、大地湾 F901（黄帝合宫）——切入点：体量、形制与位置
四、二里头 F1（夏后氏世室）——切入点：文献
五、偃师商城的王宫（左祖右社、苑囿）——切入点：柱间无居住面的干阑遗迹、水池
六、郑州商城的宫殿遗址
七、小屯商离宫（错判为殷都遗址——“殷墟”）——切入点：面积过小、建筑自由布局、伴生外地珍禽异兽遗骸
八、“殷墟”甲十二楼阁——切入点：眺望洹水的朝向与柱间距小
九、乙二十长屋宫殿和“母辛宗”（妇好墓上建筑）——遗迹与文献
十、盘龙城商方国宫殿遗址——切入点：F1 转角擎檐柱洞
十一、周原邦君宗庙——切入点：文献、遗址
十二、周原云塘士的住宅——切入点：面积、U 形“陈”
十三、战国秦咸阳宫一号址——切入点：不对称；牛羊沟的排水管口证明沟东遗址为一体
十四、战国中山王陵墓上享堂遗址——切入点：已知同类材料
十五、秦碣石宫与碣石门——切入点：宫城遗址的中轴在左右海柱石之间；海上石甬路传说
十六、秦始皇陵园及九层之台的陵上享堂——切入点：遗迹呈三层大台状
十七、西汉未央宫前殿——切入点：文献

十八、西汉未央宫椒房殿及掖庭宫——切入点：
十九、西汉桂宫明光殿——切入点：文献
二十、西汉杜陵上的享堂及寝殿——切入点：
二十一、西汉长安古文学派的五室明堂（错判为晋“魂瓶”式样）——切入点：文献
二十二、王莽九庙——切入点：单体建筑遗迹
二十三、南越宫苑殿堂（错判为“秦造船工厂的船台”）——切入点：柱遗存对位整齐，方位与汉殿同；共生“万岁”文瓦当
二十四、北魏复建洛阳宫城阊阖门——切入点：
二十五、北魏洛阳宫城凌云台凉风观——切入点：古图与铲探材料
二十六、北魏洛阳永宁寺塔——切入点：台基上角墩遗迹与北魏石塔四角加固墩台相符
二十七、隋太阳门·唐明德门（错判为无双阙的一字长观）——切入点：壁画材料
二十八、隋仁寿宫——切入点：《九成宫图》（纨扇图）
二十九、唐大明宫含元殿（错判殿地面升高；殿前三道龙尾道；无钟、鼓楼）——切入点：文献；早期龙尾道生土与大台相连
三十、唐大明宫麟德殿（将“三殿”错判为四顶及左右梯对称）——切入点：文献、石窟寺壁画
三十一、唐大明宫清思殿——切入点：文献
三十二、唐大明宫三清殿——切入点：文献
三十三、唐兴庆宫花萼相辉楼——切入点：
三十四、唐兴庆宫勤政务本楼——切入点：
三十五、唐华清宫温泉浴殿——切入点：
三十六、唐武则天明堂（错判无天井）——切入点：巨大础石与夯土基厚度
三十七、吴越皇妃塔（雷峰塔）（错判为五级、无副阶檐、无卷杀）——切入点：塔体照片的副阶梁枋遗迹；文献

第二节　现存古建筑原状考证案例

一、大雁塔——切入点：印度佛陀迦耶精舍原状
二、小雁塔——切入点：碑图
三、泉州“圣墓”——切入点：阿拉伯文碑的关键词“天可汗”与梭柱
四、北宋定州开元寺塔——切入点：每层有门；周围地下大量屋瓦堆积

第三节　借助参考遗址的连环考证案例

一、日本弥生时代“社”遗址与“黄帝时明堂”（“昆仑＝干阑＝京”）——切入点：《史记》所载古史传说
二、西汉长安明堂与“周人明堂”——切入点：文献；借助西汉末长安明堂

三、日本弥生时代“社”遗址与喇家遗址和金沙遗址的干阑遗迹——切入点：所在环境

第四节　水下考古案例

一、龙游水塘下石室群——切入点：文献

二、抚仙湖水下沉城——切入点：环境、文献与传说

第五节　出土建筑工具与器物考证案例

一、木材加工工具

1. 河姆渡出土石楔（世界新石器考古界都误认为石斧）——切入点：“异形斧”即典型楔的背厚大于刃宽及顶端有打击破损

2. 河姆渡出土石扁铲（误认为石锛）——切入点：器形过薄；演算

3. 河南白营龙山文化遗址出土抹灰工具砻石——切入点：黏有石灰及红颜料

二、测量器具

1. 大地湾遗址 F901 出土陶平水——切入点：长条状、口沿不平、底极光滑

2. 春秋时期楚章华宫遗址出土陶线坠——切入点：系绳沟槽

三、河姆渡出土树皮瓦——切入点：构造孔

【附】河姆渡出土制陶木托盘（不定轴心慢轮）——切入点：形制与陶器底印痕

四、牛河梁出土束发玉冠——切入点：形制及出土部位

五、牛河梁出土陶鼓圈——切入点：倒勾

六、大地湾出土陶抄——切入点：民族学材料

七、新石器遗址出土陶火支子（被称作“靴形器”）——切入点：出土部位

八、灵台出土齐家文化红陶屋瓦——切入点：形制及构造

九、凌家滩出土“红陶块”（原始砖）——切入点：形制

十、邯郸出土战国陶脊饰（被误认为“栏杆砖”）——切入点：出土时插入脊瓦上

第六节　用建筑考古学手段对有关建筑的形象古文字与词汇名实考证案例

一、（宫）

二、（囱）

三、（向）

四、（井）

五、（墉）

六、（京）

七、覆穴

八、中霤

九、黄帝合宫

十、黄帝时明堂

十一、夏后氏世室

第四章　中国建筑考古学的分期与主要收获

大体可以归纳为六个历史时期：

第一节　古史传说时代的建筑考古（石器时代的建筑遗迹）

一、北方草原旧石器时代晚期

哈尔滨阎家岗22000年前旧石器时代晚期的两座圆屋遗迹

——北方草原的动物化石垒砌矮墙体（与西伯利亚同一系统）

二、黄河流域和北方的穴居系统的新石器时代

1. 半坡仰韶文化时期遗址F1——“前堂后室”的滥觞

2. 大地湾遗址F901——“黄帝合宫”

3. 喇家遗址和金沙遗址提供了早期干阑实例

——日本考古学材料提供了“黄帝时明堂”的佐证

4. 郑州西山仰韶文化城垣

5. 山西陶寺圆坛遗址——印证了古史传说帝尧“观象授时台”

6. 青海凌家滩遗址红陶块——原始砖

7. 甘肃灵台遗址齐家文化附加堆纹的红陶屋瓦

8. 河南白营龙山文化遗址烧制石灰及砻石

9. 洛阳王湾仰韶文化遗址F11擎檐柱

10. 内蒙古赤峰二道井子夏家店下层圆屋遗址的双层取暖火墙

三、长江流域原始建筑

1. 长江下游河姆渡遗址七千年前的建筑遗存——巢居系统的干阑长屋

a. 干阑长屋下的垃圾遗迹证明地板是活动的

b. 屋面有长短坡

c. 石楔与石扁铲加工木板

d. 树皮瓦

e. 芦席轻质墙

f. 制陶工具——木制不定轴心转盘

2. 长江中游

a. 湖北蕲春干阑建筑遗址

b. 湖北　　干阑建筑遗址

c. 大溪文化建筑的毛竹擎檐柱遗迹

第二节　夏商周建筑考古（铜器时代，包括同时代周边的酋邦）

一、二里头遗址F1——“夏后氏世室”

二、二里头遗址F2——宗庙一体建筑

三、偃师商城遗址——“般人重屋”“茅茨土阶”“左祖右社”（“周承殷制”所以见于《周礼》的记载而误以为是周人的创造）

四、成都十二桥干阑建筑遗址

五、盘龙城遗址——长江流域的方国与大邑商文化一体

六、成都金沙古蜀遗址——宫殿与大社

七、周原岐山凤雏遗址——印证了周礼宗庙制度

八、周原扶风召陈遗址——“瓦屋”

九、云塘遗址——破解了周朝“士”的宅第的“陈”

十、“周人明堂”（借助西汉材料的考证）——破解了千古之谜

十一、春秋秦宫铜构——金釭

十二、春秋楚灵王章华宫遗址——节约用土的南方台榭

第三节　秦汉建筑考古（铁器时代、上至战国时代，下至三国、魏晋、南北朝）

一、战国秦咸阳宫1号遗址——飞阁复道相连的台榭

二、战国中山王陵墓上享堂遗址

三、秦始皇九层之台的陵上享堂

四、秦东海碣石门与碣石宫——秦帝国东门

五、秦新朝宫前殿——阿房宫遗址

六、汉未央宫前殿遗址——

七、汉未央宫椒房殿及掖庭遗址

八、汉长安武库

九、汉长安桂宫前殿

十、汉杜陵上的享堂——证实了西汉继承秦制的墓上享堂

十一、汉杜陵寝殿

十二、汉长安明堂遗址——古文学派的五室明堂实例

十三、南越王宫苑遗址——印证了文献“积沙为洲屿，激水为波涛”的记载

十四、南越国狮雄山离宫遗址

十五、南越　　遗址

十六、闽越王宫城遗址

十七、王莽九庙遗址

十八、东汉洛阳明堂遗址——今文学派九室明堂的实例

十九、东汉洛阳灵台遗址

二十、三国铜雀三台遗址

二十一、魏洛阳宫城　　门遗址

二十二、魏洛阳宫城　　门遗址

二十三、北魏洛阳永宁寺塔遗址——

二十四、北魏洛阳凌云台凉风观遗址

第四节　隋唐建筑考古（铁器时代，包括五代十国）

一、隋大兴太阳门·唐长安明德门遗址

二、隋人寿宫·唐九成宫遗址

三、唐长安大明宫含元殿遗址

四、唐长安大明宫含元殿及朝堂遗址

五、唐长安大明宫麟德殿遗址

六、唐长安大明宫三清殿遗址

七、唐长安大明宫清思殿遗址

八、唐长安兴庆宫勤政务本楼遗址

九、唐长安兴庆宫花萼相辉楼遗址

十、唐长安大明宫丹凤门遗址

十一、唐华清宫御汤九龙殿遗址

十二、唐华清宫芙蓉汤浴殿遗址

十三、唐洛阳明堂遗址

十四、唐洛阳九州池亭榭遗址

十五、隋唐洛阳则天门·应天门遗址

十六、唐大雁塔

十七、唐小雁塔

十八、成都江南馆街唐宋富春坊遗址

十九、渤海　　遗址

二十、渤海　　遗址

二十一、吴越杭州西湖皇妃塔（雷峰塔）遗址

第五节　宋元建筑考古（铁器时代，包括西夏、辽、金）

一、宋洛阳衙署园林遗址

二、宋定州开元寺料敌塔原状

第六节　明清建筑考古（铁器时代，包括边疆附属国）

一、明北京紫禁城太和殿两庑连接的平斜廊

二、明北京紫禁城巡值“红铺”

三、清北京紫禁城巡值“围房”

第五章　遗址的保护与展示

第一节　回填保护

第二节　遗址的保护与展示

一、大遗址的保护与展示个案

1. 半坡遗址博物馆

2. 殷墟博物苑

3. 尉迟寺原始聚落遗址博物苑

4. 河姆渡遗址博物馆（质疑河姆渡遗址博物馆干阑建筑复原）

5. 大明宫国家遗址公园（质疑大明宫含元殿台基与丹凤门）

二、单体建筑遗址展示方式

1. 城子崖龙山文化城垣陈列馆
2. 喇家遗址横穴遗迹陈列馆

三、遗址状况或位置的模型展示

1. 小屯“殷墟”宫殿遗址
2. 侯家庄殷商王陵布局的展示
3. 日本平城宫建筑台基展示
4. 韩国……

四、建筑复原展示（日本称为“模型保护”）

1. 小屯“母辛宗”
2. 小屯“甲十二”
3. 小屯“乙二十”
4. 唐长安青龙寺密宗殿堂
5. 唐大明宫麟德殿台基
6. 北京元朝妙应寺山门与钟、鼓楼
7. 北京明清天安门城观
8. 杭州胡雪岩故居
9. 清华大学“二校门”

【附：质疑个案】

1. 杭州西湖雷峰塔
2. 大明宫丹凤门

五、外国复原展示案例

1. 波兰华沙古城王宫、广场等
2. 德国德累斯顿圣母大教堂
3. 俄罗斯莫斯科基督救世主大教堂
4. 日本平城宫朱雀门
5. 日本平城宫大极殿
6. 日本平城京皇宫东内苑
7. 德国柏林墙查理哨所

附录二　原书稿第三章第三节"一、黄帝时明堂（昆仑 = 干阑 = 京）"参考素材

第二节　"黄帝时明堂"——"昆仑"——目前所知最早的神殿·国王社稷的祖型①

在新石器时代中晚期，形成了一种与原始农业密切相关的神圣建筑，这就是古史传说中当时被称作"昆仑"的"明堂"，亦即原始农神崇拜的"社"和与社相关的谷仓——"稷"。这种原始明堂，到酋邦和王国时期，成为直接服务于酋长和后来国王的宫殿之外的重要宫廷建筑。这里，让我们首先看一看中国奴隶制时代"社""稷"的前身——"黄帝时明堂"的情况。

"黄帝时明堂"是古史传说，它需要有考古材料的印证，方可被认为是史实。在中国，到目前为止，新石器考古尚未发现有关遗迹，然而在已发掘的大量新石器时代遗址的简报中，一再看到不少的所谓"零散柱洞"，这些一概被认为是残缺过甚、不辨形制的房址，因为没有居住面而被忽略了，实际上有的很可能是干阑遗迹。所幸的是，近年来我们在属于同一文化圈而深受中国影响的日本，发现了相关的考古材料，从而使我们有可能对此问题做出探讨。

希腊的古史传说已有很大的变形，基本上都已成为神话。中国的古史传说，直至今日，大部分还保持着历史的基本轮廓。考古学所提供的材料与古史传说相印证，诸如从"五帝"到"夏后氏"，其族属、活动范围、生活方式、历史现象之类，与新石器时代的某些文化类型以及分布，颇有一些蛛丝马迹的吻合。这便更提高了古史传说的可信性，因而它成为史前文化研究的重要参考。过去不被人们重视的所谓"黄帝时明堂"及"神农氏明堂"的传说记载，恐怕也不是凭空捏造出来的。这里，首先以古史传说对照考古材料，对黄帝与神农时代的明堂试做论述。

一、关于原始明堂的两则记录

1. "黄帝时明堂"

黄帝为传说中的"五帝"之首，得以载入治学严谨的司马迁的《史记》，因而历来被

① 编者按：本内容来自杨鸿勋《宫殿考古通论》，紫金城出版社，2001 年。

人们所相信。从传说的事迹来看，黄帝生活的时代约是距今四五千年以前的原始氏族社会晚期；其身份应是华夏集团的一个强大的部落联盟或酋邦的酋长。黄帝部族的发祥地在今陕北黄土高原上的姬水旁，所以得姬姓。已故古史及考古学家徐旭生先生推测，黄帝部族的祖先是居住在今陕甘交界一带，相互通婚的两个氏族——少典氏和有蛴氏[①]，它们来自被称作“昆仑丘”的青海高原上。黄帝部族有较大的发展，人口繁衍使其中的一部分聚落居民从陕北渐向东移，顺着北洛水、渭水及黄河北岸，沿着中条山、太行山麓，直到现在的北京一带；有一部分沿着永定河岸到达今河北省北部的宣化附近。黄帝族东迁路线这一带，在古代是北方草原与其南部农耕地区的相邻边界（这基本上是后来的长城一线），近年来在处于这一带的大凌河上游、辽宁省凌源县牛河梁及相邻的内蒙古一带发现了红山文化的三重的祭坛、大型塑像的女神庙和伴出束发玉冠[②]的积石冢等遗存，这些可以和黄帝部族的传说相符合。尤其有兴味的是，据说在牛河梁发现了似乎是车辙的迹象（但愿能够证实），这使人联想起“轩辕氏”的说法。是否黄帝氏族最早使用车辆，因而有“轩辕氏”一说？所谓车，应是指的马车。中国的马车发源于北方大概是没有问题的，看来马车是草原文化的产物，因为只有狩猎和游牧民族才有条件创造使用牲畜拉车。殷人的祖先是北方的游牧民族，所以其上层阶级酷爱田猎，又擅长驾车。由此推理，黄帝部族也有相似之处。它的生产活动原是以狩猎为主，进而发展为游牧。这恐怕就是它之所以有这样大的活动范围的原因。徐旭生先生考证，黄帝氏族后裔在周弃（时代相当于夏末期）以前，大约还是处于游牧阶段，这可以认为也是一个旁证。黄帝部族的大发展，既游牧又兼营农耕。由于它的游牧特点而有较大的活动量，后来南下鲁西，最终和东方的蚩尤（原名“蔑”，“蚩尤”是黄帝族对他的贬称）部族决战于中原的涿鹿之野，从而奠定了民族大融合的基础。

黄帝时有“明堂”，是从汉人的记载中得知的。西汉元封元年（前 110 年）的夏天，武帝刘彻因为要去泰山封禅、求仙，所以决定在奉高城（今山东泰安）附近建一座明堂。于是诏令大臣们再次议论古明堂的形制和修建方案。众说不一，各说都无据以服众，所以古籍记载说“未晓其制度”。此时，济南人公玉带献上一份《黄帝时明堂图》，大概武帝认为其是最古老的，并且言之有据，所以批准录用；诏令奉告地方长官，在汶上按照公玉带的方案建成了明堂，时当元封二年秋。关于这座明堂的形制，据记载是：

> “明堂图：中有一殿，四面无壁，以茅盖。通水，圜宫垣。为复道，上有楼，从西南入。命曰：‘昆仑’。天子从之入，以拜祠（祀）上帝焉。”[③]

这座明堂和诸儒一直谏议要在都城长安南郊建造的仿周天子“布政之宫”形制的明堂

---

① 徐旭生：《中国古史的传说时代》，文物出版社，1985 年。

② “束发玉冠”是笔者应辽宁省考古所之邀，前往牛河梁考察时对积石冢出土的“玉筒形器”提出的名称。苏秉琦先生对于笔者的分析和命名完全赞同，并在其文章中使用了这一名称。

③ 《史记》卷二八《封禅书》，《汉书》卷二五下《郊祀志下》。

并不是一回事，黄帝时所谓“明堂”，应是极其朴素的概念，它指的就是一种开敞、明亮的建筑空间。对于汉代以及后世诸儒所关心、议论的专有“明堂”来说，《考工记》所载“周人明堂”指的是周朝宫廷的主要殿堂也就是前殿，公玉带的“黄帝时明堂”只是一个“古制”的影子而已；在疑古派的人们看来，其大概被认为是无稽之谈，两千年来没有人对它进行过认真的研究。近人著文有所涉及，不过只是非学术性的“山海经”而已。

公玉带所谓的“黄帝时明堂”，应是出自古史传说；他提出的图样则应是根据传说绘制的。当年他进呈图样时，定有文本说明其依据，否则皇帝是不会采纳的，满腹经纶的群臣，也是要提出驳斥意见的。可以推知，公玉带的《黄帝时明堂图》，绝非是为了行骗而臆造出来的东西；这由“昆仑”二字即可得到证明（说详后）。

2. 神农氏明堂

传说中的“神农”应是早于黄帝的。据徐旭生先生的考证，古人关于神农的传说可归纳为五种解释：其一，据《吕氏春秋·夏季记》的说法，认为它是主稼穑的神祇；其二，同书的说法，又似乎指主农事的官员；其三，据《庄子·盗跖》的说法，它是一个时代的称号；其四，据《战国策·秦策》等的说法，它可解释为氏族的名称；其五，据庄子受学于老龙吉的说法，它又必须解释为个人的名字。徐先生认为神祇的说法当属古义；又解释说，在战国时期，学者们根据古史传说普遍认为，在黄帝以前农业已经发展，而成为不同于过去的新时代，这时的人们生活比较富裕，和平相处，而到炎帝、黄帝与蚩尤相争斗，才结束了这个时代。“神农”一词，就是指黄帝以前的这个时代；他们又意识到当时的氏族，所以又叫它“神农氏”。我们从西汉初期成书的《淮南子》的记载来看，姑且把“神农”看作一个农业发展了的父系大氏族、初级酋邦的酋长。《淮南子·主术训》中记载了古老相传的关于神农时期明堂的传说：

> “昔者神农之治天下也……甘雨时降，五谷蕃植。春生、夏长、秋收、冬藏，月省、时考，岁终献功，以时尝谷，祀于明堂。明堂之制，有盖而无四方，风雨不能袭，寒暑不能伤，迁延而入之。”

这则记载，着重于“明堂”的使用，而较少说明它的形制。它与上述“黄帝时明堂”的记载一样，也是没有引起人们的重视。但看起来，同样是有来历的。用它和“黄帝时明堂”的记载相对照，可以提供很好的补充。

二、原始明堂——“社”的祖型

关于黄帝及神农时代明堂的两则传说，记载的形制是相似的，两者相互印证，大约都是架空的开敞明亮的茅草方亭。“黄亲时明堂”被描述得更为具体一些，不过成文历史以后对史前时期的传说，是在后世的社会意识基础上，使用后世的语汇记载的，即它是有“楼”——高架的“殿”，有上楼的“复道”——带顶的阶梯，还有围墙——“宫垣”，墙外有水沟环绕。更为难得的是，居然流传下来了这种“楼”在当时的名称——人们把它叫作“昆仑”。这提供了一个很重要的线索，我们可据以进行更为深入的探讨。

这种被称作“昆仑”的明堂，它的用途如何，文献记载“黄帝时明堂”时只提到“天子从之入，以拜祠（祀）上帝焉”。所谓“天子”，是后世传说的用语，它是指当时的部落联盟、酋邦的酋长，即黄帝、神农一类身份的人。也就是说，这座建筑物是由酋长登临、主持祭祀上天和农耕神灵（包括水、土、季候和作物）使用的。《淮南子》关于神农时明堂的记载，对使用情况做了很好的补充。它说：农务耕作一年的收获，要在这里举行献功典礼——用农业收获奉献给上天和神灵，请其享用，以此来表达对其保佑丰收的感激之情，同时祈求来年好收成。黄帝时的明堂既是“拜祠上帝”的，则也应是庆祝和祈祷生产丰收的场所。这种以收获的农作物祭神的习俗，至今在云南少数民族中还有保留。对照民族学材料来看，这两座明堂都是原始氏族社会的“社”的性质①。

从原始人类开始，人们为生存而奋斗，最为惧怕的就是饥饿和种族的灭绝。因此奋斗是围绕两个发自本能的中心问题，即吃饱活命和繁衍后代。这就是圣人道出的真理：“食、色，性也。”从“性”亦即本能出发形成的原始崇拜，一个是祈求神灵赐予丰富的食物，以求饱食存活，一个是祈求神灵赋予繁衍的后代，扩大种群，增强生存能力。在氏族社会晚期，以农耕为食物的主要来源时，崇拜对象是主宰一切的上天和主管土地、粮食（社稷）的神灵；另一崇拜对象，在母系氏族时期是主管生育的女神，在父系氏族时期，则是男性生殖器——祖（且），进而发展为对男性血缘的祖先崇拜。当时的人们认为灵魂不死，祖灵即祖神可以保护他们，因而要祭享祖先，遇事还要向祖先禀告和请示。农神当然也是有知的，为了生产的收获有保障，也要向农神祭祀；作物丰收后，还要向农神谢恩。这两个最为重要的崇拜对象，有时交织在一起，如周人的祖先周弃——后稷，即被认为是稼穑的神祇。

先秦时期，继承这一古老传统，把“祖”和“社”作为天子、诸侯邦国的两个主要奉祀对象。殷商时代，对祖先的祭祀场所，是其坟墓上所建的“宗”。笔者首次提出“宗”为墓上享堂的论断，是在安阳小屯妇好墓发掘现场，后来这一论点发表在“母辛宗”的复原论文中②。民族学为我们提供了佐证，我国仍处于氏族社会制度的拉祜族，在新墓上建一座棚子（宗）作为祭祀之用，由此看来，这种“宗”大概始自原始氏族时期。祭祀祖先的“庙”，是从“宗”衍生出来的。二里头夏墟 F2，提供了宗前有庙堂设置的实例。宗，是朝先人遗体礼拜的设置；“庙，尊先祖貌也”，是朝先人的代表物——神主祭祀的设置。从二里头 F2 的复原考察可知，它既是宗，又有庙，应是由宗向庙过渡的形式。周朝时，已将宗与庙结合为一个词——“宗庙”，它是指内奉祖先神主的庙堂，也就是祠堂。从中山国王陵出土的铜版《兆域图》注文知道，至东周时期，已将埋藏先人遗体处的祭享建筑，

---

① 《史记》卷二八《封禅书》《索隐》引服虔云：“周公既相成王，郊祀后稷以配天，宗祀文王于明堂以配上帝。自禹兴而修社，配后稷称稿，故有社祠。郊祀所从来尚矣！”所谓“禹兴而修社”，是指作为国家的一种仪礼的制度，是古老传统的延续，其渊源应即神农、黄帝时代的“明堂”。

② 杨鸿勋：《妇好墓上“母辛宗”建筑复原》，《文物》1988 年第 6 期。

亦即陵墓上的“宗”，书作“堂”了，大约是祭享之堂的意思吧。在原始氏族时期，奉祀农神的“社”与奉祀祖神的“宗”，两种建筑形式有近似之处，大约都是一个敞棚。但是两者又有显著的区别，那主要是因为在奉祀活动的使用要求上有所不同。

原始氏族社会时期的“社”，在中国至今还没有取得考古材料，但在同一文化圈的日本，却已发现了很有价值的遗迹。这就是近年来京都府向日市中海道、鸟取县羽合町长濑高滨以及群马县前桥市鸟羽等处发现的一些弥生时代和古坟时代早期的遗址。非常令人惊异的是，这些遗址所表明的形制与中国传说的“黄帝时明堂”如此之相似，这不能不引起人们的深思。日本的这些考古学材料，比民族学材料更有价值，这是因为中、日之间有着特殊的历史、文化因缘。现在已知中国和日本早有往来，至于早到什么时候，还是一个正在探索的问题。不过，一个极为明显的事实是，中国和日本同属一个文化环境；中日文化交流渊源之深远，不可低估。

还是在遥远的年代，大陆板块漂移相对稳定之后的一次造山运动中，亚洲大陆东海岸一带塌陷而形成鄂霍茨克海（Okhotskoye More）、日本海、渤海、黄海、东中国海、南中国海的一条狭长的海域，可视为“东亚细亚地中海”；原来的东海岸一带，变成了由北向南分布的日本等列岛。居住在这个“地中海”周边的人们，大概早在旧石器时代晚期，就已有了大幅度的近海交往。考古材料揭示，内陆居民的交往，是和水有着密切关系的。人们开始是沿着河谷陆地往来，继之便创造了以独木舟和木排（筏）在河、湖中航行交通。使用船、筏的交通运输，大大节省了劳动力，并提高了人、物运输的效率。因此，自船、筏发明之后，航行以及它所促成的文化交流，有了很快的发展。浙江沿海的湖泊、沼泽地区的河姆渡文化具有刻花装饰的船桨遗存，证明了距今将近 7000 年前广大水域中这种航行活动的繁盛。至于航海交通，目前已有考古材料表明，中国山东半岛的长岛县与辽东半岛的海岛县之间，辽东半岛与朝鲜半岛之间，朝鲜半岛与日本北部诸岛之间；南部闽、粤与港、台等岛屿之间，至迟在中国新石器时代中晚期，已有了跨海的联络。据此估计，中国大陆沿海从北到南，与日本列岛之间，至迟在中国新石器时代中晚期，也有了较为频繁的渡海交通；至于其开端，恐怕还要早一些。

辽东半岛、渤海湾沿岸、山东半岛以及江、浙、闽、粤沿海一带的原始居民，较诸内地发展为慢，迟至战国时期还有“纹身断发”的聚落居民，甚至到了秦汉乃至南北朝时期，也还有保持原始氏族制度的聚落存在。秦汉至南北朝时期，沿海一带与日本渡海交往的史实，是有典籍可查的。

在日本发现的弥生时代和古坟时代初期的酷似中国氏族社会的“明堂”遗迹，不无为中国传播的可能性。实际上，“社”的传播还应该早得多。现在学术界普遍认为，远在 4000 年前中国江、浙沿海的稻作技术就已传到日本；还有学者认为，与此连带传入日本的还有栅居（pile-dwelling，日本称之为“高床建物”，意即“高架地板的建筑物”）。“社”也是栅居形式，而且是和稻作密切相关的。所以，日本的原始神社很可能也是在 4000 年前左右从中国传入的。当然，现在日本所发现的这些遗迹，未必是传播之初的原貌。尽管如此，它还是保持着当初的基本特征。

这里，让我们先看两个日本的这种原始“明堂”亦即“社”的复原实例。

鸟取县羽合町长濑高滨弥生时代“社”遗址复原。日本大约从距今4000年左右以前的绳纹时代后期，即从中国传入了稻作技术，继之便形成了农耕经济。与原始农业相伴随，则是农神崇拜的“社”的出现。时至3000年左右以前的弥生时代聚落，应该都早已有了“社”的设置。长濑高滨聚落遗址就有一个引人注目的酷似“黄帝时明堂”的“社”的遗迹（图五）。

这是一组完整的单元，它是由内外两层围墙（宫垣）环绕的一座方形建筑。这座建筑有水沟环绕。圜水的初始目的，当是为了防护，但这道圜水很窄，已蜕化为象征性的了。显示隔绝、强化神圣性的圜水处理，在中国称之为“辟雍”①。很明显，这种建筑绝非一般住房或仓库之类，它以围墙、圜水的特殊形式和象征的含义，表现出强烈的精神功能和圣地感（图六）。

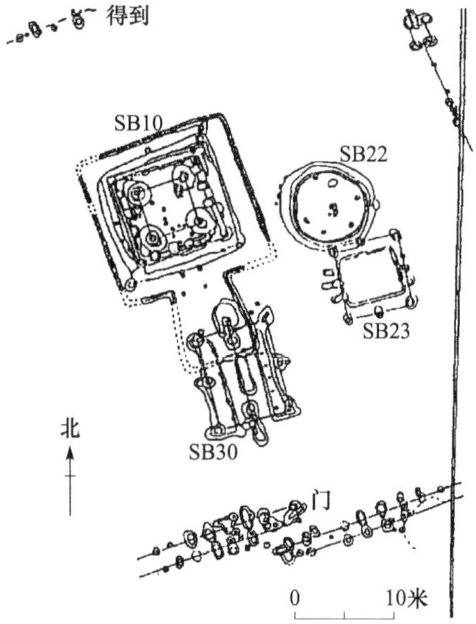

图五　日本鸟取县羽合町长濑高滨弥生时代聚落遗址“社”平面图

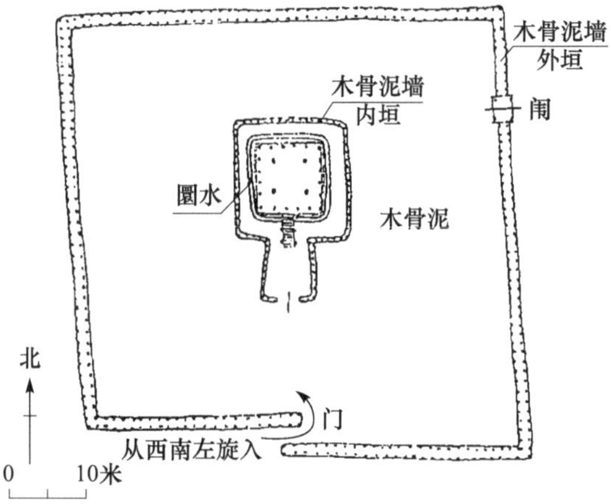

图六　日本鸟取县羽合町长濑高滨弥生时代聚落遗址“社”复原平面图

外围墙遗迹有两排小柱洞，这使人联想起中国新石器时代（半坡等遗址）至夏（二里头遗址）、商（盘龙城等遗址）的木骨泥墙。这里作为较长的庭院围墙，为保障墙体的稳定性，是采取和偃师（尸乡）商城D5的廊庑后墙那样双排木骨架的构造。南面正中有一个类似中国汉朝边防城堡遗址所见的特别的门，它是南墙错开形成的，门口朝西，明确地表现了“从西南入”并“左旋”的思想。这道“外宫垣”，恰恰是在其东北隅开有角门，正

① 《淮南子·本经训》：“……是故古者明堂之制，下之润湿弗能及，上之露弗能入，四方之风弗能袭……”下注曰：“其外圆似辟雍。”《史记》卷二八《封禅书》：“天子明堂辟雍”下《集解》注：“韦昭曰：‘水外四周，圆如辟雍，盖以节观者也。’”《太平御览》卷五三四引《礼记·礼统》对辟雍的解释说：“圆如璧，雍以水。”清惠栋《明堂大道录·明堂制度》引《大戴礼记·盛德》说：“明堂者……以茅盖屋，上圜下方……其外名（一作‘水’）曰‘辟雍’。”

是中国先秦文献所谓的“闱”①。中国现已发现的最早实例，是在时代上略相当于长濑高滨遗址的二里头夏墟宫殿 F1。在其外围廊庑的东北隅发现两个角门，一个开在东廊庑北段的木骨泥墙上，另一个开在北廊庑东段的木骨泥墙上（图七）。长濑高滨遗址的外宫垣所围成的方形庭院内，居中设置内宫垣。内宫垣墙体较薄，一列小柱洞的遗迹现象表明其构造一如中国新石器时代的木骨泥墙做法。内宫垣所围的空间很小，中间满置一座方形栽柱建筑，无居住面，可知为架空的栅居形式。其遗迹为内外两圈柱洞，内圈为方形布置的 4 个大柱洞，是栅居地板梁架及屋盖的承重支柱遗迹，即每面一间面阔；外圈为每面看来都是 6 个较小的柱洞，这一圈 20 个柱洞是支撑架空地板外挑部分的支柱遗迹。从内宫垣的“凸”字形平面和总体中轴关系可知，通上栅居的楼梯是设在南面的。“凸”字的突出部分较长，还知道楼梯较长，于是也就知道楼比较高。在楼梯位置上，有四个呈方形排列的柱洞，应是楼梯屋盖的支柱遗迹。其建筑意匠可能是：另外架设一个屋盖把梯子罩起来。这种做法，在日本后代保持古制的神社中还可以看到。“黄帝时明堂”的记载，是“通水，圜宫垣”，即宫垣外有圜水。这里不同的是，圜水在内宫垣以里。这座中央栅居的屋盖形式，按民族学材料，有可能是长脊、短檐的悬山顶（图八）。

长濑高滨这种原始氏族晚期的“社”，应该正是后世日本“神社”的祖形。这座原始神社是供奉上天和农神之处，直到近世日本的神社中，还是可以看到和农耕有关的神祇称

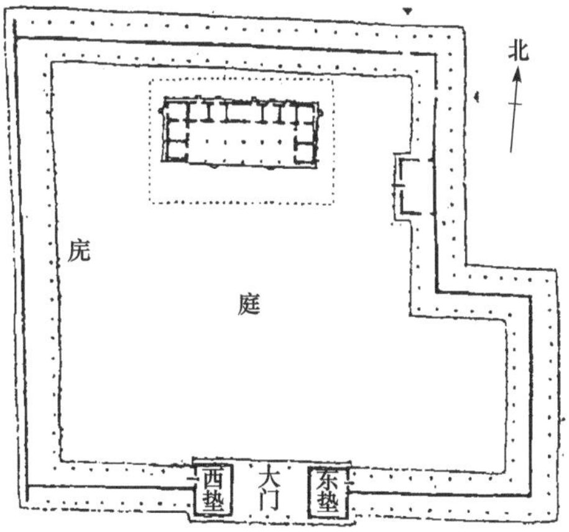

图七　河南偃师二里头遗址 F1 复原平面图

图八　日本鸟取县羽合町长濑高滨弥生时代聚落遗址“社”复原透视图

① 《说文》：“闱，宫中之门也。”《左传·闵公二年下》注曰：“宫中小门谓之‘闱’。”还有“东北隅小门”，“妇人由之”的记载；戴震《考工记图》载《周庙示意图》，表示闱的位置就是开在东墙北端——东北隅的。

谓，诸如“春日大社”“稻荷大社”“神仓大社”等。按前述，祖神或象征祖先的保护神与农神是联系在一起的，日本的情况也不例外，至今在日本神社中仍可看到二者同时奉祀的情景。后世日本神社中，主要的奉祀对象，常常是传说中的日本的开国始祖“天照大神”；而配享的，则是各种各样和祖神、农神有关的神祇。

让我们再看一个规模更大的原始神社的实例。群马县前桥市鸟羽弥生晚期“社”遗址复原。鸟羽遗址是弥生时代晚期，大约相当于原始氏族向国家过渡时期的一个聚落遗存，其中的原始神社遗迹清晰可辨（图九）。复原可知，它有更加复杂的形式，内外共有三道水沟而且较宽（图一〇）。大概是由于总体布局的关系（聚落情况不明），这座神社的方位是坐南朝北布置的。方形内宫垣（后世神社称之为“玉垣”）以里，有内圜水围绕的方形栅居殿堂，为每面两间面阔。此社的三道水沟，除最宽的外圜水是完全封闭成圜形以外，其余中、内两道水沟都是在入口处断开，而留出通道。外圜水在正对内宫垣处，应架设桥梁以便通行。遗址仅发掘一道内宫垣，但在遗址图中，外圜水以西发掘探方的边缘，有一段与内宫垣东、西墙相平行的南北走向的沟槽，是否为木骨泥墙的中宫垣（后世神社称之为“瑞垣”）遗迹，还应进一步扩方查找确认。如果在更大的范围查找到又一道宫垣的话，则正是被后世称作“荒垣”的外宫垣了。

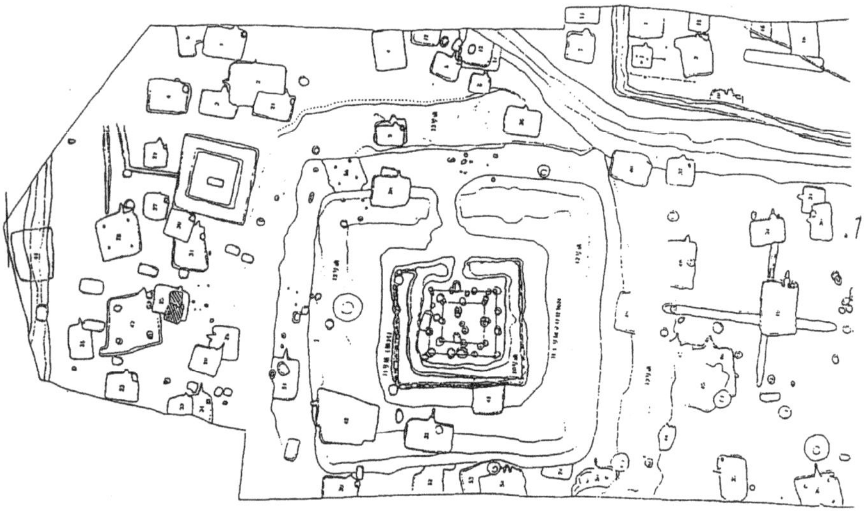

图九　日本群马县前桥市鸟羽弥生时代晚期聚落遗址平面图

此社的内圜水开口偏向左边，表明登上中央栅居（楼）的带顶的楼梯（复道）是对准左边一间的。它与现存形制最为古老的神魂神社相比（按照传统保存方法，这座古老神社定期翻建但仍保持原状），可以看出一个重要的问题：神魂神社“本殿”带顶的楼梯也是对向左边一间的，其中的“内殿”按理也应朝向楼梯一面，但是它的朝向却偏偏与楼梯相差 90°而朝南布置。这样，则楼梯恰在内殿所向的西南方（图一一）。这“从西南入”的传统绝非偶然，鸟羽遗址的原始神社不是也显示出这样的迹象吗？它不能不令人怀疑，更早的时候是否和中国有着什么关系。

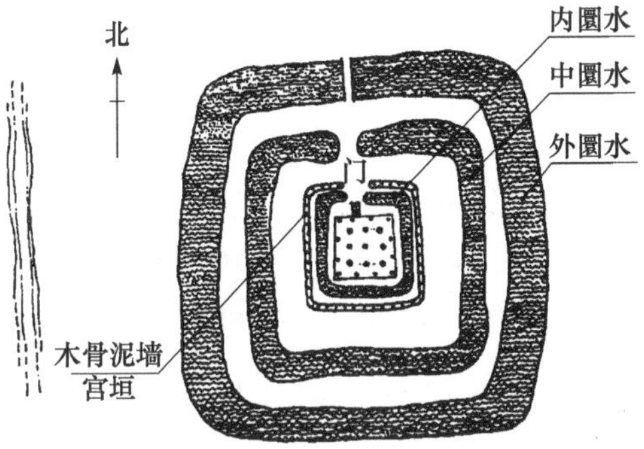

图一〇　日本群马县前桥市鸟羽弥生时代晚期聚落遗址“社”复原平面图

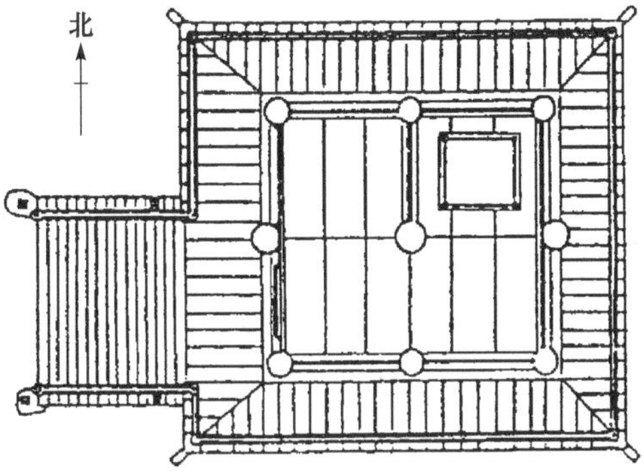

图一一　日本神魂神社本殿平面图

日本现存形制较为古老的神社，如神魂神社、出云大社等，其“本殿”已不再空敞，而是装上了板壁。中国后来的社，也是有墙的。“亡国之社”才被去掉四壁而成为空敞的。国家产生之初，强国吞并了弱国，便将其社迁来“国”（都城）中，以示领有了这个国家。实际上，亡国之民由于自己的社已在战胜国中，于是也就顺从了。例如，商灭掉夏之后，就在其国做了个夏社①。

日本所提供的这两个遗址是很有价值的旁证材料，为我们理解文献追记的黄帝时明堂以及神农时的明堂提供了重要依据，从而使我们得以对黄帝明堂进一步提出复原设想。

三、“黄帝时明堂”复原设想

西汉武帝时，按照公玉带所提出的《黄帝时明堂图》，在奉高（今山东泰安）的汶上建成的这座原始氏族“社”式的“明堂”，一直使用到东汉时期。东汉章帝、安帝即位，都曾效法西汉武帝，到“汶上明堂”去祭祀五帝②。这座明堂废毁后，现已没有遗迹可寻。据《史记》卷二八《封禅书》记载：“泰山东北趾，古时有明堂处，处险不敞。”就是说，西汉时人们还知道泰山原来有过一座古明堂的遗址，这大概是汉武帝想在它的附近——泰山脚下的奉高，也建一座古制明堂的道理。距泰山不远的济南人氏公玉带，大概是了解古明堂传说的人。他把传说中“黄帝时明堂”的形制作成图样文本，呈献给武帝。可能是由于它有一定的说服力，结果被武帝所采纳，真的建造了起来。关于它的原状，我们可根据《史记》记载和日本所发现的类似遗址，进行推测。

以日本长濑高滨、鸟羽、中海道等遗址所见原始氏族向初级国家过渡时期的神社遗迹的复原对照《史记》所记的“黄帝时明堂”，基本上两相符合。可以推测，“黄帝时明堂”是日本这些原始神社的原型。让我们来看记载中它的形制。

---

① 《史记》卷二八《封禅书》：“汤伐桀，欲迁夏社，不可，作夏社。”

② 《后汉书》卷九八《祭祀中》：“章帝即位，元和二年……宗祀五帝于孝武所作汶上明堂……安帝即位……延光二年，上东巡狩至泰山，柴祭及祠汶上明堂，如元和年故事。”

文献记载传说中黄帝时代的明堂是“上有楼”，是由“复道”登上的，就是说，它是一座高架栅居，附有一个带顶的长梯。这座高架起来的“殿”的式样是“四面无壁，以茅盖”，即四面空敞的茅草方亭。至于每面几间，已知相去氏族社会不远的夏朝古制是偶数开间（见二里头遗址），鸟羽、中海道遗址也都是偶数开间，可参考设定为每面两间。这样，“复道”正好对着西面靠南的一间，即“从西南入”。这座高架原始殿堂的周围，有宫垣环绕；垣外有圜水。据此，我们可画出复原设想图（图一二）。它使我们明白了传说上古所谓“上宫”的真谛——架在上面的“宫”（“屋见于垣上”的体形）形建筑，也就是栅居（干阑）。

图一二 “黄帝时明堂”复原设想图

四、“昆仑”=干阑=京（㐭）

相当严肃的史书——《史记》，记载“黄帝时明堂”说，那时的人们是把它称作“昆仑”的。它显然不是因为昆仑山的关系，而是发明文字以后记录这一传说所使用的两个注音符号。在史前时期，发音为“昆仑”是“高大”的意思。黄帝祖先原来住在今青海高原，上古呼做“昆仑丘”的地方，这翻译成现代汉语，正是“高原”。“昆仑”与“轮囷”颠倒而音同，都是有文字之后对上古语言的注音；二者原义也是相同的。《礼记·檀弓下》有：“美哉轮焉。”其注曰：“轮，轮囷，言‘高大’。”如此，以“昆仑”命名“黄帝时明堂”，是表彰其高大（相对当时一般半穴居和低矮的原始地面建筑来说）。因此，我们对“昆仑山”的含义也就明白了。上古时期，西部华夏族的祖先对孕育他们成长的母亲山、神山，呼作“昆仑”，正是颂扬其崇高，“昆仑山”即“高山”的意思。这正像东方的东夷集团把他们的母亲山、神山，呼做“泰山”（即“太山”，古语“太”“大”相同，都为dai音，“太山”即“大山”；“泰”又作“岱”）一样。

“黄帝时明堂”的建筑形象，恰似原始象形文字䍃的图形。这个古老的文字后来书作“京”，现代汉语普通话读做 jing。据古文字音韵学家的考证，在明末清初以前，中原地区是把它读做 ging 的，现在广州方言仍发音为 ging，即为 g 子（辅）音。此字在上古时应是 g 与 l 的双子（复辅）音，这由后来从“京”的“凉”“谅”等为 l 子音即可知道。它正像“各”可有 g 子音的“格”“咯”等，也有 l 子音的“洛”“络”等，也是上古双子音一样。泰、藏语和汉语为同一体系，古泰语有双子音，也是古汉语有双子音的一个佐证。现在由两个字组成的词—“窟窿”（kulong），即“孔”（kong）的古音，它也是双子音。“京”原来的发音大约是 geling，然而这已属中古的颚音。未经颚变的上古母音多是 a，如“呜呼”（wuhu），就是上古发自肺腑的感叹之声 a-ha 的颚变。现在江苏一些地方，把空间的一隅呼做 golo，浙江一些地方，呼作 gulu（角落，现代普通话发音为 jiaoluo），它们正是北方至今仍保持上古音所说的 gala（旮旯）之颚变。这样看来，双子音的“京”——geling，其上古音应为 ganlan。这就是说，“京”字原是指栅居而言，其原始象形文字——䍃，正是画的栅居形象；此字就是上古发音为 ganlan 的语音符号。中古以后，双子音字已经消失，“京”已不读 ganlan，这一发音改用两个汉字表示。例如，南北朝时期的獠以及后来各朝的少数民族中，仍有保持上古音韵的。他们把所住的栅居还叫做 ganlan。《魏书》卷一〇一《獠》以及后来的文献，将少数民族仍然保留的 ganlan 发音，汉字音译为“干兰”“干栏”“高栏”“阁栏”“葛栏”等。直至近代，一些少数民族仍然把栅居呼作 ganlan。现在，作为建筑术语，我们仍然用它来称呼栅居。不过，为了避免引起“栏杆”之类的误解，而多采取没有任何含义的“干阑”二字。

最近发表的连云港尹湾六号西汉晚期墓所出竹简《神乌赋》，为我们对“昆仑”的上古音为 ganland 推断，又提供了一个有力的佐证。《神乌赋》中有这样压韵的叠句，裘锡圭先生的释文说：“欲勋（循？）南山，畏惧猴猨（猿），去色〈危〉就安，自诧（托）府官。高树纶棍（轮困），支（枝）格相连。”[①]

裘先生在注中说：“可以认为第五句不入韵。”其实，韵文的“赋”体本身说明了第五句中的“纶棍”必然是押韵的，只是不符合现代汉语普通话的读音就是了。按“山”“猿”“安”“官”“连”，可知“棍”当时是按未经颚变的上古音读做 gan 的；“纶”也应按上古音读做 lan，即“纶棍”当时读 langan。裘先生以“纶棍”比“轮困”，引《礼记·檀弓》说明其“高大”的含义，做了很好的解释。正如前述，它可说明同样“高大”含义的“昆仑”，其上古发音应是 langan 颠倒过来的 ganlan。

“京”即原始语音“干阑”的注音符号，其形、音、义都表达着原始“明堂”——“社”，还有与社关系密切的“稷”（谷仓）。民族学材料诠释了古代社、稷的密切关联，两者在形式上也是相同的（只是体量有差异）。谷仓出于防潮、防鼠的原因，更需要架空的干阑形式。同属“东亚地中海”文化圈而深受中国影响的朝鲜半岛，在三国时代的高句

---

① 裘锡圭:《〈神乌赋〉初探》,《文物》1997 年第 1 期。

丽，便是将高架谷仓称作“桴京”的[1]。这也是“干阑”即“京”的一个有力的旁证。在上古时期，“干阑”是极为神圣的建筑形式。当时人们大概是把开敞的建筑空间称作“堂”的，因为它比封闭的“室”明亮，所以称为“明堂”。可见早期明堂含义极为朴素，并不神秘。当时的社——干阑，“有盖而无四方”，开敞明亮，所以也称“明堂”。氏族晚期在聚落中建社，进入阶级国家初期仍继承这一传统。作为国土和民众领有的象征，于王宫中建社、稷、坛，而进行祭祀。现已发现偃师（尸乡）商城的王宫正殿右侧所建社、稷仍作干阑形制。干阑一方面蜕变为支架降低，而在宫殿形制之中，与夯土台基（正阶）相结合而构成了木构的“副阶”。具有木构架空副阶的殿堂，外观看起来仍然是“干阑”——“京”的形制。目前所知最早的干阑副阶殿堂实例，是洛阳汉魏故城中的皇宫正殿——太极殿遗址。我们期待着发现更早的遗迹实例。

一言以蔽之，从上古音“昆仑”（干阑）的说法，即可断定“黄帝时明堂”确是上古的史实无疑。

① 《三国志》卷三〇《高句丽传》：“国中邑落（略）无大仓，家家自有小仓，名之为‘桴京’。”